울력아카데미 02

SEYLA BENHABIB
Critique, Norm, and Utopia
A Study of the Foundations of Critical Theory

비판, 규범, 유토피아
비판 이론의 토대 연구

세일라 벤하비브 지음
정대성 옮김

울력

Critique, Norm, and Utopia: A Study of the Foundations of Critical Theory
Copyright ⓒ 1986 by Columbia University Press
Korean Translation Copyright ⓒ Ulyuck Publishing House, 2008
All rights reserved.
This Korean edition was published by arrangement with
Columbia University Press
through Eastern Insight Agency, Seoul.

이 책의 한국어판 저작권은 이스턴 인사이트 에이전시를 통해 저작권자와 독점 계약한 도서출판 울력에 있습니다. 저작권법에 의해 한국 내에서 보호를 받는 저작물이므로 무단 전재와 무단 복제를 금합니다.

비판, 규범, 유토피아: 비판 이론의 토대 연구 (울력아카데미 02)

지은이 | 세일라 벤하비브
옮긴이 | 정대성
펴낸이 | 강동호
펴낸곳 | 도서출판 울력
1판 1쇄 | 2008년 8월 16일
등록번호 | 제10-1949호(2000. 4. 10)
주소 | 152-889 서울시 구로구 오류1동 11-30
전화 | (02) 2614-4054
FAX | (02) 2614-4055
E-mail | ulyuck@hanmail.net
값 | 27,000원

ISBN 978-89-89485-64-3 93160

· 저작권법에 의해 보호를 받는 책입니다. 무단 전재와 복제를 금합니다.
· 잘못된 책은 바꾸어 드립니다.
· 옮긴이와 협의하여 인지는 생략합니다

Critique, Norm, and Utopia
A Study of the Foundations of Critical Theory

차례

서문 · 7

서론 사회 비판 이론: 실천 철학과 사회과학의 사이에서 · 15

제1부 비판의 기원들 · 35

제1장 내재적 비판의 기원 · 37
1. 헤겔적 기원 · 39
2. 자연법 이론에 대한 헤겔의 방법론적, 규범적 비판 · 41
3. 마르크스의 변형: 1844년 이전의 순수 비판주의에 대한 비판 · 54

제2장 탈물신화 비판의 기원들 · 69
1. 헤겔적 기원들: 현상학적 방법 · 71
2. 현상학적 방법의 전제들: 노동, 구성적 활동성 · 74
3. 『1844년 수고』에 나타난 현상학적 방법에서 인간학적 방식으로의 변형 · 83

제3장 위기 조정: 자율성과 인륜적 삶 · 103
1. 칸트의 도덕 철학에 대한 헤겔의 비판 · 105
2. 표현주의적 행위와 자유의 초주관적 이상 · 121
3. 위기 조정: 인륜적 삶의 상처의 치유 · 136

비판,
규범,
유토피아

제4장 위기 이론으로서의 비판: 자율성과 자본주의 · 145
   1. 마르크스의 『자본론』에서 비판의 세 단계 · 149
   2. 물신주의와 해방 · 160
   3. 체계적 위기와 생동적 위기: 해결되지 않는 긴장 · 171
   4. 제1부의 결론: 자기 실현하는 활동과 주체의 철학 · 183

제 II 부 비판의 변형 · 197

제5장 도구적 이성 비판 · 199
   1. 정치경제학 비판에서 도구적 이성 비판으로 · 202
   2. 도구적 이성 비판과 그 난점들 · 218
   부록: 루카치, 베버 그리고 프랑크푸르트학파 · 242

제6장 미메시스적 화해로서의 자율성 · 247
   1. 자율성과 자기 보존 · 252
   2. 자율성과 "타자"와의 화해 · 270
   3. 결론적인 체계적 고려 사항들: 도구적 이성 비판과 주체의 철학 · 280

Critique, Norm, and Utopia
A Study of the Foundations of Critical Theory

제7장 기능주의적 이성 비판 · 295
    1. 의사소통 행위와 합리화의 역설 · 300
    2. 의사소통적 이성과 근대성의 통합 · 330

제8장 의사소통적 윤리학과 자율성 · 361
    1. 의사소통적 윤리학의 프로그램 · 365
    2. 칸트 윤리학에 대한 헤겔적인 반론: 현대적 재정식화 · 383
    3. 의사소통적 자율성과 유토피아 · 421
    4. 결론적 숙고: 주체의 철학을 넘어서 · 440

주 · 453
옮긴이의 글 · 529
참고 문헌 · 539
찾아보기 · 562

일러두기

1. 이 책은 Seyla Benbabib의 *Critique, Norm, and Utopia: A Study of the Foundations of Critical Theory* (Columbia University Press, 1986)를 완역하였다.
2. 이 책은 원서의 체제를 그대로 따랐으며, 원서에서 이탤릭으로 표시된 부분은 이 책에서 중고딕으로 표시하였다. 그리고 본문 중 ' '는 옮긴이가 강조하기 위해 표시한 것이다.
3. 책과 신문, 잡지는 『 』, 논문과 기사, 단편의 글은 「 」으로 표시하였다. 그리고 영문을 병기할 때는 책과 신문, 잡지는 이탤릭체로 표시하였다. 영문으로만 표시할 때 책과 신문, 잡지는 이탤릭체로 구분하였다.
4. 본문 중의 각주는 모두 옮긴이의 주이다. 원주는 원서의 체제대로 본문 뒤에 배치하였다.

서문

이 책은 질문과 의심으로 시작한다. 사회 비판 이론의 "언어학적인 전회"가 지난 10년간 엄청나게 명료해짐에 따라 나는 사회 비판 이론의 규범적인 토대를 '의사소통적 윤리학' 위에 구축하고자 한 하버마스의 노력이 성공할 수 있는지 질문했다. 내가 질문한 내용들에는 이미 그 역사적인 전례가 있다. 그리고 나는 칸트에 대한, 그리고 근대 자연법 이론에 대한 헤겔의 비판으로 되돌아감으로써 비판 이론을 위한 대안적인 규범적 토대를 발전시킬 수 있지 않을까 생각했다. 이러한 생각이 유지될 수 없다고 드러난 상황에서도 칸트 윤리학에 대한 헤겔의 비판을 통해 무엇을 배울 수 있는지 하는 문제는 여전히 유효하다. 이 책은 나의 결론을 모아놓은 것이다.

제1부에서 나의 분석은 헤겔의 작품들에 나타난 비판 개념을 분석하고 마르크스가 헤겔적인 유산을 어떻게 변형시키는지를 검토하는 것으로 시작한다. 헤겔에게 비판의 목적은 자율적인 개인들을 인륜적 공동체에 통합시키는 것이다. 이에 반해 마르크스는 비판을 위기 이론으로 보는데, 왜냐하면 비판의 주된 기능이 여기서는 현재의 모순을 지적하고 욕구의 출현과 상호 작용의 패턴의 출현을

장려하며, 새로운 사회를 향한 길을 지시해 주는 투쟁을 장려하기 때문이다.

제2부 "비판의 변형"에서 나는 헤겔과 마르크스에 의해 발견된 비판의 차원들이 프랑크푸르트학파의 작품에서, 특히 호르크하이머와 아도르노의 작품에서 어떻게 급진적으로 변화되는지를 보여 준다. 나는 후기 자본주의 사회에서 기능주의적 이성을 비판하는 하버마스의 프로그램을 토론하면서 끝을 맺는다.

이 작품의 서술 양식이 역사적인 형태를 띠고 있기는 하지만, 이 글의 의도는 역사적이 아니라 체계적이다. 비판의 기원과 변형을 추적하려는 나의 목적은 헤겔에서 하버마스에 이르는 비판 이론의 역사를 쓰는 데 있지 않다. 그러한 연구가 한 권의 책에서 성공적으로 수행될 수 있을지 의심스러울 뿐 아니라 또한 그러한 연구가 필요한 것 같지도 않다. 오늘날 사회 비판 이론의 전통은 영어권의 수많은 독자들에게 아주 많은 저자들에 의해 소개되고 있는데, 그들 중 특히 유명한 저자는 마틴 제이M. Jay, 토마스 맥커시Th. McCarthy 그리고 데이비드 헬드D. Held이다. 프랑크푸르트학파와 하버마스에 대한 그들의 포괄적인 설명에 기초하여 나는 이 책에서 이론들의 역사를 체계적인 관점에서 재구성하는 것을 특징으로 하는 접근법을 따른다.

일반적으로 철학적인 논의를 이해하고 그 논리성을 평가하기 위해서는 그러한 논의가 특정한 답을 얻기 위한 목적으로 어떤 질문과 수수께끼를 가지고 있는지 알 필요가 있다. 이에 반해 또한 이러한 질문과 수수께끼를 이해하기 위해서는 상이한 이론들의 탐구의 지평을 형성하는 사회적, 역사적, 그리고 개념적 맥락들을 재구성할 필요가 있다. 역사적 재구성을 위한 이러한 일반 규칙은 어떤 측면에서 보면 너무나 당연하다. 가다머가 보여 준 것처럼, 과거의 논의와 이론들을 재구성하는 것은 언제나 "지평 융합"을 가져온다. 이해는 언제나 우리에게 의미 있는 하나의 체계 내부로부터의 이해를 수반한다. 이러한 의미에서 과거의 질문을 배운다는 것은 현재 우리가 개념적으로 선취한 것에 따라 과거에 대한 질문을 정립하는 것이다. 이론들의 역사를 재구성하는 것은 대화와 같은 과정을 갖는다. 대화에서 한 사람은 질문을 제기하고, 이 질문이 다른 사람에게 유의미한 지를 이해하고자 하며, 타자의 대답을 듣고 이 대답을 재형식화하며, 이러한 대답의 영향으로 자신의 원래 입장을 재정립한다. 내가 비판 이론의 규범적 토대의 문제에 접근해 간 것은 바로 이러한 정신에서였다.

체계적인 관점에서 볼 때, 이 책은 다음과 같은 질문을 제기한다. 즉, 초기의 자연법과 칸트의 윤리학에 대한 헤겔의 비판은 사회 비판 이론의 규범적인 토대를 재형성함에 있어서 얼마나 생산적인가? 나는 다양한 이론들에 전제된 **인간 행위**와 **자율성**의 모델들을 탐구함으로써 이 질문에 대답한다. 칸트 윤리학에 대한 헤겔의 비판의 배후에는 자신의 "노동"을 통해 역사적 과정을 구성하는 역사의 주체라는 모델이 있다. 내가 "주체의 철학"이라고 부르는 이 모델은 마르크스에게도 역시 해방의 상을 제공하는데, 1937년 이후 호르크하이머의 작품에서 함축적이고 규범적인 표준으로 계속된다. 주체의 철학은 역사 형성이라는 행위 양식, 즉 "행위의 노동 모델"을 특권화한다. 또한 헤겔의 『정신현상학』 이래 비판의 목적은 주체의 자율성을 촉진하는 것이라고 주장된다. 나는 이 점에서 헤겔과 마르크스가 동일하다고 생각한다. 헤겔과 마르크스가 자율성을 노동의 창조이고 변형적인 계기에 의한 역사에서의 **자기실현** 과정으로 보는 데 반해, 호르크하이머와 아도르노는 자율성을 자연과의 비지배적인 관계로, 우리의 안과 밖에 있는 타자와의 **미메시스적 화해**로 파악한다. 이 두 견해는 주체의 철학의 타당성을 전제하며, 행위의 노동 모델이 갖는 역사적, 인식론적 우선성을 받아들인다.

    이러한 배경에 저항하는 하버마스의 공헌은 비판 이론에서 행위의 노동 모델로부터 의사소통 모델로의 패러다임 변화를 시작했다는 사실이다. 그의 견해에 따르면, 자율성은 우리의 행위의 토대를 보편주의적인 관점에서 검토하고 정당화하는 의사소통 능력과 그러한 토대에서 행동할 수 있는 능력을 의미한다. 자율성에 대한 의사소통 모델을 이전의 두 행위 양식과 구별시켜 주는 것은 사회적 행위라는 것이 "대상화," "외화" 혹은 "전유" 등과 같이 다양한 이름을 하고 나타나는 그러한 주체-객체의 관계의 빛 아래 한정되는 것은 아니라는 하버마스의 전제이다. 주체-주체 관계가 사회적 행위를 유의미하게 구성하는데, 이 관계를 우리는 언어적으로 매개된 의사소통의 형식으로 이해할 수 있다.

    행위와 자율성의 의사소통 모델은 비판 이론에서 노동의 우선성에서 벗어나 정당화할 수 있는 패러다임의 변화를 주도한다. 따라서 이 책 첫머리에서 제기된 질문은 마지막 장에서 다음과 같이 재형식화된다. 즉, 자연법과 칸트에 대한 헤겔의 비판이 의사소통적 윤리학과 자율성의 프로그램을 진작시킴에 있어서 얼마나 생산적으로 될 수 있는가?

    이 연구는 훔볼트재단의 관대한 도움으로 수행되었다. 나는 인문학 연구를 위한 이 재단의 왕성한 지원에 감사한다. 나는 또한 보스턴 대학 인문학부에도 감사드린다. 이 단체는 1981년 여름에 나에게 해외에서 연수할 수 있는 기회를 제공해 주었으며, 그래서 훔볼트재단으로 떠나 그곳에서 장기간 머물 수 있었다. 1979년 6월부터 1981년 12월까지 나는 훔볼트재단 파견 연구원으로 막스 플랑크 연구소에서 일했다. 거기에서 나는 과학-기술 세계의 생활 조건에 대해 연구했는데, 하버마스 교수와 바이체커 교수의 지도를 받았다.

막스 플랑크 연구소의 사회과학 분과 연구소가 새롭게 설립되어 하버마스 교수가 소장이 되었을 때, 나는 다시 1981년 6월부터 12월까지 훔볼트재단 파견 연구원으로서 막스 플랑크 연구소에서 일했다. 나는 이 기간 동안 보여 준 하버마스 교수의 호의와 또 지속적인 지원과 격려에 깊은 감사를 드린다. 나는 또한 막스 플랑크 연구소의 이전 동료들에게도 감사를 드린다. 특히 본스W. Bonns, 되베르트R. Döbert, 두비엘H. Dubiel, 에데르Kl. Eder 그리고 프랑크베르크G. Frankberg 등의 친근하고 지적인 동료애에 감사하며, 페트란I. Pethran에게는 이 기간 동안 무한한 가치를 지닌 행정 업무를 돌봐 준 것에 감사한다.

많은 사람들이 이 책의 수고의 일정 부분들을 읽어 주었다. 나는 특히 토마스 맥커시가 전체 원고를 다 읽고, 특히 이 책의 2부에 엄청난 가치를 지니는 진술들을 해 준 것에 대해 깊은 감사를 드린다. 그의 지원과 연대는 끝까지 지속되었다. 나는 초고의 여러 장들에 대해 수많은 진술들과 비판을 해 준 사람들에게 큰 빚을 지고 있는데, 번스타인R. Bernstein, 바르토프스키M. Wartofsky, 마르쿠스G. Markus, 슈테른P. Stern, 부흐발터A. Buchwalter, 그리고 심슨L. Simpson 등이 그들이다. 물론 최종 내용은 나 혼자만의 책임임을 말할 필요는 없을 것이다.

내가 대서양 양안에 철학적 동료들을 가진 것은 큰 행운이다. 나는 수년 동안 그들과 나의 생각을 다듬는 대화를 해 왔다. 벨머A. Wellmer는 언제나 자신의 생각을 나와 교환하고자 했다. 비판 이론의 전통에 관한 그의 글에서 드러난 그의 명석함과 분명함은 내가 기꺼이 따라가고 싶은 모델이었다. 프랑크푸르트학파의 역사에 대한 포스톤M. Postone, 호네트A. Honneth, 로만G. Lohmann, 그리고 쇨너A. Söllner 등과의 교류는 가치 있는 일이었다. 대서양 이편(미국 쪽)에서는 하워드D. Howard, 코헨J. Cohen, 아라토A. Arato, 브레인즈

P. Breines, 그리고 화이트북J. Whitebook 등이 나의 사유에서 그들의 작품과 우리들 사이의 대화가 이 책에 미친 영향을 인지하게 될 것이다. 셰퍼W. Schäfer에게 나는 그의 지원과 애정과 동료애에 대해 특별한 감사의 말을 전하고 싶다. 그는 이 작품의 많은 국면과 단계에서, 그리고 이 책을 변화시킴에 있어서 나와 끈기 있게 토론했으며, 비판 이론에서 유토피아적인 차원을 식별할 수 있게 해 주었다. 마지막으로 나는 이 수고를 타이핑하고 가편집함에 있어서 근면하고 양심적이며 엄청난 수고를 해 준 콜비M. Colby와 컬럼비아 대학 출판부의 맥그로건M. Macgrogan의 노고에 대해 치하하고 싶다. 맥그로건은 처음부터 이 책에 관심을 가져주었으며, 편집상의 문제를 철저히 살펴 주었다.

완성되어 가는 중에 세상을 뜨신 나의 아버지에게 이 책을 바칩니다.

본문과 주에 자주 인용되는 책과 논문의 약어

이 책에서 자주 인용되는 책과 논문들은 약어로 표기되어 있는데, 그 약어들은 각각 다음을 지시한다.

DA: Adorno/Horkheimer, *Dialektik der Aufklärung* (계몽의 변증법)

KiV: Horkheimer, *Kritik der instrumentellen Vernunft* (도구적 이성 비판)

LC: Habermas, *Legitination Crisis* (정당성의 위기)

M: Marx, *Texte zur Methode und Praxis, II, Pariser Manuskripte*, 1844 (파리수고)

MEW: Marx-Engels, *Werke* (마르크스-엥겔스 전집)

MukH: Habermas, *Moralbewußtsein und kommunikatives Handeln* (도덕의식과 의사소통적 행위)

NR: Hegel, *über die wissenschaftlichen Behandlungsarten des Naturrechts* (자연법에 대한 학적 고찰)

PhG: Hegel, *Phänomenologie des Geistes* (정신현상학)

PhR: Hegel, *Hegel's Philosophy of Right* (법철학)

ThCA: Habermas, *The Theory of Communicative Action. Reason and the Rationalization of Society*, vol. I. (의사소통 행위 이론, 영어판)

ThdkH: Habermas, *Theorie des kommunikativen Handelns. Zur Kritik der funktionalistischen Vernunft*, vol. II. (의사소통 행위 이론, 독일어판)

TuG: Marcuse, *Triebstruktur und Gesellschaft* (욕망의 구조와 사회, 영어판은 "Eros and Civilization")

Wth: Habermas, "Wahrheitstheorien" (진리 이론들)

ZfS: *Zeitschrift für Sozialforschung* (사회 조사지)

서론

사회 비판 이론
실천 철학과 사회과학 사이에서

　　실천 철학으로 명명되는 전통 윤리학과 정치학은 19세기 후반부에 종말을 고했다.[1] 그리스에서 시작된 이래로 이 전통은 개인에게는 좋은(선한) 삶의 문제들이, 전체에게는 최상의 사회적, 정치적 질서의 문제들이 합리적으로 대답될 수 있다고 주장했다. 실천 철학은 실증주의, 역사주의 그리고 "가치중립적인" 사회과학의 삼중의 공격을 받고서야 스스로 이성적이라고 생각했던 자신의 주장들을 더 이상 할 수 없게 되었다. 실천 철학은 기껏해야 사회과학의 전前역사를 이루고 있는 것으로 간주되었다. 몽테스키외의 『법의 정신』에 대한 에밀 뒤르켕의 박사학위 논문은 새로운 사회과학이 실천 철학의 전통과 구별되는 방식을 예증적으로 보여 준다.

　　뒤르켕에 따르면, 아리스토텔레스에서 몽테스키외에 이르는 전통 윤리학과 정치학은 '사회적, 정치적 실존의 최상의 형태는 본성상 무엇인가?'라는 실문에 대해 대답하고자 하였다.[2] 이 전통은 다양한 사회적, 정치적 질서들을 검토했으며, 그것도 언제나 본성상 인간에게 최상의 것을 현실화하고자 하는 데 있어서 그 질서들이 적합한지의 관점에서 그렇게 했다. "자연"은 따라서 소여된 것의 총체성으로서의 **사실**fact로서도, 그리고 존재하지 않지만 존재해야 하는 것으로서의 규범 norm으로서도 모호하게 이해되었다. 몽테스키외가 "사물의 본성(자연)에서 생겨난" 법을 요청하였을 때, 이것은 두 가지 사실을 의미했다. 첫째, 이것은 결과가 이 결과를 산출한 원인에서 나오듯이, 법은 사회에서 나온다는 것을 의미하거나, 아니면, 둘째, 법은 단순히 사회의 본성(자연)이 자기를 충족하고 열매를 습득하기 위해 요청하는 도구에 지나지 않는다는 것을 의미한다.[3] 사회는 법의 작용인으로, 혹은 법의 목적인으로 이해될 수 있다. 뒤르켐이 불만을 제기하는 내용은 "몽테스키외는 이 의미들 중 첫 번째 의미의 가능성을 의심조차 하지 않은 것" 같으며,[4] 법을 현재하는 사회에 의해 추구되는 객관적인 것들을 쉽게 얻도록 하는, 그 사회의 본성(자연)에 가장 적합한 관계들의 체제로 간주한다는 것이다. 이에 반해 새로운 사회과학의 임무는 사회적인 사실들을 "자연 안에 놓여 있는 다른 모든 사물들처럼"[5] 과학적으로 묘사되고 설명될 수 있는 특징을 가지는 것으로 탐구하는 것이다.

뒤르켐은 새로운 사회과학을 실천 철학의 전통과 구분하기 위해서 두 개의 기준을 더 도입한다. 첫째, 실천 철학은 사회적 행위자들이 올바르고 정의롭고 신중한 행위 과정을 수행할 수 있다고 하며, 그들이 그러한 행위 과정을 습득하도록 계도한다. 하지만 행위에, 그리고 이 행위의 장래 실현에 방향을 맞추고 있는 이론은 과학적일 수 없다. 왜냐하면 행위는 지금 여기에서 실현되어야 하는 특수자에 관심을 갖는 반면, 과학은 모든 시대와 장소에 존재하는 보편자, 불변자 그리고 필연적인 것을 파악해야 하기 때문이다.[6] 둘째, 전통적인 윤리와 정치 이론은 계도하고 계몽하기 위한 자신의 목적 때문에 사회적인 삶에 명백하게 드러나는 것에 국한되지 않으면 안 된다. 인간 행위를 계도하고 인도하기 위해 이론가는 인간의 행위가 전개되는 영역에서, 즉 모든 사람이 공유하고 있는 현상과 공중(의견, 억견 doxa)의 영역에서 출발하지 않으면 안 된다.[7] 하지만 과학은 가시적인 것에서 비가시적인 것으로, 억견에서 참된 인식episteme으로, 인간의 일상적인 활동과 신념과 견해들에서 이것들을 발생시키는 원인으로 이동한다.

1930년대에 프랑크푸르트 사회연구소(=이하 '사회연구소')의 동료들과 관련자들이 정식화한 것처럼,[8] 사회 비판 이론은 처음부터 윤리학과 정치학을 청년 뒤르켕이 설계한 새로운 사회과학과 구별하지 않았다. 또한 사회 비판 이론이 사회를 장차 "인간의 욕구와 권력을 만족시키는 세계로"(ZfS 1937: 625/246) 변형시킨다는 관점에서 분석하는 한, 이 이론은 이성의 요청을 개인의 행복과 자유와 통일시키고자 했던, 그리고 집단의 정의와 통일시키고자 했던 전통적인 윤리학과 정치학의 목적을 공유했다. 사회를 사회적 개인들이 자신들의 존재를 생산하고 재생산하게 하는 조건들의 총체로 파악하는 한에서, 사회 비판 이론은 이러한 총체성을 분석하고 과학적으로 이해하고자 한 뒤르켕의 의도를 공유하고 있었다. 사회 비판 이론의 기획은 실천 철학과 사회과학 사이에 놓여 있었으며, 양자의 의도를 공유하면서도 근본적으로 재구성하고자 했다.

오늘날 고전적인 진술이 된 호르크하이머의 말에 따르면,

> 사회 비판 이론은… 그 목적에 따라 인간을 그들 자신의 역사적 삶의 양식의 총체적 생산자로 여긴다. 과학의 출발점이 되는 현존하는 관계들은 증명될 수 있고 또 개연성의 법칙에 따라 서술될 수 있는 단순하게 주어진 것이 아니다. 주어진 모든 것은 자연에만 의존하는 것이 아니라 인간이 자연에 대해 행사하는 힘에도 의존한다. 대상들, 지각들, 질문들 그리고 대답들의 의미 등, 이 모든 것은 인간의 활동에 대한, 그리고 인간의 힘의 정도에 대한 증거를 간직하고 있다.… [비판 이론은 인간의 일상적인 일에서 그 가치를 보여 주는 탐구의 가설이 아니다. 비판 이론은 인간의 역사적인 노력과 힘을 행사함에 있어서

본질적인 요소이다.… 비판 이론의 목표는 인간을 노예로 만드는 관계에서 인간을 해방하는 것이다(ZfS 1937: 625-26/244-46).

뒤르켕이 사실로서의 자연 개념을 고대의 목적론적 세계관과 대립시킨 반면, 호르크하이머는 청년 마르크스를 회상하는 가운데, "주어진 모든 것은 자연에만 의존하는 것이 아니라 인간이 자연에 대해 행사하는 힘에도 의존한다"는 사실을 강조한다. 뒤르켕이 받아들인 근대의 기계론적 자연관은 호르크하이머가 물질적 실천에 의해 자연이 **사회적으로 구성된다**는 사실을 보임으로써 비판받는다(ZfS 1937: 255/200). 호르크하이머에게 결정적으로 중요한 질문은 목적론적인 자연관과 기계론적인 자연관 사이에서 어떤 것을 선택하는 문제가 아니라, 새로운 사회과학이 수용하는 근대의 자연 개념이 "사실적인 것을 사회적 실천에 의해 어떻게 매개하는지"를 모호하게 한다는 사실이다(ZfS 1937: 256/201).

그러므로 비판 이론은 법학적인 사회적 필연성에 대한 이론적 이해와 도덕적, 정치적 특수 분야에서의 실천적 계도 사이를 구분한 뒤르켕의 두 번째 구분을 거부한다. 사회적 사실뿐 아니라 자연적 사실도 사회적 실천의 결과라고 한다면, 좀 더 특화해서 말하자면, 외부를 변형시킴으로써 개인들에게 자신의 실존을 재생산하게 하는 그런 물질적 과정 안에서 사실성이 구성되는 것이라면, 이러한 과정을 인정하는 사회 비판 이론은 "바로 그 탐구 가설"일 수 없다. 왜냐하면 사실이 사회적 실천에 의해 구성된다는 사실을 기본 전제로 수용하는 이론은 이 이론을 응용하고 사용하도록 정립시키는 조건들을 외적인 것으로 고찰할 수 없기 때문이다. 오히려 비판 이론가들은 이론적인 활동을 사회의 일반적 삶의 계기로 고찰하기 때문에, 이론이 어떻게, 어떤 조건 아래서, 그리고 어떤 목적에 따라 사회적 실천으로 되는지 하는 문제는 비판 이론가들에게는 자기 자신을 정립하는 문제이다. 비판 이론가들은 비판 이론을 "인간의 필요와 힘을 만족시킬 수 있는 세계를 창조하는 역사적인 노력을 함에 있어서 본질적 요소"라고 한다. 사회적 필연성 자체가 개인들의 실천의 결과라는 사실을 드러내고자 하는 이론은 이 동일한 개인들이 어떻게 행위하고 미래에 어떻게 변형되어야 하는지와 관련하여 그들을 계몽하고자 한다. 이론과 실천의 관계, 혹은 뒤르켕의 술어로 말하면, 과학과 예술의 관계*는 비판 이론의 자기 이해에 외적인 것이 아니라 내적인 것이다.

마지막으로, 사회적 행위자의 가시적 의견과 사회과학자에 의해 파악된 비가시적 구조 사이의 뒤르켕적인 구별은 호르크하이머에 의해 새로운 형태를 부여 받는다. 호르크하이머는 비판 이론이 개인들에게 현상하는 사회 세계의 실재성을 부정하지 않는다고 주장한다. 사회적 삶의 현상 양식은 개인들이 자신들의 사회적 실천에서 어느 정도나 소외되었는지를 지시한다. 따라서 비판 이론은 이데올로기 비판이다. 왜냐하면 개인들이 자신의 집단적인 실존을 경험하고 해석하는 방식 그 자체가 그들의 사회적 노력의 본질적 측면이기 때문이다. 만약에 개인들이 자신의 사회적 삶을 비인격적, 자연적, 혹은 초자연적 힘에 의해 지배되는 것으로 간주할 경우, 이는 그들에게 자연을 전유할 수 있게 하는 구체적인 실천의 구조에서 기인한다.

이데올로기 비판은 사유가 사회적 존재에, 의식이 구체적 실천에 외존하고 있다는 사실을 드러내는 것만은 아니다. 그것은 또한 미래를 위한 투쟁의 관점에서 이러한 의존성을 비판한다. 사회의 합리적 조직의 이념이 자신의 실존적 상황으로 인해 해방에 대한 관심

---

* 과학은 객관적인 사태에 대한 기술을, 예술은, 독일어 'Kunst'나 영어의 'Art'라는 낱말이 함유하고 있듯이, 주관적이고 인공적인 형성을 지시한다. 본문의 '과학과 예술의 관계'라는 말은 객관성과 주관성의 관계, 자연적 사실과 문화적 사실의 관계를 함의한다

을 가지게 된 계급의 회원들에게 더 이상 희망을 주지 못하고 사라져 버렸을 때조차 비판 이론은 보다 나은 미래를 위한 이념을 완고하게 수행하고, 이 이념에 머물러 있어야 한다(ZfS 1937: 271/217). 비판 이론에서 의식은 내재적이면서 초월적이다. 즉, 한편으로 인간의 구체적인 실존의 측면으로서의 의식은 내재적이며, 현 단계 사회에 의존적이다. 다른 한편으로 의식은 현재의 한계를 넘어서서 투사하는 유토피아적 진리 내용을 가지고 있기 때문에, 이 의식은 초월적이다. 이러한 유토피아적 차원을 고집하는 가운데, 그리고 철학적 전통의 유토피아적인 내용에 충실하게 남아 있는 가운데 비판 이론은 "헬레니즘적 채념의 시기보다는 플라톤과 아리스토텔레스의 황금기의 그리스 철학을 닮았다. … 하지만 새로운 변증법적인 철학은 개인의 자유로운 발전이 합리적인 사회 구조에 의존한다는 현실에 붙들렸다. 현재의 조건을 근본적으로 분석하는 가운데, 새로운 변증법 철학은 경제 비판이 되었다"(ZfS 1937: 626/246).

따라서 비판 이론을 실증주의적인 사회학과 구별시켜 주는 것은 비판 이론이 강조하는 **규범적** 차원이다. 사회 세계에 대한 과학적 분석은 그 자체가 목적이 아니라 이 세계를 "인간의 필요와 힘을 만족시키는" 세계로 변화시키려는 과정에서 나타난 필연적인 계몽의 단계이다. 이러한 강한 규범적 차원을 주장하는 비판 이론은 보다 적합한 인간 실존의 형태를 합리적으로 구체화하는, 그리고 또한 이 형태를 얻기 위해 인간을 계몽하고자 하는 실천 철학의 의도들을 간직하고 있다. 그러나 실천 철학의 의도를 간직한다는 것은 실천 철학의 타당성을 사회과학과는 아무런 상관없이 수행될 수 있는 질문의 형식으로 수용한다는 것을 의미하지 않으며, 비판 이론의 규범적 차원이 실천 철학의 새로운 형태에 기초한다는 것을 의미하지도 않는다. 과거의 실천 철학의 의도를 보유함에도 불구하고 호르크하이머는 실천 철학이 반드시 과학적인 사회 연구에 의해 대체되어야 한다고 본다. "플라톤과 아리스토텔레스의 황금기"라는 그의 언급은 따라서 오해를 불러일으키는데, 왜냐하면 비판 이론의 규범적인 표준들이 플라톤과 아리스토텔레스에 의해 공유되고 있는 자연 존재론에 기초하고 있지 않기 때문이다. 오히려 비판 이론은 칸트의 자율성 이론의 전통에 서 있으며, 실천 철학을 역사적 실천의 철학으로 변형시킨 헤겔-마르크스주의 전통에 서 있다. 호르크하이머에게는 결정적인, 하지만 그에 의해 더 이상 해명되지 않은 이러한 발전 과정을 간략하게 설명함으로써 이 문제 상황을 좀 더 분명하게 하고자 한다.

아리스토텔레스의 실천 철학은 인간 실천의 특성과 조건을 탐구하는 윤리학과 정치학이 통일되어 있는 가르침이었다. "실천 praxis"은 아리스토텔레스에게서 가장 인간적인 활동을 의미했는데, 이 활동의 현실화는 오직 **폴리스**에서만, 즉 말과 행위를 습득할 뿐 아니라 말과 행위가 가장 중요하게 취급되는 그런 인간의 공동체에서만 가장 잘 실현될 수 있었다.[9] 아리스토텔레스는 실천을 철학적 인간학이라는 보다 넓은 맥락에서, 즉 영혼론의 영역에서 분석하고 정의했는데, 이 영혼론은 그의 자연 철학 내의 생명 이론의 한 측면이었다. 다른 한편으로 아리스토텔레스의 실천 철학은 좋은 삶의 필연적인 조건을 형성하는 인간 공동체에 대한 연구를 포함한다. 『정치학』에서 다뤄지는 이 연구는 정치 영역에 대한 검토를 포함할 뿐 아니라 **오이코스**oikos, 즉 가족에 대한 검토도 포함한다. 이때 정치 영역에서 규칙은 동등한 자들 간의 관계를 규정한 법에 의해 실행되며, 가족에서는 **주인**이 인간적인 통찰과 상호적이지 않은 가부장적인 특권에 의해 자기 아내와 자식들과 노예들을 지배한다.

아리스토텔레스 이론의 통일성과 구조는 우선 홉스와 근대 자연법 이론가들에 의해 도전을 받았다.[10] 근대 이론가들은 정치의 토대를 권리 담지자인 자율적 개인들의 합의에 의한 계약으로 형식화하였으며, 도덕의 영역과 법의 영역을 분명하게 구분하였다. 홉스에서 칸트에 이르기까지 정치학은 도덕에서 해방되었으며, 전략적 행위의 영역으로 간주되었다. 이 전략적 행위 영역 내에서 이기적인 개인들은 사적으로 규정된 자신들의 이익을 추구하기 위해 자신들의 의지를 공적인 권위에 종속시키기로 서로 선택하였다.

자연법의 전통이 윤리학을 정치학에서 분리시키고 이 분리를 정당화시킨 반면, 맨더빌Mandeville과 아담 스미스는 경제적 활동을 윤리와 정치의 영역에서 분리시켜 정식화하였다. 경제 이성과 그 도덕적 토대들은 아리스토텔레스의 실천 철학의 영역에서 더 이상 다뤄질 수 없었다. 물질적인 이익 추구가 도덕적인 정열에서 해방되어[11] 사실상의 주도적 정열이 되었을 때, 비아리스토텔레스적인 "도덕적 감수성" 이론이 형성되어 이러한 발전을 정당화하지 않으면 안 되었다. 새로운 정치와 도덕 이론은 "사적인 악"이 근대의 시장에서 "공적인 덕"으로 될 수도 있는 과정을 정당화할 필요가 있었다. 윤리학과 정치학에 대한 뒤르켕의 도전에 앞서서 이미 실천 철학은 19세기 중반에 정치학, (정치)경제학, 그리고 도덕 등에 대한 연구로 분화되었다.

이러한 맥락에서 사회 비판 이론이 플라톤과 아리스토텔레스가 활동한 황금기의 그리스 철학을 닮았다고 하는 호르크하이머의 주장은 심각한 오류이다. 왜냐하면 고대의 실천 철학의 근본 문제는 자연적인 기능과 목적을 현실화하는 것인데, 인간들에게 이 기능과 목적은 오로지 공동체에서만 가능하기 때문이다. 인간이 왜 자신의 기능에 따라 살려고 선택해야 하는지의 문제, 혹은 인간은 왜 자신에게 최상의 것을 실현하려고 노력해야 하는지의 문제는 '자신의 완전성을 추구하는 경향은 모두의 본성(자연)에 내재해 있다'라는 하나의 존재론적 문제이다. 인간은 자신을 실현하기 위한 이러한 목적telos을 자기의 의식적 목표로 설정함으로써 자신의 내적인 지향점으로 삼아야 한다. 근대의 비목적론적인 자연과학의 발흥과 더불어, 공적인 영역이 자율적인 정치적, 경제적 영역으로 분화됨으로써, 그리고 도덕이 사적인 것으로 되고 친근한 가족의 영역이 출현하게 됨으로써 고대적 전통의 사회적 토대들뿐 아니라 그 인지적 토대들도 파괴되었다. 그리스 철학의 유토피아적 의도에 충실히 머물고자 하는 사회 비판 이론은 그러나 더 이상 지탱될 수 없는 자연 존재론의 토대에 서 있을 수 없었다.

실제로 호르크하이머는 비판 이론의 규범적-유토피아적 차원을 정당화하기 위해 두 번째 철학 전통에 호소한다. 독일 관념론의 어법을 사용하면서 그는 다음과 같이 쓴다. "과거의 철학에서 최상의 행복으로 간주된 이성의 자기 직관*은 근대 철학에서 스스로 결정하는 자유로운 사회라는 유물론적인 개념으로 변형되었다"(ZfS 1937: 626/246). 근대 철학에서 말하는 "이성의 자기 직관"은 플라톤과 아리스토텔레스가 공유하였던 사변적인 행복이라는 이상과 더 이상 조화를 이룰 수 없다. 그리고 사변적인 행복의 토대는 인간의 누스 *nous*(이성, 지성)가 신적이고 영원한 지성에 참여하는 것이었는데, 근대 철학에서 "이성의 자기 직관"에의 이러한 호소는 고대의 사변적 행복의 토대와 조화를 이룰 수 없다. 이에 반해 호르크하이머는 독일 관념론에서 정형화된 자율성의 이상에 호소한다. 독일 관념론에 따르면, 이성의 자기 직관은 인간의 의지로 하여금 합리적인 원리에 따라 스스로 결정하게 하는 자유의 행위이다. 자기 결정하는 자유로운 사회라고 하는 유물론적 견해는 그리스 전통의 실천 철학에 빚지고 있는 것이 아니라 칸트의 자율성 이론에 빚지고 있다.

하지만 호르크하이머에게 "자기 결정하는 자유로운 사회"라고 하는 유물론적인 이념은 단순한 "당위"가 아니라, 즉 실천 이성의

---

* 아리스토텔레스는 이성의 자기 직관을 순수 이론적인 행위 *theoria*로 이해하며, 이것을 행복의 최고 단계로 생각하였다.

요청이 아니라, 하나의 가능성이다. 물론 이때 이 가능성은 자연적인 가능성이 아니라 역사적인 가능성이다. 이러한 이상은 생산력이 발전하는 가운데, 그리고 인간이 자연에 대한 지배를 발전시켜 가는 가운데 구현되는 내적이고 역사적인 잠재태이다. 아리스토텔레스의 자연주의와는 달리 호르크하이머의 자연주의는 존재론적인 자연주의가 아니라 역사주의적인 자연주의이다. 호르크하이머의 자연주의는 헤겔과 마르크스가 실천 철학practical philosophy을 실천의 철학philosophy of praxis으로 변형시켰다는 사실을 전제한다. 이 문맥에서 "실천praxis"은 "공정하고 고귀한 행위"에 참여할 수 있는 인간의 특수한 능력을 의미하는 것이 아니라 실존의 객관적 조건을 구성하는 구체적 활동을 의미한다. 여기서 아주 중요한 결정적인 질문은 사회 비판 이론의 규범적 차원을 역사적 이성에 기초하려는 호르크하이머의 시도가, 자연법에 대한 고대의 존재론적 전통이 피할 수 없었던 것 이상으로, "당위"를 "존재"에서 연역하는 자연주의적 오류를 피할 수 있느냐 하는 것이다. 이와 관련하여 하버마스는 다음과 같이 진술한다.

> 마르크스의 사회 이론의 규범적 토대는 처음부터 불명료하였다. 이 이론은 고전적인 자연법의 존재론적 요청을 새롭게 하고자 하지도 않았으며, 규범 학문의 서술적 요청을 입증하려 하지도 않았다. 이 이론은 함축적 가치 이론들이 갖는 자연주의적 오류를 피할 수 있는 정도만큼만 "비판적" 사회 이론으로 간주되었다. 마르크스는 자신이 헤겔의 논리학을 유물론적으로 분명하게 전유함으로써 단숨에 이 문제를 풀었다고 믿었다. 물론 그는 특별히 이 과업에 전적으로 투신할 필요는 없었다. 왜냐하면 그는 자신의 실천적 탐구의 목적을 위해 지배적인 부르주아 이론들이, 즉 근대 자연법과 정치경제학이 가지고 있는 규범적 내용(이 내용은 혁명적인 부르주아 헌법들에 체현되어 있

었다)에 약속 이행을 촉구하면서 내적으로 비판하는 것에 만족할 수 있었기 때문이다.[12]

비판 이론의 규범적 토대에 대한 "명확성의 결여"를 분석하는 것이 이 책의 주된 목적이다. 이러한 불명료함은 개념적 날카로움이 부족하다거나 분석적 혼돈에서 기인하는 것이 아니다. 이러한 불명료함은 "비판"으로 알려진 질문의 양태에 이미 내재해 있다. 그 강한 규범적 차원에도 불구하고 "비판"으로 알려진 이러한 질문은 스스로 이상적인 윤리학과 이상적인 정치학을 규정하고 있는 가치 이론들의 규범적 순진함을 넘어섰다고 생각한다.

호르크하이머가 규정주의prescriptivism와 전통적인 실천 철학을 거부한 이유는 그의 사회 비판 이론의 토대가 되는 마르크스의 정치경제학 비판 내부에 여전히 남아 있는 헤겔적인 유산 때문이다. 실천 철학을 실천의 철학으로 변형한 헤겔-마르크스 사유는 호르크하이머에게 두 가지 측면에서 영향을 준다. 첫째, 헤겔은 고대의 존재론적 자연법뿐 아니라 칸트 도덕 철학의 규정주의 역시 거부한다. 명백히 가치 평가적이고 규정적인 질문들의 순진함을 피하기 위해 헤겔은 내재적 서술과 비판의 방식을 발전시킨다. 둘째, 그러한 비판의 목적은 인식하고 행위하는 주체의 실천에 의해 사회적 과정이 구성된다는 것을 보임으로써 이 사회적 과정의 완고한 객관성을 탈신비화하는 것이다. 비판적 과업의 첫 번째 계기를 내재적immanent 비판이라 부를 것이고, 두 번째 측면을 탈물신화하는defetishizing 비판이라고 부를 것이다. 사회 비판 이론의 규범적인 토대와 관련하여 나타나는 불명료함은 이러한 헤겔적인 유산에 대한 분석에서 시작해야 한다는 것이 나의 논제이다.

헤겔은 인식론에서 뿐 아니라 도덕 철학과 정치철학에서도 나타나는 표준주의적이고 근본주의적인 질문들의 함정을 피하기 위해서 내재적 비판의 방법을 발전시킨다. 현상학적인 "관찰"의 방법으로 불리는 대안적인 인식론적 탐구가 분명하게 드러나고 있는 『정신현상학』 이전에[13] 나온 자연법에 관한 1802/3년의 논문에서[14] 조차 헤겔은 근대 자연법 이론의 경험주의적 이론과 형식주의적 이론을 비판하기 위해 유사한 논의를 사용하고 있다. 나는 이 책의 제1장에서 내재적 비판의 방법의 기원에 대한 나의 논의를 시작할 것이다. 근대 자연법 이론을 거부하기 위해 이 책에서는 비표준주의적인 탐구 방법이 사용되었는데, 이 방법은 자신의 상대자가 비일관적이며 모순에 차 있다고 보여 줌으로써 그 상대자의 논의를 비판할 수 있게 한다. 마르크스의 정치경제학 비판은 헤겔의 내재적 비판의 방법에 빚지고 있으며, 헤겔을 따라 마르크스 또한 로크와 칸트류의 자연법 이론이 교조적이고 규정적이라는 이유로 거부한다. 근대 정치경제학의 원자주의에 대한 마르크스의 유명한 공격은 1802/3년에 자연 상태의 방법론에 대해 행한 헤겔의 비판에 이미 나타나 있었다.

근대 자연법 이론에 대한 방법론적 비판이 유효한 많은 것을 내포하고 있기는 하지만, 이 비판은 헤겔과 마르크스로 하여금 이 이론의 규범적 내용을 과소평가하게 만든다. 홉스에서 칸트에 이르는 근대의 정치철학은 합리적인 합의가 합법적인 정치적 권위의 토대임을 주장한다. 이러한 요청을 부르주아 시민 사회의 이데올로기로 간단히 처리함으로써 마르크스뿐 아니라 헤겔도 근대성에 대한 심오한 모호성을, 그리고 사회적 삶이 공적인 영역, 사적인 영역, 그리고 친근한 영역으로 특징적으로 분화되는 근대의 현상에 대해 심각한 모호성을 드러낸다. 근대 자연법에 대한 이러한 초기의 비판은 통일된 인륜적 공동체(sittlichkeit)의 규범적 이상을 전제한다.

제2장에서는 노동과 이 노동에 내재해 있는 해방적 계기들에 대한 발견으로 인해 헤겔이 "엘레우시스로부터 퇴각"*과 더불어 근

대와의 화해의 길로 접어들게 된다는 사실이 제시된다. 『정신현상학』에 중점을 두면서, 나는 '역사는 집단적 주체의 "노동/작품"이다'는 주장, 그리고 '개인이 구성하면서 구성되는 주체의 동일성을 스스로 인식할 경우 이 개인은 객관적 실재와 화해할 수 있다'는 주장을 분석할 것이다. 사회-역사적 세계가 집단적 단수 주체의 "작품"이라는 주장, 그리고 구성하면서 구성되는 주체는 동일하다는 주장은 "주체의 철학philosophy of the subject"이라 불린다. 제2장 후반부에서의 나의 목표는 주체의 철학이 『1844년 수고』에서 행해진 헤겔에 대한 마르크스의 유물론적 비판에서 거부되는 것이 아니라 여전히 포함되어 있다는 사실을 보이는 것이다. 내재적이고 탈물신화하는 비판의 규범적 전제들에 대해 이렇듯 예비적으로 분석함으로써 이 책의 체계적 목표가 보다 잘 드러나게 될 것이다. 비판 이론의 규범적 토대들의 문제에 접근하는 가운데 나의 목적은 지배적인 행위 모델, 즉 "행위의 노동 모델"을 설명하는 것이다. 이 모델은 우선 외화에 대한 헤겔의 분석에 의해 명료화되며, 그 다음 『1844년 수고』에서 마르크스에 의해 유물론적으로 "생산"으로 번역되며, 호르크하이머의 1937년 논문인 「전통 이론과 비판 이론」에서도 은연중

---

* 헤겔은 초기에 자신의 친구인 횔덜린과의 재회를 그리며 「엘레우시스」라는 시를 썼다. 이 시는 잃어버린 고대 도시에 대한 향수를 담고 있는 작품이다. 엘레우시스는 아테네 남동쪽에 위치한 고대 그리스의 해안 도시로서 대지의 여신인 데메테르를 숭상하는 축제 의식을 연례적으로 개최하였다. 청년 헤겔은 엘레우시스에서 개최되는 축제 의식을 생동적이고 주관적인 그리스 문화의 상징으로 해석하여 중세와 근대의 죽어 있는 객관성의 문화에 대한 한 대안으로 제시한다. 따라서 청년 헤겔은 근대의 문제성을 근대 내부에서 해결하려 하지 않고 엘레우시스로, 즉 고대로 도피함으로써 해결하고자 했다. 하지만 예나 시기 이후 그의 성숙한 철학에서는 고대를 돌이킬 수 없는 인간의 '과거'로 해석함으로써 근대의 긍정성을 적극적으로 수용한다. 따라서 "엘레우시스로부터 퇴각"이라는 벤하비브의 말은 헤겔이 고대의 붕괴의 불가피성과 근대 세계의 생성의 필연성을 인식하기 시작했다는 것을 함축한다. 이제 근대는 단순히 부정적으로만 그려지는 것이 아니라 역사 발전에서 필연적인 단계를 서술하는 것으로 간주된다.

에 나타는 규범적인 표준으로 계속된다. 행위의 노동 모델은 "주체의 철학"으로 묘사된 상의 초석이다. 마르크스에서 호르크하이머에 이르기까지 외면성을 생산하고, 자신의 능력을 이 생산 과정에서 전개하며, 자신의 소외된 힘을 전유하도록 운명 지워져 있는 조물주적인 인간 상이 지배한다. 주체의 철학과 행위의 노동 모델은 복수보다는 집단적 단수에 특권을 부여한다. 칸트의 도덕 철학에 대한 헤겔의 비판에서, 사회적 관계에서 구체적이고 감각적인 유한자와 개인에 대한 마르크스의 강조에서, 그리고 동일성 철학에 대한 아도르노의 비판에서 우리는 자아, 사회, 그리고 정치라는 상호 주관성과 좀 더 관련이 있는 다수의 관념을 추적할 수 있다. 하지만 이러한 산재된 요소들과 통찰들의 완전한 함의들과, 또 행위의 노동 모델과 주체의 철학의 단점을 전개시키기 위해서는 좀 더 분명하게 연구되어야 한다.

행위의 노동 모델과 주체의 철학에 반대하는 나의 논의는 두 가지 차원에 집중된다. 첫째, 이 모델에 포함되어 있는 행위, 해석, 자율성 등의 개념에 대한 철학적 분류이다. 나는 헤겔이 해석적인 무규정성을 인간의 상호 작용의 영역에서 배제하고자 한 시도를 거부할 뿐 아니라, 헤겔과 마르크스가 의도적으로 사용하는 전前언어적이고 정신적인 언어를 비판한다.

아도르노와 호르크하이머는 『계몽의 변증법』에서 노동을 통한 자연의 인간화의 역사가 해방적인 역동성을 갖는다는 가정을 부정한다. 그들은 19세기에 마르크스주의가 의지했던, 자연을 자신의 모양에 따라 형성한다고 하는 데미우르구스적인 인간 상에 대해 이의를 제기한다. 하지만 행위의 노동 모델의 소멸과 더불어 남겨진 공간은 동일하게 중요한 다른 차원의 인간관계에 의해 채워지지 않는다. 포이에시스poiesis(노동)의 소멸로 인해 프락시스praxis(실천)를 위한 자리가 만들어지는 것이 아니라 시poetics가 그 자리를 대신한다.

전에 언젠가 노동하는 활동을 동반했던 해방적인 희망은 이제 미학의 영역으로 전이된다. 다시 말하지만, 아도르노는 역사라는 집단적 단수 주체의 신화와 역사적 과정의 논리학의 신화를 파괴한다. 하지만 비동일적인 것에 대한 이러한 탐구로 인해 아도르노는 합리적인 언술discursive의 영역에서도 역시 벗어난다. 내적, 외적인 자연과의 비지배적인 새로운 관계 양식을 보여 주고자 의도된 미메시스 개념에 집중함으로써, 나는 이 개념에 의해서는 예술 작품이 아도르노가 추구한 바의 것을 완수할 수 없다는 것을 보일 것이다. 우리와 같으면서도 우리와 구별되는 자만이, 그리고 같음이라는 가까움과 다름이라는 거리에서 우리와 공존할 수 있는 자만이 참다운 다름을 입증할 수 있다(제6장 제4절을 보라).

둘째, 행위의 노동 모델과 주체의 철학에 대한 비판이 사회 이론에 어떤 함의를 내포하는지가 나의 관심사이다. 마르크스의 자본주의 분석을 다루는 제4장, 국가 자본주의 사회에 대한 프랑크푸르트학파의 진단을 다루는 제6장, 그리고 하버마스의 후기 자본주의 사회 이론을 다루는 제7장 등은 사회 이론의 질문들을 취급한다. [여기서] 사회를 인식하는 두 시각은 구별된다. "상호 주관성"의 관점은 개인들이 스스로를 사회적 삶의 **참여자**로 보는 관점에 상응한다. 두 번째 시각은 "초주관성"의 관점인데, 이 관점은 사회적 관계를 분석하고 판단하는 **관찰자**의 관점을 반영한다. 이 두 인식의 관점은 사회적 위기의 두 개념과 연관되어 있다. "생동적 위기"는 사회적 구조가 개인들에게 발생시키는 실제적인 결핍, 요구, 감정, 그리고 불만족 등을 지칭한다. 이것들은 주로 정서적이고 태도적인 수준에서 나타난다. 이에 반해 "체계적 위기"는 관찰자의 관점에서 사회적 체계의 모순들, 부실 기능, 그리고 혼란 등을 분명하게 보여 준다. 이때 사회 체계들은 부와 권력과 다른 재화들을 분배하는 가운데 구조적으로 배치된다. 마르크스의 『자본론』은 이 두 인식 관점과 이에 상응하는 위기의 두 경향들이 생산 양식에 내재적이라는 사실을 확립한다. 하지만 생동적 위기의 차원을 통합하는 데 실패함으로써 마르크스는 체계적 위기의 관점을 특권화한다. 반면 체계적 위기의 경향이 차단되었다고 점점 더 확신하게 된 초기 비판 이론가들은 그들을 유토피아적 충동의 선구자로 만든 문화적이고 정서적인 현상에 주로 몰두한다. 후기 자본주의 사회를 명료하게 하려는 임무에 적합한 사회 이론을 구성하고자 한다면, 의사소통 모델에 입각한 사회적 행위 개념을 방법론적으로 그리고 경험적으로 발전시켜야 한다고 나는 주장한다. 적어도 이러한 사실은 비판 이론에서 생산으로부터 의사소통 행위로의, 주체의 철학의 정치학으로부터 근본적인 상호 주관성의 정치학으로의 패러다임 변화를 함축한다.

비판 이론에서 이러한 패러다임 변화를 대충 설명하고 난 후 이 책의 마지막 장에서 나는 다시 다음의 질문으로 돌아올 것이다. 즉, 의사소통적 윤리학과 자율성의 프로그램을 전개하는 맥락에서 헤겔의 칸트 비판은 우리에게 무엇을 가르쳐 주는가? 보편화에 대한 헤겔의 거부, 칸트 윤리학의 제도적 토대에 대한 그의 비판, 그리고 이 이론에서 정념으로부터 도덕성의 분리 등을 인도자로 삼아 나는 헤겔의 비판을 현대화할 것이다. 의사소통적 윤리학이 도덕 발달의 불가피한 계열 상의 한 단계로 받아들일 경우 우리는 주체의 철학으로 되돌아가고 말 것이다. 이때 의사소통적 윤리학이 신칸트주의 윤리 이론들의 재탕이 아니라 이 이론들의 비판이게 하는 측면들은, 예를 들어 존 롤즈의 이론처럼, 모호하게 되고 만다. 의사소통적 윤리학은 권리와 자격의 공동체community of rights and entitlements라는 롤즈 이론의 상을 받아들이지만, 롤즈의 윤리학과 구별되는 가장 중요한 것은 의사소통적 윤리학이 무엇보다도 욕구와 연대의 공동체 community of needs and solidarity를 선취한다는 것이다. 이러한 두 계기들은 상대적으로 규범과 유토피아에 상응한다.

규범과 유토피아는 정치학의 두 상을 지칭하는 개념들이다. 하나는 내가 "완성의 정치학"으로 이름하며, 다른 하나는 "변형의 정치학"이라고 이른다. 완성의 정치학은 현재의 사회가 미완성인 채로 남겨 둔 것을 미래의 사회가 보다 적절하게 성취한다는 것을 보여 준다. 이것은 현재가 갖는 함축적인 논리를 극대화하는 것이다. 변형의 정치학은 질적으로 새로운 욕구와 사회적 관계 그리고 유대 양식을 강조하는데, 이것은 과거의 것에 내재한 유토피아적인 잠재력을 활짝 열어젖힌다. 사회 비판 이론 내에서 규범들의 명료화가 부르주아 혁명의 보편주의적인 전제들, 즉 정의, 평등, 시민권, 민주주의, 그리고 공공성 등을 수행하는데 반해, 유토피아의 명료화는 초기 사회주의적인, 공동체주의적인, 그리고 무정부주의적인 운동의 전통들, 즉 욕구와 연대의 공동체의 형성, 그리고 내적, 외적인 자연과의 질적으로 변형된 관계 등을 계속 수행한다. 간단히 말해서 규범론자들이 정의와 인간의 가치에 대한 요구를 명료화하는 과업을 가지는 데 반해, 유토피아주의자들은 우정, 연대, 인간적 행복 등의 양식을 그려 준다. 그들 사이의 본질적인 긴장에도 불구하고 사회 비판 이론이 이 두 계기에 정당성을 부여할 수 있는 한 사회 비판 이론은 오늘날 우리가 수신하기에 거의 유일하게 충분하다.

나는 비판 이론에서 나타나는 행위의 노동 모델로부터 의사소통 행위 모델로의 패러다임 변화의 본성과 중요성을 보여 주는 가운데 행위 이론, 사회 이론, 방법론, 실천 철학, 그리고 메타 윤리학 등과 같은 다양한 영역들에 대해서도 고려했다. 특히 분석 철학을 포함한 다양한 영역들에 뻗어 있는 관심들의 통합이 나의 관심사이다. 그리고 이러한 통합은 윤리학의 문제들이 정치학의 문제와 분리될 수 없다는 나의 신념을, 현재의 사회 이론을 숙지하지 않은 규범적인 고려들이 무익하다고 하는 나의 신념을, 그리고 행위와 해석과 감정에 관한 견해를 분명하게 하지 않는 인간 행위 이론은 오류라고 하는 나의 신념을 반영한다. 이 책에서 나는 철학의 임무가 합리성, 자율성, 그리고 반성 등의 의미를 문화와 사회가 다른 조건 아래서 다시 생각하는 것이며, 이러한 임무를 위해 철학과 특히 사회과학의 생산적인 공조가 필연적이라고 하는 비판 이론의 근본적 통찰을 따랐다.

현대 철학에는 이러한 접근의 목적과 요청에 대한 거대한 회의주의가 존재한다. 이 시대의 철학은 신칸트주의와 신맥락주의 사이에 다시 한 번 붙잡혀 있다. 윤리학과 인식론에서 근본주의에 대한 비판은 맥락주의로, 즉 삶의 형식, 언어 게임, 문화, 그리고 실천 등의 다양성과 통약 불가능성에 대한 강조로 나아갔다. 타당한 지식과 행위의 최소한의 기준들을 여전히 추구하는 어떤 철학적 프로그램도 계몽의 실패한 프로그램을 계속한다고(매킨타이어), 인식론을 특권화한다고(로티), 그리고 19세기의 메타 서사를 영속화한다고(리오타르) 비난받는다.[15] 비판 이론의 기획은 한편으로 롤즈와 기워스A. Gewirth의 신칸트주의[16]와, 다른 한편으로는 로티의 문맥적 실용주의나 리오타르의 포스트모더니즘[17]과는 다른 제3의 대안으로 드러난다.

칸트주의의 몰역사적이고 몰사회적인, 그리고 구체성을 벗어난 도덕적-인식적 주체에 대한 비판은 비판 이론이 새로운 맥락주의와 포스트모더니즘과 공유하는 부분이다. 이러한 통찰은 헤겔의 『정신현상학』이래 사회 비판 이론의 초석이 되었다. 사회 비판 이론은 따라서 인식자로서의, 그리고 행위자로서의 인간 개인을 형성하는 구체적이고 물질적인 실천의 강조를 이 두 입장과 공유한다. 이것은 이번에는 헤겔에 대한 마르크스주의자들의 유물론적 비판의 교훈이다. 마지막으로 비판 이론 역시 기초적인 소여물에 대한 추구를 거부한다. 인식론에서 소여된 것의 신화를 거부한 것은 호르크하이머의 1937년 논문의 근본 원리이다.[18] 아도르노의 후설 비판은 현대 사상에서 인식론에 대한 가장 날카로운 분석들 중 하나로 남아 있다.[19] 사회 비판 이론은 당대의 맥락주의와 포스트모더니즘과 거리를 둔다. 왜냐하면 사회 비판 이론은 비근본주의적인 논의에 의해 확보된 타당성의 기준들이 형성될 수 있다고 주장하며, 또 문화로의 전회에도 불구하고 사회 분석이 면제된다고 보지 않기 때문이다. 현대 철학은 문화 세계를, 혹은 "인류의 대화"를 발견함으로써 다시 한 번 사회를 경시하게 되었다.

    사회 비판 이론의 프로그램은 신칸트주의와 맥락주의의 약점을 없애고 그것들의 강점을 잘 조합할 경우 이 두 입장들 사이에서 오락가락 하는 현대 철학의 난점을 해결할 수 있는 대안을 제시할 수 있을 것이다. 사회 비판 이론은 철학이 합리적 주체의 위엄과 자율성에 기대지 않고서는 진행될 수 없다는 전제를 신칸트주의와 공유한다. 물론 이때 이 주체는 시간 속에서 전개되고, 역사적, 사회적으로 위치 지워진 주체라는 비평에 사회 비판 이론은 동의한다. 맥락주의와 포스트모더니즘은 순수한 반성의 환상을 파괴하며, 우리 관점의 지평을 형성하는 문화적, 역사적, 해석학적, 존재론적 전제들의 불가피성을 우리에게 인식시킨다. 사회 비판 이론은 이러한 결론에 동의한다. 하지만 맥락주의와 포스트모더니즘이 타당성과 합법성의 기준들의 형성 가능성을 거부하고 철학을 문학적 비평으로, 아포리즘으로, 혹은 시로 변형시킨다면, 사회 비판 이론은 이러한 결론에 동의하지 않는다. 사회 비판 이론은 스스로를 동시대의 세계에 적절하지 않은 자로 생각하는 인본주의적인 지식인들의 세기말적인 영감들에 의해 인도되기보다는 오히려, 비록 왜곡되고 불완전한 방식으로이긴 하지만, 우리 사회의 생활 세계에서 지속되고 있는 자율성과 합리성의 구조에 눈을 돌린다. 이때 사회 비판 이론은 더 나은 미래에 대한 희망으로 현재를 살아갈 용기를 공급받는 사람들의 투쟁과 연합한다.

제1부

비판의 기원들

제1장

내재적 비판의 기원

코젤렉R. Koselleck은 절대주의 국가 시기에 나타난 부르주아의 초기 계몽의 변증법을 탁월하게 분석해 준다. 이때 그는 우리에게 "비판critique"과 "위기crisis" 개념에 관해 어원학적으로 상세히 알려주고 있다. 두 개념은 그 뿌리를 그리스어 크리시스$\kappa\rho\iota\sigma\iota\varsigma$에 두고 있다. 이 단어는 원래 '나눔,' '선택함,' '판단함,' '결정함' 등의 뜻을 가진다.[1] 크리시스는 불일치와 대결을 의미할 뿐 아니라 또한 이미 도달한 결정과 지나간 판단을 지칭하기도 한다. '비판'은 갈등과 대결의 과정, 즉 위기에 관한 주관적 평가 내지 판단이다. 사회적, 자연적 소란과 이 소란 과정에 대한 주관적 판단 사이의 관계는 의학적인 술어에서 훨씬 더 현저하게 나타난다. 사실 이 개념들은 중세 시대에는 의학적인 술어에 국한되어 있었다.[2] 의학적인 문맥에서 '위기'는 질병의 진행 과정에서 분기점이 되는 단계, 환자가 치료될 것인지 악화될 것인지에 관해 결성석인 신난이 내려시는 단계를 지시한다. "위기에 처한critical 병의 상태" 혹은 "그 환자는 위기 상황critical condition에 있다"와 같은 표현들은 이 개념들의 어원적인 콘텍스트가 영이에서도 잘 보존되고 있다는 증거이다.

부르주아의 초기 계몽의 기간 동안에 '비판'과 '비판주의

criticism'라는 용어는 그리스어와 이후 중세의 용법에 특징적으로 나타났던 주관적 판단과 객관적 과정 사이의 연결의 끈을 놓쳐 버렸다. '비판주의'는 이제 주어진 대상의 진정성이나 진리, 유효성 혹은 아름다움 등을 평가하는 판단 양식을 의미한다.[3] 이러한 종류의 가치 판단은 특히 고대 텍스트들의 해석에 적용되지만, 동시에 인간에 대한 평가뿐 아니라 문학과 예술에도 적용될 수 있다. 비평가 critic는 훌륭한 재판관이다.

프랑스 혁명 이전의 계몽의 기간 동안 고대 텍스트들을 해석하는 데 적용되었던 훌륭한 판단 양식이 교회의 영향에서 벗어났다. 동시에 진리와 진정성, 아름다움과 유효성을 평가하는 데 있어서 주체의 판단이 정치적 권위의 검열에서 벗어났다. 비판주의는 이제 사적, 비정치적 활동으로 간주된다. 18세기 부르주아의 초기 계몽의 변증법은 '비판주의'와 '비판'이 갖고 있던 고대의 잊혀진 어원적 의미를 회복하기 위한 방법이었다. 왜냐하면 비평의 양식이 사적인 문제를 평가하는 데 한정되지 않고, 국가의 존재 이유를 판단하는 데까지 확장되었기 때문이다. 비판주의 양식은 절대주의 국가의 존재 근거였던 국가의 합법성을 허물게 되는데, 이와 더불어 정치적 권위의 위기가 가시화된다. 프랑스 혁명 전야에 '비판주의'는 절대주의 국가의 '위기'를 객관적, 역사적 과정으로 드러내는 합리적인 평가 수행을 의미하게 된다. "자유롭게 기능하기 위해 처음에는 국가와 거리를 취하고 있던 비판주의가 이제 자기 자신의 권위에 의지하여 한때 스스로 설정했던 한계들을 넘어선다."[4] 여기서 코젤렉은 칸트의 『순수 이성 비판』 서문(1781)에 나타난 다음의 진술을 염두에 두고 있다.

우리 시대는 모든 것이 비판에 복종해야 하는 그런 비판의 시대이다. 종교는 그 신성함 때문에, 법은 그 존엄함 때문에 비판에서 면제되고

자 한다. 하지만 그렇게 함으로써 종교와 법은 당연하게도 의심을 불러일으키며, 또한 이성이 공개적인 검토를 견뎌낼 수 있는 것에만 부여하는 진지한 존경도 요청할 수 없다.[5]

칸트의 『순수 이성 비판』에서 마르크스의 "자본주의 생산 양식의 비판적 분석"으로의 '비판' 개념의 철학적 변형(언어학적 변형이 아니라)을 검토해 본다면, 코젤렉이 검토했던 것과 유사한 변증법이 보일 것이다. 칸트 철학은 사상가의 "주관적 판단"을 역사와 사회의 "객관적 과정"과 분리시키는 데 특징이 있다. 이에 반해 마르크스의 『자본론』은 위기를 품고 있는 모순적인 사회적 실재의 본성을 노출한다는 의미에서의 비판적 분석이다. '비판'이라는 용어가 칸트에서 마르크스로 철학적 변형을 일으킨 사실을 이해하기 위해서는 칸트와 계몽에 의해 수행된 "단순한 비판"을 헤겔이 어떻게 거부하는지를 알아야 한다. 마르크스의 사회 이론에서 '비판'과 '위기'의 관계를 알기 위해 헤겔의 전회를 분석할 필요가 있다.

1. 헤겔적 기원

이 책의 처음 두 장에서 나는 비판 개념의 이러한 변형을 헤겔과 마르크스의 사유의 역사적인 두 단계에 초점을 맞춤으로써 추적할 것이다. 이 장에서는 1802/3년에 수행된 근대 자연법 이론에 대한 헤겔의 초기 비판과 1844년 이전에 행해진 청년 헤겔주의자들에 대한 마르크스의 비판이 논의될 것이다. 청년 헤겔과 초기 마르크스 모두 부르주아 시민 사회와 부르주아들이 그들의 처지를 정당화하기 위해 취한 이론들에 대해 내재적 비판을 수행한다. 이러한 비판을 수행하게 한 것은 근대 시민 사회가 분리시킨 것, 즉 헤겔에서는 도덕성과 합법성의 분리를, 마르크스에서는 부르주아로서의 인간과 국민으로서의 인간의 분리를 다시 한 번 연합시킬 수 있게 하는 통일된 인륜적 삶에 대한 이상이었다.

비판 개념의 변형에서 두 번째 단계는 1805/6년의 시기 동안 헤겔이 노동을 사회적이고 인식론적인 범주로 발견한 것에서 시작하는데, 이것은 『정신현상학』의 논의에서 정점에 이른다. 헤겔의 현상학적 방법은 내가 '탈물신화Defetishizing'라고 부르는 비판의 기원이 된다. 이 방법은 소여된 것으로 현상하는 것이 사실은 자연적 사실이 아니고 역사적으로, 사회적으로 형성된 실재임을 보이는 과정의 기원을 이룬다. 1844년의 『경제학-철학 수고』에서 행한 마르크스의 헤겔 비판은 헤겔의 발견을 거부한 것이 아니라 그것을 '유물론적으로' 지속한 것으로 보아야 한다.

이제 여기에서 논의될 1802/3년에 나온 헤겔의 『자연법』은 이 책에서 검토될 비판 이론의 규범적 토대 문제를 위해 대단히 중요하다. 나의 이런 주된 관심사를 위해 이 논문은 두 가지 중요성을 갖는다. 첫째, 이 논문에서 헤겔은 규범적 논의 절차들에 대한 방법론적 비판을 전개한다. 특히 그는 사실에 어긋나는 사유 실험이, 예컨대 "자연 상태"와 같은 신조어의 사용이 부정될 수 있다고 주장한다. 그러한 규범적 절차를 이용할 경우 언제나 논점 회피petititio principii에 이르게 된다는 것이다. 그러한 논의들은 우선적으로 증명하고자 했던 것을 전제하거나 이미 증명된 것으로 취한다.

둘째, 헤겔의 근대 자연법 이론 분석은 마르크스의 사회 비판 이론의 전개에 참으로 많은 영향을 미쳤다. 마르크스주의적 전통은 반反사실적 주장에 대해 광범위한 불신을 가지며, 보편적 타당성을 주장하는 원자론적 개인주의지들이 사실은 부르주아 시민 사회를 성당화하는 데 봉사할 뿐이라고 비난한다. 마르크스주의적 전통의 이러한 불신과 비난의 기원은 헤겔의 『자연법』으로 거슬러 올라간다. 롤즈J. Rawls, 아펠K.-O. Apel, 하버마스J. Habermas 등과 같은 오늘날의 사상가들의 작품에서 반사실적 논의 과정이 부활하는데, 이것은 헤겔의 이러한 논의를 다시 주목하게 한다. 헤겔의 비판에서 무엇을 얻을 수 있을지에 대한 질문은 따라서 오늘날 아주 실제적인 질문이다. 이 장에서 나는 그러한 이론들의 구조가 논점 이탈의 오류에 기초해 있다는 헤겔의 비난이 철회될 수 없다는 것을 주장하는 한편, 자연법 이론에 대한 그의 초기 비판이 통일된 인륜성Sittlichkeit에 대한 규범적 형상에 의해 추동되었다고 주장할 것이다. 인륜적 삶에 대한 이러한 이상을 강조함으로써 헤겔은 근대 시민 사회에 대한 심각한 애매함을 산출하였다. 왜냐하면 근대 자연법 이론들이 근대 국가에 대한 합법적 복종의 토대에 합리적으로 동의하게 하는 규범적 기능을 가짐에도 불구하고, 그러한 강조로 인해 헤겔은 반대로 자연법 이론의 이러한 규범적 내용을 과소평가하게 되었기 때문이다.

2. 자연법 이론에 대한 헤겔의 방법론적, 규범적 비판

『자연법』에서 헤겔이 가지고 있는 기본적인 문제의식은 1801년의 『피히테와 셸링의 철학체계의 차이』(=『차이』)[6]와 1802년의 『신앙과 지식』[7]에서 나타나는 문제의식과 연속성을 이루고 있다. 이 작품들에서 경험주의자들과 특히 선험 철학은 개념과 직관, 형식과 내용, 일과 다, 동일성과 차이, 유한과 무한 등을 급진적으로 분리한다고 비판받는다. 헤겔에 따르면, 철학에서 이원론의 이러한 현존은 문화적 삶 안에서의 보다 깊은 균열의 표현일 뿐이다. 그는 철학의 목적이 이런 균열을 극복하고 통일을 회복하는 것이라고 보았다.

『차이』에서 그는 다음과 같이 쓴다.

> 하나의 철학을 지탱하고 있는 특수한 형식을 좀 더 자세히 바라보면, 우리는 그 철학이 한편으로는… 정신의 생동적인 본성에서 발생한다는 것을, 다른 한편으로는 체계에 앞서 있는 분열Entzweiung을 지탱하고 있는 특수한 형식에서 발생한다는 것을 알 수 있다. 분열은 철학의 욕구의 원천이며, 시대의 문화Bildung로서 이러한 형태의 부자유스런 측면이다. … 정신과 물질, 영혼과 육체, 신앙과 지식, 자유와 필연 등과 같은 (이원론적인 분열의 - 옮긴이) 형태에서… 우리에게 중요하며, 인간의 주된 관심의 대상이 되는 대립들은 문화의 형태에서는 이성과 감성, 이성과 자연의 대립으로, 절대적 개념의 관점에서는 절대적 주체성과 객체성의 대립들로 변형되었다. … 그러한 대립을 지양하는 것이 이성의 유일한 관심사이다.[8]

1801년 『차이』에서 '삶,' 철학의 욕구를 발생시킨다고 하는 '생생한 조건들의 총체성,' 그리고 철학의 활동을 이끌어 간다고 하는 '총체성을 향한 열망' 등을 헤겔은 근대 세계를 규정하는 '분열Entzweiung과 분리, 그리고 갈등'의 문화와 낭만적으로 대치시킨다. 『자연법』에서도 역시 "동일성과 차이의 참다운 통일"을 생각할 수 없는 근대 이론 철학의 무능력 때문에 이 철학은 헤겔이 "모든 인간적인 것을 추동하는 자Beweger aller menschlichen Dinge"(NR, 438)라고 말한 인륜das Sittliche의 절대적 총체성을 파악할 수 없다고 한다 (*ibid*.). 이론 철학의 원리로서 "동일성과 차이"의 통일에 대한 추구와 실천 철학에서 "인륜의 참다운 통일"에 대한 추구는 동전의 양면이다. 그러한 통일을 얻는 데 실패한 경험주의와 형식주의는 서로 경쟁 관계에 있는 철학적 교설들이 아니라 근대 사회의 분열이라는 동일한 문제를 드러내고 있을 뿐이다. 헤겔은 경험주의와 형식주의의 대립이 외적인 것에 불과하다고 주장한다. 자의적인, 외견상 독립해 있는 두 요소들 사이의 대립에서처럼, 대립은 현상적으로는 대립이지만 본질적으로는 하나이다. 이러한 사실이 의미하는 것은, 경험주의는 형식주의적이며, 형식주의는 ― 헤겔은 여기서 이 형식주의를 선험 철학과 같은 것으로 여긴다 ― 경험주의의 각색에 지나지 않는다는 것이다. 이 두 사조는 인식과 도덕 이론에서 스스로 타당하다고 생각하는 어떤 소여물에서 출발한다.

헤겔의 이러한 비난은 자연법 이론의 방법론적 절차를 지적함으로써 구체적으로 예시된다. 홉스, 로크, 그로티우스, 푸펜도르프 등 경험주의적 자연법 이론가들은 "자연 상태"(NR, 425ff./63ff.)라고 불리는 추상에서 시작한다. 이러한 추상은 사유 실험에 의해 도달된 것이다. 왜냐하면 이 이론가들은 그들이 묘사하는 그런 조건에 인간이 한 번도 있지 않았으며 또 결코 있지 않을 것이라는 것을 분명히 알고 있기 때문이다.[9] 그럼에도 불구하고 그들이 묘사하는 "태고의 시대"와 어떤 원시인들의 조건은 그런 자연 상태가 한 번은 존재했을 수 있으며, 따라서 인간적으로 가능하다는 증거로 제시된다.[10] 대부분의 자연법 이론가들은 자연 상태가 인간 본성에 상응하는 실재이기 때문에 상상력에 의한 허구나 고안물 이상의 것이라고 주장한다. 이렇게 함으로써 그들은 인간 본성을 구성하는 것으로 보이는 측면이나 요소들을 공동체에서의 인간의 삶으로부터 추상해 버리며, 반면 습속, 전통, 습관, 계약 등을 산출하는 것과 관련 있는 것을 우연적인 것으로 남겨둔다. 이러한 추상의 과정을 통해, "경험 심리학에 의해 인간 안에서 발견된 능력들의 축적"(NR, 444/63)이 이루어졌다. 헤겔에 따르면, 일관된 교조주의적 태도는 우연적이라고 생각되는 것을 "혼란스러운 법 상태의 이미지에서" 분리함으로써 필연적인 것을 파악하고자 한다(NR, 445/64). 이러한 추상, 분리 등과 일치하는 가설은 결코 명확하게 설명되지 않는다. 사실 경험론적 자연법 이론가들은 인간의 본성인 것과 아닌 것을 규정하는 데 있어서 철학적 원리에 의해 인도되기보다는 오히려 편견에 의해 인도된다. 실제로 발견되는 것을 인식하기 위해 필요한 것은 자연 상태에도 꼭 있어야 한다는 확신 때문에 그들은 그러한 사유의 길을 따른다. 그래서 헤겔은 "선천적인 것(Apriorische)을 위한 주도적 원리는 후천적인 것(Aposteriorische)이다"(NR, 445/64)라고 말한다. 이러한 반사실적 이론들은 논점을 교묘히 회피한다. 그들이 정당화하고자 하는 규범적 인간 상은 그들이 전제하고서 출발한 바로 그 상이다. 이러한 관점에서 경험주의는 교조주의인데, 왜냐하면 출발점을 이루는 소여된 것이 아직 해명되지 않은 기준과 일치하는 것으로 주어지기 때문이다. 은연중에 전제되는 이러한 기준을 좀 더 자세히 검토해 보면, 이 기준이란 것은 다른 것들을 대가로 지불하고서 특정한 요소들을 물화시킨 결과라는 것을 알게 된다. "인류의 자연적 조건들"이라고 서술된 것이 동시대에 살고 있는 개인들의 조건에서 추상한 이미지로 탈바꿈한다.

경험주의적 자연법 이론에서 "선천적인 것의 주도적 원리는 후천적인 것이다"(NR, 445/64). 왜냐하면 이 이론들은 사회의 현재 상태를 영속화하고, 이 상태를 인간의 조건 그 자체로 제시하기 때문이다. 홉스는 자연 상태를 "열정들로부터 만들어진 추론"이라고 부르며, 각자에게 인간의 본성을 발견하기 위해 자기 자신을 보라고 요청한다.[11] 로크는 인간이 이성에 의해 인도될 경우 얻을 수도 있는 것을 서술하기 위해 우선 자연 상태를 요청한다. 그런데 그의 분석 전체는 전쟁 상태, 그리고 그가 알고 있는 인간들의 상황이 어떻게 최초의 무지의 상태에서 스며들어 왔는지를 설명하는 데 그 목적이 있다. 로크는 제2의 자연 상태를 묘사하기 위해 임노동, 사유 재산, 상업 자본 등과 같은 제도들을 주저 없이 첨가한다.[12]

"자연 상태" 이론에 반대하는 헤겔의 방법론적 논증은 다음과 같이 정리될 수 있다. 한 이론이 반反사실적 추상에 의지하여 시작된다면, 그 이론가는 인간 조건의 어떤 측면들은 최초의 추상에 포함시키는 반면 다른 측면들은 무시하는 그런 기준들을 가져야 할 것이다. 그런데 그런 기준들은 그 자체 규범적일 것이다. 왜냐하면 그 기준들은 그 이론가가 인간 본성의 본질적인 측면 혹은 비본질적인 측면으로 간주하는 것에 의존하기 때문이다. 이 초기 자연법 이론가들 가운데서 작동하는 규범적 기준들을 더 자세히 검토해 보면, 각각의 선천적인 것이 사실은 후천적인 것이라는 것을 알게 되며, 혹은 인간들이 근대 부르주아 사회에 어떻게 존재하는가는 자연 상태에서 존재해야 하거나 존재했을 수도 있는 것을 결정하는 데 주된 기준이 된다는 것을 알게 된다. 이 이론가를 이끌고 간 최초의 반사실적 추상은 그가 승인한 인간 본성과 이성 개념의 정당화가 아니라 단순한 예시일 뿐이다.

자연법 이론에 관한 글에서 헤겔의 주된 관심사는 이 자연법 이론가들이 의지하고 있는 그러한 추상이 인륜적 삶의 참다운 관념을 파괴한다는 것을 보이는 것이다. 근대 자연법 이론들에서 인간 본성은 소여된 것으로 간주된다. 이때 이론가는 이 소여된 것으로부터 이끌고 나가야 하며, 그가 그것을 변형시킬 수는 없다. 개인들이 인륜적 유대 밖에서 이미 완전하고 성숙한 존재로 간주되는 한, 그리고 개인의 본성이 사회에서의 삶과 대립되는 것인 한 개인과 전체의 관계는 우연적인 것으로 남는다. 그 대신 인간의 상호 작용과 연합을 통해 발생한 모든 것은 인간의 심리학의 필연성으로 환원된다. 이에 반해 "풍습, 역사, 문화, 국가" 등에 속하는 모든 것은 우연적인 것으로, 인간 본성에 비본질적인 것으로 간주된다(NR 445/63). 인간의 본성과 관련하여 전환점을 형성했던 것은 인간의 조건을 변경할 수 없는 필연성으로 응고시켜 인간을 자신의 본성의 지시에 복종하게 하는 것이다. 헤겔은 개인과 보편자 사이의 끈이 경제적 필연성에 의해 창조된 외적인 조화의 단순한 힘에 의해서라기보다는 교육(Bildung, 도야, 문화)에 의해 구성되어야 한다고 주장한다. 이것은 인간 본성에 대한 변경할 수 없는 고정적인 견해가 도덕 교육이라는 고대의 상에 의해 대치되어야 한다는 것을 전제한다. 고대의 상에 따르면, 정치적 활동이야말로 덕스러운 인간의 교양이었고 교육이었다. 헤겔은 아리스토텔레스를 인용한다. "긍정태는 그 본성상 부정태보다 앞선다. 혹은 아리스토텔레스가 말한 것처럼, 민족Volk은 그 본성상 개인보다 앞선다"(NR, 505/113).

칸트와 피히테에 대한 헤겔의 방법론적 비판 역시 두 차원에서 진행된다. 그는 형식주의의 개념적 실패를 보고서 이 이론들에 함축된 집단적 삶의 규범적 상을 거부한다. 칸트와 피히테 철학의 최고 원리는 사유하고 의지하는 주체의 이상적인 통일을 자기의식에, 혹은 의지에 주어져 있는 다양한 내용과 대립시키는 것이다(NR, 455/71). 선험적 관념론에서 이론적 이성의 원리는 그런 다양성을 통일시키는 선험적 의식의 활동성과 동일하기 때문에 이론적 이성은 이상적이다. 이성은 직관의 다양성 속에 주어져 있는 차이의 계기를 정립하지 않는다. 이와 반대로 실천 이성은 실제적이어야 한다. 실천 이성은 자신에게 주어져 있는 다양한 것들의 대립을 부정하고 자신으로부터 차이를 정립해야 한다. 칸트와 피히테는 자유를 스스로 보편적 법칙과 일치시키는 의지의 인과율로 정의한다. 실천 이성의 임무는 도덕법과 일치하는 내용을 산출하는 것이다. 칸트[13]와 피히테[14]에 대한 헤겔의 비판의 숨은 목적은 사실 이것을 보이는 것이 아니라, 이론적 이성이 실제적이라면 실천 이성은 그 만큼 이상적이라는 것을 보이는 것이다. 자유의 법의 형식주의는 내용을 산출할 수 없다. 법은 이 법에 주어져 있는 내용에 절대적으로 의존한다. 이쯤에서 나는 칸트에 대한 헤겔의 비판의 상세한 검토를 다음(제3장)으로 미루고, 대신 헤겔의 방법론적 사변의 배후에 있는 사회적, 정치적 조건들에 초점을 맞추고자 한다.

청년 헤겔에 따르면, 자연법 이론에서 참다운 주체는 개인과 이 개인의 권리가 아니라 인륜적 총체성이다(NR 509/116f.). 그는 칸트를 비판하는데, 그 이유는 칸트가 홉스와 로크의 자연법 교설에서 이미 주장된 것을 원리로 삼고 있다는 데 있다. 그 원리는 다음과 같다. 도덕성은 개인이 자기 자신의 양심과 맺는 관계에 관심을 갖는다. 이에 반해 "자연법"은 개인들 사이의 외적 관계에 한정된 정의와 합법성의 영역에서 적용된다.[15]

청년 헤겔은 인륜적 삶을 이렇게 도덕성과 합법성의 영역으로 분리시킨 것을 인륜성의 해체로 본다. 시민이 공공의 업무에 종사하는 사람에게서만 인륜적으로 총체적인 삶의 유형을 마주하게 된다면, 전체의 목적은 그 시민에게 이질적인 것이다. 양심과 행위, 법과 도덕적 의도 등은 잠재적으로 서로 대립된다. 근대 자연법 이론들에서 그러한 갈등은 평등한 자들 간의 갈등으로 비쳐진다. 법과 도덕성은 동일한 힘을 가지며, 개인을 넘어설 것을 요구한다. 전체의 권리는 법적인 영역에서 표현되는 것으로서 개인이 느끼는 양심과 도덕법의 요구보다 우월하지 않다. 이 두 영역은 서로를 제약한다. 그것들 중 어떤 것도 참으로 "실정적"이지도 않고, 참으로 인륜적이지도 않다(NR, 479/84).

근대 자연법이 전제한 분리에 대해 이렇게 비판함으로써 헤겔은 자신의 초기 저작들의 주된 요점들 중 하나를 반복한다. 근대 세계에서 사회적 삶은 "실정적"으로 되었다는 것이다. 개인은 죽은 껍데기처럼 자신을 대면하고 있을 뿐인 제도들을 마주하고 있다. 시민들의 정신에서만 살 수 있는 공동체의 법의 내적인 생명은 개인들을 자기들과는 낯선 목적에 봉사하도록 강제하는, 기능을 상실한 부속물로 되었다. 헤겔은 우선 실정성*의 문제를 기독교와의 관계에서 제기하지만, 궁극적으로는 그것을 죽은 역사의 잔여물인 저런 제도

들 전체로 확장한다.[16)]

현재가 참으로 생동적인 토대를 갖지 않는 근거는 과거에 있다. 즉, 법에 의해 고정되어 있지만 지금은 죽어 버린 규정은 과거에는 생동적인 습속이었으며 여타의 **법과 조화**를 이루고 있었다. … 법 토대는 이미 사라진 관습이나 죽어 버린 삶에서 드러날 수 있는데, 법에 대한 이러한 역사적 인식은 이 법이 현재의 생동적인 순간에 그 의미와 이해를 결여할 수 있다는 것을 명시적으로 증명한다(NR, 526/130, 강조는 저자).

실정성은 죽은 과거가 현재에도 연속성을 가질 뿐 아니라 또한 죽은 것의 압력이 현재의 사회적 삶에서도 기능한다는 사실을 표현하기 위한 개념이다. 자연법 이론은 개인주의에 의해, 그리고 집단석 삶을 단순한 합법성으로 환원함으로써 인륜적 삶에서 발생한 실제적 변형을 표현하고 있다. 이제 "물리적 욕구와 향유의 원리"(Nr, 482/94)를 자신의 원리로 삼는 한 영역이 인륜적 총체성 안에서 구성된다. 이러한 원리에 의해 인도되는 활동들은 이번에는 반대로 "하나의 총체성"을 형성하며, 이 행위들은 "무한히 서로 얽히는 가운데

---

* 청년 헤겔에서 '실정성 Positivität' 은 가장 비판적인 개념에 속하는데, '실정 종교' 라는 말은 인간의 자연스런 본성, 즉 도덕적, 이성적 본성에 어긋난 인위적인, 더 나아가 강제적이고 권위적인 종교를 지칭하기 위해 사용한다. 1795/96년의 한 단편에서 그는 실정적 신앙에 대해 다음과 같이 말한다. "실정적 신앙은 특정한 종류의 종교적 교리의 체계이다. 그런데 이 신앙에 따르면, 이 계율들은 우리가 믿을 것인지 말 것인지 주저해서는 안 되는 어떤 권위에 의해 우리에게 주어졌기 때문에, 우리가 진리로 받아들이지 않으면 안 된다고 한다. 우리의 의지와는 독립된 진리로 여겨지고 받아들여야 하는 진리, 아무도 알지 못하고 아무도 진리라고 생각하지 않는다고 해도 계속해서 진리였던 진리, 그래서 종종 객관적인 진리라고 불리는 진리의 체계가 이 실정적 신앙이라는 개념에 포함된다. 이 진리는 이제 우리에게 대해서도 진리여야 하며, 주관적 진리이기도 하다"(졸역, 『청년 헤겔의 신학론집』, 인간사랑, 210쪽). 헤겔은 당시의 독일 문화를 지배하고 있던 기독교가 실정 종교의 전형을 이루는 것으로 평가한다.

하나의 필연성에 복종하게 되고, 욕구와 노동과 노동의 축적이라는 관점에서 보편적 상호 의존의 체계를 형성한다." 그리고 이러한 행위들은 "하나의 과학으로서 소위 정치경제학이라고 불리는 체계를 만들어 낸다"(*ibid.*). 이러한 총체성은 부정적인 총체성인데, 왜냐하면 우선 이 총체성은 단순히 개인주의를 유지할 뿐이기 때문이며, 둘째로 참다운 인륜적 삶의 통일을 위협하기 때문이며, 셋째로 개인을 필연성에, 즉 경제적 법칙이라는 맹목적 필연성에 복종시키기 때문이다. 근대 자연법 이론들은 이러한 경제적 행위의 영역을 기초지우는 법적, 도덕적 원리들을 발전시킨다. 경험주의와 피히테의 법치주의적 견해에 따르면, 공공의 영역은 작용과 반작용(NR, 471ff./85ff.)이라는 뉴턴적인 힘의 상호 작용에 다름 아니다. 경험주의와 피히테의 견해에 의해서 표현된, 공공의 삶에 대한 도구주의자들의 입장은 이러한 상황에 적합한 표현을 제공한다. 방법론적인 구성에서 근대 자연법 이론들은 자기 자신과 스스로 분열되어 있는 인륜적 총체성의 조건을 반영 혹은 비춰 주고 있을 뿐이다. 바로 이 분열된 인륜적 총체성에서 "부정적 절대자," 즉 경제적 개인주의의 영역이 성장하고 발전해 왔다.

여기서 우리는 헤겔의 철학적 방법론의 기원에서 형성된 문제와 그의 초기 정치철학의 주된 관심에 도달한다. 즉, 고대의 이상 *ideal* of the ancients과 근대의 사실 *fact* of the modern,[17] 인륜적 총체성 내에서 "부정적 절대자"의 출현, 즉 재산, 향유 그리고 욕망 충족을 설명하는 경제적 체계의 출현과 그 이후 따라 나오는 인륜적 삶의 분리와 분열Entzweiung. 나는 여기에서 헤겔이 대결하고 있었던 역사적 상황과 개념적 문제를 정의하기 위해 '기원'이라는 용어를 사용한다. 헤겔에게 근대 시민 사회[18]는 경험주의나 선험적 관념론과 같은 근대 철학과 마찬가지로 이러한 분열을 특징으로 한다. 근대 시민 사회가 개인을 보편자에, 경제를 정치에, 도덕을 인륜적 삶에 대립시키는 까닭에 근대 철학 역시 감각과 오성, 경향성과 의지, 필연과 자유 등의 개념적 이분법으로 이러한 사회사적인 내용을 표현했다는 것이다. 헤겔은 이 두 발전 과정을 분열의 형태로 진단함으로써 이미 이러한 진단에 대한 해결책을 암묵적으로 제시했다. 즉, 사회와 사유에서 이러한 분열의 극복이 그 해결책임을 암시한다. 하지만 그러한 극복은 고대의 이상을 근대의 사실에 대립시킴으로써 얻을 수는 없었다. 근대성에 대한, 그리고 근대적 주관성에 대한 내재적 비판에 의해서만 그 길을 보일 수 있었다.

『자연법』은 이 문제에 대한 해결책을 제시하지 않고, 이 문제를 단순히 진술하고 있을 뿐이다. 대신 헤겔은 분열을 설명하기 위해 "인륜적 삶에서의 비극과 희극"(NR, 495/104)의 이미지에 의존한다. 이러한 사유 양식은 인륜성의 역사적 해체에 대한 내재적 해결책과는 훨씬 동떨어진 방향으로 나아간다. 경제라는 부정적 절대자의 영역은 이제 인륜적 삶이 — 자비로운 신이 그러하듯 — 스스로를 희생시킨 것으로 간주된다. 스스로를 타자가 되도록 허용함으로써, 하지만 스스로를 타자 속에서 인식함으로써 인륜은 자신에게 귀환하며, 자신과 하나가 된다. 근대의 경제는 인륜의 희극을 표현한다. 하지만, 근대의 경제를 지탱하고 있는 소외 행위는 인륜의 비극이다. 사변 철학의 입장은 우리에게 인륜적 삶의 희극에서 비극을 이해하게 하고 또 화해의 필연성을 보게 한다.[19]

더 이상 존재하지 않는 폴리스에 대한 향수 어린 이미지에 이끌려 헤겔은 인륜적 삶의 비극과 희극을 상연하는 역사 과정과 금욕적인 화해를 단행한다. 따라서 근대 자연법 이론의 방법론적 교조주의에 대한 헤겔의 비판은 세계사에 직면하여 금욕적 체념으로 변하고 만다. 언젠가 그는 이성 인식의 근본성이 결여되어 있다고 칸트를 비난한 적이 있다. 그런데 이러한 비난은 이제 그에게서 이성이 자기 자신과 분열된 총체성의 한 측면일 뿐이라는 것을 아는 체념적 지혜로 된다. 따라서 내재적 비판은 신적인 내재의 과정에 대한 체념적인 통찰로, 인류의 신들의 연극에 대한 체념적 통찰로 변화된다. 비판주의에 대한 비판은 교조주의로 바뀐다.[20]

근대 문화와 사회를 분열의 형태로 특징화한 헤겔의 생각은 인륜적 총체성에 대한 아리스토텔레스적인 강조보다는 오히려 플라톤적인 강조를 보여 준다. 이러한 헤겔의 생각과 역사 과정에 대한 그의 체념적 호소로 인해 그는 근대 자연법 이론들의 규범적 힘에 대해 과소평가하게 된다. 헤겔은 "권리와 의무의 본질과 사유하고 의지하는 주체의 본질은 동일하다"(NR, 470/83)는 것을 칸트와 피히테 철학의 위대한 측면으로 칭송한다. 그럼에도 불구하고 『자연법』에서 전개된 그의 분석은 이 원리의 진리성을 정당화하지 않는다. 평화보다는 전쟁이, 경제보다는 정치가 강조된다는 사실은 인륜적 총체성에서 개인을 분리시키는 개인주의 제도들이 비판을 받고 있다는 사실을 의미할 뿐이다. 여기서 인륜적 제도들이 개인들의 의지와 자유를 통해 어떻게 매개되는지는 설명되지 않는다. 합리적 합의를 개인의 정치적 의무로 삼는 자연법 이론의 규범적 내용은 대신 근대의 경제적 이해가 갖는 이기적인 추구를 단순히 방어하는 것에 그치게 된다.

그러므로 자연법 이론에 대한 헤겔의 초기 비판은 아주 애매모호하다. 내재적 비판 절차가 현재를 검토하지도 않은 채 단순히 소여된 것의 사유 양식에서 드러내는 교조주의에 대한 비판인 한에서, 그리고 이러한 교조적인 계기들이 인식자와 인식을 출현시키는 조건과의 무비판석인 관계에 기초해 있다는 것을 헤겔이 보여 주는 한에서 이 비판은 해방적이다. 인식의 교조주의는 생활양식이 교조적임을 나타낸다. 이러한 교조주의에 대한 반성은 이러한 생활양식에 대한 비판을 포함하며, 자기 안에 화해할 수 없는 대립자들이 현존함으로써 생겨난 소외와 분열의 비판을 포함한다. 헤겔의 비판은 지성에 투명하고 이해될 수 있는, 그리고 개인들이 언젠가는 '죽은' 총체성과 대립되는 '살아 있는' 총체성의 일부분으로 자신들을 인식할 수 있는 그런 생활 형태의 규범적 이미지에 의지한다. 하지만 헤겔이 사변적 인식의 입각점을, 즉 "동일성과 차이의 참다운 동일성"의 입각점을 구체화하는 순간 그의 논의는 다시 교조적으로 된다. 그의 교조주의는 그가 통찰과 이해력을 통해 화해하고자 한 교조주의적이고 정적주의적인 삶의 양식을 반영할 뿐이다. 이러한 종류의 비판을 규범적으로 투영함으로써 "자기 매개하는" 총체성의 유토피아가 형성되는데, 이 유토피아에서 '타자'와 '차이'는 초주관적인 총체성이 겪는 희생 행위에서 자신들의 비극적인 위치를 갖는다.

여기에서 "선험적"이고 "자기 매개하는" 인륜적 총체성으로 묘사된 두 입장은 헤겔의 작품뿐 아니라 마르크스의 저서에도 관류하고 있는 관점의 이원론에 상응한다. 사실 그들은 우리에게 사회적 삶을 바라보는 이중의 양식이 있음을 보여 준다. 즉, 그들은, 호르크하이머가 분석하고 있듯이, 한편으로는 자율적인 개인들의 세계에서, 다른 한편으로는 자본의 세계에서 사회적 삶을 바라본다. 첫 번째 관점이 개인들의 **생동적** 경험을, 그리고 사회 세계가 그 개인들에게 의미하는 바를 강조하는데 반해, 두 번째 관점은 사회적 삶에서 제3자, 즉 관찰자적인 사상가의 관점에 기대고 있는 의미를 본다.

그런데 헤겔은 두 번째 관점이 ─ 이제부터 나는 이 두 번째 관점을 "초주관성transsubjectivity"이라고 부를 것이다 ─ 근대의 사회적 경험에 의해서 시작된다는 사실을 발견한다. 『자연법』에서 그는 경제적 활동 영역의 출현을 추적한다. 이때 그가 추적하는 경제적 활동 영역은 사회적 행위자들이 할 수 있는 것과 그들의 삶의 방식을 강제할 뿐 아니라, 또한 그것의 법칙과 기능은 종종 사회적 행위자들의 의도와 지식을 벗어나 있다. 근대 시장 경제의 논리는 개인들이 수행하는 종종 불명료한 상호 작용(transactions. 계약, 상거래) 뒤에서 이 개인들의 행위 결과에서 비롯된 경제 법칙을 발견하는 관찰자적인 사상가에게만 명료할 뿐이다. 사회적 삶에 대한 이러한 기능주의적 관점은 — 뒤르켐은 이를 사회학적 관점 그 자체와 동일시한다 — 근대 시장 경제라는 현실에 의해 요구된다. 즉, 개인들의 행위는 자기 자신에게는 알려지지도 않고 종종 스스로에 의해 의도되지도 않은 채 결국에는 법칙에 준하는 규칙으로 나타난다. 이때 이러한 규칙은 관찰자적인 사상가에게는 명료하다. 뒤르켐보다 근대 시민 사회에 대해 다소 덜 동의하는 헤겔은 이 영역을 "부정적 절대자"라고 부른다.

　이미 『자연법』에서 우리는 헤겔이 해결책으로 제시한 것의 문제점을 볼 수 있다. 헤겔은 초주관성이 사회적 삶의 생동적 관점으로 다시 번역될 수 있는 방법을 분석하지 않고, 대신 객관주의적인 인식론적 관점, 그리고 경제라는 부정적 절대자처럼 사회적 행위자들과 동떨어진 그런 인식론적 관점에 호소한다. 이것은 인륜적 삶을 긍정적인, 신과 유사한 총체성으로 보는 것이다. 이 총체성은 역사에서 자기를 자기 자신과 분리시켰으며, 언젠가 떠났던 자신의 그 품속으로 다시 되돌아옴으로써 마침내 화해에 도달하였다. 인륜적 삶의 "비극과 희극"을 다루고 있는 『자연법』의 부분에서 아주 분명하게 드러나고 있는 이러한 해결책은, 우리가 제3장에서 보게 되겠지만, 결코 포기되지 않으며, 이것은 근대 시민 사회의 문제에 대한 헤겔의 최종적 대답이다.

　내재적 비판의 기원들에 대한 이러한 검토로부터 이끌려 나온 결론은 다음과 같다. 반反사실적 규범 이론들에 대한 헤겔의 방법론적 비판의 장점에도 불구하고 그가 초기에 수행한 내재적 비판은 모호하다. 왜냐하면 한편으로 그는 근대 자연법 이론이 갖는 교조주의적 특징을 현재의 사회적 연관을 구체화함으로써 비판하지만, 다른 한편으로 그 자신은 통일된 인륜적 삶을 정박시킬 계기들을 현실에서 만들어 내지 못하기 때문이다. 인륜적 삶의 이상은 과거에 대한 회고적 성찰을 요구한다는 점에서 내재적 이상이 아니라 초월적 이상이다. 이 말은 헤겔의 내재적 비판을 주재하고 있는 규범적 표준이 기억에서 이끌려 나온 회고적인 것임을 의미한다. 그렇다면 자연법 이론에 대한 헤겔의 비판 역시 전적인 내재성을 갖는다고 할 수 없다. 왜냐하면 근대 세계라는 실재에 직면하여 통일된 인륜성의 관점이 '인간의 본성은 정적이며 불변하는 통일체'라고 가르치는 자연법 이론의 가설보다 더 교조적이지 않은 가설을 가진다고 고찰해야 할 이유가 불명료하기 때문이다.

다음 절에서 나는 1844년 이전의 마르크스 저작들을 검토할 것이다. 이 저작들은 자연법 이론에 대한 헤겔의 거부에 빚지고 있다는 것을 보여 주고 있으며, 또한 헤겔의 방법의 마르크스적 변형의 특징을 보여 주고 있다. 규범적인 차원에서 볼 때, 근대 시민 사회와 마르크스의 관계는 헤겔의 경우에 언급했던 것과 유사한 모호함을 특징으로 한다.

3. 마르크스의 변형: 1844년 이전의 순수 비판주의에 대한 비판

잘 알려져 있듯이 마르크스는 자신이 쓴 거의 모든 글에 "비판"이라는 부제를 달았다. 이 절에서 다룰 1844년 이전의 마르크스의 저서들은 크게 보면 자신이 수행하는 비판의 특수성을 여타의 단순한 "비판주의"와 구분하고 명확하게 하는 것으로 이뤄져 있다.[21] 마르크스 이전에 프랑스의 유물론자들과 청년 헤겔주의자들인 브루노 바우어, 아놀드 루게 그리고 막스 슈티르너 등에 의해 수행되었던 비판주의가 비판의 대상 외부에 서서 사실에 대항해서 규범을, 세계의 비이성성에 대항해서 이성의 명령을 주장하는 반면, 마르크스의 비판은 대상 외부에 서는 것을 거부하고, 대신 그 대상의 내적이고 규범적인 자기 이해를 그 대상의 실재적 현실성에 대립시킨다. 비판주의는 그것이 자유건 이성이건 간에 아르키메데스적인 입각점을 가지며, 자신의 이상적인 패러다임에 반하는 것으로 측정될 때에 세계의 부자유나 비이성성을 폭로한다. 이러한 아르키메데스적인 입각점을 선호하는 비판주의는 따라서 교조주의로 된다. 즉, 비판주의는 자신의 입각점을 검토하지 않은 채 남겨둔다. 다른 말로 하면, 비판주의는 비판주의의 업무를 수행하기에 앞서 이 입각점의 타당성을 미리 전제한다. 이 말은 비판주의가 자신의 대상에 적용하는 그 기준들을 자신에게는 적용할 준비가 되어 있지 않다는 것을 의미한다. 순수 비판주의는 자기반성을 결여하고 있다. 왜냐하면 순수 비판주의는 자기 자신의 규범적 표준이 다른 비판적 비판에 의해 사실들에 대립될 수는 없는지, 그리고 자신의 이성이 동일하게 비이성적으로 보일 수는 없는지 등을 자기 자신에게 질문하지 않기 때문이다. 순수 비판주의는 무한 후퇴를 피할 수 없다. 왜냐하면 그 기준들 각각에 대해 그것이 왜 옳은지 질문될 수 있기 때문이다. 반대로 마르크스적 비판은 **비판주의적 탐구 양식이 아니다**. 마르크스의 비판이 탐구에서 전제하고 있는 기준들은 대상 혹은 현상이 스스로를 판단하게 하는 것과 다르지 않다. 마르크스적인 비판의 방법은 자신의 탐구 대상이 반성적이라는 사실을 전제한다. 또한 그 방법의 전제는 연구 대상이 이미 자기 해석을 가지고 있는 사회적 실제라는 것을 전제한다.

1843년 아놀드 루게에게 보낸 한 편지에서 마르크스는 자신들이 공동 편집인으로 활동했던 『독일-프랑스 연보 *Deutsch-französische Jahrbücher*』의 임무에 대해 다음과 같이 말한다.

철학은 세속화되었다. 이러한 사실의 가장 결정적인 증거는 철학적 의식이 외적으로 뿐만 아니라 내적으로도 투쟁의 고통 속으로 이끌려 들어왔다는 사실이다. 미래를 구성하고 모든 시대의 문제를 해결하는 것이 우리의 과업이 아니라면, 이보다 훨씬 더 확실한 것은 현재 우리가 무엇을 성취해야 하는지의 문제이다. 내 말은 우리의 과업은 현재하는 모든 것에 대한 무자비한 비판이라는 것이다. 이때 '무자비하다' 는 말은 비판이 그 결과를 두려워해서는 안 된다는 것을, 그리고 현존하는 권력들과의 갈등을 두려워해서는 안 된다는 것을 의미한다.[22]

마르크스가 계속하여 설명하고 있는 "현재하는 모든 것에 대한 무자비한 비판"은 교조적인 깃발을 내건다는 것을 의미하지 않으며, 심지어 초기 공산주의자(바이틀링)와 공상적 사회주의자늘(카베, 푸리에, 푸르동)이 하듯이 공산주의의 깃발을 내건다는 것을 의미하지도 않는다. 오히려 비판은 현존하는 의식 형태들과 더불어 시작해야 하며, "그 형태들을 『이카리로의 여행』*에서 하는 것처럼 이미 만들어진 체계에 대치시켜서는 안 된다"(MEW 1: 344). 왜냐하면 "이성이 항상 존재하긴 했으나 언제나 이성적인 형태로 존재한 것은 아니었기 때문이다. 따라서 비판가는 이론적이고 실천적인 의식의 모든 형태와 더불어 시작하여, 현재하는 현실 자체의 고유한 형식들로부터 참다운 현실을 그 '당위' 로, 그 '목적' 으로 발전시킬 수 있다"(MEW 1: 345). 비판가의 임무는 이상적이고 영원한 기준을 현존에 대치시키는 것이 아니라, "현재하는 모든 것에 대한 무자비한 비판"을 통해서 존재하는 것이 이미 자기 안에 존재 '해야' 만 하는 것을 가능성으로 간직하고 있다는 것을 드러내는 것이다. 마르크스는 존립하는 것(das Bestehende)을 현실태와 가능태의 갈등으로 해체하여, 현재의

---

* 공상적 공산주의자인 카베 E. Cabet의 작품 이름

조건 아래서도 이성이 현존하기는 하지만, 이 이성이 "이성적 형태"로 있는 것은 아니라는 것을 보이고자 한다.

바로 이 형식은 현실적인 것과 이성적인 것의 통일을 말한 헤겔의 테제를 마르크스가 어느 정도나 수용하고 있는지를 드러내 준다.[23] 현존하는 것을 자기 안에 존재해야만 하는 것을 포함하는 가능성의 영역으로 보는 것은 현존하는 것을 현실(actuality, Wirklichkeit)로 보는 것이다. 존재하는 것은 형성된 것으로 간주된다. 직접적인 것이 매개된 것으로 관찰될 때에만, 즉 존재하는 것을 형성시켜 온 힘들의 빛 아래서 이 존재하는 것이 이해될 때에만, 존재하는 것은 현실성과 가능성의 통일로 간주될 수 있다. 왜냐하면 현실적인 것이란 단순히 주어져 있는 것을 의미하지는 않기 때문이다. 현실성은 자신의 토대로 되돌아간 현재Existent, 즉 매개된 현재를 의미하며, 자신의 개념에 일치하도록 정립된 현재를 의미한다.[24] "현실적인 것은 이성적인 것이다"라는 말은 '주어져 있는 것이 이성적이다' 라는 말이 아니라, 현재를 생성 과정의 빛 아래서 고찰할 때, 그리고 본질에 의해 정립된 차이의 계기로 분석할 때 현실적인 것이 자기 안에서 현재와 본질의 통일을 드러낸다는 것을 의미한다. 이러한 통일을 드러내는 가운데 현실은 가능했지만 현존하지 않는 것을 드러낸다. 마르크스의 말로 하자면, "현재하는 현실로부터" 우리는 "당위"적이며 목표가 되는 미래의 현실을 발전시킬 수 있다.

마르크스는 여기서 경험주의와 형식주의에 대한 헤겔의 비판을 전제한다. "현실적인 것은 이성적인 것이다"라는 테제가 현재하는 것에 대한 헤겔의 거부를 전제하고, 또한 존재(Sein)하는 모든 것을 이미 있었던 존재(gewesen Sein)로, 생성된 존재(geworden Sein)로 해석하는 그의 분석을 전제하는데 반해, "이성이 항상 존재하긴 했으나 언제나 이성적인 형태로 존재한 것은 아니다"라는 테제는 형식주의에 대한 헤겔의 거부를 전제한다. 이성은 단순히 사유의 원리가 아니다. 이성은 자신을 세계에서 체현하고 외화해야 하는 사유이다. 이성은, 비록 자신의 구현체가 가장 적절한 이성을 표현하는 데 실패한다 하더라도, 자신을 체현하고 있는 세계에서만 존재할 수 있다.[25] 마르크스는 헤겔이 방법론적 사유 실험을 거부한 것과 동일한 토대에서 공상주의utopianism를 거부한다. 이러한 사유 실험의 절차들은 존재해야 하는 것을 끊임없이 피안(Jenseits)으로 연기함으로써 존재하는 것이 이성을 결여하고 있다고 암시한다. 존재하는 것을 비이성적인 것으로 보는 것은 이것을 단순히 직접적인 것으로, 단순한 사실과 소여된 것으로 보는 것이다. 비판가의 임무는 소여된 것이 단순한 사실이 아니라는 것을 보이는 것이며, 따라서 그 소여된 것을 현실로 이해한다는 것은 그것이 가능했지만 존재하지 않는다는 것을 보임으로써 그 소여된 것을 비판하는 것이다. 이러한 맥락에서 마르크스는 "초월적" 유토피아에서 "내재적" 유토피아를 구별해 낸다. "그렇게 되면 세계는 이미 어떤 것에 대한 꿈, 즉 현실화되어야 한다는 의식 속에 실존하는 그 어떤 것에 대한 꿈을 소유하고 있다는 사실이 드러날 것이다. 중요한 것은 과거와 미래 사이에 커다란 한 줄을 놓는 것이 아니라 과거의 사유를 완성하는 것이다. 마침내, 인간은 이제 새로운 임무를 시작하는 것이 아니라 과거의 임무를 의식적으로 완수하려 한다는 사실이 드러날 것이다"(MEW 1: 346).

세계가 소유하고 있기는 하지만 완전한 소유로 아직 취하지 못한 그 "꿈"은 당대의 종교적, 정치적 의식에 포함되어 있다. 이 꿈에 이름을 주기 위해 마르크스는 포이어바흐의 "전도inversion"의 방식을 사용한다. 종교적 의식은 신적 존재에게 전지성, 영원성, 보편성, 선함, 완전성 등의 속성을 투사한다. 이 모든 술어들의 주어는 신적인 존재가 아니라 참다운 주체인 인간 그 자신이라는 것이다. 왜냐하면 이 술어들은 인간이 스스로 가지고 있는, 그리고 인간이 잘못 실체화하여 실재하는 존재로 구성한 바로 그런 이론적, 실천적 이상들이기 때문이다.[26] 술어와 주어를 전도하게 되면, 즉 신적인 것을 주어가 아니라 술어로 만들게 되면 참다운 주어는 인간성이며 신성은 속성이라는 것이 드러난다. 근대의 정치적 의식은 종교적 의식과 동일한 잘못을 범하고 있다. "보편성," "합리성" 그리고 "자유" 등은 국가의 속성들로 간주된다. 인간성은 다시 한 번 자기 자신의 능력과 잠재력을 분리된 영역, 즉 정치적인 국가에 투사함으로써 환영에 불과한 주체의 힘에 굴복한다.

포이어바흐의 전도의 방식과 헤겔의 내재적 비판의 방식이 초기 마르크스 저작의 여기저기에 서로 공존하고 있음에도 불구하고 그 두 방법이 서로 양립할 수는 없다. 주어와 술어를 전도하는 과정은 이러한 전도가 맨 처음에 발생하게 되는 이유를 설명하지 못하며, 또는 전도의 역학이 무엇인지 설명하지 못한다. 잘못된 주어를 술어의 위치로 환원하는 것, 그리고 술어로 보이는 것을 주어의 위치로 격상하는 것은 모든 인간의 외화물이 주체로의 복귀 내지는 주체에 의해 재전유되어야 한다는 것을 보여 주는 아주 일차원적인 조작에 불과하다. 하지만 이러한 과정에는 외화와 내면화 사이의 역학, 인간의 문화적, 정치적 산물과 이것들을 통해 표현된 인간의 욕구 사이의 역학에 대한 분석이 결여되어 있다. 포이어바흐의 방법은 인간의 욕구가 이러한 소외된, 뒤집힌 형태에서 표현되어야 하는 이유를 설명할 수 없다. 헤겔의 언어로 말하면, 이러한 전도의 방법은 현상이 본질의 계기인 이유를, 혹은 타자가 자기 소외된 총체성의 계기인 이유를 설명할 수 없다. 여기에서 반성물은 ― 이 말은 여기서 인간의 문화적, 정치적 산물과 제도들을 의미한다 ― 헤겔적인 의미에서 자신의 토대를 반영하고 있지 않다. 그것들을 발생시킨 것, 그리고 그것들을 어떤 다른 형태가 아니라 바로 이 형태에서 드러나게 하는 그 필연성은 설명되지 않는다. 마르크스가 루게에게 보낸 편지 이후에 곧바로 쓴「유대인 문제에 대하여」라는 글은 이 두 과정을 화해시키기 위한 마르크스의 시도를 잘 보여 준다.

이 글에서 마르크스는 정치적 해방을 위한 유대인의 요구에 대해 브루노 바우어가 대응하는 방식을 논박하는데, 이 논박은 비판주의의 참된 방법에 관한 진술이다. 바우어는 기독교 국가에서 유대인들이 정치적 해방을 요구하는 것은, 근대 국가가 종교에서 벗어나야 하기 때문에, 환상에 불과하다고 주장한다.[27] 이러한 바우어에 대립하여 마르크스는 프랑스 혁명 이후의 국가는 종교의 폐지*abolition*를 전제하는 것이 아니라, 종교가 **사적인 영역으로** 되어야 한다는 것을 전제한다고 주장한다. 공적인 국민성과 사적인 종교성 사이의 구분, 공민citizen으로서의 인간과 부르주아로서의 인간 사이의 구분은 근대 국가의 본질에 속한다. 바우어는 이러한 상황에 대한 단순한 "비판적 비판가"에 불과하다. 왜냐하면 그는 자신이 현실과 대비시킨 규범이 ― 종교로부터 정치의 해방이 ― 바로 이 현실에 모순되기 때문이다. 근대 국가는 종교에서 해방되는 것이 아니라 종교를 사적 영역으로 추방한다. 따라서 정치적 해방을 위한 유대인의 요구는 근대 정치 국가의 내적 논리와 완전히 일치한다(MEW 1: 349).

근대 정치 국가는 종교적 의식consciousness을 폐지할 수 없다. "왜냐하면 종교의 실존은 결핍의 실존이며, 이러한 결핍은 국가의 **본질** 그 자체에서 탐구될 수 있을 뿐이기 때문이다. 종교는 우리에게 더 이상 **토대**가 아니라 단순히 세계의 한계를 말해 주는 현상으로만 타당하다. 그러므로 우리는 자유로운 공민(Staatsbürger)의 종교적 편견을 그의 세계에 대한 편견의 토대 위에서 설명한다. 우리는 이러한 공민들이 그들의 세계의 제약을 벗어버리기 위해서 그들의 종교적 사슬에서 벗어나야 한다고 주장하지 않는다. 우리는 그들이 세계의 제약을 제거하는 순간 그들의 종교적 사슬도 제거할 것이라고 주장한다"(MEW 1: 352). 근대의 종교적 의식에 대한 분석에서 마르크스는 헤겔의 비판주의 방법으로 되돌아간다. 종교적 의식은 스스로 소외된 본질에 의해 정립된 한 현상이다. 종교적 의식은 세속적 실존과 신적인 실존을 구별하며, 인간의 왕국과 신의 왕국을 구별한다. 근대 국가 역시 유사하게 보편성의 영역과 개별성의 영역을 구별하며, 공통의 합리적 관심의 영역과 개인적 이기심과 제약의 영역을 구별한다(MEW 1: 356).

여기서 중요한 것은 종교적 의식에 대한 이러한 분석이 환원주의적 분석이 아니라는 것이다. 자신의 몇몇 후기 저작들과는 다르게 마르크스는 여기에서 종교와 종교에 대한 욕구를 어떤 사회 집단들이 다른 사회 집단들을 지배하고자 하는 관심으로 환원하지 않는다.[28] 오히려 그는 근대의 기독교, 좀 더 좁게 말하면 프로테스탄트 교회와 근대 국가도 보편성과 특수성, 일반적인 것과 구체적인 것, 공공성과 이기성 등, 이들 양자 사이를 구분하고 있다고 주장한다. 기독교와 국가, 이 둘은 구체적인 인간 실존에서 자신들이 분리된 영역에 투사한 인간의 어떤 성질들을 추상하고 있다. 종교가 보편성에 대한 이러한 욕구를 표현하고 있는 한 이 종교는 실제적인 욕구에 상응하며, 그 자체 세속적 실존이 갖는 한계의 결과이다. 실제적인 이러한 욕구는 잘못된 방식으로 충족되는데, 왜냐하면 종교적 신앙 체계는 추상적 보편성의 욕구를 발생시키는 실제적 삶의 조건을 제거하는 것이 아니라 재생산하기 때문이다. 근대 국가는 부르주아 시민 사회를 부정하면서 동시에 이 시민 사회에 의해 부정되는데, 이를 위해 근대 국가는 이 부르주아 시민 사회를 자신의 반립으로 요청한다. 이와 마찬가지로 근대의 종교적 의식 역시 자신이 부정하지만 동시에 확증하는 이 세계의 비참함을 요구한다. 정치 영역은 사회 경제적 영역에 대한 추상적 지배를 수행한다. 이에 반해 종교적 의식은 세속적 의식에 대한 추상적 지배를 수행한다.

종교적 의식과 세속적 의식, 보편성과 특수성 등 — 이 두 대립자들의 대립 관계가 분리 때문이라는 것을, 다른 말로 하면 생활 조건의 총체성이 분열되었기 때문이라는 것을 보이기 위해서 마르크스는 여기서 헤겔의 내적 반성의 방법을 사용하고 있기는 하다. 하지만 그는 이때 현상에서의 이러한 모순이 본질에서의 통일임을 가정하지 않는다. 부르주아 시민 사회 내부의 분열은 인류적 전체가 자기희생 행위로 정립한 부정적 총체성의 계기로 보이지 않는다. 『헤겔 법철학 비판』에서 마르크스는 헤겔의 방법과 자신의 방법 사이에 있는 이러한 방법론적인 차이를 다음과 같이 언급한다. "헤겔의 주된 실수는 그가 **현상에서의 모순**을 본질에서의, 즉 이데아에서의 통일로 파악한다는 사실에 있다. 이에 반해 확실히 본질적으로 훨씬 더 심오한 것, 즉 **본질적 모순**이라는 것이 있다"(MEW 1: 295-6. 강조는 마르크스).

이런 방법론적 차이는 마르크스의 『자본론』을 이해하는 데도 역시 아주 중요하다.[29] 그러나 이러한 차이로 인해 부르주아 시민 사회에 내재한 적대 관계에 대한 마르크스의 초기 진단과 분열 Entzweiung로 바라본 헤겔의 진단 사이에 명확한 평행선이 있다는 사실이 모호하게 되어서는 안 된다. 본질적 통일이라는 원리가 방법론적으로는 부정되지만, 이 원리는 규범의 차원에서, 마르크스가 주장하듯이, 현실이 지향해 가야 하는 암묵적인 "당위"의 세계인 내재적 유토피아로 거듭 주장된다. 다음 단계로 마르크스 비판의 이 규범적 전제들을 검토해 보자.

비판가의 임무가 "이론적, 실천적 의식의 각각의 형태"에서 시작하여 "실존하는 현실의 형태들에서 이 현실의 당위와 목표가 되는 참다운 현실"(MEW 1: 345)을 도출하는 것이라고 한다면, 근대의 정치적, 종교적 의식이 지향해 가야 할 참된 현실은 무엇인가? 세계가 소유하고 있지만 아직 완전하게 소유하고 있지 않은 그 꿈은 무엇인가?「유대인 문제에 대하여」라는 글은 이러한 당위와 꿈을 말하고 있다. 즉, 보편성과 특수성, 국가와 시민 사회, "공민"으로서의 인간과 "부르주아"로서의 인간 등, 이런 양자 사이의 적대 관계를 청산하는 것이 그 당위이며 꿈으로 그려진다.[30] 인류가 스스로 소외시킨 힘과 능력을 **재전유**하는 것이 그 꿈이다. 이러한 재전유의 과정은 별개의 두 형식을 취할 수 있는데, 마르크스는 그 두 형식을 명확하게 구분하지 않고 사용한다. 나는 첫 번째 형식을 "정치적인 것의 보편화"로, 두 번째 것을 "보편적인 것의 사회화"로 묘사하고 싶다.

첫 번째 경우, 마르크스는 정치 영역이 부르주아의 이익만을 위해 봉사하는 도구로 되었다고 비판한다. 공민들의 권리가 단순히 인간의 권리 — 예컨대 재산, 안전, 평등 등 — 유지에 봉사하는 것이라면 이는 수단과 목적이 전도된 것이다.

> 국가 시민체, 즉 **정치적 공동체**가 정치적 해방자들에 의해 소위 개인의 권리(개인권)의 보존을 위한 단순한 수단들로 강등되고, 공민이 이기적인 인간의 노예로 설명되는 것을 볼 때, 인간으로 하여금 보편적인 인간으로 행동하게 하는 그런 영역이 사적인 인간으로 행동하게 하는 영역 아래로 강등될 때, 그리고 마지막으로 공민으로서의 인간이 아니라 부르주아로서의 인간이 **진정한, 참된** 인간으로 간주될 때, 이러한 사태는 훨씬 더 이해하기 어렵게 된다(MEW 1: 366).

마르크스는 여기서 급진적 민주주의자의 언어를 사용한다. 왜냐하면 그는 공민의 권리를 개인의 권리(개인권) 아래로 강등시키는 것에서 부르주아의 이익만을 위해 봉사하는 혁명의 도구화를 보기 때문이다. 『헤겔 법철학 비판』에서 마르크스는 "민주수의는 형식이자 내용이다"(MEW 1: 231)라는 진술로 이러한 사실을 표현하는데, 이 말의 의미는 정치적 민주주의는 형식적 권리들을 보장하는 것에서만 완성되는 것이 아니라 사회적 민주주의 역시 이 임무를 위해 요구된다는 것이다. 이 말은 공공선과 사적 이익의 대립, 정치적 영역과 사회적, 경제적 영역의 대립 등이 경제적, 사회적 영역을 공공선에 봉사하도록 재개조함으로써 없어질 것이라는 것을 함축한다.

이러한 영역들 사이의 적대 관계를 제거한다는 것은 이 두 영역의 독자적인 유지와 재구축을 의미할 수도 있고 또는 독자적인 영역으로서의 그들의 위치를 참으로 제거하는 것일 수도 있다. 마르크스는 두 번째 대안을 말하고 있는데, 왜냐하면 그는 "참된 민주주의에서 정치적 국가는 사라진다"(MEW 1: 232)라고 말하기 때문이다. 나는 이것을 "보편자의 사회화"라고 말한다. 이 대안에 따르면, 사회적 삶 그 자체는 공동의 보편적 이익에 대한 참된 표현이 될 것이며, 이러한 보편적 이익의 대표자를 독립적인 정치 영역에 파견하지 않을 것이다. 하지만 사회적 삶의 그러한 재구축은 법적, 정치적 관계 영역의 제거를 의미할 것이다. 그것은 부르주아 사회의 일반화(Vergemeinschaftung)를 의미할 것이다. 「유대인 문제에 대하여」에서 마르크스는 이러한 생각을 다음과 같이 말한다. "개별적인 참된 인간이 추상적인 공민을 자기 안에 체화하고 그렇게 함으로써 개별적인 인간으로서 자기의 경험적인 삶에서, 자기의 개별적인 노동에서, 개별적인 관계에서 유적 존재로 된 이후에야 비로소, 그리고 인간이 자기의 '고유한 힘*forces propres*'을 사회적 힘으로 인식하고 조직함으로써 사회적 힘을 정치적 힘의 영역에서 더 이상 자신과 분리시키지 않게 된 이후에야 비로소 인간 해방은 완수된다"(MEW 1: 370). 인간 해방은 현실적이고 일상적인 관계에서 구체적인 인간 개인을 회복하는 것이며, 그들이 소외된 구조에 양도했던 힘들의 기능을 재전유하는 것이다. 이것은 사람들의 관계가 더 이상 인간의 권리라는 법적 범주에 의해 매개되지 않는 그런 사회성의 양식을 확립하는 것이며, 또한 개인들이 더 이상 서로 적대적 원자들로 상호 작용하는 것이 아니라 일상적인 관계에서 그들의 공통의 인간성과 보편성을 재확인하는 그런 사회성의 양식을 확립하는 것이다.

"정치적인 것의 보편화"의 이상이 시민 사회에서 부르주아들이 다른 영역들과 맺는 관계에 의해 도달한 민주주의적인 규범의 확장을 의미하는데 반해, "보편자의 사회화"의 이상은 인간관계를 공동의, 그리고 공동체적인 술어로 재구축함으로써 이러한 규범들 자체의 급진적 변형과 독립적인 정치적-법적 영역의 제거를 의미한다. 전자의 경우에는 현실성과 마주하고 있는 "당위ought"가 현실성 자체에 내재해 있는 규범의 완성을 의미하는 반면 — "민주주의는 형식이자 내용이다" — 후자의 경우에는 현실성에 직면해 있는 "당위"가 현실성에 대한 급진적인 부정을 함축한다 — "참다운 민주주의에서 정치적 국가는 사라진다." 그러나 현실성에 대한 이런 급진적 부정이 현실성에 대한 초월은 아닌가? "인간은 이제 새로운 임무를 시작하는 것이 아니라 과거의 임무를 의식적으로 완수하려 한다"(MEW 1: 346)라는 마르크스 자신의 주장에 스스로 모순되지 않는가? 왜냐하면 두 번째 경우의 해석에 따르면, 부르주아 민주주의 혁명에서 규범의 급진적 변화는 그 규범들의 완성이 아니라 변형을 함축하기 때문이다.

마르크스가 자기 이해와 자기 평가에서 유토피아의 계기, 즉 자신의 계획에 포함되어 있는 근본적 타자성의 계기를 부정하는 것은 우연이 아니다. 유토피아적 사유가 단순히 소망될 뿐인 내세를 창조하는 것과 동일시되며, 헤겔이 칸트의 "당위"를 거부했던 것과 동일한 근거에서 거부되기 때문에, 마르크스는 현존자에 대한 규정된 부정이 수반하는 근본적 타자성을 인정하지 않는다. 현존자에 대한 규정된 부정은 새로운 임무의 시삭으로서가 아니라 과거의 임무를 의식적으로 완수하려는 것으로 간주된다. 내가 여기서 지적하고 있는 문제의 어려움은 마르크스의 초기 저서들에만 국한된 것이 아니다. 『그룬트리세』와 『자본론』에서도 현존자에 대한 규정된 부정은 단순히 과거의 임무의 완성과 지속을 의미하는 것이 아니라 질적으로 다른 임무의 시작을 의미한다. 더 나아가 마르크스 자신은 이 새로운 임무가 과거 임무의 재에서 생겨난다는 것을 보여 준다. 왜냐하면 그는 극단적으로 발전할 경우 현재하는 질서를 초월하는 그런 욕구와 수요의 발생을 자본주의 체계 내에서 진단하기 때문이다.

마르크스 사상에서 부르주아 혁명의 "완성"이나 "변형"으로 기술된 대안들은 위에서 인륜적 삶에 대한 헤겔의 상과 관련하여 마르크스 자신이 보여 준 것과 비슷한 모호함을 지시해 준다. 변형의 ─ 즉, 보편자의 사회화의 ─ 관점은 사회적 삶을 투명한 통일체로, 즉 인간 존재에게 그들의 소외된 힘들을 회복시켜 주는 통일체로 보는 것에 상응한다. 이에 반해 완성의 관점은 근대 시민 사회가 정치적, 경제적, 사회적 영역으로 분화하는 것에 대해 덜 적대적이며, 처음에는 요구한 것처럼 보이는 법적, 정치적 제도의 급진적인 폐기를 요구하지 않는다. 이러한 이상은 인륜적 삶을 "자기 매개하는 총체성"으로 바라본 헤겔의 견해에 상응한다.

이 책 전체에 걸쳐, 나는 해방의 상이한 두 기획을 지칭하기 위해 "변형transfiguration"과 "완성fulfillment"이라는 용어를 사용할 것이다. "완성"이라는 개념을 나는 해방의 결과 현재라는 이미 습득된 결과들이 보다 좋고 보다 적합한 형태로 나타나게 되는 그런 사회적 변화transformation라는 관점에서 이해한다. 해방은 내재적인 것으로 있지만 좌절한 현재의 잠재력을 현실화하는 것이다. 이에 반해 변형이라는 개념은 해방을 현재의 어떤 것과의 급진적이고 질적인 단절을 지시하기 위해 사용된다. 어떤 근본적 방식에 따르면, 미래 사회는 현재의 최고점으로가 아니라 급진적인 부정으로 고찰된다.

내재적 비판 방법의 기원에 대해 이미 서두에서 검토해 보았다. 그 결과를 다시 여기서 간단하게 요약하고자 한다. 내재적 비판은 무엇보다 먼저 교조주의와 형식주의에 대한 비판이다. 즉, 그것은 소여된 것의 신화에 대한 비판이며, 형식적 원리에 소여된 것을 종속시켜 소여된 것과 그 원리를 대치시키는 것에 대한 비판이다. 내용과 형식, 즉 소여된 것과 "당위" 양자는 그들의 토대에 반영되며, 분리된, 분열된, 그리고 소외된 생활양식에 체현된 의식 형태의 산물로 드러난다. 이론적인 비판은 따라서 이론에 함축된 혹은 투사된 삶의 양식에 대한 비판이다. 『자연법』에서 헤겔은 자연법 이론들에 반영되어 있는 근대 사회의 분열을 회고적 유토피아라는 관점에서 비판한다. 반대로 마르크스에게서 분열에 대한 비판은 회고적 retrospective 임무가 아니라 앞을 향한prospective 임무이다. 여기서 보편성과 특수성의 통일은 근대 국가의 암묵적인 꿈이다. 마르크스는 부르주아 혁명의 급진적 공화주의 전통과 연결되어 있으며, 부르주아와 대립되는 국민의 전통과 연결되어 있다. 그런데 보편성과 특수성의 통일의 이상은 부르주아 국가의 규범들을 어떤 방향에서 변형시킬 것인지에 달려 있게 된다. 이 통일의 이상은 근대 국가와 정치적-법적 관계의 전 영역을 소멸시키는 삶의 형식의 상을 기획 투사한다. "투명한 인륜적 삶"이라는 헤겔의 모델이 회고적 유토피아인데 반해, "보편자의 사회화"라는 마르크스의 모델은 앞을 향한 유토피아이다.

하지만 이 두 경우에 근대 시민 사회와 자연법 이론들은 "통일"의 이상이라는 이름으로 비판된다. 한편으로 마르크스는 경제, 정치, 도덕 그리고 가족 등과 같이 근대 사회가 적대적인 영역으로 분화된 것을 비난한다. 다른 한편으로 헤겔은 폴리스라는 고대의 이미지에 의해 인도된다. 헤겔의 경우에는 통일에 대한 강조가, 마르크스의 경우에는 탈분화에 대한 강조가 중요한데, 이것은 근대의 규범 철학의 방법론적인 비판이 이 단계에서 근대 시민 사회에 적대적인 인륜적, 정치적 삶의 관점과 분리될 수 없다는 것을 의미한다.

칸트에서 마르크스로 이어지는 비판 개념의 변화를 분석하기 위한 나의 다음 단계는 노동 개념의 발견에 집중하게 될 것이다. 이러한 발견으로 인해 헤겔은 근대 사회의 규범적 잠재력에 대한 자신의 분석을 급속히 변경하였다. 하지만 나의 관심사는 이러한 변경을 상세하게 추적하는 데 있는 것이 아니라 노동 범주의 발견이 어떻게 주체의 철학과 나란히 전진해 갔는가를 보이는 것이다. **통일된 인륜적, 정치적 삶의 이상이 내재적 비판의 방법의 토대가 된다면, 탈물신화 비판의 배후에는 통일된 인류에 대한 전망이 놓여 있다. 이 전망에 따르면, 인간은 자신의 실존의 조건을 집단적으로 변화시킨 다음 인류가 외화했던 것을 재전유할 것이다.**

제 2 장

탈물신화 비판의 기원들

　　예나 시기에 헤겔은 칸트와 피히테를 다시 읽으며, 『자연법』의 출판과 더불어 셸링의 동일성 철학을 명확히 거부한다. 또한 가장 중요한 사실로 그는 노동의 변증법에서 근대 부르주아 사회의 해방적 계기를 발견하고 재인식한다. 바로 이러한 사실과 더불어 그는 근대 철학과 사회를 재평가하게 된다. 1805/6년의 글에 나타난 근대에 대한 이러한 재평가로 인해 헤겔은 빠르게 "엘레우시스로부터 퇴각"[*1)]하며, 근대성과의 화해의 길에 접어든다. 근대의 자기의식의 내재적 비판을 통해 헤겔은 『실재철학』(1805/6)에서 인간의 상호 주관성의 구조를 전개할 수 있게 된다. 헤겔은 이제 더 이상 인륜적 절대자인 법을 근대의 개인주의의 요구와 대립하는 것으로 여기지 않는다. 반대로 그는 근대의 개인주의가 자신의 출현 맥락을 스스로 부정한다는 사실, 즉 자아가 개념적으로 그리고 발생적으로 인간의 자기의식을 구성하고 있는 타자와 상호 작용한다는 사실을 보여 준다.[2)] 근대의 주관성을 비판하는 이러한 새로운 양식이 가장 명료하게 전개되고 있으며, 칸트에서 마르크스로 이어지는 비판 개념의 변

---
* 27쪽 각주 참조.

형에서 두 번째 단계를 지시하는 헤겔의 작품은 1807년에 출간된 『정신현상학』이다.

칸트로부터 시작하여 헤겔의 칸트 비판을 거쳐 마르크스에 이르는 비판 개념의 변형을 추적하는 가운데 무엇보다 기억되어야 하는 것은 헤겔이 얼마나 칸트에 빚지고 있는가 하는 사실이다. 『순수 이성 비판』에서 이미 칸트는 교조주의적 이성이 불가피하게 회의주의에 도달한다고 진술한다. 이성이 자신의 한계를 넘어서서 신, 불멸성 그리고 세계 등 경험의 한계 너머에 있는 것들에 대해 지식을 확립하고자 할 때, 회의론자는 아주 쉽게 이의를 제기한다. 형이상학적인 오만에 대항하여 이 회의론자는 정당하게도 경험과 감각의 한계를 초월한 것에 관한 이성의 주장이 어떻게 그리고 어떤 근거에서 확실하고 명백한 것으로 취해져야 하는지 묻는다.[3] 이 회의론자는 비판주의를 형이상학적 교조주의의 허세를 패퇴시킬 무기로 사용한다. 회의주의자에게서 나타나는 순수 이성의 순수 비판주의에 대항하여 칸트는 순수 이성 "비판"에 착수하기를, 즉 "모든 일들 중에서 가장 어려운 일인 자기 인식의 임무에 착수하기를 제안하며, 이성의 법적인 요청을 보증해 줄 재판소를 설립하여, 근거 없는 모든 허세를 독재적인 포고에 의해서가 아니라 그 자신의 영원하고 변경할 수 없는 법과의 조화 속에서 폐지시키기를 제안한다. 이 재판소가 곧 『순수 이성 비판』이다."[4] 순수 이성 비판은 자기 인식의 활동이다. 왜냐하면 재판관과 피고인이 동일한 자이기 때문이다. 스스로 건립한 법정의 요구에 복종함으로써 이성은 순수 비판주의의 시대를 넘어서며, 자신의 시대로 진입한다.

헤겔은 이성의 "자기 인식"을 칸트보다 훨씬 더 급진적으로 해석한다. 칸트에게 이성의 자기 인식은 이성의 모든 전제들, 그것들 중에서도 비판 자체의 능력과 행위에 대한 이성의 자기반성을 의미한다. 헤겔에게 나타나는 이성의 급진적인 자기반성은 경험의 객관성만을 구성하는 전제들의 분석에 제약받지 않는다. 그러한 자기반성은 주관성의, 혹은 인식 주체의 구조에 기초가 되는 전제들에까지 확장되어야 한다. 칸트에 의해 시작된 "코페르니쿠스적 전환"은 정확하게 인식 주체의 활동성을 인식 과정의 중심에 놓기 때문에, 주관성과 객관성의 구조에 대한 헤겔의 분석은 주체로의 전환 없이는 불가능하다. 헤겔은 급진적 인식 비판, 혹은 주관적 계기에 대한 비판과 더불어 주관성과 객관성의 통일과 그들의 상호 관계가 드러날 수밖에 없다는 사실을 보여 주어야 한다. 이것이 바로 『정신현상학』의 목적이다.

1. 헤겔적 기원들: 현상학적 방법

『정신현상학』과 이 책의 의도, 그리고 헤겔 체계 내에서 이 책의 위치 등에 관해 오늘도 100년 묵은 논쟁이 진행 중이다.[5] 『정신현상학』은 체계를 위한 "예비"이자 "서론"인가, 아니면 체계의 "첫 부분"이며 따라서 이미 "철학의 첫 번째 학"인가? 후자라면 이것은 『정신현상학』이 『논리학』 내에서 혹은 『엔치클로페디』 내에서 재조정되어야 한다는 것을 의미하는가? 전자라고 한다면 학을 위한 이러한 "서론"은 정신이 갖는 혼란스럽고 풍부한 선언들을 "이러한 필연성과 일치하도록 학적으로 질서"지우는 학을 이미 전제하고 있지는 않는가? 그렇다면 더 나아가 서론으로서의 『정신현상학』은 이 책의 서설에서 행한 인식론적 이론의 순환성에 대한 헤겔 자신의 비판과 모순되지는 않는가?

이 장의 목적은 이러한 논쟁을 해결하려는 데 있지 않다. 내가 보기에, 헤겔의 『정신현상학』이 갖는 이러한 불명료성, 즉 이 책이 이전의 인식론에 대한 비판인지 혹은 "현상하는 인식의 학"에 대한 단순한 배열인지의 문제는 비판과 서술Kritik and Darstellung의 통일, 비판과 배치의 통일의 문제로 압축된다. 그런데 이 문제를 우리는 이미 『자연법』을 분석하는 가운데 직면했었다. 헤겔이 『자연법』에서 경험주의와 형식주의의 모순들을 내적으로 분석하여 둘 다 교조주의라는 것을 보여 준 그의 방법은 비판적 절차였다. 그런데 내재적 분석이 동시에 "동일성과 차이의 동일성"이라는 사변적 원리의 배열이었다고 하는 한 헤겔의 방법은 교조적으로 되었으며, 자신의 자기 이해를 넘어서는 원리를 검토의 대상과 대립시켰다. 『정신현상학』에서도 이러한 이중적 절차가 작동하고 있다. 한편으로 헤겔은 근대의 인식론을 그 교조주의적 특성과 순환성 때문에 비판한다. 이러한 비판의 방식은 현상학적이다. 다른 한편으로 의식의 한 형태에서 의식의 다른 형태로의 전이, 의식의 여러 형태들을 선택하고 배열하는 것, 그리고 이러한 배열에 내재해 있다고 하는 "필연성" 등은 이 배열의 방식에 숨어 있는 전제들을 지시해 주는데, 이러한 배열의 방법의 정당화는 현상학적 논의의 경계를 넘어서며 헤겔의 사변 철학에서 이끌려 나온 가설에 의존한다.[6]

　헤겔의 논의의 첫 번째 측면, 즉 현상학적 측면이 해석학적으로 더 뛰어난 이유는 헤겔이 철학적 비판을 대화로, 글을 쓴 사상가와 독자들 사이의 의사소통의 과정으로 바라본 데 있다. 텍스트의 독자들이 텍스트의 주체이다. 왜냐하면 독자들은 의식의 관점에 의해 수신된 자기 자신을 인식하고 느끼기 때문이다. 텍스트의 독자들이 "우리"로 호칭되고, 의식에 의해 규정된 소위 "단계의 방향들"을 통지받음으로써 텍스트의 구조와 출현에 참여하도록 강제되는 한, 텍스트의 독자들은 텍스트의 주체이다. 이러한 절차가 은밀한 교조주의인 까닭은 텍스트로서의 『정신현상학』의 경험을 시배하는 **변증법적 모델**이 텍스트의 논의 전개 과정에서 **독백적 방식**에 의해 대체된다는 사실에 놓여 있다. 의식의 경험의 전개는 결국 언젠가 자기의 것이었던 것을 "재전유하여" 자신의 "소유로 삼는" 초주관적 주체의 외화의 활동성으로 드러난다. 형태, 소유, 전유 등의 활동성들은 대화의 모델을 재배치하게 된다.

이미 『자연법』을 분석하는 가운데 마주쳤던 문제인 생동적인 상호 주관성과 초주관성의 관점들이 『정신현상학』에서 다시 출현한다. 상호 주관성의 관점이 의식의 입장을 특징짓는데 반해, 초주관성의 관점은 철학자-관찰자의 입장에, 즉 "나"로 된 "우리"의 관점에 상응한다. 궁극적으로 우세를 드러내는 것, 그리고 철학 일반의 관점에 대한 헤겔의 이해를 보다 깊이 알려 주는 것은 후자의 관점이다.

이 장의 중심적인 논의는 헤겔이 의식의 활동성을 노동을 모델로 하여 서술하고 있다는 사실이며, 무엇보다도 그가 '역사는 자신을 외화하고서 다시금 자신이 외화했던 것을 "재전유하는" 집단적 단수 주체의 활동성으로 간주될 수 있다' 는 테제를 발전시킨다는 것이다. 나는 이러한 입장을 **주체의 철학**이라고 서술할 것이다(제2절). 주체의 철학은 탈물신화 비판을 강조하는 규범적 모델이다. 탈물신화 비판은 소여된 것이 자연적인 사실이 아니라 사회적으로, 역사적으로 구성된 것이라는 것을, 따라서 가변적 실재라는 것을 보여 주는 분석 절차이다.

이 장의 후반부에서 나는 헤겔과 마르크스를 병렬적으로 배치할 것이다. 나는 여기서 마르크스의 『1844년 수고』로 돌아가 마르크스의 헤겔 비판이 주체의 철학의 전제를 부정하기보다는 오히려 영속화한다는 것을 보일 것이다(제3절).

2. 현상학적 방법의 전제들: 노동, 구성적 활동성

『정신현상학』서설에서 헤겔은 다음과 같이 쓴다. "과거의 현존은 보편 정신이 이미 습득한 재산이다. 보편 정신은 개인의 실체를 이루고 있으며, 이 개인에 외적으로 현상함으로써 이 개인의 비유기적 자연을 형성하고 있다. 이러한 관점에서 도야(Bildung)의 본질은, 개인의 측면에서 봤을 때, '개인이 이미 현존한 것을 습득하고, 자신의 비유기적 자연을 받아들여 소모시켜 자신의 소유로 삼는다'는 데 있다"(PhG, 27/16).

헤겔이 도야를 "재전유"로, "보편 정신이 이미 습득한 재산"을 개인에 의해 "소유로 취해지는 것"으로 기술한 것은 결코 우연이 아니다. 왜냐하면 자연 의식이 철학적 의식으로 진행되어 가는 도야의 과정은 결국 외면성이 점차 자신의 특성을 상실해 가는 과정이며, 또한 이 외면성을 자연 의식이 자신의 "작품"으로, 자신의 "산물"로 보게 되는 그러한 과정이다. 자연 의식의 입장이 어떻게 극복되는지를 보이는 인식론적 논거는 노동이라는 선행하는 활동성을 전제한다. 이때 노동은 정신으로 하여금 외적인 자연에 형태를 부여하고 그것을 전유하여 역사화된 제2의 "보편 정신의 재산"으로 변화시키도록 하는 힘이다.[7] 헤겔이『역사 철학 강의』에서 쓴 바에 의하면 "정신은 본질적으로 행위하며, 자기 자신을 즉자적으로(본질적으로) 존재하는 것으로 만들어 간다. 행위는 자기 자신의 작업이다. 이렇듯 정신은 자기 자신의 대상이 되며, 자기 자신을 자기 자신 앞에 놓인 실존으로 가진다."[8] 의식의 도야로 인해 이러한 진리가 재인식된다. '노동,' '전유' 그리고 '재산' 등의 범주들은 단순히 "지배와 예속"의 장(IV-A)과 "사태"의 장(Sache, V-C)에서 다뤄진 의식의 경험의 특수한 형태들이 아니다. 그것들은 정신의 본질적 활동성을 서술하는, 그리고 그 자체 의식의 도야인 세계 형성 과정을 서술하는 메타범주이다.

처음부터 헤겔은 작업하는 것도 행위하는 것도, 즉 포이에시스(작업)도 프락시스(실천)도 의식의 행위에 포함시킨다. 그러나 그는 양자를 노동으로, 즉 주체로 하여금 주어진 것을 변형시켜 인간화하는, 그렇게 함으로써 그 대상이 인간의 목적에 봉사할 뿐 아니라 그것을 정신적인 대상으로 만드는 그런 주체의 활동성으로 이해한다. 이때 "정신적 대상"은 인간 주체와의 관계에서만 이해될 수 있고 지성적인 것으로 될 수 있는 그런 것이다. 유용성과는 별로 관계 없이 인간의 뜻과 의미를 담지하고 있는 "정신적 대상"과 유용한 대상과의 차이는 종종 간과된다.『정신현상학』의 종교에 관한 장에서 볼 수 있듯이, 헤겔은 노동하는 활동성을 단순히 유용한 대상의 산출로 이해하지 않는다. 그런데 이것은, 상기해 보면, 계몽의 성과였다(PhG, 411). 헤겔은 그 활동성을 자연과 외면성을 인간화하고 정신화하는 좀 더 유적인 활동성으로 이해한다. 자연에 대한 이러한 정신화는 정신의 자연화와 더불어 시작되며, 원시 종교와 더불어 시작된다. 원시 종교에서 자연은 유용한 대상이 아니라 의미와 가치의 기원으로 간주되며, 인간으로 하여금 그 자연의 용모에서 신성을 보게 한다. 정신의 노동은 따라서 자신의 자연적 형태로부터 정신을 점진적으로 해방시킨다. 다른 말로 하면, 정신의 노동은 자연을 미몽에서 일깨우는 것이다.[9] 정신이 자신의 신성을 자연에 유착하여 파악하는 것이 아니라 인간성에 유착하여 파악할 때 자연은 이제 더 이상 의미와 가치의 기원이 아니다. 역설적으로 이것이야 말로 완전히 깨어난 자연이며, 따라서 가장 정신적이다. 즉, 자연의 의미와 가치는 이제 전적으로 인간이 자연에 부여한 것에서 기원하게 된다. 자연은 이제 사태Sache(PhG, 523ff./455ff.)가 된다.

"과거의 현존은 보편 정신이 이미 습득한 재산이다. … 도야의 본질은… 개인이 이미 현존한 것을 습득한다는 데 있다"(PhG, 27)라는 위의 헤겔의 진술로 다시 한 번 되돌아와서 나는 정신의 활동성이라는 헤겔의 결정적 개념이 부를 점증적으로 발생시키는 노동을 모델로 하고 있다고 주장하고 싶다.[10]

노동은 두 가지 방식에서 규정된 부정의 활동이다. 첫째, 노동은, 마르크스가 『자본론』 제1권 "노동 과정"의 장에서 논의하고 있는 것처럼, 유용하고 목적적인 활동으로 간주된다. 이러한 노동 과정에서 노동자는 "자연을 자신의 생활에 적합한 형태로 획득하기 위하여… 자기 자신을 하나의 자연력으로서 자연에 대립시킨다."[11] 이러한 활동을 통해 날것의 자연 소재는 변형되지만, 물질은 유지되며, 바로 이 경우에만 그 물질은 인간의 목적에 봉사하도록 형태 지워진다. 노동 과정에서 인간 집단들은 노동의 도구와 날것의 원료가 과거 세대의 산물로 그들에게 주어져 있다는 것을 알게 된다. 그들의 현재 활동은 이러한 과거를 특정하게 부정함으로써 진행될 수 있을 뿐이다. 반복되는 노동 과정은 과거로부터 전수된 것에서 시작되며, 그들 스스로가 이미 정립한 소여된 것들에서 시작한다. 과거의 정립태들은 노동이라는 활동을 통해 재정립된다. 왜냐하면 과거의 정립태들은 현재의 인간의 목적에 봉사하도록 변형되기 때문이다. 하지만 이러한 변형은 언제나 소여된 것, 즉 이 변형을 가능하게 하는 대상을 전제한다. 이 소여된 것 자체는 이미 변형된, 인간화된 대상이기 때문에 그것의 현재 형태를 부정한다는 것은 제2의 부정, 즉 부정의 부정이다.

과거의 정립태들을 재정립하는 노동의 순환 과정은 따라서 축적의 과정이다. 이 과정에서 현재의 개인들은 과거를 변형하고 재전유하는 가운데 미래를 열어젖힌다. 이 모델에서 노동은 언제나 과거 세대의 축적된 산물에서 진행함으로써 과거의 것을 현재의 유용한 대상으로 복구하는 **구체적 인간 활동**으로 간주된다. 노동의 이러한 측면은 역사를 관통하여 유지된다. 왜냐하면 이러한 측면은 사용 가치를 창출하고자 하는 모든 구체적 인간 활동의 항구적인 모습이기 때문이다. 그 구체적 윤곽은 포이에시스, 즉 '작업'에 대한 아리스토텔레스의 해명에서 이미 드러나 있었다.[12]

두 번째 노동 모델도 있다. 이 모델에 따르면, 노동이 규정된 부정의 활동이긴 하지만, 이 활동은 유용한 대상을 창출한다는 의미에서가 아니라 가치를 창출한다는 의미에서의 활동이다. 첫 번째 모델에서 노동은 형식을 끊임없이 변화시키지만 그 질료는 보존하는 활동이라는 점에서 규정된 부정의 활동이다. 이에 반해 두 번째 모델에서 노동은 과거의 생산물의 **가치**를 꾸준히 **변경시킨다**는 점에서 규정된 부정의 활동이다. 과거의 생산물에 남아 있는 어떤 것도 자연의 힘이 미치는 순간 해체될 것이다. 살아 있는 노동은 "이 물건들을 가져다가 죽어 있는 상태에서 소생시켜서"(*Capital*, p. 183, 『자본론』 234쪽), 그것들을 생산과 소비의 순환으로 재도입하지 않으면 안 된다.[13] 첫 번째 모델에서 노동이 자연적 활동으로, 즉 인간 존재로 하여금 자연의 한 힘으로 작용하게 하는 활동으로 간주되는 반면, 두 번째 모델에서 노동은 죽어 있고 잠들어 있는 자연에게 의미와 가치를 부여하는 활동이다. 이 활동은 죽어 있는 질료를 인간적인 대상으로, 인류를 위해 의미와 가치를 가지는 대상으로 변화시킨다. 여기서 규정된 부정은 사체처럼 무겁게 짓누르고 있는 과거를 끊임없이 인간화하고 그것에 고유 가치를 부여하는 활동을 의미한다. 노동의 이런 순환 과정은 과거의 정립태를 재정립하여 타자를 위해 의미 있고 가치 있는 대상들로 만들어 낸다. 이러한 과정을 통해 외면성은 꾸준히 인간화되며, 이 외면성은 그 자체 인간을 위한 것으로 변환된다.[14]

노동의 이 두 모델은 『정신현상학』에서 헤겔의 논거를 위해 아주 중요한데, 그 중요성은 우선 인식론적 논거를 되돌아봄으로써, 그런 다음 노동의 이 모델들이 이러한 인식론적 논거에 의해 어떻게 전제되고 있는지 보임으로써 확립될 수 있다. 의식의 경험 과정은 진리와 확실성을, 즉 인식의 본질what과 인식이라는 것that을, 헤겔의 용어로 말하면, 즉자태Ansich와 의식에 대해 있는 것Für-das-Bewußtsein을 비교하는 것으로 이루어져 있다. 이 두 항이 서로 상응하지 않는다면 ─ 그리고 의식의 경험은 양자가 상응하지 않는다는 것을 보게 될 것이다 ─ 의식은 인식의 변화를 요구해야 한다. 왜냐하면 의식은 이 인식이 유효한 인식 요청이라고 생각했기 때문이다. 그 이유는 그 의식이 자기 대상의 진리에 상응했다는 데 있다. 이러한 상응함이 결여될 경우, 의식은 새로운 인식 요청을 위해 처음의 요청을 기각하지만, 이 과정에서 자기의 인식의 대상도 변화시킨다. 의식은 처음에 대상을 이러이러한 것으로 알았지만, 의식의 경험 과정은 대상이 그렇지 않다는 것을 보여 준다. 의식의 대상에 대한 의식의 인식은 이제 대상에 대한 첫 번째 기술이 잘못되었다는 것을 내포하는 두 번째 기술뿐 아니라 그 대상을 상실해 버린 저 첫 번째 기술도 포함한다. "우리는 의식이 이제 두 개의 대상을 갖는다는 것을 본다. 하나는 첫 번째 즉자태(das erste Ansich)이고, 다른 하나는 이 즉자태의 대자존재(Für-es-sein-dieses-Ansich)이다. … 이 새로운 대상은 첫 번째 대상이 쓸모없는 것이라는 사실을 포함하고 있으며, 첫 번째 대상을 통과하여 습득한 경험이다"(PhG, p. 73).

의식의 첫 번째 대상에서 두 번째 대상으로의 전이는 경험의 첫 번째 대상에 대한 인식이, 혹은 "첫 번째 즉자태의 대자존재"(PhG, p. 73)가 경험의 두 번째 대상을 구성하는 것과 마찬가지로 구성된다. 헤겔은 "이러한 관찰은 우리의 첨가물unsere Zutat(PhG, p. 74)이다"라고 쓴다. 경험은 통상 사람들이 낡은 내용에서 새롭고 다른 내용으로 옮아가는 것을 의미한다. 하지만 이러한 경험관은 과거의 내용을 단순히 부정된 것으로 바라보며, 따라서 회의주의와 "절망의 도정"으로 인도할 뿐인 유약한 이해에 불과하다. 현상학적 비판을 단순한 회의주의와 구별시켜 주는 것은 경험의 오류가 학습 과정으로 고찰된다는 데 있다. 이러한 학습 과정을 통해 과거 경험의 부적합성에 대한 지식은 새로운 경험의 한 측면으로 통합된다.

> 사태의 발생과 진행 과정 전체를 알아차리지 못하는 의식에게 새로운 대상이 발생하면서 하나의 필연성이 모습을 드러낸다. 하지만 이 필연성은 의식의 배후에 도사리고 있는 우리에 의해서만 간취될 수 있는 것이다. 그리하여 의식의 운동 속에는 경험하고 있는 의식에게는 보이지 않는 '그 자체로 있는 것, 즉자존재' 혹은 '우리에 대해서 있는 것'이라는 계기가 스며들게 된다. 그러나 우리에게 드러나 보이는 사태의 내용은 의식에게도 주어져 있다. 따라서 우리가 파악하는 것은 다만 사태의 형식을 이루는 순수한 생성 작용뿐이다. 이때 양자 사이의 차이는 생성된 것이 의식에게는 대상으로만 존재하지만, 사태의 과정을 엿보고 있는 우리에게는 동시에 운동이나 생성 과정으로서도 존재한다는 것이다. 이와 같은 필연적인 연관성 속에서 이끌려가는 한, 학을 향한 도정은 그 자체가 이미 학이며, 그 내용에 따라 말하자면, 의식의 경험의 학이다(PhG, p. 74).

의식의 경험의 각 단계에서 대상, 즉 즉자태는 '타자에 대해 자신으로 있음'이라는 경험을 포함한다. 경험의 두 번째 대상은 '첫 번째 대상이 가지고 있는 타자에 대해 자신으로 있음'의 경험이며, 경험의 세 번째 대상은 '두 번째 대상이 가지고 있는 타자에 대해 자신으로 있음'의 경험이다. 물론 이때 이 두 번째 대상은 다시금 '첫 번째 대상이 가지고 있는 타자에 대해 자신으로 있음'이다. 이런 식의 과정이 계속된다.[15] 헤겔은 따라서 의식의 경험의 연속적인 총체화를, 그리고 의식의 각각의 형태가 지나간 것들의 계기를 자신 안에 흡수하여 간직한다는 것을 제시하고 있다.

의식의 경험에 대한 이러한 총체화는 무엇보다도 경험의 모든 내용을 관통하여 비추는 그리고 경험을 일련의 총체화로 드러낼 수 있는 단일의 원리가 있다는 것을 전제한다. 이러한 단일의 원리는 헤겔에게는 실체이면서 주체이다. 의식의 축적된 경험이 질료적 집적일 경우 그 원리는 실체이며, 이것은 "보편 정신"으로 하여금 외면성, 즉 세계를 자신의 재산으로 전유하게 하는 과정에 상응한다. 이러한 집적이 상기*Erinnerung*의 과정, 즉 기억과 내면화의 과정에 상응하는 한에서 실체는 주체로 된다. 의식의 경험은 질료적인 집적을 나타내며, 그 통일은 인간이 전유하고 변형시킨 세계의 재료에 체화되어 있는 **질료적 통일**이다. 이에 반해 "우리"의 경험은 정신적인 집적의 경험이며, 그 통일은 의식의 이야기에서 의미와 가치를 가지게 되는 사람들의 기억 속에 체화된다. 따라서 변형하는 행위와 가치 부여적인 행위라는 노동 과정의 이 두 모델은 의식의 경험과 "우리"의 경험 각각에서 상관성을 발견한다. 외면을 변형시키는 의식의 활동은 과거의 형식들을 특정하게 부정함으로써 유용한 대상을 창출하는 질료적 활동에 상응한다. 정신으로 하여금 과거를 "재전유"하게 하는 상기의 세계사적인 과정은 과거의 죽어 있는 집적물에서 가치와 의미를 창출하는 추상적 노동 행위에 상응한다.[16]

이 절의 출발점이었던 다음의 진술은 이제 그 완전한 의미를 추정해 볼 수 있다. "과거의 현존은 보편 정신이 이미 습득한 재산이다. … 도야의 본질은… 개인이 이미 현존한 것을 습득한다는 데 있다"(PhG, 27). 노동의 세계사적 활동은 외면성을 인간화하고 변형시켰으며, 자연으로부터 역사를 창조했다는 데 그 의의가 있다. 바로 이런 의미에서 과거는 보편 정신의 "재산"이다. 이것은 노동 행위의 **변형하는***transformative* 과정에 상응한다. 이제 이러한 유산을 소유하는 가운데 개인은 주어진 것으로 현상한 것이, 즉 그에게 외적인 실재가 사실은 자신의 작품이며, 자신의 활동성과의 관계에서만 의미와 중요성을 갖는다는 사실을 생각해 내지 않으면 안 된다. 외적인 것을 주체와의 관계로 가져오는 이러한 회고의 과정은 노동을 **가치 부여적인 활동**으로 전제한다. 그리고 그러한 관점은 의식이 보편 정신의 입장을 받아들이는 한에서만, 혹은 의식이 스스로를 "현상학적인 우리"와 동일시하는 한에서만 가능하다. 도야는 의식의 입장을 극복하는 데 그 본질이 있으며, 그 자체 이러한 과정의 실체이자 주체라고 하는 통찰에 있다.

의식과 "우리"의, 그리고 개별 정신과 보편 정신의 궁극적인 화해는 일련의 환원에 기초해 있다. 나는 여기에서 이러한 환원을 구성하고 있다고 생각하는 것만을 좀 더 자세히 살펴볼 것이다. 이러한 환원을 가능하게 하는 행위 모델에 대한 분석을 나는 다음 장에서 다룰 것이다. 『정신현상학』에서 헤겔은 의식의 경험에 특징적인 인간 행위의 상이한 양태를 외화Entäußerung라는 단일의 패러다임으로 환원하는데, 여기에서 노동은 가장 전형적인 예이다. 다수의 인간의 경험은 "정신"이라고 불리는 초주관적 주체의 기억으로 환원된다. 역사는 — 집단적 인간이 자기 자신에 대해 말하는 모순적이고 불완전한, 그리고 종종 갈등 상황에 있는 이야기이다 — 초주체가 자신을 알아 가는 단일의 축적 과정으로 환원된다. 더 나아가 철학적인 지혜의 도정은 **구성되면서 또한 구성하는** 주체성에 대한 통찰이다. 의식은 소여된 것이 사실은 자신, 즉 정신 이외에 아무것도 아닌 주체에 의해 구성되었음을 파악함으로써 그 소여된 것을 지양한다. 의식은 자신의 주체성의 한계, 진리와 확실성의 구분, '즉자'와 '의식에 대해 있음'의 차이 등, 이러한 것이 해소될 수 있다는 것을 안다. 왜냐하면 의식은 이러한 한계들이 자기 자신의 생성의 역사에 다름 아닌 과거의 역사에 의해 정립되었음을 인식하기 때문이다.

나는 다음의 네 전제들, 즉 a) 행위의 통일성 모델, b) 초주관적 주체 모델, c) 초주관성의 이야기로서의 역사, 그리고 d) 구성하는 주체와 구성된 주체의 동일성이라는 전제들을 "주체의 철학"이라고 부를 것이다. 이 책의 주된 논제는 "주체의 철학"을 구성하는 이 네 전제가 1937년 호르크하이머의 비판 이론의 구상을 가능하게 한 사회적이고 인간적인 해방의 모델을 형성한다는 것이다. 이런 주장은 일견 당혹스러워 보일 수 있다. 왜냐하면 이 비판 이론의 전통에서 헤겔은 "정신"이라고 불리는 추상적이고 사변적인 주체를 정립한다고, 그리고 역사를 정신의 생성으로 본다고 언제나 비난 받았기 때문이다. 하지만 헤겔에 대한 인간학적 비판은 — 이는 마르크스의 『1844년 수고』에서 시작되었다 — "정신"을 단순히 "인류" 혹은 "인간성"으로 대체하고 있을 뿐이다. 이러한 대체는 "주체의 철학"의 토대를 변경시키지 않는다. 왜냐하면 역사는 여전히 집단적 주체가 가지고 있는 가능성을 전개해 가는 단일의 과정이며, 사회적 해방은 여전히 특수한 사회 계급이 이러한 유산을 **재전유**하는 것으로 이해되기 때문이다. 이 계급의 특수한 요구는 자기 자신의 역사의 주체가 되고자 하는 인간의 보편적 요구와 상충한다. 어떤 사회 계급의 해방적 요구는 비판 이론가들에 의해 이러한 약속의 완성으로 간주될 수 있다. 하지만 그런 사회 계급이 현존하지 않을 때조차, 자신의 특수성에도 불구하고 보편적 인류라는 이름으로 행동하는 그런 혁명적 주체에 대한 추구는 포기되지 않는다. 이후에 논의할 것이지만, 1937년에서 1947년에 이르는 비판 이론의 과정은 **혁명적 주체의 포기**를 나타내지만, 그렇다고 혁명적 **주체**에 대한 추구를 포기하는 것은 아니다(5장을 보라).

주체의 철학에 대한 나의 비판은 현재 유행하는 구조주의자나 포스트구조주의자들이 하는 주체 없는 철학에의 추구에서 영감 받은 것이 아님을 나는 우선 말하고자 한다.[17] 나의 관심은 구조나 형식, 그리고 이원적 대립 등을 주체의 자리에 대체하는 데 있지 않다. 오히려 나는 급진적인 상호 주관성과 다양성의 관점을 추구할 것이며, 우리의 현장성과 구체성에서 완전히 벗어나 있는 — 메를로퐁티의 용어로 말하면 — 특수한 "철학의 탈주"에 대항하여 논의를 전개할 것이다. 이러한 관점은 비판적 마르크스주의에 낯설지 않다. 그 시초는 『1844년 수고』에 나타나는 감각의 유한성에 대한 마르크스의 분석에서 발견할 수 있다. 하지만 이후 비판 이론의 전통에 서 있는 이 텍스트에서도 이미 주체의 철학이 지배적인 것이었다.

다음 절에서 『1844년 수고』를 분석하는 것의 목적은 마르크스의 헤겔 비판이 주체의 철학의 전제들을 없애기보다는 오히려 포함한다는 것을, 그리고 마르크스의 인간학적 비판에 의해 수행된 감각의 유한성의 관점이 다시 한 번 덧입혀진다는 것을 보이는 것이다. 왜냐하면 행위의 대상화 모델은 이러한 관점을 명확히 하는 데 부적합하기 때문이다.

3. 『1844년 수고』에 나타난 현상학적 방법에서 인간학적 방식으로의 변형

『1844년 수고』의 "헤겔의 변증법과 철학에 대한 비판"이라는 절에서 마르크스는 헤겔이 대상화(Vergegenständlichung)와 소외(Entfremdung)를 혼동했다고 비판한다.[18] 따라서 마르크스주의의 대상화 개념을 헤겔의 외화 개념 위에 구축하는 것은 모호하게 된다. 마르크스에게도 대상화는 내적인 것을 외적이고 외면적인 것으로 만드는 활동이다. 이러한 활동의 목적은 개인의 잠재력을 적절히 표현하고 형태지우는 것이다. 대상화는 자기 외화이며 자기 외화이어야 하지만, 그것이 언제나 자기실현(Selbstverwirklichung)인 것은 아니다. 헤겔적인 자아가 행위를 통해 자신의 소행을 세계에 체현하여 자기를 타자를 위한 하나의 사실로 만드는 것과 마찬가지로, 마르크스에게도 자아는 자신의 잠재력과 능력을 대상에 구현하여 타자를 위한 대상으로 된다(M, p. 116).

살을 가진 구체적 인간은 외화(Entäußerung)를 통해 자신의 본질적 힘들을 대상들로 정립하는데, 이 경우에는 낯선 대상들로 정립한다. 대상화는 개인의 본질적 힘들의 외화이다. 마르크스에게 삶 자체는 외화의 활동이며, 생동적이란 것은 자기의 욕구 대상을 자신의 외부에 갖는 것이며, 스스로 타자를 위한 대상이 되는 것이기 때문에, 여기서 결정적인 질문은 인간학적으로 보편적인 이러한 행위 양식이 어느 정도까지 자기표현과 자기실현의 형식인가 하는 점이다. 대상화는 자기 확인인가, 자기 부정인가? 마르크스는 자아의 힘과 능력을 부정하고 둔화시키는, 객관화하는 활동을 "소외된" 활동이라고 말한다.

자기 확증하는 그리고 자기 고양하는 활동인 대상화에 대한 이러한 규범적 개념은 마르크스의 『1844년 수고』 첫 부분의 사유 재산의 경제에서 나타나는 소외된 노동의 조건들과 대립된다. 소외된 노동에 대한 마르크스의 비판은 노동이라는 것이 자기 확증하는 외화라고 전제될 경우에만, 그리고 노동이 사유 재산의 지배 아래서는 완전히 그 반대의 상황으로 된다고 전제될 경우에만 이해할 만하다. 노동의 본질은 대상의 창조를 통한 개인의 자기실현이지만, 현존하는 노동은 노동의 그 본질을 완전히 부정하는 것이다.

마르크스는 다음과 같이 쓴다. "노동, 생명 활동 혹은 생산적 삶은 개인들에게 단지 욕구 만족을 위한 수단으로서만, 즉 육체적 실존을 유지하기 위한 수단으로서만 현상한다. 하지만 생산적인 삶은 유적인 삶이다. 삶을 산출하는 것은 삶이다. 유의 특성은 이 유가 수행하는 일종의 삶의 활동성 안에서 유지된다. 자유롭고 의식적인 활동은 인간들의 유적 특성이다"(M, p. 57). 이러한 주장은 마르크스가 어느 정도까지 헤겔의 주체의 철학에 충실히 머물러 있는지를 드러낸다. 헤겔에 따르면, 대상화는 외화를 통한 자기표현으로 이해될 뿐 아니라 이러한 활동의 주체가 집단적 단수, 즉 유類 자체라는 것이다.[19] '대상화는 자기표현이다'라는 진술은 실제로 이러한 집단적 단수 주체를 전제한다. 왜냐하면 경험적 삶의 조건에서 구체적인 개인들이 유적 본질을 특징짓는 보편적 속성에 가까워질 때에만 이들에게 대상화와 노동은 자기실현의 형태들일 수 있기 때문이다. 그러나 경험적인 역사는 사유 재산과 소외된 노동의 출현의 출생지이기 때문에, 개인들의 활동은 유적 활동의 이러한 규범적 모델에 상응하지 않는다.

그런데 마르크스에게 역사는 또한 이러한 목적을 위한 **생성 과정**becoming이다. 역사는 인간의 자기 산출이며, 인간의 출생지이자 자기의 유적 능력을 전개하는 장이다(M, p. 76ff.). 한편으로 역사는 "인간"의, 즉 집단적 단수 주체의 생성 과정이자 자기 산출이며, 다른 한편으로 경험적인 역사는 구체적인 개인들을 그들의 본질적인 유적 특성에서 분리하여 소외시키는 것이다. 집단적 단수의 관점에서 볼 때 역사는 대상화이자 자기표현이다. 개인의 관점에서 볼 때 역사는 자기 부정이며 소외된 대상화이다. 요점은 루소가 『인간 불평등 기원론』의 '제2토론'에서 진화라고 명명했던 양날의 칼처럼, 역사가 어떤 잠재력의 전개이면서 동시에 그것의 좌절일 수는 없다는 것이 아니다.[20] 오히려 요점은, 만약 역사의 통일이 **집단적 단수** 주체의 현존에 귀속되고, 역사의 **다양성**이 경험적 개인들의 생활 조건에 귀속된다면, 역사는 그 자체 어떤 목표의 생성 과정으로 출현할 수 있으며, 또한 이러한 목표를 습득하려는 필요에서도 출현할 수 있다는 점이다. 이러한 집단적 단수는 실체이면서 주체이다. 즉,

역사는 집단적 단수가 생성되고 자신의 능력을 전개해 나가는 과정이며, 따라서 역사는 미래에 나타날 당위적인 인간 본질이다. 구체적인 경험적 개인들은 그들의 집단적 삶의 조건에서 유적 존재가 가지고 있는 이상화된 재산을 재전유할 경우에만 역사적 과정의 주체로 될 수 있다.

여기서 헤겔의 『정신현상학』과의 병렬 관계가 명백히 드러난다. 의식의 도야는 집단적 정신의 "재산"을 구체적인 개인이 "재전유"하는 것으로 기술되었다. "참된 공산주의는 인간의 자기소외로서 사적 소유의 실제적 지양이며, 따라서 인간에 의한, 인간을 위한 **인간 본질의 재전유**이다. 그러므로 공산주의란 인간적인 인간인 사회적 인간이 지금까지 진행되어 온 전체 영역에서 자기 자신에게 완전하고 의식적으로 복귀한 상태다"(M, p. 75. 강조는 원전에서). 구성된 주체성과 구성하는 주체성의 동일성이 이 진술에 표현되어 있다. 공산주의는 **구성된** 주체들이 역사를 **구성하는** 주체들로서 그들의 잠재적이고 현실적인 부를 **재전유**하는 것이다. 마르크스가 이 과정을 기술하기 위해 사용한 바로 그 술어들은 "절대적 인식"에 관한 장에서 헤겔이 말한 것을 패러디한 것처럼 읽힌다. 즉, 전유, 자기에게 돌아옴, "본질과 실존, 즉 대상화와 자기 확증, 자유와 필연성, 개인과 유, 그리고 이들 사이의 갈등의 참다운 화해"(M, p. 76).[21] 헤겔의 『정신현상학』에 대한 마르크스의 인간학적 비판은 헤겔의 공식인 "정신은 역사 안에서 자신의 외화에 대해 반성함으로써 생성되고 자기 자신을 알게 된다"를 다른 양식의 헤겔주의, 즉 "유적인 인간은 역사 안에서 노동의 활동성을 통한 자기 산출의 과정에서 생성되고 자기 자신을 알게 된다"라는 공식으로 대체한다. 하지만 "인류"니 "유적 본질"이니 하는 주체도 "정신"이라는 주체만큼이나 추상적이다. '역사는 인류의 자기 산출이다'라는 테제는 '역사는 정신의 자유의 전개이다'라는 주장만큼이나 문제가 있다. **대상화**라는 마르크스의 범주는 인간 활동의 다양성을 파악하는 데 있어서 헤겔의 **외화**의 범주만큼이나 부적절하다.

마르크스의 인간학적 비판에서 제시된 두 번째 관점, 즉 감각적 **유한성**의 관점은 다음과 같은 하나의 공식으로 요약될 수 있다. '인간이 자연 혹은 외면성과 맺는 관계는 동시에 인간들 사이의 사회적 관계이다.' 대상화는 단순히 대상에 대한 전유가 아니라 이 외적인 것을 동일하게 자신의 대상으로 여기는 다른 주체들과의 상호 작용의 과정이다. 여기에서 마르크스는 헤겔의 『정신현상학』에 대한 자신의 인간학적 수용에 함축되어 있는 인간 행위 모델과는 완전히 다른 행위 모델을 제시하고 있다. 인간학적 행위 모델에서 자연과의 관계는 두 가지 의미에서 개인들 사이의 **사회적 유대**이다. 첫째, 대상으로서의 자연은 다른 인간들을 위한 대상이기도 하다. "대상성"은 복수의 주체들이 현존한다는 사실을 함축한다. 둘째, 대상들을 자기 외부에 가지는 이러한 주체들도 또한 타자에게는 대상이다. 외적으로 존재하는 인간으로서 각각의 개인은 타자에 의해 관계지어진다. 대상과, 그리고 대상으로서의 인간과 맺는 관계 양식은 단순히 전유의 양식이 아니다. 이 양식은 감각과 지각에서 욕구와 사랑에 이르기까지 길게 늘어서 있다. 주관적으로 봐서 개인은 자신의 유한성을 충동, 욕구, 감정 그리고 정열 등으로 경험한다. 이러한 정의적인 경험은 근본적으로 타자 지향적이다. 이 경험은 개인이 세상 안에 던져진 상태로 놓여 있다고 할 뿐 아니라 이 개인의 유한성과 다양성을 근본적으로 인식하게 하는 상태로 위치시킨다. 감각적 유한성에 대한 경험은 근본적인 불충분함에 대한 인식이다. 그것은 사람이 정의적이며 영향을 받을 수 있는 존재라는 인식이며, 바로 이런 것이 세계와의 그리고 타자와의 유대라는 인식이다. "객관적, 감각적 존재로서의 인간은 따라서 격정을 가진 존재이다. 그리고 인간이 이러한 격정을 경험하기 때문에 인간은 **정념이 있는 존재이다**"

(M, p. 118).

유한성, 고통, 그리고 욕구 등에 대한 이러한 강조로 인해 "참다운 공산주의"에 대한 마르크스의 기획은 다른 강조점을 가지게 된다.[22] 주체의 철학은 참다운 공산주의를 조물주로 간주되는 인류의 승리로 제시했는데, 이 조물주는 세계를 자신의 산출물로 형성하고 변형하고 재전유한다고 한다. 두 번째 관점에 따르면, 참다운 공산주의는 근본적으로 **새로운 욕구**의 형성을 의미하는데, 이 욕구의 만족을 위해서는 현존하는 사회 형태를 초월해야 한다. 욕구 만족은 더 이상 대상의 전유로 간주될 수 없다. 욕구를 만족시키기 위해 반드시 그 욕구의 대상을 소유할 필요는 없다. "우리가 대상을 소유할 때에만, 그 대상이 우리를 위한 자본으로 존립할 때에만, 혹은 우리가 그 대상을 직접 소유하여 먹고, 마시고, 입고 그것에 익숙해질 때에만, 간단히 말해서 우리가 그것을 **사용**할 수 있을 때에만 비로소 그 대상은 **우리의 것**이라고 말할 만큼 사유 재산은 우리를 그렇게 얼간이로, 편협한 존재로 만들었다"(M, p. 79). 사유 재산을 지양한다는 것은 사용과 소유에 한정되어 있는 우리의 특수한 욕구 만족의 양식을 지양한다는 것이다. 마르크스는 이 새로운 양식이 심미적인 향유의 양식들 중 하나인지, 유희인지 아니면 이론적 명상의 즐거움인지, 혹은 모방인지 등에 대해 특별히 제한을 두지 않는다.[23] 공산주의 프로젝트는 "인간의 감각과 재산의 완전한 해방"(M, p. 80)으로 고찰된다. 이 프로젝트는 지금까지 실존하고 있는 만족이나 향유와는 근본적으로 다른 것이지, 실존하는 양식들의 완성은 아니다.

따라서 새로운 양식의 이러한 욕구 만족은 욕구의 **대상**의 변형을 필요로 한다. 마르크스는 다음과 같이 쓴다. "감각들은 자신을 위해 대상(Sache)과 관계를 맺는다. 하지만 대상 그 자체는 **대상적**(객관적) 인간이 자기 자신과 맺는 그리고 인간들과 맺는 관계이며, 그리고 동시에 그 반대의 관계 맺음이다. 따라서 욕구와 만족은 이기적 본성을 상실하며, 본성(자연)은 그 단순한 **유용성**을 상실한다. 이러한 과정에서 사용은 **인간적인 사용이 된다**"(M, p. 80). 욕구의 대상과의 관계는 이제 인간적인 유대를 확증하는 것으로 드러난다. 향유는 사적인, 이기적인 특성을 상실하며, 상호적인 인간성을 주장한다. 욕구의 대상은 사적인 소비를 강화하는 것이 아니라 상호성을 강화한다. 따라서 욕구의 대상은 결코 대상이 아니며, 다른 인간 존재이자 그 대상에 의해 반성되고 표현된 다른 인간 존재의 자질과 능력이다.

주체의 철학과 감각적 유한성의 철학이라는 이 두 관점, 그리고 이 관점에 포함된 인간 해방의 이상들은 메타 이론적인 차원에서 우리가 「유대인 문제에 대하여」를 분석하는 가운데 마주했던 것과 동일한 이원론에 봉착하게 한다. 여기에서 "정치적인 것의 보편화"와 "보편적인 것의 사회화"라는 두 가지 해방의 양식들이 이미 토론된 바 있다. 첫 번째 것, 즉 '정치적인 것의 보편화'가 부르주아 혁명이 이룬 과거의 성과들을 미래에 **완성** *fulfillment*한다는 것을 의미했다면, 두 번째 것, 즉 '보편적인 것의 사회화'는 이러한 성과를 **변형** *transfiguration*하고 새로운 양식의 연합과 사회성을 만들어 내는 것을 의미했다. 이와 마찬가지로, 주체의 철학은 인간의 행위를 노동 패러다임으로 보편화하는 것이며, 인간의 생산적 활동의 신격화는 부르주아 정치경제학과 더불어 비로소 시작되었다. 이에 반해 근본적인 욕구의 관점은 행위를 노동 패러다임으로 보편화하는 것에 대한 급진적인 변화를 요구한다. 주체의 철학은 인류를 조물주로 간주하고 자연을 변형하여 주체의 형상을 반영하도록 하며, 자기 자신을 인간 자신이 창조한 것에서 관조하도록 한다. 이러한 관점은 근대 부르주아 사회의 완성을 요구하지 그것의 변형을 요구하지 않는다. 왜냐하면 이러한 관점은 논리적으로 자본주의 논리가 의존하고 있는 성장과 생산성을 신격화하기 때문이다. 이에 반해 감각적 유한성의 관점은 변형적인 해방의 상에 상응한다. 왜냐하면 이러한 관점에서 해방은 근본적으로 새로운 욕구와 새로운 주체성을 이끌어 들이기 때문이다. 이 두 관점이 현존함에도 불구하고 『1844년 수고』에서 압도적으로 나타난 것은 궁극적으로 주체의 철학이다. 이러한 관점에서 "감각적 유한성"의 범주에서 예시되고 있는 인간 해방의 대안적 전망은 적절하게 명명될 수 없다. 왜 그런지에 대해 분석하기 전에 나는 우선 왜 이런 이중의 관점이 해석학적인 호기심 이상이며, 왜 그것이 마르크스의 비판의 기획을 모호하게 하는지 명확하게 하고자 한다.

미래의 청사진을 현재에 대립시키지 않는 것은 마르크스적 비판의 헤겔적 유산이다. 마르크스에 따르면, 비판 철학은 "자기 시대의 투쟁과 소망에 대한 그 시대의 자기 명료화이다"(MEW 1: 346). 따라서 어떤 사회가 투쟁의 대상을 가지고 있으며 또 어떤 소망을 가지고 있다고 한다면, 이 주어진 사회를 명료하게 하고자 하는 비판은 당시의 조건들에 의해 만들어진 이 투쟁과 소망이 급진적인 변혁(변형)을 선취하고 있다는 것을 보여 주어야 한다. 자기명료화는 현재의 꿈을 이해하는 것이며, 또한 이 꿈이 현재 실현될 수 없다는 것을 보여 주는 것이다. 비판 철학은 현재의 철학이지만, 동시에 현재를 급진적 미래로 고안하는 철학이다. 현재는 자신의 급진적 부정을 자기 내부에서 산출해야 한다. 급진적 미래로서의 현재에 대한 고집은 필연적으로 연속성이냐 단절이냐의 관점 사이에서, 과거의 것의 완성이냐 변형이냐의 사이에서 머뭇거리게 한다. 급진적 미래가 현재의 과업이어야 하기 때문에 그 미래는 현재의 연속이자 완성이어야 한다. 현재는 이러한 급진적인 미래를 자기 안에 포함하고 있기 때문에 이 미래는 현재의 변형이며 파열이다.

과거의 연장으로서 그리고 새로운 것의 선구자로서 현재가 갖는 이러한 이중의 관점 외에, 마르크스가 감각적 유한성의 관점에서 예시하였던 인간 해방의 대안적 모델에 대해 적절한 명명을 할 수 없었던 이유가 있다. 즉, 마르크스에게 있어서 "대상화"의 범주는 특수한 종류의 인간 활동을 기술하는 것이 아니라는 데 그 이유가 있다. 이 범주는 인간의 모든 역사를 파악할 수 있게 하는 메타 이론적인 중요성을 갖는다. 마르크스는 역사를, 좀 더 정확하게 말하면, 역사 안에서 (인)류의 인간화를 대상화에 의해 움직이는 진화 과정으로 본다.[24] 역사에서 유의 생성을 설명함에 있어서 대상화 범주의 이러한 지배적 경향은 인간성의 조물주적인 모델을 감각적 유한성의 상보다 규범적으로 우위에 있게 한다. 다른 말로 하면, 대상화가 인간 유의 구축 과정을 설명하는 범주라는 바로 그 이유 때문에 해방은 이러한 대상화의 관념에 의해 기술된 술어 속에서 이해된다.

마르크스에 따르면, 역사는 **동일한 유**(동종)의 잠재력의 전개 과정이다. 왜냐하면 대상들의 형태가 가지고 있는 질료들의 매체에는 그리고 이 대상들을 후속 세대들이 끊임없이 전유하는 방식에는 축적된 논리가 있기 때문이다. 이미 말한 다음의 사실을 상기해 보자. 즉, 대상화란 어떤 능력이나 기예 혹은 기술들이 어떤 한 대상에 체현되어 있고 질료화되어 있다는 것을 의미한다. 대상을 산출한다는 것은 질료를 형상화힐 수 있는 우리 인간의 능력에 대한 반성의 규칙뿐 아니라 질료의 본성에 속한 규칙에 대해서도 인식하고 있다는 것을 내포한다. 우리는 이 규칙들에 대해 어느 정도는 인식할 수 있을 것이다. 우리는 이 규칙들을 적용하는 데 있어서 어느 정도는 능란할 것이다. 어떤 시대의 한 지점에서 인류는 이전 세대들이 만들어 놓은 이미 대상화된 산물에 다름 아닌 세계에 직면한다. 인간은 스스로를 재산출하기 위해 우선 소여된 것을 재전유하는 법을 배워야 하는데, 인식의 규칙도 노하우의 규칙도 배워야 한다. 노동이라는 질료적 매체를 통한 유의 재생산은 과정의 습득을 포함한다. 도구들의 도구적 사용의 수준에서 그리고 재생산의 질료의 수준에서 우리는 하나의 연속성, 즉 학습 과정이 실존한다고 주장할 수 있다.

하지만 대상화는 사회적 개인들의 활동이며, 생산은 **사회적 재생산**이다. 사회적 개인들의 구조는 대상 산출이라는 매체에서만 발생하는 것이 아니라 주로 언어나 문화 그리고 사회적 상호 작용이라는 매체를 통해서 발생한다.[25] 그렇다면 물질적인 축적의 매체를 구성하는 것과 이 영역에서 학습 과정을 구성하는 것은 무엇인가? 대상을 조작하는 데 필요한 인식이나 노하우를 습득하는 규칙들과 언어나 문화, 사회적 상호 작용에 필요한 인식이나 노하우를 습득하는 규칙들은 서로 동일하지 않다. 전자의 경우, 이 규칙들은 외적인 것에 대해 우리가 작용을 가할 수 있는 존재인 자연에 대한 우리의 인식을 의미한다. 후자의 경우, 그 규칙들은 사회적, 상징적 내지 문화적 존재인 우리 자신에 대한 우리의 인식을 의미한다. 전자의 경우 우리가 이 규칙들을 **적용함으로써** 이 규칙들에 대한 인식을 명확하게 하는 데 반해, 후자의 경우 우리는 이 규칙들에 **적절하고 조화로운** 방식으로 행위하고 말하고 행동함으로써 이 인식을 명확히 한다. 라틴어를 전혀 알지 못하는 학자들에 의해서 라틴어가 사용되는 것과 같이 우리가 어떤 고립된 표현들을 적용할 수 있다고 하더라도, 우리는 자연적인 언어 전체를 "적용"할 수는 없다. 우리가 영국인, 프랑스인, 독일인 혹은 중국인처럼 **가장할** 때, 우리는 문화의 규칙들을 "적용"할 수 있다. 이 경우에 우리는 우리 자신을 **가장된 우리**로부터 분리시킨다. 우리는 우리가 어떤 다른 인간인 것처럼 행동하지만, 이 다른 문화의 규칙에 대한 우리의 인식은 우리가 이 문화의 일원이 행동하는 것처럼 행동함으로써 비로소 명확하게 된다. 우리 자신을 상징적, 문화적 혹은 언어적 규칙들에서 분리시키는 그런 행위들에서조차 우리는 이 문화의 일원들인 일인칭 관점과 이인칭 관점을 채용할 수 있어야 한다. 우리는 사람들이 다른 문화의 일원으로서 어떻게 행동하는지를, 어떤 주어진 환경에서는 자기 자신과 타자에 의해 무슨 말이 오갈 수 있는지를, 그리고 이것이 타자에 의해 어떻게 지각되거나 이해되거나 해석될 수 있는지를 알아야 한다. 그러한 상징적, 상호 작용적 그리고 언어학적 규칙들에 대한 인식은 이 규칙들에 대한 의미와 맥락을 이해하는 것이다. 그것은 우리가 행위하고 말한 것을 이해하고 해석하는 능력을 포함하며, 또한 우리가 행하고 말한 것을 다른 사람들이 어떻게 지각하는지를 이해하고 해석하는 능력을 포함한다.[26]

마르크스의 대상화 범주는 인간의 학습과 발전이라는 바로 이 차원을 파악하는 데 적절하지 않다. 문화적, 사회적 그리고 언어적 존재로서 행동하고 말하면서 우리는 우리 자신을 "대상화"하지 않는다. 오히려 우리는 그렇게 함으로써 비로소 주체, 즉 의미 있는 언술을 시작하고, 행위하고 상호 작용할 수 있는 존재, 다른 말로 하면 자기 자신, 자기의 의도, 목적, 욕망, 감정 그리고 분위기 등을 드러낼 수 있는 존재가 된다. 물론 말, 행실 그리고 제스처 등을 타자에게 보이고 지각되고 관찰될 수 있는 대상들로 만들 수 있다는 사소한 의미가 있다. 대상으로서의 말, 행실, 제스처, 행동 등에 대한 바로 그 지각은 그것들의 본질에 대한 왜곡과 의사소통과 이해의 과정에서의 실패를 의미한다. 우리가 이해하지 못하는 언어의 말들은 우리에게 "소음"에 지나지 않는다. 우리는 우리가 그 의미를 대상으로 인식하지 못하는 행위와 제스처를 지각한다. 우리는 그것들을 보지만 그것들을 이해하지 못한다. 마르크스가 대상화의 범주로 정리해 놓은 것은 두 가지 다른 종류의 인간 활동을 섞어 놓은 것이며, 학습과 습득 과정에서 서로 달리 적용되는 규칙들을 섞어 놓은 것이다. 이런 혼합은 다음의 문단에서 가장 잘 드러난다. 길지만, 이 문장이 『1844년 수고』의 표준 영어판에 포함되어 있지 않기 때문에 전체를 다 인용하겠다.[27]

인간으로서 산출 행위를 하는 우리가 우리의 생산물을 통해 우리 자신과 타자를 확고히 했다고 상정해 보자. 1) 나의 산물에서 나는 나의 개별성과 특성을 객관화했으며, 그럼으로써 나의 활동의 와중에 개별적인 삶의 표현을 향유했고, 대상의 관점에서 개별적인 즐거움을 경험했다. 왜냐하면 나는 나의 인격성을 대상적인 것으로, 감각에 의해 지각될 수 있는 것으로, 그리고 어떤 막연함을 벗어나서 고양된 뚜렷한 것으로 알기 때문이다. 2) 나의 대상에 대한 너의 향유와 사용으로 인해 나는 직접적인 만족을 얻을 수 있을 것이며, 나의 일을 통해 인간의 욕구를 만족시켰다는 의식, 인간의 본질을 대상화했다는 의식, 다른 인간의 욕구에 상응하는 대상을 산출했다는 의식을 얻을 수 있을 것이다. 3) 너는 너와 유類 사이에 중재자였다는 의식을 얻을 수 있을 것이다. 너 자신의 본질과 너 자신의 필연적인 부분의 완성으로서 너에 의해 알려지고 경험되었다는 의식을 얻을 수 있을 것이다. 따라서 나는 나 자신이 너의 사랑에서 뿐 아니라 너의 사유에서도 확증된다는 것을 알 것이다. 나는 내가 나의 삶의 표현을 통해 즉시 너의 것도 산출한다는 것을 알 것이다. 따라서 나의 개인적인 활동에서 나는 나의 참된 본질, 나의 인간적인, 상식적인 본질이 포함되고 실현된다는 것을 알 것이다. 나의 생산은 아주 많은 거울들일 것이며, 이 속에서 우리의 본질이 상호적으로 비칠 것이다.

제임스 밀에 대한 마르크스의 짧은 주석에서 인용한 이 문장은 마르크스의 시도가 소외되지 않은 생산 양식을 호혜성과 상호성의 규범들에 의해 인도되는 상호 작용의 구조로 분석하고 있다는 것을 보여 준다. 생산은 이제 타자에 대한 자아의 확증을 포함하기 때문에 자기 확증의 활동이다. 생산의 대상들은 이 대상들 자체 안에 목적을 갖는 것이 아니라 인간 존재들 사이의 매개자로서 봉사한다. 소외되지 않은 생산 양식에서 그 대상들은 더 이상 가치의 신비화된 담지자들이 아니라 그것들의 자연적 기능을 수행할 것이다. 여기서 그 자연적 기능은 인간의 욕구를 만족시키는 것이다. 대상은 인간의 욕구와 능력을 매개한다.

호혜성과 상호성을 생산, 사용, 향유 등의 범주의 빛에서 해석하려는 이러한 시도는 어느 정도나 일리가 있을까? 내가 그 안에서 나의 개성을 "확증하고 표현할" 수 있는 그런 생산 양식은 기계화된, 자동화된, 그리고 표준화된 생산 양식일 수 없다. 기계 생산과 컨베이어 벨트와 관련하여서는 자기표현적인 것이 없다. 생산 과정이 자동화된 기계에 의존하지 않고 오직 생산자에 의해 조작될 뿐인 미술-공예 작품은 자기표현적일 수 있다. 둘째, 마르크스는 대상이 자기표현적일수록 그 대상은 그 만큼 대상화의 범주의 빛에서 파악되지 않는다는 사실을 무시한다. 그리고 '자아를 표현하는 대상은 개별적 인간의 동일성을 명백하게 하는 것'이라는 사실이 결정적인 요점이다. 우리는 이러한 차원을 인륜적-도덕적 술어들로 표현한다. 따라서 그림을 그릴 때 나타나는 붓의 터치가 "성급"하거나 "단정"하거나 "정교"하거나 "화"난 것일 수 있다. 그 그림은 어둡거나 행복하거나 불길하거나 유쾌한 분위기를 반영할 수 있다. 그 화가는 비참함을 그릴 수도 있고, 고귀함을 표현하고자 할 수도 있고 변덕스럽거나 무정할 수도 있다. "자기표현적인" 대상을 특징짓는 데 사용된 이 모든 술어들은 무엇보다도 행위, 정서적 진술, 느낌 그리고 실행을 지시하고 있다. 대상들이 자기 자신으로부터 자신을 만든 자로 되돌아가고 자신의 개별성을 획득하게 되는 한, 이 술어들은 상호 작용의 영역에서 이끌려 나오며, 그런 다음 대상 자신에게 적용된다.

내가 산출한 것에 대한 너의 향유와 사용으로 인해 내 자신이 "너의 사랑에서 뿐 아니라 너의 사유에서도 확증된다"(위 인용문)라고 한 마르크스의 주장을 생각해 본다면, 마르크스가 도덕적-상호 행위적인 담론의 범주들을 생산의 영역에서 이끌려 나온 범주들과 이렇게 융합한 이유가 좀 더 분명해질 수 있다. 그런데 네가 산출한 대상을 통해 나의 욕구를 만족시킨다는 사실에서 내가 너를 "나의 존재의 완성"으로 생각하고 너를 나의 사유와 사랑에서 확증한다고 해야 하는가? 이것이 교환에 근거한 비인격적인 시장 경제가 갖는 모호한 구상이라는 사실은 별문제로 하고라도 그러한 태도는 우리들 사이의 상호 작용이라는 선행하는 콘텍스트가 실존했다는 사실을 함축해야 할 것이다. 내가 너를 "나의 존재를 완성하는" 자로 그리고 나의 은인으로 파악할 만큼 나는 욕구에 있어서 아주 필사적일 수 있다. 나의 대상 습득이 네가 나의 감사를 불러일으킨 데서 온 행위나 선물이었다면, 나는 너를 나의 사유와 사랑에서 확증할 수도 있다. 첫 번째 경우, 관계는 더 이상 상호성의 관계가 아니라 의존의 관계이며, 너의 행위는 불필요할 것이며, 호혜성의 유대를 벗어나는 것이다. 선물을 서로 교환하는 경우를 생각해 보자. 선물을 즐기는 가운데, 나는 실로 너를 생각할 것이고 나의 사랑을 확증할 것이다. 하지만 이는 대상에 대한 향유가 나를 그렇게 하도록 하는 것이 아니라 내가 우선적으로 그 느낌을 갖기 때문이다. 마찬가지로, 너에게 그 대상은 나의 인격과 성질을 생각케 하는 것으로 봉사할 수 있지만, 그 대상은 더 이상 욕구 만족의 대상만은 아니다. 그 대상은 인간적 유대를 나타내는 특수한 상징이다. 대상 그 자체는 이러한 유대를 표현하지 않는다. 그것은 인륜적-도덕적 관계의 콘텍스트인데, 이 콘텍스트에서 이러한 유대를 창조하는 대상이 출현하며, 이 관계에 의해 바로 그 대상이 습득된다.

 자기 확증하는 그리고 자기표현하는 행동들은 만들고 사용하고 향유하는 범주에 의해 파악될 수 없다.[28] 자기표현적인 생산 활동이 무엇을 의미할 수 있는지를 구체화하고자 하는 순간, 우리는 심미적인 행위, 우정, 사랑과 상징적 교환 관계 등을 생각한다. 자기표현의 욕구들로 인해 우리는 우리 자신을 다른 사람들에게 보여 주고 드러내게 되며, 다른 사람들의 눈에서 확증을 찾고자 한다. 우리의 상호적인 인간성을 확증하려는 이러한 욕구는 감각적 유한성과 그것으로부터의 해방이라는 마르크스적인 견해를 인도하는 것이다. 하지만 대상화 패러다임은 인간 행위의 모든 형식들에까지 확장 적용되기 때문에 표현적 욕구들과 새로운 상호 작용적 구조들은 전유하는 욕구들로, 대상화하는 행위의 형식들로 환원된다.

『1844년 수고』에서 다양한 인간 활동의 유형들이 "대상화"의 범례로 환원되는 것과 유사하게, 헤겔의 『정신현상학』에서 "외화"는 인간 활동의 주된 모델이 된다. 더 나아가 "외화"와 "대상화" 둘 다 자아로 하여금 자신의 동일성을 선언하고 자신의 잠재력을 실현하도록 하는 "자아실현" 행위의 한 양태라고 주장된다. 그러나 자아가 그런 활동들에 참여함으로써 어떤 의미에서건 자신의 본성 혹은 본질을 드러내거나 선언한다고 전제될 경우에만 대상화와 외화가 자아실현에 봉사한다고 말할 수 있다는 점에 주목하라. 이것은 다음의 가정들에 기초해서만 주장될 수 있다. 첫째, 정신 혹은 인류는 역사에서 생성된다. 이것이 정신 혹은 인류의 본성 혹은 본질이다. 둘째, 역사는 집단적 단수 주체의 능력들의 전개라는 바로 그 이유 때문에 생성의 과정으로 간주될 수 있다. 셋째, 이러한 전개는 외화 혹은 대상화의 과정에 의해, 그리고 소외된 것을 재전유함으로써 발생한다. 그렇게 되면 자신의 활동에 의해 자기 자신을 창조하는 것에서 자신의 본질과 본성을 갖는 주체에게 외화와 대상화의 활동에 종사하는 것은 자기실현의 양태가 될 것이다. 더 나아가 **집단적 단수 주체의 관점이 생산하고 노동하는 유한한, 경험적 개인의 관점과** 은밀하게 일치할 때 이러한 사실이 성립한다는 것을 주목하자. "자아실현"의 범주는 이렇듯 경험적인 자아를 규범적이고 구성적인 자아와 혼동한 데 기초하고 있다. 경험적인 자아를 규범적이고 구성적인 집단적 자기 자신으로 '되게become' 하는 이런 노동 활동 속에서 이 자아는 자기를 실현한다. 이러한 생성becoming의 의미는 모호하다. 헤겔에게 이 생성의 의미는 상기 혹은 회상의 활동을 포함하고 있는 것 같다. 마르크스에게 이 생성의 의미는 노동하는 행위와 정치적 투쟁을 둘 다 포함한다. 경험적인 자아들이 정치적 투쟁을 통해 역사를 "재전유하는" 한 그들은 규범적이고 구성적인 역사의 주체들로 된다.

다음 두 장에서 나의 과제는 외화와 재전유를 통한 자아실현이라는 이러한 규범적 모델이 헤겔과 마르크스에게는 부르주아 자본주의 사회를 측정하기 위한 비판적 척도임을 보이는 것이다. 헤겔에게 자아실현은 언제나 사유의 사변적 과정의 끝에 습득된다. 마르크스에게 자아실현은 변형시킬 수 있는 투쟁을 함유한다. 하지만 이론과 실천의 이러한 구별, 그리고 마르크스가 정치적 실천이라는 이름으로 행한 헤겔 이론에 대한 비판 등은 아리스토텔레스의 실천 개념(헤겔은 이 개념을 외화 범주에 의해, 마르크스는 대상화 범주에 의해 기술한다)을 전복하는 것 이상을 의미한다는 사실을 간과해서는 안 된다. 실천은 윤리적이고 도덕적인 활동과 언술 그리고 "공정하고 고귀한 행실을 하는 것"을 더 이상 의미하지 않는다. 대신 실천은 외적인 것을 인간의 목적을 위해 변형하여 전유하게 하는 **변형시킬 수 있는 활동**을 지시하게 된다.[29]

이러한 분석은 내재적 비판과 탈물신화 비판의 검토를 완수한다. 나는 그러한 검토가 다음의 이유 때문에 필요하다고 주장했음을 상기시키고자 한다. 즉, 그 중요한 규범적 차원에도 불구하고 마르크스의 비판 이론은 실천 철학과 모호한 관계를 갖는다는 사실이 그것이다. 한편으로 마르크스의 비판 이론은 사회과학의 이름으로 실천 철학을 거부한다. 다른 한편으로 마르크스의 비판 이론은 중요한 규범적 이상들의 이름으로 실증주의적인 사회과학을 비판한다. 플라톤과 아리스토텔레스의 영향 아래 있는 철학의 황금시대에 대한 호르크하이머의 생각을 기억하라(본서 20-1쪽을 보라). 이러한 모호함을 이해하기 위해 첫째, 규범 이론에 대한 헤겔의 비판과 둘째, 헤겔이 아리스토텔레스의 실천 철학practical philosophy을 실천의 철학 philosophy of praxis으로 변형시킨 것을 검토할 필요가 있다고 생각한다. 자연법 이론들에 대한 헤겔의 초기 비판은 자연법 이론들이 부르주아 사회의 "파편적 개인주의"를 보여 주는 것이라고 말하는 마르크스의 비난을 선취하고 있다. 이와 유사하게, 노동이 구성적 활동을 갖는다는 헤겔의 발견은 역사를 형성하고 변형시키는 활동으로서의 마르크스의 실천 개념의 기원이다.

체계적인 관점에서 볼 때, 나의 분석은 몇몇 주제들을 뚜렷이 보여 주었다. 첫째, 나는 헤겔의 담론에는 두 가지 양태가 있다는 것을, 즉 하나는 내가 '상호 주관성intersubjectivity'이라고 명명한 것, 다른 하나는 '초주관성transsubjectivity'이라고 명명한 것이 있다는 것을 확고히 했다. 헤겔의 경우, 철학적 담론은 후자의 관점에서 전개된다. 둘째, 나는 또한 "완성fulfillment"과 "변형transfiguration"이라는 관점들 사이에서 마르크스적인 해방 개념이 부유하고 있다는 사실을 지적했다. 따라서 나의 모든 논의에서 이 개념들의 역할도, 그 개념들의 상호 관계도 아직 명확하지 않다. 이것을 명확하게 하는 작업이 우선 행해질 것이다.

"완성"과 "변형"이 실체적이고 규범적이며, 상이한 해방관을 지시하는데 반해, 첫 번째 개념군('상호 주관성'과 '초주관성')은 사회적이고 인식론적이며, 사회 세계를 분석하고 인지하는 상이한 양태들을 지시한다는 사실을 지적함으로써 시작하자. 헤겔에 의해 선취된 것으로서 마르크스 사회 이론이 도달한 중심적인 성과 중 하나는 상호 주관성과 초주관성이라는 두 관점이 근대 자본주의 사회를 구성하고 있다는 사실을 발견한 것이다. 이 사회에서 처음으로 행위의 영역이 도구화되는데, 이 행위의 영역은 사회적 행위자 스스로에 의해 의도되지 않은 그리고 그들에게 알려져 있지 않은 법에 따라서 작동하며, 관찰자라는 초주관적 관점에서만 분석될 수 있다. 사회 비판 이론의 주된 목적은 개인들의 삶에 미치는 이러한 영역의 힘을 탈신비화하고, 그들의 행위와 상호 작용에 대한 통제를 개인 스스로에게 되돌려주는 것이다. 이것은 인간의 실행을 불러일으킨 것을 인간 스스로 "재전유해야"한다는 주장이다. 이러한 "재전유"는 두 가지 상이한 형태를 취할 수 있다. 즉, 재전유는 현재가 가지는 함축적 잠재력을 완성하는 것으로 간주될 수도 있고, 현재를 새로운 것으로 변형시키는 것으로 간주될 수도 있다. 주된 난점은 해방의 두 개념에 놓여 있는 것도 아니며, 이 개념에 동반되는 모호함에 놓여 있는 것도 아니다. 실제적 난점은 "재전유"의 개념에 있으며, 이 개념이 함유하고 있는 인식론과 정치학에 있다. "재전유"라는 개념과 더불어 마르크스의 담론은 다시 한 번 주체의 철학으로 복귀하며, 상호 주관성의 입장을 부정한다.

다음 두 장의 목적은 상호 주관성과 초주관성의 관점을 보다 더 분명히 하는 것이며, 이 관점들이 헤겔의 시민 사회 분석과 마르크스의 자본주의 분석에서 어떤 역할을 하는지 분명하게 하는 것이다. 나의 테제는, 궁극적인 분석에 있어서 이 두 철학자가 의존하고 있는 인간 행위의 주된 모델이 노동이지 상호 작용이 아니기 때문에, 초주관성의 담론이 지배적으로 된다는 것이다. 물론 헤겔도 마르크스도 로크의 자연법에서 출발하지 않기 때문에, 그들은 노동의 본질이 고립된 개인의 활동이라고 가정하지는 않는다. 노동은 인간 공동체라는 맥락에서 발생한다는 사실이 인정된다. 하지만 행위의 노동 모델이 갖는 **목표**telos는 상호 작용이나 의사소통이 아니라, 외면성의 형태이거나 아니면 자아의 본질이나 본성을 이러한 과정을 통해 타자에게 선언하는 것이다. 이제 자아를 타자에게 선언하는 이러한 계기 혹은 자아실현의 계기는 노동의 활동성에만 제한되는 술어로 이해할 수 없다. 그러한 이해는 상호 작용이라는 범주의 도입을 요구한다. 그런데 헤겔과 그를 이어 받은 마르크스는 의사소통하는 자아들의 상호 주관적인 다양성의 관점이 아니라 집단적 단수 주체의 초주관적 관점에 의존한다. 이 집단적 단수 주체로 인해 그들은 자연법 전통의 개인주의를 회피하긴 하지만, 인간의 다양성의 의미와는 전적으로 융화할 수 없다.

체계적 관점에서 볼 때, 다음의 두 장은 이 책 제1부의 중심 부분이다. 이 두 장에서 상호 주관성 대 초주관성, 변형 대 완성, 주체의 철학 대 감각적 유한자의 철학 등 다양한 주제들이 내가 "행위의 노동 모델"이라고 부른 것과 어떻게 관련 있는지를 보일 것이다. "행위의 노동 모델"은 — 아래에서 그 이유들이 더 정확하게 설명되겠지만 — 비판적 마르크스주의가 오히려 비판적이지 않게 수용한 인식론과 정치학의 토대이다. 하지만 행위의 노동 모델이 이 전통에서 헤겔주의의 유일한 유산은 아니지만 중심적인 유산이기 때문에 다음 장은 헤겔의 칸트 윤리학 비판을 생각하면서 시작할 것이다. 이 작업은 행위의 노동 모델과 주체의 철학의 온전한 수용에 의존하는 것처럼 보이지 않는 유효한 통찰의 계기들을 이 비판으로부터 구해 내는 데 도움을 줄 것이다.

제3장

위기 조정
자율성과 인륜적 삶

　　이 책의 서문에서 나는 의사소통적 윤리학을 통해 비판 이론의 규범적 기초들을 형성하고자 한 하버마스의 시도를 검토할 것이라고 했었다. 이때 나는 자연법 이론과 칸트에 대한 헤겔의 비판이 보편주의적이고 형식주의적인 윤리 이론을 복원하려는 총체적 기획에 대해 어떤 반대를 내포하고 있는지를 질문했었다. 앞의 두 장은 자연법 이론에 대한 헤겔의 비판의 방법론적, 규범적 측면을 살펴보았으며, 또한 그의 사유가 근대성에 대해 점차 유화적인 태도를 취해 가고 있었음을 추적했다. 일종의 추상물인 "자연 상태"에 대한 날카로운 이의 제기에도 불구하고 헤겔은 통일된 인류성의 이념에 대해 반反근대주의적인 상을 제시했는데, 이러한 사실은 그의 날카로운 이의 제기에 손상을 입혔다. 바로 앞 장에서는 이러한 견해가 역사의 집단적 단수 주체가 궁극적으로 어떻게 자신을 시간 안에서 외화하며, 또 진행된 것을 재전유하는 규범적 모델에 의해 대체되는지를 살펴보았다.

　　이러한 분석과 더불어 나는 자연법 이론에 대한 헤겔의 규범적 비판이 갖는 풍부함과 관련하여 나의 최초의 질문에 대한 예비적인 답을 제시했다. 반복해서 말하자면, 반反사실적인 논의의 본성과 결픕들에 대한 헤겔의 날카로운 방법론적 이의 제기가 사실은 문제 있는 규범적 가설에 의존하고 있다는 것이 나의 대답의 핵심이다. 이 장에서 나는 이 문제의 두 번째 부분, 즉 칸트의 도덕 철학에 대한 헤겔의 비판을 살펴볼 것이다. 미리 말하자면, 나의 목표는 헤겔의 칸트 비판은 정당화될 수 있는데 반해, 행위의 노동 모델에 대한 그의 동의는 정당화될 수 없다는 사실을 구분하여 설명함으로써 알곡과 쭉정이를 분리하는 것이다. 나는 이러한 입장을 정당화할 것이다. 이 입장은 사실 도덕적 행위자의 관점을 명확하게 하는 데 있어서 완전히 부적절하며, 그렇게 하는 데 관심도 없다는 것이 나의 주장이다. 더욱 중요한 것은 이 입장이 헤겔 자신의 통찰도 잘 드러낼 수 없다는 점이다. 헤겔의 칸트 윤리학 비판은 사회 비판 이론의 전통에서 윤리학과 정치학이 무엇을 고려해야 하는지에 대해 긴 여운을 남겨 주었다. 자연법 이론들과 문제가 있는 그 방법론을 거부하는 것 이상으로 헤겔의 칸트 비판은 마르크스로 하여금 유토피아적인 사유의 청사진을 거부하게 했을 뿐만 아니라 아도르노로 하여금 긍정적 유토피아에 대해 경멸하게 했다. 우선 나는 헤겔의 칸트 비판에서 그가 자율성의 규범을 거부한 것이 아니라 보편적 도덕법의 형식을 통해 이 규범을 특화하는 것을 거부했음을 보일 것이다(제1절). 근대 국가에서 자유를 구체적 상황에서 현실화하려는 그의 노력을 검토한 후에, 나는 헤겔에게서 자유가 초주관적 이상으로 된다는 결론을 내릴 것이다(제2절). 칸트와 계몽 일반에 대한 헤겔의 비판에 내재해 있는 비판과 교조주의 사이의 긴장이 여기에서 관찰될 것이다. '사회적이고 역사적인 자율성의 체제를 분석하는 데 실패하는 한 칸트의 실천 이성은 교조적으로 남는다'는 헤겔의 주장은 '자유는 **정치적 참여**를 배제하는 가운데 **통합**을 장려하는 근대 국가에서 실현된다'는 결론으로 헤겔을 이끌고 간다(제3절).

1. 칸트의 도덕 철학에 대한 헤겔의 비판

　　칸트의 도덕 철학에 대한 헤겔의 비판은 헤겔의 일생의 관심사였다. 초기 작품에서 칸트의 의무의 윤리학과 기독교의 사랑의 윤리학을 화해시키고자 한 시도를 시작으로 『정신현상학』에서는 도덕적 세계관에 대한 비판으로, 그리고 『법철학』에서는 아내와 자식들과 하인들에 대한 남편의 사적인 권리를 연역한 칸트에 대한 주석을 다는 것으로, 그리고 마지막으로 『논리학』에서는 "당위"를 존재론화하려는 시도로 확장되었다. 이처럼 칸트의 도덕 철학과의 대면은 헤겔 전 저작을 관통하여 이어지고 있다.[1] 이러한 사실은 헤겔의 입장에서 형식적, 보편주의적, 그리고 규정적prescriptive 도덕 이론들에 반대하는 결정적 논거를 보는 사람들에 대해 경고하는 것일 수 있다. 칸트의 도덕 철학에 대한 헤겔의 비판을 진지하게 고려할 경우 수많은 패러독스들이 정당화되어야 한다. 우선, 칸트의 윤리학을 형식주의적인 것으로 거부하면서, 헤겔은 스스로 어떤 실체적이고 실제적인 윤리 이론도 제공하지 않았다. 『법철학』에서 그는 도덕성을 다루고 있는데, 도덕성에 대한 그의 취급은 덕론에서 절정을 이루는 것이 아니라 기껏해야 칸트 윤리학과 같은 형식주의적인 도덕적 행위가 갖는 패러독스를 분석하는 것에 그친다. 또한 보편주의적 절차를 기껏해야 공허한 것으로, 잘해야 교조적이고 임의적인 것으로 거부함에도 불구하고, 정작 헤겔은 보편주의를 규범적 원리로 받아들인다. 근대 국가의 합법성은 추상적인 개인권(인격권)에 대한 존경에서 그 토대를 갖는데, 이 추상적 개인권에 대한 헤겔의 분석은 칸트의 『정의의 형이상학적 토대』 배후로 나아가지 않는다. 사실 소유권의 법적 정당성에 대한 분석과 가족에 대한 분석은 진전을 이루고 있다.[2] 마지막으로 도덕 이론에서 규정주의prescriptivism*를 거부하면서도, 헤겔은 행위자의 합리적인 통찰이 규범의 타당성을 위한 토대가 되도록 하는 자율성의 원리를 거부하지는 않는다. 헤겔의 비판이 해방과 교조주의 사이에서 흔들리고 있기는 하지만, 그렇다고 이 비판이 도덕 철학을 자율성에서 타율성으로 되돌리지는 않는다.

여러 저작에 흩어져 있는 칸트의 도덕 철학에 대한 헤겔의 비판[3]은 세 개의 큰 요점으로 정리될 수 있다. (a) 칸트의 보편성 원리에 대한 절차적procedural 비판, (b) 칸트 도덕 이론의 제도적 결함 institutional deficiency에 대한 비판, (c) 칸트의 도덕 심리학moral psychology과 도덕적 동기 분석에 대한 비판.

a. 칸트의 보편성 원리에 대한 절차적 비판

칸트는 '한 사람의 행위 준칙이 모두를 위한 도덕 법칙일 수 있는지'의 문제는 보편성이라는 기준에 따라 결정되어야 한다고 규정한다. 헤겔은 『정신현상학』의 두 절인 "법칙을 부여하는 이성"과 "법칙을 심사하는 이성"에서 칸트의 이러한 원리에 대한 절차적 비판을 전개한다. 보편성은 도덕규범을 산출하는 절차로 해석되거나 실재하는 도덕규범을 심사하는 절차로 해석될 수 있다.

헤겔에 따르면, 준칙을 산출하는 절차로서 보편성의 기준은 무용하다. 헤겔은 여기서 두 개의 실례를 들고 있는데, 그것들 중 어떤 것도 명백히 그의 칸트 비판을 지지하지 않는다. 나는 여기서 첫 번째 예만을 다룰 것이다. "모두는 진실을 말해야 한다"(PhG, p. 303)라는 도덕 법칙을 생각해 보자. 이 법칙은 각자가 진실을 알 때만 유의

---

* prescriptivism과 normativism은 둘 다 규범주의로 번역될 수 있다. 하지만 여기서 벤하비브는 전자를 역사성과 구체성을 무시한 순수한 형식주의로 부정적으로 보는데 반해, 후자를 역사성과 구체성에 뿌리를 둔 것으로 긍정적으로 본다. 칸트의 도덕 철학은 전자를, 헤겔의 윤리학은 후자를 의도하는 것으로 본다. 양자를 구분하기 위해 이 번역본에서 전자는 '규정주의'로 후자는 '규범주의'로 번역하였다.

미하다. 그래서 우리는 두 번째 공식에 도달한다. "모두는 자신의 인식과 확신에 따라 언제나 진실을 말해야 한다"(*ibid*). 이 공식에서 진실이 말해지는지 아닌지의 문제는 내가 진실을 알고 있는지, 내가 알고 있는 것이 진실인지를 스스로 확신할 수 있는지 등의 우연적인 환경에 의존한다. "내용의 이러한 **우연성**은 이 내용을 표현하고 있는 **명제의 형식**에서만 그 보편성을 갖는다. 하지만 윤리적 명제로서 이 명제는 보편적이고 필연적인 내용을 약속한다. 하지만 우연성 때문에 이 명제는 자기 자신에 모순된다"(*ibid*. 강조는 텍스트 원문).

    이 원리에 대해 헤겔은 실제로 무엇을 반박하고 있는가? 헤겔은 여기서 두 개의 문제를 제기하고 있는데, 이때 그는 이 두 문제를 명백하게 구별하지 않는다. 첫 번째 문제는 '**당위** *ought*는 **가능성** *can*을 함유한다'는 원리와 관련 있다. 내가 실제로 진실을 말할 수 있는지의 문제는 진실이 무엇인지를 내가 알고 있는지의 문제에 달려 있지만, 진실을 말해야 하는 나의 도덕적 의무는 내가 말한 것이 진실이라고 하는 사실에 의존하지 않는다. 내가 알고 있다고 합리적으로 기대될 수 있는 것이 진실이라고 말한다면, 그리고 내가 선한 신념에서 진실이라고 믿는 것을 말한다면 그것으로 충분하다. 헤겔의 이의 제기는 잘 납득이 안 된다.

    헤겔의 비판에 의해 제기된 두 번째 질문은 도덕 원리들의 **맥락화** *contextualization*의 문제이다. 진실을 말해야 한다는 원리를 확신하고 있는 도덕적 행위자는 그럼에도 불구하고 정의롭게 행동해야 한다는 원리를 맥락화하는 임무에 봉착한다. 우리가 칸트 윤리학에서 의무의 충돌이라는 유명한 문제를 무시할 때조차 이 문제는 도덕 원리가 단 하나의 행위 준칙만을 산출하는 것이 아니며, 동일한 행위 준칙이 상이한 수행 과정에 체현될 수 있다는 것을 보여 준다. 내가 정부 기관이 제3세계에서 대량 학살을 수행했다는 것을 발견한 언론인이라고 가정해 보자. 언론인으로서 그리고 인간으로서 나의 의무는 이러한 사실을 공개적으로 알리는 것이다. 그렇다면 나는 영향력 있는 신문사에 가서 그 뉴스를 제작하게 해야 하는가, 아니면 국제 앰네스티에 가서 그 사실을 알려 주어야 하는가, 혹은 우선 정부 동료들에게 알려서 이 뉴스의 외교적인 함축들에 대해 질문해야 하는가? 이 세 가지 유형은 모두 납득할 만한 행위 과정들이지만, 명백히 내가 선택한 어떤 것도 진실만을 말해야 한다는 원리에 의존하지는 않을 것이다. 나는 '진실만을 말해야 한다'는 원리를 내가 따라야 할 하나의 행위 원리로 수용한다. 하지만 내가 처음 것을 선택하여 뉴스를 제작하게 한다면, 나의 행위의 준칙은 '진실을 말한다'는 사실만 함축하는 것이 아니라 또한 발생한 사건에 주의를 집중시키고 가장 커다란 공공성을 이끌어 내기 위해 나는 진실을 말해야 한다는 확신도 함유한다. 만약 내가 두 번째 것을 선택하여 국제 앰네스티로 간다면 아마도 나는 희생자들과 그들 가족의 개인적인 운명에 관심을 가졌을 것이기 때문이며, 또한 국제 앰네스티에 가는 것이 그러한 관심들을 즉시 환기시키는 최상의 방법이라고 생각했기 때문일 것이다. 내가 세 번째 것을 선택한다면, 내 조국과 상대국 간에 이미 존재하는 긴장 관계의 관점에서, 뉴스를 터트리는 것이 군사적 긴장을 더욱 증가시키는 등 외교 관계를 더 악화시킬 수 있을 것이라고 염려했기 때문일 것이다.

'진실을 말해야 한다'는 보편적 도덕 원리와 행위 과정에서 구체화되는 것 사이에는 명백히 틈새가 존재한다. 위의 예에서 이러한 원리만 가지고서는 나의 행위의 준칙을 결정하는 데 충분하지 않다. 희생자들을 도와주는 것에서부터 세계 평화에 공헌하고 세계 여론에 전달하는 것에 이르기까지 다른 수많은 도덕 원리들이 함께 고려되어야 한다. 이 예가 의미하는 것은 도덕 원리들의 **맥락화**의 문제가 실제로 있다는 사실이다. 하지만 이 예는 **보편화의 절차**가 맥락화에 의해 종종 또 다른 사항을 고려하게 되는 그런 **보편적 도덕 원리**

들을 산출하기에는 충분치 않다는 것을 보여 주지는 않는다.

이 점에서 칸트에 대한 비판을 정당화하는 헤겔의 논증이 부분적으로 확신할 만하지 않다 하더라도, 칸트의 보편화 절차가 갖는 위상과 그에 대한 올바른 해석에 관한 문제는 여전히 남아 있다.[4] 헤겔의 비판의 요점은 이러한 절차가 내용 풍부한 도덕의 준칙들을 산출할 수 없다는 점이다. 왜냐하면 "법칙을 부여하는 [이성의: 옮긴이] 행위에 남아 있는 것은 **보편성의 순수 형식**, 혹은 의식의 **동어반복**이기 때문이다. 여기서 의식의 동어반복은 의식이 스스로를 자신의 내용과 대립시키는 것을 의미하며, 이러한 동어반복은 **존재하는 것**에 대한 **지식**도 아니고 현실적인 것에 대한 **지식**도 아니다. 그것은 오로지 의식 **본질**, 혹은 의식의 자기 동일성에만 관심을 갖는다"(PhG, p. 305). 헤겔은 보편화를 무모순non-contradiction의 원리로, 혹은 의식의 자기 동일성($I = I$)으로 해석한다. "너의 행위의 준칙이 모든 이성적 존재에게 보편적인 법칙일 수 있는 그런 방식으로 너는 행위하라"라는 공식을 그는 다음과 같은 의미로 읽는다. "너의 행위의 준칙이 스스로 모순되지 않게 하는 그런 방식으로 너는 행동하라." "법칙을 심사하는 이성" 절에 나타나는 헤겔의 비판의 두 번째 부분은 이러한 무모순의 공식 역시 공허하다는 것을 보여 주고자 한다.

보편화가 현존하는 도덕 준칙들을 심사하는 기준으로 고찰되는 경우를 살펴보자. 칸트의 도덕 이론이 현재하는 준칙들과 제도들을 출발이 되는 소여된 것으로 간주하는 한, 이 도덕 이론은 교조적인 것으로 남는다는 비난을 받을 만하다. 교조주의를 피하기 위해 칸트의 도덕 이론은 내용을 발생시켜야 한다. 하지만 칸트의 도덕 이론은 — 적어도 헤겔의 견해에 따르면 — 이 일에 실패했기 때문에, 이 이론은 현존하는 규범적 내용들을 심사하기 위한 단순한 절차가 된다. 그런데 칸트의 도덕 이론은 현존하는 두 개의 규범적 내용들을 적절하게 중재할 수 없기 때문에 공허하다. "이성이 법칙 안에 가지고 있는 그 법칙의 기준은 모든 것에 동일하게 적용 가능하며, 따라서 그 기준은 어떤 기준도 아니다"(PhG, p. 308). 헤겔은 재산권이 있어야 한다는 원리를 예로 고찰함으로써 이 결론에 이르렀다.

다시 상기하게 되겠지만, 칸트는 『윤리 형이상학 정초』에서 사람들에게 진 빚이 청산되어야 하는 이유를 보여 주고자 하는데, 왜냐하면 그렇지 않을 경우 약속이라는 제도와 소유권이 무효화될 것이라는 이유에서이다.[5] 각자는 자기 손으로 얻은 것을 유지할 권리와 상관없이 그렇게 얻은 것을 유지할 수 있었다. 헤겔은 이러한 예가 어떤 사실도 증명하지 않는다고 해명하는데, 왜냐하면 재산 제도의 부재는 '사물에는 주인이 없다'는 원리만큼 혹은 '재산은 공동의 것이다'라는 원리만큼이나 모순적이지 않기 때문이다. 재산 제도가 있어야 하는지, 그리고 인간의 욕구와 분배 정의를 위해 어떤 것이 더 부가되어야 하는지를 우리에게 결정하도록 하는 것은 무엇인가? 인간의 욕구의 원리의 도입은 칸트적인 절차가 가지는 제안된 형식주의와 무내용성 등과 모순된다. 칸트는 도덕의 모든 질료적 원리들이 타율성으로 이끈다고 생각하기 때문에, 도덕 법칙은 '인간 욕구들에 가장 유익한 만족' 같은 내용적인 원리를 전제할 수 없다. 그 이유는 도덕 법칙은 인간 욕구들에 가장 유익한 만족이 왜 가장 먼저 원리로 채택되어야 하는지를 결정해야 하는 보편적인 형식이라는 데 있다.[6]

준칙을 산출하는 절차이자 준칙을 심사하는 절차인 보편화에 대한 헤겔의 비판은 형식과 내용의 변증법으로 집약된다. 왜냐하면 만약 보편화의 절차가 무모순의 절차로 해석된다면, 이 토대 위에서 우리는 상이한 규범적 내용들 사이의 차이를 결정할 수 없기 때문이다. 사적 소유권에 대한 칸트의 변호에서 보듯이, 그러한 결정이 내려질 경우, 그 이유는 그 자체로는 보편화 절차에 요구되는 형식주의와 조화를 이루지 않는 어떤 부가적 원리들이 이미 도입되었기 때문이다. 철저한 형식주의에 머물 경우 이론은 아주 공허하고 비일관적이며, 부가적 원리가 도입될 경우 그 이론은 내용은 풍부하지만 자기모순적이고 교조적이다.

비록 『윤리 형이상학 정초』에 나타나 있는 칸트의 몇몇 예들이 특히 무모순의 원리에 상응한다고 하더라도, 나는 보편화 절차가 이 무모순의 원리로 해석될 필요가 없다는 사실에 주목한다. 보편화를, 롤즈가 하듯이 "무지의 베일"이라는 조건 아래서의 집단적 거래 게임으로 재공식화하는 것,[7] 실버가 제안하듯이 '보편적 타자의 입장을 취함'이라는 원리에 의해 보충될 수 있는 삼단계의 절차적 형식주의로 재정식화하는 것,[8] 혹은 하버마스가 시도하듯이 합의를 목표로 하는 특수한 논증 상황으로 재정식화하는 것[9] 등이 가능하다. 헤겔의 비판은 칸트의 도덕 이론에서의 형식과 내용의 변증법으로 집약되지만, 이 문제를 언급하는 그의 방식은 좀 더 설득력 있는 보편화의 절차를 전개시키고자 한 우리 시대의 시도들에 대한 비판으로는 충분하지 않다. 그럼에도 불구하고 제8장에서 나는 형식과 내용 사이의 유사한 변증법이 롤즈와 하버마스의 이론 구성에도 현존하며, 이 문제를 피하기 위해서는 보편주의적 도덕 이론들에 상당한 변형이 필요하다는 사실을 보일 것이다.

b. 칸트 도덕 이론의 제도적 결함

칸트의 도덕 이론이 제도적으로institutionally 결함이 있다고 하는 관점은, 헤겔의 견해에 따르면, 위에서 논의한 소유권의 예에서 관찰될 수 있다. 헤겔은 주어진 사회 구조와 삶의 형식 내에서 사회적 제도와 실천이 서로 의존적임을 무시하는 경향이 있는 칸트의 사유를 비판한다. 그러한 실천과 제도가 단순히 도덕법에 맞는 것인지 그렇지 않은 것인지를 지시해 주는 것에 의해서 판단될 수는 없다.

우선 그것들은 **기능적으로** 상호 의존적인 관계들과 실천들의 총체성의 일부로 고려되어야 한다. 헤겔의 인륜성 이론이 갖는 이러한 제도적 리얼리즘은 고대 정치 학설의 관점에서 유도된 것인데, 고대 정치학에 따르면 폴리스뿐 아니라 오이코스(가족)와 다른 많은 코이노니아(연합체)도 인륜적 삶의 양식의 실체를 구성하고 있다.[10] 오이코스와 코이노니아에 대한 고대의 가르침은 헤겔의 객관 정신의 이론에 구체화되어 있다. "객관 정신"이란 개념은 객관 정신이 시간과 공간 속에 실존하는 인간의 실천들에 실제로 구현되어 있고 객관화되어 있음을 지시한다. 그러한 실천과 제도들이 "객관적인" 이유는 그것들이 만인을 위해 존재할 뿐 아니라 그것들 간의 관계와 그 기능하는 양식이 생각하고 관찰하는 자에게 이해될 만한 필연성을 보여 준다는 데 있다.

"객관 정신"과 "인륜적 삶"의 개념은 우선 **서술적**descriptive이다. 헤겔은 종종 인륜적 삶을 "인륜적 실체"로, 질료적으로 구현된 지속적 실재로 기술한다.[11] 이 객관적 실재가 올바르게 서술되기 위해서는, 우선 이해되고 설명되어야 한다. 사회적 실재에 대한 구체적 설명과 이해를 위한 헤겔의 기본 입장은 그의 초기 단편인 「기독교의 정신」 이래로 계속 나타나고 있는데, 이러한 입장은 그의 철학적 분석 어디에서나 눈에 띄게 나타난다. 하지만 '객관 정신'은 **인륜적 실체일 뿐 아니라 인륜적 삶이기도 하다**.[12] 인륜적 삶은 서술적 범주가 아니라 **가치 평가적 범주이다**. 이로써 헤겔은 사회적 제도들과 인간의 실천들을 지시하는 객관적 실재가 규범적 실재임을 보여 주는데, 두 가지 의미에서 그렇다. 첫째, 이것은 규범적 규칙과 기준이 제도적, 사회적 실천들을 **구성한다**는 의미를 갖는다. 가족의 삶은 상호 지원과 관심의 규범들을 전제한다. 이는 마치 "욕구의 체계"가 자유롭게 계약관계로 들어갈 수 있는 인간의 권리를 전제하는 것과 같다. 둘째, 그러한 구성적 규칙과 기준이 또한 **규제적 차원**

을 갖는다는 점이다. 이 차원에서는 규칙과 기준을 충족하였는지의 관점에서 이 제도와 실천들이 판단된다. 이러한 관점에서 가족들은 통합되거나 와해될 수 있으며, 협동적이거나 파괴적일 수 있다. 계약은 유효하거나 무효일 수 있으며, 사기이거나 올바를 수 있다. 그러한 구성적 기준들이 더 이상 규제적으로 기능하지 못할 경우 제도들은 죽게 된다. 이 죽은 제도들은 실재하지만 무의미하다. 초기 저술들에서 헤겔은 혁명적인 유럽에서의 기독교가 그 경우에 해당하며, 바로크적인 다양성을 특징으로 하는 나폴레옹 이전 독일에서의 정치 형태가 그 경우에 해당한다고 생각했다. 개인들은 규범적인 원리들에 의해 요구되는 실천을 하는데, 이 원리들이 그들에게 더 이상 확신에 차고 생동적인 실재가 아닐 때 "실정성positivity"이 사회적 삶에 덧입혀진다. 이러한 사실은 개인들이 그러한 원리들을 **동기 부여에 부적절할** 뿐 아니라 인식에 있어서 **부적합한** 것으로 여길 때 발생한다. 사람들이 종교나 일부일처제적 사랑에 대한 신앙을 더 이상 갖지 않는 경우에도, 혹은 신앙이나 정열에 의해 더 이상 동기를 부여 받지 않는 경우에도 계속해서 교회에 갈 수 있고, 또 가족의 구성원으로 남아 있을 수 있다.

    헤겔의 규범적 관점이 갖는 제도적 실재론은 칸트의 도덕 이론이 갖는 수많은 흥미로운 문제점들을 암시한다. 첫째, **규범들의 다수성**의 문제이다. 칸트의 도덕 이론은 인간 행위에 적합한 모든 규범들을 판단할 수 있는 절차나 관점을 우리에게 제공하는가? 보편화의 과정은, 비록 해석된 것임에도 불구하고, 인간의 행위와 상호 작용의 모든 형식들을 판단하기 위한 방법인가? 아니면 헤겔이 주장하듯이, 칸트의 도덕 이론은 특권화된 대상 영역, 즉 법적인 그리고 유사 법적인 관계들의 영역을 가지지만, 우정, 교수의 의무, 시민의식 혹은 정치적 당파성 등과 같은 그러한 범례를 벗어나 있는 여타의 다른 모든 것에 대해서는 침묵하는 그러한 것은 아닌가?[13] 둘째, **사회**

적 동일성(정체성)과 도덕적 인격성의 문제이다. 사회적 동일성과 도덕적 인격성은 어떻게 서로 매개될 수 있는가? 가족의 구성원으로서, 경제적, 법적 행위자로서, 혹은 공민citizen으로서 나의 정체성을 구성하고 있는 그러한 규범적 규칙들과 기대들에 마주하여 올바른 도덕적 관점은 무엇인가?

세기의 전환기에 살았던 영국의 도덕 철학자들은 헤겔 윤리학의 본질은 "나의 지위와 그 의무"(브래들리)[14]를 평가하는 것이라고 생각했다. 헤겔이 우리가 오늘날 "사회 윤리"라고 부르는 것을 명확하게 한 최초의 사람이었다는 것은 사실이지만, 그의 도덕적 관점은 단순히 인륜적(윤리적) 삶에 의해 대체되지 않고 오히려 이 윤리적 삶 안에서 주관성과 양심의 권리로 현재하는 자유로운 인격권의 한 측면을 형성한다(PhR, #132). 근대의 개인은 제도들, 실천들 그리고 인간관계들이 "도덕적 통찰"(PhR, #107, #132, #122A)의 테스트를 견뎌내기를 요구하는 자들이다. 사회적 실재는 개인의 양심의 동기 부여적인 테스트에 종속될 뿐 아니라, 또한 그 실재가 올바른지 그른지, 유효한지 무효한지 등에 관해 인식론적으로 의문이 제기될 수 있다. 스스로 제도적 실재론을 주장함에도 불구하고, 헤겔은 "도덕의 관점"을 거부하는 것이 아니라, 이 도덕의 관점이 생동적인 관계와 제도들의 맥락에서 발생하며, 또한 그럼에도 불구하고 이 관계와 제도들과 불화 관계에 놓일 수 있다는 것을 보여 준다. 그러므로 브래들리가 헤겔의 사회 윤리에 대해 강조한 것은 틀린 것이 아니라 오해의 여지가 있는 것이다. 그의 강조는 도덕성에서 인륜적 삶으로의 전이와 더불어 도덕성 역시 제거된다는 통속적인 견해를 불러일으킨다.

헤겔의 작품들에 나타나는 이행의 방법론의 관점에서 고려해 볼 때, 인륜적 삶으로의 이행과 더불어 도덕성의 관점이 무익하게 포기된다는 주장은 유지될 수 없다. 인륜적 삶은 서로를 제거하지 않고서 서로 대립하고 있는 두 계기들의 통합을 보여 준다. 이 계기들은 객관성과 주관성의 계기들이다. 이것들은 도덕적 관점에 의해 서로 분리되어 있다. 도덕적 행위자는 고유한 논리와 규칙을 가지고 있는 객관적인 세계를 대면하며, 또한 자신의 의도와 의식을 다른 사람들이 인식할 수 있을 만한 **행실**로 **체현**하고자 할 뿐 아니라, 자신의 목적을 이 세상에서 행위를 통해 표현하고자 한다. 하지만 도덕적 관점에서 볼 때, 객관적으로 주어져 있는 것과 그렇게 되어야 하는 것 사이에 불일치가 존재하기 때문에 도덕적 행위자는 행위를 하는 가운데 현재하는 세상의 법칙들에 복종하게 되며, 따라서 그들의 목적은 좌절될 것이고, 그들의 행위는 의도되지 않은 결과로 이끌릴 것이며, 그들의 의도는 잘못 판단되거나 해석될 것이라는 위험 부담을 가지게 된다. 인륜적 삶의 관점은 도덕적 행위의 이러한 변증법이 상호 주관적으로 공유되는 제도적 행위의 문맥 안에서, 인간의 행위와 목적이 사회적으로 공유되는 규칙들과 의미 패턴들과 일치함으로써 다른 사람들에 의해 인지될 수 있게 되는 정도까지만 유효하다고 본다. 하지만 공유되는 이러한 사회 세계를 인간 행위자가 더 이상 인식론적으로 유효하게 인식하지 못하거나 동기를 유발함에 있어서 유의미하게 인식하지 못한다면, 그 세계는 다시 한 번 '존재하지만 존재해서는 안 되는 것'으로 떨어지게 된다. 도덕적 관점은 인륜적 삶 내부에서조차 지속적인 가능성으로 남는다. 도덕적 관점은 인륜적 삶 안에 포함되며, 인륜적 삶에 의해 제거되지 않는다.

이러한 사실은 몇 가지 이유 때문에 중요한 결론이 된다. 우선, 이러한 사실은 헤겔의 윤리학이 아리스토텔레스적인 전통에 빗지고 있음에도 불구하고 개인의 굴복을 요구하는 규범들과 제도들에 대해 그 개인이 판단하고 의문을 제기할 수 있는 권리를 인정하고 있다는 점에서 근대적이라는 것을 보여 준다. 둘째, 도덕성의 영역과 인륜적 삶의 영역 사이의 상호 작용을 해석하는 방식에 따라서 상호 주관성의 관점과 초주관성의 관점 중 하나가 지배적이 된다는 사실이다. 인륜적 삶이 동기 부여에 있어서 타당할 뿐 아니라 인지적으로 이해할 만한 것이라고 생각할 수 있는 근대적 개인의 권리에 강조점이 두어진다면, 생동하는 경험의 관점이 부각된다. 이에 반해 유기적인 제도적 실존이 단순히 현존해 있다는 이유만으로도 이 제도는 동기 부여에 있어서 타당할 뿐 아니라 인지적으로 이해할 만하다고 할 수 있다. 그런데 바로 이러한 이유 때문에 제도적 삶이 도덕적 양심의 요구를 무의미한 것으로 여기는 견해를 강조한다면, 사회적 삶에 참여하지 않는 사변가와 관찰자의 판단이 우세하게 될 것이다.

그렇다면 헤겔 윤리학의 제도적 실재론은 혼합된 축복임이 명백해지는 것 같다. 즉, 그것은 상호 주관성과 사회적 삶에서 참여적 관점을 강조하는 데로 이끌 수 있으며, 동일하게 사회적 삶을 참여가 아니라 관찰하는 것으로 간주하는 사람들의 객관화의 담론을 정당화할 수도 있다. 헤겔의 칸트 윤리학 비판은 바로 이 두 측면을 체화하고 있다. 근대 사회에 대한 헤겔의 최종 분석에서는, 초주관적 관점이 그의 입장의 급진적 함의들을 은연중에 지배하고 있다. 칸트의 도덕 심리학에 대한 비판은 ─ 이 비판은 인륜성(윤리적 삶)과 감성의 갈등이 공허하다는 것을 보여 준다 ─ 하나의 요점에 불과하다. 헤겔의 입장의 급진적인 함의는 여전히 잠복해 있다. 흥미롭게도 헤겔의 논의가 함의하는 것을 낱낱이 보여 주는 것은 아도르노와 호르크하이머에 의해 전개된 칸트에 대한 정신분석학적인 비판이다.

c. 칸트의 도덕 심리학에 대한 비판

초기의 「사랑」 단편 이래 헤겔의 중심 비판 중 하나는 칸트의 도덕 심리학의 가혹함과 비논리성에 맞춰져 있다. 칸트는 행위의 모든 내용적 준칙들을 오로지 소위 "자기애"라는 동기 원천에서 발생한 것으로 생각한다.[15] 이러한 관점에서 칸트는 '우리의 모든 자발적 행위들의 목표는 우리 자신을 위해 어느 정도는 좋은 것(선한 것)이다' 라는 기본적인 가설을 홉스, 그리고 이후에는 공리주의와 공유한다. 칸트의 도덕 심리학에 따르면, 인간은 이기주의자이며, 인간이 의무라는 형식적인 준칙과 일치하는 행위를 할 수 있을 경우에만 이러한 조건에서 벗어날 수 있다. 하지만 "인간은 이렇듯 구부러진 나무로 되어 있다"[16]라는 칸트의 확신은 너무 커서 인간이 자기 이익과 모순되는 도덕 법칙에서 어떤 이익을 가질 수 있는지의 문제는 그로서는 해결할 수 없는 것이며, 이 문제는 그에게서 선험적 이성의 사실(Faktum der Vernunft)로 된다. 만약에 칸트가 유한한 자연적 존재로서의 인간은 자기애를 실현하도록 하는 행위에만 방향을 맞춘 동기 부여적 법칙에 종속된다는 사실을 전제하지 않을 경우, 그러한 존재가 도덕 법칙에 따라 행위하도록 동기 부여를 할 것인지의 문제는 선험적인 문제로 될 수 없을 것이다.

 칸트의 도덕 심리학에 대한 비판에서 헤겔은 도덕성을 감성에, 그리고 개인의 행복에의 욕구에 대립시키는 것을 거부한다(PhG, p. 426). 헤겔이 출발점으로 삼고 있는 기본 전제는 칸트가 인간의 본성을 잘못 판단했다는 것이 아니라 그가 이성과 반성의 형성적, 구성적 역할을 인정하지 않았다는 것이다. 헤겔에게서 이성은 필연성과 보편성을 파악할 수 있는 인간 개인의 **인지적 능력**, 그러한 토대에서 **행위할 수 있는 성의적이고 감정적인 능력**, 그리고 개인들이 확신하고 있는 합리성의 원리의 토대에서 행위의 과정을 형성할 수 있는 **실천적 능력**을 지시한다. 이성은 자기반성적 능력이다. 이성은 인식의 내상뿐 아니라 주체와 객체의 상호 작용도 파악한다는 것을 함축한다. 이성은 실천적 합리성뿐 아니라 인지적 합리성도 포함한다.[17]

반성적 계기를 발견한 것과 인식하는 주체의 공헌을 알아차린 것은 칸트 철학의 위대한 성공이긴 하지만, 헤겔은 칸트가 자기반성을 충분히 근본적으로 고찰하지 않았다고 비판한다. 자기반성은 자기 혹은 주체가 소여된 것의 인지적 내용으로부터 복귀한 것을 의미할 수만은 없다. 또한 자기반성은 소여된 것의 재정립을 의미한다. 『논리학』의 언어로 말하면, 자기반성은 재정립되었던 전제로부터 자기 자신으로 복귀함이다.[18]

　이러한 추상적 사유는 다음과 같이 구체화될 수 있다. 인간의 개별성의 영역에서 자기반성의 운동은 다음의 형식을 취한다. 우선 이성은 구체적이고 유한한 육체를 가진 개인의 ―『논리학』의 언어로 말하면 **특수자의** ― 능력이며, 소여된 내용에서 추상할 수 있는, 소여된 것에서 거리를 취하여 그것에 대해 반성할 수 있는 능력이다. 헤겔은 이것을 **보편성**의 계기라고 부른다(PhR, #5A). 추상과 반성의 이러한 운동은 존재하는 소여된 내용을 떠나지 않는다. 이러한 운동을 통해서, 규정된 내용은 자신의 규칙에 따라 전유되고 재정립된다. 이것은 **개별성**의 계기를 형성한다(PhR, #7A). 우리의 욕망, 경향성, 그리고 욕구 등을 반성함으로써 그리고 합리적 원리에 따라 행동할 수 있는 능력을 전개함으로써 우리는 이 욕망, 경향성, 욕구에 소여되어 있는 내용을 형성하고 변형하고 재전유하는 개인이 된다. 추론할 수 있는 개인의 인지적 능력과 자기반성적으로 행동할 수 있는 실천적 능력은 하나다. 헤겔은 다음과 같이 쓴다. "사유를 특별한 능력인 의지와 구별되는 또 하나의 특별한 능력으로 간주하는 사람들, 심지어 사유는 의지에게, 특히 선한 의지에게 해가 된다고 주장하는 사람들은 바로 그 순간에 의지의 본성에 대한 그들의 완전한 무지를 드러낸다"(PhR, #5A). 칸트의 도덕 심리학에 따르면, 이성은 경향성에, 도덕성은 감성에 대립된다. 칸트의 도덕 심리학은 합리성이 단순히 소여된 내용에서 추상하는 인지적 능력이 아니라, 주로 그 소여된 내용을 변형하고 재형성하는 그런 능력이라는 관점을 고려하지 않는다. 헤겔은 이러한 사실 때문에 칸트 철학이 "보편적이고 자기 동일적인 것에 내재하는 부정성"(PhR, #6A)을 파악하는 데 실패했다고 표현한다. 이러한 "부정성"은 인지적이고 정의적인 내용들을 변형하고 재형성할 수 있는 이성과 반성의 능력을 지시한다.

이러한 사실들에 입각해서 우리는 다음과 같은 놀라운 결론에 도달한다. 즉, 칸트의 도덕 심리학은 내적인 본성(자연)을 우리의 합리적이고 반성적인 능력을 통해 변형시킬 수 있는 가능성을 차단한다는 점에서 반反주지주의적인데 반해, 헤겔의 도덕 심리학은 인간의 반성적이고 합리적인 능력의 전개를 내적인 본성(자연)에 대한 계속되는 변형과 재도야로 본다는 점에서 주지주의적이다. 헤겔에게는 합리적인 욕구가 있는데 반해, 칸트에게 모든 욕구는 비합리적이다.[19] 하지만 욕구가 합리적일 수 있다면, 행복 추구를 도덕적 의무의 소명과 대립시킨 칸트의 작업은 무의미하다. 왜냐하면 도덕적 의무의 실현은 '행위들이 도덕적 의식의 의도들을 체현하고 있다'는, 그리고 '개인은 자신의 도덕적 가치가 그러한 행위를 통해 타자에 의해 확인되는 것을 본다' 는 그런 합리적인 욕구에 의해 수반되기 때문이다. "개인 자신의 주관적 만족은 따라서 절대적 가치에 부분적으로만 도달한 것이기 때문에 그러한 결말 그 자체는 의지된 것으로, 습득된 것으로 나타나야 한다는 요구가 따라 나온다. 이는 마치 의지 행위 속에 나타난 객관적 결과와 주관적 결과가 상호 배타적이라는 견해가 추상적 이해의 공허한 교조주의인 것과 같다"(PhR, #124). 헤겔은 이러한 사실을 "주제라고 하는 것은 이 주체의 일련의 행위들이다"(*ibid*)라는 진술로 완성한다. 올바른 행위를 수행함에 있어서 도덕적 의도와 세속적인 영특함의 구분은 절대적인 구분일 수 없다. 칸트가 설명하듯이, 자기 행위의 도덕적 가치를 타자에 의해 확인받고 인정받으려는 개인의 합법적 욕구는 완전히 좌절되어 피안(Jenseits)으로 연기되는데, 도덕적 관점은 바로 이러한 방식으로 동기와 행위 사이의 끈을 절단한다(PhG, 435/375).

내적인 본성(자연)을 이렇게 억제하는 것에 대항하여 헤겔은 자신의 복지와 행복을 찾으려는 개인의 권리가 인정되어야 한다는 사실을 논증한다(PhR, #124A). 행복은 단순히 일시적인 변덕도 아니고, 좋은 것(선한 것, 도덕적 가치 — 옮긴이)에 단순히 대립될 수도 없다. 헤겔은 행복을 "사적인 복지의 권리"(PhR, #126)라고 부른다. 이러한 권리는 모든 특수한 이해, 욕구 그리고 욕망들을 단 하나의 실존으로 통합하는 삶의 계획의 권한을 개인에게 부여한다는 사실에서 성립한다(PhR, #127). 이러한 관점에서 행복은 마음의 상태도 감정도 아니며, 아리스토텔레스에게서 볼 수 있듯이, 단 하나의 삶의 기획을 생성하는 활동 형식이다. 하지만 이러한 삶의 형식의 내용들은 상세히 서술되지 않은 채 남겨져 있다. 왜냐하면 도덕적 가치를 규정하는 것은 삶의 방식의 궁극적 목적이나 내용이 아니라, 상이한 목표들, 욕망들 그리고 경향들을 통일된 삶의 역사로 반성적으로 통일할 수 있는 근대적 개인의 능력이기 때문이다. 헤겔은 삶의 기획의 다양성과 이 기획을 만족시키는 양식들의 다양성을 이렇게 용인하는 것에서 고대성과 근대성의 근본적 차이를 본다(PhR #124A). 이러한 의미에서 헤겔의 윤리학은 의무의 윤리학도, 양심의 윤리학도, 심지어 결과의 윤리학도 아니다. 그것은 합리적으로 통합된 인격성의 이상에 의해 인도되는, 자유의 사회적 윤리이다.

칸트의 도덕 심리학에 대한 비판에서, 그리고 특히 도덕성과 행복 추구는 서로 배타적이지 않다는 자신의 주장에서 헤겔은 생동적인 상호 주관성의 관점이 그의 규범적인 관심사에 지속적으로 영향을 미치고 있음을 보인다. 이미 초기 『자연법』에서 개인들은 인륜적인 제도에서 자기 자신을 인식하고 재발견할 수 있는 권리를 가진다고 주장한 것과 마찬가지로, 헤겔은 『법철학』에서 도덕적 삶과 자기

실현은 서로 배타적이어서는 안 된다는 사실을 주장한다. 오히려 그 반대이다. 행복이 삶의 활동성을 포함하고 있는 한, 그러한 삶의 활동이 한 인간의 목적을 타자에게 선언하는 것을 내포하는 한, 타자로부터의 사회적 인정과 도덕적 인증은 자아의 구성에서 필수적이다.

이러한 사실을 고려하는 가운데, 헤겔은 — 찰스 테일러를 따라서 내가 "표현주의적"이라고 부르는 — 행위 모델을 불러낸다.[20] 표현주의적 행위 모델은 앞 장에서 논의된 **외화**의 패러다임과 관계가 있다. 표현주의적 행위 모델과 외화의 패러다임은 둘 다 몇 가지를 공유한다. 첫째, 이 두 경우에 행위는 내면성을 드러내는 것으로 간주된다. 둘째, 이러한 외화 과정은 행위자 안에 내재해 있는 잠재력을 **표현하고 전개하는** 것이다. 셋째, 내면에서 외면으로의 운동은 잠재력에서 현실성으로의 운동으로 보인다. 나는 노동 모델이 표현주의의 배후에 있는 본질적 이념을 **도덕적 행위**가 할 수 있는 것보다 훨씬 더 적절하게 포착한다고 주장하고 싶다. 따라서 헤겔이 자유의 상호 주관성에서 자유의 초주관적 이상으로 되돌아가는 지점은 바로 여기이다.

2. 표현주의적 행위와 자유의 초주관적 이상

헤겔은 노력적 의도와 도덕적 행위를 가르는 칸트의 이원론을 거부하는데, 그 이유는 '구체적으로 체현된 상호 주관적인 사회 세계는 인간의 행위 전개를 가능하게 하고 현실화시키는 중심(die Mitte)이다'라는 그의 근본적인 철학적 발견에 있다. 도덕적 혹은 실천적 이성은 마음의 순수함의 문제가 아니라 **프로네시스**의 덕, 즉 정확하게 선택하고 행동할 수 있는 능력의 덕을 포함한다. 단순히 우리가 하고자 함과는 구별되는 이러한 능력은 '우리는 누구인가'와 '우리의 입장은 무엇인가'를 드러낸다. 도덕적 의도를 외화하고 자신을 타자에게 드러내는 것은 '행위는 우리가 누구이며 우리의 의도가 무엇인지에 대해 타자들에게 표현하는 양식이다'라는 헤겔의 견해와 관련이 있다. 자유라는 본체계의 세계와 인과율의 지배를 받는 현상 세계를 나누는 칸트의 구분과는 달리, 헤겔은 그가 정신 Geist이라고 부르게 되는 그 중간의 구조를 밝히고자 한다.

나는 헤겔이 표현주의자의 행위 모델을 수용하기 때문에 그가 정신의 상호 주관적인 — 좀 더 정확하게 말하면 상호 작용적인 — 토대를 드러낼 수 없다는 주장을 지지할 것이다. 이러한 해석을 정당화하기 위해서 나는 세 가지 사항을 토의할 것이다. 첫째, 『정신현상학』 내에서 행위(Handeln)와 행동(Tun)의 분석, 둘째, 행위와 그 결과의 변증법, 그리고 마지막으로 『법철학』에서 법(권리) 개념의 연역.

『정신현상학』의 마지막 장에서 헤겔은 다음과 같이 쓴다.

> 그러나 정신이 우리에게 보여 주는 것은 정신이 자기의식의 순수한 내면으로 퇴각하는 것도 아니고 실체 속에 침잠하여 일체의 차이를 무화하는 것도 아니라는 것이다. 정신은 오히려 스스로를 외화하여 실체 속에 침잠하는 운동이면서 동시에 주체로서 이 운동으로부터 자기 안으로 돌아와 실체를 대상이나 내용으로 삼으면서도 동시에 그 대상 또는 내용의 차이를 극복해 나가는 것임이 드러난다. … 정신의 힘은 외화되는 가운데서도 자기를 잃지 않는 절대적인 즉자-대자적인 존재로서 내적인 자기와 외적인 자기를 모두 다 계기로 떠안는 데 있다(PhG 561/490).

이 문단에서 대충 드러나듯이, 정신의 활동성에 대한 헤겔의 해명의 특징은 다음 세 가지 요소로 분석할 수 있다. (a) 즉자존재의 외화, (b) 이로써 즉자존재는 자신을 대자존재로 만듦(외화는 **내면성**의 표현이다), (c) 이 두 계기가 통일과 운동의 계기로 포착될 때, 이것은 실체와 주체의 분리를 부정함을 포함한다. 왜냐하면 실체는 이제 주체의 표현이기 때문에 혹은 실체라는 즉자존재가 대자화되었기 때문이다. 실체와 주체의 이러한 통일이 성취되기 위해서는, 실체는 내면성의 표현이며, 따라서 정신 그 자체에 상응하는 방식으로 **변형**되어야 한다. 이것은 자연히 외면성의 형성, 전유 그리고 그것의 변형을 전제한다. 간단히 말해서 그것은 노동을 전제한다. 왜냐하면 이 운동은 객관성이라는 주어진 형식을 지양하며, 객관성을 정신을 표현하는 실재로 만들기 때문이다.

헤겔은 정신의 행위의 이러한 일반 모델을 개인의 행위와 행동을 분석하는 데에도 그대로 적용한다. 행위와 행동은 구별된다. 행위는 행위자가 세계에 **의도적**으로 산출하고자 하는 일들의 상태, 산물 혹은 결과를 지시하는데 반해, 행동은 이러한 의도의 실행을 의미한다.[21]

행위 과정은 다음의 요소들로 분화된다. 첫째, 행동은 의식에 속하는 대상이다. 그것은 목적(Zweck)이다. 둘째, 행동은 목적의 "운동"이다. 다른 말로 하면, 행동은 "목적이 완전히 형식적인 실재와 맺는 관계로서의, 즉 수단으로서의 현실화의 운동"이다(PhG, p.286). 셋째, 행위자의 대상은 "행동하고 있는 사람이 이 행위의 목적이 자기의 목적이라는 것을 즉각적으로 아는 그런 목적이 아니라, 그것은 목적으로서 자기 밖에 타자로 있는 것이다"(*ibid*.). 헤겔은 따라서 행위의 세 가지 계기를 구분한다. 우선, 목적, 의도, 그리고 모티프는 "즉자태," 즉 의식의 내용을 지시하는 것으로 된다. 둘째, 행위를 실현하기 위한 수단의 선택을 통해서 즉자존재는 대자존재로 된다. 마지막으로, 목적의 실현은 또한 목적의 외화이다. 그것은 대타존재가 된 즉자존재이다.

이러한 분석이 **도구적** 행위에도, 표현적 행위에도 적용될 수 있다는 사실에 주목하자. 도구적 행위를 통해서 행위자는 일들의 특정한 상태를 산출하거나 어떤 사물을 산출하고자 한다. 표현적 행위에서 행위는 행위자의 의도와 동기들을 다른 사람들에게 표현하고 선언하고 드러낸다. 이렇듯 자신을 타자에게 드러낸다는 것은 타자가 나의 의도와 모티프를 상호 이해와 해석의 과정에서 정확하게 이해한다는 것을 포함한다. 그리고 표현적 행위의 바로 이러한 해석적 측면 때문에 헤겔은 이 표현적 행위를 존재론적으로 부적합한 형태로 보게 된다.

헤겔에게서 행위함과 행동함의 변증법 혹은 그것들의 운명은 내면에서 외면으로의, 혹은 목적에서 그 실현으로의 이러한 운동에서 자아가 자신을 표현하는 데 실패할 수 있다는 사실에 그 본질이 있다. 현실화는 애초의 의도에 상응하지 않을 수도 있다. 목적은 실재에 의해 좌절될 수도 있다. 이러한 사실은 불가피한데, 왜냐하면 "**즉자적으로** 존재하는 의식이 대자적으로 존재하기 위해 이 의식은 행위를 해야 하기 때문에, 혹은 행위는 정신이 의식으로 생성되어 가는 과정이기 때문이다. 따라서 의식은 자신이 **즉자적으로** 무엇인지를 자신의 현실성으로부터 안다"(PhG, 287. 강조는 원 텍스트). "행위는 정신이 의식으로 생성되어 가는 과정"이라는 문장에 잠시 머무르고자 한다. 이 말은 의식에게 특징적으로 나타나는 진리와 확실성의 구별, 그리고 실행된 행실과 의도의 구별이 극복되지 않았음을 의미한다. 헤겔은 "따라서 의식에게 행동과 존재의 대비는 자신의 **작품**에서 다시 출현한다"(PhG, 292)라고 주장한다. 헤겔이 실현된 행위를 의식의 "작품"이라고 칭한 것은 의미가 크다. 행위가 내면의 외면화로 이해된다면, 더 나아가 "즉자적으로 존재하는 의식이 대자적으로 존재하기 위해 이 의식은 행위를 해야 한다"면, 행위는 자신의 의도를 표현하고 체현하고 있는 작품으로 고찰되어야 한다. 의식은 자신에게 속해 있는 것으로서, 즉 자신의 작품으로서 타자에 의해 인정될 수 있는 적절한 표현을 자아에게 주어야 한다. 하지만 자아가 현실 안에서 스스로를 실현할 수 있는 그러한 방식으로 이 현실이 전유될 수 없다면, 행위의 변증법이, 즉 목적과 실행의 그리고 의도와 수행의 불일치가 작동하게 된다.

"행위는 정신이 의식으로 생성되어 가는 과정"이라는 진술은 여기에서 그 참된 의미를 가진다. 인간의 행위는 의식의 특징적인 구별들에 여전히 붙들려 있기 때문에 정신의 전개 과정에서 인간의 행위는 불완전한 형태를 서술한다. 정신의 행위는 자기 자신의 "작품"으로 되어야 한다. 이러한 사실에 도달하기 위해 실재는 행위의 변증법이, 즉 실행과 의도 사이의 불일치가 지양되는 방식으로 전유되어야 한다. 헤겔의 논의에서 특기할 만한 사항은 여기서 작품이 — 행위자의 의도를 명료하게 체현하고 있는 대상이 — 행위의 **궁극태**telos로 현상한다는 것이다.[22]

이러한 사실은 참으로 중요한 결론이다. 특히 이것은 '노동과 작품이라는 행위 유형 외에 다른 유형의 행위들이 『정신현상학』에서 정신의, 즉 철학자의 담론의 관점에서 논의되고 있다 할지라도 모든 것은 정신의 "작품"으로 현상한다'라는 앞 장의 주장을 지지한다. 이에 반해 인간의 행위는 의도와 결과의 불일치를 제거할 수 없는 그런 변증법 안에 붙들려 있다. 이러한 불일치의 불가피성은 단순히 '세계는 우리의 목적의 실현을 허용하지 않는다'는 데 있다. 그럴 수도 있다. 하지만 더 중요한 사실은, 행위와 결과의 불일치는 우리의 행위를 타자가 오해하거나 잘못 해석하거나 곡해하는 데서 발생할 수 있다는 것이다. 행위하는 행위자가 된다는 것은 해석된 세계에 산다는 것이다. 이 세계에서 자신의 행실에 대한 자기 자신의 이해는 다른 많은 것들 중 하나의 관점이며, 하나의 해석 틀로 나타난다. 이러한 의미에서 행위자의 관점이, 즉 스스로 행한 것에 대한 자신의 해석이 유일하게 올바르기나 한 것처럼 행세하면서 "잘못된 해석"에 대해 말하는 것은 심지어 오류이다.[23] 매우 자주 우리는 우리가 무엇을 했는지를 우리의 행위에 대한 다른 사람의 이해와 해석을 통해, 그리고 우리의 행위에 대한 그들의 반응을 통해 배우게 된다. 대상이나 사물들은 행위자의 재산이 될 수 있는데 반해, 인간의 행위는 그런 성질의 것이 아니다. 인간의 행위는 단 하나의 의미와 목적을 체현하거나 표현하지 않는다. 그 행위의 의미나 목적은 해석에 의해 규정될 수 있을 뿐이다. 이러한 의미에서 인간의 행위는 근원적으로 무규정적이다. 헤겔은 도덕의식의 안티노미를 보여주기 위해서 행위의 이러한 무규정성을 비판한다. 하지만 그렇게 함으로써 그가 객관적인 철학적 담론이라는 이름 아래 생동적인 상호주관성을 존재론적으로 철저히 거부하고 있다는 사실이 드러난다.

『법철학』에서 논의되고 있는, 결론에 도달하지 못한 도덕 행위의 변증법은 두 가지 형태로 이루어져 있다. 의도와 결과의 통약 불가능성, 그리고 일단 하나의 행위가 대상 세계의 일부분으로 되자마자 나타나는 행위의 무규정적인 현실성이 그것이다.[24] 나는 첫 번째 사실을 좀 더 깊이 다뤄 보고자 한다. 행위를 할 때 인간 행위자는 자신의 목적을 세계에 체현하고자 하지만, 이러한 목적을 체현하고 있는 행위는 다른 행위들과 연결되고 자기만의 고유한 삶을 이끌게 된다. 행위 결과는 물의 파동과 같다. 일단 돌이 던져지면, 동심원의 파동은 돌을 중심으로 퍼져 나간다. 가장자리에 도달하면 이 파동들은 끝이 난다. 하지만 인간사에서 우리의 행위는 가장자리에 도달해서도 부메랑처럼 원래 지점으로 되돌아오는데, 그것도 강도가 증폭된 채 그렇게 된다. 행위와 결과의 변증법을 "운명"이라는 이름으로 전개시키는 그리스의 비극에서 영감을 받은 헤겔은 '의도' 역시 권리를 가진다고 함으로써, 즉 "의도의 권리right of intention"를 요청함으로써 운명의 힘을 제한하고자 한다. 의도의 권리는 우리가 인간 행위자들에게 원했던 것이 무엇인지 확신할 수 있는 것만을, 그리고 우리가 이 행위자들이 알고 있다고 합리적으로 기대할 수 있는 것만을 이 행위자들에게 귀속시킬 수 있다는 사실을 규정한다. 의도의 권리는 행위 이전에 행위의 가능한 결과를 인식해야 할 의무와 관련 있다. 근대법(권리)의 이러한 측면은, 악한을 죽였는데 그 악한이 자기 아버지였음을 발견하는, 그리고 한 여자와 결혼을 했는데 그 여인이 자기 어머니였음을 발견하는 등의 그런 비극에서 그 행위자를 보호한다. 근대법은 운명을 중성화하고 또 이 운명을 인간 행위자의 이해와 능력이 도달할 수 있는 영역 내에 놓여 있는 예견할 수 있는 일들의 연쇄로 환원함으로써 개인들을 그런 비극으로부터 보호한다(PhR, #177A).

둘째, 한편으로 인간의 행위는 운명적이다. 그리고 이러한 유의 운명에 대항해서 헤겔은 어떤 법적인 보증도 할 수 없다. 물에 던져진 돌에 의해 야기된 파동의 이미지는 행위와 그 결과의 변증법을 온전히 포착하기에 부적절하다. 왜냐하면 돌이 중립적인 상태를 서술하는 데는 적합할 수 있지만, 행위에 대한 서술은 그 자체로 인간적 행위이며, 그 자체 참된 행위들과 본질적으로 동일하기 때문이다. 행위자의 목적과 의도, 그가 행하고 있다고 생각하는 것, 그리고 그가 그렇게 행위를 하는 이유 등은 모두 인간적 행위 그 자체의 본질적 구성 요소이다. 물론 이러한 것들이 유일한 것은 아니다. 또한 행위와 의도는 타자에 의해서 해석되며, 이로 인해 종종 행위자의 행위가 곡해되어 그의 목적이 좌절되게 된다. 재미있게도, 헤겔은 행위의 이러한 해석적 무규정성을 "세계에서… 외적인 관계의 끈"(PhR, #119A)을 서로 연결시키는 뚜렷한 특징으로 이해하지 않는다. 헤겔에 따르면, 외적인 관계들은 해석적인 것이 아니라 인과적인 것이다. 하지만 사회 세계에서 일어나는 행위는 이 행위와 그 결과의 복합체를 지배하는 자연법과 사회법의 필연성에 의해서 영향을 받으며, 동시에 인간 행위와 의사소통을 지배하는 해석적 규칙의 우연성에 의해서도 영향을 받는다.[25] 이 두 측면에서 행위는 개인과 그의 의도의 완전한 외화일 수 없다. 행위는 주체의 "작품"이 아니다. 즉, 행위는 그 안에 자기의 목적을 일의적으로 체현하는, 그리고 잘못 해석되거나 오해될 위험 없이 자기 자신을 인식할 수 있는 그런 객관적인 실체가 아니다. 인간의 행위는 위험 부담이 있다. 그리고 표현주의적인 패러다임의 관점에서 볼 때, 인간의 행위는 이 행위의 배후에 있는 본질적인 이념을 포착하는 데보다는 산출된 대상의 이념을 포착하는 데 더 적합하다. 헤겔은 따라서 자기표현적인 행위가 어떻게 상호 작용일 수 있는지, 그리고 잘못된 해석과 잘못된 지각에도 불구하고 어떻게 주체의 표현으로 남는지를 설명하는 데 실패한다. 이것이 바로 『논리학』에 나타나는 객관성으로부터 개념으로의 전이에서, 그리고 『엔치클로페디』에 나타나는 객관 정신으로부터 절대정신으로의 전이에서 행위 패러다임이 노동 패러다임에 의해, 즉 일의적으로 그리고 완전하게 사유와 개념을 표현하는 외면성에 의해 대치되는 이유이다.[26] 존재론적으로 말해서 노동은 행위보다 높은 존재 양식이다.

인간의 행위는 불충분한 정신의 활동성이라는 헤겔의 주장은 표현주의적인 모델의 우월함에 기초해 있다. 표현주의적인 모델은 모든 행위를 외화로, 행위자의 잠재력을 세계에 체현하는 것으로 해석한다. 이러한 표현주의적인 패러다임은 행위에 대한 노동(작업)의 존재론적인 우선성을 전제하는데, 이 패러다임으로 인해 헤겔은 인간의 상호 주관성에 대한 자신의 발견을 억누르고, 대신 초주관성을 내세우게 된다. 나는 이 두 개념의 구분에 대해 다음에 다시 반복하겠지만, 그것은 대충 다음의 윤곽을 갖는다.[27] 상호 주관성의 관점에 따르면, 인간 행위자들의 관점은 자신들의 상호 작용의 타당성과 의미를 구성하는 데 일조한다. 이에 반해 초주관성의 관점에 따르면, 이러한 타당성과 의미는 사회적 행위자들이 일반적으로 공유하고 있는 관점의 외부에, 즉 생각하고 관찰하는 자의 관점에 놓여 있다. 초주관적 관점은 사회적 실천을 구성하고 있는 인간의 관점이 복수적이고 다양하다는 것을 부인하지 않지만, 이러한 유효성과 의미가 제1인칭과 제2인칭의 참여자적인 관점에서 창출되지 않는다고 주장한다. 대신 초주관적 관점은 제3인칭의 관찰자적 관점의 명료화를 요구한다. 마지막 단계로서 나는 자유에 대한 초주관적인 이해를 명료하게 하기 위해서 "법(권리)" 개념에 대한 헤겔의 연역을 검토할 것이다.

『법철학』에서 헤겔은 법(권리)을 "자유 의지를 체현하고 있는 특정한 종류의 실존"으로 정의한다. "따라서 법(권리)은 정의상 이념으로서의 자유이다"(PhR, #29). 극단적으로 압축된 이 정의를 해명하기 위해 우선 필요한 것은 헤겔이 형식적-법률적 의미에서 개인들이 특정한 방식으로 행위하거나 행위하지 못하게 할 수 있는 법적으로 인정된 요청으로서의 "법(권리)"과 보다 넓은 의미에서 규범적으로 유효한 것 일반으로서의 "법(권리)"을 구분하고 있다는 사실을 기억하자. 첫 번째 의미에서의 '법(권리)'이 "추상적 법(권리)"이라고 서술되는 것에 상응한다면, 두 번째 것은 사회 제도와 비제도적인 인간관계의 관점에서 뿐 아니라 도덕적인 관점에서도 유효한 것을 포함한다. 법(권리)의 형식적-법률적 의미를 포괄적인 의미와 이렇듯 구분함으로써 헤겔은 자연법 전통에 대한 그의 초기 비판들 중 하나로 되돌아온다. 자연법 전통은 인간의 관계를 법적 관계의 모델에만 규범적으로 접합시킨다. 그리고 자연법 전통은 사회를 법적인 끈으로 서로 묶여 있는 적대적 개인들의 덩어리라고 생각한다. 하지만 적절한 규범적 관점은 규범적으로 유효한 영역을 합법성의 영역에만 가두지 않는다.

이러한 정의를 통해, 헤겔은 또한 규범적인 타당성의 토대가 자유라는 것을 지시한다. "법(권리)은 정의상 이념으로서의 자유이다"[28]라는 정의는 자유의 개념과 그 현실성이 법(권리)의 이념에 통합되어 있다는 것을 의미한다. "개념"은 ― 헤겔적인 의미에서 ― 자신을 현실화함으로써, 자신을 세계에 체현함으로써 이념으로 된다. 자유는 "자신의 대상과 내용과 목표를 위해 보편성 또는 그 자체로서 무한한 형식을 가지는"(PhR #21) 의지로 정의된다. 의지는 즉자적으로 뿐만 아니라 대자적으로도 자유롭다. 자유는 보편성을 자신의 내용과 목표로 만들 수 있는, 즉 자신의 행위의 내용을 "보편성"과 일치하게 규정할 수 있는 의지의 능력을 의미한다. "보편성"은 "무한한 형식"으로서의 의지이다. 이러한 맥락에서 "무한성"은 완벽한 자기 관계를 의미하며, 이것은 주어진 문맥에서 추상하여 이 문맥을 반성하고 합리적인 원리에 부합하게 이 문맥을 재정립할 수 있는 인간의 능력에 다름 아니다. 자유 의지는 형식적 반성 능력을 자신의 내용을 발생시키기 위한 토대로 삼는 의지이다.

지금까지 이러한 정의는 '자유는 자율적 원리에 따라, 혹은 인간이 스스로를 합리적 존재로 보는 견해에서 출발하는 원리에 따라 행위할 수 있는 능력'이라고 한 칸트의 주장을 반복하고 있는 것으로 보인다. 하지만 칸트가 보편적 법의 형식에 의존하여 그러한 원리의 본질을 규정하기 위한 절차를 제공하는데 반해, 헤겔은 어떤 보편화의 절차도 거부한다. 결론적으로 말해서 자유에 대한 헤겔의 정의는 칸트의 정의보다 훨씬 더 추상적이고 형식적이다. 그러나 역설적이게도 헤겔의 정의는 그 때문에 더 풍부하고 더 알차다. 좀 더 자세히 얘기해 보자. 1절에서 검토한 바 있듯이, 보편성, 특수성 그리고 개별성의 변증법은 '의지는 이미 언제나 자신에게 현재하는 내용을 가지고 있다'는 것을 의미한다.[29] 이러한 사실은 구체적이고 유한한 개인의 독특한 모습(체제)일 수 있으며, 그의 성향, 욕구, 욕망 그리고 관심의 독특한 모습일 수 있다. 자유는 이러한 내용을 제거하고 억압하는 데 그 본질이 있는 것이 아니라 그 내용을 재형성하고 전유하며 재정립하는 데 그 본질이 있다. 한 개인의 자연적인 성향들을 반성의 대상으로 삼아 통찰한 결과 이 성향들이 합리적으로 통합된 삶의 계획 안에서 추구될 수 있는 합법적 관심들로 의식적으로 규정될 때, 이 성향들은 사적인 안녕과 행복에 대한 도덕적인 자유를 표현하게 된다. 헤겔은 형식과 내용의 변증법을 발생시키는 칸트를 비난할 수 있는데, 그 이유는 헤겔에게 형식form은 언제나 이미 주어진 내용의 **형태**formation이며, 주어진 것의 재구성이지 전혀 새로운 것의 산출이 아니기 때문이다.

이러한 명료화를 기초로 하여 법(권리)을 "이념으로서의 자유"로 정의한 사실로 되돌아와 보자. 그러면 우리는 자신을 자유로운 것으로 여기는 의지의 개념과 세계 안에서 이러한 자유의 **현실화** 사이의 일치 속에 법(권리)의 본질이 있다는 것을 보게 된다. 개념과 현실화는 현실적으로 동일한 단계이다. 왜냐하면 즉자적으로 뿐만 아니라 대자적으로 자유 의지는 외면성을 재전유하고 재형성하며 변형하여서 이 외면성을 현실성으로 삼기 때문이다. 개념에서 현실성으로의 운동은 시간적인 운동이 아니라 논리적인 운동이다. 왜냐하면 비록 개념이 자신을 구현하고 있는 세계 안의 체현물에 의해 적절한 표현을 발견하지 못한다고 하더라도, 그 개념은 언제나 이미 세계에 구현되어 있기 때문이다.

엄청나게 추상적인 헤겔의 정의를 일리 있게 보이도록 함으로써 우리가 원 둘레를 빙글빙글 돌고만 있다는 느낌을 지울 수 있는 그런 방법은 없을까? 나는 헤겔의 법(권리) 개념의 연역이 다음과 같이 재구성될 수 있다는 사실을 제안하고자 한다. 『법철학』 서문에서 우리는 헤겔의 "실천적 정신(합리적 행위)"이 무슨 의미인지 인식할 수 있다. 헤겔은 개별 인간들에게는 **원리들**의 토대 위에서, 즉 그 타당성을 행위자가 반성과 추리를 통해 확신하게 되는 그런 일반 규칙의 토대 위에서 행위할 수 있는 능력이 있음을 인정하며, **책임의 능력**, 즉 왜 다른 방식이 아니고 이런 방식으로 행위를 하고자 결정했는지 근거를 댈 수 있는 능력이 있음을 인정한다. 이 "실천적 정신"이라는 개념은 근본적으로 『엔치클로페디』의 첫 부분, 즉 주관 정신의 논리학에 속한다. 따라서 헤겔은 자기의 독자들에게 '의지는 자유롭다'는 사실을 증명하기 위해 특수하게는 『엔치클로페디』를, 일반적으로는 그의 체계를 지시하고 있다. "법(권리)은 자유 의지를 체현하고 있는 특정한 종류의 실존이다"(PhR, #29)라는 사실은 이제 세계 안에 우리의 실천적인 정신의 능력을 현실화하는 데 필요한 조건들을 확고하게 하는 공식으로 해석될 수 있다. 이러한 능력의 현실화는 **객체**의 세계도, 그리고 **주체**의 세계에서의 어떤 행위 양식도 변형된다는 것을 의미한다. "법(권리) 체계는 현실화된 자유의 왕국이며, 정신 자체에 의해 제2의 본성으로 산출된 정신의 세계이다"(PhR, #4).

하지만 이렇게 재구성된다고 해서 이 논의가 규범적인 타당성을 확립하는 것은 아니다. 기껏해야 그것은 **실천적 정신의 실행을 위한 필연적 조건들**이 무엇으로 구성되어 있는지에 대한 분석을 제공할 뿐이다. 어떤 조건들이 나의 실천적 정신 능력을 현실화하는 데 필수적이라는 사실로부터 그 조건들이 규범적으로 타당하다는 결론에 도달하는 것은 아니다. 자유 의지에 대해 형이상학적으로 분석했다고 해서 그 분석이 '의지의 실행과 현실화를 위해 필요한 것을 타당하고 구속력 있는' 것으로서 간주해야 할 이유를 확립한 것은 아니다. 합리적 행위자인 내가 어떤 외적인 재화를 소유하는 것이 필요하다는 전제로부터 — 타자로부터 인정받을 수 있는 합법적인 요구라는 의미에서 — 내가 실제로 그 재화들을 소유할 권리를 가진다는 결론이 나오지는 않는다. "내가 왜 당신의 실천적 정신(합리적 행위)의 실행을 위해 필요한 것을 권리(법)로 인정해야 하는지"라는 질문을 받을 때, "나의 실천적 정신(합리적 행위)의 실행을 위해 올바른 것은 그것이 무엇이건 권리(법)이다"라고 말하는 것은 답이 될 수 없다. 이러한 답은 권력이 — 내 힘으로 세상에서 가져올 수 있는 것이 무엇이든 — 곧 법(권리)이라는 요구를 보일 뿐이다. 따라서 헤겔의 주장에서 우리는 하나의 은폐된 전제, 즉 "권리(법)"와 "권력"을 구별해야 할 필요성을 제기하는 은폐된 전제를 본다.

헤겔의 논의는 다음과 같이 재구성될 수 있다. 1) 나의 실천적 정신(합리적 행위)의 실행을 위해 필요한 것은 무엇이나 정당하다. 2) 당신이 1)을 인정하지 않는다면 당신은 나의 자유를 부정하는 것이다. 왜냐하면 나의 자유는 나 자신을 도덕적 행위자로 보는 관점에 부합하게 행동할 수 있는 능력에 그 본질이 있기 때문이다. 3) 하지만 만약 당신이 나의 자유를 부정한다면, 나는 당신이 합법적인 것으로 그리고 규범적으로 구속력이 있는 것으로 요청하는 그 어떤 규칙도 수용해야 할 의무가 없다. 4) 왜냐하면 자유로운 행위자로서 내가 합리적으로 동의할 수 있는 그러한 규칙들만이 나의 의지에 구속력이 있기 때문이다.

헤겔의 논의에서 은폐된 전제는 따라서 4)번이다. 사실, '자유로운 행위자로서 내가 합리적으로 동의할 수 있는 그러한 규칙들만이 나의 의지에 구속력이 있다'는 이러한 전제에서 시작하여 우리는 '타당하고 규범적인 요구들이 확립되려면 나의 자유가 부정되어서는 안 된다'는 3)번으로, 그리고 '따라서 나 자신을 도덕적 행위자로 보는 관점에 부합하게 행동할 수 있는 나의 능력을 당신은 부정해서는 안 된다'는 2)번으로, 그리고 마지막으로 '당신은 내가 이러한 실천적인 정신을 실행하는 데 필요한 것이 무엇이든 그것을 유효한 것으로 인정해야 한다'는 1)번으로 진행해 갈 수 있다.

헤겔의 논의에서 은폐되어 있는 또 다른 전제가 있다. '당신과 나는 우리가 합리적으로 동의한 그러한 규칙들만이 우리에게 구속력이 있는 것으로 수용해야 할 존재로서 동등하게 권리를 부여받았다고 서로 인정한다'는 전제가 그것이다. 합리적인 동의를 할 수 있는 동등한 권리의 상호 인정이 전제되지 않을 경우, 헤겔의 논의는 규범적 타당성을 확립하지 못한다. 당신이 나를 합리적으로 동의할 수 있는 능력이 있는 자로 인정할 경우에만 나는 당신을 동일한 능력이 있는 존재로 인정할 수 있다. 그렇지 않을 경우, 우리들 사이에 의무 관계는 있을 수 없으며, 단지 폭력과 강제와 힘의 관계가 있을 뿐이다. 당신은 나에게 당신을 인정하라고 강제할 수 있지만, 그렇게 하는 것이 나에 대한 당신의 의무는 아니다. 그리고 기회가 주어지자마자 나는 당신이 나의 의지에 복종하도록 하기 위해 이러한 관계를 뒤집어 버리려고 시도할 수 있다. 실제로 『법철학』은 "인정 투쟁의 해결"이라는 관점에서 진행된다. 상호 인정은 헤겔의 법(권리) 개념의 연역을 위한 두 번째 숨겨진 전제이다. 사실상, 그것은 유일한 전제인데, 왜냐하면 합리적 동의의 원리(전제 4)는 이 상호 인정에 포함되어 있기 때문이다. 당신과 내가 이러한 능력에서 합리적으로 동등한 존재로서 서로를 인정할 경우, 우리는 우리 둘 다 비강제적으로 동의한 그런 행위 규칙들만이 정당하다는 것을 수용한다.

 헤겔이 상호 인정이라는 전제를 억누른 것이 아니라 이 전제를 법(권리)의 정의에 이미 포함하고 있었다는 이러한 분석에 이의를 제기할 수도 있다. 상호 인정을 위한 투쟁은 『엔치클로페디』의 "정신현상학" 장에서 개별적 자기의식으로부터 보편적 자기의식으로의 전이 과정에서 논의된다.[30] 그러므로 '추상법(추상적 권리)'의 출발을 이루는 의지의 "보편성"의 계기는 '모든 사람은 합리적 존재로서 동등하다'는 원리에서 이끌려 나온 '인정'을 포함하고 있다고 전제될 수 있다. 이러한 반론이 정당하지 않은 것은 아니지만, 여러 가지 점들을 고려하고 있지는 않다. 첫째, 자유 의지와 법(권리) 개념의 연역은 의지의 존재로서의 개인의 입장에 대한 고려를 체계적으로 배제한다. 헤겔은 루소 이래로 일반화된 법(권리) 개념을 비판한다. "일반화된 법 개념에 따르면, 근본적이고 실체적이고 우선적인 것은 자의에 파묻혀 있는 개인의 의지이지 즉자 대자적인 합리적 의지가 아니며, 특수한 개인의 정신이지 참된 정신이 아니라는 사실이 전제되어 있다"(PhR, #29). 둘째, "법(권리)을 자유 의지를 체현하고 있는 특정한 종류의 실존"으로 규정한 헤겔의 정의는 처음부터 상호 주관성의 입장을 억제하고 있는 범주적 오류이다. 우리가 "법(권리)"을 포괄적 의미에서 규범적으로 타당한 것으로 해석할 때조차 이 법(권리)은 헤겔이 가정하는 것과 같은 **실존**일 수 없다. 법(권리)은 오히려 타자가 행위와 행동에 대한 특정한 규칙들을 합당한 것으로 인정해야 한다고 하는 이 타자에 대한 **요구**이다.

헤겔이 "법(권리)을 자유 의지를 체현하고 있는 특정한 종류의 실존"으로 해석한 것은 우연이 아니다. 이러한 해석은 인간의 행위를 노동(작품)으로 바라보는 그의 경향을 다시 한 번 드러낸다. 정신이 자신의 자유를 자신의 노동(작품)을 통해 역사 안에서 드러내는 것과 똑같이 인간관계의 영역에서도 이념으로서의 자유의 체현물은 "실존"이다. 하지만 법(권리)이라는 술어의 논리는 이 법(권리)이 규범적으로 타당하고 가치 있는 것으로 생각되는 것을 좀 더 면밀히 규정하고 있는 **상호 주관적인 요청**임을 지시한다. 상호 주관성의 억제와 인간 행위에 대한 노동 패러다임은 동전의 양면이다. 초주관성의 관점에서 볼 때, 타당성은 행위자들의 상호 주관적인 관점에 의해 정의될 필요가 없다. 법(권리) 개념에 대한 헤겔의 연역은 이러한 조건을 철저히 충족한다. 여기에서 규범성은 사유하고 관찰하는 자의 관점에서 확립된다. 이때 자유 의지의 현실화에 필요한 조건에 대해 사유하고 관찰하는 자의 분석과 더불어 헤겔은 이러한 조건들이 개인들의 "추상법(추상적 권리)"을 구성한다는 결론에 이른다. 이러한 절차에서 행위자들이 어떤 것을 구속력 있고 타당한 것으로 간주하게 하는 권리나 행위자들의 동기에 대한 고려는 필요하지 않다.

『법철학』의 시작 부분에서 헤겔이 논의하고 있는 의지는 "자기 자신 이외에 다른 어떤 것과도 관계를 맺고 있지 않으며, 따라서 타자에 대한 의존 관계에서 벗어나 있다"(PhR, #23). "왜냐하면 이 의지의 대상은 자기 자신이며, 따라서 그 대상은 자기 눈에 '타자'나 장벽이 아니다. 반대로 자신의 대상 안에서 이 의지는 단순히 자기 자신으로 되돌아온다"(PhR, #22). 헤겔이 자유를 정의하는 데 사용하는 이러한 완벽한 자기 관계는 상호 주관적인 이상이 아니라 초주관적인 이상이다.[31] 상호 주관성의 관점에서 "타자성"은 구성적인 특징이 있다. 물론 인간은 "직접적 타자성"을 극복할 수 있으며, 타자의 의지를 단순히 자신의 의지와 상충하는 장벽과 한계로 볼 수 없다. 하지만 "자기 자신 이외에" 다른 어떤 것과도 관계를 맺고 있지 않으며, 따라서 "타자에 대한 의존 관계에서 벗어나 있다"는 것은 구체적인 인간 존재들에게는 무의미한 이상이다. 자기 자신만을 자신의 대상으로 가지는 인간 의지는 유아론적일 수 있다. 제3자, 즉 관찰자의 관점에서 바라보기 때문에 헤겔은 제1인칭과 제2인칭의 관점에서는 구성적인 역할을 하는 "타자성"을 부인하게 된다.

3. 위기 조정: 인륜적 삶의 상처의 치유

이렇듯 헤겔은 법(권리) 개념을 연역한 이래로 그의 체계에 나타나는 상호 주관성을 억제하는데, 이러한 사실은 『법철학』의 한 지점에서 체계적인 중요성을 획득한다. 이러한 중요성은 "욕구의 체계"를 분석하는 가운데 나타난다. 각각의 개인들이 서로 고립된 채 자신의 목표와 사적인 이익을 추구하는 인륜의 영역인 욕구의 체계는 인륜적 삶의 통일성을 파괴하고 이기적인 개인의 가상을 산출한다. 욕구의 체계의 영역은 바로 이런 의미에서 인륜성에서 하나의 "현상"의 계기를 표시한다(PhR, #189). 이 영역은 가상인데, 왜냐하면 "자기 자신을 위해 벌고 생산하고 또 즐기는 각각의 인간은 사실 다른 모든 사람들의 향유를 위해 생산하고 벌기 때문이다"(#199). 욕구의 사회적 체계와 노동의 사회적 체계를 분석함으로써 헤겔은 욕구의 체계에 내포된 개인주의가 사실 보편성에 의해 매개되어 있음을, 사회적 상호 의존의 체계에 의해 매개되어 있음을 보이고자 한다. 하지만 가상(Schein)은 기만(Täuschung)이 아니라 본질이 스스로를 드러낸 외관(Anschein)이다.[32] 시민 사회의 개인주의는 사실 보편성의 현상만을 드러낸다. 보편성에 의한 개인주의의 매개는 "변증법적인 진보"(#199)에 의해 발생한다. 이 매개는 개인들의 등 뒤에서 작용하는 강제이며, 그들에 의해 의지되거나 이해되지 않는다. "각각의 개인들이 전체에 대해 갖는 복합적인 상호 의존성"(#199)은 이러한 활동에 참가하고 있는 개인들의 관점에서 볼 때 분명하게 드러나지 않는다. 이것은 개인들의 활동의 배후에서 작용하는 통일성과 논리를 보는 관찰자의 눈에만 드러난다. "욕구의 체계"에서 관찰자라는 3인칭의 관점은 사회적 실천의 구성적 요소를 이룬다. 아담 스미스의 "보이지 않는 손"처럼 사회적 전체의 관점은 사회적 개인들에게 분명하게 드러나는 것이 아니라 관찰하는 사유자에게 드러난다.

자유에 대한 헤겔의 초주관적 이상은 근대 사회의 구성에 필수적인 이러한 사실에 그 기원을 가진다. "욕구의 체계"는 욕구를 가진 개인들의 활동을 그들의 배후에서 조종하고, 또 의도되지 않은 결과들의 변증법적인 진보를 만들어 내는 그런 행위 **맥락들의 출현**을 의미한다.[34] 이 영역에서 개인들은 자신들의 활동과 이 활동을 구현하고 있는 사회적 맥락이 체계적으로 서로 의존하고 있음을 알지 못한다. 정치경제학의 법칙들은, 천문학의 법칙들처럼, 맨눈에는 에 드러나지 않는다.[34] 이 법칙들은 현상에 드러나지 않는 법칙이다. 욕구의 체계는 바로 이러한 이유 때문에 "체계"를 구성한다. 개인들의 활동들은 그 의미가 그들 배후에 숨겨져 있는 법칙에 의해서 지배를 받는다. 하지만 이러한 과정을 분석하는 관찰자의 관점에서 볼 때 전체는 필연성과 논리를 보여 준다.

욕구의 체계는 인륜성의 중심부에서 『자연법』이래로 헤겔에 의해 비난 받았던 분열(Entzweiung)을 제도화한다. 경제적 자유가 특수자의 권리(법)와 일치하기는 하지만, 헤겔적인 의미에서의 자유를 재현하지는 않는다. 욕망 충족과 이익 충족이 근대의 경제적 거래 행위자의 활동 목표라고 할지라도, 이러한 활동 형식은 행위자에 의해 의도되지 않은 법칙에 종속된다. "무한한 형식인 의지는 자기 자신을 자신의 내용과 목적으로 갖지" 않는다. 경제적 활동은 의지가 특수한 개별성에 침몰한다는 것을 보여 준다. 보편성이란 것은 의지되거나 의식적으로 목표되는 것이 아니라 "변증법적인 진보"로부터 나온다.

이러한 자유 상실은 의미 상실과 함께 나타난다. 개인들에 의해 자신의 활동에 부여된 의미(자신의 욕구 충족)와 그들이 행하는 것의 **사회적 의미**(타자의 욕구 충족) 사이에는 차이가 있다. 헤겔은 교육과 문명화를 욕구의 체계에 귀속시키는데, 그럼에도 불구하고 이 영역에서 보편성은 "추상"의 결과이지 의도된 통찰의 결과가 아니다. 욕구들은 점점 더 정제되고 그 만족을 위해 타자의 노동에 점점 더 의존하게 되는데, 바로 이런 의미에서 이 욕구들은 추상화된다. 노동이 급속도로 분절화되고 세부적으로 분화되며, 따라서 개인이 자신의 임무 수행을 위해서 점점 더 타자에게 의존하게 된다는 점에서 이 노동은 추상적으로 된다. 욕구의 체계에서 보편성은 추상으로 드러난다.

『법철학』에서 헤겔의 주된 노고는 "욕구의 체계"에 대한 분석 이후에 나온다. 그 노고는 사회적 상호 의존성의 보편성을 좀 더 분명하게 만드는 것이다. 협동체(조합)들이 경제 법칙의 맹목적인 관철에 대항하여 자기 회원들의 복지를 보호할 임무를 가지는데 반해, 정의는 법에 의해 정해진 공적 기관들에 의해 집행된다. 회원들의 복지를 위해 존립하는 협동체들은 욕구의 체계에서 "가족"의 계기를 재현한다. 즉, 협동체들은 추상적 보편자의 맹렬한 기세에 대항하여 자신의 이익을 보호하고 개인으로 하여금 자신의 복지와 병행하여 타자의 복지도 고려하도록 동기 부여를 한다. 협동체의 임무는 추상적인 보편자를 좀 더 구체적으로 만든다. 보편자의 구체화가 의미하는 것은, 욕구의 체계에 특징적으로 나타나는 자유의 상실은 개인이 구체적인 보편자(즉, 공공선)를 자신의 목적으로 가지는 활동의 영역에 참여함으로써 완화될 것이라는 점이다. 따라서 보편자의 구체화는 이 과정에서 자기의 행위를 점점 더 **의지된** 보편자에게로 향하는 개인에 의해 의미가 재발견될 수 있음을 의미한다. 구체적인 보편자는 국가에서 구현된다.

    헤겔 좌파의 시기 이래로 논의되어 오고 있는 헤겔의 국가 이론의 아이러니는 간과할 수 없는 중요한 문제이다. 여기에서도 구체적 보편자는 국가의 시민들에 의해 **의지되는** 것이 아니라 이 시민들을 위한 "보편 계급"에 의해 **관리된다**. 관료와 행정 제도에 대한 헤겔 이론의 공적이 무엇이든 간에 — 그 공적은 아주 많다 — 시민들은 계급 질서에서 단순한 "대표"의 계기로 빠져 들어가는데 반해, "보편자"는 관리된다는 사실을 무시할 수 없다. 구체적 보편자를 의지한다는 것은 헤겔에게 혁명을 의미한다. 반대로 구체적 보편자의 수행은 보편자의 합리성을 "천민(Pöbel)"의 기분과 단순한 의견과는 차이가 있는 전문적인 지식의 영역으로 이동시킨다. 그러므로 잘 알려져 있는 헤겔의 국가 이론의 권위주의는 단순한 정치적 선호의 문제가 아니다. 그것은 명백히 자유에 대한 초주관적인 이상과 완전히 일치한다. 자유의 초주관적 이상에 따르면, 개인들의 행위의 가치와 의미에 대한 통찰은 상호 주관성의 관점을 배제한 채 관찰하고 이해하는 "제3자"에게 양도된다. 관료는 대중들이 분명한 것으로 여기는 혼란스런 의견들을 분석하고 이해하고 합리적인 언어로 변형시키는 철학자이다. 사회적 행위자들은 관료와 철학자들에 의해서 공유되고 있는 이러한 합리적 담론의 객체이지 주체가 아니다.

　이러한 담론은 개념과 현실성 사이의 구별에 의해서 전개된다. 개념의 구조와 현실의 구조 사이에는 언제나 모순이 있다.[35] 헤겔의 작업을 이끌고 가는 것은 이념에 완전하고 적절한 표현을 부여할 수 없는 현실의 바로 이러한 무능력이다. 현실과 개념의 이러한 구분은 근대 국가에서 보편성이 개인들의 행동에 의해서가 아니라 개인들의 등 뒤에서 확립된다는 것을 의미한다. 보편성의 계기를 대표하는 개념은 개인들 자신의 이성과 의지를 통해서 적절하게 구현될 수 없다. 『법철학』에서 이행의 구조는 이러한 관점에서 가장 잘 드러난다. 추상법에서 도덕성으로의 이행은 불의와 범죄가 법적 관계의 본질에 속하기 때문에 발생한다. 도덕성에서 인륜성으로의 이행은 도덕적 보편성을 자신의 행위를 통해 실현하고자 하는 개인들의 시도가 좌절되기 때문에 발생한다. 가족의 통일성은 욕구의 체계를 받치고 있는 개인주의로 해체되는데, 왜냐하면 가족의 구성원들이 존립을 위해 시장에 의존하기 때문이다. 욕구의 체계는 변증법적인 진보에 의해서만 "보편성"을 실현한다.

　따라서 각각의 지점에서 개념과 현실의 불일치는 현실적인 생생한 경험과 이 경험의 체계적 의미 사이의 불일치를 의미한다. 개인들이 생동적 위기로 ─ 즉, 불의 혹은 형벌로, 도덕적 양심의 모순으로, 혹은 가족과 시민 사회 사이에, 혹은 시민 사회와 국가 사이에 나타나는 요구들의 갈등으로 ─ 경험하는 것은 여전히 남아 있다. 이러한 생동적 위기들은 생각하는 자에게만 체계적인 의미를 갖는다. 이 위기들은 전체의 모순을 드러내며, 이 모순의 해명을 요구하게 된다. 여기서 이 해명의 논리는 개념과 현실성이 완전히 서로에게 일치하는, 혹은 위기들이 체계에로 완전히 통합되는 그러한 지점에 도달하기를 요구한다. 여기서 위기의 제거는 이 위기를 발생시킨 조건들의 변형을 의미하며, 반면 위기의 통합은 사회 체계가 전체에 미칠 수 있는 이러한 위기의 부정적 영향들을 중화할 수 있을 만큼 충분히 잘 기능한다는 것을 의미한다. 범죄가 제거될 수 없다면, 궁극적으로 형벌은 올바르게 집행되어야 한다. 양심의 고통이 잠잠해질 수 없다면, 제도들은 최종적으로 "존재"와 "당위" 사이의 차이를 중화해야 한다. 가난이 근절될 수 없다면, 공적인 복지 체계와 협동체들은 그것의 재난적 결과를 완화해야 한다. 시민 사회의 계층 분화가 계층 질서를 양극화하는 경향이 있다면, 이 양극화가 통제될 수 있다는 사실을 확신시키는 것이 관료주의의 임무이다. 간단히 말해서 위기들은 조정되어야 하고, 인륜적 삶의 상처는 치유되어야 한다. 인륜성이 다시 투명하게 될 수는 없다 하더라도, 재통합될 수는 있다.

  통합된 인륜성이라는 이상은 『자연법』 이래로 근대 자연법 전통에 대한 헤겔의 비판을 이끌어 가는데, 이 이상은 『법철학』에서 위기의 조정과 관리의 모델로 변형된다. 근대 국가에서 자율성과 인륜성의 화해는 위기 조정을 요구한다. 그리고 철학자는 전체의 모순들을 관료들에게, 즉 "보편 계층"에게 가시화시키고 인식시킴으로써 이 임무를 분담한다. 우리는 헤겔의 칸트 비판의 이러한 모호한 유산을 강조해야 한다. 철학적 해명이 전체의 모순들을 드러내는 한, 이 해명은 위기들의 출현을 설명하고 그 필연성을 진단할 가능성을 우리에게 제시한다. 하지만 철학적 해명이 생동적 위기의 경험을 넘어서서, 그리고 그 경험에 반대해 전체의 관점을 특권화하고,

이 위기 경험에 의해 표현되는 현재를 극복하기 위한 합리적 잠재력을 인정하지 않는 한, 이러한 해명은 정적주의적이고 타협적인 것이 된다.

근대 사회의 특징적인 분열에 직면하여, 인륜적 총체성 내의 욕구의 체계의 현상에서 야기된 보편성의 상실에 직면하여 헤겔의 해결책은 아이러니하다. 위기 조정과 관리에 대한 그의 모델은 시민들의 자유의 상실이라는 결과를 완화하는 것이 아니라 사회관계의 두 번째 영역의 출현을 장려한다. 이 두 번째 영역은, 시장의 법칙이 부르주아에 마주하여 도처에 존재하듯이, 시민들에 마주하여 도처에 존재한다. 이 두 번째 영역은 입법부와 행정부의 관료 체계이다. 이 체계가 시민 사회의 파편적 이해관계에 의해 간섭을 받지 않아야 하는 이유는 이 체계의 적절한 운영을 위해서이다. 근대의 법체계와 행정 체계는 형식적 합리성의 원리를 따른다.[36] 이러한 기능 체계의 권리(법)와 특권은 법적 과정에 의해 공적으로 규정된 일반적 법규범에 의해 제한된다. 법적 과정의 형식적 공정함과 법적 절차의 공공성은 모두에게 잘 알려져 있고, 모두에게 동등한 규칙을 통해서만 강제될 수 있다고 하는 주관적 자유의 권리를 보증한다. 하지만 헤겔은 **공공성의 조건**을 **공적인 참여**의 체계의 형태로 보지 않는다. 시민들의 책임의 영역이 이 시민들에게 알려져 있기만 하다면 그것으로 충분하다. 그들이 그 조건의 형성에 참여해야 할 필연성은 없다. 조건 형성에의 참여는 행정부와 관료들의 임무이다. 시민 계층은 정보와 의견 전달을 위한 단순한 통로로서 행위를 한다. 그리고 나서 이 정보와 의견은 국가를 운영하는 자들에 의해 지식과 통찰로 변환된다.

두 가지 관점에서 후기 헤겔은 그의 초기 근대 비판을 이끌었던 투명한 사회관계의 모델에서 벗어난다. 사적(친밀한), 경제적 영역과 법적-정치적 영역의 분리는 제도화된다. 하지만 경제적 영역에서 뿐 아니라 법적-행정적 영역에서도 공적인 규칙을 사적이고 도덕적인 원리들과 화해시켜야 한다는 요구는 포기된다. 근대 사회의 특징인 제도적 분화는 이기적임이 드러난다. 즉, 이러한 분화는 자유의 상실의 원인이지만, 도덕적이고 경제적인 영역에서 근대 개인들의 자기규정의 권리를 비로소 타당하게 만든다. 헤겔은 의심의 여지없이 옳다. 하지만 자유의 초주관적 이상 때문에 그는 근대의 이기적인 습득물들을 철저하게 사유하여 자기규정의 권리를 정치적 영역으로까지 확대하는 데로 나아가지 못했다. 자신의 고전주의적 편견 때문에 헤겔은 근대 사회에서 적대적인 그리고 잠재적으로 폭발력을 가진, 공존을 위해 타자의 규정이 필수적인 이익집단 이상의 것을 보지 못했다. 통일에 대한 이러한 편향된 추구로 인해 그는 정치적 참여 대신 인륜적 통합을 말하며, 그를 반근대주의자로 드러나게 한다.

『자연법』이래로 현재하는 통일에 대한 플라톤적 이상은 『법철학』에서도 역시 작동하고 있다. 다만, 개인과 보편자의 통일은 『자연법』에서와는 달리 공적 기능과 사적 능력에 대한 카스트적 질서에 의해서 습득되지 않는다. 반대로 그 통일은 철학자의 치료적 노력에 의해 습득된다. 철학자의 치료적 노력은 전체의 배후에서 그 필연성을 생각하는 자에게, 그리고 반성적인 관찰자에게 드러난다. 이러한 필연성에 대한 통찰은 시민들의 숙고에 의해 실현되는 것이 아니다. 이 통찰은 그들의 머리 위에서 산출된다. 하지만 그들의 집단적인 숙고에서 기인하지 않는 필연성에 대한 인식은 합리적 동의를 규범적 합법성의 토대로 삼는 사람들에게 구속력이 없다. 오히려 필연성에 대한 이러한 통찰은 전체를 "관리하고" 위기를 조정하는 공적 업무에 종사하는 사람들에게 지침서가 된다. 헤겔은 칸트적 자율성 개념을 자유의 초주관적 이상으로 변형시켰는데, 헤겔의 이러한 변형의 의미가 이제 분명해진다. 그 의미는 시민들에 의한 정치적 정당성의 의사소통적 평가를 제한함으로써 근대성 자체의 과도한 혁명성으로부터 근대성을 보호하는 것이다.

제4장

위기 이론으로서의 비판
자율성과 자본주의

앞 장에서는 칸트의 도덕 철학에 대한 헤겔의 비판과 자율성 개념을 초주관적인 자유의 이상으로 변형시킨 헤겔의 시도를 검토했다. 나는 헤겔을 다룬 부분에서 자유의 초주관적 이상으로의 그러한 움직임이 필연적이라고 주장했다. 왜냐하면 자유의 이러한 이상은 "표현주의적" 행위 개념과 상통하는 유일한 것이기 때문이다. 다음에 다시 상기하겠지만, 표현주의적 행위 개념은 행위를 정의함에 있어서 해석적 무규정성을 허용하지 않는다고 나는 주장했다. 오히려 인간의 행위는 행위자의 함축적인 본질이나 본성을 표현하고 선언하고 전개하고 드러내는 것으로 고려된다. 행위의 본질은 행동하고 해석하는 다른 행위자가 공유하는 그 세계에 있는 것이 아니라 행위자의 본질에 내재해 있는 것을 현실화할 수 있는 능력에 있다. 표현주의적 행위 모델은 행위를 자기실현의 과정으로 간주한다. 해석적 무규정성은 종종 행위자에 의해 의도된 것과는 다르거나 모순되는 의미를 부여한다. 하지만 성공적인 자기실현이 되기 위해서는 이런 무규정성이 배제되어야 한다. 자기실현을 위해 자아는 타자에 의해 좌절되거나 오해되거나 잘못 해석되어서는 안 된다. 하지만 그런 해석적 무규정성이 인간 행위의 본질에 속하는 것이라면, 행위는 그

의미와 타당성이 해석적인 논쟁에서 벗어나 관찰하는 사유자의 도움을 받을 때만 자기실현으로 간주될 수 있다. 다른 말로 하면, 표현주의적 행위 패러다임은 제3자의 초주관적 관점을 필요로 한다. 이때 이 제3자는 행위자가 선언하고 드러내고자 하는 "잠재성," "본질" 혹은 "본성"에 대한 통찰을 가진 자로 간주된다.

앞 장에서 나의 마지막 논의는 이러한 인간 행위 모델과 이 모델이 의존하고 있는 초주관적인 관점으로 인해 헤겔이 근대 사회의 문제에 대해 참여적인 해결보다는 통합주의적인 해결을 제시한다는 것이었다. 왜 그런지는 분명하다. 만약 사회적 행위자들에게 그들 행위의 의미와 타당성이 이 행위에 대한 그들 자신의 이해에 있다면, 이들은 대답뿐 아니라 문제를 규정하는 그런 과정에 스스로 참여하는 한에서만 그들의 집단적 삶의 문제를 풀 수 있다. 만약 우리가 사회적 행위의 의미와 타당성이 제3자의 관점에 귀속한다는 사실에서 시작한다면, 사회적 행위자들 스스로 적절한 질문을 구성하는 데 참여하거나, 그 질문에 답하는 데 참여할 필요는 없다. 뒤르켐과 헤겔이 공유하고 있는 초주관적인 관점은 사회적 치료자의 관점, 혹은 사회적 엔지니어나 시스템 이론가의 관점이지 사회적 행위자들의 관점은 아니다.

이 장의 목적은 마르크스의 비판의 방법이, 헤겔과는 달리, 위기 조정을 목표로 하는 것이 아니라 미래의 변혁을 장려하는 등 위기 진단을 목표로 한다는 것을 보이는 것이다. 자본주의에 대한 마르크스의 비판 이론의 근본적인 성과는 상호 주관성과 초주관성이라는 두 관점이 자본주의 사회에 구성적으로 작용한다는 견해이며, 이론가의 임무는 구체적 개인들이 정당한 것을 "재전유"할 수 있도록 보여 주는 것이라는 견해이다. 비판의 임무는 초주관성이 어떻게 상호 주관성으로 될 수 있는지를 보이는 것이다.

『자본론』에는 두 가지 주된 분석의 흐름이 있다. 첫 번째 흐름은 그들의 생산 행위가 단지 사회적 재생산 행위에 불과한, 사회적 관계 내에 있는 개인들의 상호 인격적 관점에서 출발한다는 것이다. 분석의 두 번째 흐름은 자기 스스로를 규정하는 것으로서의 자본의 운동을 제3인칭의, 즉 사유하는 관찰자의 관점에서 묘사한다. 자본주의의 초주관적인 논리를 드러내는 이 두 번째 담론은 긍정적이지 않고 비판적이다. 헤겔과 달리 마르크스는 초주관성의 논리를 물화하지 않으며, 그 논리가 자본의 자기 조절의 법칙에 의해 지배되는 생활양식의 결과임을 보인다.

이러한 비판이 의존하고 있는 해방 모델은 개인을 현재의 자본의 가치 법칙으로 대하는 것이 개인에 의해 재전유되고 또 개인의 궁극 목적에 봉사하도록 해야 한다는 관점이다. 자본주의 하에서 사회적 부는 자본의 부로, 상품의 축적으로 드러난다. 미래의 임무는 이러한 사회적 부를 인간의 목적을 위해 재전유하는 것이다. 이러한 해방 모델은 소외된 사회적 부가 인간 자신에 의해 재전유되어야 함을 강조한다. 나의 주장은 이러한 모델이 다시 한 번 주체의 철학의 관점과 사회관계 안의 개인들의 관점 사이에서 머뭇거린다는 것이다. 재전유의 모델에 함의된 정치학은 궁극적으로 사회관계 안의 개인들의 관점과 통약 불가능하다. 왜냐하면 해방적 규범으로서의 재전유라는 개념은 자신을 역사에서 실현하는 집단적 단수 주체의 현존을 가정할 때에만 의미가 있기 때문이다. **규범적** 차원에서 마르크스는 헤겔을 좇아 표현주의적 행위 모델에 기초하고 있으며, 사회적 행위의 **다수성**과 **무규정성**의 차원을 부정한다. 이러한 견해의 결과로, 헤겔은 근대 사회 문제에 대한 봉합주의적인 문세 해결로 나아갔는데 반해, 마르크스는 자본주의가 남겨 놓은 것, 즉 경제 성장과 기술 진보를 단지 더 완벽하게 성취하는 것에만 관심이 있는 관료적이고 비민주적인 사회주의의 상을 제시하였다. 물론 이러한 견해가 마르크스의 분석의 유일한 논리적 결론은 아니다. 이 견해는 재전유 모델의 애매함을 일관되게 밀고 나간 하나의 견해일 뿐이다. 이 장에서 나의 목적은 마르크스에 대한 모든 독해, 재독해 그리고 오해 등에 대해 정당한 판결을 하는 하나의 해석을 제공하는 것이 아니라, 그의 사유에서 행위의 노동 모델이 왜 사회주의의 이상의 다양한 왜곡을 실제적으로 정당화할 수 있었는지를 보이는 것이다.[1]

이 책 전체의 논의의 맥락에서 이 장은 몇 가지 목적을 갖는다. 첫째, 나는 헤겔의 작업에서 기원하는 다양한 비판의 양식들이 자본주의에 대한 마르크스의 비판적 분석에 이르게 되는 과정을 구체적으로 보이고자 한다. 그렇다면 다음 장은 비판적 방법의 세 차원이 프랑크푸르트학파의 작업에서 어떻게 변형되는지를 보이는 것이다. 둘째, 상호 주관성과 초주관성으로 정의되는 두 가지 인식 관점은 마르크스가 『자본론』에서 사용하는 **체계적 위기**와 **생동적 위기**라는 이중의 개념과 연결되어 있는 것 같다. 내가 논의하고 싶은 것은, 이 두 관점은 사회 비판 이론에서 서로 배타적인 것이 아니라 상호 보완적이라는 것이다. 마르크스의 방법적 절차에 대한 나의 비판은 그가 이 두 관점을 사용한다는 것이 아니라 이 두 관점을 일관적인 사회 이론으로 통합하는 데 실패했다는 것이며, 오히려 그의 규범적 관심에 의해 초주관성의 관점과 주체의 철학으로 되돌아왔다는 것이다.

나는 마르크스의 『자본론』에 나타난 비판의 세 단계를 대충 살피면서 시작하여, 합법성의 부르주아적 패러다임에 대한 규범적 비판이 왜 정치경제학 비판에 의해 전개될 수 있었는지 하는 문제를 제기할 것이다(제1절). 제2절에서 나는 재전유의 규범적 모델의 애매함을 보여 주는 상품 물신주의를 다루는 『자본론』의 그 유명한 장에서 마르크스의 논의를 검토할 것이다. 이어지는 논의는 이러한 애매함이 마르크스의 이중적 위기 이론에서 어떻게 작동하는지를 보이는 것이다. 그의 이중적 위기 이론에서 첫째는 자본주의 아래서의 기능적-체계적 위기를 밝히는 차원이고, 둘째는 생동적 위기를 밝히는 차원이다(제3절). 그리고 나는 이 장을 자기실현의 행위 모델과 주체의 철학에 대한 체계적 숙고로 마무리할 것이다(제4절).

1. 마르크스의 『자본론』에서 비판의 세 단계

첫 번째 단계에서 마르크스의 『자본론』은 비판주의에 대한 내재적 비판을 전개한다. 내재적 비판에는 두 측면이 있다. 나는 첫 번째 비판을 **범주적** *categorial* 비판이라 부를 것이고, 두 번째 비판을 **규범적** *normative* 비판이라 부를 것이다. 우선 범주적 측면을 살펴보자. 이미 수용되고 있는 정치경제학의 범주들에 대한 정의와 의미에서 출발하는 마르크스는 『자본론』에서 이 정의와 의미가 어떻게 그 반대의 의미와 정의로 변하게 되는지를 보여 준다. 예를 들어, 정치경제학은 노동과 재산의 통일을 요청하며, 노동이 재산 형성의 유일한 정당성을 제공해야 한다고 한다. 하지만 자본주의적 생산 양식은 노동력의 소유와 생산 수단의 소유를 급진적으로 분리시키는 데 기초하고 있다. 노동은 노동 생산물을 소유할 권리를 결코 제공하지 않는다. 노동자가 자신의 노동력을 판 결과로 요구하는 유일한 재산은 그에 상응하는 현찰, 즉 노동력에 대한 임금이다.[2]

이러한 절차 속에서 마르크스는 자신의 범주적 담론을 정치경제학의 담론과 대립시키지 않는다. 반대로 그는 이미 유용하게 쓰이고 있는 고전 정치경제학의 결과들을 내적으로 해명하고 정교화하며 심화시킴으로써 이러한 개념들이 자기모순적임을 보여 준다. 이러한 자기모순성은 논리적 비일관성 때문에 발생하는 것은 아니다. 고전 정치경제학의 범주들이 함의하는 것을 아주 철저하게 고려할 때, 이 범주들은 스스로 해명하고자 의도했던 현상들을, 즉 자본주의적 생산 양식을 설명하는 데 실패하게 되는데, 바로 이런 의미에서 고전 정치경제학의 범주들은 자기모순적이다.

다른 예를 인용해 보자. 만약 자본이 스스로 가치를 팽창하는 것으로 정의될 경우, 그리고 자본의 가치가 증가하는 이유를 상품 교환의 영역에서 찾을 경우, 상품의 교환은 등가의 원리를 위배하거나, 아니면 자본의 가치의 자기 증식은 이해할 수 없는 것이 된다. 등가의 원리의 위반이 의미하는 것은 하나의 상품은 시장에서 그 실제적인 값어치보다 언제나 더 작거나 더 큰 교환 가치를 요구한다는 것이다. 이것은 부조리한 요구인데, 왜냐하면 교환 가치는 한 상품의 가치를 정확히 다른 것들과 관련하여 측정한 척도이기 때문이다. 만약 우리가 교환 가치에 대한 고전적인 정의를 받아들인다면, 우리는 자본의 가치의 증식을 설명할 수 없다. 사실 마르크스는 이 정의를 받아들인다. 그리고 그는 자본의 가치의 증식이 교환 과정의 빛 아래서만 분석될 수는 없으며, 우리는 상품의 생산 과정을 고려해야 하며 또한 자본의 자기실현의 계기로서의 교환과 생산의 통일을 고려해야 한다는 사실을 보여 준다.[3] 마르크스는 정치경제학의 업적을 외적인 기준에 빗대어 측정하지 않는다. 그리고 그는 정치경제학의 요구를 사유의 결과물인 자신의 범주들과 전제들에 대면시킨다. 따라서 이러한 그의 절차는 정치경제학에 대한 내재적 비판을 보여 준다. 정치경제학의 범주들은 그 자신의 객관적 내용에 빗대서 측정된다. 범주들과 그 대상들 사이에는, 혹은 개념들과 그 현실적 내용들 사이에는 이러한 불일치와 비일관성이 있는데, 이것은 이 범주들이 어떻게 그 반대로 돌변하는지를 보여 준다.

마르크스의 방법적 절차에는 두 번째 차원이 있다. 내재적 비판은 범주적 비판일 뿐 아니라 또한 **규범적 비판**이기도 하다. 『자본론』의 상품 교환으로부터 노동 과정으로의 이행에서, 마르크스는 다음과 같이 쓴다. "노동력을 사고파는 행위가 수행되는, 우리가 방치하고 있는 이 영역은 사실 인간의 타고난 권리들의 낙원이다. 거기에서만은 자유, 평등, 재산 그리고 벤담이 지배한다. … 단순한 순환의, 혹은 상품 교환의 이 영역을 떠날 때… 전에는 돈의 소유자였던 사람이 이제는 자본가로서 전면에서 활보한다. 노동력의 소유자는 그의 노동자로서의 일을 수행한다."[4] 부르주아 사회의 규범적 이상은 — 즉, 자유, 평등 그리고 재산에 대한 만인의 권리는 — 개인 재산 소유자들 사이의 사회적 교환 관계에서 표현된다. 이들은 각자 자신에게 속한 것을 자발적으로 처분할 수 있는 추상적 권리를 갖는다는 점에서 동등하다. 시장에서의 사회적 교환 관계는 평등, 자유 그리고 재산이라는 규범들을 실현한다.

교환 영역에서 생산 영역으로의 전이와 더불어, 마르크스는 자본주의 사회의 표피적 현상에서 그것의 심층적 구조로 관점을 전환시킨다. 이러한 관점의 전환은 **규범적 비판**에 이른다. 상품 교환 영역에서 상품 소유자들 사이의 사회적 관계의 **생성**은 설명되지 않는다. 하지만 개인들이 상품 소유자로 되는 과정 혹은 상품의 생산 과정이 고려될 때, 자유와 평등 그리고 재산이라는 규범이 갖는 사회적-실존적 의미는 변화한다. 어떤 사람들에게 자유는 이제 단순히 그들이 자신의 노동력을 끊임없이 팔지 않으면 안 되는 상황에 직면하는 사회적 필연성을 의미한다. 평등은 어떤 계급이 다른 계급에게 사회적으로 의존하는 것을 의미한다. 그리고 재산은 다른 사람의 노동의 산물을 전유할 수 있는 어떤 사람의 권리를 의미한다. 부르주아 사회의 규범들이 이 **규범들**을 체현하고 있는 사회적 관계의 **현실**과 비교될 때, 이상과 현실 사이의 불일치는 명백해진다. 규범과 현실의 이러한 대치는 내재적 비판에 대한 마르크스의 방법의 두 번째 측면이다. 마르크스는 부르주아 사회의 규범적인 자기 이해를 이 사회에 내재한 규범들이 아닌 다른 규범 장치에 호소하지 않으면서,

이 사회에 퍼져 있는 현실적인 사회관계와 대비한다.

두 번째 단계에서 정치경제학 비판은 이론적이고 사회적인 의식의 특수한 양식에 대한 비판이면서 동시에 정치경제학의 형태로 이론화된 특수한 사회 현실에 대한 비판이다. 『자본론』은 정치경제학의 담론에 의해 드러난 사회 현실에 대한 비판이며, 또한 이러한 담론 자체에 대한 비판이다. 마르크스의 절차가 갖는 이러한 차원은 **탈물신화 비판** defetishizing critique이라고 불릴 것이다. 정치경제학의 담론에서 자본주의적 사회관계의 이론적 표현은 마르크스가 "물신주의"라고 부른 특수한 개념적 형태를 가정한다. 이러한 형태는 다음과 같은 특징을 갖는다. 즉, 인간들 사이의 사회적 관계는 사물들 사이의 관계로 나타난다. "인간들 사이에는 특정한 사회적 관계가 있는데, 이 관계는 그들의 눈에 사물들 사이의 관계라는 상상적 형태를 가정한다."[5] 정치경제학의 범주들, 특히 가치의 범주는 마치 경제적 현실이 다양한 추상적인 수량들과 실체들을 포함하는 객관적이고 법칙 지배적인 현실이라도 되듯이 이 경제적 현실을 표현한다. 이러한 표현에서 생산물의 배후에 놓여 있는 생산의 사회적 과정은, 그리고 인간의 눈에 객관적이고 신비화된 성질을 가진 것으로 전제되는 인간들 사이의 사회적 관계들은 분석되지 않는다. 사회적으로 이미 주어져 있는 것들에서 출발하는 정치경제학은 이것들이 자연적인 것이나 되듯이 취급한다. 그리고 정치경제학은 자신의 대상 영역의 사회적 정체성을 드러낼 수 없다.

탈물신화 비판의 방법을 통해 이론적이고 일상적인 의식 형태들의 사회적 체제와 역사적 전개는 미래 현실을 참고로 하여 분석된다. 이러한 미래는 위기의 순간에 자신을 드러낸다. 자본주의적 생산 양식은 자신을 영구적으로 재산출할 수 없다. 자본주의적 생산 양식은 **사회적** 한계뿐 아니라 **체계적** 한계도 갖는다. 자본주의의 체계적 한계는 마르크스에 의해 생산 양식의 사회화와 자본의 지속적인 사적 소유 사이의 수많은 모순들로, 그리고 생산 과정에서 노동의 중요성이 점차 감소한다는 것과 사회적으로 필요한 노동 시간이 가치의 척도로 남는다는 법칙 사이의 모순들로 분석된다. 자본주의의 사회적 한계는 계급 갈등, 투쟁, 자본의 사회적 헤게모니를 잡기 위한 적대적인 싸움으로 드러난다. 역사적 현실들을 다루는 『자본론』의 장들에서 마르크스는 노동 시간의 증가, 생산의 강화 그리고 어린이 노동 등에 대항한 투쟁을 분석한다. 자본의 체계적 한계는 경제 영역에서 — 이윤의 감소, 실업, 그리고 파산 등 — 역기능을 불러일으킨다. 이에 반해 자본의 사회적 한계는 자본주의적 관계의 헤게모니를 갖기 위한 싸움에서 사회 집단과 계급들의 갈등과 투쟁과 적대성으로 표현된다. 그러한 위기의 순간들에서 체계의 비합리성과 덧없음이 드러난다. 체계의 비합리성은 사회의 **잠재적인 부**와 개인의 **현실적인 비참함** 사이의 불일치로 드러나며, 체계의 덧없음은 체계의 변화를 위해 투쟁하는 개인들에게 명백하게 된다.[6]

　마르크스의 절차의 이러한 세 번째 측면은 비판과 위기 이론의 통일을 드러낸다. 자본주의 비판은 체계의 내적인 모순을 드러내 준다. 그런데 이 비판은 왜 그리고 어떻게 이 내적인 모순이 현존하는 체계에 의해 만족될 수 없는 내립적인 요구와 투쟁을 불러일으키는지를 설명하고자 한다. 비판의 기능은, 헤겔의 경우에서처럼, 인륜성의 상처를 치유하고 치료하는 데 있는 것이 아니라 미래 사회의 변형을 가능하게 하고 장려하기 위해 "위기를 진단하는" 데 있다. "탈물신화" 비판으로 묘사된 마르크스의 절차의 이러한 측면은 다음 설에서 상세하게 분석될 것이다. 여기에서 나는 범주적, 규범적 비판의 차원에 초점을 맞출 것이다.

　정치경제학에 대한 마르크스의 범주적 비판은 또한 사회적 생산 양식에 대한 비판인데, 이 비판의 자기 이해는 이 담론에 반영되어 있다. 정치경제학에 방법론적 원리를 제공하고 부르주아 정치철학에 반反사실적인 정당화의 절차를 제공하는 가장 빈번한 사유 형태는 "자연 상태"라는 형태이다. 『그룬트리세』 서론에서 마르크스는 다음과 같이 쓴다. "스미스와 리카도의 출발점을 이루는 개별적이고 고립된 사냥꾼과 어부는 18세기의 로빈슨의 모험 이야기처럼 상상력이 결핍된 공상에 지나지 않는다. 이 이야기는 단순히 지나친 사치에 대한 반작용을 표현하는 것도 아니고, 문화적이고 역사적인 상상 속에서 잘못 이해된 자연적 삶으로의 회귀를 표현하는 것도 아니다."[7] 마르크스는 "자연 상태"라는 추상을 회고적인 유토피아로 보는 것이 아니라 "시민 사회"의 예견적 정당화로 본다. 자연 상태라는 이상은 과거 삶의 형태에 대한 향수를 표현하는 것이 아니라 실존하고 있는 현재의 이미지를 투사한다. "자유로운 경쟁을 말하는 이 사회에서 개인은 자연적인 유대 등과는 초연한 것으로 현상한다. 그런데 초기 역사 시기에 개인들은 자연적인 유대에 따라 어떤 특정한 집단의 액세서리로 되었다."[8] '자유롭고 자율적인 개인들'이라는 환상은 정치적인 공동의 국가를 건설하고자 하는 그들의 동의와 함께 발생한다. 그런데 이 환상은 자연법 이론가들의 망상이 아니라 시민 사회의 참모습을 적절하게 표현하고 있다. 시민 사회는 역사적으로 봐서 그 정당성을 **초월적 규범과 대립되는 내재적 규범**으로부터 인출한 최초의 사회 형태이다.

이에 반해 자본주의 이전의 사회 형태들은 초월적 규범에 의해서만 삶의 모든 영역에서 활동의 의미를 보장해 주는 계급적 전체로 명료화되어 있었다. 이때 초월적 규범은 자연적으로, 우주론적으로 혹은 형이상학적으로 근거 지워진 것이었다. 이러한 사회들, 생산관계들, 그리고 지배 관계들 등, 이것들의 제도적 틀은 신비적, 종교적 혹은 형이상학적 설명에 의해 정당화되는, 시빗거리가 전혀 없는 구조 속에 근거 지워졌다. 이러한 공동체들은 자신들의 자기 해석에 응집력을 주는, 그리고 생산과 지배 관계의 조직체들을 정당화하는 그런 초월적 규범을 정립함으로써 자기 정체성과 통일성을 보증했다. 생산과 지배 사이에는, 경제와 정치 영역 사이에는 분명한 구분이 없었다.[9] 더욱 중요한 것은 이 모든 사회 형태들에서 "개인들이 자기 공동체와 맺고 있는 **전제된 관계들의 재생산**, ⋯ 그리고 개인이 노동 조건과 맺는 관계들, 또한 동료 노동자들, 동료 구성원들과 맺는 관계들의 재생산 등, 이 모든 것이 발전의 토대가 된다"[10]는 것이다. 여기에서 사회적 삶의 목표는 상품의 생산이 아니라 지배의 사회적 관계의 재생산이다. 일반적으로 그러한 사회에서 부는 목적 그 자체로 고려되지 않고, 공동체의 좋은 삶의 영속화를 위한 수단으로 고려된다. "따라서 생산이 인류의 목적으로 드러나고, 부가 생산의 목적으로 드러나는 근대 세계와 비교해 볼 때, 그 민족적이고 종교적이며 정치적인 제한된 특성을 고려하지 않은 채, 인간을 오직 생산의 목표로 드러내는 과거의 견해는 매우 고상한 것처럼 보인다."[11]

자본주의의 발전은 이러한 사회 형태들을 파괴한다. 이러한 사회 형태들의 해체는 따라서 초월적인 관점의 소멸을 의미한다. 자본주의는 노동자가 자신의 생존을 위한 비유기적 수단인 땅과 맺는 공동의 관계를 파괴한다. 노동자는 자신의 생산 수단을 소유하지 않지만 노예나 농노와 같은 관계에서도 풀려난다. 노예나 농노 제도에서 개인들은 생산의 객관적 조건에 속하는 것으로 현상한다. **자유롭고 독립적인 개인**은 사실 땅과의 그리고 인간 공동체와의 유기적인 관계에서 **자유롭게** 된 사람이다. 그러한 개인은 실제 역사 과정에 상응하는 하나의 추상으로 생각될 수 있을 뿐이다. 자유롭고 자율적인 개인은 역사적 추상의 실제 과정의 산물이다.[12]

초월적 정당화에서 내재적 정당화로의 이러한 전이는 홉스에서 칸트에 이르는 자연법과 계약 이론에 의해 주제화된다. 시민 사회의 체제는 자유롭고 자율적인 주체들 사이의 합의에 의한 연합 행위로 표현된다. 이러한 연합의 정당화는 이 연합체가 인간의 본성이나 이성에 상응한다는 것을 말한다. 초월적 원천에 대한 진술들은 인간의 이성에 의해 이해될 수 없는 것으로 남아 있는데, 바로 이러한 초월적인 원천이 아니라 해방된 주체성이 갖는 욕구, 욕망 그리고 계몽된 자기 이익이 새로운 사회 형태의 정당화의 심급을 제공한다. 공정한 교환이라는 이데올로기는 재화를 추구하고자 하는 타자의 권리와 갈등을 일으키지 않는 한에서 자기 자신의 재화를 추구할 권리가 각 개인에게 주어져 있다는 원리를 제도화한다. 정치적 권위는 모든 주체들이 공정한 교환 관계에 참여할 수 있도록 하는 권리를 보장해야 한다. 계약 이론가들이 열거한 생명, 자유, 재산 혹은 행복 등을 추구하는 개인들의 자연적 권리에 대한 존경은 정치적 권위가 합법적인 것으로 고려될 경우 본질적인 것이다. 시민 사회에서 정치적 지배는 개인들의 활동에 의지하여 "아래로부터" 정당화되지, 위로부터 초월적 규범에 의지하여 정당화되는 것은 아니다. 자본주의적 시민 사회가 초월적인 관점과 함께하지 못하기 때문에, 그리고 평등, 자유, 재산과 같이 이 사회를 정당화하는 규범들이 교환의 활동에 구현되어 있기 때문에, 정치경제학 비판은 이 사회의 규범적인 자기 이해에 대한 비판이 된다.

따라서 마르크스는 정치경제학을 비판하는 가운데 정치경제학이 갖는 정당화의 규범적 힘을 비판하고 있다. 자본주의적 시민 사회의 규범적인 자기 이해에 대한 마르크스의 비판은 내재적 관점을 초월적 관점으로 대체하지 않는다. 오히려 이러한 비판이 목표로 하는 것은 이 사회가 "가장 발전된 사회적 관계"를 표현하기 위한 실현되지 않은 잠재력을 자기 안에 포함한다는 것이다. 자본주의적 생산 조건 아래서 현실화되지 않은 이러한 잠재력은 가난과 부의 대립을 통해, 착취와 축적의 대립을 통해, 개인의 빈곤화와 사회의 부유함을 통해 현상한다. 부를 개인과 집단의 발전을 위한 목적으로 보는 것이 아니라 수단으로만 본 고대인들의 위대한 견해를 설명하면서, 마르크스는 다음과 같이 쓴다.

> 그러나 사실 부르주아의 제한된 형식이 완전히 벗겨질 때, 개인의 욕구, 능력과 만족, 생산력 등과 같은 보편적 교환에 의해 창조된 **보편성** 이외에 부란 무엇이란 말인가? 인간 자신의 자연뿐 아니라, 소위 자연이라고 불리는 힘에 대한 인간의 완전한 지배란 어떤 상태인가? 그 단계는 자신의 창조적 잠재력의 완전한 현실화로, 이전의 역사적 전개 이외에는 다른 어떤 전제도 가지지 않으며, 인간 능력의 완전한 전개를 목적으로 삼는다. 이때 인간 능력은 **미리 규정된 척도로 측정된 것이 아니다**.[13]

자본주의적 시민 사회는 개인의 욕구, 능력, 만족 등을 "보편성"으로 발전시킬 수 있는 잠재력, 인간 자신의 자연(본성)에 대해서 뿐 아니라 자연에 대해서도 인간의 지배를 완전하게 전개하도록 할 수 있는 잠재력, 그리고 총체적인 개인을 산출할 수 있는 잠재력을 가지고 있다. 이러한 과정은 **미리 규정된 척도로** 측정될 수 없고, "인간 능력의 완전한 전개가 사기의 목적이다." 자본주의적인 시민 사회에 내재해 있는 잠재력은 인간의 힘과 능력을 전개함으로써 현실화될 수 있다. 따라서 자기실현이 목적이며, 이 과정은 자기 전개를 유일한 정당화로 갖는다. 마르크스는 "자신의 창조적 잠재력의 **완전한 현실화는** … 미리 규정된 척도로 측정된 것이 아니다"라고 쓴다(강조는 저자에 의해 첨가된 것).

이 문단은 마르크스의 자본주의 비판을 강조하면서 규범적인 이상을 아주 간결하게 표현하고 있다. 마르크스는 역동적이고 진취적이며, 자연을 변형하면서 자신의 잠재력을 과정 속에서 전개하는 활동적인 인간이라는 이상을 가지고 있다. 부르주아 계급은 자신의 정당성을 질서와 안정의 이데올로기에서보다는 변화와 성장의 이데올로기에서 인출해 내는 역사 속의 최초의 사회 계급이라고 부를 수 있다. 그런데 이 계급은, 마르크스의 견해에 따르면, 거부되어서는 안 되고 지양되어야 한다. 왜냐하면 부르주아 사회에서 "개인의 욕구, 능력, 만족 등의 참된 보편성"은 제한된 형식, 즉 물질적 대상들을 단순히 축적한다는 의미에서의 부와 동등하기 때문이다. 미래의 사회에서 요구되는 것은 이러한 부를 목적으로 삼는 것이 아니라 참된 인간적 부를 위한, 즉 참된 보편성과 개별성의 전개를 위한 선조건으로 삼는 것이다. 마셜 버만은 이러한 관점에서 다음과 같이 정확하게 관찰하고 있다.

> 마르크스는 전통적인 공산주의의 옹호자들보다는 오히려 부르주아적이고 자유주의적인 자신의 적들에 더 가까이 가 있다. 전통적인 공산주의자들은 플라톤과 교부들 이래로 자기희생을 신성시하며, 개별성을 불신하거나 싫어하며, 모든 노동과 노고가 끝난 이후의 고요한 순간을 그리워한다. 우리는 다시 한 번 마르크스가 부르주아 구성원들과 그 후원자들보다 부르주아 사회에서 일어나고 있는 것에 대해 더 책임지는 모습을 보인다는 것을 보게 된다. 그는 자본주의적인 운동 역학에서 — 개인의 운동이건 사회 전체의 운동이건 간에 — 좋은 삶에 대한 새로운 이미지를 본다. 이 이미지는 신적인 완벽한 삶이나 규정된 정적인 본질의 구현이 아니라, 지속적이고 쉼 없는, 끝이 열려 있고 한계 지워지지 않은 성장이라는 이미지이다."[14]

물론 앞의 문장에 대한 다른 차원의 독해도 가능하다. 인류(인간성)를 데미우르구스적 조물주로 보는 계몽의 이상을 강조하는 것이 아니라 "개인의 욕구, 능력, 만족 등의 참된 보편성"의 의미를 강조하는 것으로 독해할 수도 있다. 그러한 보편성은 양적인 부유함을 의미할 수 없고, 오히려 욕구와 만족의 **질적** 변형과 우리의 능력의 재교육을 의미한다. 그러한 질적 변형과 재교육은 인간에 대한 '파우스트적인' 상을 영속화하지 않을 것이다. 그것은 아마도 우리의 감수성에 대한 "심미적 교육"에 가장 가까울 것이다. 그러한 재교육과 변형을 통해 욕구와 만족의 대상들은 다시 정의될 것이다. 우리가 필요로 하는 것, 우리에게 만족을 주는 것, 우리가 선택하여 발전시킬 능력들 등은 모두 변할 것이다. 하지만 어떤 기준에 따라서, 어떤 규범의 빛에서 변화하는가? 헤겔의 내재적 비판의 방법에 충실한 마르크스는 '역사적 과정은 자신의 비판적 표준을 산출한다'고 단순히 말하는 데 그치지 않고, 그것을 강하게 주장한다. 비평가의 임무는 현실에 인류의 도야를 위한 유토피아적인 청사진을 제공하는 것이 아니다. 역사적 과정에 대한 이러한 호소는 논점이 빈약한데, 왜냐하면 이러한 호소는 무엇보다도 마르크스의 역사 개념에 속해 있지만 서로 다른 정치와 서로 다른 규범적 표준들을 함의하는 변형 transfiguration과 완성fulfillment이라는 두 비전을 중재하도록 돕지 않기 때문이다. 역사 발전의 완성 모델을 "진보주의"로 부르고, 변형의 관점을 "이상주의utopianism"라고 부르겠다. 이전에 강조한 것처럼, 첫 번째 모델에 따르면 해방의 본질은 현재에 함축적으로 잠재해 있는 것을 완성하고 완결하는 것이다. 이에 반해 변형적인, 이상주의적인 관념은 현재와 미래 사이의 급격한 단절을 제시하며, 인간의 공동성과 주체성에 대한 급격하게 새로운 원리 안에서 안내자로서의 미래를 본다.

진보주의와 이상주의 둘 다 마르크스의 비판의 방법에 내새해 있으며, 궁극적으로 사회주의 기획의 불균형이 "재전유" 개념의 애매함에 뿌리박고 있다는 것을 보이기 위해 나는 이제 "상품의 물신주의"에 대한 마르크스의 분석으로 돌아갈 것이다. 과학과 기술의 진보를 해방의 인도자로 보는 계몽의 관념, 그리고 해방은 역사의 연속성에서 단절을 표시한다는 견해는 20세기에 비판적 마르크스주의가 시작한 그것의 해석과 더불어 저 유명한 단락에 나란히 나타난다.

2. 물신주의와 해방

마르크스가 "물신주의"라고 서술한 현상은 어떤 이론적 의식뿐 아니라 일상 의식을 지시한다. 이 의식은 "인간들 사이에는 특정한 사회적 관계가 있는데, 이 관계는 그들의 눈에 사물들 사이의 관계라는 상상적 형태를 가정한다"(『자본론』, p. 72)라는 진술에 잘 요약되어 있다. 이러한 현상은 수많은 전도나 범주적 오류로 특징지어진다. 우선 사회적 관계들은 사물들에 대한 자연적인 소유로 현상한다. 그 다음으로 인간 노동의 사회적 내용은 노동 산물의 형식적 측면으로 현상한다. 셋째, 관계들과 재산의 뒤섞임, 사회적 내용과 형식의 뒤섞임은 매개된 것이 직접적인 것으로 현상하는 결과를 낳는다. 넷째, 사회 역사적 배열은 마치 자연적인 사물의 질서나 되듯이 드러난다.[15] 이제 나는 상품 물신주의에 대한 마르크스의 비판의 네 가지 가능한 독해의 윤곽을 보여 주고자 한다. 각각의 독해는 특정한 해석학적 신빙성을 가지고 있으며, 나는 그것들 중 하나를 선택하지는 않을 것이다. 왜냐하면 마르크스의 입장에 대한 다양한 해석은 소외된 부가 생산자들에 의한 재전유되어야 한다는 규범적인 이상과 모두 양립 가능하다는 것을 보이는 것이 나의 목적이기 때문이다.

a. 자기 투명하고 자기 동일적인 집단이라는 신화

마르크스의 물신주의 비판은 자기 투명하고 자기 동일적인 집단이라는 신화에 의존한다.[16] 우리가 사회적 관계를 사물들의 소유로, 시장을 자연적이고 몰역사적인 질서로 환원하는 범주적 오류를 거부한다고 하자. 그럼에도 불구하고 우리가 시장의 법칙의 객관성을 제거할 수 있다거나 개인들로 하여금 교환 관계에 종사하지 못하게 할 수 있다고 할 수 없다. 화폐 교환이 제도화되어 있는 곳 어디에서나 개인들은 상품을 생산하는 데 들어간 노동의 질에서 떨어져 나와, 형식적으로 가치를 유지하고 있는 특성들에 의지하여 그 상품들을 사거나 팔려고 할 것이다. 화폐 교환 제도가 수요와 공급의 법칙을 따를 경우 이 법칙의 중단을 요구하는 것은 무의미하다. 이 법칙은 객관적인 논리를 가지고 있으며, 의식적으로 계획한 결정에 단순하게 복종할 수 없다. 확실히 어떤 정책적인 기준을 마련함으로써 시장의 부정의와 비효율성을 어느 정도는 개혁할 수 있다. 하지만 시장의 법칙을 완전히 제거할 경우 더욱 악화된 비효율성과 관료주의적 악몽이 나타날 것이다.

물신주의 비판에서 마르크스는 자기 투명하고 자기 동일적인 집단이라는 하나의 신화를 정립한다. 이 집단에서는 인간의 활동이 교환 관계에 의해, 그리고 시장에 의해 매개되지 않는다고 한다. 그러한 집단은 완전히 자기 충족적인 소규모의 유토피아적 공동체의 형태를 하고 있을 뿐이다. 우리에게 유용한 생산적이고 기술적인 지식의 수준을 조작하는 대규모 인간 사회는 높은 정도의 특화, 노동의 분업 그리고 교환 관계를 수반하지 않을 수 없다. 그러한 사회는 필연적으로 교환, 생산 그리고 전문적인 기술 분야에서 자기 자신의 법칙을 가진 객관적 영역을 산출할 것이나. 복잡한 사회에서 인간 행위의 모든 결과들이 완전히 투명하게 드러날 수 있을 것이라는 생각은 불가능하다.[17] 우리는 확실히 이러한 영역들이 자연법에 의해서 지배된다고 믿어서는 안 된다. 하지만 우리는 이 영역들이 사회 행위자들의 의도에로 간단하게 환원될 수 없는 객관적인 논리를 가진다는 사실을 부정할 수 없다. 물신주의에 대한 비판은 고전 정치경제학의 신화를 탈신화화하는 데 유용한 방법일 수 있을 것이다. 하지만 그 비판 자체는 자기 투명하고 자기 동일적인 집단이라는 신화에 기초해 있다.

b. 사회 영역의 재구축

물신주의에 대한 마르크스의 비판을 신비적이고 자기 투명한 유토피아에 대한 갈망으로 환원하는 이러한 해석에 반대하여, 자본주의적 교환 관계의 특수한 본성이 이를 통해 무시된다고 반론을 제기할 수 있다. 즉, 마르크스는 교환 관계를 단호하게 거부하는 것이 아니라 금전의 교환 관계를 독립적인 개인들 사이에서 유일하게 중요한 사회적 끈으로 보는 그런 사회적 삶의 양식을 거부한다. 마르크스의 비판주의는 사회화의 영역을 교환 관계로 환원하는 것에 반대하며, 돈으로 매개된 거래 행위에 의해 사회적 상호 관계를 정의하는 것에 반대한다.

사실 자본주의는 인륜적인 의존 관계와 고착화된 모든 인격적 의존 관계의 해체를 의미한다. 헤겔이 이미 보여 준 것처럼, "욕구의 체계," 즉 객관적 의존의 보편적 체계는 확립되어 있다.[18] 각각의 개인은 자신의 노동이 시장에서 특정한 가치를 유지할 수 있을 때에만 생계를 유지할 수 있다. 각각의 개인은 보편적인 교환의 매체인 돈을 일정 정도 소유하고 있을 경우에만 자신의 욕구를 만족시킬 수 있다. 인륜적 삶을 특징짓고 자본주의 이전의 경제 형태를 특징짓는 인격적인 의존 관계와 철저히 대립된 것으로서 자본주의는 비인격적이고 사태 관계적인 의존의 영역을 제도화한다. 이 영역의 법 아래에 서 있는 개인들은 서로 무관심하지만 서로에게 의존하고 있다. 그들을 이어주는 유일한 사회적 끈은 교환 가치이다. 각각의 개인은 교환 가치를 지닌 일반적인 상품을 산출해야 하며, 교환 가치를 유지할 수 있는 돈을 가지고 있어야 한다. "개인은 사회와의 끈뿐만 아니라 사회적인 힘도 지닌다."[19] 마르크스에 따르면, 자본주의 사회에서 "생산의 사회적 형식, 그리고 생산에서 개인들의 몫뿐만 아니라 행위의 사회적 특징도… 낯설고 객관적인 것으로 현상하는데, 이 낯설고 객관적인 것은 개인들을 상호 간의 관계로 마주하는 것이 아니라 개인들과는 상관없이 존립하는 관계들에, 그리고 서로 독립적인 개인들 사이의 충돌에서 발생하는 관계들에 종속된 것으로 마주한다."[20] 물신주의는 행위의 사회적 관계와 사회적 내용을 완전히 "사물로 만들고" 물화하며, 추상적이고 교환 가능하며 무관심한 단위들로 위협하는 사회적 생활양식의 표현이다. 물신주의에 대한 비판은 사회적 생산 양식을 "개인 밖에서 운명으로 실존"하지 않는 그런 사회적 생산 양식으로 변형시킴으로써 사회적 삶을 **재구축**하고자 한다. 목표는 근원적인 완전함으로 돌아가는 것이 아니라 "보편적으로 발전된 개인들"이라는 미래 사회를 전개하는 것이다. "따라서 이 개인들의 사회적 관계는 공동체적 관계로서 그 공동체의 통제에 종속된다."[21]

c. 가치 법칙의 초월성

개인들이 자신들의 사회적 관계를 통제할 수 있는 그런 사회적 영역의 재구축은 가치 법칙의 초월을 통해서만 가능하다.[22] 마르크스가 지적한 것처럼 상품의 물신주의는 그 상품을 생산하는 노동의 특수한 사회적 성격에서 기원한다.[23] 모든 상품들의 상호 교환 가능성은 각 생산자의 사적이고 유용한 노동이 다른 모든 사람들의 노동과 동등하다는 것을 전제한다. 그러한 등가는 오로지 추상의 결과일 뿐이다. 다른 말로 하면, 모든 형태의 구체적 인간 노동을 공통분모로 환원한 결과이며, 인간의 노동력을 추상적인 지출 시간으로 환원한 결과일 뿐이다. 이러한 추상이 일단 수행되고 나면 서로 다른 개인들 사이의 노동력을 잴 수 있는 유일한 척도는 어느 정도의 시간 동안 그들이 일을 했느냐이다. 따라서 개인들이 교환을 통해 서로 다른 산물들이 가치에 있어 동등하게 되는 때를 몰랐다고 하더라도, 바로 그러한 행위에 의해 그들은 또한 인간 노동의 상이한 형태들을 서로 동등한 것으로 만든다. "우리는 그것을 모른다. 그럼에도 불구하고 우리는 그것을 한다"(『자본론』, p. 74). "우연적이고 끊임없이 요동치는 생산물 사이의 교환 관계의 중심에서, 생산을 위해 사회적으로 필요한 노동 시간은 지배적인 자연법이 그러하듯이 자기 자신을 관철한다"(p. 75).

상품 생산에 투입된, 사회적으로 필연적인(필요한) 노동 시간에 의해 가치가 규정된다는 사실을 개인들은 "객관적인," 자연과도 같은 필연성으로 직면한다. 인간의 모든 행위와 생산물은 추상적이고 동질적인 시간 단위로 환원된다. 이 시간을 동일한 단위로 계량할 수 있는 이유는 이 시간 단위가 구현된 가치의 단위이기 때문이다. 하지만 가치의 법칙은 이 영역의 활동을 지배하는데, 왜냐하면 가치 법칙이 자본주의적 생산 양식 일반을 지배하기 때문이다. 자본은 스스로를 확장하는 가치이다. 자본은 가치를 생산하는 가치이다. 자본의 확대를 위해서는 상품 생산에 투입된, 사회적으로 필요한 노동 시간이 꾸준히 감소되거나 혹은 생동적인 노동 그 자체의 재생산을 위해 필요한 노동 시간을 단축함으로써 상대적인 잉여 가치가 증가되어야 한다. 상대적인 잉여 가치의 증가, 혹은 노동 생산성의 증가는 생산자들과 이들의 삶의 양식이 가속화된 생산의 전제적 지배에 종속된다는 것을 의미할 뿐이다. 따라서 한편으로, 자본주의는 상대적인 잉여 가치를 증가시키기 위해 살아 있는 구체적 노동을 점진적으로 쓸모없는 것으로 만들고자 한다. 다른 한편으로, 사회적으로 필요한 노동 시간이 사회에서 인간의 활동과 생산물의 가치를 측정하는 기준으로 남아 있는 한 개인들은 생존을 위해 필요한 수단을 얻기 위해 점점 더 효과적으로 일할 필요가 생겨날 것이다.

> 자본주의는 노동 시간을 최소화하도록 강요하지만, 다른 한편으로 노동 시간을 부의 유일한 수단으로 정립하는 살아 있는 모순이다. 따라서 한편에서 자본주의는 과학과 자연의 모든 힘들뿐 아니라 사회적 조직체와 사회적 상호 작용의 모든 힘들을 적극적으로 활용하여 생산에 투입되는 노동 시간에 (별로) 상관이 없는 부를 산출하고자 한다. 다른 한편에서 자본주의는 이를 통해 산출된 거대한 사회적 힘을 잴 가늠자로 노동 시간을 사용하고자 한다.[24]

따라서 자본은 처분 가능한 시간을 증가시키며, 노동 시간을 사회적 최소로 감소시키지만, 노동 시간이 가치의 척도로 남아 있기 때문에 처분 가능한 시간은 자유 시간으로 나타나는 것이 아니라 잉여의 노동으로, 사회적으로 보상되지 않는 비고용으로 나타난다. "부의 수단은 따라서 더 이상 어떠한 경우에도 노동 시간이 아니라 처분 가능한 시간이다. 가치의 척도로서 노동 시간은 부를 빈곤에 근거한 것으로 정립하며, 처분 가능한 시간을 잉여의 노동 시간에 반립하는 것으로 존립하는 혹은 그 반립 때문에 존립하는 것으로 정립한다. 즉, 이것은 개인의 전체 시간을 노동 시간으로 정립하는 것이며, 따라서 개인을 단순히 노동자로, 노동에 종속된 자로 강등하는 것이다."[25]

물신주의 논리의 극복은 새로운 생산 양식을 요청한다. 이 새로운 생산 양식에서는 사회적으로 필요한 노동 시간의 투입이 더 이상 가치의 척도여서는 안 되며, 가치가 더 이상 사회적 부의 단위가 되어서도 안 된다. 마르크스에 따르면, 비록 "노동이, 푸리에가 좋아하듯이, 유희가 될 수는 없다 하더라도, … 노동은 분배의 버팀목이 아니라 보다 높은 형식 안에서 생산 양식 자체의 버팀목을 궁극적인 대상으로 표현했던 그 위대한 공헌을 유지한다."[26]

d. 가치 법칙의 합리화

마르크스가 『그룬트리세』에서 대충 윤곽을 그려 준 이러한 유토피아적인 상은 사회주의로의 이행을 보여 준다. 여기서 사회주의는 가치 법칙을 제거하는 제도이며, 또한 사회적으로 필요한 노동 시간을 최소화함으로써 모두를 위한 자유 시간을 창조하는 제도이다. 사회적으로 필요한 노동 시간이 더 이상 가치의 척도가 아닐 때, 필연성의 영역은 끝나고 자유의 영역이 시작된다. 『자본론』의 "상품의 물신주의" 절에서 마르크스는 해방된 사회의 두 번째 모델을 전개한다. 이 사회는 물신적인 의식에 의해 야기된 왜곡과 대조를 이룬다. 이 모델에 따르면, 가치 법칙은 제거되는 것이 아니라 완전히 합리화된다.[27]

마르크스는 다음과 같이 쓴다. "공동의 생산 수단으로 자신의 일을 수행하는 자유로운 개인들의 공동체를… 상상해 보자. 이 공동체에서는 서로 다른 모든 개인들의 노동력이 공동체의 조합된 노동력으로 의식적으로 적용될 것이다"(『자본론』, 78). 그러한 공동체에서 전체 사회 생산물의 한 부분이 신선한 생산 수단으로 기능하며, 새로운 생계 수단으로 재투자된다. 새로운 투자와 소비 사이의 분배의 규칙이 다양하긴 할 것이다. 하지만 여기에서 생계 수난에 대한 각 개별 생산자의 몫은 자신이 투입한 노동 시간에 의해서 결정될 것이라는 전제가 있다. "이 경우에 노동 시간은 이중적으로 작용할 것이다. 노동 시간의 할당은 일정한 사회계획에 의해 움직이기 때문에 노동 시간의 배정은 수행되어야 할 상이한 노동의 종류와 공동체가 요구하는 다양한 소망 사이에서 적절한 균형을 유지한다. 한편, 노동 시간은 각 개인에게 귀속된 공통의 노동을 측정하는 데 이바지하며, 개별적인 소비를 위해 운명 지워진 전체 생산물을 어느 정도 분유할 것인지를 측정하는 데 이바지할 것이다"(『자본론』 p. 79). 노동 시간은 더 이상 개인들의 활동을 그들의 등 뒤에서 결정하는 것이 아니라, 처음부터 사회적인 것으로 간주된 개인의 노동이 다양한 생산 분야들로 분배된다. 가치 법칙은 규정된 "사회계획"에 따라서 완벽하게 투명한 것으로 주어진다. 이러한 모델은 실제로 합리화된 계획 경제의 투명성을 전제한다. 물신주의는 개인들이 더 이상 자연과 같은 객관적 필연성에 직면하지 않기 때문에 극복된다. 대신 개인들은 집단적 계획이라는 "투명한" 논리를 마주하게 된다. 관료적 엘리트는 사회적으로 필요한 노동 시간의 크기를 결정하기 위해, 재투자된 몫, 소비될 몫을 분배하기 위해, 그리고 임금 수준을 결정하기 위해 필요하다. 임금은 여전히 개인이 집단적으로 필요한 사회적 노동 시간에 기여한 그의 필연적인 노동 시간에 따라서 측정된다. 자본주의에서 가치 법칙은 공급과 수요(이때 노동력 그 자체의 수요도 포함된다)의 법칙에 따라 자신을 관철하는데 반해, 관료적 사회주의라는 이 모델에서는 시장의 법칙이 유예되고 가치 법칙이 의식적이고 합리화된 계획의 대상이 된다. 하지만 사회적으로 필요한 노동 시간은 가치의 척도로 남으며, 가치는 사회적 부의 단위로 남는다. 『그룬트리세』에서, "가치의 척도로서 노동 시간은 부 그 자체를 가난 위에 세워진 것으로 정립한다"[28]고 주장되고 있다. 『자본론』 제1권에서 제시된 "투명한" 사회적 관계의 모델은 "가난 위에 구축된 이러한 부"를 사회주의적인 계획의 기초로 삼는다.

위에 제시된 마르크스의 물신주의 비판에 대한 네 가지 독해 방식은 이제 좀 더 면밀하게 규정될 수 있다. 첫 번째 독해 방식은 마르크스의 비판이 자유주의적 반론을 드러낸다는 입장을 개진하는 데 반해, 두 번째와 세 번째 방식은 미래의 사회주의 사회에 대한 유토피아적인 서술이며, 네 번째 방식은 관료 중심적인 계획과 실제로 "현존하는 사회주의"를 정당화하고 있다. 한편으로 자본주의 사회의 잠재력에 대한 진보주의적인 완성과, 다른 한편으로 이러한 잠재력을 새로운 그러나 아직 역사적으로 알려지지 않은 형태로의 유토피아적인 변형 사이의 긴장(이에 대해서는 마르크스의 초기 작품들과 『1844년 수고』에 기초해서 앞에서 분석했다)이 여기에서도 나타난다. 한편으로 물신주의의 극복은 시장의 법칙이 중앙 계획에 따라서 합리화될 것이라는 것을 의미한다. 사회적으로 필요한 노동 시간은 다양한 생산 분야에서 노동력을 분산하는 표준으로 사용될 것이다. 더 나아가 사회적 부에 대한 개인의 몫을 결정하는 것은 사회적으로 필요한 노동 시간에 그가 얼마나 기여했는지에 근거할 것이다. 혼란스럽고 가끔은 이해할 수 없는 시장의 작용 대신 사회주의는 합리적이고 미리 결정된 계획을 도입할 것이다. 다른 한편으로 마르크스는 유토피아적인 술어들로 기술된 물신주의의 극복을 **새로운 형태의 인간의 사회화로** 인도하는 것으로 본다. 여기서 강조되는 것은 교환 관계와 이 관계에 구현된 법적 규범들에 기초해 있지 않은 그런 양식의 사회성과 관계성이다. 위에 인용된 『그룬트리세』의 문단에서 마르크스는 "보편적으로 전개된 개인들"의 사회에 대해 쓰고 있는데, "이 개인들의 사회적 관계는 그들 자신의 **공동체적** 관계로서 그들의 공동체적 통제에 종속된다"고 한다(『그룬트리세』 162쪽을 보라. 강조는 지은이). 이 문맥에서 "공동체적"이라는 술어의 사용은 우연이 아니다. 이것은 교환 관계와 법적 규범에 의해 유지되는 부르주아 사회에는 더 이상 존재하지 않는 연대와 연합의 상이 마르크스에서 기원하고 있음을 의미한다.

공동체Gemeinschaft와 사회Gesellschaft의 대조를 강조함으로써 나는 마르크스가 퇴니스F. Tönnies와 그의 아류처럼 전통주의자였다는 것을 강조하고 싶지 않다.[29] 명백히 그는 자신이 그린 미래의 "공동체"가 이미 성취된 자본주의의 발전 단계의 토대 위에서만 습득될 수 있다는 것을 끊임없이 강조한다. 마르크스는 자본주의적 발전이 부정할 수 없는 사실이기 때문만이 아니라 자본주의가 미래의 모든 사회주의적 사회성의 기초가 되어야 하는 규범적 잠재성의 안내자가 된다는 이유 때문에 이러한 견해를 주장한다. 마르크스는 이러한 규범적 잠재성을 다음과 같은 문장으로 표현한다. 즉, 자본주의 아래서 "인간적인 내용의 완벽한 실현은 완전한 공허함으로 나타나며, 이러한 보편적 대상화는 완전한 소외로 나타나고, 제한되고 일방적인 모든 목적의 찢김은 인간적인 목적 그 자체를 완전히 외적인 목적에 희생시키는 것으로 나타난다."[30] "인간적인 내용의 완벽한 실현"은 인간의 잠재력을 역사에서 완전히 전개하는 것이며, 인간의 생산력의 발전이지만, 동시에 자본주의적인 사치와 부를 통한 욕구와 욕망의 도야와 세련화이다. 이러한 과정은 외적인 측정 도구로 측정될 수 없다. 이러한 과정은 자기 자신만의 가치 측정의 표준을 산출한다. 자본주의는 인간적인 부를 풀어놓지만, 이 부를 끊임없이 사회적으로 필요한 노동 시간에 따라 측정한다. 자본주의의 참다운 변형은 필요한 노동 시간을 부의 척도로 여기는 것에 대한 거부와 더불어 시작된다. 인간적인 부의 참다운 척도는 오히려 자유로이 쓸 수 있는 시간이다. 여기서 마르크스가 제안한 유토피아는, 한나 아렌트가 도발적으로 말하고 있듯이, "노동에서 풀려나 여가"를 얻을 수 있는 부유한 사회의 유토피아이다.[31]

마르크스의 유토피아를 새로운 형태의 사회성을 명령하는 것, 즉 노동에서 풀려난 여가로 해석하든지, 아니면 사회주의는 자본주의 아래서 인간적인 잠재력의 비합리적 낭비를 합리화해야 하는 것임을 강조하는 것으로 해석하든지 간에 그 텍스트들은 세 가지 모두의 독해 방식과 양립 가능하다는 것은 명백하다. 하지만 노동에서 풀려난 여가라는 유토피아적 관점과 가치 법칙의 합리화라는 진보주의적 관념은 하나의 요소를 공통적으로 분유하고 있다. 이 두 경우에 미래의 사회성을 규정하는 것은 노동 행위의 본성과 재구성이다. 『그룬트리세』에서 마르크스는 새로운 형태의 **사회성**을 강조한다. 여기에서 미래 사회를 위해 결정적으로 중요한 것은 상호 작용이라는 인간적 관계이다. 새로운 사회성에 대한 이러한 관점, 즉 새로운 상호 주관성의 관념이 마르크스의 저작 전체를 관류하고 있음에도 불구하고 이 관념은 결코 명시적으로 발전되지 않는다. 여기에서 중요한 것은 노동에 대한 새로운 상이 새로운 사회성 양식의 기획에 필연적인 것은 아닌지 하는 문제가 아니다. 오히려 나는 이 두 임무가 배타적이 아니라 보완적이라고 생각한다. 여기서 중요한 것은 **새로운 사회성**을 위한 대안은 그 최종적인 분석에서 마르크스적인 틀을 위한 여지를 전혀 갖지 않는 그런 인간 행위와 정치에 대한 이해를 전제한다는 것이다. 이것이 바로 내가 논증하고 싶은 것인데, 왜냐하면 『자본론』의 마르크스도 주체의 철학으로 복귀하기 때문이다. 주체의 철학의 관점에서 볼 때, 새로운 형태의 상호 작용과 공존을 재구상하기 위한 여지는 존재하지 않는다. 왜냐하면, 내가 아래에서 상세하게 설명하겠지만, 이러한 입장은 이러한 대안을 배제하는 두 전제에 기초해 있기 때문이다. 이 두 전제는 집단적 단수 주체라는 신화와 자기실현이라는 행위 모델이다.

다음 절에서 나는 우선 마르크스가 자본주의를 위기에 얹혀 있는 사회 체제로 분석하는 가운데 상호 주관성의 관점과 초주관성의 관점을 어떻게 설명하고 있는지 자세히 살펴보고자 한다. 둘째로 나는 이 두 관점을 매개하는 가운데 마르크스가 어떻게 다시 한 번 주체의 철학으로, 물론 이때에는 프롤레타리아트에 의해 구현된 주체의 철학으로 회귀하는지를 보이고자 한다.

3. 체계적 위기와 생동적 위기: 해결되지 않는 긴장

『자본론』을 관통하여 흐르는 명확히 구분되는 두 개의 사회 인식론에 상응하는 두 개의 분석 흐름이 있는데, 그것은 다음과 같다. 첫 번째 흐름은 사회관계 안에 있는 개인들의 상호 인격적인 관계이다. 반면 두 번째 흐름은 자본의 운동을 제삼자의 관점, 즉 사유자-관찰자thinker-observer의 관점에서 기술한다. 이 두 분석의 양태는 두 가지 형태의 위기 이론에 상응한다. 첫 번째 분석의 양태는 위기를 소외, 착취 그리고 불공정 등의 **생동적인 현상**으로 드러내며, 두 번째 분석은 사유자-관찰자의 관점에서 위기를 체계의 **기능적 논리**가 실패한 것으로 드러낸다. 생동적 위기와 체계의 기능적 위기는 마르크스에게 자본주의의 내적인 모순을 관찰할 수 있게 하는 두 관점이다. 마르크스 사신은 상품으로서 노동력의 이중적 특성에 초점을 맞춤으로써 이 두 관점을 화해시킬 수 있다고 생각했다. 나는 이제 마르크스가 시도한 화해로 되돌아가서 이것이 왜 우리가 수용할 수 없는 종합인지를 보이고자 한다.

마르크스에게 자본주의적 사회관계는 노동력이 상품으로서 시상에서 사고팔 수 있을 때 시작된다. 하지만 노동력은 세 가지 방식에서 다른 여타의 상품과는 구별된다. 첫째, 노동력은 자기 주인과 **분리될 수 없고** 구별되지 않는다. 노동하는 자 없이 노동력이 있을 수 없다. 임금 노동 계약을 통해 노동자는 생산 수단의 소유자에게 일정 시간 동안 구체적 형태의 노동을 수행할 수 있는 자신의 능력을 양도한다. 둘째, 노동력은 그 소유자와 분리될 수 없기 때문에 자의적으로 **재생산**할 수 있는 것이 아니다. 노동력의 재생산은 자신의 노동력을 상품으로 판 그 개인들의 재생산과 동일하다. 셋째, 기계와 달리 노동력은 그 소유자가 노동에 **동의**할 때에만, 즉 그 개인이 활동을 수행하는 데 동의할 때에만 작동될 수 있다. 노동력은 노동자의 주관적 의지에 따라서만 임용하여 쓸 수 있는 그런 주관적 능력이다.

이제 자본주의적 사회관계의 이데올로기적 핵심은 자본주의 이전의 모든 사회에서 직접 생산자들과 그 잉여적 산물이나 노동을 소유한 자들 사이에 **직접적 지배** 관계로 나타났던 것이 자본주의에서는 사물들 사이의 구체적 관계로 드러난다는 사실이다. 즉, 노동력은 금전적인 임금 등과 같은 가치를 가진 그런 상품이다. 모든 인간 사회에서 사회적 부의 분배는 일종의 권력관계를 포함한다. 반면에 자본주의 아래서 사회적 부의 분배에 내재한 권력관계는 시장의 법칙으로, 자동적으로 결정된 과정의 결과로 나타난다. 노동력의 이러한 완전한 대상화 혹은 "사물화"는 성공하지 못하며, 성공할 수도 없다. 자본주의의 내적 논리가 노동력의 구입과 판매를 다른 어떤 상품의 구입과 판매와 동일한 것이라고 함에도 불구하고, 자본주의에서 노동력의 구입과 판매는 다른 어떤 상품의 구입과 판매와는 다르다.

노동력의 구입과 판매는 사회적 투쟁을, 갈등의 사회관계를 포함한다. 『자본론』에는 역사적 현실을 논하면서 다소 체계와 관계없는 문제들을 다루고 있는 장들(10, 15, 25, 26-31장)이 있다. 여기에서 마르크스는 자본주의의 발전을 **관통하여 사는** 사람들의, 그리고 그 결과에 고통 받는 사람들의 관점에서 자본주의의 발전을 말하고 있다. 노동 시간의 연장에 대항하는, 그리고 어린이 노동에 대항하는 노동자들의 투쟁, 기계장치에 대항한 그들의 분노와 폭발, 파업, 그리고 임노동 계약을 개인적인 행위에서 집단적으로 협상할 수 있는 힘의 관계로 변형시킬 수 있는 집단적 자기의식의 점진적인 출현 등, 이런 것들이 이야기되고 있다.[32] 이러한 투쟁들은 자본주의의 기능에 대한 객관적 한계를 설정한다. 절대적인 잉여 가치는 노동 시간의 연장을 통해 습득될 수 없다. 왜냐하면 정치 투쟁이 그것을 방해하기 때문이다. 따라서 계획적인 장기 결근에서 태업에 이르기까지 혹은 생산성을 낮게 유지하는 것에 이르기까지 노동자들의 저항이 보여 주듯이, 노동 생산성의 증가를 통한 잉여 가치의 상대적 제고, 생산의 합리화와 과학화 등은 한계를 가진다.

오늘날 『자본론』 중 역사적 현실을 논의하고 있는, 체계와 다소 관계없는 문제들을 다루고 있는, 위에 언급한 부분들의 방법론적인 중요성에 대해 질긴 토론이 있다.[33] 『자본론』의 주된 분석은 "자본주의적 생산양식"이라고 불리는 체계적인 추상에서 출발하는 반면, 이 역사적 논의를 담고 있는, 체계와 무관한 이 장들은 주로 영국의 경우와 영국의 노동 계급의 발전에서 기인한 현상들을 다룬다. 이 장들은 체계적 분석의 **실례들**인가? 아니면 특수한 역사적 사실들에 대한 분석임에도 불구하고 자본주의 발전의 필연적 결과에 대한 분석인가? 나의 논의의 목적을 위해서는 이 논쟁에 개입할 필요는 없다. 『자본론』에서 한편으로는 역사적인 서술에 의해, 다른 한편으로는 체계적인 분석에 의해 표출된 이중적 관점은 상품으로서 노동력이 갖는 이중적 성질에 상응한다. 역사적 사례들을 분석하는 곳에서 주체들은 구체적 노동력의 소유자로서 노동자들이며, 반면 체계적 분석에 따르면 자본 자체가 주체이다. 자본의 관점에서 노동력은 단지 임금의 형식으로 지불되는 것, 즉 가변적인 자본이다. 텍스트의 이런 이중적 관점은 주체로서 노동자와 주체를 대상화하는 자본 사이의 해결되지 않은 투쟁을 반영한다.

이러한 이중적 관점을 구체적으로 보이기 위해 나는 『자본론』

제10장에서 마르크스가 "노동 일수"에 대해 논의한 것을 예로 제시하고 싶다. 마르크스는 다음과 같이 쓴다. "그러나 자본은 근본적으로 가치와 잉여 가치를 창출하는 경향, 그 항구적인 요소인 생산 수단으로 하여금 가능한 한 가장 많은 양의 잉여 노동을 흡수하게 하는 경향을 가진다. … 따라서 자본가는 상품 교환의 법칙 위에 서 있다. 자본가는 다른 모든 구매자들과 마찬가지로 자신의 상품의 사용 가치로부터 가능한 한 많은 이익을 얻고자 한다"(『자본론』, p. 233). 이 문단은 자본을 영구적으로 증가하는 부로 보는 체계의 관점에서 자본주의적 행위의 합리성을 설명하고 있다. 잉여 가치를 증가시키려는 자본주의의 이러한 체계적 법칙이 노동 계급에 미치는 결과를 설명할 때, 마르크스는 분석의 언어를 포기하고 노동자들로 하여금 자기 자신에 대해 말하게 한다. 사회적 분석가의 목소리에서 참여자의 목소리로의 서사적 목소리의 변화는 관점의 전환을 보여 주는데, 관점의 이러한 전환은 텍스트에서 아주 생생하게 예시된다.

생산 과정의 폭풍우와 스트레스에 억눌렸던 노동자들의 목소리가 갑자기 다음과 같이 일어난다. 내가 너에게 판 상품(노동력 — 옮긴이)은 다른 수많은 일반 상품들과 다르다. 왜냐하면 그 상품의 사용은 가치를, 자신의 원래 가치보다 더 큰 가치를 창출하기 때문이다. 이것이 바로 네가 그것(나의 노동력 — 옮긴이)을 산 이유이다. … 따라서 나의 일상적인 노동력의 사용은 너에게 귀속된다. 그러나 네가 그 상품 사용의 대가로 나에게 매일 지불하는 그 가격으로 나는 그 상품을 매일 재생산할 수 있어야 하며, 그것을 다시 팔 수 있어야 한다. 나이 등에 의해 자연적으로 소진되는 것은 어쩔 수 없다고 하더라도 나는 오늘과 동일한 정도의 힘과 건강과 신선함으로 내일 일할 수 있어야 한다. … 나는 정상적으로 지속하고 건강한 생활을 할 수 있는 만큼만 매일 소비하고, 운동하고, 행위하고자 할 것이다. 하지만 너는 노동일을 한정 없이 늘림으로써 내가 3일이 지나야 복원할 수 있는 것보다 더 많은 노동력의 양을 단 하루에 사용할 수도 있다. 네가 노동에서 얻는 것을 나는 실질적으로 잃는다(『자본론』, p. 234).

마르크스가 서로 다른 서사적 목소리로 아주 생생하게 예시하고 있는 이 두 관점은 상이한 위기관에 상응한다.[34] 즉, 역사적인 서술을 하고 있는 이 장들에서, 자본주의의 발전은 현실적인 역사적 행위자들에게 **생동적 위기**를 야기하는 것으로 표현된다. 이 맥락에서 "생동적 위기"는 노동, 삶 그리고 내적인 조건에서의 급진적인 변형을 의미한다. 즉, 이것은 착취, 불공정, 분노, 막연한 불안 등과 같은 느낌의 출현을 의미한다. 이 단락에서 노동자들에 대한 지배와 야만적 취급[뿐만 아니라], 착취와 지배에 대한 그들의 투쟁과 저항도 서사적이다. 하지만 이 텍스트의 주된 논의는 자본주의의 **기능적** 혹은 **체계적 위기**를 표현한다. 즉, 이윤율 감소의 경향, 파산, 자본의 집중, 자본의 습득과 순환에서의 장애 등이 그것이다. 그리고 실업도 논의된다. 사회학적으로 생동적 위기는 규범, 가치 그리고 사회적 행위에 체현되어 있는 의미 구조들의 붕괴를 의미한다. 기능적 위기는 객관적인 관계 맥락들이 "잘못 기능하고" 있음을 표시한다. 예를 들어, "스태그플레이션"은 후기 자본주의 경제의 기능적 위기이다. 하지만 스태그플레이션은, 예를 들어 나이가 든 사람들에게 잘 나타나듯, 인플레이션과 소득을 낳는 고용의 결여로 인해 그들의 물질적 생존의 토대가 파괴될 때에만, 그리고 예를 들어 슬럼가의 젊은이들의 경우처럼, 사회의 가치와 규범에 대한 신념이 의문시되어 방향성 상실, 아노미, 무의미함 등의 현상이 나타날 때에만 개인들에게 생동적 위기로 된다. 마르크스의 분석에서 놓치고 있는 것은 이 두 관점 사이의 매개이다. 이 텍스트는 이 양자가 어떻게 서로 엮이는지에 대한 정확한 안내 없이 서로 맞물려 있다. 이 두 관점 사이의 매개가 결여되어 있다는 것은 규범적인 함의에서 뿐 아니라 이론적인 함의에서도 중요하다. 이론적인 문제를 우선 살펴보자.

내가 사회적 행위자들의 생동적 경험이라는 내적인 관점과 사유하는 관찰자의 객관화된 외적인 관점으로 기술했던 두 관점은 근대 사회 이론의 근본적인 두 가지 범주에 상응한다. 근대 사회 이론은 **체계 통합**과 **사회적 통합**을 구별한다.[35] 체계 통합은 사회적 행위의 결과들 사이의 기능적인 상호 관계에 의해 발생한다. 아담 스미스의 "보이지 않는 손"의 관념에서 헤겔의 "욕구의 체계" 개념, 뒤르켕의 노동의 유기적 분업의 관념, 파슨스의 "일반화된 매체" 관념에 이르기까지 근대 사회 이론은 근대 사회의 체계적 측면을 강조했다. 이러한 관념에 따르면, 사회적 삶의 대부분의 영역은 의지되거나 욕구되거나 심지어 누군가에게 알려지지도 않지만, 그래도 기능적으로 서로 의존하고 있다. 이에 반해 사회적 통합은 행위의 방향을 조화롭게 함으로써 사회적 행위들을 조정한다는 사실을 말한다. 개인들은 자신의 행위를 서로에게 방향 맞추는데, 왜냐하면 그들은 의심이 되는 의미들, 사회적 규칙들 그리고 가치들을 이해하기 때문이다. 체계 통합은 의도와 결과 사이의 불일치에도 불구하고 발생한다. 그러나 사회적 통합에서 사회적 행위의 조율은 사회적 행위자들이 자신의 사회적 삶을 지배하는 규칙과 의미에 방향을 맞추게 함으로써 일어난다. 행위 체계가 제3인칭의 관점, 즉 관찰자의 관점에서 분석될 수 있는데 반해, 사회적 통합은 제1인칭과 제2인칭이라는 내적인 관점에서 분석될 필요가 있다.

이 두 관점에 주석을 달면서 클라우스 오페는 다음과 같이 관찰한다. "모든 사회적 체계는 한편으로는 규범적으로 규제되고, 의미있는 그 구성원들의 행위를 통해 재산출되며, 다른 한편으로는 객관적인, 기능적인 문맥의 효율성에 의해 재산출된다. '사회적 통합'과 '체계 통합' 사이의, 그리고 한편으로는 따라 나온 **규칙들**과 다른 한편으로는 주체들을 넘어서서 스스로를 관철시키는 **규칙과도 같은 규제들** 사이의 이러한 분화가 전체 사회학적 전통의 토대이다."[36] 우리는 확실히 이 두 관점을 통합할 수 있는 사회적-이론적 분석 수단을 전개시키지 않은 것에 대해 마르크스를 과다하게 비판할 수는 없다. 하지만 사회 이론으로서 마르크스주의가 한편으로는 — 기능적 위기의 계기를 강조하는 — 경제주의적 객관주의와 다른 한편으로는 — 생동적 위기의 계기에 상응하는 — 소외라는 문화주의적 혹은 심리학적 관점 사이에서 흔들리는 것처럼 보인다는 것은 우연이 아니다. 마르크스의 분석에서 풀리지 않은 채 남겨진 이론적 문제는 한편으로는 생동적 위기를 발생시키는 행위 맥락과, 다른 한편으로는 행위 결과들 중에서 체계적인 기능 불량으로 인도하는 객관적-기능적 상호 연관성 사이의 관계 문제이다.

나는 이 장에서 마르크스의 사회 이론에 내재된 이 문제의 함의를 전개하지 않을 것이다.[37] 정신분석학, 가족-문화 사회학 등을 마르크스의 정치경제학과 통합하고자 한 프랑크푸르트학파의 초기 노력을 시작으로 사회 비판 이론의 전통이 이 문제를 다루기 시작했다는 사실을 언급하는 것으로 만족하고자 한다. 동시대의 자본주의 사회가 마르크스가 논의했던 모델에서 아주 멀리 동떨어지게 됨에 따라, 그리고 자본주의 사회에서 저항 운동의 본성이 "임노동과 자본"의 갈등으로 진단된 과거의 본성과는 아주 다르게 진행됨에 따라 체계적 위기와 생동적 위기를 구별할 필요가 생겨났다. 이 문제를 더 정교하게 하는 것은 제5장과 제7장의 과제가 될 것이다.

풀리지 않은 이 이론적 문제는 규범적 결과를 갖는다. 마르크스의 『자본론』에 있는 역사적 사실들에 대한 분석을 대하는 독자는 이 장들에서 노동자들이 자신의 투쟁의 주체가 아니라 자본주의 자체에 의해 주체로 만들어진 정도까지만, 즉 그들의 빈곤함이 집단화되고, 그들의 삶의 조건이 동질화되어 그들이 단 하나의 연합된 계급의 성원이 되는 한에서만 주체로 된다는 인상을 피할 수 없다. 노동자들을 "계급"으로 구성하는 이러한 과정에 대한 마르크스의 평가는 긍정적이다.[38] 계급의식의 형성은 자율성을 향한 진일보이며, 참다운 주체로 되는 방향에서 진일보한 것으로 보인다. "계급" 개념 아래로 포섭될 수 없는 투쟁을 전개하는 집단적 행위자들은 결코 주체이지 않다. 그러나 "계급" 개념은, 마르크스가 지적하고 있듯이, 그 안에 신분적 계층화가 정착되지 않은 그런 사회 체계를 분석하기 위한 의미 있는 사회적 범주일 뿐이다. 이 계급 개념에서는 출생, 나이, 혈통, 그리고 신앙 등이 더 이상 사회적 권리나 특권을 규정하지 않으며, 사회 통합은 임노동의 자유 시장에 의해 주로 달성된다.[39] 그러한 사회 체계에서 계급의 형태는 관찰자-사유자로 하여금 대중의 생존 조건과 행위, 그리고 사유 패턴을 특징짓는 기능적 규제들과 통계적 성질들이 어떠한지를 결정할 수 있게 하는 동일화의 (주관적이 아닌) 객관적 수단이다.

주관적 수준에서, 계급의 구성원들을 서로 "연결"시킨다고 전제되는 것은 그들의 "객관적 이익," 즉 생산 체계 내에서 그들의 물적 상태와 권력 상태가 보존될 것이라는 사실이다. 계급 이익은 "계산될" 수 있는데, 왜냐하면 사람들은 사회 체계 자체에 대한 "객관적" 분석을 통해서 계급 이익에 속하는 것과 그렇지 않은 것을 결정할 수 있기 때문이다. 하지만 순수하게 객관적인 분석은 없다. 소위 "계급 이익"이라는 규정은 사회적 관계에서 우리가 공정한 것이나 불공정한 것으로 생각한 것, 착취나 지배로 생각한 것을 특화하도록 요구한다. 계급 이익의 개념이 규모가 큰 인간 집단의 행위에 대한 통계적 규제 이상을 의미하고, 현실적인 집단이 어떻게 행위해야 하는지에 관한 규범적 척도로 사용된다면, 사람들의 규범적 표준은 결과적으로가 아니라 사전에 "객관적인" 계급 분석과 동일하지 않으면 안 된다.[40] 사회 계급은 **집단적 행위자들의 특수한 역사적 형태이**

다. 그들이 유일한 행위자들은 아니다. 계급 이익 외부에 있는 다른 규범적 관심사들 주변에서 투쟁하는 집단들이 형성될 수도 있다. 그리고 착취와 지배 관계는 성, 종족, 인종적-언어적 동일성, 그리고 심지어 연령 등과 같은 다른 특성들에 기초해 있을 수도 있다. 마르크스는 자본주의 사회가 과거의 집단적 동일화 방식과 친화 관계가 없다고 올바르게 진단하기는 했지만, 규범적 상태를 자본주의의 유일한 집단적 동일화의 양식에 귀속시킨 것은 틀렸다. 그러한 규범적 상태를 계급 개념에 귀속시킴으로써 마르크스는 사유하는 관찰자의 관점을 배타적으로 채택했으며, 투쟁하는 사회적 행위자들에게 기초가 되는 집단성과 다수성이라는 바로 그 사회적 경험들을 무시하였다. 이 절의 마지막 단계에서 이 계급 개념이 왜 주체의 철학에 의존하는지를 살펴볼 것이다.

내가 "주체의 철학"으로 묘사하는 입장은 다음 네 가지를 전제한다. 첫째, 인간 행위를 "대상화" 혹은 "생산"으로 규정할 수 있는 인간 행위의 유일한 모델이 있다는 것, 둘째, 역사는 이 하나의 주체, 즉 인간성 혹은 인류의 활동에 의해 구성된다는 것, 셋째, 인간의 역사는 이 하나의 주체가 지닌 능력의 전개를 보여 주는 것이라는 것, 넷째, 해방이라는 것은 역사를 구성하는 주체와 구성된 주체, 즉 과거의 주체와 미래의 주체가 하나라는 인식에 부합하여 의식하고 행위하는 데 있다는 것 등이 그 전제이다. 그의 과거의 "일"이 우리의 현재인 이 주체와 동일하다는 것을 우리가 현재에 볼 수 있는 한에서 우리는 우리의 행위로 알게 된 객관성과 화해할 수 있거나(헤겔), 아니면 우리가 우리의 활동의 산물로 알게 된 과거의 것의 힘과 성취를 재전유함으로써 해방을 습득할 수 있을 것이다(마르크스). 1841년에 쓰인 『헤겔 법철학 비판』 서문에서 마르크스는 해방에 대한 자신의 비전을 다음과 같이 서술한다. "부르주아 사회의 한 계급으로서, 처절한 사슬에 매여 있는 한 계급의 형성. 이 계급은 아무것도 아니며, 모든 신분적 지위를 박탈당한 신분이다. 이 계급은 보편적인 고통을 당한다는 점에서 보편적인 성격을 소유하는 영역이며, 스스로 어떤 특수한 잘못도 제기하지 않기 때문에 자신을 위한 어떤 특별한 법도 요구하지 않는 영역이다. ··· 이 영역은··· 한마디로 인간성의 완전한 상실의 영역이며, 따라서 인간성을 완전히 다시 회복함으로써 스스로를 획득할 수 있는 영역이다."[41] 우선 나는 마르크스의 이 초기 견해가 갖는 규범적 결과들과 그 다음에 『자본론』에서 주체의 철학으로 되돌아간 것을 상세히 살펴볼 것이다.

마르크스 이론에서 프롤레타리아트는 **보편적** 이익을 대변한다. 왜냐하면 프롤레타리아트는 역사의 집단적 단수 주체의 이름으로 행동하기 때문이다. 프롤레타리아트의 해방은 인류의 해방을 뜻하는데, 왜냐하면 이 계급의 특수한 이익이 인류의 보편적 이익에 상응하기 때문이다. 하지만 프롤레타리아의 이익과 보편적 인간의 이익의 이러한 일치는 간단히 말해서 다음의 두 가정에 의존한다는 사실을 기억하자. 첫째, 그것은 "보편적" 이익을 담당할 수 있는 역사의 참된 주체가 있다는 것을 가정한다. 둘째, 하나의 사회 집단 혹은 계급이 보편적 이익 그 자체를 대변할 수 있어야 한다고 주장된다. 이 두 가정은 오류다.

"보편적" 이익을 담당할 수 있는 역사의 주체가 있다는 주장은 경험적 범주와 규범적 범주의 혼동에서 기인한다. 마르크스에게, 역사가 인간 행위의 결과로 전개된다는 의미에서, 경험적으로 인류는 역사의 주체이다. 하지만 인류는 추상물이다. 왜냐하면 역사적 과정을 이끌어 가는 것은 특정한 시간과 장소에 처한 특수한 개인들의 구체적 행위이기 때문이다. 역사의 **행위자**들이라는 의미에서, 역사의 주체들은 복수적 의미의 인간 존재들이지 단수적 의미의 인류가 아니다. 둘째, 마르크스는 인류를 규범적 범주로 봄으로써 복수에서 집단적 단수로, 인간들에서 인류로 이동하게 되었다. 역사는 행위의 의미에서가 아니라 목적과 **목표**의 의미에서 주체로 될 가능성의 조건이다. 인간성(인류)은 여기서 역사의 목적으로, 역사가 지향하는 것으로 현상한다.

이렇듯 마르크스에게 인류는 **경험적 주체**와 **규범적 목표**라는 이중적 관점을 갖는다. 마르크스는 이러한 이중적 관점을 독일 고전 관념론과 역사 철학에서 이끌어 냄으로써[42] 종종 두 원리를 혼합하며, 또한 역사에서의 규제적 이상, 즉 인류라는 이상이 역사에서 행위자, 즉 경험적 주체로서의 인류로 작동하거나 하듯이 쓴다. 경험적 관점과 규범적 관점의 이러한 혼합 때문에 마르크스는 사람들이 "이익"을 인류(인간성)에 속한 것으로 볼 수 있다는, 동일하게 문제될 수 있는 가정을 만들어 낸다. 하지만 만약 인류가 규범적 범주일 뿐이라면, 인류의 이익은 투쟁의 과정에서 정해져야지 그 이전에 상술될 수는 없을 것이다. 왜냐하면 인류(인간성) 자체는 투쟁의 **목표**일 뿐이며, 사전에 존재하는 주체를 지시하지 않기 때문이다. 이론가가 보편적 인간 이익이라고 주장하는 것이 아니라 투쟁하는 사회적 행위자들 스스로가 그들 자신의 공통의 목표와 욕구로 인식하게 된 것이 인간의 이익을 구성할 것이다. 만약 인간의 이익이 이론적으로 그리고 선험적으로 규정될 수 없다면, 하나의 사회 계급이 보편적 이익을 대변한다고 하는 것은 아무런 의미도 없다는 결론이 나온다. 마르크스의 작품에서 프롤레타리아트는 내가 대충 설명한 이론적 혼합의 결과로 나온 규범적 역할을 수행한다. 코헨이 『계급과 시민 사회: 마르크스 비판 이론의 한계들』에서 날카롭게 관찰하고 있는 것처럼,

> 보편 계급의 개념, 그리고 역사적으로 산출되고 경험적으로 실존하는 한 단체를 보편성의 담지자로 동일화하는 것 등은 헤겔에서 기인하는, 역사를 실증적이고 합리적으로 표현하는 문제 있는 시도에 의

존한다. 보편 계급, 역사의 주체/객체, 부정의 부정 등은 마르크스의 사유에서 처음에는 정신 대신 유Gattung를, 다음에는 유 대신 사회의 일반적 대변자로서의 계급을 받아들임으로써 헤겔의 절대자로의 회귀를 함축하는 개념들이다. 보편 계급의 개념은 역사적 실천의 우연성과 잠재적 행위자들의 다수성을 "이성"의 요구에 — 즉, 인간의 실천 수준에서도 논리가 작동되고 있음을 찾고자 하는 그것의 요구에 — 복종시킨다.[43]

확실히 『자본론』에서 마르크스는 헤겔의 **정신** 개념의 경험적 대체물인 유적 본질이라는 관념으로 작업하지 않는다. 그럼에도 불구하고 내가 위에서 강조한 것처럼, 자본주의 하에서 그리고 인간의 역사에서 소외되었던 것이 생산자에 의해 **재전유되어야** 한다는 관념은 마르크스 작품 전체를 관통하여 흐르는 규범적 모델이다. 마르크스의 경우, 계급 개념이 특권화된 규범적 지위를 누리기 때문에, 그는 연합된 생산자들에게 소외된 부를 재전유할 수 있게 하는 사회적이고 정치적인 형태에 대해 더 면밀하게 상술할 필요가 없다. 인간 역사의 부가 집단적 단수 주체에 의해 산출된다고 가정되면, 그러한 재전유가 구체적인 사회적, 정치적 술어로 무엇을 의미하고 의미할 수 있는지를 상세하게 서술할 필요는 없을 것이다. 집단적 단수 주체는 행위를 함께 결정했던 **집단으로** 행동하는 것이 아니라, 자신의 것을 합법적으로 재전유하는 **단수로** 행동한다. 이러한 관점에서 마르크스의 사회 이론은 딜레마에 봉착한다. 즉, 프롤레타리아트는 윤리적, 정치적 이유 때문에 우리가 그들의 투쟁을 지원하기로 결정한 하나의 사회적 행위자이거나, 아니면 그들의 투쟁이 체계적이고 이론적인 근거에서 지원되어야 하는 특권화된 사회적 행위자이다. 만약에 우리가 첫 번째 안을 취한다면, 미래의 해방 이론으로서의 마르크스주의는 프롤레타리아트에게 귀속시킨 특권화된 지위를 정당화할 수 없을 것이다. 두 번째 대안을 취한다면, 우리는 프롤레타리아트의 특수한 역할을 지지할 수는 있지만, 주체의 철학에 기초한 일련의 균등과 환원에 의한 것은 제외하더라도, 프롤레타리아트의 이익이 왜 보편적 인간 이익과 일치하는지를 설명할 수 없을 것이다.

나는 지금까지 '계급, 재전유 등의 개념의 특권화된 지위와 내가 "주체의 철학"이라고 부른 입장을 문제 삼는 것 등은 마르크스 사회 이론의 규범적 토대를 명료하게 하는 데 있어서 본질적이라는 것'을 제안해 왔다. 이를 통해 나는 마르크스의 자본주의 비판에서 착취, 평등, 공정성, 그리고 자기규정 등과 같이 그의 규범적 상에서 작동하는 다른 개념들을 발견할 수 없다고 말하고 싶지는 않다. 단지 내가 보기에 대안적인 윤리학과 정치학을 발전시키는 데 있어서 내가 자기실현하는 행위 모델이라 불렀던 가정들, 그리고 인간의 다수성의 집단적 단수로의 환원이라 불렀던 가정들을 수용하지 않는 것이 본질적이라고 생각한다.

4. 제1부의 결론: 자기 실현하는 활동과 주체의 철학

헤겔은 초기 저서에서 근대 자연법 이론에 대해 비판하고 거부하는데, 이것은 통일된 인륜적 삶이라는 향수적 이상을 전제하고 있다. 경험주의자의 자연법에 대해서도, 형식주의자의 자연법에 대해서도 반대 입장을 취하는 헤겔은 도덕성을 합법성에, 경제학을 정치학에, 개별적인 것을 사회적인 것에, 이성과 의지를 경향성에 대립시키는 것이 근대 사회의 중심에 놓여 있는 분열을 반영하는 것이라고 주장한다. 이러한 분열을 극복하고 비판적 이성과 근대성이 갈가리 찢어 놓은 것에 통일을 부여하는 것이 철학과 사변적 인식의 과제이다. 『정신현상학』에서 헤겔은 노동이 갖는 구성적인 활동을 발견한다. 이것은 그에게 근대성과의 화해의 도정을 걷게 하며, 동시에 그에게 사회적-역사적 세계가 단순히 소여된 것이라는 의미에서 실정적일 뿐 아니라, 정신이라 불리는 초주관적 주체의 노동(작품)이라는 의미에서 정립된 것이기도 함을 보일 수 있는 비판적 방법을 제공한다. 역사에서 정신의 활동은 자기 외화로 규정된다. 역사에서의 자기 외화를 통해 정신은 자신을 실현한다.

『1844년 수고』에서 마르크스는 헤겔을 인간학적으로 비판하고 있는데, 이러한 그의 비판은 "정신"을 "인류" 혹은 "인간성"으로 대체한다. 이러한 대체에도 불구하고 주체의 철학의 토대는 변화되지 않는다. 왜냐하면 역사라고 하는 것이 여전히 집단적 주체의 능력의 전개로 간주되며, 사회적 해방이라는 것도 여전히 특수한 계급에 의한 이러한 유산의 재전유로 이해되기 때문이다. 이 계급의 특수한 요구는 역사의 주인이 되고자 하는 인류의 보편적 요구와 연합한다. 오늘날 "자본"으로 변장하고 있는 인류의 소외된 부를 재전유해야 한다는 이러한 규범적 모델은 이러한 생산 양식에 대한 마르크스의 비판에서 작동하고 있다. 물론 초기 작품에 나타나는 철학적 인간학과 『자본론』에 나타나는 사회적 관계 안에 있는 개인 모델 사이에는 근본적인 차이가 있다. 그러나 사회 이론과 근본적인 사회 분석에서 『1844년 수고』로부터 『자본론』으로의 이러한 변화가 규범적 모델을 변화시키지는 않는다. '생동적 위기' 대 '체계적 위기'라는 이중적인 관점이 보여 주는 것처럼, 마르크스의 규범적인 해방의 모델은 여전히 이러한 과정에서 산출되는 신비한 주체의 생산물, 즉 자본이 참된 주체들에 의해, 프롤레타리아라는 이름을 가진 구체적 개인들에 의해 재전유되어야 한다는 것이다. 외회된 사회적 본질에 대한 이러한 재전유는 자본주의의 유토피아적인 초월성으로 해석되거나,

아니면 자본주의의 미완성된 합리성에 대한 **진보적인** 보충과 완성으로 해석될 수 있다. 이러한 규범적 전제에 대해 유토피아적인 독해도, 진보주의적인 독해도 모두 가능하다. 그러나 어떤 독해도 재전유 모델의 토대와 이 모델의 근간이 되는 주체의 철학에 대해 의문을 제기하지 않는다. 이 질문에 답하기 위해 우선 자기실현의 행위 모델의 단점을 살펴보고자 한다.

의사소통 행위를 특징짓기에는 마르크스의 "대상화" 범주가 부적합하다는 것(제2장 3절을 보라)과 인간 행위의 해석적 무규정성을 설명함에 있어서 헤겔의 외화의 패러다임이 실패했다는 것(제3장 2절을 참조하라)에 대해서는 이미 토의하였다. "대상화"와 "외화" 둘 다 인간 행위에 대한 "지향적-목적론적" 모델에 기초해 있다. 이것은 인간 행위자가 자신의 의도에 상응하는 생산물이나 사물의 상태를 세상에 산출하고자 하는 존재라는 것을 가정하고 있다. 마르크스가 『자본론』에서 말하고 있듯이, 가장 안 좋은 인간의 건축물도 기술적으로 가장 정교한 벌의 건축물과 구별되는데, 그 근거는 인간은 세계에 건설하고자 한 것을 그의 마음에 이미 기획하고 있는 반면, 벌의 활동은 본능에 의해 인도된다는 데 있다.[44] 인간의 행위는 목적론적일 뿐 아니라 지향적이며, 또는 지향성은 인간 행위의 목적론을 구성하는 것이다.

이러한 행위 모델은 확실히 틀리지 않다. 오늘날의 용어로 말해서 이 모델이 함유하고 있는 진리는 다음과 같이 진술할 수 있다. 인간 행동의 주관적 의도와 목적에 대한 지시를 포함하지 않는 모든 행위 시술들은 아직 최종적 진술들이 아니다. 행위에 대한 해명은 서술과 설명을 위해 어떤 다른 모델들이 차용되었는지에 상관없이 행위자의 의도적이고 1인칭적인 관점이 그런 해명의 구성 요소여야 함을 요구한다.

하지만 이러한 행위 모델은 독백적인 모델이다. 이 모델은 주체-객체의 관계를 특권화하며, 주체-주체의 관계와 행위의 사회적 문맥을 추상한다. 우선 목적적 혹은 지향적 행위는 **전언어적***pre-linguistic* 모델의 도움으로 묘사된다. 사람들은 반성하는 의식에서 출발하여 그 의도와 목표를 구성한다. 헤겔은 이러한 반성 행위를 "의식의 내용의 재정립"으로 묘사한다. 이에 반해 마르크스는 "건축가가 자신의 마음의 눈앞에 가지고 있는 이미지"라는 은유에 의지한다.[45] 목표, 의도, 그리고 목적은 정신적인 언어로, 의식의 "내용"으로, "이미지"로, "마음의 눈앞에" 있는 것으로 묘사된다. 사람들은 이러한 목표, 목적 그리고 의도 등이 명제의 형태로 표현됨으로써 언어적으로 매개된다는 사실을 추상한다. 하지만 "너는 무엇을 의도하고, 원하며, 하고 싶으냐?"라는 질문에 대한 대답은 "나는 X라 불리는 내 의식의 내용 혹은 Y라는 이미지를 산출하고 싶다"가 아니라 "나는 교육을 받고자 한다," "나는 그녀를 돕고 싶다," "나는 다리를 건설하고 싶다," "나는 바우하우스 스타일의 사저를 짓고 싶다" 등과 같은 유의 대답이다. 의식의 내용과 이미지들은 언어적으로 매개된 명제적인 표현이다. 이것은 의식의 모든 내용이 언어적으로 매개되어 있다는 것이 아니라 — 고통, 가려움, 취향, 감각들은 그렇게 매개될 수도 있고 그렇지 않을 수도 있다 — 우리가 이 단계에서 고려하고 있는 그런 유의 지향적 행위가 아주 확실하게 있다는 것이다. 이것에 대한 증거는 "너는 무엇을 하고자 하느냐"라고 간단히 질문하는 것이다. 목적론적-지향적 행위는 정의상 한 행위자가 "너는 무엇을 하고 싶으냐, 의도하느냐 혹은 원하느냐?"라는 질문에 답을 할 때 그가 제시한 이유들 때문에 그 행위자에 의해 수행된 행위들이다. 의식의 사적이고 전언어적인 내용들은 — "마음의 눈앞에 있는 이미지" — 처음에 공개될 때 "내면"에서 "외면"으로, "잠재태"에서 "현실태"로 이동하게 된다. 이때에야 비로소 사람들은 그 내용들을 공유할 수 있게 된다. 대상화와 외화의 범주들은 바로 이러한 방식으로 구축된다. 이러한 의미에서 이 모델은 주체-객체 관계를 특권화하며, 인간들로 하여금 언어적으로 매개된 사회화를 통해 인격으로서의 자신의 동일성을 습득하게 하는 공유된 사회세계를 추상한다.[46] 인간의 상호 주관성의 구조에 대한 그의 이러한 발견에도 불구하고, 특히 헤겔은 이 현상을 계속하여 전언어적이고 정신주의적인 술어로 서술한다.

전언어적이고 정신주의적인 행위 모델은 의도들을 의식의 창고에 들어 있는 가구라도 되듯이 취급하는데, 이로 인해 행위의 해석적 무규정성도 무시된다. "행위의 해석적 무규정성"은 인간의 행위와 이 행위에 체현되어 있는 의도가 공유된 세계에서의 사회적 해석과 의사소통의 과정에 의해서만 해명될 수 있다는 것을 의미한다. 행위의 "무엇임"과 행위자의 "누구임"의 이러한 동일화는 본질적으로 해석, 오해 그리고 잘못된 인지 등에 대한 논쟁에 의존하는 사회적, 의사소통적 과정이다. 행해진 것과 행위자 둘 다 본질적으로 논쟁의 여지가 있는 그런 해석적 실천에서 출현하며, 자아와 타자 사이의 의사소통적 주고받음의 결과로 출현한다. 인간의 행위는 이중의 의미에서 언어적으로 매개되어 있다. 첫째, 행위자로서 우리가 우리의 목적이나 소원으로 삼고 있는 것은 세계에 언어적으로 형성되어 있을 뿐 아니라, 둘째, 우리의 행위가 타자에 의해 이야기로, 하나의 서술로 다시 이야기될 수 있는 한 타자는 우리가 행한 것과 우리가 누구인지를 이해할 수 있다. 행위는 "해석의 망"[47] 안에서 전개된다.

헤겔의 존재론이 관점에서 행위가 갖는 이러한 해석적 무규정성은 열등한 지위를 표시한다. 행위는 "악무한"이라는 무한한 변증법에 종속된다. "타자 안에서 자신으로 머묾"의 계기, 즉 자신을 되찾은 정신의 휴식과 평온함은 결코 인간의 영역에서 도달될 수 없다. 그러한 화해는 정신의 궁극적 목표이며, 이것은 우리가 행위를

"노동"으로 생각할 때, 즉 행위를 외면성을 만들고 조형하는 것으로 생각할 때 좀 더 적합하게 습득할 수 있다. 정신은 자신이 언젠가 자신의 잠재성, 능력 그리고 본질을 외화시켜 구체화시켰던 그 대상이나 외면적인 것을 재전유함으로써 자기 자신에게로 되돌아온다. 자신을 외부 세계에 완전히 비운 다음 자신이 언젠가 흘러가게 한 것을 다시 자신에게 되돌리는 이러한 내면성의 모델은 해석적 무규정성의 차원을 모면하기 위한 시도이다. 그것이 정신이건 인류건 간에 그것의 자기실현을 설명하기 위해 헤겔과 마르크스가 행위를 노동 모델에 의지하여 설명하는 것은 바로 그 때문이다. 행위자가 행위를 통해 자기 자신을 실현했다는 주장은 한 행위자의 잠재력, 능력, 그리고 본질이 그가 행한 것에서 분명하게 드러났다는 주장이다. 이 모델은 위에 토의된 두 가지 의미에서 행위의 언어성을 부정하는 경향이 있다. 첫째, 자기실현의 모델은 인식론적으로 투명한 자아를 가정함으로써 작동하는데, 이 자아는 자신을 현실화한 것이 어떤 것인지에 대한 확실한 인식을 소유한 것처럼 보인다. 둘째, 이 행위자가 성취한 것은 다른 사람들이 그가 행동하고 있다고 생각하거나 주장하는 것과는 상관이 없다고 가정된다. 이러한 관점에서 의사소통은 자기실현 과정의 본질적인 특징으로 간주되지 않는다. 자기 투명한 개인은 자신의 본질을 노동 가운데서 드러낸다.

그러한 행위는 종종 외면성의 "체현," "변형" 혹은 "전유" 등과 같은 술어들에 의해 묘사된다. 대상 혹은 외적인 것은 행위자의 목적을 그 안에 체현할 수도 있고 그렇지 않을 수도 있다. 물질은 딱딱하게 저항할 수 있으며, 따라서 우리는 그것을 어떻게 가공해야 하는지 모를 수 있으며, 또 규칙을 적용함에 있어서 충분히 숙련되지 않을 수 있다. 이에 반해 다른 주체에게는 행위자의 목적을 결코 체현시킬 수 없다. 그들은 우리의 의도, 욕망, 목적에 부응하여 행동하거나 행동하기를 거부하거나 둘 중 하나이다. 그들은 우리의 의지의

행위 유형	목적	양상	자아/타자 관계의 구조
도구적 행위	만듦, 특정한 상태의 사태를 산출함	주체-객체 관계	기술, 숙련
의사소통적 행위	의사소통적 이해	다양한 관계, 대개는 주체-주체 관계	대칭, 상호성, 이해
표현적 행위	자기실현 자기 현실화	주체-객체 관계 주체-주체 관계	인정 확립 자기 고양
전략적 행위	명령	주체-주체 관계	비대칭적, 비상호적 도구화된 인간관계

표 4.1

"체현," "외면화" 혹은 "대상화"가 아니라, 우리가 그들과 의사소통해야 하고, 우리가 그들에게 우리의 목적이나 의도를 정당화해야 하는 다른 주체들이다. 자기 실현하는 행위는 인간 행위의 이러한 차원을 포착하지 않는다.

하버마스를 따라서,[48] 나는 인간 행위의 네 유형을 구별하고 싶다. 이것은 표 4.1에 나타나 있다. 이 표는 각 행위 유형에 적절한 요소들에 대한 분석을 담고 있다. 이 행위 유형들을 다른 이론적 수단들로 분석하는 것도 가능하다. 따라서 우선 이러한 행위 유형들이 어떤 의미에서는 "이념형"이라는 것을 언급해야 한다. 구체적인 사회적 행위나 일련의 사회적 행위들은 이러한 행위 유형이 하나 이상 관련되어 있는 것일 수 있다. 예를 들어, 공장 노동은 도구적 행위 양식과 전략적 행위 양식을 결합할 수 있다. 이것은 대화가 의사소통적 유형과 표현적 유형을 포함할 수 있는 것과 같다. 그러나 어떤 행위는 의사소통적 혹은 표현적 행위이면서 전략적일 수는 없다. 이 행위 양태들은 서로를 배제한다.

행위 유형의 "양상"에 의해서, 나는 각각의 특징적 주체-객체 관계를 이해한다. 양상은 따라서 "세계 준거world reference"의 형태로 묘사될 수 있다. 그것은 실재의 어떤 영역이 각각의 경우에 주된 중요성을 갖는지, 즉 각각의 행위 유형을 수반하는 명제적 표현들이 어떤 영역을 준거하는지를 보여 준다. **도구적** 행위 유형은 어떤 것을 만들고 특정 상태의 사태를 산출하는 객관적이고 외적인 세계를 그 주된 준거 대상으로 갖는다. 이 행위 유형에 우리는 맥주병을 따고, 자전거를 수리하며, 또한 원자력 발전소를 건설하는 것 등을 포함시킬 수 있다. 말하는 것과 담화 등 의사소통 행위의 양상은 사회 세계와 주체-주체 관계이다. 하지만 바로 그 때문에 의사소통적 관계는 메타 행위이다. 의사소통이 도구적, 전략적, 혹은 표현적 행위 양식 속에서 깨지고, 사람들이 이 행위 유형들의 준거적 요청들에 대한 반성적 상태를 가정한다면, 이들은 의사소통 행위에 종사하면서 상호 이해의 길을 추구한다.[49] 이러한 의미에서 의사소통 행위의 세계 준거는 다중적이다. 그것은 객관 세계에 관심을 가질 수도 있고, 다른 자아들의 세계에, 혹은 자기 자신의 내적인 세계에 관심을 가질 수도 있다. **표현주의적 행위**는 두 가지 양상을 가질 수 있다. 우리의 내적인 상태, 느낌, 감정 등에 대한 타자와의 의사소통이거나, 아니면 바이올린 연주, 그림 그리기, 드라마 혹은 춤 등과 같이 우리의 능력을 타자를 위해 드러내는 것이다. **전략적 행위**는 의사소통 행위처럼 주로 주체 지향적이다. 목적은 상호 이해에 도달하는 것에 있지 않고, 우리의 목적과 목표를 완수하게 하는 방식에서 타자에게 말하고 행위하게 하는 것이다. 전략적 행위의 예들은 주식 시장에서 주식을 사고파는 것과 같다. 광고, 군사 계획, 조세와 정치적 선전 등이 이 범주에 속한다.

"자아 타자" 관계의 구조는 사회적 상호 작용을 규정하는 규범과 규칙들을 의미한다. **도구적** 행위의 경우에 이것들은 기술적 규칙들과 숙련의 규칙들이며, 외부 세계에 대한 우리의 인식과 그 기능에 상응한다.[50] 의사소통 행위의 경우에 이 규칙과 규범들은 언제나 경험적인 언술에 의해 반反사실적으로 예견된다. 이 규칙과 규범들은 참여자들 사이에 대칭적이고 상호적이다. 말하고 논의함에 있어서 행위자 A는 자신의 권리를 부정하지 않고서는 행위자 B의 어떤 권리도 부정할 수 없다. A와 B는 토의적인 논의의 모든 권리와 특권을 동등하게 부여 받는다. **표현주의적 행위**의 규칙과 규범들은 자기 자신의 유일성과 능력에 대한 타자의 인정이자 확신이다. 혹은 춤, 음악, 그리고 노래 부르기 등과 같은 수행적-표현주의적 행위의 경우, 그 규칙과 규범들은 자기 고양이다. **전략적 행위**의 규범과 규칙은 비상호성과 비호혜성으로 특징지어진다. 당신과 내가 동일한 기회나 행운, 자원, 그리고 인식을 공유하지 않는 한 나는 당신을 정치적 선전에 의해 확신시킬 수 있으며, 광고로 당신을 세뇌할 수 있으며, 군사 계획에 의해 당신을 억제할 수 있다.

  이 행위 유형의 토대 위에서 나는 지금까지 살펴본 행위의 노동 모델이 표현적 행위에 상응한다는 것을 제시하고 싶다. 표에서 볼 수 있듯이, 표현적 행위는 주체와 연관될 수 있고 동시에 객체와 연관될 수 있다. 이러한 행위 유형이 갖는 이중적인 세계 준거는 마르크스와 헤겔로 하여금 **도구적 행위**와 **전략적** 행위 유형 둘 다를 비판할 수 있게 한다. 자본주의적 시민 사회에 대한 마르크스의 주된 비판은 노동이 도구적 행위로 환원되어 인간관계가 물화되며, 이를 통해 인간관계가 비호혜적인, 비상호적인 **전략적** 관계로만 환원된다는 것이다. 산업 사회의 임노동이 노동자에게서 자신의 삶의 활동을 자기 고양과 자기 확신으로 바라볼 수 있는 능력을 강탈하는데 반해, 화폐화된 교환 관계는 전략적인 사회 행위를 제도화한다. 근대 사회에 특징적인 분열, 즉 개인주의, 법치주의, 그리고 형식주의 등에 대한 헤겔의 비판도 인륜적 관계를 전략적 행위로 환원한 것에 대한 비판이다. "인륜적 삶"이라는 개념이 의사소통적인 행위 양식을 함유하고 있는 듯이 보이지만, 헤겔의 초주관적인 견해에서 자유는 상호적이고 호혜적인 양식이 아니라 자기 확신과 자기 고양의 형식이다. 이 책의 첫 부분에서 나는 행위의 노동 모델, 그리고 이 모델이 의존하고 있는 표현주의적 패러다임 둘 다 상호 주관성의 정치학에서 집단적 단수의 정치학으로 이끌어 간다고 주장했다. 이것은 표현주의적 모델에 의해 인도된 인간관계에 대한 대안적 전망이 결코 분명하게 되지 않는다는 결과를 가진다.

행위의 노동 모델은 내가 "주체의 철학"이라고 묘사한 입장의 근본적인 전제이다. 그러나 이 전제가 유일한 전제는 아니다. 상기하듯이, 다른 두 개의 가정들이 더 있는데, 하나는 역사를 자신의 활동의 전개로 보는 인류 혹은 인간성이라는 집단적 단수 주체가 있다는 것이고, 다른 하나는 해방이 이러한 인류의 유산을 "재전유"하는 것이라는 것이다. 이 장에서 나는 마르크스주의가 정신 대신 인류를, 인류 대신 노동 계급을 대체한다는 것을 보임으로써 마르크스주의에서 행위의 노동 모델과 재전유의 정치학의 관계를 분명하게 하고자 했다. 헤겔에게서 행위의 노동 모델이 초주관성의 관점, 즉 사유자-관찰자의 관점으로 이끌리는데 반해, 마르크스에게서 행위의 노동 모델은 계급의 정치학으로, 집단적 단수 실체의 정치학으로 이끌린다. 두 경우에서, 이것은 결과적으로 인간적 다수성의 부정으로 나타난다.

다수성은 여기서 우리가 시간과 공간 안에 존재하는 분명한 몸체라는 사실뿐 아니라 또한 우리의 체현된 동일성이, 그리고 우리 자신을 구성하는 서사적 역사가 우리에게 세계에 대한 유일한 관점을 부여한다는 것도 의미한다. 공통성과 공동성이 우리 가운데서 일어나고 전개되는 이유는 우리가 유사한 삶의 조건으로 치닫고 있기 때문만이 아니라, 또한 우리가 공통의 관점을 서로 창조하고, 세계를 조망할 수 있는 현상의 공간을 만들기 때문이다. 다수성은 자기 자신들에게서처럼 타자에게서 기인하는 체현된 존재들의 조건이다.[51] "나"로 됨의 경험은 필연적으로 자신의 관점을 타자의 관점과 구별하는 것을 배우는 경험을 포함하며, 이것은 세계가 타자의 눈에 어떻게 보이는지를 알려는 학습을 포함한다. 세상에 타자의 관점이 있다는 것을 인식하도록 가르치는 인지적이고 도덕적인 과정의 결과로서만 사람들은 자신의 관점에 도달하는데, 이러한 사실은 다수성으로 서술된 조건에 본질적이다. 아리스토텔레스의 문장에도 있듯이, 자신의 관점을 구성하기 위해 타자의 관점을 필요로 하지 않는 존재는 신이나 동물뿐이다.[52]

마르크스의 계급 개념은 다수성의 조건을 부정하는 경향이 있다. 그는 사람들이 살고 있는 객관적, 사회적 조건이 같으면 동일한 계급을 형성하게 된다고 가정한다. 하지만 즉자적 계급과 대자적 계급을 명확히 구분함으로써 행위의 객관적 규정 요소가 집단적 행위의 공통된 의미를 산출하는 데 충분하지 않다는 인식이 드러난다. 집단의식의 **형성** 과정은 마르크스와 엥겔스의 보다 직접적인 정치 논문의 주제이긴 하지만,[53] 자본주의의 위기를 다루는 그들의 학문의 역사에서 지배적인 위치를 차지하고 있지는 않다.

내가 "다수성"이라고 부른 것은 초주관적 입장과, 그리고 이 입장에 함축된 사회적 인식론과 양립 불가능해 보인다. 그러나 이것은 문제를 낳는다. 사회적 행위자들 스스로의 생동적 관점만이 사회적 진리와 인식의 장소라고 가정할 수 있는가? 그리고 그러한 견해가 일상 의식의 측면들을 이데올로기적인 것으로 비판하는 사회 비판 이론과 화해할 수 있는가? 실제로 상호 주관성과 다수성에 대한 배타적인 강조는 사회 세계를 하나의 관점에서만 구성하고자 하는 위험 부담이 있다. 생동적인 경험에 대한 강조는 사회적 행위자들이 생동적인 경험의 의미를 가볍게 무시해 버리는 사회학적 기능주의에 대해 건강한 해독제의 기능을 할 수 있다. 그럼에도 불구하고, 생동적인 경험에 대한 지나치게 일방적인 강조 또한 사태를 왜곡할 수 있다. 사회 비판 이론은 이 두 관점을 모두 체현하여야 한다. 이러한 의미에서 마르크스가 『자본론』에서 제시하고 있는 이중적 위기관은 훌륭한 예시로 남는다. 내가 여기서 비판한 것은 마르크스가 이 이중적 관점을 채용했다는 데 있는 것이 아니다. 나는 오히려 한편으로는 자본의 기능주의적 논리와 다른 한편으로는 빈곤, 고통, 그리고 저항과 투쟁 등 프롤레타리아의 생동적 경험 사이를 매개하는 방식, 혹은 더 정확히 말해서 매개하는 데 실패한 방식을 문제 삼고 있다. 사회 비판은 위기들이 객관적으로 필연적일 뿐 아니라 경험적으로도 타당하다는 것을 보여야 한다. 마지막 분석에서, 위기의 기능적 언어를 고통, 비하, 억압, 투쟁, 그리고 저항 등 경험적 언어로 번역함에 있어서 그 이론의 성공이란 그것에 "비판 이론"이라는 이름을 부여하는 것이다.

이 책의 제2부에서 나는 비판 이론의 이 두 차원을 비판의 "설명적-진단적" 계기와 "예견적-유토피아적" 계기로 부를 것이다. 비판 이론의 설명적-진단적 기능은, 완전히 그런 것은 아니라 하더라도, 관찰자, 즉 제3자의 인식적 관점에 상응한다. 여기서 사회 체계는 내적인 모순들, 한계들, 그리고 위기들을 가진 것으로 관찰된다. 비판의 예견적-유토피아적 차원은 사회적 행위자의 생동적 욕구와 경험을 해석하고, 이것들을 미래의 규범적 이상의 빛 아래서 의미 있게 하기 위해 이런 욕구들과 경험들을 다룬다. 설명적 차원 없이 비판 이론은 단순한 규범 철학으로 해체된다. 하지만 만약 비판 이론이 예견적-유토피아적 비판의 차원을 배제한다면, 이 이론은 사회 세계에 대한 가치중립적인 인식을 얻고자 시도하는 다른 대부분의 사회 이론들과 구별될 수 없을 것이다.

이 정도 분명히 한 다음, 주체의 철학의 남겨진 가정들, 즉 역사는 집단적 단수 주체의 노동(작품)이며, 해방은 이러한 유산을 "재전유"하는 데 그 본질이 있다는 가정들로 되돌아가자. 행위의 노동 모델이 하나의 인간 활동을 보여 주는 것이지 근원적인 인간의 활동을 필연적으로 보여 주는 것은 아니라고 할 때, 역사가 어떤 주체의 "작품(노동)"이라고 가정하는 것은 확실히 공허하게 들린다. 이와 유사하게, 행위자이자 목표로서의 인류(인간성) 개념이 갖는 경험적, 규범적 애매성을 일단 살펴본 이상 이러한 역사 개념은 더 이상 지속될 수 없다.

하지만 20세기의 마르크스주의가 이 두 전제들을 급속하게 포기했다는 생각은 오류일 것이다. 실재가 실천을 통해 사회적-역사적으로 구성된다는 테제는 마르크스주의 이론의 근본적인 테제이기 때문에 역사의 주체 개념이 아주 모호하게 현상할 때에도 마르크스주의자들은 이 테제를 포기하려 하지 않는다. 그들은 대신 약간 다른 방식으로 마르크스주의의 규범적 차원을 재형성하고자 했다. 이것이 바로 호르크하이머가 1937년에 「전통 이론과 비판 이론」이라는 논문에서 보인 전략이다. 전체 전통을 규정하는 이름으로 된 이 논문은 역사의 주체에 대한 규범적 의미와 경험적 의미를 매개하려는 호르크하이머의 확신 없는 시도가 보이기도 하지만, 양자 사이의 긴장을 아주 분명하게 드러내 준다. 사실 이 논문은 프랑크푸르트학파에서 고전 마르크스주의의 비판 패러다임과 이 비판에 내재하는 탈물신적, 위기 이론적 차원들이 20세기의 자본주의의 실재를 다루는 데 더 이상 적합하지 않다는 것을 점진적으로 보여 주는 이론의 양태를 형성한 최초의 것이다.

특히 아도르노와 호르크하이머 그리고 마르쿠제의 작품은 주체의 철학이 얼마나 유약하게 되었는지를 가장 잘 보여 준다. 하지만 그들은 모두 그것을 포기하지 않는다. 역사적 과정이 모든 희망을 혁명적 주체 안에서 파괴하는 것처럼 보일 때조차도, 그 욕구와 관심이 전체 인류의 욕구와 관심을 대변하는 것으로 여겨지는 **주체**에 대한 추구는 계속된다. 사회적 실재는 불연속적이고 다루기 힘들며 찢겨 있다고 강조함으로써 아도르노는, 내 견해로는, 혁명적 주체의 신화를 그 내부에서부터 폭파하는 데 가장 근접해 들어갔다. 하지만 이러한 통찰에도 불구하고 그는 급진적인 상호 주관성과 다수성의 관점으로 나아가지 않았다. 대신 그는 행위의 노동 모델 대신 미메시스 모델을 제시한다. 노동poiesis이 시poetics로 되었다.

이 책의 제2부는 호르크하이머에서 하버마스에 이르는 비판 개념의 이러한 변화를 추적한다. 이 책 제1부에서처럼 나의 목표는 이러한 이론적 변화의 역사를 체계적으로 재구성하는 것이다. 나의 관심은 특정한 행위 모델과 주체관 사이의 체계적 관계를 드러내는 것이며, 호르크하이머와 아도르노의 사유에서도 주체의 철학이 우세하다는 것을 다시 한 번 보이는 것이다. 나의 논의는 제7장과 제8장에서 정점에 이르는데, 거기에서 나는 비판 이론의 규범적 토대에 대해 의문을 제기한 공을 세운 하버마스에게로 돌아간다. 나의 주장은, 하버마스가 행위의 노동 모델에서 (내가 빚지고 있는) 의사소통적 상호 작용의 모델로 이행했음에도 불구하고, 그 역시 주체의 철학과 더불어 진행하고 있다는 것이다. 나는 이러한 사실을 의사소통적 윤리학이라는 그의 패러다임을 특별히 언급하면서 증명할 것이다.

제2부

비판의 변형

Critique, Norm, and Utopia
A Study of the Foundations of Critical Theory

제5장

도구적 이성 비판

　　마르크스의 저작에는 전체를 관통하는 애매함이 있다. 이 애매함은 한편으로는 자본주의의 "완성"이라는 것과 다른 한편으로는 자본주의의 "변형"이라는 것 사이의 긴장에서 나왔다. 청년 헤겔주의자들에 대한 그의 초기 비판 이래로 마르크스는 해방된 사회에 대한 기획을 고안한다. 해방된 사회는 급진적 민주주의의 확립을 통해 시민 혁명의 유산을 완성하는 것이면서 동시에 국가와 시민 사회의 구별을 제거함으로써 이 유산을 변형하는 것이다. 이 두 대안은 각각 "정치적인 것의 보편화"와 "보편적인 것의 사회화"로 불렸다. 『1844년 수고』에서도 "주체의 철학"으로 서술되는 입장과 "감각적 유한성"에서 출발하는 입장 사이에 유사한 긴장이 목격되었다. 마지막으로 마르크스의 『자본론』에서 "체계" 위기와 "생동성"의 위기라는 두 관점이 분석되었다. 이 개념군들 중 첫 번째에 위치한 술어들은 해방을 현존 질서의 내적인 모순을 해결하는 것으로 이해하는 관점에 상응하고, 두 번째 술어는 근본적으로 새롭고 다른 것을 예견하는 관점을 대변한다. 마르크스주의의 유토피아적 입장이 낭만주의적, 무정부주의적 유토피아주의와 구별되는 근거는 마르크스가 급진적으로 새롭고 다른 것을 주장함에도 불구하고 그 다른 것을 현존에 대한 단순한 "추상적" 부정이 아닌 "규정된" 부정으로 이해한다는 점에 있다. 유토피아는 그리스어로 "어디에도 없음nowhere"을 의미한다. 비판적 마르크스주의에서 유토피아는 공간적인 의미를 가지는 것이 아니라 시간적 의미를 가진다. 그것은 "아직 있지 않은 것not as yet," "존재할 수 있는 것이지만 현재하지 않는 것"을 의미한다.

사회연구소의 일원이자 동료들인 막스 호르크하이머, 테오도르 아도르노, 헤르베르트 마르쿠제, 레오 뢰벤탈, 프리드리히 폴록, 그리고 발터 벤야민 등은 현재의 곤궁, 고통 그리고 비이성적 상황이 영속화될 수밖에 없다고 판단되던 때에 현존하는 것의 "규정된 부정"과 자본주의의 완성이라는 사상을 통해 자신들의 이론을 발전시켰다.[1] 소련에서 사회주의의 최초의 실험, 그리고 특히 유럽 파시즘의 경험과 유대인들의 파멸 등과 더불어 환상이 벗겨지기 시작했다. 이로 인해 현재에 대한 규정된 부정은, 비도덕적이지는 않더라도, 무용하게 되는 것처럼 보였다. 비판 이론은 "근본적으로 새로운 것"과 "근본적으로 다른 것"을 생각해야 하는 임무에 직면하였다.

1971년, 마틴 제이M. Jay의 『변증법적 상상력』의 서문에서 호르크하이머는 다음과 같이 썼다. "이 세계와는 완전히 다른 타자에 대한 호소가 일차적으로 사회 철학적 추동력을 가졌다. … 지상에서 테러가 없어질 것이라는 희망은 확실히 비과학적인 소망일 뿐이다."[2] 극단적으로 요약된 이 공식에서 호르크하이머는 철학적 진리와 과학적 진리를 구별하고 있으며, "완전한 타자"에 대한 사유의 임무를 철학에 귀속시키는 것 같다. 1937년에 출판된 호르크하이머의 「전통 이론과 비판 이론Traditional and Critical Theory」이 프랑크푸르트학파의 기관지인 『사회조사지』에서 논쟁을 유발하였는데, 이 논쟁에 대한 한 반응에서 마르쿠제는 이 점을 좀 더 날카롭게 공식화한다.

진리가 현존하는 사회 질서 내에서 실현될 수 없을 때, 현존 질서의 입장에서 진리는 유토피아적 성격으로 나타난다. … 그러한 초월성은 진리에 반항하는 말을 하는 것이 아니라 진리를 위하는 말을 한다. 유토피아적 요소는 오랫동안 철학에서 유일하게 진보적인 요인이었다. 최상의 국가 체제, 가장 강렬한 만족의 상태, 완전한 행복의 상태 등이 그런 유토피아적 요소이다. … 비판 이론에서는 [이런 유토피아적 요소에 천착하는 — 옮긴이] 완고함이 철학적 사유의 참다운 성질로 주장될 것이다.³⁾

프랑크푸르트학파의 회원들이 1930년대에 전개한 "비판 이론"으로 알려진 철학적 반성과 사회과학적 연구의 저 독특한 흐름을 적절하게 포착할 수 있는 공식은 없다. "역사적 유물론을 스스로에게"(코르쉬) 적용함으로써 그들은 마르크스의 정치경제학의 가능성에 대한 역사적 조건을 분석할 수 있었다. 따라서 그들은 자유 시장 자본주의에서 그들이 "국가 자본주의"라고 애매하게 이름 붙인 새로운 사회 형태로의 "이행에 관한 비판 이론"을 명료하게 할 임무에 직면했다. 이 장의 목적은 이러한 공헌의 넓이와 깊이를 탐구하는 것이 아니며, 또한 프랑크푸르트학파의 지적인 전개의 역사를 추적하는 것도 아니다. 그런 포괄적인 분석은 다른 사람들, 특히 마틴 제이와 데이비드 헬드에 의해 수행되었다.⁴⁾ 이 장의 목적은 프랑크푸르트학파의 작품을 통해 "비판"의 기획이 어떻게 변형되었는가를 탐구하는 것이다. 내재적 비판, 탈물신화 비판, 그리고 위기 진단으로서의 비판 등 여러 가지 종류의 비판 개념을 사용함으로써 아도르노와 마르쿠제는 질문의 양태를 변화시킨다.

나는 정치경제학 비판에서 도구적 이성 비판으로의 이행이 갖는 일반적인 특징에서부터 시작할 것이다(제1절). 호르크하이머, 아도르노 그리고 마르쿠제는 "도구적 이성 비판"으로 알려진 이론을 베버가 서구에서의 합리화와 탈마법을 설명하기 위해 사용한 범주들의 도움으로 전개시킨다. 막스 베버의 작품에 대한 그들의 수용은 아주 이중적이다. 한편으로 그들은 합리화 과정의 자기 파괴적 역동성을 말하는 베버에 동의하면서, 다른 한편으로 비도구적 이성을 고안할 수 있다고 주장한다. 따라서 그들은 서구에서의 사회적·문화적 합리화에 대한 베버의 진단을 받아들이면서, 다른 한편으로 도구적 이성을 유토피아적인 이성과 대립시킨다. 그들 기획의 이런 모순적인 성격이 제2절에서 다뤄질 것이다.

1. 정치경제학 비판에서 도구적 이성 비판으로

일반적으로 1937년에 쓰인 호르크하이머의 「전통 이론과 비판 이론」은 프랑크푸르트학파에 의해 전개된 철학적·사회적 탐구 양식을 위한 범례로 간주된다. 이 논문은 사회연구소의 초기 연구 프로그램의 중요한 재형식화를 표현했다. 두비엘H. Dubiel, 본스W. Bonss 그리고 쇨너Söllner의 최근 작품이 보여 주고 있듯이 사회연구소의 연구 프로그램의 진화는 세 국면으로 나눌 수 있다. 1932-1937년에 걸친 "학제간 유물론"의 단계, 1937-1940년에 걸친 "비판 이론"적 접근의 단계, 그리고 1940-1945년에 걸친 기간을 특징짓는 "도구적 이성 비판"의 단계가 그것이다.[5] 이행의 각 단계는 각 시기의 역사적 경험의 전야에 발생한다. 바이마르 공화국에서 노동 계급 운동의 전망, 소련의 사회 구조에 대한 평가, 그리고 파시즘에 대한 분석 등은 이론에서의 근본적인 변이를 불러일으킨다. 이러한 발전으로 인해 비판 이론의 자기 이해는 재형식화된다. 즉, 이론과 실천의 관계, 이론의 주체와 수용자들 사이의 관계 등이 재규정되는 한편, 철학과 과학의 상호 의존성, 비판 이론과 마르크스주의의 상호 의존성 등이 재개념화된다. 나는 "유물론"의 단계와 "비판 이론"의 단계 사이에서 발생하는 이론과 실천의 관계에 대한 변화된 특성을 대략 설명하면서 시작하려 한다.

호르크하이머의 논문 「전통 이론과 비판 이론」은 독일 노동 계급 운동과 그 정당들이 파시즘에 의해 완전히 패퇴되었을 때, 그리고 스탈린주의의 공개적인 테러와 소련의 권력 기구에서 계속 일어나는 "숙청"으로 인해 사회주의의 최초의 실험과 관련한 모든 환상이 깨졌을 때 작성되었다. 이러한 경험들은 이론과 실천의 관계를 재형식화하는 데 반영되었으며, 또한 이론의 수신자를 근본적으로 재규정하는 데 반영되었다.

1937년 이전의 시기에 진리는 "올바른 실천의 계기"[6]로 규정되었다. 그럼에도 불구하고 이때 그것은 직접적인 정치적 성공과 구별되어야 했다. 이에 반해 「전통 이론과 비판 이론」에서는 이론적 진리와 특정 사회 집단의 정치적 실천 사이의 관계가 점차 동떨어진 것으로 나타나기 시작한다. 1934년 호르크하이머는 여전히 다음과 같이 쓸 수 있었다.

> 이론의 가치는 이론이 그 임무와 맺는 관계에 의해 결정된다. 왜냐하면 이 임무는 특정한 역사적 순간에 가장 진보적인 사회적 힘들에 의해 침해되기 때문이다. 그리고 이론의 가치는 모든 인류에게 직접적인 유효성을 갖는 것이 아니라 우선은 이 임무에 관심이 있는 집단에게만 유효성을 갖는다. 많은 경우 사유는 투쟁하는 인류의 문제들과 동떨어져 있다. 이러한 사실은 다른 무엇보다도 지성인에 대한 불신을 정당화한다. … 아무런 실천도 하지 않는(무제약적인) 지식인에 대한 이러한 도전은 사유의 이러한 자유로운 유동성(무관계성)이 판단의 자유를 의미하는 것이 아니라 사유가 그 동기의 관점에서 통제

되지 못함을 의미하는 한 옳다(「현대 철학에서 합리주의 논쟁에 대해」, in ZfS 1934: 26-7).

이에 반해 호르크하이머는 「전통 이론과 비판 이론」에서 **공동의 목표**를 강조하는 것이 아니다. 오히려 그는 "자체 내에 이론가들을 가진 가장 진보적인 계급과 나머지 계급 사이의 갈등뿐만이 아니라 계급의 전위와 이 전위의 진리성을 말하는 개인들 사이의 가능한 갈등"을 강조한다(ZfS 1937: 269; 215). 자유를 약속하는 사회적 힘들의 통일은 갈등하는 통일이다. 사회에서 진보적인 힘들과 동맹 관계에 있는 곳에서, 그리고 이론의 "가치"를 실천과의 관계에서 규정하는 곳에서 호르크하이머는 사상가의 비판적 태도가 얼마나 중요한지 그 가치를 강조한다. 이때 이 사상가는 그러한 사회적 힘들과의 관계를 잠재적인 갈등과 공격적인 비판의 관계로 바라본다. "이러한 진리는 그 이론가의 인격에서 아주 명백해진다. 그는 현상에 대한 의식적인 옹호론자에 대항하여, 또한 자신의 집 안에서 산만한, 체계 순응적인, 혹은 유토피아적인 경향에 대항하여 공격적 비판을 수행한다"(*ibid.*). 해방적인 내용을 가진 사회 이론과 해방적 변화를 수행하는 사회 계급이나 집단의 경험적 자기의식 사이에는 필연적인 융합이 없다.

호르크하이머의 논의에 자극을 받아 쓴 논문「철학과 비판 이론」에서 마르쿠제는 지성인을 "자기 뒤로" 고립시키고 떠미는 실존적 상황을 그린다. "그렇다면 이론에 의해 제시된 그런 발전이 전개되지 않을 때, 변형을 가져와야 할 힘들이 밀려나 패배한 것으로 나타날 때는 무엇이란 말인가? 따라서 이론이 새로운 관점에서 대상의 새로운 측면과 부분을 비쳐 준다면 이 이론의 진리는 그 만큼 모순적이지 않다. … 새로운 상황에서 이론이 갖는 변화의 기능은 좀 더 신랄한 의미에서 그 이론에게 '비판 이론의' 성격을 부여한다"(ZfS

1937: 636-7). "이론의 변혁적 기능"은 마르크스주의의 비판적 진리와 프롤레타리아의 경험적 의식 사이에서 생겨나는 점점 커가는 간극을 표시한다. 그럼에도 불구하고 그 이론은 프롤레타리아를 계속해서 미래의 사회 변혁을 담당할 객관적 행위자로 지시한다.

논문 「전통 이론과 비판 이론」은 두 가지 부가적 관점에서 사회 연구소의 초기 유물론적인 프로그램을 재형식화한다. 철학이 마르크스주의의 "비판적" 진리의 내용과 맺는 관계뿐 아니라 특수 과학과 맺는 관계는 이제 다시 정의된다. 「유물론과 형이상학」(1933)에서 호르크하이머는 "유물론은 철학과 과학의 통일을 요구한다"고 주장하였다. "물론 유물론은 작업 기술상 보다 일반적인 임무를 수행하는 철학과 그렇지 않은 개별 과학을 구분한다. 또한 유물론은 탐구 방법과 탐구의 표현이 구별된다는 것을 인정한다. 하지만 유물론은 과학과 철학 자체의 차이를 인식하지 못한다"(ZfS 1933: 23, 34). 철학과 과학이 이렇게 통일되어 있다는 것은 과학의 특수한 결과물도, 과학의 지배적인 자기 이해도 무비판적으로 수용되지 않는다는 것을 의미한다. 철학과 과학은 역사적 총체성에 대한 유물론적 과학의 관점에서 재통합되어야 한다. 유물론적 사회 이론은 사회 과정의 상을 점진적인 역동적 총체성으로 구성하기 위해 개별 과학의 성과들을 통합한다. 개별 과학은 자신이 이러한 총체성의 계기임을 알며, 모든 사유가 "조건지어진" 성격을 갖는다는 것을 인정한다.[7]

이에 반해 「전통 이론과 비판 이론」에서 호르크하이머는 과학과 철학의 통합을 더 이상 옹호하지 않고, 과학의 인식론적 토대에 대한 철학적 비판을 전개한다.[8] 그는 이제 개별 과학의 발견물이 과학의 토대에 대한 비판을 수행하는 철학적 비판 없이 철학과 통합될 수 없다고 주장한다. 개별 과학들과 이 과학들의 성과를 인식의 유일하게 유효한 모델로 생각하는 철학 이론은, 이 이론이 어떤 것이든 간에, 모두 다음과 같은 인식론적 환상을 영속화한다. 즉, 인식의 대상은 이미 만들어져 있는 것으로 현재하며, 몰역사적 실재이다. 또한 인식 주체가 이 대상과 맺는 관계는 수동적인 인지의 관계로, 제한된 실험의 관계로 표현된다. 호르크하이머는 이러한 입장을 "전통 이론"의 입장이라고 부른다. 전통 이론은 자신의 대상의 역사적 체제에 대해서도, 자신이 산출한 지식이 사회에 정립하는 목적에 대해서도 질문하지 않는다. 호르크하이머는 모든 사유가 삶의 과정에 의해 조건지어져 있다는 일반적인 테제에 더 이상 만족하지 않는다. 대신 그는 전통 과학 이론의 **범주적 구조**를 분석하여 인식 대상과의 사변적 관계라는 객관주의적 환상이 어떻게 이러한 사유 양식의 바로 그 구조에 의해서 영속화되는지를 보여 준다. 호르크하이머는 과학과 이론에 대한 "외재적" 비판에서 "내재적" 비판으로 이행한다. 일차적인 그의 공격 대상은 과학과 이론이 사회에 정립해 놓은 유용한 용례들이 아니라 전통 이론의 개념들, 구조들, 그리고 과학적인 작용들 등에 의해 사회적 실재에 대한 왜곡된 상을 재산출하게 하는 방식들이다.[9)] 문제는 더 이상 철학과 과학의 통일일 수 없으며, 특수 과학의 결과물에 대해 비판 이론의 단순한 사용일 수 없다. 철학은 "비판"으로서의 자신의 능력 안에서 과학에 대항해 자신의 권리를 주장한다.

    호르크하이머는 사회 비판 이론이 경제학 비판에 종사할 때조차 계속 철학 분과에 있어 왔다고 주장하며(ZfS 1937: 627/247), 또한 정치경제학 비판의 "철학적 계기"를 이루고 있는 세 측면을 열거한다. 첫째, 정치경제학 비판은 "경제를 지배하고 있는 개념들이 그 대립물로 변형되는 방식"(*ibid.*)을 보여 준다. 둘째, 비판은 그 대상과 동등하지 않다. 정치경제학 비판은 경제를 물신화하지 않는다. 정치경제학 비판은 "인간이 현상에만 붙들려 있거나 권력과 이윤을 축적하는 것에만 국한되지 않는 다른 가능성들을 갖는다는 관념론적 확신을 가지면서 동시에 자유롭고 스스로 결정하는 사회라는 유물론적인 개념"(ZfS 1937: 628/248)도 방어한다. 셋째, 정치경제학 비판은 사회의 전체적 경향성을 강조하며, "그 목적에 도달하고 있는 시대의 역사적 운동"(ZfS 1937: 627/247)을 그린다. 호르크하이머는 이 세 측면을 정치경제학 비판에서의 "철학적 계기들"이라고 부른다. 왜냐하면 각각의 개념적 절차는 주어진 법과 사회 구조에 대한 포괄적인 이해 이상의 것을 목적으로 하며, 규범적 기준의 관점에서만 의미를 갖는 존재를, 즉 사회의 합리적 구성에 의한 "개인들의 자유로운 발전의 실현"을 판단하고 분석하기 때문이다. 호르크하이머에게 철학의 유산을 구성하고 있는 것은 유토피아적-규범적 기준의 이름으로 소여되어 있는 것에 대한 비판이다. 호르크하이머가 말하는 첫 번째 측면은 내가 마르크스의 방법적 절차에서 "내재적 비판"이라고 불렀던 것에 상응한다. 두 번째 측면은 "탈물신화 비판"에 해당되며, 호르크하이머에 의해 강조되는 세 번째 측면은 위기 진단의 측면이다(제4장, 3절을 보라). 이 측면들을 좀 더 자세히 살펴보자.

1. 정치경제학 비판은 "경제를 지배하고 있는 개념들이 어떻게 그 대립물로 변형되는지"를 보이는 것이라고 주장하면서, 호르크하이머는 마르크스의 방법적 절차가 가지는 다음의 측면에 주목한다. 마르크스는 정치경제학에서 사용되는 범주들의 일반적인 정의에서 시작하여 이 범주들이 어떻게 그 반대물로 변하는지를 보여 준다. 마르크스는 자신의 표준을 정치경제학에서 사용되는 표준들과 대립시키지 않지만, 정치경제학의 유용한 결과들을 내적으로 해명하고 심화시킴으로써 정치경제학의 개념들이 자기모순이라는 사실을 보여 준다. 이러한 설명은 이 개념들의 논리적 함의를 철저하게 사유할 경우 이 개념들로는 자본주의적 생산 양식을 설명할 수 없다는 사실을 의미한다. 정치경제학의 범주들은 그 범주들 자신의 내용에 반하여, 즉 이 범주들이 설명하고자 한 현상들에 반하여 측정되며, 이런 관점에서 적절하지 못한 것으로 드러난다. 나는 앞에서 마르크

스의 방법적 절차의 이러한 측면을 내재적인 "범주적 비판"이라고 불렀다. 둘째로 "비판은 그 대상과 동일하지 않다"라고 주장함으로써 호르크하이머는 탈물신화의 차원을 강조한다.

2. 탈물신화 비판의 목적은 자본주의라는 사회적 실재가 필연적으로 개인들에게 신비화된 형태로 드러난다는 것을 보이는 것이다. 일상 의식은, 고전 정치경제학 담론이 주장하듯, 사회적 실재는 객관적인, 법칙 지배적인, 자연 유사적인 영역이라는 가정에서 출발한다. 여기서는 사회적 관계도, 자연과 같은 객관성의 이러한 현상을 불러일으키는 인간의 활동도 고려되지 않는다. 호르크하이머에 의해 강조되는 "자유롭고 스스로 결정하는 사회라는 유물론적 개념"(ZfS 1937: 628/248)은 개인들이 그들의 사회 세계에 대한 **구성적 주체**라는 가정 위에서만 가능하다. 개인들은 "현상에만 붙들려 있기"보다는 이러한 사회적 실재를 재전유하여 그것을 인간의 잠재력에 상응하도록 형성할 수 있다. "인간은 이러한 가능성을 갖는다는 관념론적인 확신"(*ibid.*)은, 호르크하이머에 따르면, 마르크스의 탈물신화 비판의 방법적 절차에 의해 증명된다. 이러한 의미에서 비판은 이 비판의 대상 영역인 정치경제학과 동일하지 않다. 이 대상 영역의 사회적 체제와 그 역사적 이행을 분석함으로써 비판은 또한 이 대상 영역 내부에 이 영역의 초월을 지시하는 모순적인 경향들을 드러내 준다. 정치경제학 비판은 경제의 **지배**에서 풀려난 사회적 실재의 양태를 목적으로 한다.

3. 마르크스주의의 자본주의 비판은 체계의 내적 모순과 역기능들을 보여 준다. 그 이유는 이런 모순과 역기능이 어떻게 그리고 왜 현재하는 것에 의해서는 만족될 수 없는 대립적인 주장과 투쟁을 불러일으키는지를 보여 주고자 하는 데 있다. 비판 이론은 미래의 사회적 변형을 가능하게 하고 격려하기 위해 사회적 위기를 신난한다. 호르크하이머가 공식화하고 있듯이, "변화되지 않은 채 지금 그 끝

(목적)에 도달하고 있는 시기의 역사적 운동으로 남아 있는 것이 여기에서는 그렇게 중요하지 않다"(ZfS 1937: 647/247). 그는 다음과 같이 덧붙인다. "경제가 비참함의 첫 번째 원인이며, 이론적이고 실천적인 비판은 무엇보다도 경제에 맞춰져 있어야 한다"(ZfS 1937: 628/249). 하지만 "역사적 변화는 문화의 영역들 사이의 관계들을 순수하게 남겨두지 않는다. … 따라서 경제적 데이터들만으로는 인간 공동체를 평가할 수 있는 기준을 제공하지 않는다"(ZfS 1937: 629/249).

마지막 두 문장에 부가된 특징은 다음과 같은 두 가지를 의미한다. 첫째, 「전통 이론과 비판 이론」의 에필로그의 공동 저자인 호르크하이머와 마르쿠제가 "경제를 비참함의 첫 번째 원인으로" 지각함에도 불구하고, 그들은 경제적 위기 이론만으로는 두 차례 세계대전 사이의 시대적 모순을 분석하기에 충분하지 않다는 사실을 아주 잘 알고 있다는 것, 둘째, 역사적 변화가 문화적 차원을 가지고 있듯이, 위기 현상들은 단순히 경제적 기능 장애로만 경험되는 것이 아니라 또한 **생동적** 위기로 경험되기도 한다는 것을 의미한다. 따라서 앞 장에서 "체계적" 위기와 "생동적" 위기로 분석된 위기 진단의 두 차원이 호르크하이머와 마르쿠제에 의해 경제와 문화 사이의 관계에서 재구성된다. 문화적, 심리적 관계는 개인들에게 경제에 의해 야기된 위기를 관통하며 살아가게 하는 하나의 독자적 영역으로 간추려진다. 경제에 의해 야기되었음에도 불구하고 이 현상들은 본성상 경제적이 아니다. 에릭 프롬의 정신분석학적 연구를 연구소의 연구 프로그램으로 통합하고자 한 그들의 조기 노력이 보여 주는 것처럼, 호르크하이머와 그의 동료들은 그들이 마주하고 있는 역사적 사건들을 다룰 새로운 사회적-과학적 위기 이론을 발전시켜야 할 필요성을 잘 알고 있다.[10]

1937년의 호르크하이머의 논문과 마르쿠제와 함께 쓴 「철학과 비판 이론」에 대한 에필로그에 나타난 이 간략한 분석도 이러한 공식에 나타나는 풀리지 않은 긴장을 드러낸다. 한편으로, 이론가의 관점과 노동 계급의 운동의 관점 사이에 어떤 수렴점이 없을 뿐 아니라, 그 간극이 점점 더 커진다는 사실이 받아들여지고 있다. 비판 이론이 노동 계급의 어떤 부분을 자신의 "수령인"으로 간주함에도 불구하고, 이 노동 계급은 점점 더 경험적인 사회 집단으로 간주되지 않는다. "비판적 감각"을 공유하고 있는 개인들이 그 이론의 수령인으로 지목된다. 다른 한편으로, 호르크하이머는 정치경제학 비판을 연구의 패러다임으로 확고하게 붙잡고 있으며, 이러한 유의 비판에 내재하는 해방적인 관심을 주장한다. 사회 세계는 ― 이것은 실로 객관성 그 자체이다 ― 생산하는 개인들의 "사회적 실천"에 의해서 **구성된**다고 한다. "사회적 실천"이라는 말을 호르크하이머는 우선 노동 과정으로 이해하는데, 이 노동 과정에 의해 유는 외적인 자연을 변형함으로써 자신의 실존을 재산출한다고 한다. 그 다음으로 그는 "사회적 실천"을 "비판적 인간 행위"로 정의하는데, 이러한 행위는 사회를 "목표를 계획적으로 결정하고 합리적으로 규정할 수 있는 것"[11]으로 보는 사상가의 반성적-도덕적 태도에 상응한다.

객관성을 구성하는 노동과 비판적-정치적 활동을 "사회적 실천"이라고 부름으로써, 호르크하이머는 자신이 어느 정도까지 주체의 철학에 충실하게 남아 있는지를 보여 준다. 첫째, 두 가지 상이한 활동은 단 하나의 개념에 의해 융합된다. 하지만 엄밀히 말해서 노동에 의한 외면성의 변형과 의사소통, 해석, 논쟁 그리고 조직하기 등을 포함하는 비판적-정치적 활동은 명백히 말해 동일한 것이 아니다. 이미 앞에서(제2장과 4장을 보라) 강조한 것처럼, 노동 행위의 규칙과 그 점진적 역학은 둘 다 상호 인격적 의사소통의 규칙이나 역학과는 다른 것이다. 노동 행위의 규칙은 자연과 자연의 힘에 대한 우리의 인식과 관련이 있고, 이것의 발전은 생산물, 기술, 그리고 자연 정복의 양식 등에 의해 진행된다. 이에 반해 의사소통과 관련이 있는 규칙들은 개인들의 자기 동일성을 구성하며, 이것들은 물질의 축적이 아니라 단지 언어적·문화적 공동체에서 사회화된, 그리고 이를 통해 특정한 종류의 인격으로 된 개인들의 능력을 전개한다. "실천"이라는 술어는 아리스토텔레스에게는 "훌륭하고 고귀한 행위를 함"이라는 뜻을 가졌는데, 호르크하이머는 자신의 이 논문에서 이 개념을 두 가지로 사용한다. 한편으로 그는 이 개념이 정치적, 도덕적 행위로서 그것의 과거의 의미를 그대로 간직하고 있다고 볼 뿐 아니라, 헤겔이 1805/6년 예나 시기에 쓴 글에서 노동의 해방적 계기를 발견한 이후(이 책 제2장 참조) 획득하게 되는 새로운 의미도 가지는 것으로 본다.

실천 개념에서 이러한 융합을 강조하는 배후에는 이 모든 행위들이 **동일한 주체의 활동**이라는 가정이 놓여 있다. 여기에서 행위자이자 목표인 인류(인간성humanity)의 경험적 의미와 규범적 의미가 다시 한 번 서로 뒤섞인다. 역사적 과정에 의해 **구성된** 주체인 인간은 외부의 실재를 형성하고 형태 지은 것이 사실은 세계를 변형하는 활동인 인간 자신의 노동이었음을 스스로 인식하는 한 역사적 과정을 **구성하는** 주체로 된다. 구성하는 주체의 이러한 이상은 과학의 "객관주의"에 대한 호르크하이머의 비판의 토대를 형성한다. 칸트의 견해에 따르면, 우리는 경험 대상을 인식 활동에 의해 구성하며, 마르크스의 견해에 따르면, 우리가 공유하고 있는 사회 세계는 노동 행위에 의해 역사적으로 구성된다. 호르크하이머는 이러한 칸트적인 관점을 마르크스의 교설로 변형시킨다. 인간이 일단 역사를 만드는 자, 즉 역사의 행위자라고 하고 나면, 인간은 자신의 목적을 이루려는 규범적인 발걸음을 취할 수 있게 된다. 즉, 이들은 역사의 미래 과정을 지배해야 하는 목적과 목표를 자기의식적으로 정립할 수 있게 된다.

루카치는 『역사와 계급의식』에서 자신의 사회적-역사적 분석이 노동자의 계급의식과 노동 계급이라는 이름 아래 행위하는 비판적 개인 사이에 어떤 동일성이 아니라 점증하는 간격이 존재한다는 것을 보여 준다. 바로 여기에서 호르크하이머는 아이러니하게도 주체의 철학에 대한 가장 명료한 해명 중 하나를 제시한다. 생산하는 개인의 의식과 비판적 지식인의 의식 사이에 간극이 점점 커진다는 관점에서 보면, 사회적 실천의 주체들은 — 그들이 실제로 동일했다고 하더라도 — 더 이상 동일한 주체라고 가정될 수 없다. 이것을 부분적으로 인정하는 호르크하이머는 이론의 진리가 노동 계급뿐 아니라 "비판적 인식"을 가진 모든 사람들에게 과거의 역사가 자기 자신들의 작품(노동)이라는 사실을 의식하게 할 수 있다고 주장한다. 현재의 자신들을 과거의 허구적인 이러한 집단적 주체와 동일하다고 인정함으로써, 이 개인들은 다시 한 번 그들의 역사를 보다 좋은 미래의 이름으로 재전유할 수 있다. 이러한 형태 아래서 생산 주체는 서서히 비판적 주체에 의해 대체되지만, 다시 현재의 주체는 과거의 집단적 주체의 이름으로 행위한다.

호르크하이머가 「전통 이론과 비판 이론」에서 현란하게 유지했던 불안정한 균형은 역사적 전개와 더불어 전복된다. 제2차 세계대전의 현실 앞에서 정치경제학 비판이라는 전체 마르크스주의의 패러다임은 의문에 던져지는 것처럼 보인다. 이론과 실천 사이의, 이론의 주체들과 이 이론의 잠재적 수신자들 사이의 이러한 점증하는 틈 때문에 정치경제학 비판 자체에 대한 의문이 생겨날 때 "비판 이론"에서 "도구적 이성 비판"으로의 패러다임 변화가 일어난다. 두 번의 세계대전 사이에 자유 자본주의의 본성이 어떻게 변화했고, 그로 인해 마르크스의 정치경제학 비판에 어떤 결과를 가져왔는지에 대해서는 폴록이 잘 연구하고 있다. 이 연구는 연구소 잡지 마지막 호(오늘날 『철학과 사회과학 연구』로 묶인)의 한 논문에 실려 있다.

「국가 자본주의: 그 가능성과 한계」라는 글에서 폴록은 제1차 세계대전 종전 이래로 서구 사회에서 발생했던 정치 경제의 구조에서의 변형을 "사적 자본주의에서 국가 자본주의로의 이행 과정"(ZfS 1941: 200)으로 서술한다. 폴록은 다음과 같이 덧붙였다. "국가 자본주의의 전체주의적 형태에 가장 근접한 것이 독일의 나치에서 이뤄졌다. 이론적으로 말해서, 국가 자본주의의 전체주의적 형태가 변형의 형태의 유일한 결과물은 아니다. 하지만 국가 자본주의의 전체주의적 형태의 모델을 구축하는 것이 우리의 경험에서는 잘 떠오르지 않는 그것의 민주적 형태의 모델을 구축하는 것보다 더 쉽다"(*ibid.*). "국가 자본주의"라는 술어는 국가 자본주의라는 형태가 "사적 자본주의의 계승자임을, 국가가 사적 자본가의 중요한 기능을 취함을, 이익에 대한 관심이 여전히 중요한 역할을 한다는 것을, 그리고 그것은 사회주의가 아니라는 것을"(ZfS 1941: 201) 지시한다.

국가 자본주의는 시장의 기능을 급진적으로 변형시킨다. 시장은 더 이상 생산과 분배의 조정자로 행위하지 않는다. 이러한 기능은 이제 직접적인 통제의 체계에 의해 수행된다. "자유 무역, 기업, 그리고 노동은 현실적으로 완전히 파괴될 정도로까지 정부의 간섭에 종속된다. **소위 경제 법칙은 자율적 시장과 함께 사라진다**"(*ibid*). 만약 자유 무역, 기업, 그리고 자신의 노동력을 팔 자유 — 간단히 말해서 교환 시장 — 등이 사라지고 있다면, 출현하는 사회-정치 질서에 대한 비판은 더 이상 정치경제학 비판의 형태를 취하지 않을 것이다. 첫째, 이 새로운 사회 질서의 **제도적 구조**는 더 이상 시장 법칙과의 관계에서, 국가에 의한 비인격적 법규 집행과의 관계에서 정의될 수 없다. 사회의 점증하는 국유화와 국가의 새로운 특권화로 인해 새로운 제도적 구조가 만들어지는데, 이를 사회학적으로 분석하기 위해서는 정치경제학의 범주들 외에 새로운 분석 범주들이 요구된다.[12] 둘째, "자율적 시장"과 더불어 소위 경제 법칙이 사라질 경우, 새로운 사회 질서의 역학과 위기 잠재성은 경제의 기능 자체에 내재하는 모순으로 나타날 수 없다.[13] 국가 자본주의 아래서 경제적 위기는 연기되거나 변형된다. 셋째, 만약에 시장에서 교환의 자유가 일단 개인주의, 자유, 그리고 평등과 같은 자유로운 부르주아 사회의 규범적 이상들을 현실화했다고 한다면, 직접적인 통제 아래서 자유 시장이 사라짐과 더불어 자유주의의 **규범적 이상**들 역시 사라질 것이다. 정치경제학 비판만으로는 더 이상 새로운 사회 질서의 제도적 구조에, 그 규범적인 이데올로기에, 그리고 위기의 잠재성에 다가갈 수 없다.

　제4장에서는 마르크스의 정치경제학 비판이 동시에 자본주의적 사회 형태 전반에 대한 비판임이 강조되었다. 자유 자본주의 시기에는 이러한 사회 형태에 대한 비판은 두 가지 이유 때문에 정치경제학 비판에 의해 표현될 수 있었다. 첫째, 마르크스에 따르면, 사회적 생산관계는 부와 권력과 권위를 사회에서 분배하는 특정한 형태를 정당화함으로써 자유 자본주의의 **제도적 중추**를 규정했다. 자본주의 하에서 경제는 사회적이고 정치적인 영역의 제약에서 "풀려났을" 뿐 아니라, 이 해방된 경제가 이번에는 사회적 권력과 특권의 재분배를 위한 메커니즘을 제공했다. 둘째, 사회적 권력과 특권의 차이를 보증하는 것이 자유롭게 계약하는 개인들의 활동의 결과로 간주되는 한, 자본주의 시장에서 교환 관계는 이 사회에 **규범적 정당성**을 제공한다. "자율적 시장"은 사회적 질서를 정당화하는 자유, 동의, 그리고 개인주의 등의 이상을 체현했다. 폴록이 가정한 것처럼, "자율적 시장의 소멸과 더불어" 정치경제학 비판은 더 이상 새로운 사회 형태의 비판을 위한 토대로 봉사할 수 없다.

　다른 방식으로 이야기하면, 두 가지 이유 때문에 **국가 자본주의**에 대한 사회 비판 이론은 국가 자본주의의 정치경제학에 대한 비판일 수 없다. 첫째, 직접적인 국가 통제 체제 아래서 자율적 시장 경제가 소멸됨으로써 부와 권력과 권위의 사회적 분배는 "정치화"된다. 이러한 분배는 더 이상 시장의 법칙의 결과가 아니라 정치적 지향의 결과이다. 국가 자본주의의 사회 구조를 분석하기 위하여 우리는 정치경제학이 아니라 정치 사회학을 필요로 한다. 둘째, 일단 자율적 시장이 "정치화"되면, 자유 자본주의의 규범적 이상과 이데올로기적 기초는 변형된다. 국가 자본주의에서 합법성의 형식들은 새롭게 분석될 필요가 있다. 즉, 자율적 시장의 쇠퇴와 더불어 또한 "법의 지배"도 쇠퇴한다고 분석될 필요가 있다. 자유주의는 정치적 권위주의로, 또는 경우에 따라서는 전체주의로 변형된다.[14]

1960년대 후반부 이래로 영어권 세계에서 "프랑크푸르트학파의 사회 비판 이론"으로 알려지게 된 것의 핵심은 19세기의 자유 자본주의를 한편으로는 대중 민주주의로, 다른 한편으로는 국가 사회주의류의 전체주의적 형태로의 변형으로 분석한 데 있다. 1939년과 1947년 사이에 프랑크푸르트학파의 회원들은 이러한 전이의 경제적, 사회적, 정치적, 심리적, 그리고 철학적 결과들을 분석하는 데 몰두하였다. 폴록의 작업이 정치경제학에 집중되어 있었다면, 노이만[15]과 키르크하이머[16]는 정치 사회학과 정치 이론에 집중하였다. 이에 반해 호르크하이머, 아도르노, 그리고 마르쿠제는 이러한 변형의 사회학적, 심리학적, 철학적 결과들을 전개하는 데 집중하였다. 이 장에서 나는 이들(호르크하이머, 아도르노, 마르쿠제)의 분석에 집중하였다. 왜냐하면 정치경제학 비판에서 도구적 이성 비판으로의 패러다임 변화가 갖는 철학적 결과들이 가장 생산성 있게 논의되고 있는 작품들이 바로 이들의 작품이기 때문이다.

1939년과 1947년에 쓰인 그들의 글에서 아도르노, 호르크하이머, 그리고 마르쿠제는 산업 사회의 대중 민주주의뿐 아니라 국가 사회주의 아래에서 정치경제학 구조의 변화는 "정치적-행정적 국가 기구들이 경제에 대해 우선권"을 갖게 하였다고 주장한다.[17] 이 두 사회 형태들의 제도적 조직은 경제, 사회, 가족보다는 정치 기구의 우선성을 특징으로 한다. 경제, 사회 조직체 등의 변화를 개인의 심리적 구조의 변화와 연결시키는 문장에서 호르크하이머는 다음과 같이 쓴다.

> 오늘날 개별적인 자아는 전체주의적인 계획의 사이비 자아에 의해 흡수되었다. 전체주의적인 계획을 꾸미는 사람들조차 자신들이 다루는 그 엄청난 대중과 자본의 집적에도 불구하고, 그리고 바로 그런 것들 때문에 그들이 통제하는 사람들만큼이나 자율성을 갖지 못한다. 이들은 가능한 한 여러 가지 방식으로 단체들을 조직화하며, 이 조직체 안에서 개인은 그 자체로 아무런 중요성도 지니지 않는 조그마한 부분에 불과하다. 스스로를 유지하기 위해 이 개인은 한 팀의 일원으로 일을 해야 하며, 공장이건 농사건 스포츠건 간에 어디에서나 투입 준비가 되어 있어야 하고 숙련되어 있어야 한다. 어떤 자리에서도 그는 자신의 육체적 실존, 자신의 일자리, 먹고 잠잘 자리 등을 방어해야 하며, 주먹다짐도 해야 하고, 또 아주 심한 훈련도 감내해야 한다. 장기간의 계획이 필요한 자신과 가족에 대한 책임은 순간의 기계적인 과업에 얼마나 잘 적응할 수 있는가의 문제로 되고 만다. 개인은 스스로 위축된다(ZfS 1941, 377).

이 시기에 국가 사회주의에 대한 정치적-경제적 정의에 관하여 아도르노와 호르크하이머의 생각과 마르쿠제의 생각 사이에는 차이점이 존재하고 있었지만,[18] 다음의 내용은 그들 모두가 활용한 암묵적인 사회학적 모델이었다.

- 자유 자본수의와 자유 시장 경쟁은 자유로운 국가, 가부장적인 부르주아 가정, 반항적인 인격성의 유형, 혹은 강한 초자아 등과 상

관관계가 있다.
- 국가 자본주의(아도르노와 호르크하이머), 혹은 독점 자본주의(마르쿠제)는 파시스트 국가, 권위적 가정, 그리고 권위적 인격성의 유형 등과 상관관계가 있다.
- 혹은 동일한 경제 현상들은 대중 민주주의, 부르주아 가정의 소멸, 복종적 인격성의 유형, 그리고 초자아의 "자립화"와 상관관계가 있다.

생산력의 조직 수준, 사회의 제도적 구조, 그리고 인격성의 형식들 사이에 기능적 연관을 확립하는 이러한 사회학적 모델 내에서 "합리화"와 "도구적 이성" 개념은 인격성의 **가치 지향성**과 문화의 **의미 구조**뿐 아니라 사회적 형태의 **조직 원리**를 기술하기 위해 사용된다.

아도르노, 호르크하이머, 그리고 마르쿠제에게 "사회적 합리화"는 행정 영역과 정치 영역의 기구가 모든 사회적 삶의 영역에로 확장되는 현상을 의미한다. 영역의 이러한 확장은 공장, 군대, 관료, 학교, 그리고 문화 산업 등과 같은 제도들에 의해 발전된 훨씬 더 효과적이고 투명한 조직 기술에 의해 완성된다. 이러한 새로운 조직 기술의 효율성과 투명성은 과학과 기술을 외적 자연을 지배하는 데뿐 아니라 인간 상호 간의 관계를 통제하는 데에, 그리고 내적인 자연을 통제하는 데에 적용함으로써 가능하게 되었다. 과학적, 기술적으로 무장된 이러한 통제 장치는 노동과 생산의 과정을 단순한 동종적인 단위로 분절함으로써 기능한다. 이러한 분절화는 조직 단위의 내부와 외부에서의 사회적 원자화에 의해 동반된다. 조직체 내부에서의 개인들의 협동은 제도의 규칙과 통제에 종속된다. 조직 단위 외부에서 가족의 경제적, 교육적, 심리적 기능의 파괴로 인해 개인들은 대중 사회라는 비인격적인 힘의 손에 양도된다. 개인들은 이제 생존할 수 있기 위해 스스로 제도에 순응해야 한다.

　아도르노, 호르크하이머, 그리고 마르쿠제에게서 "합리화"와 "도구적 이성"의 범주가 애매하게도 사회의 과정, 인격성 형성의 역학, 그리고 문화적 의미 구조 등을 지시하기 위해 확장되었다는 사실이 드러난다. 그런데 이러한 사실은 이들이 베버가 분리하고자 했던[19] 합리화의 두 과정, 즉 사회적 합리화와 문화적 합리화의 과정을 붕괴시켰음을 의미한다. 이러한 부분적 융합은 아주 큰 문제를 불러일으켰다. 즉, 서구 사회에서 사회적 합리화의 역학을 말한 베버의 진단을 받아들이면서도 그들은 이성의 비도구적 패러다임이라는 관점에서 이러한 과정을 비판한다.[20] 하지만 이러한 비도구적 이성은 현실 속에 즉시 닻을 내릴 수 없고, 엄청난 유토피아적 성격을 취한다. 이러한 단계와 더불어 "비판"이라는 바로 이 개념에서 근본적인 변화가 발생한다. "도구적 이성 비판"으로 알려진 이러한 이론 패러다임은 내재적 비판과 탈물신화 비판의 절차를 급진적으로 변화시킨다. 이에 반해 비판 이론의 세 번째 기능, 즉 위기 진단의 기능은 사라진다.

2. 도구적 이성 비판과 그 난점들

　비판 이론의 이 새로운 패러다임을 아주 분명하게 전개하고 있으며, 제2차 세계대전 이후 프랑크푸르트학파의 이론적 입장을 아주 잘 내포하고 있는 텍스트는 『계몽의 변증법』이다. 『계몽의 변증법』은 자주 언급되듯이 이해하기 쉽지 않은 텍스트이다.[21] 이 책의 중심 부분은 아도르노와 호르크하이머 사이의 토론에 대해 그레텔 아도르노가 노트한 것에서 나온 것이다. 1944년에 완성되었지만, 이 책은 3년 후에야 암스테르담에서 출판되었고, 1969년 독일에서 다시 이슈가 되었다. 이 텍스트는 절반 이상이 계몽의 개념에 대한 해명으로 이뤄져 있으며, 두 개의 짤막한 다른 소개 글이 포함되어 있다. 그중 하나는 아도르노가 쓴 "오디세이"에 대한 것이고, 다른 하나는 호르크하이머가 쓴 계몽과 도덕성에 대한 것이다.[22]

1969년판 서문에서 아도르노와 호르크하이머는 "어떤 외부인도 모든 문장에 대해 우리 둘이 어디까지 책임이 있는지 상상할 수 없을 것이다"(DA, p. ix)라고 쓰고 있음에도 불구하고, 짧은 이 두 소개 글을 주의 깊게 읽어 보면 그들 사이에, 양립 불가능하지는 않다고 하더라도, 어떤 긴장을 발견할 수 있을 것이다.『오디세이』에 대한 글에서 서구적 이성의 구조가 지배와 숭고의 이성임이 주장된다. 이에 반해 계몽과 도덕성에 대한 글에서는 자율성과 양립 불가능한 것은 서구적 이성 자체가 아니라 이 이성이 자기 보존을 위해 봉사하는 가운데 형성된 특수한 도구적 형태의 이성이라는 다소 약한 테제를 주장한다. 아도르노에게 이성은 동일성의 논리에 의해, 동일하지 않은 것을 동일한 것으로 만드는 추동력에 의해 지배된다. 호르크하이머는 개인의 자기 보존에 봉사하고, 이로써 합리적으로 정당화되지 않는 그런 목적을 달성할 수단으로 도구화되어 버린 이성을 비판한다. 하지만 그는 "동일한 이성의 주체들과 담지자들이 이 이성과 모순 속에 서 있으며 … 이성 개념의 난점들이 서구의 계몽에서 아주 분명한 판단의 배후로 숨겨졌다"는 사실을 인정한다(DA, p. 76). 다른 말로 하면, 호르크하이머는 이성의 개념에 이기적인 목적을 위한 계산의 도구로 환원할 수 없는 표준과 규범들이 있음을 인정한다. 그럼에도 불구하고 텍스트에 나타나는 아도르노의 테제와 호르크하이머의 테제 사이의 불일치는 그들 사이에 존재하는 이론적 차이의 관점에서 분석된 것이 아니라[23] "계몽의 변증법"으로 불리는 기획이 갖는 아포리아적 본성을 표현하는 것으로 보는 것이 더 타당하다. 이때 아도르노의 테제는 이성이 내적으로 지배의 도구라는 사실을, 호르크하이머의 테제는 이성이 현재의 조건에서 상실했던 해방적 힘을 가진다는 사실을 인정한다.

『계몽의 변증법』에서 아도르노와 호르크하이머는 베버에게서 문화적 합리화의 유산을 구성하는 두 계기들, 즉 자율적 인격성의 가치와 또한 자연과 문화의 급진적인 분리를 나타내는 이원론적 존재론이 서로 양립 불가능하다는 사실을 주장한다. 스스로 책임이 있는 미성숙함으로부터 자유로운 인간으로의 해방을 말한 계몽의 약속은 자기 보존의 도구에 불과한 이성에 의해서는 도달할 수 없다. "자연의 전 세계적인 지배는 사유하는 주체 자신에게 대항하게 된다. 나의 모든 표상에 동반되어야 하는 영원히 자기 동일적인 '나는 생각한다' 이외에 나에게 남겨진 것은 아무것도 없다"(DA, p. 27). 문화적 합리화의 이 두 측면들은 양립 불가능할 뿐 아니라 적대적이기까지 하다. 이들의 적대성은 문화의 변증법과 인격의 변증법으로 전개되며, 이 변증법의 궁극적 결론은 이성의 자기 파괴이며, 자율적 인격성의 소실이다.

이 테제를 정당화하기 위해 아도르노와 호르크하이머는 자아에 대한 정신적 고고학을 탐구한다. 오디세이 이야기는 그들에게 서구적 주체성의 구성에서 어두운 점을 드러내 준다. 즉, 그들이 자연과 동일시한 "타자"에 대한 자아의 두려움은 문명화의 과정에서 타자를 지배함으로써 극복된다. 하지만 타자가 전적으로 낯선 자는 아니기 때문에, 그리고 자연으로서의 자아 역시 자기 자신에게 타자이기 때문에 자연에 대한 지배는 단지 자기지배를 의미할 수 있다. 자연의 어두운 힘과 문명 사이를 구분하는 호메로스적인 자아는 타자에 흡수될 것이라는 인류의 근원적인 두려움을 표현한다. 영웅이 다양한 자연을 억제함으로써 자신의 정체성을 구성하게 되는 방법과 연관된 신화는 또한 이 이야기의 반대쪽 측면을 표현한다. 인류는 희생물을 내면화함으로써 타자에 대한 두려움을 극복한다. 오디세이는 세이렌의 고통스러운 매력에 기꺼이 자신을 복종시킴으로써 그의 부름에서 벗어난다. 희생 행위는, 인간이 자기 내부의 본성을 제거하도록 하기 위해, 본성의 어두운 힘을 지닌 인간의 정체성을 반복적으로 규정한다(DA, pp. 51, 167). 하지만 나치에 의해 초래된 문화에서 야만으로의 후퇴가 보여 주듯이, 오디세이의 계략, 즉 서구의 이성ratio의 기원은 타자에 대한 인간의 근원적인 두려움을 극복할 수 없었다. 유대인들은 타자이며 이방인이다. 그들은 인간이면서 동시에 인간 이하인 사람이다. 오디세이의 책략은 미메시스적인 행위에 의해 타자와 같이 됨으로써 타자성을 달래려는 시도로 이뤄져 있다. 오디세이는 키클롭스에게 사람의 피를 마시도록 제공하며, 키르케와 잠을 자며, 세이렌의 소리를 경청한다. 이에 반해 파시즘은 투사에 의해 타자를 자기처럼 만든다. "미메시스가 자신을 주변 세계처럼 만든다면, 잘못된 투사는 주변 세계를 자기처럼 만든다. 미메시스에게 외적인 것은 내적인 것이 근접해 가야 하는 모델이고, 낯선 것이 유사한 것으로 된다면, 이에 반해 잘못된 투사는 내면의 긴장을 외면성으로 변화시켜 유사한 것조차 적으로 낙인찍는다"(DA, p. 167). 서구의 이성은 타자와 같이 됨으로써 타자를 정복하는 미메시스적인 행위에 그 기원을 두고 있는데, 이 이성은 죽음의 기술에 의해 타자를 사라지게 하는 투사 행위에서 그 절정에 이른다. "미메시스를 억압하는 '이성Ratio'은 단순히 미메시스의 반대자가 아니다. 미메시스를 억압하는 이성 그 자체가 — 죽음에 대한 — 미메시스이다"(DA, p. 53).

텍스트에 첨가된 주석들 중 하나인 "몸에 대한 관심"에서 아도르노와 호르크하이머는 "잘 알려진 유럽사 아래 또 다른 지하의 역사가 흐른다"고 쓴다. "이 역사는 문명에 의해 억압되고 뒤틀린 인간의 본능과 열정의 운명으로 이뤄져 있다. 숨겨진 것을 밝혀 드러낸 파시스트적인 현재의 관점에서 볼 때, 명백하게 드러난 역사는 민족 국가의 전설에 의해서 뿐 아니라 진보적 비판주의에 의해서도 다뤄지지 않았던 어두운 측면과 더불어 현상한다"(DA, p. 207). 서구 문명의 지하의 역사에 대한 관심은 의심의 여지없이 이 텍스트의 주 본문이 전개하고 있는 서구 이성의 지하의 역사를 위한 주도적인 방법론적 원리이다. 오디세이의 이야기, 홀로코스트 이야기, 계몽이라는 신화, 그리고 신화가 된 계몽 등은 문명의 발생과 이 문명의 야만으로의 변형을 알리는 서구 역사의 이정표들이다.

하지만 아도르노와 호르크하이머의 냉혹한 비관주의, 홉스, 마키아벨리, 그리고 맨더빌Mandeville* 등과 같은 "부르주아지의 어두운 작가들"과 니체와 사드와 같은 허무주의적인 비판가들에 대한 그들의 분명한 동정심 등, 이러한 것들은 시간의 변수만을 고려한 어두운 인간사에 의해 설명될 수 없다. 그들이 1969년의 글 서론에서 인정한 것처럼, "우리는 이 책에서 언급된 모든 것에 더 이상 붙들리지 않는다. 이것은 진리를 불변의 것으로서 역사의 운동과 대립시키는 대신 시간적인 핵심을 진리로 귀속시키는 이론들과 양립할 수 없다"(DA, p. ix). 하지만 그들은 계몽이 실증주의로, "사실적인 것의 신화로" 변형된 것이, 또한 지성을 정신의 적대자로 철저히 동일화하는 것이 바로 그 경우에 해당한다고 주장한다. 이 책에서 인정하듯이, 그들은 "전체적인 통합을 향한 발전은 종결된 것이 아니라 방해받았다"(ibid.)고 결론내린다. "전체적인 통합"이라는 개념은 "전체적으로 조정되는 사회"라는 아도르노의 진단과 마르쿠제의 "일차원성"의 테제를 이미 반영한다.[24] 계몽의 비판은 계몽이 비판

---

* 맨더빌Mandeville, Bernard de(1670-1733). 네덜란드계 영국인. "개인의 악덕, 사회의 이익"이라는 부제가 붙은 『꿀벌의 우화』의 작가로 유명하다. 전통적인 도덕과 절약의 미덕을 비판하고 소비를 통한 경제의 활성을 주장한 대표적 사람으로 홉스의 도덕론과 스미스의 경제 이론에 영향을 주었다.

하고자 한 잘못된 총체성만큼 전체화되었다.

계몽이 "전체화되었다는" 이러한 비판은 1937년의 비판 이론의 개념과 급격하게 단절하는 몇몇 전제들에 의존한다. 더 자세히 살펴보자. 자연과 관계 맺는 인류의 역사는, 마르크스의 주장과 달리, 해방의 역학을 전개한 것이 아니다. 생산력의 발전, 즉 자연에 대한 인류의 지배력이 증가한다고 해서 반드시 인간 상호 간의 지배가 감소되는 것은 아니다. 반대로 자연에 대한 지배가 합리화될수록 사회적 지배는 훨씬 더 정교하게 되고 인식하기 쉽지 않게 될 수 있다. 인간이 자신의 목적을 위해 자연의 힘으로 행위함으로써 자연을 사용하는 행위인 노동하는 활동(마르크스)은 실로 인간적 책략의 심급이다. 하지만 오디세이 해석이 보여 주듯이, 자연과 같이 됨으로써 자연을 정복하고자 하는 이러한 노력은 희생을 내면화한다. 노동은 실제로 욕구의 지양이다. 하지만 욕구를 생산물로 변형시키는 대상화 행위는 자기실현의 행위가 아니라 자기 내면의 자연을 통제하는 데로 이끄는 두려움의 행위이다. 대상화는 자기실현이 아니라 자기 확신으로 변장한 자기 부정이다.

자연의 지배로서의 노동과 자기 부정으로서의 노동이라는 이 두 테제가 함께 취해질 경우, 이것은 사회적 노동을 통한 인류의 인간화라는 마르크스의 견해가 거부되어야 함을 의미한다. 1937년 호르크하이머에게 합리성의 핵심뿐 아니라 해방적 계기를 내포했던 사회적 노동은 더 이상 그것들 중 어떤 자리도 차지하지 못한다. 해방도 이성도 다른 심급에서 찾아야 한다. 『계몽의 변증법』이 총체화 진단을 내린 곳이 어느 지점인지를 우리는 알 수 없다. 노동 행위를 자아실현의 행위에서 지양과 억압의 행위로 변형시킴으로써 비판 이론의 논리에 하나의 진공이 생겨났다. 그런 행위가 있다면, 진화의 과정에서 유적 인간의 인간화에 기여하는 것은 어떤 행위인지, 더 나아가 비판이 어떤 행위의 이름으로 스스로 말하는지 불투명하다. 주체의 철학에 함축되어 있는 혁명적 낙관주의를 대체하기라도 하듯이, 아도르노와 호르크하이머는 노동의 해방적 잠재력을 부정하는 완전히 대립적인 극단까지 흔들어 놓아야 한다. 또한 『계몽의 변증법』에서는 서구의 주체성의 역사를 "해체"하기 위해 정신분석학이 광범위하게 이용된다. 그런데 이런 작업은 노동을 통한 인간화라는 전통 마르크스의 가설도 종속시켜 버리는 무차별적인 극단을 보여 준다.

『계몽의 변증법』에서 아도르노와 호르크하이머는 문명의 역학을 분석하기 위해 프로이트의 정신분석학 이론을 사회 이론으로 통합시킨다. 이들의 작업은 사회학적으로 좀 더 특수한 질문의 맥락에서 정신분석학에 대해 관심을 보였던 초기 연구소의 관심과 대조를 이룬다.[25] 『계몽의 변증법』에서 억압, 투사, 승화 등과 같은 범주들은 그 역사적 특수성을 상실하며, 자아의 발생을 설명하기 위해 사용된다. 그런데 이때 이 범주들은 바로 그 자아의 체제를 전제하고 있다. 다른 말로 하면, 오디세이의 해석은 이미 자신을 타자 속에서 상실할 것이라는 두려움에 떠는 자아를 전제하며, 충동에 의해 내부에 정립된 자신의 지속적인 동일성이 위험에 처해 있음을 스스로 안다는 사실을 전제한다.[26] 하지만 이 자아는 자신의 정체성의 구조 때문에 타자와의 경계를 유지하려고 병리적으로 저항하는 그런 자아이다. 오디세이는 합병을 두려워하며, 자율성을 추구한다. 그리고 그는 자기 억압을 감내하고서만 자율성을 습득한다. 자연에 대한 인류의 근원적인 두려움은 이미 호르크하이머와 아도르노에 의해 융합에 대한 두려움으로, 타자에 대한 병리적인 저항으로 간주된다. 그들은 스스로 역사적 발전에 속한 것으로 진단한 병리 현상들을 인간적 주체성의 시초로 되돌려 투사한다. 왜냐하면 타자에 대한 두려움은 자신의 자아의 영역을 폭력적으로 주장해야 하는 엄격한 권위주의적 인격성 아래서만 병리적으로 되기 때문이다. 이것은 마치 오디세이가 권위적 인격성을 미리 체화하고 있었던 것과 같다. 정신분석학적 범주를 서구 문명의 시초로까지 확장함으로써 근대적 자아의 발생이 갖는 일리 있는 설명을 엄청나게 희석시키며, 이를 통해 심오한 몰역사주의가 생겨난다.

아도르노와 호르크하이머에 따르면, 문화의 임무는 자아의 동일성을 타자의 관점에서 확립하는 것이며, 이성은 이 과업을 성취하는 도구이다(DA, pp. 62-3). 이성, 즉 라치오ratio는 이름을 부여하는 자아의 책략이다. 언어는 대상을 그 개념으로부터, 자아를 타자로부터, 자기를 세계로부터 분리시킨다. 외적인 것으로 하여금 인간을 위해 일하게 함으로써 이 외적인 것을 지배하는 노동과 달리, 언어는 외적인 것을 동일한 실체로 환원함으로써 이 외적인 것을 지배한다. 마법의 단계에서 이름과 이 이름이 붙여진 사물은 "비지향적 유사성"(DA, p. 13) 관계에 서 있다. 이에 반해 서구 문화의 진행 과정에서 마술적 상징을 대체하는 개념은 "존재의 다양한 유사성들"을, 의미를 구성하는 주체와 의미를 갖지 않은 대상 사이의 관계로 환원한다(DA, p. 13). 세계의 탈마법화, 즉 마법의 상실은 일차적으로 전근대성에서 근대성으로의 이행이 낳은 결과가 아니다. 상징에서 개념으로의 전이는 이미 탈마법화를 의미한다. 이성은 추상 작용을 하며, 개념과 이름으로써 파악하고자 한다. 추상은 구체적인 것을 자기와 동일한 것으로 환원할 수 있는 한에서만 구체적인 것을 파악할 수 있다. 따라서 추상은 타자의 타자성을 없애 버린다. 단호한 수사를 사용하여, 아도르노와 호르크하이머는 문화적 합리주의의 합리성의 근원을, 즉 서구 이성의 심층 구조인 동일성의 논리를 드러내고자 한다.[27]

나무가 더 이상 단순히 나무로 언표되는 것이 아니라 다른 것을 위한 증거로, 초자연적인 힘(마나)이 거한 자리로 언표될 경우, 언어는 어떤 것이 자기이면서 동시에 자기와 다른 어떤 것이며, 동일자이면서 비동일자라는 모순을 표현한다. … 사람들은 개념을 이 개념으로 포섭한 것의 특징적인 통일성으로 정의하고 싶어 하지만, 이 개념은 처음부터 변증법적인 사유의 산물이다. 왜냐하면 여기에서 존재하는 모든 것은, 그것이 존재하지 않는 것으로 됨으로써 존재하기 때문이다"(DA, pp. 17-8).

아도르노와 호르크하이머가 파악하고 있듯이, 여기서 사회 비판 이론의 아포리아적 구조가 분명히 드러난다. 계몽과 문화적 합리화로 인한 재난적 상황이 이성을 구성하는 동일성 논리의 극치를 드러낼 뿐이라면, 바로 그 동일한 이성의 도구로 수행되는 계몽의 변증법 이론은 스스로가 저주했던 그 지배의 구조를 영속화한다. 계몽의 비판은 계몽 자체와 동일한 정도로 저주받은 것이다. 아도르노와 호르크하이머 둘 다 인정하는 이러한 아포리아는(DA, p. 3) 해체되는 것이 아니라, 계몽의 비판이 비동일성의 논리라는 유토피아적 원리를 일깨워 준다는 희망에 의해 고무된다. 그런데 이때 계몽이 비동일성 논리라는 유토피아적인 이러한 원리를 언어적으로 명확하게 discursively* 하려고 하자마자, 계몽은 이 비동일성 논리를 부정해야만 한다. 계몽의 목적, "인간의 자연적인 죄성"의 목적은 언어적으로 명확하게 진술할 수 없다. 계몽이 동일성 논리의 최고점이라면, 계몽의 극복은 비동일자, 억압당하는 것, 그리고 지배당하는 것 등

---

* [여기서 'discursively'라는 단어는 discuss, discussion 등의 단어에서 나타나듯이 '사태에 대한 언어적 명료화'를 함축한다. 그래서 여기서는 '언어적으로 명확하게'로 번역하였다. 사태가 언어를 매개로 해서만 명확하게 된다면, 더 나아가 언어 그 자체가 사태라면, 언어와 이성은, 혹은 언어 사용과 합리성은 밀접한 관계를 갖게 된다. 의사소통적 이성은 이러한 철학적 반성의 결과물이다. 따라서 비합리성, 비동일성을 주장하는 사람들이 언어적으로 분명한 절차를 수행하면서 자신의 테제를 정당화한다면, 그것 자체가 이미 모순이다. 존재의 비합리성을 증명하기 위해 (언어적) 합리성을 사용하고 있기 때문이다.

에게 그들의 존재할 권리를 다시 부여하는 것밖에 없다. 언어조차도 타자에게 이름을 부여하는 바로 그 행위로 인해 이 타자를 억압하는 개념의 저주에 짓눌려 있기 때문에(DA, pp. 16-7; EoR, p. 181; KiV, p. 156), 우리가 타자를 일깨울 수는 있지만 그것에 이름을 붙일 수는 없다. 그 이름이 불려서는 안 되고 일깨워져야 하는 유대 전통의 신처럼, 이성의 역사에 대한 유토피아적인 초월은 이름 불릴 수 없고, 단지 인간의 기억 속에서 다시 일깨워질 수 있을 뿐이다.

비동일적이고 비언어적인 이성에 대한 이러한 추구는 비판 이론과 과학의 관계를 근본적으로 변화시킨다. 1932-37년 사이에 이뤄진 학제간 유물론 프로그램과 1937년에 공표된 과학주의에 대한 비판에서 보여 준 것과는 반대로, 이제 아도르노와 호르크하이머는 특수 과학들의 성과와 결론을 철학적 프로그램 내에서 통합하고자 한 모든 노력을 포기한다. 비판은 과학들의 내적인 분석을 통해 그 속에 들어 있는 이성의 핵심을 드러낼 수 있다는 희망을 포기하면서, 심미적인 영역으로 방향을 전환한다. 특히 아도르노의 미학 이론은 예술 안에 여전히 포함되어 있는 진리의 비언어적 계기들을 드러내기 위해 구성되었다.[28] 미학으로의 이러한 방향 전환은 『계몽의 변증법』에 이미 공표되어 있다. 비동일자를 발견하는 것이 참된 예술 작품의 임무이다. "현실 세계를 초월하게 하는 예술 작품의 계기의 본질은… 수행된 조화에, 즉 형식과 내용, 안과 밖, 개인과 사회 등, 질문의 여지가 많은 이들 사이의 통일에 있는 것이 아니라, 불일치를 현상하게 하는 그런 특징들에, 동일성을 향한 열정적인 추구는 필연적으로 좌절한다는 사실에 있다."[29]

"계몽의 변증법"으로 불리는 기획이 수행한 것들 중 가장 멀리 나간 결과물은 비판이라는 개념 그 자체의 변형이다. "계몽의 변증법"은 또한 계몽의 "비판"임을 의미한다. 하지만 자율적 이성이 자기 보존에 봉사할 때 그것은 도구적 이성일 뿐이라고 주장한다면,

"자신의 가능성의 조건에 대한 이성의 자기반성"이라는 의미를 갖는 칸트의 비판의 기획은 근본적으로 변화된다. 바우마이스터와 쿨렌캄프가 정당하게 관찰한 것처럼,

> 고전적 합리주의 철학의 형식은 교조주의적인 태도와 이성의 그릇된 내용에 대해 순수한 이성 개념에 입각한 반성의 형태로 비판을 수행했다. 하지만 이와 더불어 철학적 사유는 근본적으로 이성의 참된 본질과 마주하지 못했으며, 그것의 토대에 숨겨진 결함은 인식되지 않은 채 남아 있었다. 이를 통해 이성의 이러한 요청에 충실한 비판 이론은 더 이상 선험적 반성의 형태를 취할 수 없으며, 전통 철학의 유용한 형식들에 의지할 수 없다는 결론이 따라 나온다. 지배적인 이성 개념의 구성 인자들을 의문에 붙일 수 있다는 입장에서만, 특히 이성과 자연 사이의 확고하고 보편적인 대립을 의문에 붙일 수 있을 때에만 비판은 가능하다. 비판적 이성의 개념은 이성의 자기 보존에서 얻을 수 없고, 자연에서의 이성의 발생이라는 훨씬 더 깊은 차원에서만 습득될 수 있다.[30]

자신의 가능성의 조건에 대한 이성의 자기반성은 이제 이성의 계보를 벗겨냄을, 이성과 자기 보존, 자율성과 자연의 지배 등, 이들 사이의 관계에 대한 은밀한 역사를 들춰냄을 의미한다. 하지만 계보 자체는 비판이지 역사적 지식의 단순한 습득이 아니기 때문에, 다음과 같은 질문이 되돌아온다. 자신의 병리적인 역사를 들춰 내고자 하는 바로 그 이성을 사용함으로써 이 이성에 대한 계보학적인 반성을 수행하게 하는 비판 이론의 입장은 무엇인가?[31]

따라서 정치경제학 비판에서 도구적 이성 비판으로의 변형은, 지금까지 검토된 바에 의하면, 비판의 대상에서의 변화만을 의미하는 것이 아니라, 훨씬 더 중요하게는 비판의 논리에서의 변화를 의

미한다. 이전에 내재적 비판, 탈물신화 비판, 그리고 위기 진단으로 서의 비판으로 묘사된 세 측면은 각각 의문에 붙여진다. "도구적 이성 비판"으로 명명된 입장이 제2차 세계대전 기간 동안 프랑크푸르트학파의 작품들에만 특징적인 것이 아니라 전쟁 이후에도 그렇다는 것을 강조하는 것은 중요하다. 나는 비판의 논리에서 이러한 변형을 다음과 같이 쓰고자 한다. 즉, 내재적 비판은 부정 변증법으로 되었으며, 탈물신화 비판은 문화 비판이 되었고, 위기 진단은 유토피아적인 의도를 가진 회고적 역사 철학으로 변형되었다고.

a) 부정 변증법으로서의 내재적 비판

아도르노에 따르면, 내재적 비판의 임무는 "외부에서 가져온 개념들을 사물이 원래 가지고 있는 개념들로, 사물이 스스로 존재하고 싶어 하는 것으로 변화시켜, 이 존재하고 싶어 하는 것을 현재 존재하는 것과 대면시켜야 한다. 내재적 비판의 임무는 시간적, 공간적으로 고정된 대상들의 완고함을 가능태와 현실태의 긴장 영역으로 해체해야 한다."[32] 헤겔이 본질과 현상의 변증법에서 이미 분석한 것과 마찬가지로, 존재하는 것은 단순한 가상Schein이 아니라 본질의 현상Erscheinung이다.[33] 현상은 자신의 본질을 드러내면서 동시에 감춘다. 만약 현상이 본질을 감추지 않는다면, 그것은 단순한 가상일 것이다. 그리고 현상이 본질을 드러내지 않는다면, 그것은 현상일 수 없다. 반대로, 본질은 단순한 초월이 아니다. 본질은 현상을 통해 세계에 체현되어 있다. 본질은 "존재하는 것의 아직 실재하지 않는 현실"이다. 고정된 대상의 완고함을 가능태와 현실태의 긴장 영역으로 해체한다는 것은 본질과 현상의 통일을 현실로 이해한다는 것이다. 본질은 존재하는 것의 가능성의 영역을 제한한다. 현상의 실재reality가 본질의 관점에서 이해될 경우, 즉 잠재적인 가능성의 맥락에서 이해될 경우 실재는 현실actuality이 된다. 실재는 더 이상 단순하게 존재하지 않는다. 실재는 가능성의 현실화로 되며, 그것의 현실은 실현되지 않은 가능성을 현실로 언제나 변형시킬 수 있다는 사실에서 그 존립 근거를 갖는다.[34]

의심의 여지없이, 정치경제학의 내재적 비판은 정치경제학이 외부에서 가져온 개념들을 "대상이 스스로 되고 싶어 하는 것"으로 변형시키는 목적을 갖는다. 정치경제학의 범주들이 어떻게 자신의 대립자로 변형되는지를 보여 줌으로써, 마르크스는 또한 현재하는 것을 "가능태와 현실태의 긴장 영역"으로 해체하고 있다. 헤겔의 술어로 말하자면, 내재적 비판은 언제나 대상에 대한 비판이자 대상 개념에 대한 비판이다. 이러한 대상을 현실성으로 파악한다는 것은 대상이라는 것이 잘못임을 보이는 것이다. 대상의 진리는 그렇게 주어진 사실성事實性이 그 대상이 아닌 다른 수많은 가능성들에 의해 규정된 단순한 가능성이라는 사실에 있다. 존재하는 것의 사실성을 부정하는 것은 "알려진 것은, 그것이 알려져 있다는 이유 때문에, 인식되지 않는다"[35]는 사실을 인정하는 것이다. 이것은 존재하는 것을 실체화하는 인식 양식이 참된 인식이 아님을 함축한다. 참된 사변적 인식, 즉 개념의 입장은 현상과 본질의 통일을 파악하고, 현실태가 그 가능성 때문에 필연적이고, 그 필연성 때문에 가능적임을 이해하는 것이다.

아도르노는 헤겔이 요청했던 개념과 대상의, 본질과 현상의, 가능성과 필연성의 사변적인 동일성을 파헤치기 위해 내재적 비판을 부정 변증법으로 변형시킨다.[36] 부정 변증법은 개념을 그 대립자로, 존재하는 것을 존재하지 않지만 존재할 수 있는 것으로 무한히 변형한다. 가능 존재를 드러내는 작업은 그 존재가 있어야 한다고 요청하는 것이 아니다. 정반대로, 부정 변증법은 화해에는 그리고 가능태의 필연성에 대한 통찰에는 끝(목적)이 결코 없다는 것을 보이려고 한다. 사실상 아도르노의 임무는 존재를 초과해 있는 것을 보이는 것이다. 즉, 대상이 자신의 개념을 무시하게 된다는 사실, 그리고 개념이 본질을 추구함에 있어서 실패하게 된다는 사실을 보이는 것이다. 아도르노는 자신이 실행하고 있는 내재적 비판의 바로 그 개념적 전제들을 파헤친다. 부정 변증법은 순수한 부정 변증법으로, 현실적인 것에 대한 영원한 부정 변증법으로 된다. 부정성의 담론은 마르크스가 전제하고 있는 것을 정확히 거부한다. 마르크스가 계속 전제하고 있었던 사실은 '존재하는 것의 필연성에 대한 통찰은 존재할 수 있었던 것을 이해하게 한다'는 것이며, '존재할 수 있었던 것은 추구할 만한 가치가 있다'는 것이다. 이에 반해 부정 변증법은 현실이 갖는 내재적 해방의 논리를 부정한다.[37] 부정성, 비동일성, 그리고 사유로 하여금 동일성을 추구하게 하는 열정의 탈신비화 등은 어떤 해방적인 결과도 보증하지 않는다. 혹은 아도르노의 언어로 말하자면, 부정성, 비동일성, 그리고 열정의 탈신비화 등은, 어떤 해방적 결과도 보증하고자 하지 않기 때문에, 그 결과가 해방적일 것임을 보증한다. 아도르노는 내재적 비판을 간직하고 있음에도 불구하고 내재성의 논리를 거부한다. 내재적 비판의 방법이 개념과 실재 사이에 투명성 혹은 적합성을 증가시키는 방향으로 내적이고 논리적인 발전을 한다고 전제하는 한에서만, 비판은 변증법으로, 즉 사유와 존재의 동일성에 대한 신념에 의해 이끌리는 필연성의 신화로 되었다. 아도르노는 사유와 존재의 동일성을 부정하고 그들 사이의 매개를 주장한다. "총체성은 매개의 범주이지, 무매개적인 지배와 종속의 범주가 아니다. … 사회적 총체성은 이 총체성을 이루고 있으면서 이 총체성에 의해 통합된 것 위로 자신의 고유한 삶을 이끌지 않는다. 사회적 총체성은 자신의 개별적인 계기들에 의해 자기 자신을 산출하면서 재산출한다."[38] 부정 변증법의 임무는, 모든 직접성은 매개되어야 한다는 가상에 떨어지지 않고서, 직접성이 매개된 본성임을 드러내는 것이다. 이것은 총체성이 전체주의적인 형태를 취할 때에만, 그리고 비동일성, 타자성, 개별성 등의 모든 계기들이 전체에로 흡수되어 버릴 때에만 해당된다.

마르크스의 내재적 비판의 방법의 두 번째 측면은 위에서 "규범적 비판"으로 기술되었다. 이 비판은 규범과 현실을, 즉 부르주아 사회의 자기 이해와 사회적 관계의 실재를 서로 대립시킨다. 하지만 자유 시장 경제가 조직적 자본주의로 변형됨으로써 부르주아 개인주의의 경제적 토대 역시 파괴된다. 시장에서의 교환 관계에서 자신의 노력과 활동에 의해 자신의 자유와 평등을 실현한 개인은 이제 시대착오적인 사람이다. 부르주아 이데올로기의 규범적 비판은 이제 더 이상 정치경제학 비판으로 수행될 수 없다. 부르주아 사회의 발전은 그 자신의 이상을 파괴시켰다. 이데올로기 비판은 더 이상 주어진 규범들을 현실에 대립시킬 수 없다. 오히려 그것은 언젠가 자신의 정당성의 토대를 제공했던 규범들을 지양하는 과정 중에 있는 현실을 탈신비화해야 한다. 규범들에 대한 비판은 문화를 탈신비화하기 위해, 또한 은폐된 유토피아적인 잠재력을 이 문화 안에서 드러내기 위해 문화 비판으로 수행되어야 한다.[39]

b) 문화 비판으로서 탈물신화 비판

상품 물신주의에 대한 마르크스의 분석이 계속하여 문화 비판을 위한 모델로서 작용하지만, 이러한 패러다임은 아도르노와 호르크하이머의 작품에서 심각한 교정을 거친다. 다시 한 번 살펴보게 되겠지만, 상품의 물신화에 대한 분석을 구성하고 있는 은유는 사회적이고 역사적인 것을 "자연적인 것"으로 물화한다. 상품 교환이 상품의 생산 과정을 숨기고 있기 때문에, 그리고 구체적인 인간의 활동과의 관계에 의해 시장의 법칙이 준법칙적 체제를 숨기고 있기 때문에 탈물신화의 담론은 생산을 교환에, 사용 가치를 교환 가치에, 문화 안에서의 인간의 구성적 활동을 현상에 대립시킨다. 국가 자본주의 사회에서 자율적 교환 관계의 영역이 사라짐으로써 마르크스가 생산에 부여했던 존재론적 우선성이 의심을 받게 된다. 왜냐하면 생산 영역은, 본질이 곧바로 현상으로 되지 않듯이, 순환의 영역으로 되지 않기 때문이다. 생산 영역의 점증하는 합리화와 생산과 교환의 점증하는 통합과 더불어 독점 자본주의는 모든 대립이 사라지고 현재에 대한 대안들이 맥을 못 추게 되는 그런 사회적 실재로 발전하기 시작한다. 이미 1941년에 호르크하이머는 사회적 현실의 이러한 변화가 문화의 언어에 어떻게 녹아 있는지를 보이기 위해 이러한 변화를 "언어는 의미론적으로 기호의 체계로 해체되었다"고 서술한다(ZfS 1941: 379). 호르크하이머에 따르면, 개인은 "꿈이나 역사도 없이… 언제나 조심스럽고 준비되어 있으며, 언제나 직접적으로 어떤 실제적인 목표를 추구한다. … 이 개인은 언표된 말을 정보나 지시 그리고 명령 등의 매체로서만 간주한다. … 자아와 그것의 반성적 이성이 소멸함으로써 인간관계는 모든 인격적 관계를 지배하는 경제의 법칙이, 즉 삶의 총체성을 지배하는 상품의 보편적 통제가 명령과 복종이라는 새롭고 적나라한 형태로 변화되게 되는 한 점으로 된다"(ZfS 1941: 379).

지배의 이러한 총체화, 혹은 인간의 언어를 소멸시켜 버린 그런 기호 체계의 총체화는 이제 더 이상 자신의 역사성을 부인하는 준자연성의 영역으로 드러나지 않는다. 오히려 문화와 자연 사이의 그러한 대립, 제2의 자연과 제1의 자연 사이의 대립 등은 사라지기 시작한다.[40] 지배의 총체화는 자연 자체에 대한 점증하는 조작을 의미한다. 자연과 문화 사이의 적대성은 이제 문화에 대한 자연의 복수로 돌변한다. 마르크스는 역사적인 것의 자연화를 탈신비화했다. 이에 반해 비판 이론가들은 자연적인 것의 역사화를 탈신비화하고자 한다. 이것은 파시즘이 조작하는 지배의 총체성에 대항한 억압된 자연의 반란이며, 대부분의 산업이 섹스, 쾌락, 그리고 사이비 행복감 등의 이미지 아래서 재생시키는 억압된 자연의 반란이다. 내적, 외적 자연의 억제는 이러한 억압 자체에 반항하는 반란이 새로운 착취와 조작의 대상으로 되는 그런 전례 없는 상황으로 성장했다. 이러한 조건 아래서 상품의 "물신화"는 역사를 자연으로 뒤트는 것이 아니라 억압된 자연의 반란을 이용하여 우리의 안과 밖에서 벌어지는 자연의 사회적 착취를 신비화한다. 아도르노의 언어로 말하면, 교환 가치는 더 이상 사용 가치의 생산을 숨기지 않는다. 이와는 정반대로 상품들은 이제 서로 경쟁하면서 직접적인 사용 가치 속에 현재하며, 또한 자기 자신의 작품에 대한, 참다운 자연에 대한, 단순성과 비인공성에 대한 향수를 가득 채운다. 자유 자본주의에서 사용 가치가 교환 가치의 담지자였다면, 조직적 자본주의 하에서는 교환 가치가 직접적인 사용 가치의 담지자로 드러날 수 있는 한에서만 이 교환 가치는 시장성이 있다. 이때 광고 산업이 이 사용 가치의 "자발적인" 질들을 향유하도록 우리를 유혹한다. 파시즘 하에서의 자연의 잔혹화, 대중매체와 문화 산업에 의한 유혹적인 자연 착취, 자연적인 것과 유기적인 것에 대한 향수 등은, 보수적인 문화 비판가들에 따르면, 다음의 사실을 공통으로 가진다. 즉, 그것들은 억압된 자연의 반란을 복종으로, 망각으로, 그리고 사이비 행복으로 조작한다.[41]

c) 유토피아적인 의도를 가진 회고적 역사 철학으로서의 위기 진단

조직적 자본주의가 자율적 시장을 제거했다면, 그리고 독점적인 국가의 통제가 경쟁적인 개별적 자본들의 비합리성을 대체했다면, 그러한 사회에서 경제적 위기의 경향들과 잠재력은 어떻게 생겨나게 되는가? 1941년의 한 논문에서, 폴록은 이미 위기를 다루고 통제하는 체계의 능력이 형용할 수 없을 만큼 커졌다고 주장했다.[42] 전후 시기 동안 비판 이론가들은 조직적 자본주의가 체계의 비합리성을 은폐하면서 위기의 가능성을 제거해 왔다고 강조한다. 자본주의의 체계적 비합리성은 더 이상 사회적 위기로 명료화되지 않는다. 경제만이 아니라 문화에서의 변화 역시 이러한 현상에 책임이 있다.

『에로스와 문명』에서 마르쿠제는 산업 기술 문명이라는 조건 아래서의 사회적 위기의 불가능성을 다음과 같이 요약한다. 즉, 산업 기술 문명의 극복을 가능하게 하는 바로 그 객관적 조건은 또한 이러한 변형을 위해 필수적인 주관적 조건의 출현을 방해한다.[43] 합리화의 역설은 자유 상실을 반전시킬 수 있는 바로 그러한 조건들이 탈마법화의 조건 아래 있는 개인들에 의해 파악될 수 없다는 사실이다. 산업 기술 문명에서 자유 상실을 종식할 수 있는 참다운 가능성은 과학과 기술을 생산력으로 변형시킴으로써, 그리고 직접적인 노동을 노동 과정으로부터 점차로 제거함으로써 제공된다. 노동은 개인들에게 더 이상 특수한 임무를 수행하기 위해 유기적 에너지를 고통스럽게 소비하는 것으로 경험되지 않는다. 노동 과정은 비인격적으로 되며, 점차 인간의 집단적 노력을 어떻게 조직하고 배치하는가에 의존하게 된다. 노동 과정에서 직접적인 노동이 갖는 중요성이 감소한다고 해서, 이미 마르크스가 『그룬트리세』에서 분석한 것처럼, 개인에 대한 사회-문화적 통제가 그에 상응하여 쇠퇴하지는 않는다.

그와는 정반대로 권위 관계의 비인격화와 합리화는 개인적인 정체성 형성의 역학에서 그에 상응하는 변화를 발생시킨다(TuG, pp. 80-1). 가정에서 아버지의 역할이 쇠퇴함으로써 권위에 대항한 투쟁은 그 초점을 상실한다. 자아는 개별화에 도달할 수 없다. 왜냐하면 투쟁해야 할 인격적인 형상을 잃어버린 이 자아는 더 이상 정체성 형성을 개별화하는 아주 인격적이고 특이한 과정을 경험할 수 없기 때문이다. 인간의 형상에 대항한 오이디푸스적인 투쟁에서 제거될 수 없는 공격성은 결과적으로 내면화되고 죄를 발생시킨다(TuG, pp. 88-9).

자율적인 인격성의 소멸과 더불어 나타난 가장 심각한 결론은 "개인과 그의 문화 사이의 생동적인 유대"를 약화시킨 것이다(TuG, p. 93). 인류적 실체는 사라진다. 산업 기술 문명에서 인류적 실체가 사라짐으로써 과거의 반란들의 기억이라는 이름 아래 지금까지 수행되었던 집단 폭동의 문화적 원천은 고갈된다. 집단적 기억의 저장소로서의 문화가 유실되면서 문명 자체의 역동성, 즉 반란, 억압, 그리고 새로운 반란으로 이어지는 문명의 역동성도 위협받는다. 문화가 더 이상 살아 있는 실재가 아닐 때, 억압당한 자들에게 반란의 명분을 주었던, 충족되지 않고 억눌려 있는 그런 약속들에 대한 기억은 더 이상 현재에 내재한 역사적 가능성이 되지 못한다.

근대 산업 기술 문명의 변형은 잊혀지고 억압된, 그리고 부정된 의미들을 풀어 놓고, 또 과거의 반란들의 유토피아적인 희망과 영감을 풀어 놓는 상기의 행위와 더불어 시작되지 않으면 안 된다. 서구의 존재론과 동일성의 논리를 비판하는 대신, 마르쿠제는 서구의 존재론의 숨겨진 유토피아적 차원을 재구축하고자 한다. 로고스와 에로스, 시간의 끝없는 흘러감과 모든 시간을 초월하고자 하는 소망, 그리고 현존재의 악무한성과 존재의 충만함 등, 이것들은 서구의 존재론을 전개시킨 이중적 구조이다. 마르쿠제는 이 양극단을 드러냄으로써 기억이 갖는 회복의 기능을 전개한다(TuG, pp. 198-9).

하지만 지속되어 온 역사의 내부에서는 이러한 회복의 기억이 재가동될 수 없다. 왜냐하면 역사는 이제 자기 자신의 과거를, 즉 자신의 역사를 부정하는 그런 방식으로 전개되기 때문이다. 산업 기술 세계에 의해 산출된 일차원적인 사회는 자신을 발전시키고 전개시킨 존재론적인 지평을 말살한다. 이 말은 비판적 회복 이론이라는 이름 아래 전개되는 사회 비판 이론이 역사적인 지속의 외부에 놓여 있음을 의미한다. 시간의 지배를 부정하려는 가운데, 사회 비판 이론은 시간 외부의 한 지점으로부터 모든 시간을 끝내고 싶다는 기억에 호소한다.[44] 에로스와 로고스라는, 나르키소스와 오르페우스라는 원본적인 양극성을 재생함으로써 마르쿠제는 해방된 감성의 혁명적인 잠재력을 드러내고자 한다. 나르키소스는 새로운 존재론적 원리의 전달자로 출현한다(TuG, pp. 146-7). 새로운 인륜적 세계로 변형되기 위해서는, 이 새로운 감성이 갖는 전복적인 힘은 역사라는 천 속에 다시 침잠해야 한다. 하지만 일차원성이라는 테제에 따르면, 이러한 과정의 집단적인 역사적 담지자는 있을 수 없다.

그러나 이론에 의해 일깨워진 되살아난 기억의 전복적 힘이 역사적인 지속의 외부에 남겨져 있다면, 비판 이론은 이미 근본적인 아포리아를, 즉 자신의 불가능성의 조건들을 인정하는 것은 아닌가? 비판 이론은 현재 지속되고 있는 사회를 그 근본 구조의 변형이 가능하다는 관점에서 분석하며, 새로 생겨나는 욕구들과 갈등들을 기대되는 이러한 변형의 빛 아래서 해석한다. 하지만 비판 이론이 비판이 거부해야 하는 역사의 연속체라면, 이 비판 이론에 의해 구성된 해방된 사회의 상은 역사적 과정의 지속성 내에서 발생하는 욕구와 갈등에 대한 내재적 자기 이해와 관계를 맺을 수 없는 특권화된 신비로 된다. 비판 이론은 일차원성의 테제를 개정하거나 아니면 자기 자신이 그런 일차원성의 가능성을 갖지 않는지 질문해야 한다. 크라우스 오페는 1968년의 한 논문에서 이러한 사실을 인식하고 있었다. 그에 의하면, 비판 이론은 "모든 것을 포괄하는 조작에 관한 논의를 제한하여 억압적인 합리성 내에 있는 구조적 약점의 현존을 인정해야 하거나, 아니면 자신의 가능성의 조건을 설명할 수 있어야 한다는 요청을 포기해야 한다."[45]

이러한 비판은 마르쿠제의 분석에만 적용되는 것이 아니라, "도구적 이성 비판"으로 정의된 이론적 패러다임 일반에도 적용된다. 사회적 합리화가 사회적 구조 내에 있는 위기들과 갈등의 경향들을 제거했다고 전제될 때, 그리고 문화적 합리화가 자율적 인격성의 유형을 파괴했다고 전제될 때, 비판 이론은 더 이상 장차 올 미래의 변형이라는 지평 내에서 움직이는 것이 아니라 과거의 희망과 기억이라는 회고적 입장으로 후퇴한다. 비판 이론은 이러한 역사적 과정의 총체성에 대한 비판적 사상가들의 회고적 독백으로 된다. 왜냐하면 비판 이론은 생동적인 현재를 가능한 미래의 변형이라는 관점에 의해서가 아니라 과거의 관점에서 보기 때문이다.

"도구적 이성 비판"에 따른 분석 방식의 난점은 사회적 합리화에 대한 베버의 진단을 받아들인 아도르노, 호르크하이머, 그리고 마르쿠제 등이 사회를 더 이상 모순적인 총체성으로 보여 줄 수 없게 되었다는 사실에서 발생한다. 이 말은 그들이 의지하고 있는 유토피아적인 이성 개념이 현재에 더 이상 닻을 내릴 수 없었다는 것을 의미한다. 우리는 이러한 결과를 두 가지 관점에서 해석할 수 있다. 첫째, 비판은 다시 한 번 마르크스가 자신의 초기 작품에서 비웃음거리로 삼았던 바로 그런 의미의 단순한 비판주의로 되었으며, 사회 비판 이론은 자신의 명백한 규범적 책무를 정당화해야 한다고 우리는 주장할 수 있을 것이다. 둘째, 비판 이론은 후기 자본주의 사회의 자기 이해에 내재한 규범과 가치들에 여전히 호소하고 있기 때문에 이 이론은 단순한 비판주의로 되지 않았다고 주장할 수 있지만, 그러나 규범들의 내용은 변형될 필요가 있었다고 주장할 수는 있다. 나는 이러한 해석들 각각을 간단하게 상론해 보려 한다.

첫 번째 해석에 따르면, 비판은 다음과 같은 이유에서 단순한 비판주의로 된다. 즉, 만약 후기 자본주의 사회에서 위기와 갈등의 잠재성이 제거되었다면, 이러한 시회적 구조가 합리성, 자유, 평등 등 정치경제학 비판이 은연중에 호소하는 그 규범들을 파괴했다면, 더 나아가 역사와 자연의, 문화와 비인간적인 자연의 경계들이 인식할 수 없게 되었다면, 그렇다면 비판 이론이 호소할 수 있는 규범적인 기준은 어디에 있으며, 이 기준은 어떻게 정당화될 수 있는가? 비판 이론가는 자기만이 접근할 수 있는 미래의 유토피아적인 상의 이름으로 말해야 하거나, 아니면 자신의 과거를 제거했던 문화 속에서 기억과 양심의 역할을 수행해야 한다. 이러한 유토피아적인 상도 회고적인 기억도 이러한 문화와 사회적 구조의 자기 이해에서 도출된 규범들과 가치들에 기초해 있지 않다. 비평가의 관점은 현재를 초월한다. 그리고 그의 관점은 존재해야만 하는 것을 혹은 과거가 배신하지만 않았다면 존재할 수도 있었을 것을 현존하는 것에 대립시킨다. 따라서 비판 그 자체는 명시적으로 표준을 갖는 탐구의 양식이다. 단순한 비판주의에 대한 마르크스의 비판적 주석은 프랑크푸르트학파의 입장 자체에 적용될 수 있다. "참으로 자유로운 삶과 역사적 미래를 호소의 형식으로 보존했다고 믿는 비판적 주체들의 반성은 모든 심급에서 정당하게 머물러 있다. 이러한 특권이 바우어 형제들의 경우에 해당한다는 사실을 이미 인식했던 마르크스는 따라서 아이러니하게도 '신성 가족'이라는 말을 했다."[46]

프랑크푸르트학파의 입장을 "신성 가족"의 입장으로 환원하는 이러한 해석에 대항해서, 정치경제학 비판이 프랑크푸르트학파의 패러다임으로 더 이상 유용하지 않다 하더라도, 해방적인 내용을 가진 후기 자본주의 사회의 문화에 내재하는 규범들과 가치들은 여전히 존재한다고 논증될 수 있다. 하지만 마르크스가 자유 자본주의 사회의 제도 안에 당연히 체현되어 있는 것으로 간주하는 합리적인 자연법 이론들은 이 규범들과 가치들을 제공하지 않는다. 비판은 더 이상 부르주아 공공 영역들의 규범들에, 즉 자유 시장의, 그리고 법치 국가의 규칙이 지배하는 자유로운 국가의 규범들에 호소하지 않는다. 정치 영역을 합리적인 행정의 영역으로 변형시킴으로써 자연법 전통의 합리적이고 해방적인 내용은 속이 텅 비게 되었다. 해방적인 규범들은 공적이고 제도적인 구조들 속에 더 이상 내재해 있지 않다. 대신 그 규범들은 문화, 예술, 그리고 철학 등의 이행되지 않은 유토피아적인 약속 속에서 찾아야 하거나(아도르노), 억압적인 사회가 요구하는 희생에 대항해서 반란을 일으키는 인간 주체성의 심층 구조에서(마르쿠제) 찾아야 한다.

따라서 절대정신의 이행되지 않은 유토피아적 잠재성을 고집하는 아도르노는 『부정 변증법』을 다음과 같은 문장으로 시작한다. "언젠가 극복된 것처럼 보였던 철학은 생명을 유지하고 있다. 왜냐하면 철학의 현실화의 순간이 늦춰졌기 때문이다."[47] 합리적인 현실과 통일될 것이라는 철학의 약속(헤겔), 혹은 이성을 현실화할 수 있는 대중들을 질료적 무기로 이용할 수 있다는 철학의 약속(마르크스)은 실패했기 때문에 이 약속은 가혹한 자기비판을 수행해야 한다. 철학의 자기비판은 철학의 계속된 실존을 가능하게 하는 가상, 즉 철학은 현실로 될 수 있다는 가상을 부활시켜야 한다. 다른 한편으로 이러한 가상은 자신의 신비적인 모포를 벗어버리지 않으면 안 된다. 왜냐하면 사유의 타자(즉, 사유가 아닌 것)를 자신의 실현을 위한 단순한 수단으로 간주하는 개념적 사유의 오만함이 이 가상에서 드러나기 때문이다. 철학에 존재 이유를 부여하는 것은 사유와 현실의 통일을 추구하는 것이라고 하더라도, 현실은 사유가 온전히 비워질 때까지 자신을 쏟아 붓는 그런 그릇이 아니다. 이러한 난점은 지양되는 것이 아니라 부정 변증법을 통해 끊임없이 실행되고 재생되어야 한다. 아도르노 자신은 이러한 비판을 "부조화"의 비판이라고 부른다. 그것은 사유와 현실, 개념과 대상, 동일성과 비동일성 등, 드러나야 할 이들 사이의 부조화이다.[48] 비평가의 임무는 총체성 속에서 그런 틈을, 사회적 구조에서 그런 간격을, 불협화음과 불일치의 계기를 드러내는 것이다. 이를 통해 전체의 비진리가 드러나게 되고,

또 어렴풋한 또 다른 삶이 가시화된다. 후기 자본주의 사회에서의 사회적 갈등의 가능성에 대한 한 논문에서, 아도르노는 따라서 사회의 갈등의 잠재력이 집단의 조직적인 저항과 투쟁에서 추구되어서는 안 되고 웃음과 같은 일상적인 제스처에서 추구되어야 한다는 다소 놀라운 주장을 전개할 수 있었다. "그러한 속죄양의 정신으로부터, 자신의 공격성을 제거하는 쾌락과 이것을 허용하지 않고 제어하는 검열 체계 사이의 타협물로부터 모두의 집단적인 웃음이 성장하였다."[49] 누군가가 사회적 갈등에 대한 엄격한 사회학적 정의를 필요로 한다고 해보자. 이때 그는, 비록 정확하게 파악할 수는 없지만, 해방이 "가능하다는 내용을 담은 비밀 통신문이나 폭력의 흔적들과 같이 그런 미묘함을 가진"(*ibid*) 경험들에는 접근할 수 없을 것이다.

해방적 부조화라는 방법을 통해 아도르노는 진보적인 문명의 인종학자가 되었다. 그는 행정화된 세계에 도전하고 맞설 수 있는 인간의 능력을 보여 주는 함축적인 저항과 고통의 계기들을 발견하고자 한다. 그럼에도 불구하고 아도르노가 호소하는, 가능한 해방의 이런 "비밀 통신문"이 비판 이론의 규범적 관점을 정당화할 수 있는지는 불분명하다. 도구적 이성 비판이 "신성 가족"이라는 특권화된 담론을 명확히 한다는 비난은 아직 대답되지 않은 채 남겨져 있다. 따라서 정치경제학 비판으로부터 이 장에서 검토된 도구적 이성 비판으로의 이행은 비판의 내용만이 아니라 비판 그 자체의 방법도 변화시킨다. 이러한 변형을 통해 비판의 입장의 타당성이 질문을 받게 된다.

부록. 루카치, 베버 그리고 프랑크푸르트학파

아도르노, 호르크하이머 그리고 마르쿠제에 의한 막스 베버 작품의 수용은 『역사와 계급의식』(pp. 83-110)에서 베버의 "합리화" 범주를 마르크스의 "물신화" 범주와 통합시킨 루카치를 통해 주로 영향을 받았다. 루카치는 서구의 근대화와 산업화의 과정이 삶의 모든 영역에서 **형식-합리적** 방향의 점진적 지배로 이끈다는 베버의 주장에 한정하여, 그러한 방향은 상품 형식의 지배에 의해 요구된다고 주장했다. 베버에게 "형식적 합리성"은 실재에 대한 실천적 정향뿐 아니라 인지적 정향도 의미한다. 인지적 태도로서의 형식적 합리성은, 예측을 가능하게 하고 현상들에 대한 도구적 통제와 조직을 가능하게 하는, "아주 정확하고 추상적인 개념들"(「세계 종교의 사회 심리학」, p. 293)에 의해 실재를 파악하고자 하는 시도를 의미한다. 이러한 인지적 태도는 실천적-도구적 태도에 의해 수반되는데, 이 태도에 따르면 사회적 행위는 "적절한 수단에 대한 아주 정확한 계산을 수단으로 하여"(*ibid.*) "보편적으로 적용되는 규칙이나 법이나 제도의 토대 위에서"[50] 주어진 목적에 도달하고자 한다. 이러한 행위 양식은 베버에 의해 "합목적적 행위"로 특징지어진다. 도구적 행위는 외적인 자연에 대한 기술적 통제와 또한 다른 인간에 대한 전략적 통제를 예측 가능한, 동종의, 계산 가능한, 그리고 비인격적인 규칙에 종속시킨다. 루카치가 상품 형식에 대한 마르크스의 분석과 통합시킨 것은 합리화 과정에 대한 베버의 분석의 바로 이 측면이다.

루카치에게 상품은 자본주의적 사회관계의 "세포"이다. 상품은 노동 장소의 조직에서 관료 행정에 이르기까지, 그리고 심지어 문화적 생산물에 이르기까지 삶의 모든 영역에서 재산출되는 구조를 드러낸다.[51] 상품 형식의 비밀은 추상적 등가를 확립한 것이다. 즉, 모든 종류의 재화는 상품이라는 사실에 의해 다른 재화들과 동등한 것으로 간주되어 교환될 수 있다. 그뿐 아니라 인간의 활동과 관계들도 상품화될 수 있다. 즉, 그것들도 추상적 등가물로 환원될 수 있다. 질적으로 상이한 물건들과 인간의 행위들 사이에 성립된 이러한 등가로 인해, 그것들을 서로 구별시키는 실체적이고 구체적인 특성들을 철저히 추상화할 것이 요구된다. 이러한 추상 과정은 사회적 과정이다. 그것은 개인들에 의해 수행되는 정신적 행위가 아니라 실제 사회적 과정에 상응한다. 금전에 의해 제어되는 교환 관계가 근대 시장의 발흥과 더불어 확장되고, 자본주의적 사회관계가 노동력을 상품으로 구매하고 팔면서 확립된 것과 같이, 추상적 등가는 사회적으로 제도화되었다. 구체적 물건들과 행위들은 서로 다르지만, 제삼자, 즉 화폐와의 등가에 의해 동등한 것으로 된다. 동등한 것으로 될 수 있는 것은 또한 이러한 등가의 빛 아래서 측정할 수 있다. 그것은 가치에 있어서 동일한 것으로 간주되는 동질적인 단위들로 양화될 수 있다. 자본주의 경제에서 가치의 척도로 간주되는 것은 사회적으로 필요한 노동 시간의 양이다. 인간의 노동력은 시장에서 노동 시간의 특정 양으로 구매되고 판매될 수 있다. 이때 상품들은 노동 시간이 응결된 형태로 간주된다.

루카치에 따르면, 형식적-도구적 합리성의 확장과 상품의 형식은 동일한 동전의 양 측면이다. 세상을 향한 형식적으로 정확한 기술적·전략적 정향은 예측할 수 있고 계산할 수 있는 규칙들에 의해 지배된다. 그런데 이러한 정향은 사회적 실재를 분할할 수 있는 단위들로, 그리고 추상적이며, 동종적이고 동능한 단위들로의 환원을 요구한다. 사회적 실재에 대한 그러한 "존재론적 환원"[52]은 자본주의 아래서 자본주의적 생산의 비밀인 상품 형식의 논리를 통해 발생한다. 따라서 루카치는 법과 사회적 조직체, 그리고 국가 관료제 아래서의 형식적 합리성의 확장이, 베버가 분석했듯이, 철저히 자본주의적인 경제에서만 가능하다고 주장한다. 상품 형식은 사회 세계에서 형식적 합리성을 생산하고 재생산하는 구조이다.

1920년대 막스 베버 동아리의 일원이었던 루카치의 이러한 분석은 베버 자신의 작품에 근거하여 지지될 수 있다. 베버 자신은 "끊임없는 합리적 사업체에서 이윤을 추구하는 것과 동일한" 자본주의가 "[형식적으로] 자유로운 노동이라는 합리적-자본주의적 조직체를 요구한다"는 사실을 인정했다.[53] 합리적 부기簿記도, 화폐 교환 관계의 확장도 사회에서의 이윤 추구를 위한 장기적인 제도화에 충분하지 않다. 그런 제도화는 시장에서 상품으로 판매될 수 있는 자유로운 노동이 근대의 공장에서 "산업적"인 임금 노동으로 조직될 때에만 도달된다. 베버는 또한 형식 합리적인 방식에 의한 법과 국가 행정의 관료제적 조직은 임노동에 기초한 자본주의 경제가 지속될 경우에만 장기간 가능하다고 주장한다. 베버 자신의 작품에 의해 지지되지 않는 것은 아니지만, 베버에 대한 루카치의 탁월한 종합은 그럼에도 불구하고 베버의 작품의 주된 의도에서 벗어난다.

루카치의 현상학적 사회 분석은 삶의 모든 영역에서 재생산되는 "세포"를 상품 형식에서 찾는다. 그런데 그의 이러한 사회 분석은 베버의 방법론적 유명론과 양립 불가능하다. 메를로퐁티가 관찰한 것처럼, 서구에서 합리화 과정의 발생에 대한 자신의 복잡한 분석에서 베버는 어떤 특정한 요소가 다른 요소들에 대해 인과적으로 지배적이었다고 말하지 않으며, 합리화의 길을 삶의 다양한 영역들로 강제하는 합리화의 단순 논리를 지적하지도 않는다. 메를로퐁티는 다음과 같이 쓴다. "이러한 요소들 각각은 다른 것들과 만남으로써 역사적인 중요성을 요구한다. 역사는 종종 그것들 중 하나를 고립된 채 생산했다. (예를 들어, 로마에서는 법이, 인도에서는 계산의 토대들이 그랬다.) … 하지만 그것들의 만남은 각각의 요소가 내포하고 있는 합리성의 패턴을 각자 안에서 강화한다. … 하지만 처음에 그 요소는 전능한 관념이 아니라 언젠가 통합될 수 있는 요소들을 여기저기서 끌어 모으는 일종의 역사의 상상물이다."[54] 루카치의 방법론적 정향은 메를로퐁티가 베버의 글들을 분석하는 가운데 이름 붙인 "역사의 상상물"이라고 하는 것과 양립하기 힘들지만, 프랑크푸르트학파로 하여금 베버 작품을 수용하게 하는 데 결정적이었다. 즉, 베버에 의해 분석된 불연속적이고 모순적인, 그리고 때때로 결론에 이르지 못하는 합리화 과정의 경향 배후에서 그들은, 그것이 상품 형식이든지, 동일성 논리의 지배든지, 아니면 도구적 이성이든지 간에, 설명을 위한 단순 논리를 추구하였다.

제6장

미메시스적 화해로서의 자율성

　　이 책의 제1부에서 나는 칸트의 순수 이성 비판이 마르크스의 정치경제학 비판으로 전개될 수 있었던 것은 다음과 같은 헤겔의 공헌이 있었다고 주장했다. 즉, 칸트의 순수 이성 비판이 충분히 근본적이지 않다는 이유로, 다른 말로 하면 순수 이성 비판이 주체, 인식, 사유 등의 발생과 구성에 대해 검토하지도 않은 채 떠나버렸다고 헤겔은 칸트를 비판했다. 헤겔에 따르면, 이성의 정당한 사용에 대한 이성의 자기반성은 비판의 주체 그 자체의 발생과 구성에 대한 반성을 포함한다. 헤겔에게 비판적 태도는 스스로 분열되어 있는 문화와 사회의 결과물인데, 이러한 문화와 사회에서는 개인이 공동체와 대립하고 있고, 도덕성은 합법성에, 그리고 경향성은 의무에 대립하고 있다. 비판을 불러일으킨 그런 사회의 총체성을 파악한다는 것은 이성이 현재에 현실화되어 있다는 것을 인식함으로써 비판을 초월한다는 것을 의미한다. 이성은 인간관계의 총체성 속에 자리하고 있어야 한다. 헤겔은 자율성을 더 이상 개인의 자기 정당화의 행위로 보지 않고, 집단적 주체의 자기실현의 과정으로 본다. 비판과 자율성 사이의, 이성의 자기반성과 자유의 실현 사이의 끈은 그럼에도 불구하고 유지된다.

마르크스는 자율성의 실현이 단순한 "당위"일 수 없고, 역사적 실재 속에서 완성되어야 한다고 말하는데, 바로 이런 점에서 그는 헤겔의 칸트 비판에 충실히 머물러 있다. 자율성은 자본주의 사회가 산출했지만, 자본주의 아래서는 실현될 수 없는 이상이다. 자본주의 생산 양식은 개인의 자율성을 필연적으로 전제한다. 왜냐하면 이 체계는 인간의 실존 조건에 대한 집단적 통제를 거부하는 방식으로 전개되기 때문이다. 자본의 축적이라는 지상 명령 아래서 자본주의 사회에 내재한 인간의 참된 부는 물질적 부의 단순한 축적으로 환원된다. 한편으로, 자본주의는 인간의 참된 부, 욕구, 그리고 체계를 초월하는 기질들을 산출한다. 다른 한편으로, 자본주의는 부를 인간적인 술어가 아니라 끝없이 강화되는 상품 생산의 술어로 정의함으로써 부, 욕구, 그리고 체계를 초월하는 기질들 등을 한계 짓는다. 자율성은 인간 존재가 자신의 활동의 사회적 본질을, 즉 인간의 활동을 자본주의의 발전 법칙으로 직면하게 하는 본질을 전유할 때에만 실현될 수 있다. 그렇게 되면, 마르크스에게 자본주의적 생산 양식에 대한 비판은 체계의 내적 모순, 즉 자율성을 이상으로 정립하지만, 실제로는 자율성을 부정하는 그런 체계의 내적 모순을 개인들에게 인지하도록 하는 한에서 집단적 자율성의 실현을 돕는다.

비판의 방법과 자율성의 이상 사이의 이러한 관계는 프랑크푸르트학파의 작품에서 변형을 겪는다. 『계몽의 변증법』에서 이야기되듯이, 만약 지배가 단순히 자본주의에 의해 좌절된 합리성의 결과가 아니라 이성 자체가 지배의 도구라고 한다면, 자기 입법하는 이성이라는 이상은 따라서 지배의 이상이다. 왜냐하면 자율성은 자기 현실화가 아니라 자기 억압을, 우리의 내부와 외부에 있는 자연의 억압을 의미하기 때문이다. 칸트에게 자율성은 궁극적으로 자유롭고 평등한 주체들 사이의 "목적의 왕국"의 실현을 요구했는데, 이 자율성은 실제로 타자를 지배하고 자신을 억압하는 비용을 지불하면서 자신의 목적을 추구하는 주체들의 이상이다. 지배 관계가 이성의 자연스러운 역사의 일부이고, 유적 능력으로서의 이성의 발생과 불가분 연관되어 있다면, 도구적 이성 비판은 단순한 자기반성을 넘어가야 한다. 이성의 자연사에 대한 반성 내용과 반성의 능력 사이에는 상호 간의 어떤 비추임도 없고 긴장과 투쟁만 있을 뿐이다. 계몽에 대한 비판은 내용과 절차 사이의, 비판의 대상과 비판의 주체 사이의 긴장을 드러내는 계몽의 "변증법"으로서만 씌어질 수 있다.

계몽의 변증법은 이성의 현상학의 현존이 아니라 이성의 고고학의 현존을 드러낸다.[1] 우리가 헤겔에게서 배운 것은 이성이 자신의 모든 심급에서 자신을 회상하고 기억할 때에만 이성은 자기 인식에 도달할 수 있다는 사실이 아니라 이성의 역사는 망각과 억압에 기초해 있다는 사실이다. 의식은 자신의 기원을 알지 못한다. 더 나아가 이성은 자신의 과거의 어떤 모습을 잊어버린 한에서만 자신의 경험을 전개해 나간다. 마찬가지로, 스스로를 도구적 이성의 주체로 전개하고 전통적 의미에서의 자율성을 갖기 위해 자아는 다른 존재 양식과 친근하게 되고자 하는, 혹은 타자와의 화해를 알리는 그러한 충동과 욕구들을 잊고 억압해야 한다. 계몽의 변증법은 "정신분석학적인 반성"의 의미에서 비판이다. 망각된 것은 의도한다고 해서 기억될 수 없다. 모든 망각은 상흔(트라우마)에 기원을 두고 있다. 망각된 것은 트라우마를 재생시키려는 노력에서만, 현재를 억누르고 있는 과거의 저주를 단절하려는 노력에서만 회상될 수 있고 또 스스로에게 드러날 수 있다. 이런 트라우마적 내용에 접근함으로써 사람들은 과거에 억압되어야 했기 때문에 기어하는 것 자체가 고통스러운 그런 억압된 소망과 욕구들에 더 가깝게 다가갈 수 있다. 마찬가지로, 계몽의 변증법은 이성에게 이성 자신의 트라우마적 내용과 마주하여 스스로 망각했던 것, 즉 달리 존재할 수 있는 가능한 다른 양식, 주체 안에서의 자연의 회상, 그리고 타자와의 화해 등을 회상하게 한다. 정신분석학적인 그러한 과정을 통해서만 사람들은 자율성의 참다운 의미에 접근할 수 있다. 자율성의 전통적인 이상은 이성의 자기 부정의 역사에 직면할 수 없다. 따라서 이 이상은 단순히 자신에게 알려지지 않은 채 남아 있는 이성일 뿐이다. 니체는 이와 관련하여 다음과 같이 썼다. "우리는 우리 자신에 대해 알지 못하는 자들이다."[2]

자율성 개념을 정신분석학적으로 재형식화하는 가운데, 아도르노와 호르크하이머는 아이러니하게도 칸트의 도덕성에 대한 헤겔의 주된 비판들 중 하나로, 즉 의무와 경향성 사이의, 도덕법과 개인의 정의적-정서적 구조 사이의 모순으로 되돌아온다(제3장을 보라). 의무와 경향성 사이의 이러한 모순은 그들에게 자율성과 자기 억압 사이의, 이성의 공동체의 이상과 개인의 이기주의적인 실천 사이의 은밀한 연결고리를 드러내 준다. 덕과 행복 시이의 괴리, 그리고 이 양자의 화해를 목적의 왕국으로 연기하는 것 등은 단번에 칸트의 심오한 정직함과 그의 맹목성을 보여 준다. 실지로 칸트가 보여 준 것처럼, 지배와 억압의 조건 아래에서는 덕과 행복이 화해될 수 없다. 하지만 이러한 화해의 결핍은 실천 이성의 순수한 구조에서 인출되지 않고, 칸트가 생각했던 것처럼, 어떤 특수한 역사적-물질적 상황에서 인출된다. 호르크하이머는 특히 자신의 1937년 이전의 글들에서 칸트의 도덕 철학의 안티노미를 부르주아 사회의 안티노미에 비추어 분석한다. 호르크하이머의 이 초기 논문들은 내재적 비판의 방법을 실행하고 있으며, 『계몽의 변증법』의 정신분석학적인 전회와 혼동되어서는 안 된다. 의무와 경향의 문제는 나중에 그의 작품에서 아주 강력한 정신분석학적인 비판으로 발전하는데, 재미있는 것은 이 문제가 이미 이 초기 작품들의 중심에도 존재한다는 사실이다.

아도르노와 호르크하이머는 인간의 행위와 주관성에 대한 대안적인 규범적 모델에 기초하여 도구적 이성 비판과 20세기 자본주의의 사회와 문화에 대한 비판을 수행하는데, 이 장의 목표는 이러한 대안적 모델을 명료하게 하기 위해 아도르노와 호르크하이머의 작품에서 자율성의 개념을 검토하는 것이다. 헤겔과 그를 이은 마르크스는 자율성을 자기실현하는, 자기표현적인 행위로 간주한다. 아도르노와 호르크하이머에게 자율성은 미메시스*mimesis*로 된다. 내가 논의하고 싶은 미메시스적 행위 모델은 이 책의 제1부에서 논의된 행위의 노동 모델에 대한 전도된 부정이긴 하지만 참된 부정은 아니다. 나는 우선 칸트에 대한 호르크하이머의 초기 비판을 검토할 것이다(제1절). 이어서 나는 『부정 변증법』에서 칸트의 도덕 철학에 대한 아도르노의 분석에 주목할 것이다. 마지막으로 나는 주체의 철학의 전제들을 검토하면서 자율성에 대한 그들의 이해를 강조할 것이다(제2절). 나의 결론은 앞 장에서 제기된 비판 이론의 규범적 토대에 관한 질문이 이들의 사유에서 대답되지 않은 채 남겨져 있다는 것이다.

이 문제들을 다루기 전에, 나는 마르쿠제의 자율성 개념은 왜 이 논의에 포함하지 않을 것인지에 대해 설명하겠다. 마르쿠제는 정신분석학의 역할에 관해 아도르노나 호르크하이머와 이론적으로 근접해 있고, 또 변화된 가족의 역할과 자아 형성의 전개 과정에 대해 경험적 수준에서 그들에 동의한다. 그럼에도 불구하고 그는 자율성을 심미적 영역이 아니라 욕구 이론에 근거 지운다. 이러한 관점에서 그는 아도르노나 호르크하이머보다 훨씬 더 철학적 인간학의 기획에 근접해 있으며, "완전한 타자"에 대한 갈망에 훨씬 더 내재적이고 주관적인 토대를 부여힌디. 느껴지고 생동적인 개인이라는 진리에 대한 이러한 강조로 인해 마르쿠제의 기획은 미메시스적인 화해와 구별된다. "자연의 부활"과 "타자와의 화해"라는 이상들이 그의 작품에서 덜 중요한 것은 아니지만 말이다. 마르쿠제에게 그러한 화해는 행복에 대한 개인적인 갈망에 뿌리박고 있다. 마르쿠제의 개념이 갖는 어려움은 주체의 철학에 대한 그의 신념이 아니라 욕구 해석에 대한 그의 **독백적 모델**이다(제8장을 보라).

1. 자율성과 자기 보존

호르크하이머가 (마키아벨리, 홉스, 로크, 그리고 맨더빌 등의 이론 등에서 나타나는) 초기 부르주아적인 철학적 인간학의 도덕적 상으로 특징짓는 근본적인 개념은 "자기 보존"이다. "자기 보존Selbsterhaltung" 개념은 규범적 차원뿐 아니라 경험적 차원도 갖는다. 경험적 개념으로서의 자기 보존은 자아를 "보존하고" 유지하는 것을 목표로 하는 활동 양식이다. 초기 부르주아적인 철학적 인간학에서 이 개념에 특별한 힘을 부여한 것은 '자신을 보존하려는 방식으로 행위하는 자아의 태도는 도덕적 의미에서 "옳거나" "이성적"이다' 라는 규범적인 가정이다. 비판 이론 시기 이전의 주된 논문인 1933년의 「유물론과 도덕」[3]과 1936년의 「이기주의와 자유 운동: 부르주아 시대의 인간학」에서 호르크하이머는 부르주아적인 철학적 인간학과 도덕 이론을 자기 보존이라는 개념의 빛 아래서 분석하고자 하였다.

자기 보존의 개념을 부르주아적인 철학적 인간학의 도덕적 관점을 특징짓는 것으로 선택함으로써 호르크하이머는 이 이론들에 내재한 근본적인 불균형을 주목하게 만들었다. 이러한 불균형은 이 개념이 갖는 이중의 함의, 즉 경험적이면서 규범적인 함의에, 더 정확하게 말해서 이 개념의 기술적인 사용에서 가치 평가적인 사용으로의 전이에 뿌리박고 있다. 바로 이러한 전이 과정에서 이 개념은 그 이론들에서 도덕적 지위를 습득한다. 자기 보존의 개념은 고대와 중세의 사유에서 오랜 역사를 가진다.[4] 스토아주의적인 전통에서뿐 아니라 아리스토텔레스적인 전통에서도 "자기 보존"은 우선 종의 보존과 다른 한편으로 종 특유의 활동을 통한 개인의 유지를 의미했다. 이 개념의 이러한 초기 용법의 특징은 자기 보존의 행위가 자연적인 특성에 대한 이론의 맥락에서 정의될 수 있다는 가정이었다. 즉, 종 특유의 그러한 행위는 자기 보존을 진작하는 행위라는 것이다. 덧붙여서, 아리스토텔레스도 보여 준 것처럼, 인간 종과 같은 종에게서 종 특유의 행동 양식을 간단하게 목록화하는 것은 자기 보존의 목표를 규정하는 데 충분하지 않다. 그럼에도 불구하고 실천이 종에 특수한 것이고 또한 인간의 자기실현의 양식일 경우, 자기 보존의 목적론과 윤리적-정치적 실천 행위 사이의 원리적 상호 배제는 없었다. 이러한 전통에서 자기 보존은 목적론적인 개념이었다.[5] 이 술어의 두 조합물인 '자기'와 '보존 행위'는 이성의 목적론에 의해 간단히 정의될 수 있었는데, 이때 이성의 목적론의 임무는 인간이 삶에서 올바른 자연의 질서를 실현하도록 돕는 것이었다.

이 개념이 근대에 와서 전통적인 용법과 다르게 사용되었다는 사실은 홉스의 『리바이어던』 제14장에서 아주 분명하게 드러난다.[6] 한편으로, 근대 이전의, 특히 스토아주의적인 전통을 반영하면서 홉스는 자연법이 다음과 같은 이성의 규칙이라고 쓴다. "모든 인간은 평화를 희망하는 한 평화를 위해 노력해야 한다. 인간이 평화를 산출할 수 없을 때는 전쟁이라는 수단과 장점을 추구하고 사용해도 된다."[7] 다른 한편으로, 근본적인 자연권은 자기 보존의 권리인데, 모든 개인에게 자신을 보존할 수 있는 모든 수단이 부여된다는 것을 의미한다. 그리고 이것은 "만인에 대한 만인의 권리"[8]로 환원된다. "자연권"과 "자연법"은 더 이상 조화를 이루지 못한다. 개인의 자기 보존의 목표는 평화를 이끌어 내는 것이 아니라 만인에 대한 만인의 전쟁을 이끌어 내는 것이다. 홉스가 진술하고 있듯이, "권리jus"와

"법lex"은 대립하는 개념이다. 전자가 자유를 의미한다면, 후자는 자유의 제약을 의미한다.[9]

개인의 자기 보존의 목표와 자연법에 의해 명령된 평화의 습득이 서로 모순적이라는 사실은 다음과 같은 것을 의미한다. 즉, 자아도 그리고 이 자아로 하여금 스스로를 보존하도록 하는 행위도 자연적 특성의 이론에 의해 일의적으로 규정될 수 없다. 자기 보존을 추구하는 홉스적인 자아는 이익, 야망, 명예, 그리고 수줍어함 등의 목표에 의해 동기 부여를 받는다. 각자는 좋음(선함)을 자신에게 기쁨을 주는 것으로 정의한다. 이성의 임무는 자기 보존을 습득하기 위해 어떤 시민적 질서가 요구되는지를 보여 줌으로써 자연 상태를 극복하는 것이다. 이때 시민적 질서에서는 경쟁, 갈등, 그리고 재산 등의 관계가 계약에 의해 규제된다고 한다. 자기 보존은 홉스적인 개인들의 목표이다. 즉, 개인들은 이와는 다른 방식으로 행위할 수 없으며, 행위의 이러한 목적론은 자연 질서의 빛 아래서 더 이상 정의될 수 없다. 이성은 자연을, 무엇보다도 인간의 자연을 통제하고 지배하기 위해 요구된다.

홉스의 분석은 호르크하이머의 초기 철학적 인간학을 재구성하는 데 중요한 아주 많은 요소들을 간직하고 있다. 예를 들어, 자연적 특성들을 도덕적 상으로 파악하는 목적론적인 해석의 파괴, 인간은 서로 갈등 관계에 있는 이해관계와 동력에 의해 움직인다는 사실, 시민적 질서는 이성에 기초해 있으며, 이성의 임무는 인간의 본성을 통제하는 것이고 또한 이 본성이 풀렸을 때 나타날 수 있는 파괴적인 결과들을 중화하는 것이라는 테제 등. 「이기주의와 자유 운동」이라는 글에서, 호르크하이머는 이 이론들의 또 하나의 측면, 즉 '인간의 본성(자연)의 특징들을 단순한 "사실의 문제"로 환원하는 것'에 주목한다. 자연법 이론들의 "실재론"은 인간 본성에 대한 소위 "객관적"이고 "경험적인" 견해라고 하는 이유로 청년 헤겔에 의해 비판을 받는데, 호르크하이머에 의해서도 역시 비판을 받는다.

> 인간은 무엇인가 하는 문제는 더 이상 계시를 해석함으로써 혹은 다른 권위들에 호소함으로써 증명되어서는 안 되고, 궁극적으로 직접 접근할 수 있는 사실을 언급함으로써 증명되어야 한다. 인간에 대한 인식은 자연과학의 한 특수한 문제로 된다"(ZfS 1936: 162).

자기 보존의 이론들에 따르면, 인간의 본성은 주어진 사실로 고찰되어야 하며, 이성은 자기 이익을 무한히 추구함으로써 나타나는 파괴적인 결과들로부터 개인들을 보호하기 위한 수단으로 간주되어야 한다. 호르크하이머는 "주관적 이성"이라는 술어를 이러한 개념을 지시하기 위해 사용하며, 전통의 "객관적 이성"과 대비시킨다. 이 객관적 이성에 따르면, 인간의 삶의 목표와 규범들은 포괄적인 세계상에 체현되어 있었다. 이후의 논문인 「이성 개념에 대하여」(1951)에서 호르크하이머는 "객관적인" 전근대의 이성에서 "주관적인" 근대의 이성으로의 전이를 다음과 같이 쓴다. "주관적 이성 개념은 전통적 의미에서의 계몽의 계기를, 즉 막스 베버가 이러한 과정을 기술하고 있듯이, 세계의 탈신화화와 탈주술화의 철학적 표현을 구성한다."[10]

호르크하이머에 따르면, 칸트의 도덕 철학을 이러한 토대에서 고찰해 볼 때, 칸트의 도덕 철학은 인간이 탈주술화된 세계에서 규범적 준칙들을 추구하는 데서만 나올 뿐만 아니라, 그 근본 형식에 있어서 자기 보존을 위한 주관적 이성의 요구에 충실히 남아 있다. 인간의 본성과 이성 사이의 대립은 칸트에 의해 현상의 영역과 본체계의 영역 사이의 형이상학적인 이원론으로 변형된다. 칸트의 도덕 철학은 '우리의 자의적인 행위는 "우리 자신에게 다소 좋은 것"을 목표로 한다는 인간 본성의 법들'과 '누구도 수단으로 취급되어서는 안 되고 언제나 목적으로 취급되어야 하는 그런 세계를 요구하는 이성의 명령' 사이에 붙잡혀 있는데, 이런 점에서 그의 도덕 철학은 관념론의 깊은 안티노미를 드러낸다. 이러한 안티노미는 관념론적인 이성관이 현재하는 질서의 부정을 지향하기는 하지만 그럼에도 불구하고 주관적 이성에 의해 발견된 소위 인간 본성이라는 "사실들"에 충실히 남아 있다는 사실에서 도출된다.

이러한 관점에서 볼 때, 칸트의 도덕 이론은 경제적인 자기 이익의 법에 의해 지배되는 인간의 행위가 합리적이지 않다는 진리를 드러낸다. 칸트의 이론에서 현상계와 본체계의 **형이상학적 이원론**은, 호르크하이머에 따르면, 부르주아 사회의 **사회적 이원론**을 반영하는 것이다. 즉, 부르주아 사회에는 한편으로 개인들이 자기 이익과 이해를 추구하는 것에 의해 움직이는 경제 활동 영역이 존재하고, 다른 한편으로 공적이고 합리적인 공통의 선의 영역이 정립되어 있다. 호르크하이머는 칸트의 도덕 철학의 위대함을 '칸트는 공리주의자들과는 달리 도덕성을 자기 이익의 원리에서 인출하려고 하지 않고, 자기 이익에 의해 지배되는 행위와 도덕법에 대한 존경에서 수행되는 행위의 적대성을 주장한다' 는 데서 본다. 그럼에도 불구하고 갈등을 영속화하고 이 갈등에 형이상학적인 토대를 부여함으로써, 칸트는 자신의 도덕 이론을 이끌어 낸 실재의 역사 상황을 숨기고 있다.

자본주의 하에서의 교환 과정을 분석한 마르크스(제4장을 보라)를 따라, 호르크하이머는 개인들의 재산 추구와 이익 추구에 의해 사회적 삶이 산출될 수밖에 없는 그런 조건 아래서 개인의 행위와 공동선 사이의, 개인과 보편자 사이의 매개는 이해하기 어려운 것으로 나타난다고 주장한다(ZfS 1933: 167). 이 시기에 개인이 복종해야 하는 자연법은 경세적 이익이다. 칸트의 도덕 이론에서 의무와 경향의 갈등, 욕망과 이성의 갈등은 심리학에 기초한 것이 아니라 함축적인 사회학에 기초해 있다. 헤겔처럼 "합리적 욕망" 이론에 기초하여 이 갈등을 풀려고 하지 않은 호르크하이머는 분열에 직면하여 이 분열의 근원을 추적하고자 한다. 그의 질문은 다음과 같다. 개인들이 도덕법을 "명령"으로, 즉 모두가 이기적으로 그것에서 벗어나고자 하는 "당위"로 경험하게 하는 필연적인 사회적 조건은 무엇인가? 도덕적 명령이 통제해야 할 인간의 심리는 어떤 사회적 힘에 의해 형성되는가?

이러한 맥락에서 호르크하이머는 자신의 자율성 개념을 이해하는 데 아주 중요한 구분을 제안한다. 즉, 한편으로 **도덕적 반성성**, 즉 욕구, 경향성과 거리를 취하여 이것들을 비판적으로 반성할 수 있는 개인들의 능력과, 다른 한편으로 그런 반성성은 개인들이 "보편적인 법"을 행위의 준칙으로 받아들일 때만 실현될 수 있다는 칸트의 가설 사이의 구분.[11] 논문 「유물론과 도덕성」의 서두에서 호르크하이머는 철저히 긍정적인 근대의 빛 아래 인도된 도덕적 반성성을 다음과 같이 평가한다. "자신의 행위가 선한지 악한지를 인간이 결정하고자 하는 시도는 명백히 역사적으로 늦게 나타난 발전 현상이다. … 도덕적 비판에 대한 본능과도 같은 반응에 순응하여 자신의 행위를 개인의 사려에 기초하여 변화시킬 수 있는 능력은 점증하는 사회의 분화와 더불어 비로소 형성될 수 있었다"(ZfS 1933: 162. 또한 1934: 190). 하지만 도덕적 반성성의 증가가 도덕적 명령의 권위적 모델과 혼동되어서는 안 된다. 한편에 개인의 이익과 자기 보존이, 다른 편에 공동선이 자리하는데, 이 양자의 갈등이 해소되지 않는 한 도덕적 반성성은 참으로 습득될 수 없다. 왜냐하면 재산과 이익에 기초한 경쟁 사회에서 사회적 필연성은 개인들의 결정 능력을 끊임없이 좌절시킬 것이기 때문이다. 부르주아 사회가 시작한 자기반성의 과정이 참으로 자율적인 양식으로 완수될 수 있다고 한다면, 개인들이 맹목적인 자연법에 지배되기라도 하듯이 이 개인들을 행동하도록 자극하는 사회적 조건들은 변화되어야 한다. 자율성은 도덕적 반성성을 전제한다. 하지만 이러한 능력은 반대로 완전히 전개될 수 있기 위해 특정한 사회적 전제들을 요구한다.

호르크하이머는 궁극적으로 도덕적 반성성의 문제를 마르크스의 정치경제학의 범주에 비추어 분석하고 있기는 하지만, 그는 자율성의 윤리학의 본질적 문제를 건드리고도 있다. 칸트의 도덕 이론에서는 일반적인 도덕 원칙에 입각하여 반성적으로 행위할 수 있는 주체의 능력이 전제되는데, 이 능력은 정언 명령에만 의지하여 행위할 수 있는 능력과 동일하다. 칸트는 도덕적 반성성의 능력이 전적으로 도덕법에 기초하여 행위하는 것으로 이해된다는 생각을 가지고 있다. 하지만 칸트의 주체는 도덕법에 대해 반성하지 않는다. 오히려 도덕법은 그런 행위자를 강제할 수 있는 내용을 선험적으로만 현재하게 하는 것이라고 한다. 칸트의 윤리학에서 도덕적 반성은 도덕적 원리의 발생의 측면이 아니라 그 적용의 측면일 뿐이다. 칸트는 자신의 도덕 이론에서 연역적으로 진행해 도덕적 주체를 자율성의 원리와 유일하게 양립할 수 있는 정언 명법과 더불어 제시한다. 그러나 자율성의 윤리는, 칸트가 정식화하듯이, 필연적으로 도덕법의 선험적 내용과 동일한가? 나는 여기서 호르크하이머가 하는 것과는 다소 다른 방향에서 이 문제를 확장하고 있다. 하지만 나는 이러한 해석으로 인해 호르크하이머가 이 논문에서 암시만 하고 있을 뿐인 것 — 자율성의 규범과 도덕적 반성성의 이상은 칸트의 도덕 이론의 전통적 형태를 넘어서는 어떤 내용을 가질 수도 있다 — 을 우리가 좀 더 명확하게 볼 수 있다고 생각한다.

칸트에 대한 호르크하이머의 비판에 제시된 두 번째 문제는 다음과 같다. 자율성의 법, 즉 자기 입법의 법이 종종 "자연법"과의 유비에 의해 구성된다는 것은 수많은 칸트 독자들을 놀라게 한다. "너의 행위의 준칙이 너의 의지에 의해 보편적인 자연법이 될 수 있는 방식으로 행위하라"라는 명령은 『윤리 형이상학 정초』에 나타난 정언 명법의 공식들 중 하나이다.[12] 이러한 공식을 통해 칸트는 도덕법이 자연법과 마찬가지로 예외를 금하며, 모든 시대와 장소에서 타당하다는 이념을 표현하고 싶어 했을 것이다.[13] 호르크하이머의 분석은 이 공식을 그 사회적 기원으로까지 역추적하여, 이 공식에 함의된 엄격하고 강제적인 특성을 드러낸다. 이성을 대표하며 또 사회적 관점을 개인의 관점에 대립된 것으로 표현하는 도덕법은 스스로 마치 자연법이나 되는 것처럼 드러난다. 이것은 사회가 경제적 교환 관계로, 즉 "욕구의 체계"로 환원되는 사회 질서의 관점과 정확히 일치한다.

> 사회 전체에 이성적인 조직체가 결여되어 있어서 개인은 자기 자신을 전체와의 참다운 관계에서 인식할 수 없으며, 자신을 전체에 관심이 있는 개인으로서만 인지할 뿐, 이 전체 속에서 자기의 이기적인 행위에 의해 자신이 어떤 영향을 얼마나 많이 받는가 하는 사실은 명확하게 드러나지 않는다(ZfS 1933: 167).

"욕구의 체계"의 경우에 반드시 나타나듯이, 사회적 공동생활의 토대가 개인에게 의문으로 남아 있는 한, 사회적 전체를 이루고 있는 타자의 관점을 필연적으로 함유할 수밖에 없는 **도덕적 관점은**[14] 실현될 수 없다. 역으로 개인들이 서 있는 사회적 관계의 맥락이 그들 자신에게 모호하면 할수록 그만큼 개인들이 도덕적 관점을 실현할 가능성은 없다. 이 논문의 끝에서 호르크하이머는 사회연구소의 이후의 파시즘 분석을 위한 초석이 될 수 있는 주장을 편다.

> 세계는 치료 불가능 상태로 내몰린 것처럼 보인다. 혹은 더 정확히 말해서 세계는 그런 상태에 놓여 있는 것 같다. … 이성의 결여에 의해,

그리고 생산 과정의 단순한 자연성에 의해 이미 초기 단계에 결정되어 있었던 개인들의 운명의 무의미성은 오늘날 가장 인상적인 현존의 특징이 되었다. … 각자는 맹목적인 우연에 내맡겨져 있다. 자신의 현존의 진행 과정은 자신의 어떤 내적 가능성과도 연관되어 있지 않으며, 현대 사회에서 자신의 역할은 대개의 경우 자신이 합리적으로 수행할 수도 있는 것과 아무런 관계도 없다(ZfS 1933: 183).

그러한 사회적 조건에서 자율성의 이상은 역사적 망상으로 될 위험에 처해 있다. 호르크하이머는 계속하여 다음과 같이 말한다. "우리는 더 이상 인간을 자신의 운명의 주체가 아니라 맹목적인 자연 과정의 객체로 보며, 이러한 상황에 대한 도덕의식의 반응은 불쌍하기 그지없다"(ZfS 1933: 183-4).

자유롭고 개인주의적인 자본주의는 두 번의 세계대전 사이에 나타난 카르텔과 독점 현상 같은 초개인적인 경제 단위로 변형되었는데, 이러한 변형은 개인들 사이의 도덕의식의 토대를 변화시킨다.[15] 칸트에게서 지배적인 도덕의식은 존경, 즉 도덕법에 대한 존경과 도덕적일 수 있는 합리적 존재로서의 타자에 대한 존경이었다. 호르크하이머에 따르면, 개인의 행위와 자신의 사회적 운명 사이의 일치가 있기 때문에 그러한 존경이 가능했다. 혹은 적어도 이러한 존경은 재산을 가진 중산층의 경우에는 타당했다. 이 시기에 세계 경제 위기가 계속되면서, 자율적 인간의 사회적 성취를 위한 물질적 토대가 파괴된다. 개인들이 경제적 압박과 비인격적 경제 체계에 직면하여 힘이 없어질수록 이들은 그만큼 자기 존경과 타자에 대한 존경을 상실한다. 호르크하이머에게 우리의 도덕의식은 사회적 역사를 가진다. 도덕의식은 사회적 실재에 의해 산출되고 형성된다. 즉, 상호성이라는 사회적 토대가 파괴될 때, 사회적 성취와 개인의 노력이 더 이상 서로 관계가 없을 때, 존경이라는 도덕의식은 제거되지는 않는다 하더라도 약화된다.

이러한 생각은 호르크하이머에게 도덕적 관점이 실로 보편성을 가진다는 것을 함의한다. 물론 이때 보편성은 사회적인 것이지 형이상학적인 것이 아니다. 이에 반해 칸트의 도덕 철학에서는 경험적으로 서로 구별되는 개인들이 도덕적 자아로서 모두 동일하다고 전제된다. 실천 이성의 명령을 명확하게 하는 도덕법은 한 사람에게 타당하듯 모두에게 타당하다. 도덕법의 관점에서 "나"는 "우리"이고, "우리"는 "나"이다. 도덕적 자아의 이러한 동어반복적인 동일성은 경험적 다수성과 사회적 적대성에 모순된다. 따라서 칸트의 도덕 이론에서 도덕적 보편자는 근원적인 보편자가 아니라 외견상의 보편자이다. 호르크하이머는 도덕적 관점에 포함된 보편성은 사회적인 것으로 간주되어야 한다고 제안한다. 여기에서 이 글의 임무는 "나"와 "우리"의 동어반복적인 동일성을 확립하는 것이 아니라 "나"와 "우리"의 관점을 사회적으로 화해시킴으로써 근원적인 보편성을 산출하는 것이다. 도덕적 반성성의 문제와 더불어 우리가 앞에서 말한 정치경제학의 관점에 한정된 호르크하이머의 범주를 확장시킬 때 호르크하이머의 범주들은 칸트의 도덕 이론에 대한 보다 근본적인 비판을 제시한다. 하지만 궁극적으로 호르크하이머의 제안들은 별로 합리적이지 않은 일련의 가설들에 의해 한계를 보인다. 호르크하이머의 범주들을 확장해 보자.

정의에 대한 호르크하이머의 논의는 "필연적"이고 "과도한 억압"[16)]에 관한 이후의 마르쿠제의 공식들을 얼마간 선취하고 있는데, 이러한 그의 논의는 그 분석에 있어서 근본적인 한계를 갖는다. 공정한 질서에서 "개인의 생활 조건의 불평등은 사회 경제적 과정이 주어진 발전 단계에서 기능할 수 있는 만큼의 크기에 한정되어야 한다"(ZfS 1933: 187)고 호르크하이머는 제안한다. 생산력의 발전 단계에 의해 사회에 부가된 필연적인 한계에서 유래하는 것이 아니라 사회적 지배 관계 때문에 실재하는 모든 양식의 사회적 불평등은 불공정하다. "이것은 정의 개념의 보편적 내용이다"(ZfS 1933: 188). 호르크하이머는 어떠한 양식의 사회적 불평등이 주어진 생산력의 발전 단계에서 요구되는지를, 그리고 어떤 것이 "과도한 지배"의 산물인지를 결정할 수 있다고 믿는다. 이러한 관점에서 그는 마르크스처럼 정의의 문제가 궁극적으로 기술적인 문제라고 생각한다. 즉, 일단 생산 수단의 소유자가 변화되면 어떠한 종류의 불평등이 사회에서 객관적으로 요구되는지를 생산력의 발전을 평가한 토대에서 계산할 수 있다는 것이다.

이제 정의가 사회적 부와 어떤 주된 재화들을 분배하는 문제로 이해될 때, 호르크하이머가 이 논의에서 함의하고 있듯이, 물질적 발전 단계라는 사회적 수준에서 창출된 사회적-구조적 한계는 언제나 고려되어야 한다.[17] 그런데 호르크하이머는 생산 양식의 사회화와 더불어 정의에 대한 결정들이 순수하게 기술적이고 행정적인 것으로 될 수 있다고 생각한다.[18] 그러나 분배적 정의의 문제가 기술적인 정보의 문제를 함유하고 있기는 하지만, 단순한 기술적 문제만은 아니라는 사실을 보이는 것은 어렵지 않다. 즉, 자원의 희소성이 문제되지 않는다고 가정할 때에도(이 가정은 과도하고 일리 없는 가정이다) 분배적 정의는 사회 집단의 생산의 권리, 고용의 권리, 그리고 특정한 종류의 "기본 재화"의 이용의 권리를 규제하는 사회적 조직 양식을 전제한다.

"기본 재화"에 대한 규정도, 그리고 특정한 양식의 권리 요구에 의해 사회 집단이 발현하는 이익과 욕구도 이제 기술적 문제가 아니라 규범적 문제를 포함한다. 사회에서 "기본 재화"로 간주되거나 간주되지 않는 것은 사회 조직의 기능적인 한계뿐만 아니라 주어진 사회의 가치 체계와 문화 조건에 의존한다. 예를 들어, "교육"이 사회적으로 통제되어야 하는 기본 재화로 간주되어야 하는지 혹은 그렇지 않은지의 문제는 가치의 문제이다. 또한 그 해법은 상이한 사회 집단들이 교육을 개별성의 발전에 필연적인 것으로 간주하는지, 그래서 사회의 책임으로 간주하는지 등에 대해 토론해야 한다는 사실을 내포한다. 모든 사회는 개인들이 사회에서 적절히 기능할 수 있기 위해 특정한 수준의 기술과 지식, 그리고 정보를 획득해야 한다고 요구할 수 있는데, 그렇다면 교육은 사회 구조적 문제로 된다. 그러한 문제는 기술적 정보의 문제에 의해서만 결정될 수는 없다.

유사한 고려 사항들이 사회적인 "욕구"와 "이해관계"의 정의에 적용된다. 사회 집단들은 욕구와 이해관계를 자신의 권리나 합법적 요구라고 하는 관점에서도, 그리고 사회에서 실행 가능한 것으로 파악하는 관점에서도 정의한다. 호르크하이머에 따르면, 생산 양식의 사회화는 욕구와 이해관계의 모든 갈등을 제거한다. 이러한 관점에서 호르크하이머는 마르크스를 따른다. 마르크스는 이미 사회적 이해 갈등을 주로 계급 갈등으로 환원했으며, 계급 관계가 아니라 성적, 인종적, 민족적, 그리고 심지어 세대 간의 차이에서 비롯된 갈등의 원천의 가능성을 배제했다.[19]

정의에 대한 호르크하이머의 논의를 지배하고 있는, 전통적인 마르크스주의자들의 기설들은 도덕성에 대한 그의 반성에도 약간의 영향을 미친다. 한편, 호르크하이머의 주장에 따르면, 개인과 사회 사이의 갈등을 요청하는 도덕성은 단지 부르주아 사회에 그 기원을 가지며, 이러한 사회 질서가 지양되면 소멸할 것이다. 그럼에도 불구하고 그는 인간이 자연적인 존재로서 경험하는 고통과 아픔들이, 비록 완화될 수는 있겠지만, 그치지는 않을 것이기 때문에 도덕적인 고려들이 아마도 계속될 것이라는 점을 인정한다. 그는 다음과 같이 쓴다.

도덕성은 부르주아 질서의 경제 조직의 토대에 전제되어 있는 인간

관계의 특정한 형식에 속한다. 이러한 관계를 합리적 조절에 의해 변형시킴으로써 도덕성은 적어도 그 배경으로 들어가게 된다. 사람들은 그런 다음 자기의 고유한 고통과 질병에 공동으로 대처하며 싸울 수 있다. … 하지만 자연에서는 여전히 고통과 죽음이 지배한다. 인간의 연대성은 그럼에도 불구하고 삶 일반의 연대성의 한 측면이다. 인간의 연대성을 실현함에 있어서 진보는 삶 일반의 연대성의 의미를 강화시킨다. 동물은 인간을 필요로 한다(ZfS 1933: 184).

이러한 진술은 오늘날 생태 윤리를 발전시키기 위한 노력에 시사점을 줄 수 있는 사유를 함축한다.[20] 하지만 이 진술의 본질은, 호르크하이머에 따르면, 자본주의에서 사회주의로의 이행과 더불어 도덕성이 인간관계와 상호 작용의 영역에서 사라지는 대신 자연의 영역에서는, 즉 우리를 고통과 죽음에 종속시키는 영역에서는 계속된다는 사실이다. 표면적으로 이것은 설득력이 떨어지는 가설로서 호르크하이머가 이러한 요구를 하게 된 이유를 묻지 않을 수 없다. 왜냐하면 이것은 한편으로 미래의 사회주의 사회의 도덕성은 더 이상 의무와 경향 사이의 갈등, 개인과 보편자 사이의 갈등에 의해 특징지어지지 않을 것이라는 주장이면서, 다른 한편으로 미래 사회의 도덕성은 살아 있는 존재인 우리 모두를 자연의 힘에 종속시키는 영역에서 계속 될 것이라는 주장이기 때문이다.

나는 호르크하이머의 주장이 인간 행위의 노동 모델에 의해서만 이해될 수 있다고 생각한다. 그에게도 역시 근본적인 인간관계는 인간과 자연 사이의 관계이다. 이러한 행위가 일단 합리적으로 규제되면 도덕성은 우리가 결코 지배할 수 없는, 그리고 우리가 계속 그 일부여야 하는 자연의 영역에서만 계속된다. 호르크하이머는 인간의 삶에 똑같이 본질적인 차원인 상호 작용과 의사소통 행위 개념을 불충분하게 다룬다. 도덕적인 논쟁, 즉 옳은 것, 선한 것, 바랄 만한 것, 그리고 공정한 것 등에 대한 논쟁과 도덕성은 의사소통 행위를 구성하는 데 필수적이다. 도덕성의 사회적 내용은 역사적으로 우연적이라 할 수 있다. 그리고 도덕적 논쟁을 해결하는 양식들뿐 아니라 도덕적 논쟁의 정의도 역사적으로 사회적으로 변한다고 할 수 있다. 사정이 이러함에도 불구하고 사회주의 사회이든 자본주의 사회이든 간에 인간 사회는 옳은 것, 선한 것, 바랄 만한 것, 그리고 공정한 것 등에 대한 의사소통이나 담론 그리고 그에 대한 논쟁 없이도 스스로 재생산될 수 있다고 가정할 수 있는데, 이것은 사회적 상호작용의 관계가 대상화의 관계로 환원될 때에만 일리가 있다.『계몽의 변증법』이후의 사회 비판 이론의 과정은 노동과 대상화의 모델에 붙들려 있는, 그리고 생산력의 발전에 대한 신뢰에 기초하고 있는 마르크스주의적인 낙관론은 거부되지만, 인간 행위의 노동 모델과 주체의 철학의 기본 전제들은 유지되고 있음을 보여 준다(제3절을 보라). 이제 호르크하이머의 초기 글들에서 "자기 보존"과 "자율성"에 대한 이러한 논의의 결과들을 요약하고자 한다.

첫째, "자기 보존"의 개념은 자기 관계의 양식을 포함하는데, 이에 따르면 자아의 주어진 충동, 욕구, 그리고 욕망은 몰역사적이고 불변하는 것으로 간주된다. 자아는 행위한다 그리고 실제로 이러한 충동과 욕구와 욕망을 충족시키려는 방식으로 행위할 뿐이다. 관념론적인 도덕 철학, 특히 칸트의 도덕 철학은 한편으로 자기 보존의 실재성을 인정하며, 다른 한편으로 이러한 자기 보존을 도덕적 명령의 형태로 나타나는 "이성의 법"에 대립시킨다. 경향과 의무, 자기 보존의 목표, 그리고 이성의 도덕성은 서로 모순된다.

둘째, 호르크하이머에게 자율성은, 자기 보존이 그러하듯, 자기 관계의 양식을 포함한다. 다만, 자아는 주어진 실체로 간주되어서는 안 되고, 그의 심리적 조건이 역사적으로 전개되는 사회적, 역사적 개인으로 간주되어야 한다. 자율성은 도덕적으로 반성된 태도, 즉 권위의 명령뿐 아니라 자신의 충동들이 원리와 일치하는지 판단할 수 있는 능력을 포함한다. 이러한 원리는 정언 명령에서 인출되는 것이 아니라 정의와 평등이라는 사회적 원리이다. 자율성은 도덕적 조건일 뿐 아니라 추구되어야 할 미래의 사회적 목표이다. 도덕적 관점, 즉 보편성의 관점은 사회적으로만 현실화될 수 있다.

셋째, "유물론"과 관념론적 도덕 철학을 구분하는 것은 개인의 자유에 대해 어떤 평가를 내리는가에 달려 있다. 관념론이 자율적 주체라는 전제에서 출발하여, 이성과 의지의 행위에 의해 규범과 가치들을 형성한다고 말하는데 반해, "유물론은 주체에게 영향을 미치는 이익과 목표 설정을 결코 그의 독립적인 창조적 행위에로, 즉 자유 의지에로 환원하지 않으며, 그러한 이익과 목표 설정은 주관적 계기들과 객관적 계기들이 함께 참여하여 얻게 된 발전의 결과로 본다"(ZfS 1933: 194).

넷째, 관념론적 주체 개념을 비판하는 호르크하이머는 그러나 칸트의 윤리학을 형식주의적이고 공허하다는 이유로 비판하지는 않는다. 사실 호르크하이머는 "질료적인 가치 윤리학"을 발전시키려는 막스 셸러 등의 노력들에 대항하여 칸트주의를 방어한다. 호르크하이머는 철학적 인간학과 현상학 등 그러한 후기 이론들을 "세계 안의 개인의 삶 자체에 의미를 부여하는 규범을 발견하고자"(ZfS 1935: 5) 하는 시도들로 간주한다. 그러한 시도는 다소 전문적인 것일 수 있다. 즉, 이러한 시도는 의미를 창조하는 가치를 지니는 구체적 이상들이라고 명명할 수도 있고, 또는 가장 일반적인 당위적 인간상만을 기획하는 데 족할 수도 있다. 하지만 그 이론적 절차가 어떠하든, 이 철학들은 두 가지 실수를 범한다. 한편으로, 이 철학들은 특정한 교조주의로 나타난다. 즉, 이것들은 확실성에 대한 추구, 인지적 방향성과 정의적 의미를 창조해야 하는 공식이나 세계관에 대한 추구로 나타난다. 다른 한편으로, 이러한 교조주의의 반대되는 곳에 특정한 경험주의가 있다. 도덕적 절대주의에 대한 추구가 개인들의 사회적 삶을 결정하는 아주 구체적인 조건들을 무시하기 때문에 사람들은 소여된 것을 무시하거나 아니면 그것을 정당화하는 태도들 중 하나를 가지게 된다. 눈이 하늘을 향할 경우 지상의 실존의 악행은 무시될 수 있다. 형이상학적인 의미 자원들에 대한 추구와 지상의 이기주의에 대한 정당화는 같이 진행된다(ZfS 1935: 10).

다섯째, 이 초기 작품들에서조차 호르크하이머는 막스 베버에 의해 분석된 문화적 분화의 과정을 거역할 수 없는 것으로 간주한다. 그렇지 않을 경우, 무의미한 우주로 지각될 뿐인 것 속에서 의미를 창조하려는 철학적 시도들은 교조적이면서 동시에 경험주의적인 것으로 간주된다. 현재를 초월하려는 그들의 시도에서, 그들은 단지 현재를 물화시킬 뿐이다.[21] 자율성에 봉사하는 이성은 실체적이 아니라 비판적이다. 이성의 임무는 개인들을 위한 새로운 절대자를 만드는 것이 아니라, 개인들이 몸담고 있는 사회 세계의 참된 본질에 대해 스스로 반성하도록 자극하는 것이다. 이러한 관점에서, 비판 이론가는 자기보다 통찰력이 덜하다고 생각하는 개인들에게 자신이 전달하고자 하는 의미와 통찰에 대해 어떤 특권적인 독점권을 갖지 않는다. 개인들의 자율성에 대한 존경 때문에 이론가가 의미 부여자로 행위하는 것은 금지된다.[22]

1937년 이후 "도구적 이성 비판"으로의 전회와 더불어 위의 상은 중요한 부분에서 바뀐다. "주관적" 이성과 "객관적" 이성 사이의 모순의 근원은 더 이상 사회 과정에만 놓여 있지 않고 점차 이성의 지연사에, 그리고 부르주아 주체성의 계보학에 놓인다. 특히 아도르노의 칸트 비판은 초기의 호르크하이머가 칭송했던 칸트 철학에서의 많은 긍정적 요소들을 뒤죽박죽으로 만들어 버렸다. 호르크하이머의 1936년 논문인 「이기주의와 해방의 운동」은 이미 칸트에 대한 아도르노의 후기 비판을 특징짓는 정신분석학적인 이론으로의 전회를 공표하고 있다.

이 논문에서 호르크하이머는 의무와 경향성 사이의, 자유와 행복 사이의 갈등을 더 이상 정치경제학의 범주에서만 검토하지 않고 정신분석학적인 술어로 검토한다. 이기주의에 대한, 즉 자기 보존의 본능에 대한 비판은 14세기의 이탈리아 도시 국가에서 프랑스 혁명에 이르는 기간 동안 "덕"과 "희생"의 도덕성의 이름으로 자기 보존에 대한 단순한 관심을 비하했던 부르주아 영웅들의 말과 행동에서 특히 잘 드러난다. 호르크하이머는 부르주아 사회의 기초가 되는 이기주의의 사회적 실재와 그 이데올로기적 위협 사이의 모순을 내면화 이론의 관점에서 분석한다(ZfS 1936: 169). 이기주의와 덕은 부르주아 사회에서 시장 영역과 공공 영역 사이의 불일치를 반영하고 있을 뿐 아니라 그것의 보완적 기능을 가진다. 덕의 주장과, 특히 덕에 대한 금욕적 해석으로 인해 개인들은 자기 보존의 추동력을 청교도적인 노동 윤리와 교환 가능한 방식으로 통제할 수 있게 된다. 이기주의가 제한되지 않을 경우, 그것은 쾌락주의에로, 통제되지 않은 개인의 행복 추구에로 이끌 수 있으며, 그리고 이러한 사실은 행복의 약속을 수행하지 못한 채 행복을 약속한 사회적 질서의 토대를 위협할 것이다. 부르주아 도덕의 참다운 기능은 승화에 대한 이데올로기적 정당화를 제공하는 것이다.

> 부르주아 지도자에 의해 인도된 대중의 이기주의는 만족될 수 없기 때문에, 대중의 요구는 내적인 순화, 복종, 순응, 그리고 자발적 희생 정신으로 내몰리기 때문에, 그리고 개인의 사랑과 인정은 지도자를 향해… 상징과 위대한 개념들을 향해 방향이 맞춰져 있고, 이때 자기 요구를 가진 개인은 무화되기 때문에, 여기서 낯선 개인은 무로 경험되며, 개인 일반, 그의 향유와 행복 등은 멸시받고 부정된다(ZfS 1936: 217).

이기주의와 의무 사이의, 덕과 경향성 사이의 불일치의 참된 의미는 억압의 내면화를 정당화하는 것이다. 초기의 호르크하이머는 이러한 불일치에서 도덕적 관점이 개인의 단순한 경향성을 넘어서야 한다는 진리를 본다. 이에 반해 여기에서는 이러한 초월성을 승화로 본다. 하지만, 아마도 이기주의라는 단순한 주장과 행복에 대한 정당한 추구 사이에는 구분이 있는데, 왜냐하면 호르크하이머 자신은 개인의 만족을 부정하는 모든 과정이 다 억압적인 것은 아니라고 인정하기 때문이다. 그는 다음과 같이 쓴다. "고양되지 않은 기술의 완전성과 노동 과정의 단순화뿐 아니라, 간단히 말해서 자연에 대한 인간의 힘의 증가뿐 아니라 보다 높은 형태의 사회를 위한 인간적 조건들도 정신화나 내면화의 과정 없이 생각될 수 없다"(ZfS 1936: 190). 정신화와 내면화의 과정이 또한 사회적으로 필연적이라면, 어떤 근거에서 우리는 "비합법적 승화"와 "사회적으로 필연적인 (필요한) 내면화"를 구별할 수 있는가? 호르크하이머는 다시 한 번 노동 과정의 기능적 논리에 기초하여 필연적인 억압과 불필요한 억압을 구분한다. 그는 다음과 같이 쓴다. "아직 지배되지 않은 외적인 자연과 비사회적인 관계들이 인간의 자유를 억압할 뿐인 그런 조직에서도 자연에 의해 제약된 한계들은 외적인 소원과 욕구의 일부분을 내면화하도록 몰아치며, 에너지의 변형에 이바지한다"(ZfS 1936: 219). 이러한 기준은 우리가 사회적으로 필요한 승화와 불필요한 승화를 좀 더 면밀하게 규정하는 데 도움을 주지 않을 것이다. 나는 그 이유들을 호르크하이머의 정의 개념을 검토하는 가운데 이미 말했다. "자연적인 필연성"은 어떻게 우리로 하여금 어느 정도의 억압이 사회적으로 필요하고 또 어느 정도의 억압이 비합법적인가를 좀 더 분명하게 규정할 수 있게 하는가? 다시 한 번 말하자면, 호르크하이머에 따르면, 자본주의적인 계급 관계의 소멸과 더불어 우리는 사회적 지배의 관계가 아니라 오직 자연적인 필연성의 논리만이 사회 조직을 강제하는 그런 사회에 들어갈 것이라고 주장한다.

이러한 토대에 대항한 아도르노의 기여는 다음과 같이 요약할 수 있다. 아도르노는 (호르크하이머가 이 시기에 여전히 의지하고 있는) 마르크스적인 해방의 패러다임이 갖는 함축적 기능주의가 분명하게 드러나는 지점까지 도구적 이성 비판을 극단화한다. 아도르노에게 "사회적으로 필연적인" 지배와 "불필요한" 지배 사이의 구분은 사라진다. 개인들의 승화의 원천은 모든 사회의 계급적 통제 장치만이 아니다. 그 원천은 또한 사회가 스스로를 구성하기 위해 내적이고 외적인 자연을 지배해야 한다는 사실이다. 마르크스주의는 자연의 지배를 정당화하며, 그러므로 어떤 해결책도 제공할 수 없다. 호르크하이머는 불필요한 억압을 사회적으로 필요한 억압과 구분하기 위하여 정신분석학적인 이론을 이용한다. 이에 반해 아도르노는 사회적 억압은 자연의 지배가 지속되는 한 그칠 수 없다고 주장한다. 아도르노의 논문은 그 일관성에 있어서 존경할 만하다. 하지만 사회 비판적 범주들이 그의 분석으로부터 더 이상 파생될 수 없을 만큼 그의 논문은 억압의 기원을 아주 근원적인 단계에서 추적한다. 호르크하이머의 어려움이 그가 의지하는 마르크스주의적인 기능주의에서 발생한다면, 아도르노의 어려움은 그의 진단의 급진성에서 기인한다.

2. 자율성과 "타자"와의 화해

『부정 변증법』에서 아도르노의 칸트 비판은 80여 쪽에 이르는데, 그 요점은 다음과 같다.

자아는… 직접적인 것이 아니라 매개된 것이며, 정신분석학적인 용어로 말하면, 출현한 것이며, 혼란스러운 리비도의 에너지에서 갈라져 나온 것이다. 도덕법의 모든 특수한 내용들뿐 아니라 순수하다고 추정되는 그 도덕법의 명령 형식 역시 사실적 현존에 구성적으로 관계한다. 도덕법의 명령 형식은 억압의 내면화를 전제한다. 이는 마치 자기 동일적으로 유지되는 자아가 견고한 심급으로 전개되는 것과 같다. 칸트는 이 자아를 인륜적 삶의 필요 조건으로 절대화한다.[23]

1936년의 논문 「이기주의와 해방의 운동」에서 호르크하이머는 칸트의 도덕성의 권위적 측면을 도덕법의 권위적 성격에서 찾는다. 이에 반해 아도르노는 도덕법을 "자기 동일적으로 유지되는 자아의 견고한 심급"이라고 표현한다.[24] 억압의 근원은 더 깊어진다. 그 근원은 아도르노가 정신분석학의 용어로 "리비도의 에너지에서 갈라져 나온 것"[25]으로 본 자아 동일성을 향한 강제에 위치한다.

어떤 측면에서 아도르노는 청년 헤겔의 칸트 비판을 다시 말하고 있다. 헤겔은 도덕법을 "나는 나다"(I=I)라는 "공허한" 공식에서 기인하는 것으로 봤다. 청년 헤겔도 아도르노도 칸트의 정언 명령에서 자아 동일성을 향한 강제적 추구를 본다. "너의 행위의 준칙이 언제나 또한 보편적 법칙이 될 수 있도록 행동하라"라는 명령은 그들에게 "도덕적 주체로서의 네가 너의 의지와 모순되지 않게 행동하라"를 의미했다. "보편화"를 무모순의 원리와 이런 방식으로 일치시키는 것은 문제가 있을 뿐 아니라 일리도 없다. 헤겔의 비판의 어떤 측면도 ― 그의 비판은 도덕적 명령을 준칙들을 **발생시키는** 것으로, 그리고 준칙들을 **테스트하는** 것으로 간주했다 ― 정언 명령은 단순히 동어반복에 불과하다는 사실을 증명하는 데 성공하지 못했다(제3장). 하지만 아도르노의 관심사는 다르다. 그는 청년 헤겔이 제기한 비판을 반복하지만, 헤겔처럼 인륜적 삶에서 주어진 다수의 규범성에 대립하여 도덕적 양심을 헛되이 요구하는 것을 비웃는 것이 아니라 도덕성을 자아의 자기 동일성과 일치시키는 주체의 병리학을 드러낸다.

이러한 관점에서 아도르노의 테제는 다음의 상이한 두 주장을 더 이상 구별할 수 없을 만큼 아주 급진적이다. 즉, 아도르노는 자아가 리비도의 에너지에서 갈라져 나온 것을 승화함으로써 전개된다는 이유에서 억압의 심급이라고 생각하는가? 아니면 칸트의 도덕 이론에 함유된 자아 동일성의 모델에서 자아 동일성에 대한 인지적인 추구가 도덕적 덕을 만든다는 이유에서 아도르노는 이 모델이 억압적이라고 생각하는가? 다음과 같은 설명은 우리가 그 문제를 결정하는 데 도움이 되지 않는다. "가장 극단적인 추상성의 형식에서조차 법은 생성된 것이며, 법의 추상성의 가장 고통스러운 측면은 침전된 내용이며, 정상 형태로 된, 즉 동일성의 형태로 된 지배이다."[26] 아도르노는 프로이트학파가 "그들의 왕성한 활동 시기에" "자아에 낯선 자이자 참으로 이종적인 존재인 초자아에 대한 차가운 비판"을 수행한 것에 대해 칭송한다.[27] 그는 "수정주의적" 정신분석학을 "자아"와 "초자아"를 구별하고 싶어 한다는 바로 그 이유 때문에 공격한다. 그는 다음과 같이 쓴다. "이성의 반성 없는 지배, 혹은 이드에 대한 자아의 지배는 현실의 원리를 비판하는 데 있어서 둔감한 정신분석학이 무의식적인 수준으로 밀쳐낸 억압적 원리와 동일하다."[28] "자아"와 "초자아"는 둘 다 "아버지 상의 내면화"[29]에 그 근원을 가지며, 도덕법에서 "억누를 수 없는" 명령을 보는 칸트는 "건강한" 초자아와 "건강하지 않은" 초자아의 통제를 구별하고자 하는 개량주의적인 정신분석가들보다 더 논리적이다.

이 논의를 얼핏 보면, 처음에 문제는 자아의 동일성 자체와 비억압적 자아의 이상을 구별하는 문제인 것 같다. 하지만 이제 우리는 자아와 초자아 일반을 구별하는 문제에 직면한다. 두 문제는 관련되어 있는데, 왜냐하면 아도르노는 비억압적 자아의 이상이 초자아를 위한 어떤 여지도 가지지 않음을 시사하고 있기 때문이다. 이것이 프로이트의 초기 학도인 페렌치Ferenzczi에 대한 아도르노 비판의 토대이다.[30] 하지만 만약 "자아"도 "초자아"도 "아버지 상"의 내면화에 의해 전개되고 또한 분출된 리비도 에너지의 승화물이라면, 비억압적이고 초자아와는 아무런 관련도 없는 자아 동일성이 도대체 있을 수 있단 말인가? 아니면 "나," "자기," 그리고 "주체" 그 자체는 억압에서 기인하는가? 만약 그렇다면 아도르노의 모델은 주체 없는 주체성의 모델, 자기 동일적이지 않은 자아의 모델, 그리고 그 "순수한 통각이 우리의 모든 표상을 동반할 필요가 없는" 그런 "나"의 모델인가?[31]

하지만 아도르노에게 자아의 해체는 퇴보일 수밖에 없다. "만약 주체를 짓누르는 엄청난 압박 아래서 이 주체가 정신 분열에 휩싸여 분열과 모호함의 상태로 떨어지게 될 경우(역사적 주체는 이 분열과 모호함을 벗어던져 버렸다), 주체의 해체는 덧없는 그리고 저주받은 가능적 주체상과 동일하다. 주체의 자유가 일단 그러한 신화의 정지를 요구할 경우, 이제 주체는 궁극적 신화에 다름 아닌 자신으로부디 해방된다."[32] 신화로부터의 해방이 바로 이 구조에 침전되어 있다. 역사적 주체의 구조에는 신화로부터의 해방이라는 침전물이 고여 있기 때문에 이 주체는 비억압적인* 자아의 이상을 현실화할 수 없다. 현재의 사회적·역사적 환경에서 비억압적인 자아의 이상이 아니라 "유약한 자아로의," 즉 "수동적이고 원자론적인, 그리고 반사적인 행동으로의 주체의 전이"는 규범이다.[33] 자연의 지속적인 전유, 자기 보존을 위한 추동 등으로 인해 문명은 자기 동일적 자아, 즉

---

* 원문에는 '퇴행적이지 않은non-regressive'으로 되어 있으나 내용상 그리고 뒷문장과의 연관성 속에서 볼 때, 이것은 '비억압적인non-repressive'으로 번역되어야 한다. 실제로 독일어로 요약 번역된 독일어본에서는 후자로 번역하였으며, 역자 역시 이를 따랐다.

문명의 이 영웅이 일련의 반사적 행동으로 사라지도록 위협하는 지점으로까지 내몰린다. 칸트적인 자아는 문명의 과정에서 "반사물 reflex"로 되는 자신 안에 반성의 힘을 포함한다. 복종을 자신의 덕으로 삼고 있는 현재의 유약한 자아와 비교해 볼 때, 칸트의 자아는 비록 억압적이긴 하지만 그래도 어떤 힘을 가지고 있는 독립의 계기를 표현한다.

그러나 자율적 자아의 해체는 자율적 자아라는 바로 그 이념에 내포되어 있다. 왜냐하면 그런 자율성은 자연의 억압을 전제하기 때문이다. 이러한 억압이 발달할수록 자아는 점점 더 자연과 같이 되며, 따라서 더 이상 자율적이지 않게 된다. "이러한 변증법에서 이성은 점점 더 거칠 것이 없어진다. 여기서 이성이 자신을 자연에 대한 절대적 대립자로 정립하고, 자신 안에서 자연을 잊어버릴수록 이성은 점점 더 야생의 자기 보존에 집착하여 자연으로 퇴행하게 된다."[34] 자연에 대한 지속적인 지배는 주체를 자연과 유사한 것으로 만든다. 문명화된 복종의 대가로 고대로의 후퇴라는 위협이 따라온다. 한편으로, 아도르노는 반성의 능력을 가진 칸트적인 도덕적 자아를 반사적인 행동을 할 수 있을 뿐인 "수동적이고 원자론적인" 현재의 개인들에 대립시킨다. 다른 한편으로, 칸트적인 자율적 자아의 반성적 힘이 자연에 대한 지배에 의존하고 있는 한, 이 자아는 자기 안에 이미 스스로를 파괴할 씨앗들을 간직하고 있다고 한다. 문명화의 과정에서 자연에 대한 지배가 커질수록 자연으로 되돌아갈 퇴행의 위협 역시 점점 더 커진다.

바로 그 다음 문장에서 그는 자아의 자율성의 이상을 파괴하기 위해서 그것을 기록할 뿐이라고 말한다. 이러한 역설적인 설명의 중심에는 하나의 이율배반이 놓여 있는데, 제시카 벤야민은 이 이율배반을 다음과 같이 명쾌하게 보여 준다.

아도르노와 호르크하이머에 따르면, 지배에 대한 저항을 포함하고 있는 이러한 의식의 차원들 — 비판적 이성, 개인화, 통합, 그리고 마지막으로 저항의 능력 등 — 은 권위의 내면화 과정과 분리할 수 없다. 따라서 권위로부터의 해방은 일단 권위를 인식한 이후에야 가능할 수 있다. 왜냐하면 지배의 주관적 차원들, 즉 지배의 축적은 권위가 어떻게 내면화되는지에 의해 측정되지만, 저항의 가능성의 조건 일반은 이러한 과정 속에 포함되어 있기 때문이다.[35]

이러한 분석은 『부정 변증법』이 아니라 『계몽의 변증법』을 지시하고 있기는 하지만, 이 점에서 나는 이 두 텍스트 사이의 근본적인 불일치를 보지 못한다. 자율성의 역설, 즉 복종을 의미하는 권위의 내면화 과정이 동시에 권위의 전복 가능성을 함유한다는 것은 이 두 텍스트의 분석에서 공통적이다. 또 하나의 테제는 초기 자유 자본주의의 특징인 자율적 자아 동일성의 파괴와 더불어 그러한 저항의 원천이 메말라 버린다는 것이다. 가족과 경제에서 아버지 역할의 파괴, 그리고 부성적 초자아를 기계 장치의 비인격적 구조로 대체하는 것은 유약하고 수동적인 그리고 원자화된 자아를 쉽게 불러일으킨다.[36]

획고힌 유토피아를 발전시키고자 하기보다 "자율성"과 같은 긍정적 개념의 이율배반적이고 자기 모순적인 성격을 드러내고자 하는 것이 『부정 변증법』의 프로그램과 더 완벽하게 일치한다고 하더라도, 타자의 어떤 측면 때문에 혹은 다른 존재 양식의 어떤 측면 때문에 그러한 부정 변증법이 수행될 수 있는지를 묻는 것은 잘못된 것이 아니다. 자신의 칸트 비판에서 아도르노는 호르크하이머가 그런 것과 마찬가지로 "반성성"을 자율적 자아의 긍정적 계기로 평가하며, 이 반성을 "반사적" 퇴행과 대비시킨다. 우리는 『계몽의 변증법』을 분석하는 가운데 "반사적" 행동이 미메시스의 원래 행위의 흔적을 포함하고 있다는 사실을 안다. 이 미메시스에 의해 공포에

젖은 자아는 스스로 자연처럼 됨으로써 자연을 정복하고자 한다고 했다. 문명이라는 조건 아래서 미메시스는 자아가 자연과 유사하다는 것을 드러내지는 않는다. 자아가 그곳으로 후퇴해 가는 자연적 조건은 문명 자체에 의해 부패된다.[37] 그러나 그렇다고 한다면, 반성은 치료에 대한 어떤 전망을, 타자에 대한 어떤 희망을 약속할 수 있는가?

아도르노는 이 점에서 호르크하이머보다 더 혹독하다. 호르크하이머는 권위적인 도덕법의 칸트적 모델을 "사회적 반성"의 과정으로 대체하고자 한다. 호르크하이머에게 도덕적 보편성은 사회적 보편성이다. 이에 반해 아도르노는 동일성의 사유에 기초하지 않은 어떤 다른 반성의 양식이 있을 수 있는지에 대해 모호하게 말하고 있기는 하지만, 그럼에도 불구하고 그는 동일성의 논리에 기초한 반성을 비판한다.

서구의 철학은 반성의 두 가지 모델을 보여 주는데, 그것들 중 어떤 것도 유용하지가 않다. 첫째, 헤겔이 "외적인 반성"[38]이라고 부른 것으로, 경험주의 철학에서는 "관념의 관계"[39]라는 제목 아래 전개되었다. 이 모델에 따르면, 인식 주체는 주어진 내용에서 어떤 요소들을 추상하여 구체적인 예들을 공동의 범주 아래로 가져온다. 경험주의 철학은 이러한 과정을 개념, 즉 추상적 관념 일반이 발생하는 과정으로 간주한다. 이러한 반성 모델은 실로 정신 활동의 본질을 동일성과 등가성이라는 추상적 원리의 확립에서 보는 모델이다.

반성의 두 번째 모델은 관념론의 전통에서 일반적으로 나타나는데, 자신을 사유하는 정신의 모델 혹은 자신을 인식하는 사유자의 모델이다. 여기에서 반성은 추상으로서가 아니라 자기 관계라는 행위로 간주된다. 칸트에게 "자기반성"과 "자기 인식"은 구별된다. 왜냐하면 인식은 주어진 대상이 개념화되었다는 사실을 함축하기 때문이다.[40] 피히테에게 두 행위는 하나로 된다. 즉, 자아는 자신을 생

각하는 것에 앞서지 않는다. 자아는 자기 관계의 행위 속에 그 기원을 갖는다.[41]

아도르노의 관점에서 볼 때, 자기반성과 자유에 대한 주체의 관심은 "나르시시즘," 즉 병리적인 자기 사랑과 동일한 것으로 보인다. 피히테가 주장하듯이, 세계와 타자는 사라지고, 그것은 자아에 의해 "정립"된다. 남겨진 것은 자기 동일적인 자아이다. 반성에 대한 이러한 나르시스적인 관심에 반대하여, 아도르노는 비동일성 논리의 치료적 효과에 호소한다.

> 칸트의 모델에 따르면, 자기 자신을 의식하는 주체들은 자신과 동일한 경우에 한해서 자유롭다. 그리고 이 주체들이 강압 아래서 이 강압을 영속화하는 한, 이 주체들은 그러한 동일성에서 부자유하다. 비동일적인, 흩어진 자연으로서 그들은 부자유하지만, 그들이 극복한 자극들 안에서 — 주체의 자기와의 비동일성은 아무것도 아니다 — 그들은 또한 동일성의 강제적 성격을 극복할 것이기 때문에 그만큼 자유롭다.[42]

자율성은 스스로 일할 수 있는, 자기가 아닌 것에 자신을 부가할 수 있는, 혹은 "타자 안에서 자신으로" 남을 수 있는 주체의 능력이다. 아도르노는 다시 한 번 헤겔과 자신의 모호한 관계를 드러낸다. 반성의 경험주의적 모델뿐 아니라 관념론적 모델에 대해서도 비판하는 것, 그리고 자신 안에 타자와의 관계를 함유하는 "자기 관계"의 모델에 대해 추구하는 것 등은 헤겔 철학을 처음부터 인도하였던 주제들이다. 그러나 아도르노에 따르면, 세계정신이 타자를 스스로를 실현하기 위해 차용한 단순한 도구로 환원하는 한 "타자 안에서 자기 자신으로 있음"이라는 자유에 대한 헤겔의 정의는 부적절하다.[43] 헤겔에게 "타자"는 세계정신이 자신을 비춰 보는 나르시스적인 거울에 불과하다. 그렇다면 타자 안에서 자신으로 있음의 참 모습은 무엇일 수 있는가? 자아는 타자 안에서 자신을 잃지 않고서 어떻게 그 안에서 자신을 발견할 수 있는가? 청년 헤겔에게 사랑은 관계이다.[44] 헤겔은 사랑을 인정과 구별하는데, 왜냐하면 사랑은 보편화될 수 없고, 특수자와 분리할 수 없게, 그리고 타자의 여기 있음과 분리할 수 없게 연결되어 있기 때문이다. 정의와 자유의 토대가 되는 상호 인정의 관계는 타자의 "여기 있음"을 추상하며, 자아와 타자의 추상적 동일성의 승인에 기초해 있다.

아도르노는 사랑도, 정의도 선택하지 않는다. '타자 안에서 자신으로 있음'의 형태로 드러나는 인간의 공존의 모델에 대해 아도르노가 아무런 토의도 하지 않았다고 하는 것은 사실 놀라운 일이다. 의심의 여지없이, 아도르노 이론의 기초가 되는 정통 프로이트주의의 욕망 이론은 여기에서 일정한 역할을 한다. 이러한 종류의 욕망은 사랑, 즉 타자를 향한 욕망이 아니라 벗어남을 추구하는, 그리고 사랑의 대상에 우연히 고정되는 리비도적인 에너지의 맹목적인 모습이다. 그러한 관점에서 헤겔의 초기 사랑 개념은 낭만주의적인 시처럼 나타날 수 있다.[45]

아도르노는 다음과 같이 쓴다. "유토피아는 희생되지 않은 주체의 비동일성이다."[46] 아도르노에게 이러한 비희생적인 비동일성은 사회적 이상이 아니라 심미적 이상이다. 타자 안에서 자신으로 있을 수 있는 주체의 능력은 "자연적인 아름다움"[47]에 대해 심미적으로 경험하는 가운데 자신을 잊어버릴 수 있는 주체의 능력과 동일하다. "자연적인 아름다움"은 화해의 "비유"이며 "부호"이자 "기호"이다. 사람들은 이것을 본질주의적인 범주에서 영원히 소여된 불변하는 미의 실체라고 생각해서는 안 된다. "자연적인 아름다움"은 반립, 즉 사회의 반립이며,[48] 비규정자로서 규정자의 반립이다.[49] 그것은 인간과 자연 사이의, 주체와 객체 사이의 매개를 생각할 수 있게 하는 양식이다. 자연적인 아름다움은 일의 상태나 최종적 조건이 아니라 영원히 새롭게 현존함을 암시한다. 지속적인 화해 상태를 표시하는 상조차 틀릴 수 있다. 사람들은 "타자"를 "비유"와 "부호"로만 암시될 수 있을 뿐인 그런 비동일자를 향한 유토피아적 갈망으로 생각해야 한다.[50] 개념적인 사유의 관점에서 보면, "자연적인 아름다움"은 결함이 많지만, "변증법적인 이성과 그 매체에 대한, 그리고 담론적 언어에 대한 비판을 위해서는 이러한 결함이 진리의 근원인데, 그것은 자연적인 아름다움에 대한 급진적인 계몽의 관심을 정당화하기 때문이다."[51] 예술은 이러한 결함을 보상하고자 하며, 또 이 결함을 추월하고자 한다. 하지만 예술의 진리는 결함을 극복하고자 하는 이러한 활동에서 자연적인 아름다움을 새롭게 창조하고자 하는 데 있다. 주체의 비희생적인 비동일성이라는 유토피아는 주체로 하여금 자신의 자아를 잊게 하여 화해의 계기를 보게 하는 타자와의 비강제적 관계 속에 암시되어 있다. 미학에의 이러한 호소와 자연으로의 회피라는 낭만주의 이론과의 차이는 — 이것은 여기서 강조되어야 한다 — 정확히 자연 개념의 차이에 있다. 아도르노에게 자연은 주어진 실체, 상태, 혹은 매체를 의미하는 것이 아니라 "타자성," 즉 사회, 문명, 그리고 이성 등의 "타자성"을 의미한다. 이러한 타자성의 의미론적 내용은 역사적으로 변하며, 계속하여 재창조되어야 한다.

자주 그렇듯이, 아도르노가 비판 이론을 미학으로 환원했다고 비판하는 것은 별로 중요하지 않을 수 있다. 더 근본적인 질문을 다음과 같이 제기할 수 있다. "주체라는 비희생적인 비동일성"을 사회적인, 인간 상호 간의 조건으로 파악하는 것이 왜 가능하지 않는가? 비억압적이고 비퇴행적인 자율성의 이상이 왜 도덕적, 정치적 이상이 아니라 심미적 이상인가?[52] 아도르노는 아마도 비판 이론가들 중 어느 누구보다도 더 일관되게 마르크스 철학의 토대가 되는 주체의 철학의 결함과 종말을 보았는데, 그는 그럼에도 불구하고 어떤 대안도 제시할 수 없었다. 나는 "자기실현"으로서의 헤겔-마르크스적인 자율성 개념에 기초해 있는 주체의 철학의 전제로 되돌아가서 이러한 결론을 좀 더 확장해서 설명하고자 한다.

3. 결론적인 체계적 고려 사항들: 도구적 이성 비판과 주체의 철학

"주체의 철학"으로 기술된 입장의 네 가지 전제들은 다음과 같다. (a) "외화" 혹은 "대상화"로 정의되는 단일한 인간 행위의 모델, (b) 초주관적인 주체, (c) 역사를 초주관성의 이야기로 해석함, (d) 구성하는 주체성과 구성된 주체성의 동일성. 아도르노와 호르크하이머는 『계몽의 변증법』을 시작하면서 인간의 자연 지배는 타자 속에서 자신을 "외화"하거나 "대상화"함으로써 자신의 잠재성을 전개시켜 나가는 초주관적 주체의 인간화, 즉 정신이나 인류의 인간화를 드러낸다는 주장을 거부한다. 되돌아보면, 인간의 자연 지배는 인간화로 나타나는 것이 아니라 비인간화로 나타나며, 유의 잠재력의 전개로서가 아니라 이 잠재력의 왜곡과 승화로 드러난다. 하지만 역사는 초주관성의 이야기라는 테제도, 그리고 그것의 이야기가 곧 역사라고 할 수 있는 집단적 단수 주체의 현존도 『계몽의 변증법』에서 거부되지 않는다. 언젠가 이 모델과 더불어 수행되었던 혁명적 희망은 점차 가혹한 염세주의로 변형되었다. 해방의 계기는 더 이상 사회적이고 역사적인 개인들의 구체적 활동에 자리하지 않고, 절대정신의 영역 속에, 즉 예술과 철학 속에, 그리고 마르쿠제의 경우에는 주관 정신의 영역에, 즉 반항하는 프시케psyche(영혼, 정신)에 자리한다.

『부정 변증법』에서 아도르노는 한 걸음 더 나아간다. 그는 역사 철학과 초주관성의 전제 둘 다를 동일성 사유의 차원이라고 비판한다. 역사 철학과 초주관성의 전제에 대립되는 것은 상호 주관성이라는 대안적 개념이 아니며, 과거를 이해하는 다른 양식도 아니다. 오히려 그것은 아도르노가 "객체의 우선성"이라고 부른 것이다.[53] 아도르노에 따르면, 이를 통해 역사적으로 축적된 조건들의 우선성이 철저히 자기 규정하는 주체라는 환상에 대항해서 혹은 그 환상에 대해서 유지되는 한, 이것은 유물론적인 범주이다. "객체의 우선성"[54]은 첫째, 우연적이지만 그럼에도 불구하고 강제적인 역사적 사건들의 과정을 의미한다. 둘째, 그것은 자연을 전제하고 있는 모든 주체성보다 자연의 우선성을 의미한다. 셋째, 그것은 무의식적인 역사의 축적된 찌꺼기들을 통한 주체의 고통을 의미한다. 그리고 마지막으로 그 개념은 인식론적으로 어떤 절대적 인식에 대한 요청도 가능하지 않다는 것을 함의한다. 이 범주의 기능은 타자성을 동일성에 대립시킴으로써 동일성 사유의 한계를 보이는 것이다.

이러한 범주적 변환은 주체의 철학에 대한 참다운 대안을 드러내지 않는다. 이러한 변환이 보여 주는 것은 혁명적이고 낙관주의적인 사유의 한계와 세계정신과 같은 개념들의 한계를 보여 줄 뿐이다. 그것은 사유가 비사유에 의해, 주체가 비주체에 의해, 그리고 필연성이 우연성에 의해 여전히 규정된다는 것을 보여 준다. 부정 변증법은 주체의 철학이 어떻게 극복될 수 있는지를 보이지 않고, 주체의 철학에 대한 추상적 부정으로 남아 있다. 그러나 이러한 부정을 통해 우리는 주체의 철학이 실제로 제외해 버리는 것, 무엇보다도 다수성과 그리고 '내 자신과 같은 존재인 타자와 함께 있음'이라는 의미에서의 '타자와의 공존'을 주제화할 수 없다.

『부정 변증법』의 한 지점에서, 아도르노는 어울리지 않는 수사와 모욕적인 언사로 상호 주관성으로의 전환을 통해 칸트적인 인격 개념을 넘어서고자 하는 철학들을 무시해 버린다. 그는 다음과 같이 쓴다. "인격 개념, 그리고 '나와 너의 관계' 등과 같은 부류의 개념은 우리가 더 이상 신뢰하지 않는 신학에 현란하게 기름칠한 것이다."[55] 그러한 입장이 단순히 희망적인 신학적 사유에 불과하다는 것을 보이기 위해서 부정 변증법의 기획과 도구적 이성 비판의 기획에 상호 주관적 관계에 대한 토의가 공백 상태로 남아 있다는 사실이 드러나야 할 것이다. 이를 위해 우선 나는 자기 보존의 개념으로 되돌아갈 것이다.

『계몽의 변증법』의 관점에서 볼 때, "자기 보존"의 개념과 "자기 실현"의 개념 사이의 유사성은 다음과 같이 진술될 수 있다. 두 개념은 자립적 관계를 의미한다. 왜냐하면 실현되어야 하는 자아와 보존되어야 하는 자아는 사전에 확립된 목표와 가치의 체계를 실현하기 위해 행위하는 것이 아니기 때문이다.[56] 행위의 두 양태들의 목표와 가치는 사유하며 노동하는 주체의 소원과 욕구에 내재해 있다. "자기실현"의 개념을 "자기 보존"이라는 공리주의적 개념과 구별할 수 있는데, 이것은 대상화의 활동이 어떤 특정한 본질적 역학을 수행한다는 것을 가정한다. 그런데 이 역학에 의해서 직접적이고 경험적인 개인은 자신을 초월하는 데로 이끌린다. 이러한 역학은 헤겔에 의해 "도야Bildung"로, 마르크스에 의해 "인간화"로 지칭되었다. 이것은 반성과 자율성의 능력을 향상시키는 교육적 과정을 의미한다. 역사적 과정은 단순히 인간의 물질적 힘의 축적과 증가만을 의미하는 것이 아니며, 또한 자기 도야의 과정이자 자기 변형의 과정임을 의미한다. 그렇다면 이러한 개념의 규범적 내용은 더 나아간 두 가지 가정의 빛 아래서 도출된다.

첫 번째 가정은 생산하는 개인들의 경험적 활동성의 배후에서, 그것의 아래에서, 혹은 그것의 내부에서 사람들은 인간성의 "본질"

을 감지한다는 것이다. 이러한 본질은 아리스토텔레스적인 의미에서의 목표가 아니다. 왜냐하면 이 본질은 개인들의 경험적 활동의 외부에 있는 것이 아니라 그것에 내재해 있기 때문이다. 그러나 이러한 본질은 시간 속의 어떤 지점에서 개인들이 자신들의 행위의 함축적이고 내적인 논리를 다소나마 알고서 그에 따라 행위할 수 있다는 의미에서 목표이다. 이러한 입장은 "철학적 인간학"으로 서술될 수 있다. 경험적 자아와 본질적 자아가 어떻게 매개되고 서로 조화를 이룰 수 있는지와 상관없이 사람들은 그러한 구별이 인지적으로 의미 있다고 가정한다.

"자기실현"의 개념을 의미 있는 것으로 만들 수 있는 두 번째 이론은 역사 철학이다. 철학적 인간학과 역사 철학은 서로를 배제하지 않는다. 인간성의 "본질"이 "물질적 실재"에 의해 혹은 역사의 "내적인 의미"에 의해 전개된다고 가정할 때, 철학적 인간학은 역사 철학으로 된다. 그럴 경우, 자기실현의 목표는 역사 과정의 누적적인 논리에 함축되어 있다고 말할 수 있다. 하지만 개인들의 경험적 행위도, 그리고 시간이라는 특별한 계기도 이러한 숨겨진 잠재성을 역사 속에서 온전하게 드러낼 수 없기 때문에 '자기실현의 목표는 개인들에게 그 행위가 아주 희미하게 인식될 뿐인 초주관적 주체에 의해 도달된다'고 사람들은 가정한다.

철학적 인간학에 대한 1930년대의 호르크하이머의 비판과 역사 철학에 대한 아도르노의 후기 비판은 그들에게는 자율성 개념의 규범적 내용을 "자기실현"의 범주에 의해 포착할 수 없음을 시사한다. 이때 자기실현의 범주는 위에서 말한 것처럼 철학적 인간학이나 역사철학을 함의하는 것으로 이해되었다. 더 나아가 고대인들의 "객관적 이성"의 파괴는 철회될 수 없다. 플라톤이나 아리스토텔레스 유의 어떤 존재론도 회복될 수 없다. 그렇다면 "자율성"과 "자기 보존"은 어떻게 구별할 수 있는가? 그럼에도 불구하고 우리로 하여금 현재에 내재된 지배와 억압의 관계를 비판할 수 있게 하는 자동적인 자기 관계의 규범적 내용은 무엇일 수 있는가?

여기 제기된 문제는 확실히 이중적이다. 첫째는 자기 보존을 초월하는 자율성 개념에 적절한 내용을 채워 넣는 문제이다. 둘째는 더 중요한데, 이성과 자기반성 사이의 관계가 역전되어서 이성의 자연사가 해방의 역사가 아니라 지배의 역사로 된다면, 자기반성과 자율성 사이의 관계가 어떻게 **정당화**될 수 있는가? 아도르노와 호르크하이머는 한편으로 이성이 도구적이라고 주장하면서, 다른 한편으로 계속하여 합리적 반성의 치료 과정에 호소한다. 두 문제에 대한 해결책은 자율성과 자기반성 사이의 관계를 언어적으로 매개된 의사소통이라는 매체(이 매체를 아도르노와 호르크하이머는 일관되게 무시한다) 속에 근거 짓는 것이고, 인간적인 상호 작용의 분석의 토대 위에서 자율성 개념에 내용을 채워 넣는 것이다. 이러한 첫 번째 단계는 독일 관념론의 유산, 특히 무엇보다도 관념론적인 주체 개념과는 근본적으로 결별하는 수많은 가정들을 내포한다. 여기서는 왜 그러한 단계가 필요한지를 설명하고자 한다.

위에서(3장과 4장) 논의하였듯이, 헤겔과 마르크스는 둘 다 의식이라는 전前언어적인 관점에서 작업하며, 의식의 내용을 마음의 눈 앞에 존재하는 것으로, 즉 정신에 의해 정립된 것으로 본다. 여기서 반성과 자기반성은 사유하는 자아로 하여금 의식의 그러한 전언어적인 내용들 사이의 관계를 확립하게 하는 활동으로 간주된다. 마르크스는 이러한 반성 모델을 확장한다. 왜냐하면 주체는 스스로 인식한 것을 질료적인 매체를 통해 객체화할 수 있는 능력을 갖는다고 생각하기 때문이다. 구체적인 자아 속에 정신과 육체가 통일되어 있다는 데서 출발하는 마르크스는 '객체적 존재는 우선 자신을 객체화해야 하고, 또 삶의 매체에서 자신의 인지적 능력을 발전시켜야 한다'고 강조한다. 무엇보다도 그러한 존재는 자신의 실존의 물질적 조건을 전유하기 위해서 행위해야 한다. 관념론에서 철학적 인간학으로의 전이는 처음에 포이어바흐에 의해 수행되었다. 이러한 전이는 사유하는 주체라는 관념론적 모델 대신 행위하는, 살아 있는 그리고 생산하는 주체라는 모델을 차용한다.[57] 이것은 1937년 「전통 이론과 비판 이론」이라는 논문에서 호르크하이머가 반복한 관념론 비판이다. 그는 '객관성은 자기의식적인 자아의 행위에 의해서 구성된다'고 하는 칸트의 주장이 유물론적으로 해석되어야 한다는 사실을 보여 준다. 구성은 인식론적인 행위가 아니라 사회적이고 역사적인 활동이다. 아도르노와 호르크하이머에 의해 이어진 이성 비판은 이러한 관점을 지속한다. 그들은 이성이 자기반성의 행위에서 전개되는 것이 아니라 인류가 자연과 맺는 관계의 물질적 과정에서 성장한다는 것을 보인다.

그러나 사유하고 인식하는 자아라는 관념론적 모델에서 만들고 생산하는 자아 모델로의 전이는 『계몽의 변증법』과 『부정 변증법』에서 분리된 '반성과 자율성 사이의 관계'를 확립하는 데 적절하지 않다. 아도르노와 호르크하이머가 보여 준 것처럼, 만약 주체가 뭔가를 만드는 것과 유사한 방식으로 만드는 것이 주체를 만든다면, 절대정신의 환상을 탈신비화하는 데 공헌한 전통 마르크스주의적인 비판은 충분한 데까지 나아가지 못했다. '자아는 자기반성의 행위를 통해 스스로를 우연성과 상황성에서 해방시킨다'는 관념론적인 주장을 반박하기 위해 마르크스는 "참다운 물질적 삶의 조건들"의 과정에 호소할 수 있었다. 마르크스에 따르면, 절대적인 자기반성의 행위도, 우연성과 상황성에 대한 완전한 초월도 가능하지 않다. 절대적인 자기반성에 대한 마르크스적인 비판은 관념론의 환상을 탈신비화할 뿐 아니라 또한 인간 해방의 뿌리는 물질적인 생산 영역에서 추구되어야 한다는 것도 주장한다. 그러나 만약, 아도르노와 호르크하이머가 주장하듯이, 생산이 더 이상 해방적인 계기를 포함하지 않는다면, 관념론에 대한 유물론적 비판은 도구적 이성 비판의 궁지에서 우리를 이끌어 내지 못할 것이다. 이러한 비판은 이성이 물질적 맥락에서, 특히 외부의 자연에 대한 인간의 지배의 확장이라는 맥락에서 전개된다는 사실을 지적하는 데 충분하지 않다. 왜냐하면 이러한 사실을 의식하게 됨으로써 사람들은 또한 이성의 자연사에 구현된 해방적인 희망을 발견하지 못하기 때문이다. 이러한 관점에서 유물론적 주체 개념은 마르크스에게서 수행했던 것과 같은 역할을 호르크하이머와 아도르노에게서는 수행하지 못한다. 그럼에도 불구하고 주체성의 기원을 설명함에 있어서 아도르노와 호르크하이머는 일관되게 마르크스의 주체 개념을 추종하며, 자연의 지배 매체와 전유 매체에 집중한다.

자아의 기원을 자연과의 상호 작용의 역사로 되돌아가 추적함으로써, 호르크하이머와 아도르노는 또한 사회적 지배 관계의 기원과 복종의 자기 관계를 설명할 수 있다고 가정한다. 그들의 가정의 기초가 되는 전제는 자연에 대한 지배가 불가피하게 타자에 대한 지배로, 그리고 자기에 대한 지배로 이끈다는 것이다. 여기에서 어떤 종류의 인과적 관계가, 혹은 어떤 다른 종류의 관계가 형성되는지는 불확실하다. 그들은 사회적 관계가 생산 관계에 부차적인 것이라고 생각하는가? 즉, 그들은 우리가 생산의 영역에서 사회적인 것의 출현을 봐야 한다는 것인가? 혹은 그들은 외적인 자연의 지배와 상호 주관적인 지배, 그리고 인간 내면의 승화 사이에 어떤 유비가, 좀 더 강하게 말해서, 어떤 필연적인 연관이 있다는 것을 의미하는가? 나는 이 두 가정이 모두 작동하고 있다고 믿는다. 앞 장에서 본 것처럼 "도구적 이성"의 범주는 과학 기술적인 어떤 생산 양식을, 비인격적이고 관료적인 조직 형태를, 그리고 특정한 종류의 의미 체계와 가치 체계를 의미했다. 사회, 문화, 그리고 인격성이라는 각각의 영역들 사이의 관계들은 적절하게 설명되지 않았다. 이것들은 자연의 지배를 통해 스스로를 재산출하는 체계의 기능적 논리에 종속된다고 가정되었다. 프로이트적인 내면화 이론은 경제의 기능과 문화의 기능 사이의 관계를 연결시켰다. 즉, 그 이론은 경제적인 명령을 자아의 내적인 강제력으로 변화시켰으며, 이로써 이 자아에게 이러한 경제적 명령들은 초자아의 통제를 구성했다.

그러나 이러한 모델은 사회학적으로 문제가 있다. 왜냐하면 다양한 영역들의, 즉 사회, 문화, 그리고 인격성이라는 영역들의 각각의 역학과 이 영역들의 재생산의 논리가 설명되지 않은 채 남겨져 있기 때문이다. 더 정확히 말해서, 자연의 지배, 사회적 지배, 그리고 인격성 형성의 역학 등, 이들 간의 상동 관계 혹은 "기능적인 적합성"이 요구된다. 그러나 사회적 지배와 인격성 형성의 역학은 그런 적합성에 의해 설명할 수 없다. 내 생각에 우리가 이 세 영역 모두를 가로지르는 하나의 단어, 즉 지배(Herrschaft)라는 단어에 집중할 경우 이러한 문제가 좀 더 분명하게 보일 것이다. 이 개념은 강제와 또 심지어 폭력에 의해 매개된 정당하지 않은 권력 행사를 암시한다. 아도르노와 호르크하이머는 자연의 지배를 설명항explanans으로, 사회적 지배를 피설명항explandum으로 이용한다. 이에 반해 자연의 지배가 무엇을 의미할 수 있는지에 대한 개념을 발전시키기 위해서라도 우리는 정당하지 않은 권력 행사, 불평등, 인간 주체들 사이의 상호성의 결여 등을 생각해 봐야 할 것이다. 나는 여기서 인간과 자연의 관계가 어떻게 사회적 상호 작용에 영향을 주는지, 혹은 그런 사회적 상호 작용을 결정하는지를 탐구하는 사회학적인 질문을 하고 있는 것이 아니다. 오히려 나는 다음과 같은 개념적 질문을 제기하고 있다. 즉, 만약 이 말이, 인간들 사이에 만연해 있듯이, 호혜적이고 균형적이며 또 평등한 관계와 대립되는 것을 함의하지 않는다면, "자연의 지배"라는 문장은 어떤 의미를 가질 수 있는가? "미메시스"라는 개념은 아주 모호한데, 왜냐하면 그 개념은 지배 관계에 대한 현실적 대안을 제시할 수 없기 때문이다. 아도르노는 "미메시스"(모방)와 "미미크리Mimikry"(흉내)를, 즉 타자를 인정하는 타자와의 관계와 타자에 대한 인정 없이 흉내만 내는 타자와의 관계를 구분한다.[58] 우리는 누군가를 모방한다는 것이 무엇을 의미하는지 잘 알고 있다. 하지만 자연과의 모방적인 관계를 전개시키려는 시도와 대립되는 의미의 '자연을 모방한다'는 것은 무엇을 의미한단 말인가? "지배" 개념이 의미 있으려면, 우선 이 개념이 인간 상호 간의 관계의 맥락에서 무엇을 의미하는지 분명하게 되어야 한다. 아도르노와 호르크하이머가 하듯이, 설명의 순서를 바꾸는 것은 문제를 복잡하게 만들 뿐이다. 왜냐하면 인간 상호 간의 관계 영역에서 기원한 술어는 사회적 관계를 계속적으로 설명하기 위해 우리가 자연과 맺는 관계에 투사되기 때문이다.[59]

여기에서 제안된 것처럼, "지배"의 범주가 인간 상호 간의 관계의 영역에서 기원하며, 또 그 영역에 거주하고 있다고 한다면, 아도르노와 호르크하이머가 심혈을 기울여 추구하는 "자율성"의 모델은 이러한 인간 상호 간의 관계 영역에서도 자리를 잡을 수 있는가? 이 장에서 나의 논의가 보여 주고자 하듯이, 비록 자율성에 대한 긍정적 개념을 상세히 설명하는 것이 특히 아도르노에게 어렵기는 하지만, 아도르노에게도, 호르크하이머에게도 자율성은 도덕적 주체의 부분에 대한 반성의 형식을 포함한다. 더군다나 이 두 사람은 주체의 자율성이 자연의 지배와 양립 불가능하지만 타자와의, 즉 자기 안에 있는 그리고 자기 밖에 있는 타자와의 화해의 형식을 요구한다고 주장한다. 『부정 변증법』에서 반성 개념은 미메시스 개념에서 정점에 이른 반면, 호르크하이머의 초기 글들에서는 다른 반성 모델이, 즉 우리가 "사회적" 모델이라고 부를 수 있는 모델이 이미 현존했다. 그러나 호르크하이머는 이 모델의 긍정적 함의를 자아들 사이의 관계를 위해서도, 자기 관계를 위해서도 발전시킬 수 없다. 왜냐하면 마르크스를 따라 그 역시 계급 관계의 종식과 더불어 지배는 "행정"에 의해 대체될 것이고, 윤리적-정치적 관계는 행정적 관계로 될 것이라고 주장하기 때문이다. 미래의 계급 없는 사회에서 "인간을 지배하는 규칙"은 "사물의 행정"(사물을 처리하는 기술)으로 대체될 것이다. 1941년 이후 "사물의 행정"조차 "타자에 대한 지배"를 함의한다고 생각되었다. 그렇다면 타자의 이미지를 모방할 수 있는 유일한 영역은, 즉 해방된 상호 작용의 양태는 심미적 영역으로 된다.

동일성 논리와 내적, 외적 자연의 지배에 대한 대안을 미의 영역에서 추구함으로써, 아도르노와 호르크하이머는 여전히 행위의 대상화 패러다임에 머물러 있다. 노동과 대상화의 해방적 중요성을 거부했지만, 그들은 대안적인 사회적 행위 모델에 이르지는 못했다. 그들의 해석 과정에서 **포이에시스**poiesis(노동, 작업)는 **프락시스** praxis(실천, 사회적 행위)가 아니라 **포에틱스**poetics(시, 예술)로 된다. 나는 그러한 행위를 "표현적" 행위라고 불렀다(제4장). 그리고 헤겔과 마르크스는 표현적 행위의 패러다임을 사용하여 노동을 단순히 도구적 행위로, 의사소통 행위를 전략적 행위로 환원하는 것을 비판했는데, 그들에게 이러한 비판을 가능하게 한 것은 이 표현적 행위의 이중적 관계, 즉 주체-주체 관계와 주체-객체 관계였음을 나는 이미 지적하였다. 아도르노와 호르크하이머에게서도 역시 이러한 양태의 표현적 행위는 외면성과의 새로운 관계, 즉 미메시스적인 화해뿐 아니라, 새로운 양태의 자기 관계, 즉 비억압적인 자기 동일성을 의미하기도 한다. 물질적 외면성을 지시하기 위해서 뿐 아니라 개인들의 내적이고 심리적인 구조를 지시하기 위해서도 역시 "자연" 개념을 사용하는데, 이로써 이 두 영역에서 자연 지배에 대한 대안은 표현적 행위여야 한다는 제안으로 나아간다. 이러한 표현주의적 방식은 '자아의 내부와 외부에서 타자와 함께 함'이라는 새로운 양태를 함축한다. 주체는 자신을 타자에게 줌으로써 참다운 자기 관계를 발견한다. 왜냐하면 타자 속에서 자신을 잃어버리고 다시 발견하는 행위에 의해서 자기 확신과 고양에 이르기 때문이다.

특히 아도르노 철학에서 미학으로의 이러한 전회는 우리를 놀라게 하는데, 왜냐하면 미의 영역이 동일성 논리에 대한 실제적 부정으로 나아가지 않기 때문이다. 아도르노가 "유토피아"라고 기술하는 주체의 "비희생적 비동일성"은 사변적 행위에 의해 자신을 타자에게 양도하는 것과 동일하다. 하지만 자신을 타자에게 양도하는 이러한 행위를 나르시시즘의 행위와 구별해 주는 것은 무엇인가? 타자에게 사변적으로 양도하는 이런 행위가 자아 편에서는 다른 속성들, 이를테면 자아가 점차 자신의 것으로 인정하게 되는 그런 속성들로 단순히 **투사하는** 것은 아니라는 것을 어떻게 확립할 수 있을까? 예술 행위는 왜 자기 숙고라는 나르시스적인 거울로 될 수 없는가? 무한한 자아 숭배로부터 타자에 대한 인정으로 자아를 이끌고 간 내적인 긴장이 예술 작품 자체에 있는가?[60] 왜 미메시스는 나르시시즘의 형태가 아닌가?

동일성 논리의 참된 부정은 모든 지점에서 타자가 자아의 단순한 투사나 연장이 아니라 독자적 존재임을, 즉 또 다른 자아라는 것을 자아에게 상기시킬 수 있는 그런 "타자"와의 관계를 함축할 것이다. 동일성의 강제적 힘은 동일화의 대상이 동일성과 차이를, 자아와 타자를 구별할 수 있는 방식으로 행위할 수 있을 때 그 한계를 드러낸다. 만약 동일성 논리가 그 한계와 영역을 흐릿하게 하고자 할 경우, 그러한 한계는 타자에 대한 나르시스적인 자아 연장을 거부할 수 있는 또 다른 자아의 행위에 의해서 확립될 수 있다. 객체가 자아의 인지적 범주에 포섭된다 할지라도 이 인지적 범주가 객체의 특이성과 통합성을 포착하는 데 적합하지 않은 그런 인식론적 관계에서는 동일성의 논리가 참으로 부정된다. 동일성의 논리는 차이와 분화가 인식론적 객체와 주체의 바로 그러한 자기 동일화에 내재할 때에만 중지될 수 있으며, 이것은 우리의 객체가 또 다른 주체 혹은 자아일 경우에만 해당된다.

우리는 우리가 심미적인 것과 맺는 관계에 앞서는 그러한 관계들에 대한 예지를 갖는다. 언어를 적절하게 사용할 수 있는 우리의 능력, 언어를 사용하는 모든 화자들이 "나"와, 그리고 우리와 같으면서 우리와 구별되는 존재인 "너"라는 것을 알 수 있는 우리의 능력은 그러한 예지에 기초해 있다. 언어적으로 매개된 의사소통의 영역에서, 타자는 우리의 인지적 범주에 단순하게 포섭될 수 없다. 오히려 여기서 발전해 가는 것은 상호적인 자아 해석과 타자 해석의 지평이다. 우리의 타자 이해는 또한 언제나 타자에 의해서 의문시된다. 마찬가지로, 우리의 자기 이해는 우리의 예지에 의존하며, 타자가 우리에 대해서 가지고 있는 지식에 대한 논박에 의존한다. 앞 장에서 나는 지식의 이해와 반론 사이의 갈등을 "행위의 해석적 무규정성"이라고 언급했다. 이러한 해석적 무규정성이 발생하는 이유는 이 영역에서 행위자들의 동일성뿐 아니라 행위들의 동일성이 그들 사이의 의사소통적 교환에 의해서만 확립될 수 있다는 데 있다. 그러한 동일성은 차이를 본질적 측면으로 내포한다. 강제적인 동일성 논리는 의사소통의 영역에서 깨진다. 이 영역의 인식론적 논리는 생기 없는 객체를 일반적인 범주 아래 포섭하는 논리가 결코 아니다. 상호 이해와 의사소통의 인식론은 서사적이고 해석적이지, 포섭적이지 않다. 우리의 범주들이 자기 해석과 자기 이해의 범주인 한에서, 그리고 일리 있음, 일관성, 그리고 진정성 등에 의해 양 당사자들에 의해 논박될 수 있는 한에서 이 범주들은 의미가 있다. "타자의 비희생적 비동일성"이라는 유토피아는 동일성이 차이에 의해서만 습득될 수 있는 영역에서, 그리고 자아와 타자 사이의 경계를 지속적으로 재정의함으로써 유지되는 영역에서 추구되어야 한다. 그러한 단계는 비판 이론에서 "인식론적 단절"을 함축한다. 인식론적 단절은 여기서 행위의 노동 모델의 전제와의 단절이며, 의사소통적 상호 주관성의 영역으로의 전회를 의미한다.

이 장과 앞 장에서 검토한 아도르노와 호르크하이머의 비판 이론은 결정적인 문제를 대답하지 않고 남겨둔 채 전개된다. 즉, '비판 이론의 규범적 입장은 무엇인가?' 라는 문제가 그것이다. 왜냐하면, 만약 독일 관념론의 자기반성적 주체도, 마르크스의 생산적 주체도 이성과 해방의, 즉 반성과 자유의 관계가 그 비판의 이름으로 수행된다는 사실을 체화하고 있지 않다면, 비판 이론은 이성의 유토피아적 이상을 위한 내적인 토대를 발견할 수 없을 것이기 때문이다. 앞 장에서 나는 아도르노가 타자성의 흔적과 계기에서, 혹은 행정적으로 통제된 세계의 총체성의 껍질을 깨는 가운데 해방을 추구함으로써 어떻게 진보된 문명의 인간학자가 되었는지를 검토했다. 『부정변증법』은 타자성에 대한, 그리고 비동일적 논리에 대한 이러한 추구가 어떻게 심미적 영역으로 이끌리는지를 보여 준다. 그러나 심미적 영역으로의 이러한 전회는 비판적인 사회 분석의 토대를 안전하게 할 수 없다. 다소 다른 방식으로, 호르크하이머의 초기 칸트 비판과 자율성의 이상에 좀 더 사회적인 내용을 부여하려는 그의 시도는 반성과 해방의 관계에 대한 대안적 재구성을 제시하고 있다. 하지만 이러한 제안은 궁극적으로 어떤 열매도 맺지 못했는데, 왜냐하면 행위의 노동 패러다임의 우세로 인해 호르크하이머는 사회주의적인 미래 사회로의 전이와 더불어 도덕적 상호 작용이 우리가 자연과 맺는 관계 영역에서만 계속될 것이라는 결론에 이르게 되기 때문이다.

사회 비판 이론의 규범적 토대의 문제를 2차 세계대전 이후 철학과 사회과학 사이의 변화된 관계의 조건 아래서 다시 생각해 보고, 행위의 노동 모델에서 의사소통적 상호 작용 모델로의 비판 이론의 패러다임 변화를 시작하는 것이 하버마스의 비판 이론의 목적이다. 1969년의 논문 「주체성의 원역사와 야만화된 자기주장」에서 하버마스는 아도르노를 인용한다. "화해된 상태는 철학적 제국주의와 더불어 이방인을 합병하는 것이 아니다. 화해된 상태는 이방인이, 자신과 이질적이든 동질적이든 상관없이, 유지되고 있는 근접성 속에서도 여전히 자신과 다르며, 자신과 거리를 두고 있다는 사실에서 자신의 행복을 발견하는 그런 상태이다."[61] 하버마스는 이 문장에 다음과 같이 주석을 단다.

> 이 주장을 심사숙고해 본 사람은 서술된 상태가, 비록 실제적이지는 않지만, 우리에게 가장 가깝고도 친근한 상태임을 알게 된다. 그러한 상태는 강제 없는 의사소통 속에서 공동의 삶의 구조를 갖는다. 그리고 우리는, 우리가 참된 것을 말하고자 할 때면 언제나, 그러한 상태를 필연적으로, 그 형식에 맞게 예견한다. 처음에 언표된 주장에 함축되어 있는 진리의 이념은 지배 없는 의사소통에서 추구되는 이상화된 만장일치의 모델에서만 형성될 수 있다. 그런 한에서 진술의 진리는 참된 삶의 의도와 연결되어 있다. … 그럼에도 불구하고 아도르노는 이러한 결과에 동의하지 않고, 화해라는 은유가 진술될 수 있는 유일한 것이라고 고집할 것이다. 왜냐하면 이러한 은유는 형상 금지에 만족하고 동시에 스스로를 삭제하기 때문이다. 완전한 타자는 무규정적인 부정을 통해 표시될 뿐 인식될 수는 없다.[62]

이 문단은 하버마스의 비판 이론이 유토피아적인 이성에서 의사소통적 이성으로, 행위의 노동 모델에서 의사소통적 상호 작용의 모델로 완전히 전회했음을 함의하고 있다. 이 책의 마지막 두 장에서는 이러한 패러다임 변화의 의미가 분석될 것이다.

제7장

기능주의적 이성 비판

「고전 정치학의 교설과 이 교설의 사회 철학과의 관계」, 「자연법과 혁명」, 「프랑스 혁명에 대한 헤겔의 비판」[1] 등과 같은 자신의 초기 논문들 이래 하버마스의 주된 관심사 중 하나는 지배로부터의 해방이 과학 기술 시대에, 그리고 후기 자본주의 사회에 어떤 의미를 가질 수 있는지를 제시하기 위해 윤리학과 정치학의 규범적 전통을 재생하는 것이었다. 가다머나 한나 아렌트처럼 초창기에 신아리스토텔레스주의자의 저서에 관심을 보였던 하버마스는 아리스토텔레스적 실천 개념에서 마르크스적 실천 철학으로의 전이로 인해 우리가 규범문제의 특수성을 상실하는 결과를 가져왔다고 지적하였다. "도구적 이성"에 대한 프랑크푸르트학파의 비판은 아포리아적인 기획이었다. 왜냐하면 자연에 대한 기술적 지배와 해방이 이제 더 이상 동일한 것으로 간주되지 않게 되었으며, 심미적 이성을 제외하고는 호소할 만한 인간의 합리성의 심급이 더 이상 없는 것처럼 보였기 때문이다. 하버마스는 도구적 이성 비판이 자연과의 유토피아적인 화해에 호소할 필요는 없다고 주장한다.[2] 도구적 이성의 참된 부정은 유토피아적 이성이 아니라 의사소통적 이성이다.[3]

하버마스의 바로 이러한 주장이 다음 두 장에서 내가 다룰 관심사항이 될 것이다. 더 구체적으로 말해서, 나의 관심은 의사소통 행위 이론과 의사소통적 윤리학으로서의 비판의 규범적 토대에 대한 그의 재형식화를 분석하는 것이다. 나의 설명 방식이 시간상 나중의 것이 가장 완전하게 발전한 것이자 가장 적절한 것이라는 헤겔의 논리학을 추종한다고 이의를 제기할 수 있는데, 우선 이러한 인상을 지우고 싶다. 반대로 이 책은 서문에서 말한 것처럼 헤겔에서 칸트로의 전회가, 이미 하버마스의 『인식과 관심』에서 암시되었듯이, 불충분하게 근거 지워지지 않았나 하는 의심에서 출발한다. 이 책의 첫 부분에서 나는 근대 자연법 이론과 칸트 윤리학에 대한 헤겔의 비판을 검토하였다. 그 이유는 비판의 규범적 토대를 전개함에 있어서 헤겔의 연구가 오늘날에도 여전히 유효한지를 보이기 위해서였다. 제3장에서 주장했듯이, 이러한 측면에서 우리가 헤겔로부터 어떤 통찰을 얻기는 했지만, 그렇다고 우리는 그의 초주관적 자유의 모델과 표현주의의 모델에 더 이상 만족할 수는 없다. 이제 질문은 다음과 같다. 이러한 헤겔주의석인 비판이 의사소통 행위와 합리성 모델의 구도에서 얼마나 생산적일 수 있는가?

나는 이 질문에 대해 두 단계로 논의하고 싶다. 이 장에서 나는 후기 자본주의에 대한 하버마스의 비판 이론과 생활 세계의 병리 현상에 대한 그의 진단의 측면들을 간략하게 서술할 것이다. 다음 장에서는 좀 더 특수한 규범적 관념들에 대해 다룰 것이다. 하버마스의 사회 비판 이론에서 그의 규범 이론으로 나아가는 나의 근거는 다음과 같다. 즉, 규범적 질문들을 마르크스주의적 전통 내에서 재생하고자 하는 자신의 시도에도 불구하고, 하버마스는 고대 정치학설로부터 마르크스, 뒤르켕 그리고 베버에 의해 시작된 사회 연구로의 전이에 충실히 머물러 있다는 것이다. 하버마스에게 윤리학과 정치학에 대한 순수한 규범 이론이란 것은 가상에 불과하다. 이러한 사실은 1930년대에 자신의 철학을 철학적 인간학과 삶의 철학으로 고려했던 호르크하이머에게서도 그대로 드러난다. 역사적 진보가 사회적 행위자들의 투쟁을 장려하는 규범적 이상들을 보장할 것이라고 생각할 수 없을 때도 있다. 그러나 이때에도 "당위"와 "존재"가 어떻게 매개될 수 있는지를 보일 수 없는 규범 이론은 비판적 관점에서 유용하지 않다. 사회 비판 이론의 임무는 칸트의 명령을 발전시키는 것이 아니고, 현재에 함축되어 있는 합리성과 해방의 잠재성을 보이는 것이다.[4] 나는 하버마스가 "당위"와 "존재"를 매개하는 데 있어서 어느 정도까지 성공하고 있는지에 대해, 그리고 그의 사회 비판 이론의 의도가 어느 정도까지 그의 규범적 틀에 맞아 떨어지는지에 대해 의문들을 가지고 있다. 바로 이러한 이유 때문에 우선 그의 사회 비판 이론을 고려하는 것이 중요할 것이다.

위의 문장에서 "사회적-비판적"이라고, 그리고 "규범적"이라고 언급된 사회 비판 이론의 두 차원들 사이의 관계를 좀 더 정확하게 설명하고 싶다. 사회 비판 이론은 두 측면을 갖는다.[5] 첫째는 설명적-진단적 측면이다. 이를 통해 현재의 위기 가능성에 대해 경험적으로 유용한 분석을 발전시킴으로써 사회과학의 발견물과 방법이 생겨난다. 제4장과 5장에서 "위기 진단"으로 언급된 비판 이론의 이러한 측면의 목적은 현재의 모순과 역기능을 분석하는 것이며, 이 모순과 역기능이 대중에 의한 저항이나 병리적 현상들을 설명하는 것이다.

비판 이론의 두 번째 차원은 예견적-유토피아적 차원이다. 이것은 좀 더 규범적인 비판의 측면을 구성한다. 현재의 역기능을 해명할 때, 사회 비판 이론은 언제나 보다 좋은 미래와 보다 인간적인 사회라는 이름으로 그렇게 해야 한다. 비판 이론의 목적은 위기 그 자체를 다루는 것이 아니라 미래의 변형을 촉진하기 위해 위기를 진단하는 것이다. 사회 비판 이론은 현재의 기본 구조를 근본적으로 변화시키려는 관점에서 현재를 보며, 현실적인, 생동하는 위기를 해석하며, 예견된 미래의 관점에서 저항한다. 예견적-유토피아적 능력을 가진 비판 이론은 현재의 사회적 행위자들에 의해 표현된 욕구와 요구들을 다루며, 보다 좋은 인간적 사회를 향한 그들의 가능성을 해석한다.

비판 이론의 이러한 이중적 측면으로 인해 우리는 제4장에서 소개했던 이중적 위기 개념의 의미를 좀 더 정확하게 볼 수 있게 된다. 설명적-진단적 능력을 가진 비판 이론은 체계적 위기관을 활용한다. 그러한 사회 이론은 현재의 문제들을 경제나 정치적 행정 체계 등과 같은 거대한 사회학적 강제 장치들에 위치 지울 수 있어야 한다. 그러나 체계적 위기 개념은 생동적 위기 개념에 의해 보완되어야 한다. 기능주의자들과는 달리, 사회 비판 이론은 사회적 행위자들의 배후에서 작용하는 비인격적 힘들에만 관심을 가지는 것이 아니라, 그러한 힘이 고통, 비하, 공격, 부정의 등과 같은 경험들을 어떻게 발생시키는지, 그리고 이번에는 이러한 것들이 어떻게 저항과 반발을, 그리고 조직적인 투쟁을 불러일으키는지를 보이는 것에도 관심을 가지고 있다. 체계적 분석이 현재의 위기의 뿌리를 명확하게 보여 주는데 반해, 생동적 위기의 경험에 초점을 맞추고 이 경험들에 대해 가치 평가를 하는 것은 예견적-유토피아적인 비판의 임무이다.

이러한 분류와 더불어 우리는 이전의 비판 이론의 아포리아를 평가할 수 있는 보다 좋은 위치에 서게 된다.『계몽의 변증법』이후 프랑크푸르트학파의 비판 이론은 자신의 설명적-진단적 차원을 상실했다. 이 학파의 비판 이론은 시대의 모순을 더 이상 분석할 수 없었다. 물론, 냉전이라는 현실, 스탈린주의의 도덕적-정치적 공포, 그리고 제2차 세계대전 이후 서구의 몇몇 민주주의에 나타난 보수적-복고주의적 경향들 등, 이 모든 것들은 희망의 여지를 거의 남겨두지 않았다고 당연히 말해야 한다.[6] 설명적-진단적 차원이 막히게 됨으로써 비판 이론은 예견적-유토피아적 비판으로서만 지속되었다.

하지만 아도르노와 호르크하이머가 의지했던 유토피아적 이성의 이상은 현재에 닻을 내릴 수 없었거나 혹은 현재와 매개될 수 없었기 때문에, 그들의 비판 이론은 점차 난점을 가진 기획이 되었다. 이러한 측면에서 철학과 사회과학 사이의 참다운 연합의 계기를 복원한 것, 그리고 후기 자본주의 사회에 대해 경험적으로 유용한 설명적-진단적 이론을 전개시킨 것은 하버마스의 사회 비판 이론의 위대한 장점이다.

내가 이 장의 제1절에서 대충 보여 주겠지만, 하버마스는 행위의 노동 패러다임에 대한 철학적 비판을 시작했을 뿐 아니라, 그와 동등하게 의미 있는 것으로서, 의사소통 행위 모델이 사회과학적 입장에서 얼마나 더 유용한지를 보여 주었다. 이러한 사실은 생산력, 인격성의 구조, 그리고 문화적 의미 양식 등, 이들 조직 사이에 분화되지 않은 상호 연관성을 확립하고자 했던 초기 비판 이론의 **마르크스주의적 기능주의**에 대한 거부를 포함한다.

이러한 고려 사항들은 이 책의 앞 장들을 새로운 관점에서 볼 수 있게 할 것이다. 헤겔, 마르크스, 아도르노 그리고 호르크하이머의 이론들을 재구성하고 분석하는 가운데, 나는 그들이 생각했던 사회적 행위의 다양한 모델들을 드러내고자 했으며, 이 모델들과 자율성에 대한 다양한 상들 사이의 관계를 밝히고자 했다. 의사소통적 행위 개념은 제4장 제4절에서 이미 소개했다. 하지만 거기서 그 개념은 충분히 해명되지 않았다. 거기서는 언어적으로 매개된 인간의 상호 작용의 영역이 대상화, 자기실현, 그리고 바로 앞 장에서 한 것처럼 미메시스의 관점에서 설명될 수 없다는 점만을 설명했다. 이 장의 목적은 의사소통 행위 개념을 철학적, 사회적-이론적 맥락에 위치시킴으로써 이러한 사실들을 완전히 드러내는 것이다. 이러한 점에서 나는 하버마스를 따르기 때문에, 나의 최종적 관심은 비판 이론에서 그의 패러다임 변화가 갖는 이러한 측면들을 — 이 책에서 나의 주된 관심은 바로 이것이다 — 드러내 보이는 것이다. 나는 그의 이론에 대한 내재적 비판을 이 장의 제2절에서 수행할 것이다.

1. 의사소통 행위와 합리화의 역설

후기 자본주의의 위기 가능성에 대한 하버마스의 분석과 프랑크푸르트학파의 분석 사이의 차이를 철학적으로 비유해 본다면, 다음과 같이 말할 수 있을 것이다. 마르쿠제, 호르크하이머, 그리고 아도르노가 근대성을 "인륜적 삶에서의 비극과 희극"으로 본 청년 헤겔에 동의하는 반면, 하버마스는 노년 헤겔의 맑은 정신을 공유한다. 노년 헤겔은 인륜적 실체가 욕구의 체계와 인륜적 삶으로 분열됨으로써 자유와 자율성이라는 철회할 수 없는 결과가 생겨났다고 본다.[7] 물론 이것은 하나의 비유 이상의 것이다. 『공론장의 구조 변동』과 근대 자연법 이론의 완성되지 않은 유토피아적 내용들에 대한 그의 초기 논문들 이래로,[8] 하버마스는 한편으로 초기 부르주아의 정치적 전통에 내재한 유토피아적 핵심, 즉 공정한 질서의 토대로서의 만인의 합의와, 다른 한편으로 인종 차별, 계급 차별, 지위에서의 차별, 그리고 성 차별 등에 기초하여 착취함으로써 이러한 유토피아적 약속을 끊임없이 위반하는 자본주의의 제도적 모순들 사이의 비일관성에 초점을 맞췄다. 『정당성의 위기』에 이르기까지 지속된 방향성에 있어서의 이러한 차이에도 불구하고, 하버마스는 마르쿠제와 아도르노가 공유하고 있던 일차원성이라는 테제를 수정하지 않았다.

하지만 「'이데올로기'로서의 기술과 과학」에서 하버마스는 이미 특별한 구별을 시도했다. 그는 이 구별에 기초해서 이후에 사회적 합리화라는 막스 베버의 진단과 이 진단에 기초하여 후기 자본주의 사회에 대해 분석한 프랑크푸르트학파를 근본적으로 개정할 수 있게 된다. 사회적 합리화를 목적 합리적 행위 체계의 확장이라는 술어로 설명하는 베버와 달리, 하버마스는 이 논문에서 한편에는 의사소통 행위의 합리화와 다른 한편에는 목적 합리적, 전략적 행위의 합리화 사이에 범주적 구분이 이루어질 필요가 있다는 것을 논증했다.[9] 목적 합리적, 전략적 행위의 합리화는 생산력의 발전을, 그리고 자연과 사회적 과정에 대한 기술적 지배의 증가를 의미했다. 이에 반해 의사소통 행위의 합리화는 억압과 완고함의 정도는 감소하고, 역할 거리role distance는 증가하며, 그리고 규범들은 유연하게 적용된다는 것을 의미한다. 간단히 말해서 의사소통 행위의 합리화는 억압 없는 사회화를 포함한다.

이 새로운 양태의 **사회화**는 제도의 수준에서 볼 때 **사회 조직**의 새로운 원리에 상응한다. 이 원리에 따르면, 행위에 방향성을 부여하는 규범과 원리는 공개적이고 제한되지 않은 토의 과정에서 발생한다. 사회 조직의 새로운 원리는 지배 없는 의사소통에 의해 담론적 의지 형성이 가능하다는 것이다. 그럼에도 불구하고 사회적 합리화가 새로운 양식의 사회화와 사회 조직을 이끌어 낼 수 있다는 주장은 가설적 투사로만 남아 있을 뿐, 결코 어떤 구체적 사회 발전에 상응하지는 않는다.[10] 하버마스는 목적 합리적 행위의 일방적 합리화에 의해 야기된 왜곡을 해방적 합리성의 방향에서 전복할 변증법을 제시할 수 없었다. 비판과 위기는 그의 사회 이론에서도 역시 통일되어 있지 않다.

합리화 과정의 내적인 위기의 경향을 드러내고자 한 하버마스의 최초의 시도는 『정당성의 위기』에서이다. 이 문제는 최근에 나온 『의사소통 행위 이론』의 핵심 주제들 중 하나이다. 프랑크푸르트학파에게 뿐만 아니라 베버에게도 사회적 합리화는 점증하는 행위와 상호 작용의 영역을 형식적, 추상적, 일의적, 예견적 규칙과 규제들에 종속시키는 것이었음을 상기해 보자. 사회적 행위를 그러한 규칙에 종속시키는 것은 특히 복종을 훈련받은 기능인과 전문가로 꽉 들어 차 있는 위계적이고 관료주의적인 구조의 조직 모델에 의해 완성되었다. 호르크하이머, 아도르노 그리고 마르쿠제에 따르면, 합리화는 인식론적 환상을 발생시켰다. 행정적 통제가 더 효과적이고 계획적이며, 더 과학적이고 직접적일수록 이러한 통제는 더 일반적이고 비인격적이며, 더 익명적으로 되었다. 지배가 더 직접적으로 될수록 그것은 덜 지배적인 것처럼 보일 수 있었다. 그들은 '사회적 합리화는 질서와 규율에 도전할 수 있는, 그리고 스스로에게 의미 있고 올바른 행위 과정을 정의할 수 있는 개인들의 실천적이고 인지적인 능력을 점차 감소시킴으로써 돌이킬 수 없는 "자유의 상실"을 발생시켰다'고 하는 베버의 주장에 동의한다.[11] 사회적 합리화가, 베버와 프랑크푸르트학파가 가정한 것과는 달리, 이음매 없는 직물이 아니라는 것을 보이기 위해 하버마스는 이러한 분석을 방법론적이고 경험적인 수준에서 수정해야 했다. 『의사소통 행위 이론』의 논증을 집중적으로 분석하기 전에 나는 『정당성의 위기』가 이 문제에 대해 어떤 기여를 하는지 간단히 살펴보려고 한다.

방법론적 수준에서, 하버마스는 프랑크푸르트학파의 모델이 갖는 함축적 기능주의를 거부한다. 프랑크푸르트학파의 모델에 따르면, 합리화는 생산력, 사회 제도, 문화적 의미 패턴, 그리고 인격성의 구조 등의 조직 형태를 끝없이 점증하는 파편화, 원자화, 효율성, 그리고 형식주의 등과 동일화하는 총체적 과정이다. 하버마스는 좀 더 분화된 사회학적 모델을 도입한다. 그런데 이 모델은 우선 "사회" 통합과 "체계" 통합을 구별하며, 한편으로는 경제와 다른 한편으로는 문화와 인격성 사이에 "기능적인 적합함"이 있다는 사실을 부정한다.[12] 간단히 말해서, "체계" 통합과 "사회" 통합의 구분은 다음과 같은 의미를 갖는다. 즉, 체계 통합은 사회적 행위를 행위 결과들의 기능적 상호 작용에 의해 조정하는 양식을 의미하는데 반해, "사회 통합"은 행위의 방향을 조화시킴으로써 행위를 조정하는 것을 의미한다. 정치, 경제 그리고 가족으로의 근대 사회의 제도적 분화는 특히 경제와 국가 행정의 영역에서 사회적 행위의 조정이 기능화된다는 것을 의미했다. 화폐 교환에 의해 매개되는 자본주의 경제와 형식적, 법률적 힘뿐 아니라 돈에 의존하는 근대 국가도 의도되지 않은 결과들에 의해 서로 영향을 미치는 일련의 사회적 행위들을 발생시킨다. 개인들의 등 뒤에서 그들에 의해 의도되지 않은 채, 그들의 행위는 타자의 작용과 반작용을 불러일으키며, 따라서 준quasi 자기 규제적 체계의 영역이 발생한다. 하지만 하버마스에게 체계 통합은 근대 사회로 하여금 개인들의 행위를 조정하게 하는 양식들 중 하나이다. 체계의 관점은 사회 통합의 관점에 의해 보충되어야 한다.

사회 통합은 개인들이 문제가 되는 사회적 규칙들을 인지적으로 이해하고 있기 때문에 자신들의 행위를 상호성의 관계 속에 위치시킨다는 것을 의미한다. 예를 들어, 축제에서 서로 잘 지내고자 하는 것, 특정한 정책의 적절성에 대해 토론하는 것 등은 적어도 두 명의 개인이 적절한 행위 맥락을 알고 있어서 이 맥락에 순응할 경우에만 발생할 수 있는 사회적 상호 작용이다. 의도와 결과 사이에 불일치가 있을 때조차 체계 통합은 발생할 수 있다. 이에 반해 사회 통합은 행위의 결과가 사회적 행위자들의 의도와 양립할 수 없을 때는 발생할 수 없다. 따라서 행위의 체계는 제삼자의, 즉 관찰자의 외적인 관점에서 분석될 수 있고, 또 사실상 그 관점에서 파악될 수 있다. 이에 반해 사회 통합은 그에 참여하는 내적인 관점에서, 즉 하버마스가 『의사소통 행위 이론』에서 말하고 있듯이 타아와 자아의 내적인 관점에서 분석되어야 한다.[13] 전자의 경우에 사회적 행위의 결과들은 "개인들의 등 뒤에서" 진행되고, 후자의 경우에 사회적 행위의 발생은 사회적 행위자들에 의해 파악된 행위의 의미를 재구성하는 것으로 설명할 필요가 있다.

체계 통합과 사회 통합의 구분은 이중적인 위기 개념을 수반한다. 경제, 세계 시장, 그리고 행정적 메커니즘 등은 역기능이 일어날 때 위기에 빠지는 **자기 규제적 체계**로 간주될 수 있다. 무역에서의 장벽, 세계적인 인플레이션, 국제적인 채무 불이행, 그리고 행정상의 비효율성 등과 같은 것은 그러한 체계들의 역기능에 속한다. 사회 통합에서 이탈하여 개인과 집단의 정체성의 위기를 발생시키는 그러한 역기능들만이 소위 위기라고 강조될 수 있다. "따라서 사회 구성원들이 구조적 변화를 지속적 실존을 위한 위기로 경험하여 자신들의 사회적 정체성이 위협받고 있다고 느낄 때에만 우리는 위기라고 말할 수 있다. … 위기 상태는 사회 제도들의 해체를 의미한다" (LC, p. 3). 개인과 집단은 자신의 정체성을 사회 문화적 체계를 규정하는 가치들, 규범들 그리고 의미 구조들 등과 관련하여 구성하고 재생산한다. 새로운 동기와 가치가 문화에서 발생하게 될 경우, 개인과 집단의 정체성 위기가 출현한다. 그런데 이러한 상태는 기존 사회의 확립된 체계 내에서는 만족될 수 없는 새로운 형태의 욕구와 상호 작용의 패턴을 이끌어 낸다.

체계 위기와 생동적 위기의 차이에 대해서는 이미 제4장에서 소개했다. 마르크스의 『자본론』의 몇 가지 관점들에 대한 내적인 분석에 기초하여 그러한 구별이 필요하다는 것을 이미 말했다. 따라서 나는 이 논의를 여기서 반복하지는 않을 것이다. 여기서는 중요한 두 가지 점만을 지적하고자 한다. 첫째, 하버마스에 따르면, 정체성 위기 혹은 생동적 위기 개념은 다음의 사실을 전제한다. 즉, 개인들은 행위의 동기를 구성하는 자신의 욕구, 욕망, 그리고 소망 등을 자신들의 문화 안에서 자신에게 유용한 가치와 규범들의 관점에서 해석한다. 개인의 욕구와 욕망이 아무리 사적이고 특이하다고 할지라도, 우리가 그 욕구와 욕망을 사회 문화적으로 해석하는 한 그것들은 의미가 있다.[14] 공리주의적인 사회 이론과 경제 이론에 따르면, 개인의 욕구와 욕망은 이미 주어져 있으며, 그것들은 불변하는 인간 본성의 고착된 측면이라고 전제한다. 이에 반해 하버마스는 내적인 본성을 어린 아이의 언어적 사회화의 산물로 본다. 여기에서 그는 정신분석학과 인지 발달 이론뿐 아니라 상징적 상호 작용론과도 연합한다.[15] 사회화 없는 개체화는 없다. 우리는 사회에 앞서는 개인들이 아니며, 우리는 단지 사회 속에서만 개인이 된다. 하버마스가 동기의 위기를 사회적으로 타당한 현상으로 간주하는 이유를 보이기 위해, 또한 (제8장에서 다루게 될) 그의 윤리 이론에서 욕구 해석의 역할을 평가하기 위해 이 점을 상기하는 것은 중요하다.

생동적 위기 개념과 관련하여 중요한 두 번째 요점은 다음과 같다. 다시 보게 되겠지만, 제4장의 결론 부분에서 나는 생동적 위기 개념에 대해 강조했는데, 이런 생각이 개인들의 의식과 그들의 자기 이해를 일종의 이데올로기라고 비판한 마르크스의 사회 이론과 양립 가능한지를 질문했다. 나는 적합한 위기 이론은 두 계기를 통합해야 한다는 점을 지적했다. 즉, 생동적 위기 현상뿐 아니라 체계적 위기 현상에 대한 분석이 서로 통일되어야 한다는 것이다. 『정당성의 위기』에서 하버마스는 생동적 위기 개념을 일방적으로 강조할 경우 "관념론"에 빠질 위험이 내재해 있다는 점을 지적하면서 다음과 같이 말한다.

> 위기 발생이 해결되지 않은 조종의 문제에서 제기된다는 사실 때문에, 이러한 위기 발생은 그 객관성을 얻게 된다. 주체들이 일반적으로 그 위기를 의식하지 못한다고 하더라도, 이러한 조종의 문제는 특수한 방식으로, 정확히 말해서 사회적 통합을 위기에 빠뜨리는 방식으로 의식에 영향을 미치는 이차적인 문제를 창출한다. … 사회과학적

인 위기 개념은 체계 통합과 사회 통합 사이의 관계를 포착하지 않으면 안 된다(LC, p. 4).

이러한 방법론적 경고를 후기 자본주의 사회에, 특히 사회 복지 국가의 정책에 적용함으로써 하버마스는 **경험적 수준에서** 다음과 같은 가정을 제출한다.[16] 즉, 자본의 지속적인 사적 전유를 보호하기 위해서 자본주의 국가는 대중의 충성을 보증하는 것과 같은 점점 더 많은 수의 기능들을 가정해야 한다. 국가의 이러한 기능들 때문에 국가는 사회의 특정한 영역에 간섭하게 된다. 그러나 이때 그러한 간섭으로 인해 국가 개입주의적이고 국가 관리적인 정책이 모두 다 자본주의 체계에 대한 국민의 지속적인 충성을 보증하는 것에로 나아가지는 않는다. 그와는 반대로, 권력의 이름으로 행하는 국가의 행위는 그런 권력관계를 탈신비화할 수 있으며, 따라서 정당성과 정치적 참여의 요구를 증가시키게 된다.

하버마스의 논의는 내가 상세히 논의하고자 하는 세 가지 전제에 의존한다. 첫째, 그의 주장에 따르면, 후기 자본주의 사회의 역학은 경제적 위기, 행정적 위기, 정당성의 위기 그리고 동기의 위기 등을 구별하는 4층의 위기 이론에 의해 분석할 수 있다. 기존의 사회 복지 국가는 행정적 제도와 개혁에 의해 경제 체계의 역기능들을 흡수하도록 구성되어 있다. 국가는 자본주의를 **보조하는** 행위 — 예를 들어, 경제적으로 중요한 과학 기술 연구에 투자함으로써 필수적인 하부 구조를 건설함 — 를 하며, 그리고 시장이 실패한 영역들 — 예를 들어, 건강 정책, 주거, 교육 그리고 교통 분야 — 에서 국가는 시장을 대체한다. 자본주의 경제를 보조하고 또 안정화하는 가운데 국가는 특정한 삶의 영역을 더 증가한 규제에 종속시키지 않으면 안 된다.

둘째, 국가의 증대된 역할은 의도하지 않은 결과를 발생시킬 수 있다. 자본의 사적 전유를 지속적으로 보조하는 행위를 하든 아니면 시장을 대체하든 간에, 국가는 행정적-관료적 장치를 가족과 교육의 삶에로, 보건 체계에로, 도시와 환경의 발전에로 확장한다.[17] 이러한 영역들을 국가에 도입함으로써 두 가지 결과가 따라 나온다. 첫째, 새로운 문제들은 이제 공적인 정책과 논쟁에 종속된다. 그래서 이 문제들은, 예를 들어 장년층을 위한 복지 문제나 혹은 교육에서 소수자에 대한 기회 균등을 보장하는 것과 연관된 개혁의 문제로 표출된다. 사회적 관계의 전체 영역은 정치화되고, 공적인 의식을 논란의 여지가 있는 요청으로 도입한다. 둘째, 어떤 영역에 대한 공적인 논쟁과 논의가 증가함으로써 결과적으로 이 영역에서의 전통의 역할과 그 의미는 도전받는다. 예를 들어, 장년층 시민들의 건강과 노인 복지를 보증하는 문제에서 국가의 역할은 무엇인가? 이 문제는 가족 구성원의 행위와 양심에 남겨져야 하는가? 이 두 결과들은 정당성의 위기로, 즉 국가의 행위가 시민의 눈에 공적으로 정당해야 한다는 확대된 요구로 나타날 수도 있다.

셋째, 국가 개입주의적이고 개혁주의적인 척도에 의해 그러한 관계를 재정치화함으로써 국가의 정당성의 위기를 악화시킬 수도 있는 부가적인 역학이 발생한다. 국가는 특정한 경제적, 사회적 재화와 서비스를 제공함으로써 대중의 충성을 이끌어내야 할 뿐 아니라, 또한 윤리가 있어야 삶의 패턴이 안정되듯이, 노동, 성공, 그리고 가족에 대한 신뢰 등의 영역에서 동기를 유발하는 패턴의 지속성을 보증 해야 한다.[18] 이 두 가지 요소가 다 자본주의의 지속적인 문화 지평을 위해 필수적이나. 그러나 조직적인 의미 생산은 그 생산 양식이 가시화되자마자 파괴된다. "행정적 의미 산출이란 것은 없다" (LC, p. 70). 가치와 의미는 문화 속에서 자의로 산출될 수 없다. 그것들은 자신들만의 완고한 논리가 있다. 가치와 의미는 개인에게 공유된 기대 지평을 제공하며, 욕구와 동기의 해명을 위한 그럴듯한 패턴을 제공한다. 그것들은 행정적인 논리에 의해 재생산될 수 없다.

따라서 『정당성의 위기』에서 하버마스의 결론은 복지 국가가 딜레마에 봉착하게 된다는 것이다. 경제에 대한 지속적인 자본주의적 통제에서 발생한 조종의 문제를 보충하기 위해서 국가가 활동의 폭을 넓혀 가야 한다는 사실에 복지 국가의 딜레마가 있다. 그러나 국가의 이러한 능동적인 역할은 그 정당성에 대한 요구를 증가시킬 수 있으며, 이로써 국가와 그 담당자들에게 그들의 행위의 배후에 있는 합당한 이유와 합리적 근거들을 공적으로 정당화하라는 압력에 대항해서 논거를 제시해야 한다. 이러한 절차는 반대로 자본의 힘을 탈신비화하는 데로 이끌 수도 있다. 그러한 정당화 위기는 국가가 자본주의에 대한 지속적인 신뢰를 보증하는 데 실패할 때처럼 문화 영역에서 가치와 의미를 산출하는 데 실패할 경우에 훨씬 더 심각하게 나타난다. 마지막으로, 정당성의 위기가 발생할 것인지의 문제는 후기 자본주의 문화의 일부분인 시민적, 종교적, 그리고 가족적인 사생활 중심주의를 무너뜨릴 수도 있을 문화적이고 가치 평가적인 패턴의 유효성에 달려 있다.[19] 이러한 사생활 중심주의는 참여 요구의 출현을 방해할 수 있고, 사생활로 퇴각함으로써 불만을 보상할 수도 있다. 정당성의 위기는 따라서 동기 부여의 위기, 즉 현재를 초월함으로써만 만족될 수 있는 욕구와 동기의 출현에 의존한다.

위에 언급된 이 세 전제들 중에서 적어도 만족스럽게 확립된 것은 마지막 전제이다. "행정적 의미 산출이란 것은 없다"는 문장이 무엇을 의미하는지는 분명하지 않다. 또한 가치와 의미의 패턴들이 그러한 조작에 저항하는 철회할 수 없는 "내적인 발전 논리"를 갖는 이유(LC, p. 84)가 무엇인지도 모호하다. 이 논의의 첫 번째 전제도 두 번째 전제도 전혀 논쟁의 여지가 없다. 오페C. Offe로부터 라쉬Ch. Lasch와 벨D. Bell에 이르기까지, 후기 자본주의를 비판한 다른 비판가들도 복지 국가의 모순과 그 정당성의 결여에 대해 지적해 왔다.

하버마스의 분석이 오페의 분석과 다른 점은 하버마스가 동기 부여의 위기를 구체화시키려 한 데 있다.[20] 벨과 달리, 하버마스는 우리 사회의 문제 해결을 나르시시즘이라는 새로운 문화에 저항하는, 그리고 "자격"의 에토스ethos of entitlement에 반항하는 선험적 가치 체계에 호소하는 것에서 찾지 않는다.[21] 대신에 그는 후기 자본주의의 발전이 노동윤리와 같은 전통적인 가치 체계를 어떻게 침해해 가는지를 드러내고자 한다. 이때 후기 자본주의의 발전은 어떤 가치들의 파괴의 배후에 있는 참다운 원인들을 사람들의 의식 속에서 모호하게 하긴 하지만, 그러나 여전히 전통적인 가치 체계에 의존하고 있다.

두 권으로 이뤄진 하버마스의 『의사소통 행위 이론』은 『정당성의 위기』에서 처음으로 제기된 후기 자본주의의 운동 이론을 변경하는 것이 아니라 확장한다. '후기 자본주의는 경제 체계와 행정 체계의 통합을 요구한다'는 테제와 '생산 관계의 재정치화를 요구한다'는 테제는 계속 유지된다.[22] 한쪽에는 행위의 경제적, 행정적 체계가 존재하고, 다른 쪽에는 하버마스가 이전에 "사회 통합"의 범주로 언급했던 사회적 삶의 영역이 존재하는데, 『의사소통 행위 이론』은 이 양자 사이의 상호 관계를 명확하게 하는 데 성공한다. 하버마스에 따르면, 사회가 문화적으로, 상징적으로 구성된 집단으로서의 자신의 정체성을 유지할 수 있으려면 충족하지 않으면 안 되는 세 가지 기능이 존재한다. 하버마스는 이 작품에서 체계 통합을 이 세 가지 기능들에 대비시킨다. 이 세 가지 기능은 **사회적 통합**, **문화적 재생산**, 그리고 **사회화**의 기능이다. 자본주의적 성장이라는 모토 아래 경제적, 행정적 체계의 일방적 합리화는 저 세 가지 기능들을 수행하는 유일한 장인 생활 세계의 합리성을 파괴할 수 있는 그런 역학을 창조하게 된다.

의사소통 행위라는 개념 틀에 의해서만 우리는 사회적 합리화 과정이 처음부터 모순적이라고 말할 수 있는 하나의 관점을 얻는다. 여기서 모순은 생활 세계의 상호 주관성의 구조에 매여 있는 일상적 의사소통의 합리화와 목적 합리적 행위라는 하위 체계들의 점증하는 복잡성 사이에서 발생한다. 전자의 생활 세계에서 언어는 상호 이해를 위한 참다운, 대체할 수 없는 매체로 간주되며, 후자의 목적 합리적 행위의 하위 체계에서 행위는 화폐와 권력 같은 조종 매체에 의해 조정된다. … 베버가 말한 합리화의 역설은 따라서 다음과 같이 추상적으로 파악될 수 있다. 즉, 생활 세계의 합리화는 상호 이해라는 통합의 원리와 경쟁하는, 그리고 특정한 조건하에서 생활 세계의 통합을 저해하도록 기능하는 일종의 체계 통합을 가능하게 한다(ThCA 1: 34).

간단히 말해서, 『의사소통 행위 이론』의 주제는 다음과 같다. 합리화 과정은 사회적 합리화를 가능하게 한 생활 세계의 합리성 자체를 파괴하기 때문에 역설적이다. 근대성과 더불어 시작된 생활 세계의 합리화는 자본주의적인 성장에 의해 급속하게 성장한 사회적 합리화의 역학에 의해 끊임없이 위협을 받는다.

이어지는 부분에서, 나는 풍부하고 복합적인 이 작품의 두 측면에만 초점을 맞출 것이다.[23] 첫째, 『정당성의 위기』에서 분석한 것같이, 나는 하버마스가 사용하는 사회 분석의 복잡한 틀을 명확하게 하기 위해 『의사소통 행위 이론』에서 방법론적으로 부가된 것들을 강조할 것이다. 이러한 강조는 프랑크푸르트학파의 마르크스주의적 기능주의와 더욱 날카롭게 단절하는 데 기여해야 한다. 둘째, 하버마스는 우리 사회의 위기가 조직적인 계급투쟁으로서가 아니라 새로운 사회 운동의 다양성을 산출한 "생활 세계의 병리"로서 드러난다고 진단하는데, 나는 복합적인 이 틀이 후기 자본주의 사회에 적용될 때 어떻게 우리 사회를 이렇게 진단하는지 살펴볼 것이다.

『정당성의 위기』에서 "체계"와 "사회 통합"의 구분은 『의사소통 행위 이론』에서 체계와 생활 세계의 구분을 예시하고 있다 (ThdkH 2: 348-9를 보라).『정당성의 위기』에서처럼, 이 새 작품에서도 하버마스에게 "체계"는 사회적 삶이 준목적적 전체로 간주될 수 있다는 것을 의미한다. 이 준목적적 전체에서 사회적 행위의 의도되지 않은 결과들이 기능적인 상호 의존성을 산출하게 된다. 기능적으로 상호 의존적인 그러한 행위 체계들은 스스로를 규제하고, 환경에 적응하며, 문제 해결 능력들을 취할 수 있다. 하버마스의 주장에 따르면, 사회에 대한 체계적 관점 — 이것은 언제나 관찰자나 제삼자의 관점에서 전개된다 — 은 사회적 행위자들의 내적인 관점에 의해 보충되어야 한다. 생활 세계는 타아와 자아의 "수행적" 관점에서만 파악될 수 있다. 이에 반해 체계로서의 사회는 관찰자의 관점에서만 파악될 수 있다.[24] 그런데『의사소통 행위 이론』의 참다운 방법론적 기여는 생활 세계 개념을 의사소통 행위 개념과 상관관계가 있는 것으로 도입한 데 있으며, 의사소통 행위가 사회적 통합, 문화적 재생산, 그리고 사회화 등 이러한 세 기능을 어떻게 수행하는지를 해명하는 데 있다.

생활 세계 개념은 후설과 현상학적 전통에 의해 철학과 사회과학에 도입되었음에도 불구하고, 하버마스가 재구성한 이 개념은 그것의 초기 전통과는 상당히 차이가 있다. 하버마스는 이 개념과 관련하여 우선 현상학적 전통에 동의한다. 이 전통에 따르면, 생활 세계는 주제화되지 않은, 직관적인, "언제나 이미" 전제된 그런 기대, 정의definition, 그리고 방향성 등의 지평을 지시한다.[25] 사회적 행위는 언제나 그러한 지평의 배경에서 발생한다. 각각의 경우에, 관련된 행위 상황으로 이끌려 들어온 것은 특수하고 제한된 생활 세계의 단면일 뿐이다. 이 생활 세계의 요소들과 측면들은 행위 상황과 직접 관련될 때에만 주제화된다. 생활 세계는 준거(조회)의 맥락context of reference을 의미하며, 또한 동시에 사회적 행위자들의 직관적 인식과 노하우의 저장고를 의미한다.

생활 세계 개념에 대한 현상학적인 해명의 주된 약점은 그 해명이 '의식과 지각'의 철학에 의존하고 있다는 점이다. 후설이 "상호 주관성"을 해명할 때, 선험적 자아의 관점과 "타아"의 관점을 화해시킴에 있어서 부딪힌 어려움은 잘 알려져 있다.[26] "생활 세계"가 공유된 사회적 지평이라고 말하고 있음에도 불구하고, 세계는 자아에 의해 선험적으로 구성된다는 테제에 마주하여 사람들이 어떻게 상호 주관성의 형태를 얻을 수 있는지가 분명하지 않다. 이후에 해석학적 재해석이 이뤄지는데, 여기서 생활 세계는 문화적으로 전승되고 언어적으로 조직된 의미 패턴의 저장고로 파악된다.[27] 언어와 문화는 생활 세계를 구성하고 있는 것으로 간주된다. 이러한 정식화를 받아들임에도 불구하고(ThdkH 2:190ff.), 하버마스는 생활 세계를 문화주의적인 술어 속에서만 보는 경향이 있는 해석학적 **이해 사회학** *sinnverstehende* sociology의 환원주의를 경고한다. 이해 사회학은 문화에서 기인하지 않는, 문화를 만들어 내는 제도적 틀을 규정하는 그런 생활 세계의 **구조적** 속성을 부정하는 경향이 있다. 생활 세계의 "문화주의적 축약"은 집단의 정체성 형태의 구조적 조건들과 개인의 능력의 발전, 이 양자를 부정한다. 이해 사회학의 관념론은 문화적 재생산의 영역에만 집중할 뿐, 규범과 가치에 의해 진행되는 사회 통합의 차원과 정의적 형태에 의해 수행되는 사회화의 차원을 무시한다. 하버마스의 구성에서 생활 세계의 지평은, 윈치와 가다머에게서 볼 수 있는 것과는 달리,[28] 문화적 의미 패턴만을 구성하고 있는 것이 아니다. 그것은 또한 규범과 주관적 경험들, 실천들, 그리고 개인적 기술들 등도 포함한다. "문화뿐 아니라 제도적 질서와 인격성의 구조도 생활 세계의 근본적 구성 요소이다."[29] 의사소통 행위의 틀만이 생활 세계의 이 세 차원을 정당화할 수 있다. 하버마스는 다음과 같이 설명한다.

제7장 기능주의적 이성 비판 **313**

상호 이해라는 기능적 측면에서 의사소통 행위는 문화적 지식의 전달과 재생에 이바지한다. **행위 조정**의 측면에서 의사소통 행위는 사회 통합에, 그리고 집단의 연대를 확립하는 데 이바지한다. **사회화**의 측면에서 의사소통 행위는 개인의 정체성 형성에 이바지한다. 생활 세계의 상징적 구조는 타당한 지식을 지속시키고, 집단의 연대를 안정화하며, 신뢰할 만한 행위자들을 형성함으로써 스스로를 재생산한다(ThdkH 2: 208).

이 말은 우선 생활 세계가 문화적 재생산, 사회 통합, 그리고 사회화 등 이들 전체의 영역임을 의미한다. 둘째, 생활 세계는 **선험적으로** 구조지어진 것으로가 아니라 시간 속에서 **재생산되는** 것으로, 그 구조는 변화되는 것으로 고려되어야 한다. 현상학적 분석의 무시간성에 대립해서 하버마스는 "상징적 재생산"이 역동적이고 시간적인 과정으로 이해되어야 한다고 주장한다. 이 두 테제는 제삼의 주장 속에 놓여 있다. 즉, 언어적으로 매개된 의사소통 행위는 상징적 재생산의 이 세 가지 기능들을 모두 충족할 수 있다는 주장 속에 놓여 있다. 의사소통 행위는 문화적 지식, 행위 조정, 그리고 정체성 등 이들의 형성에 이바지한다.[30] "생활 세계" 개념은 의사소통 행위를 보완한다. 생활 세계의 재생산은 오로지 의사소통 행위에 의해서만 가능하다. 생활 세계는 주제화되지 않은 가정들, 함축적 기대들, 그리고 의사소통 행위의 전개를 가능하게 하는 개인적 노하우 등의 배경적 지평으로 남는다. 만약에 사람들이 "구성"이라는 술어를 선험적 자아의 성과물이 아니라 상징적 재생산으로 해석한다면, 생활 세계는 이러한 의미에서 의사소통 행위를 구성하고 있을 뿐 아니라 이 행위에 의해 구성된다고 말할 수 있을 것이다.

의사소통 행위는 의미론적으로 해석된 사회적 생활 세계를 배경으로 하여 전개된다. 그러나 의사소통 행위가 자신의 반성적 매체를 구성할 수 있는 이유는 언어의 특이성 때문이다. 말하는 가운데, 우리가 당연하게 받아들이는 타당성 요구들 중 어떤 것들은 도전을 받을 수 있다. 토대에 대한 합의가 깨어질 때, 이 토대는 특수한 논증 절차에 의해서만 다시 확립될 수 있다. 비판받는 요청들의 타당성을 재확립하기 위해서 근거들을 제시함으로써만 상호 이해에 도달할 수 있다. 그러한 근거는 근대에야 비로소 서로 분명하게 분화되기 시작한 외부 실재의 세 영역을 참조하면서 열거할 수 있다. 이 세 영역은 객관적, 사회적, 주관적 세계이다.[31] 말하는 가운데, 우리는 우리의 행위 계획을 수행할 수 있는 장으로 파악된, 우리와 관련된 세계를 지시하게 된다. 우리에게 어떤 특정한 방식으로만 행위하게 하는 규칙과 규범들과 관련하여, 우리는 사회 세계를 지시하게 된다. 우리는 느낌, 욕망, 그리고 의도들과 관련된, 우리 자신의 주관적 세계를 지시하게 된다. 의사소통 행위는 세 겹의 세계 준거를 가진다. "세계," "사회," 그리고 "자아"로 불리는 이러한 준거 틀은 우리 언어 행위의 실용적 전제들이다. 생활 세계는 이 세 개의 준거 틀을 포함한다. 즉, 인지적으로 해석된 외적인 실재, 규범적으로 해석된 사회적 실재, 그리고 개별적으로 해석된 주관적 영역이라는 세 가지 준거 틀을 포함한다. 각각의 영역에서, 한때 상실하였던, 의견의 일치는 논증 과정에 의해 다시 확립될 수 있다. 우리는 외적인 세계를 지시하는 명제들의 **진리**라는 타당성 요청을, 규범들의 **옳음** 혹은 **정당성**이라는 타당성 요청을, 그리고 자신의 내적인 세계에 관한 화자의 언급의 **진실성** 혹은 **신실성**이라는 타당성 요청을 주제화할 수 있다. 언어 때문에 우리는 이미 깨져버린 배경적 합의를 논증 과정을 통해 지속하고 재형성할 수 있다. 바로 이러한 사실로 인해 언어는 행위 조정의 매체로 봉사할 수 있다.[32]

하버마스가 제시한 "상호 이해"라는 개념의 핵심은 담론들이 비판의 여지가 있는 타당성 요청들에 대한 상호 주관적인 인정을 습득하기 위해 이유나 근거들을 이용할 가능성이 있다는 데 있다. 사실 하버마스의 요구는 이보다 훨씬 더 강하다. 그에 따르면, 어떤 진술의 타당성 요청을 제기한다는 것이 무엇을 의미하는지를 우리가 안다고 가정할 때에만 상호 이해뿐 아니라 이해도 가능하다.[33]

> 따라서 해석자는 행위 맥락과 무관하게 어떤 표현의 의미론적 내용을 분명하게 할 수 없다. 참여자들은 바로 이런 행위 맥락 속에서 "예"나 "아니오" 혹은 기권을 함으로써 그 표현에 반응한다. 그리고 참여자들에게 그러한 입장을 취하게 한 함축적 근거들을 해석자가 분명하게 알지 못할 때는, 그는 이 예/아니오의 입장을 이해하지 못한다. … 이때 이 근거들은 제삼자의 태도 속에서 기술될 수 없는 본성을 갖는다. … 사람들은 그 근거들이 왜 정당한지 혹은 정당하지 않은지를 이해하는 정도만큼만 그 근거들을 이해할 수 있다 (ThCA, 1: 115-6).

이러한 요청은 정확히 하버마스의 행위 개념의 "인지주의적" 혹은 "합리주의적" 핵심이라 불린다.[34] 왜냐하면 하버마스는 일상적인 사회적 행위자들의 언어적 성과들이 의사소통 능력의 핵심을 전제한다고 주장하기 때문이다. 이때 의사소통 능력의 본질은 이유들을 대고, 논박하고, 가치 평가하는 것 등으로 구성되는 논증 과정에 의해 상실하였던 합의를 지속적으로 재구축할 수 있는 능력이다. 더 나아가 이러한 의사소통 능력은 사회적 행위의 조정, 문화적 의미의 재생산, 그리고 개인외 사회화 등을 가능하게 하는 본실적 내체라고 불린다. 이것은 사회적 개인들이 이 세 기능을 성취할 수 있는 능력이 있음을 의미한다. 그렇게 성취할 수 있는 이유는 그들이 어떤 주장의 타당성을 담보하기 위해 제시된 이유들에 근거해서 그 타당성을 인지적으로 판단할 수 있다는 데 있다.[35] 하버마스는 다른 문화를 "이해한다"는 것은 행위자들이 그 문화 속에서 어떤 요구들을 정당화하기에 "좋은" 혹은 "적절한" 이유들과 관련하여 어떤 입장을 취할 수 있음을 의미한다고 주장한다. 이로써 그는 원치나 가다머와 같은 해석학자들의 입장을 더 이상 두둔하지 않게 된 것으로 보인다. 관찰자가 무언가를 이해한다는 것은 그가 참여자들의 세계와 동일한 논증적 토의의 세계에 참여한다는 것을 함의한다.[36]

하버마스의 이런 강한 주장은 몇 가지 이유들 때문에 중요하다. 첫째, 그는 일상적인 언어 실행 행위 가운데 반성적 논의 절차가 전개된다고 본다. 그리고 이러한 반성적 논의 절차의 전개는 우리를 능력 있는 화자로 만드는 의사소통 능력의 일부분으로 간주된다. 이러한 테제는 의사소통 속에 윤리학을 정초하고자 하는 하버마스의 시도의 맥락에서 특히 중요하며, 나아가 제8장에서 더 다뤄질 것이다.

둘째, 의사소통 행위라는 하버마스의 개념은 "인지주의적"이고 "합리주의적"인 편견에 사로잡혀 있다. 나는 다음 장에서 이러한 편견의 뿌리가 그가 논의에 부여한 역할에 혹은 의견의 일치를 가져다 줄 수 있는 이유들의 사용에 부여한 역할에 있지 않다는 것을 논의할 것이다. 그러한 합리주의적 편견은 오히려 그러한 논의 과정 또한 동기를 형성하고 행위를 규정하는 성질을 갖는다는 가정에 뿌리 박고 있다. 하버마스 역시 논의 절차에 내재한 합리성을 행위와 삶의 실행의 합리성으로 재빨리 옮겨 놓는다.

셋째, 『의사소통 행위 이론』의 맥락에서, 의사소통, 논의, 그리고 이유들의 교환에 의한 상호 이해 등 이들 사이의 개념적 관계를 해명함으로써, 하버마스는 생활 세계가 근대에 이르러 합리화되었다는 말의 의미를 경험적으로 해명할 수 있게 되었다. 생활 세계의 합리화는 행위 조정, 문화적 전통의 재생산, 그리고 사회화 등 중요한 이 세 영역으로 이루어진 일상적 삶 안에서 논증적 실천이 증가했음을 의미할 뿐이다. 하버마스의 테제의 경험적 측면을 탐구하기 이전에, 앞에서 논의한 자기실현의 행위 모델과 미메시스의 행위 모델과 관련하여 의사소통 행위 개념을 잠시 설명하고자 한다.

의사소통 행위 모델을 발전시킴으로써 하버마스는 궁극적으로 "의식 철학"의 패러다임을 끝내고자 한다.[37] 데카르트에서 후설에 이르는, 포이어바흐에서 아도르노에 이르는 철학 전통은 자아에 대한 두 가지 모델을 제공했다. 즉, 그것은 사유하는 인지적 자아이든지, 아니면 자연을 전유하고 변형시키는 활동적인 자아이다. 외로운 자아가 대상에 대해 사유하든지, 아니면 활동적 자아가 세상을 형성한다. 적어도 헤겔이 아리스토텔레스를 복원한 이래로, 근대의 전통에서 상호 주관성을, 그리고 자아들 사이의 관계를 이해하려는 시도들도 있었다. 그러나 그 초점은 의식에 있었지 언어 사용에 있지 않았다. 헤겔이 말한 것처럼, "의식은 다른 의식을 마주한다."[38] 하버마스는 상호 작용을 상호 의식의 형태로 환원하는 대륙 철학의 접근도, 전혀 "다른 정신" 세계에서 이뤄지는 분석 철학의 논쟁도 **사회적 상호 작용의 통합성을 파악할 수 없다고** 주장한다. 이 두 접근 다 나의 정신에서 너의 정신으로, 나의 의식에서 너의 의식으로 진행한다. 미드의 통찰을 따라서, 하버마스는 개체 발생론적인 입장에서 볼 때 자아the self는 다른 자아들과의 관계에서 비로소 "나"로 된다고 주장한다.[39] 의식 철학은 말 앞에 마차를 놓는 우를 범한다. 왜냐하면 개인화는 사회화라는 조건 아래서만 진행됨에도 불구하고, 의식 철학은 사회화를 개별화 위에 근거지으려 하기 때문이다.[40]

의사소통 행위 개념과 생활 세계라는 보충직 개념은 비판 이론가들뿐 아니라 헤겔과 마르크스도 의지했던 이전의 행위 모델들의 단점을 보여 준다. 헤겔은 궁극적으로 인간 행위를 "노동"이라는 결함 있는 양태로 본다. 헤겔에게 본질적인 이 노동 모델에 따르면, 행위자는 외면성을 전유함으로써 그것을 변경시킨다. 이 모델은 상호 작용보다는 "자기실현"의 의미를 파악하는 데 훨씬 더 적절하다. 행위하는 가운데, 행위자는 어떤 함축적인 능력을 전개하고, 고양하고, 드러내고, 또는 표현한다고 한다. 노동의 대상은, 특히 예술 작업에서 잘 드러나듯이, 행위자의 잠재적 능력이 "구현"된 것으로 쉽게 간주될 수 있다. 그러나 도덕적, 정치적 행위에서, 혹은 인간의 상호작용에서 그러한 경우를 발견하기는 쉽지 않다. 우리의 행위는 이 영역에서 "해석적 무규정성"에 종속되어 있다. 우리가 하는 것은 결코 우리의 잠재성의 "구현"으로 일의적으로 드러나지 않는다. 왜냐하면 우리의 행위를 정의하고 우리의 동기를 동일화하는 것은 타자의 해석에 종속되기 때문이다. 헤겔은 이 문제에서 "행위와 결과의 변증법"을 보며, 인간의 행위가 "악무한"의 예라고, 즉 결코 끝나지 않는 해석과 우연의 계열들의 예라고 주장한다(제3장 2절을 보라). 이로써 그는 우리의 사회적 생활 세계의 근본적인 모습들 중 하나를 부딪히게 다룬다. 인간의 행위는 행위자에게도, 타자에게도 언어적으로 매개되어 있다. 그들은 자신의 의도와 자신이 언어적 술어로 행한 것의 정의를 공식화한다. 그러한 공식은 자아와 타아에 의해 본질적으로 논박될 수 있다. 사회적 행위의 해석적 무규정성은 존재론적 약점이 아니라 그 구성적 특징이다. 이에 반해 의사소통 행위 모델은 사회적 행위가 언제나 언어적 의사소통을 담지하고 있음을, 그리고 해석적 무규정성이 사회적 행위에 구성적 특징임을 강조한다.

행위의 노동 모델과 자기실현에 대한 강조의 두 번째 단점은 인간 삶의 다양성의 차원을 과소평가한다는 점이다. 이러한 문제는 헤겔의 모델에 지속적으로 의존하는 마르크스의 경우에도 분명하게 관찰될 수 있다. 내가 이전에 말한 것과 같이, 비록 헤겔에 대한 마르크스의 주된 비판들 중 하나가 "정신"이라 불리는 초주체를 헤겔이 신비화한 것임을 보인 것임에도 불구하고, 마르크스 역시 인간의 다양성의 차원을 정당하게 다루지 않는다. 그는 "대상화"가 인간 공동체의 문맥에서 발생하는 활동임을, 그리고 자연의 첫 번째 관계는 다른 인간과의 성적 관계임을 반복적으로 강조한다. 그러나 그는 인간 삶의 다양성의 경험을 결코 분석하지 않으며, 그 경험을 행위의 사회적 맥락의 조건으로 환원한다. 이러한 환원은 마르크스가 사회주의를 소외된 인간의 힘을 "재전유"하기 시작하는 것으로 말하는, 즉 인간의 잠재력이 개인 자신에게 되돌아올 시기를 알리고 있다고 말하는 문단에서 특히 두드러진다. 그 문단에서 한때 외화하였던 것을 다시 한 번 전유하는 초주체가 구체적 모습을 드러낸다. 다양성은 초주관성으로 된다.

의사소통 행위 모델은 인간 삶의 다양성의 경험 역시 정당하게 다룬다. 왜냐하면 의사소통은 다양성을 드러내는 매체이기 때문이다. 행위하고 말하는 가운데 우리는 우리가 누구인지를, 그리고 타자와의 차이를 보인다. 우리의 행위를 우리의 담론에 비추어, 그리고 우리의 담론을 우리의 행위에 비추어 해석하는 것, 그리고 질문을 받을 때 우리의 담론과 행위를 모두 설명할 수 있는 능력 등은 우리의 특징을 다른 사람의 특징과 구분하여 확립하는 것이다. 행위의 노동 모델에서 다양성에 대한 이러한 경험은 단순히 행위의 "맥락"으로 고찰된다. 이에 반해 의사소통 행위 이론에 따르면 이러한 다양성의 경험은 처음부터 행위에 구성되어 있다.

마지막으로, 자기실현의 모델에 따르면 우리는 사회적 통합을 주제화할 수 없으며, 인간 행위자들이 사회 세계를 지배하는 규범들과 맺는 관계도 주제화할 수 없다. 이러한 사실은 특히 아도르노와 호르크하이머에 대한 나의 분석에서 강조되었다. 그들은 자기실현을 미메시스로 재해석한다. 그런데 이들의 이러한 작업은 그들이 비판하고자 한 인간의 지배 관계를, 그리고 그들이 발전시키고자 한 새로운 자율성 개념을 인간과 자연의 관계 위에 구축하는 단점을 가지며, 이로 인해 어려움에 봉착했다. 해방은 타자와의 "화해"로 이해되었다. 그러한 화해가 사회적-상호 작용적 술어로 무엇을 의미할 수 있고, 또 의미해야 하는지의 문제가 근본적으로 해명되지 않은 채 남겨졌다. "번지르르하게 기름칠한 상호 주관성의 신학"에 대한 아도르노의 비판은 자신의 "미메시스" 개념의 모호함에 비춰볼 때 결코 만족스런 것이 아니다.

사회적 통합을 규범의 해석과 개정을 위한 의사소통적 과정으로 볼 수 있도록 함으로써 의사소통 행위 모델은 초기 비판 이론의 이러한 결함을 교정한다. 이 모델에서 도출되는 의사소통적 자율성 개념을 나는 아직 분석하지 않았다. 하지만 의사소통 행위의 관점에서 볼 때, 한 가지 분명한 사실은 "타자"는 사회적 타자이며, 이 타자와의 화해는 언제나 개정과 재해석에 개방되어 있는 상호 이해에 의해서만 가능하다는 사실이다. 자아와 타아는 그들의 주관적인 경험뿐 아니라 문화적 전통과 사회적 규범의 관점에서 그들이 도달한 이해에 의해서만 그들 자신의 행위를 조정한다. 방법론적이고 개념적인 이러한 분류를 통해, 우리는 하버마스의 의사소통 행위 이론에 대한 보다 경험적인 측면으로 돌아올 수 있다.

이렇듯 하버마스는 체계와 생활 세계를 방법론적으로 구분하며, 또 의사소통 행위라는 보충적 개념을 발전시킨다. 이를 통해 그가 하고자 하는 주된 목표는 자신의 초기 논문인 「'이데올로기'로서의 기술과 과학」에서 말했던 베버에 대한 비판을 보완할 수 있는 분석 도구들을 만드는 것이다. 위에서 검토한 바처럼, 이러한 비판은 합목적적이고 전략적인 행위로 이루어진 체계들의 합리화가 의사소통 행위의 합리화와 구별되어야 한다는 것이었으며, 『의사소통 행위 이론』의 술어에 따라 말하자면, 생활 세계 자체의 합리화와 구별되어야 한다는 것이었다. 하버마스는 베버의 실수와 초기 프랑크푸르트학파의 실수를 이러한 두 종류의 합리화를 혼동한 데서 찾는다.

도구적 이성 개념은 인식하고 행위하는 주체들의 합리성이 더 높은 질서의 목적 합리성으로 체계적으로 확장된다는 것을 암시한다. 체계들의 명령과 더불어서, 이 체계에 통합된 구성원들의 의식을 넘어가는 자기 규제적인 체계의 합리성은 총체화된 도구적 합리성으로 현상한다. 체계 합리성과 행위 합리성의 이러한 혼동으로 인해 호르크하이머와 아도르노는, 이미 베버가 그랬듯이, 구조적으로 분화된 생활 세계 영역에서의 행위 지향의 합리성과 분화된 사회적 영역들의 조종 능력의 성장 사이의 차이를 충분히 구별하지 못하게 되었다(ThdkH, 2: 491).

행위 체계의 합리화는 생활 세계의 합리화와 분명히 구분되어야 한다. 행위 체계의 합리화는 복잡성의 증대, 자기 조종 능력의 발전, 위기에 적응할 수 있는 능력을 의미한다.[41] 근대 사회의 발전 과정에서 이러한 행위 체계는 점차 복잡하고 자율적으로 되고, 비인격적인 "철장"으로 현상하며, 내적인 논리에 의해 지배되고, 사회적 개인들의 소망과 욕망에 둔감하다. 생활 세계 자체에서 생겨난 이러한 물화된, 준準자율적인 영역의 발흥은 합리화의 역설 중 하나이다. 왜냐하면 근대 경제와 행정적–관료적 메커니즘을 지배하는 그러한 행위 체계는 생활 세계의 합리화의 결과로 출현한 가치와 동기들의 변형에 의해 가능하게 되었기 때문이다. 우선, 근대적 세계관의 탈중심화와 이원론적인 존재론의 출현은 자연과 문화를, 외적인 세계와 사회적인 세계를 날카롭게 구별한다. 둘째, 세계관의 이러한 탈중심화는 언젠가 봉합되었던 과학, 도덕, 종교, 법, 미학 등의 **가치 영역들이 점증적으로 분화**되면서, 그리고 이 영역들의 내적인 논리를 갈고 닦을 목적으로 수행되는 담론이 제도화되면서 나타나게 된다. 마지막으로, 생활 세계의 합리화는 **반성성의 증가**로 귀결한다. 처음 두 과정을 기술하는 가운데 하버마스는 특히 『세계 종교의 사회 심리학』에서 그 윤곽이 드러난 베버의 분석을 비판적으로 차용한다.[42] 이에 반해 생활 세계에서의 반성성의 증가를 설명하기 위해 하버마스는 신성한 것의 변형을 분석한 뒤르켕에 의존한다.

베버는 문화적 근대가 이원론적 존재론의 출현, 자율적 인격성의 가치에 대한 강조, 그리고 과학, 종교, 윤리, 미학과 같은 가치 영역들의 분리 등을 의미한다고 올바르게 봤다. 하버마스는 문화적 근대의 첫 번째 두 측면을 "탈중심화된 세계관의 요소들"이라고 부른다. 이에 반해 그는 세 번째 측면을 "문화적 분화"라고 부른다.[43] 근대 자연과학의 발흥에 의해 우주가 기계적인 시간-공간의 계열로 환원될 때, 근대 자연법 이론에 의해 사회 질서의 규범적 토대가 점차 우주론적 세계관에서 벗어날 때, 그리고 문학적이고 예술적인 자율적 문화가 근대 개인의 주체성을 사회적 억제로부터 해방시킬 때, 근대에 나타난 세계관의 탈중심화가 발생한다. 베버처럼 하버마스는 세계관에서의 그러한 변화가 어떻게 도덕적-정의적 변화로 이끄는지를, 그리고 도덕적-정의적 변화가 이번에는 어떻게 근대의 경제와 법의 요청과 양립 가능하도록 행위의 방향을 안정화시키는지를 분석하는 데 관심이 있다. 여기서 도덕과 법의 영역의 발달이 중요하다. 파슨스의 개념에 의지하여, 하버마스는 "동기"와 "가치"의 일반화 과정을 강조한다.[44] 동기 일반화는 행위의 이유들을 스스로 산출함으로써 새로운 환경에 적응할 수 있는 개인의 반성적 능력의 성장을 함축한다. 가치 일반화는 다시 의미 창조의 패턴이 반성적으로 성장한다는 것을 의미한다. 동기 일반화와 가치 일반화는 특수한 것과 대립해서 산재하게 되고, 구체적인 것에 대립해서 추상적으로 된다. 그리고 수용되기 위해서 이것들은 점차 논증 절차에 종속된다. 동기 일반화와 가치 일반화는 개인들이 근대의 경제와 법에 의해 요구되는 행위 방향을 전개하는 데 있어서 필수적이다.[45]

문화적 합리화의 과정은 인지적, 동기적, 그리고 가치 평가적 변형을 시작한다. 이때 이러한 과정은 세 가지 특징을 갖는다. 즉, 이 과정은 탈중심화된 세계관을 발생시키며, 반성성의 증가로 그리고 가치 영역의 분화로 이끈다. 문화적 근대의 이러한 특징들이 "생활 세계의 합리화"에 어떻게 기여할까?

기계적 연대성에서 유기적 연대성으로의 이행을 재구성한 뒤르켕에 의지하여, 하버마스는 신학적, 형이상학적, 그리고 종교적 세계관을 파괴한 근대의 문화적 성취가 또한 "신성한 것의 언어화"(ThdkH, 2: 118ff.)를 시작한다는 사실을 시사한다. 사회적 연대를 강하게 했던 신성한 것의 힘의 쇠퇴로 인해 결국 "논박 가능한 타당성 요청이라는 합리적인 구속적 힘"(ThdkH, 2: 133ff.)이 출현하게 된다. 문화적 전통의 재생산, 사회적 통합의 확립, 그리고 개인적인 정체성의 형성 등은 이제 점차 언어적인 의사소통의 매체에 영향을 받는다. 전통은 끊임없이 의문에 부쳐진다. 규범의 해석과 그것의 합리적 정당화에 대한 논쟁은 증가한다. 개인의 자기 역사는 점점 더 분화된다. 이 역사는 자기 삶의 이야기를 일관성 있는 전체로 질서 지우는 가운데 개인 스스로의 노력에 의해 유지된다. 생활 세계의 "합리화"는 생활 세계의 자원을 반성적으로 재전유하게 할 뿐 아니라 사회-문화적 세계의 내용들을 이해하게 하는 반성적, 논증적 양식의 증가를 가져온다.

행위 체계의 합리화와 생활 세계의 합리화를 이렇게 구분함으로써, 사람들은 근대성의 "철장"이 처음 선보였을 때처럼 그렇게 튼튼하지 않다는 것과, 후기 자본주의 사회가 많은 모순들을 포함하고 있다는 것을 볼 수 있게 되었다. 『성낭성의 위기』에서처럼 『의사소통 행위 이론』에서도 하버마스는 사회 복지 국가가 딜레마에 직면했다고 강조한다. 자본주의적 성장의 역기능을 올바르게 하기 위해 착수한 개혁은 이 개혁이 보호하고자 한 생활 세계의 맥락 그 자체의 분열에 봉사하고 만다는 결론을 가진다(ThdkH, 2: 531ff.). 하지만 하버마스는 자신의 저 초기 작품에서 국가의 활동의 역설적 결과를 강조했는데 반해, 자신의 이 최근 저서에서는 생활 세계 자체에 대한 그런 국가 통제적인 측정의 분열적 결과를 강조한다.[46] 정치적 요구와 구체적인 경제적 문제의 결과로 후기 자본주의 국가는 교육, 주거, 교통, 보건, 직업 재교육, 가족계획 등을 통제하고자 한다. 이러한 개혁을 수행하는 수단은 형식적-행정적 규정들이다. 그러한 규정들은 개인들이 몸담고 있는 사회관계의 네트워크뿐 아니라 그들의 생활사도 특정한 강제에 종속시킨다. 잘 의도된 그러한 개혁은 생활 세계의 맥락이 훨씬 더 분열되고, 전문가들의 통제에 의해 곤궁해지는 결과를 자주 낳는다.

하버마스는 국가의 통제가 우리 사회의 생활 세계에 내재한 부정의를 대체할 수 없다고 생각하지 않았다.[47] 그러나 그는 자본주의의 구조적 불평등과 역기능을 보상하기 위해 정치 개혁을 추진하는 국가는 특정한 역설에 직면할 것이라고 강조한다. 이러한 역설적 논리는 체계 통합과 사회 통합이라는 두 종류의 통합 사이의 경쟁이 심화된다는 것을 의미한다. 화폐-관료 복합체는 생활 세계를 통제하기 위해, 또한 생활 세계가 자신의 정당성을 위해 요구하는 의미 패턴들뿐 아니라 동기들을 산출하기 위해, 즉 노동 윤리, 핵가족의 방어, 물질적 희생, 그리고 유보된 만족 등을 산출하기 위해 생활 세계에 간섭한다. 통제와 간섭의 과정을 통해서 생활 세계의 문맥은 화폐와 법의 척도에 종속된다. 그러나 개인들이 논증 과정에 의해 행위의 동기와 근거들을 스스로 산출할 수 있을 때 생활 세계의 의사소통 구조는 문화적 재생산, 사회적 통합, 그리고 사회화 등의 기능들을 충족할 수 있다. "의미의 행정적 산출"은 있을 수 없다. 왜냐하면 의미와 동기들은 참여자 스스로 경험한 확신의 힘에 의해 재창조되기 때문이다. 문화적 전통은 (신보수주의자들이 생각하는 것과는 달리) 자의적으로 재생될 수 없다.[48] 개인들은 그러한 전통이 여전히 자신의 삶에서 방향을 지시해 주는 힘을 갖는다고 확신해야 한다. 그리고 그들은 이유들에 의지하여 그렇게 확신할 수 있을 뿐이다. 마찬가지로, 동기들은 인지적 관점에서 의미가 있어야 할 뿐 아니라 개인적 관점에서도 일리가 있어야 한다. 그러한 의미와 동기들을 산출하려고 시도하는 가운데, 수행 기관들은 생활 세계에서 전개되는 논증의 내적 논리로 불가피하게 이끌려 들어간다. 이것은 특정한 위험 부담을 함축한다. 이 과정에서 정치적 권위와 경제적 힘은 자신들의 불투명성에서 벗어날 수 있다. 정당성을 산출하는 메커니즘과 방법들은 증가된 논증과 논박에 종속된다. 지배는 물화만을 의미하지 않는다. 지배를 확립하는 과정은 스스로를 탈신비화할 수도 있는 역설적인 상황에 스스로 붙잡혀 있다.

이러한 과정의 결과가 힘의 탈신비화인지 아니면 퇴각과 반작용의 양태인지의 문제는 선험적으로 규정될 수 없다. 생활 세계의 병리는 세 영역에서 일어난다. 문화적 재생산의 영역에서 병리적 결과는 의미 상실이다. 사회적 통합의 영역에서는 아노미가 출현한다. 인격성과 관련하여 우리는 정신 병리 현상들에 마주한다.[49] 이 영역들 각각은 다른 두 영역의 재생산에 기여하기 때문에 위기 현상들은 사실상 더 복잡하다. 문화 영역에서 의미의 상실은 사회 통합의 영역에서 정당성의 철회로 이끌 수 있으며, 인격의 영역에서 교육과 방향 설정의 위기로 이끌 수 있다.

아노미는 집단적 정체성의 점증하는 불안정을 함의할 수 있으며, 개인에게는 점증하는 소외를 의미할 수 있다. 정신 병리 현상은 전통을 파열하며, 사회 영역에서 동기 부여를 더 이상 불러일으키지 않는다(ThdkH, 2: 215ff.).

생활 세계의 가능적 병리 현상들에 대한 이러한 진단은 하버마스가 조기 비판 이론의 주된 통찰들 중 하나 — 즉, 제2차 세계대전 이래 우리 사회에서 위기들이 점차 문화적이고 심리학적인 성격을 취했다는 주장 — 를 정당하게 다룬다는 것을 보여 준다.[50] 계급투쟁의 진정과 더불어, 수많은 사회적 행위자들이 출현하게 되었다. 생태 운동에서 "성장의 한계"를 지지하는 운동에 이르기까지, 여성 해방 운동에서 게이 해방 운동에 이르기까지, 소비자 보호 단체에서 시민위원회와 비핵 운동에 이르기까지 투쟁하는 행위자들의 **사회적 정체성**에서의 변화, 행위자들을 움직이게 하는 **이슈**, 그리고 그들의 **투쟁 형태** 등은 다양한 모습을 띠게 되었다. 하버마스는 이러한 저항 운동의 새로운 논리를 "분배의 패러다임으로부터" "생활 형식의 문법으로"라는 문장으로 포착하려고 한다.[51] 그는 이러한 운동이 정확히 체계와 생활 세계의 접합점에서 발생하며, "생활 세계의 식민화"에 대항한 행위자들의 저항을 표현한다고 주장한다. 이러한 운동은 화폐-관료의 통제 체계에서 해방되려는 시도이며, 생활 세계 내부에서 공동체(코뮌), 건강 단체, 생태학적으로 조직된 공동체, 이웃 연합체, 대안 학교, 서점, 레스토랑, 청년 문화 센터 등의 네트워크를 산출한다. "생활 세계의 식민화" 이론은 현재 이용할 수 있는 대안적 진단들보다는 그런 현상들을 설명하는 데 훨씬 더 유익하며, 또한 이 현상들의 양가적 잠재력을 측정하는 데 있어서 우리에게 도움을 준다.[52]

물론 많은 문제들이 남아 있다. 첫째, 몇몇 사람들이 제기했듯이,[53] 사람들은 하버마스가 사회적 위기와 논쟁의 중심을 "체계"에서 "체계"와 "생활 세계"의 경계로 이동시킴으로써 체계 기능주의자들의 이론에 너무 많은 것을 양보하지 않았는지 물을 수 있다. 경제와 행정 체계가, 이 이론과 그것에 따라 하버마스도 주장하는 것처럼 그렇게 적응할 수 있고, 또 자기 규제적일 수 있는가? 새로운 세계 경제의 위기는 많은 측면에서 그 반대를 증명하지는 않는가? 둘째, 복지 국가의 개혁이 생활 세계의 맥락을 그렇게 위협하게 된다는 것이 사실일까? 법률적 수단을 통한 국가의 간섭은 왜 생활 세계를 곤궁하게 하고, 더 나아가 생활 세계를 분열시키는 데 일조할까?[54] 셋째, 이 이론은 참으로 새로운 사회 운동들의 발흥을 설명할 수 있을까? 왜냐하면, 거칠게 표현하자면, 새로운 사회 운동의 지지자들은 대개는 화폐-관료적 복합체의 진보에 종속되어 있는 사회 집단 — 예컨대 가난한 자, 노인, 실업자, 소수집단 등 — 의 지지자들이라기보다는 종종 사회 경제적 배경이 아주 상이한 자들이다. 오페C. Offe가 자신의 논문인 「메타 정치적 도전으로서 새로운 사회 운동」에서 관찰하고 있듯이, "'새로운 정치'의 패러다임을 간직하고 있는 새로운 사회 운동의 구조적 구성에 관해 알려진 많은 것은 이 운동이 주로 새로운 중산층에 뿌리를 박고 있음을 보여 준다. … 이 운동의 활동가들과 지지자들의 핵심을 이루는 이 새로운 중산층의 구조적 특징은 그들이 높은 교육 수준과 상대적으로 안정된 경제적 지위를 가지며, 개인 서비스업에 종사한다는 것이다."[55] 오페는 또한 주부, 학생, 퇴직자, 그리고 최저 상태에 있는 비고용 젊은이들 등과 같이 "주변적인" 혹은 "직업에 종사하지 않는" 집단의 구성원들과 이 운동 집단 사이에 통합이 이루어진다고 지적한다. 그러나 이 단계에서 새로운 사회 운동을 위한 이러한 동맹은 복지 국가에서 위기의 **희생자들**과 사회적 변화의 **담당자들**이 동일한 자로 등장하지 않는다는 역설을 설명하는 데 불충분하다. 그 이론은 참으로 이러한 불일치를 설명할 수 있으며, 그런 희생을 피할 수 있는 사회적 자원을 많은 방식으로 지니고 있는 사람들, 즉 새로운 중산층의 구성원들은 복지 국가를 뛰어넘고자 하는데 반해, 복지 국가의 희생자들, 즉 가난한 자들, 노인들, 비고용사들 등은 복지 국가의 복원을 위해 싸우는 이유를 설명할 수 있는가?

마지막으로, 근대성의 진보를 생활 세계에 대한 체계의 우월성의 확장으로 간주함에 있어서 하버마스가 자본주의의 초기 단계에 출현한 체계와 생활 세계의 상보성을 무시하고 있지는 않은가? 이러한 질문은 특히 가족의 역할과 관련하여 첨예하게 된다.[56] 하버마스는 가족을 생활 세계에 종속시킨다. 이러한 관점에서 그는 프랑크푸르트학파의 다소 보수적인 진단의 영향을 받고 있으며, 그들 중에서도 가족의 변화의 본성에 대해 말한 크리스토퍼 라쉬의 영향을 받고 있다. 그러한 진단은 일부일처제적인 핵가족이 역사적으로 여성들에 대한 억압의 장이었다는 사실에 둔감하다.[57] 더군다나, 국가와 가족의 상호 작용은 몇몇 이론가들이 말하듯이 그렇게 최근의 일이 아니다. 19세기 초의 빈민법과 어린이 노동법에서 빅토리아 시대의 매춘 추방 운동과 지난 세기에 재생산을 위한 여성의 심리적 건강과 관련한 의사와 보건 전문가들의 환기 등에 이르기까지, 가족은 시장의 힘의 형식에서나 아니면 국가, 보건, 교육 공무원들의 인격성에서 언제나 행위 체계와 상호 작용했다.[58] 하버마스의 글 『의사소통 행위 이론』은, 이러한 발전의 시초가 지난 세기로 확대됨에도 불구하고, 그 발전이 사회 복지 국가에만 특수한 것인 양 말한다. 더 나아가 근대 가족의 생활 세계가 여성들에게 "무감동의 세계에서의 천국"이 아니었다고 회상될 때, 다음과 같은 질문이 제기된다. 의사소통 행위 이론은 우리 시대의 가장 중요한 사회 운동들 중 하나인 여성 운동의 출현을 참으로 설명할 수 있는가?

그런데 의사소통 행위 이론이 이 모든 문제에 대해 답을 주지 못한다는 사실은 이 이론에 대한 반대의 변이 아니라 찬성의 변이다. 이에 대해 설명하고자 한다. 1940년대에 "도구적 이성 비판"으로의 전회와 더불어 사회 비판 이론의 초기 단계는 사회 심리학, 정치 사회학, 그리고 문화 이론 등의 영향으로 아주 유익한 경험적 탐구가 가능하게 되었는데, 비판 이론의 이런 초기 모습은 끝나지 않았다. "비판 이론"으로 알려진 철학적 반성과 사회과학적 탐구의 이러한 독특한 혼합은 메말라 버린 것처럼 보였다. 사회적 위기 진단과 그것에 대한 철학적 가치 평가는 점차 분리되었다. 사회적 위기와 투쟁의 맥락에서 추상된 비판 이론은 그 존재 이유를 상실했으며, "신성 가족"의 담론으로 될 위험에 처하게 되었다.

『정당성의 위기』이래, 하버마스는 『계몽의 변증법』과 더불어 파괴된 "비판"과 "위기"의 관계를 복원하고자 하였다. 이 초기 작품과 자신의 최근 작품(『의사소통 행위 이론』)은 둘 다 비판 이론에 설명적-진단적 차원을 되찾아온다. 이것은 비판 이론의 사회과학적 잠재력을 구성한다. 그러므로 하버마스의 이론은 제기된 모든 문제에 대해 모든 것을 다 대답하지는 않는 그런 이론에 반대하는 논거가 아니다. 여기서 문제가 되는 이슈는 다음과 같다. 즉, 비판 이론이 유용하며 또 논박 가능한 미래의 탐구 가설을 만드는 데 성공하는가? 현 단계에서 이 문제에 대한 답은 긍정적인 것처럼 보인다.

그러나 『의사소통 행위 이론』에 나타난 하버마스의 테제에 대한 가치 평가를 경험적 탐구라는 미래의 행운에만 맡겨 버리는 것은 적절해 보이지 않는다. 왜냐하면 개념의 선택도, 설명적 패러다임의 선택도 가치중립적이 아니며, 특히 사회 세계를 언제나 미래의 해방적 잠재력이라는 관점에서 분석하는 비판 이론의 경우에 특히 가치중립적이지 않기 때문이다. 비판 이론은 실천적 의향을 가진 사회과학이다. 실천적 의향은 인간들로 하여금 자신의 행위의 자율적 주체로 되게 하는 수행자이다. "기능주의적 이성" 비판은 사회 과정의 사이비 객관성과 이 사회 과정을 방어하는 이론들의 사이비 객관성이 자연 법칙의 결과가 아니라 이해되지 않고 파악되지 않은 사회적 개인의 행위의 결과임을 보임으로써 그러한 사이비 객관성을 파괴하고자 한다. 마르크스의 물신주의 비판이 사회적 수체들을 자신의 삶의 과정의 주인으로 만들기 위해 자본주의의 법칙을 탈신화화하고자 한 것과 마찬가지로, 의사소통 행위 이론의 목적도 후기 자본주의 사회의 기능주의적인 집(철장)을 탈신비화하는 것이다. 이러한 근거에서 사회 비판 이론은 사회적 위기를 **진단**할 뿐 아니라 현재를 미래의 해방적 잠재력의 관점에서 **가치 평가하기도 한다.**

『의사소통 행위 이론』에서 하버마스는 자신의 이론이 현재의 문제를 분석하는 경험적으로 유익한 방식일 뿐 아니라 해방적 의향을 가진 비판 이론의 의도를 충족시킬 수 있는 이론임을 보이고자 한다. 나는 다음 절에서 그 저서에 나타난 이러한 측면들을 분석할 것이다. 이것은 우선 무엇보다도 이 이론에서 의사소통적 이성의 역할에 대한 이해를 요구한다.

2. 의사소통적 이성과 근대성의 통합

자신의 초기 저서인 『이론과 실천』 이래로 하버마스의 주된 관심은 근대성의 기획이 기술적 이성의 성취에 의해서도 고갈될 수 없는 도덕적, 정치적 잠재력을 포함한다는 것을 보이는 것이었다. 아도르노, 호르크하이머, 그리고 마르쿠제 등에 의해 요청된 내적, 외적 자연과의 화해라는 유토피아적 기획과 단절하면서, 하버마스는 근대성의 이러한 실천적 유산으로 방향을 전환했다. 행위 체계의 합리화와 생활 세계의 합리화를 구별한 그의 의도는 '생활 세계는 우리가 아직 그 규범적 잠재력을 소진하지 않은 그런 과정과 성취들을 여전히 포함하고 있다'는 사실을 제안하려는 데 있다.

간단히 말해서, 하버마스의 질문은 다음과 같다. 체계가 생활 세계를 침식함으로써 야기된 "자유의 상실"은 생활 세계의 합리화에 내포된 인지적 성과를 포기하지 않고서도 근대성의 산물인 "의미의 상실"의 조건 아래서 극복될 수 있는가? 그의 대답은 해방된 사회의 기획이 근대의 문화적 유산을 거부해야 하는 것이 아니라 그것을 완성해야 한다는 것이다. 사람들은 자본주의 아래서 경제와 행정의 일방적인 합리화에 의해 야기된 왜곡을 생활 세계의 합리화와 구별한다. 극복되어야 하는 것은 자본주의의 파괴적 역동성이지 생활 세계의 합리화가 아니다. 문화적 근대성의 구성 인자들, 즉 탈중심화, 반성, 그리고 가치 영역의 분화 등은 합리화의 끈끈한 기준들이다. 해방된 사회의 기획은 의사소통적 합리성의 변형이 아니라 그 완성을 함축한다.[59]

물론 이것은 '합리화는 물화만을 함축하는 것이 아니다'는 테제보다 훨씬 더 강력한 주장이다. 후자의 테제를 인정한다면, 또한 전자도 인정해야 하는가? 어떻게 그런 강한 테제가 확립되고 방어될 수 있는가? 두 방향에서 이의 제기가 있을 수 있다. 첫째, 하버마스에 의해 "생활 세계의 합리화"로 기술된 과정은 다른 술어로도 역시 기술될 수 있다고 주장할 수 있다. 그에게 근대성은 반성성의 증가를 함축하는데 반해, 푸코에게 근대성은 지배력의 증가를 의미한다.[60] 하버마스에게 세계관의 탈중심화는 도덕적 합리성의 성장에 불가결한 것인데 반해, 매킨타이어에게 그것은 정확히 그 반대를 의미한다. 코페르니쿠스적인 우주는 도덕적 합리성을 침해한다는 것이다.[61]

둘째, 근대성을 합리화로 분석한 하버마스의 작업은 이러한 기준들의 타당성과 관련하여 논점을 교묘히 회피한다고 주장할 수 있다. 이 기준들이 우리의 합리화된 생활 세계의 특징을 구성하고 있기 때문에, 우리는 우선 이 기준들의 타당성을 전제하고, 그 다음 이전의 모든 발전을 그것들의 출현을 인도한 것으로 재구성한다. 이러한 설닝에서 우리는 그 설명에 이미 포함되어 있는 것만을 이끌어낸다. 마르크스가 말한 것과 마찬가지로, 인간의 자율성을 원숭이의 자율성의 열쇠로 받아들이는 것이[62] 인간의 몸체가 원숭이의 몸체보다 훨씬 더 낫다는 증거가 되지는 않는다. 보편사의 끝에서 보면 우리 세계의 개념적 구조는 합리성의 구성 인자들로 이뤄져 있다.

그런데 왜 저러한 관점은 바로 이러한 보편사적 파토스에 떨어지지 않고서는 우연적 과정으로 간주되지 않는가? 만약 우리가 『의사소통 행위 이론』을 "근대성의 영혼"[63]에 대한 동시대의 이러한 투쟁의 배경에 반항하는 것으로 보지 않는다면, 우리는 그 철학적 중요성을 놓치고 말 것이다.

나는 막스 베버에게로 돌아가 이 문제에 접근하고자 한다. 왜냐하면 베버 역시, 종종 나타나는 그의 결단주의와 문화적 관점주의에도 불구하고, 문화적 근대성의 유산이 우연적인 것이 아니라 구속력이 있는 것임을 보여 주고자 했기 때문이다. 그의 유명한 『프로테스탄트 윤리와 자본주의 정신』 서문은 다음과 같은 질문으로 시작한다.

> 근대 유럽의 문화 세계의 아들은 불가피하게도 그리고 정당하게도 보편사의 문제들을 다음과 같은 질문 하에 검토할 것이다. 즉, 어떤 상황으로 인해 정확히 서구에서, 그리고 서구에서만 — 적어도 우리가 그렇게 생각하고 싶어 하듯이 — 보편적인 의미와 타당성을 지닌 발전을 지향하는 문화 현상이 출현하게 되었는가?[64]

베버의 문제 제기 방식에는 다음과 같은 애매함이 있다. 한편으로, 그는 이 연구가 갖는 "불가피하고 정당한" 본성을 다음과 같은 부가적 진술들로 형식화한다. 즉, 유럽 문화 세계의 아들인 "우리"는 이러한 발전이 보편적인 의미와 타당성을 지닌다고 "생각하고 싶어 한다"는 것이다. 이로써 그는 이 연구가 바로 **우리의 관점**의 결과임을, 우리에게 이 질문을 제기하게 한 우리의 "문화적 관심"일 뿐임을 암시한다. 다른 한편으로, 이러한 관점주의는 그 텍스트의 중심부에 표현된 **보편주의**, 즉 보편사의 문제들이 이런 관점에서 검토되는 것은 "불가피하고 정당하다"는 말과 분명한 대조를 이룬다. 이러한 질문에 의해 드러난 관점주의적 입장과 보편주의적 입장 사이의 긴장은 근대성과 합리화에 대한 베버의 고찰 전체를 관통하고 흐른다. 근대성과 합리화를 서구의 바로 그 운명으로 간주하면서도, 베버는 이러한 운명이 모든 인류에게 영향을 준다고 생각한다. 문화적 합리화의 끝에 나타나는 문화적 현상들이 보편적 타당성을 갖는다는 주장을 베버가 정당화했는지를 질문한다면, 그 답은 부정적일 수밖에 없다. 나는 이원론적 존재론, 가치 자율의 원리, 경쟁적 가치 영역의 다수성 등을 서구의 문화적 유산의 주된 성과물로 취하면서, 이 문화적 유산의 보편적 의미와 타당성과 관련하여 가능한 세 가지 논의를 재구성하고자 한다. 이 세 가지 논의들 각각은 보편적 타당성 요청을 확립하는 데 있어서 부족하다고 생각하며, 베버의 논의와는 대립되는 하버마스의 의도를 좀 더 분명하게 드러낼 것이다.

a) 근대적 관점의 선험적 타당성

이원론적 존재론과 가치 자율의 원리는 베버에게 "선험적" 지위를 갖는다. 왜냐하면 그것들은 사회적, 문화적 세계를 이해하기 위한 가능성의 조건을 형성하기 때문이다.

> 모든 문화 과학의 선험적 조건은 특정한 문화 혹은 어떤 "문화" 일반이 가치 있다는 우리의 생각이 아니라, 우리는 세계에 대해 사려 깊은 태도를 취하여 이 세계에 의미를 부여할 수 있는 능력과 의지를 부여받은 문화적 존재라는 사실에 있다.[65]

자연은 근본적으로 의미를 갖지 않게 된 반면, 문화는 의미의 영역이라고 우리가 가정할 경우에만, 또한 문화의 의미 충만성은 "세계에 대한 특정한 입장 아래 이 세계에 의미를 부여할 수 있는 개인의 능력과 의지"에 의해 구성된다고 할 경우에만 이해 사회학이 존재할 수 있다. 이해 사회학의 대상 영역인 의미(Sinn)와 이 의미를 체현하고 있는 인간 행위는 자연적인 사물로 환원될 수 없으며, 이 과학을 자연과학과 구별시키는 독자적인 방법론과 개념 장치들이 요구되고 정당화된다.[66]

주로 인식론적인 이러한 논의는 선험적인 요청을 확립하는 데 불충분하다. 왜냐하면 이론적 탐구의 모든 전제들이 다 "선험적인 것"으로 기술될 수는 없기 때문이다. 선험적 논의에서 어떤 인지적 원리들은 필연적이며 다른 방식으로 존재할 수 없다고 주장된다.[67] 이러한 사실을 정당화하기 위해 이 전제들이 인간의 자기의식의 필연적인 심층 구조를, 종種이라는 보편적인 인간학적 소여물들을, 혹은 의사소통 공동체의 선험적 조건들을 구성하고 있다는 사실을 보이는 것은 필연적이다. 베버는 이러한 엄격한 의미에서의 이원론적 존재론과 가치 자율의 원리 등의 필연성과 불가피성을 정당화할 수 없으며, 심지어 많은 측면에서 근대성의 유산에 그러한 강한 정당화를 주는 것에 대해 관심조차 없다.

b) 근대적 관점의 인식론적 반성성

베버의 글들에서 재구성할 수 있는 근대적 세계관의 보편적 타당성에 대한 두 번째 논의는 근대적 세계관의 반성성의 문제와 관련이 있다. 전근대의 세계관과 비교하여, 문화적 합리주의의 결과로 출현한 근대적 세계관은 "자기반성적"이다. 근대적 세계관은 자신의 실행의 토대에 대해 질문하며, 이 토대의 타당성을 비판적으로 검토하며, 스스로를 하나의 세계관으로 안다. 근대적 관점에서 볼 때 자연이 문화의 근원이라는 견해, 그리고 진리, 선(좋음), 그리고 미 등은 공통의 기원을 갖는다는 신념 등은 하나의 환상에 불과하다. 근대적 관점은 이러한 가상에서 **벗어난다**. 왜냐하면 근대적 관점은 자신의 실행과 자신의 합리성에 대해 질문하기 때문이다. 베버에 따르면, 근대성과 동반하여 나타나는 탈마법화 과정과 더불어 비로소 우리는 모든 유일신론이 하나의 다신론이며, 우리에게 가능한 유일한 종교는 우리 스스로 신들을 선택하게 되는 그런 종교라는 것을 인식하게 되었다. 이와 더불어 마침내 우리의 눈에서 비늘이 벗겨져, 이전 시기는 단순히 믿어야 했던데 반해, 우리는 믿어야 할 것을 선택해야 함을 알게 된다. 베버는 다음과 같이 쓴다. "과거의 많은 신들이 그들의 무덤에서 일어난다. 그것들은 탈마법화되고 따라서 비인격적인 힘들의 형상을 취하게 된다. 그것들은 우리의 삶에 힘을 행사하고자 하며, 다시금 그들 상호 간의 영원한 투쟁을 회복한다."[68] 이러한 관점에서 베버는 반성성을 '사람들의 인지적, 가치적 실행은 더 이상 객관적 구조에 근거지어질 수 없고 오히려 개인 자신에 의해 선택되어야 하는' 앎과 동일시한다.

베버에 따르면, 근대적 관점의 점증하는 반성성은 무엇보다도 전문가들이 독립적인 가치 영역들의 공리를 분석하는 가운데 얻어낸 결과이다. 이러한 개별적인 가치 영역들의 근본적인 전제들이 명료하게 될 때, 이 가치들의 다수성과 통약 불가능성은 명확해질 수 있을 것이다. 베버에게 "가치들의 과학화"에서 기인하는 반성의 이러한 증가는 어떤 확실한 성과물은 아니다. 왜냐하면 **가치들의 과학화는 과학의 가치 그 자체의 문제에 답할 수 없기 때문이다.**[69] 근대적 관점의 증가된 반성성의 중심에는 교조주의가 남아 있다. 이때 이 교조주의는 급하게 하나의 입장을 취해야 하는 데서 필연적으로 나오게 된 그런 교조주의이다. 근대성이 가치 분석에서 아주 세련된 모습을 취하고 있음에도 불구하고, 이 근대성은 개인들과 마주하여 이 개인들의 궁극적 선택의 부담과 도그마를 완전히 제거할 수 없다.

c) 근대적 관점의 실존적 철회 불가능성

마지막 논의는 두 번째 논의의 당연한 결과로 간주될 수 있다. 여기에서 반성성은 근대적 관점을 극복하고자 하는 어떤 시도도 피할 수 없는 인식론적 역설을 불러일으키는 것으로 보인다. 일단 탈마법화가 발생하게 되면, 일단 세계가 몰의미적 사실들의 연쇄로 환원되고 나면, 일단 진리, 선(좋음), 그리고 미가 더 이상 통일의 원천을 가지지 않게 되면, 다음과 같은 패러독스와 마주하게 된다. 즉, 몰의미의 영역들은 주관적 결단 혹은 의지의 행위에 의해 다시금 의미를 부여받을 수 있을 것이다. 하지만 신념의 체계들이 스스로에게 질문하고 의심하게 되었을 때, 이러한 차원을 제거하고자 하는 모든 노력들은 피할 수 없는 주관주의를 드러내고 만다. 세계는 의지와 결단의 행위로 인해 다시 주술화된다. 주술화된 우주와 재주술화된 우주 사이의 차이는 이 후자의 타당성과 의미가 객관성에서, 즉 사물 그 자체에서 인출되는 것이 아니라 객관성에 의미를 부여하는 주관적 행위에서 인출된다는 점이다.[70]

그런데 이러한 논의 역시 문화적 합리화의 보편적 의미와 가치를 확립할 수 없다. 미래의 모든 가치와 신념의 체계들이 피할 수 없는 주관적 의미를 간직한다면, 이러한 사실은 서구의 아들인 우리에게 중요할 것이다. 하지만 우리에게 중요한 것이 다른 문화의 입장에도 동일하게 중요할 필요는 없다.

그럼에도 불구하고 베버가 이러한 관찰과 더불어 부인할 수 없는 중요성을 가진 문화적 경향을 밝혀냈다는 의미에서 볼 때, 나는 위에서 검토된 모든 논의들 중에서 이 마지막 논의가 가장 일관적이라고 믿는다. 이러한 질문을 고려하는 가운데, 베버는 세계를 "재주술화"하는 모든 시도들에 내재해 있는 위험을 폭로한다. 자연과 문화의, 사실과 가치의 인지적 통일이 파괴되었기 때문에 그러한 통일은 이성에 의해서 다시 정립될 수 없다. 그것은 이제 의지의 행위에 의해 진행되어야 한다. 니체가 잘 보았던 것처럼, 의지가 스스로에게 질문을 던질 때, 이성, 의심, 그리고 회의주의가 일차적 가치이고 그에 의지가 종속되어야 할 때, 근대의 "병"이 발생한다. 이러한 관점에서 "삶에의 의지"는 자신에게 질문을 허용해서는 안 된다. 삶과의 긍정적인 관계는 데카르트적인 정신이 패배할 경우에만 가능하다. 의지는 자기 자신을 천명함으로써 자신에게 의지하고, 자신에게 토대를 부여하는 법을 배워야 한다.[71] 질문함, 의심, 반성성 등은 실존을 긍정하지 않는다. 그것들은 차라투스트라에게 아름다움과 진리의, 현상과 본질의 통일을 다시 한 번 발견할 수 있게 한 재주술화된 그런 우주를 다시 창조할 수 없다. 니체에서 하이데거, 사르트르에 이르는 의지와 실존의 철학은 신들에 의해 포기된 고요한 우주에서 의미를 창조하고자 한 근대적 영혼의 절망적 시도들이다. 이제 의미는 개인들에 의해 사전에 구축되지 않고 재창조되어야 한다. 바로 이런 이유 때문에 의지와 실존의 철학과 관점은 의지의 자의성을 드러낼 수 있는 합리적 질문을 갑자기 중단하게 된다. 이성이 분열되었기 때문에 의지가 통일해야 한다. 이 임무를 완수하기 위해서 의지는 이성이 침묵하도록 해야 한다.

의지가 반항적인 초월의 행위 혹은 절망에 의해 근대성의 "철장"을 깨부수고자 할 때, 막스 베버가 그러한 계기를 아주 명쾌하게 보았다는 사실은 그의 공적에 속한다.[72] 또한 근대의 카리스마를 분석하는 가운데 의지의 정치의 권위적 결과들에 대해 경고를 한 것도 그의 공적이다.[73] 하지만 최종 심급에서 베버 스스로가 반항석인 의지의 그런 행위들에 대한 동감을 철회했는지의 문제는 불분명하게 남아 있다. 즉, 그가 근대의 공리적인 실존의 사탕발림보다는 절망이라는 그런 정열적인 폭발에 대해 실제로 너 많은 존경을 표하지는 않았는지에 대해서는 여전히 의문으로 남아 있다. 이러한 의미에서,

베버의 아주 세밀한 독자는 아니지만, 레오 슈트라우스가 '근대적 영혼은 신과 악마 사이에서 선택해야 한다'는 베버의 경구에서 심오한 허무주의를 감지해 낸 것은 전혀 틀리다고 할 수 없다.[74]

의사소통 행위와 합리성 이론을 전개함에 있어서 하버마스의 근본적인 관심사는 근대의 유산과의 이러한 애매한 관계에서 출현할 수 있는 허무주의에 대해 경고하는 것이다. 이러한 애매함은 베버에게만 나타나는 것이 아니다. 비판 이론의 전통에서도 근대적 이성의 유산을 도구적 합리성으로 환원함으로써 심한 요동이 발생했다. 『계몽의 변증법』에서, 계몽의 합리성의 비일관성을 분석하면서 아도르노와 호르크하이머는 계몽의 유산을 허무주의적으로 거부하는 데로 가 버렸다. 하버마스는 이 계몽의 유산이 위에 언급한 세 가지 요청들을 약간 변형한 상태에서 우리와 연결되어 있다고 주장하고 싶어 한다.

혼란을 피하기 위해, 나는 우선 근대성의 문화적 유산에 대해 베버와 하버마스가 고찰한 것의 차이를 드러내고자 한다. 『의사소통 행위 이론』에서 하버마스의 가장 중심적인 테제들 중 하나는 근대성을 합리화의 과정으로 본 베버의 분석이 두 가지 이유 때문에 한계가 있었다는 것이다. 첫째, 근대적 세계관의 출현을 분석하는 가운데, 특히 세계 종교들의 진화라는 관점에서 베버는 그러한 세계 종교들의 윤리적 변화의 차원에 초점을 맞췄으며, **과학적-인지적 영역**과 **심미적-실천적 영역들을 간과했다**(ThCA 1: 214-5). 하버마스는 근대에 나타나는 세계관의 탈중심화가 주로 규범적으로 제어되는 사회적 삶 — 가치들의 영역 — 을 의미가 내재하지 않는 객관성 — 사실들의 영역 — 과 대립시키는 이원론적 존재론에서 기인하는 것이 아니라 세 영역들의 분화에 있다고 강조한다. 이 영역들은 세계, 사회, 그리고 자아이다. 이 세 범주는 존재론적 범주가 아니라 준거적 referential 범주이다. 이 범주들은 사실들의 객관적 영역, 규범적으로 제어되는 **상호 주관적** 영역, 그리고 자아의 내적인 경험이라는 주관적 영역들이다. 탈중심화된 그러한 세계관은 행위하고 인식하는 주체에게 동일한 세계에 대한 상이한 태도들을 수용하도록 한다. 인식과 행위는 상이한 방식으로 이 분화된 영역들과 관계한다. 즉, 서로 분리된 이 영역들은 인식하고 행위하는 자아에게 각각 다른 방식의 태도를 취하게 하는 각기 다른 준거적 세계들이다. 이러한 태도는 하버마스에 의해 "객관화하는 태도," "규범 순응적인 태도," 그리고 "표현적인 태도"로 명명된다.[75]

둘째, 이러한 인지적 잠재성이 어떻게 사회적 삶에 닻을 내리게 되는지 분석하는 가운데, 베버는 자신의 임무를 세계 종교들의 합리화에서 기인하는 **윤리적** 지향과 특히 경제적 영역에서 체현되어 있는 합목적적 행위 복합체 사이의 선택적 유사성을 분명하게 하는 데 국한한다. 하지만 폭넓은 개념의 사회적 합리화는 문화적 행위 체계 내에서 인지적, 규범적, 그리고 심미적 이념들의 제도화를 검토하지 않으면 안 될 것이다(ThCA 1: 234ff.). 근대에 과학, 윤리, 그리고 예술의 분화는 대학과 연구소, 법률 전문가 영역, 그리고 예술 생산과 비판주의라는 자율적 영역들의 제도화에 의해 동반된다. 그러한 제도화에 의해 인지적, 사회적, 그리고 주관적 가치들을 전유하는 양식은 반성적으로 된다. 즉, 그 양식은 점차 타당성과 근거를 토의하는 데 종속적으로 된다. 신념들과 이 신념들의 검증 절차를 발생시키는 논증 양식이 제도화되었기 때문에 그러한 과정의 합리성은 점차 이 논증의 실체적 내용보다는 그 **절차적** 성격에 놓여 있는 것으로 보인다. 신념 체계들의 합리성은 우선 무엇보다도 신념들을 습득하게 하고 또한 이 신념들을 개정하게 하거나 거부하게 할 수 있는 그런 절차들에 귀속된다.

근대성의 문화적 유산을 탈중심화된 세계관이라는 관점에서 재구성함으로써, 이 세계관이 허용한 세 가지 근본 태도들을 도출함으로써, 그리고 반성의 제도화를 강조함으로써, 하버마스는 근대 문화의 긴장에 대해 베버의 진단과는 다른 진단을 내놓는다. 가치 영역들의 점증하는 세분화와 이 영역들의 호환 불가능성 안에서, 베버는 해결할 수 없는 가치 투쟁으로 인해 파편화된 세계에서 어떻게든 의미를 창출해야 하는 근대의 개인이 엄청난 심리적 부담을 갖게 된다는 사실을 보았다.[76] 이에 반해 하버마스는 이성의 통일성의 파괴가 합리성 일반의 상실을 의미하지는 않는다는 사실을 강조한다. 이데올로기와 세계관들의 실체적 내용과 관련하여 의미 상실이 철회될 수 없을 때조차 이성의 통일성은 타당성 요청들을 제기할 수 있는 그러한 의사소통적 과정들에 의해서 보존될 수 있다. 합리성의 새로운 패러다임은 **실체적**이 아니라 **담론적**이다. 이 패러다임은 진리, 정의, 그리고 진실함이라는 타당성 요청을 제기하는 그런 필연적인 논증 절차의 내용이 아니라 그 형식을 주제화한다. 논증 과정에 체현되어 있는 의사소통적 합리성의 관점에서 볼 때, 근대 문화의 의미 상실은 이성의 상실과 동등하지 않다.

　이 마지막 요구는 두 가지 방식으로 독해되어야 한다. 첫째, 하버마스는 이 세 영역에서, 즉 인지적-도구적, 도덕적-실천적, 그리고 심미적-표현적 영역에서 합리성의 증가, 즉 누적적 학습 과정이 **사실적으로** *factually* 있어 왔다고 주장한다. 하지만 동시에 그는 사람들이 의미 상실을 근대 문화에서의 합리적 잠재력과 **규범적으로** 등치시켜서는 안 된다고 생각한다. 의미 상실은 과학과 예술의 성과들을 생활 세계로 되돌려 보낼 수 있는 전문가들의 문화가 융성해지면서 매우 자주 생활 세계의 문화적 빈곤화를 가져올 수 있다.[77]

　근대 문화의 합리적 잠재성과 관련한 하버마스의 테제들은 엄청나게 강하고 모순적이다. 즉, 오늘날 사람들은 문화적 근대성에 대한 점점 더 많은 경쟁적 해명들과 — 여기에는 푸코, 매킨타이어 그리고 리오타르 등의 해명도 포함된다[78] — 논쟁해야 한다. 그뿐 아니라 하버마스의 많은 테제들이 현실적인 역사적 해명에서보다 이론사의 재구성에서 그 특징을 가지기 때문에 이 단계에서 독자들은 그가 말한 세 영역에서의 누적적 합리성의 증가에 관한 그의 주장 전체를 받아들이기 어려워한다.[79] 개념적인 어려움들도 동일하게 중요하다. 이 어려움들은 합리성의 절차적 개념의 철학적 생명력에 관한 질문으로부터 심미적, 실천적 "이성"의 의미에 이르기까지, 그리고 이 영역들에서만 근대성에 대한 인식의 축적이 발생할 수 있었다는 요청에 이르기까지 죽 늘어서 있다.[80]

이 모든 문제들의 정당성을 보여 줄 수 없기 때문에 나는 이 책의 나머지 부분에서 이 책의 문제 설정의 중심에 놓여 있는 하버마스의 의사소통적 이성 개념의 한 측면에, 즉 의사소통적 윤리학을 사회 비판 이론의 토대로 전개하고자 한 그의 시도에 집중하려고 한다. 이 문제에 관심을 둠으로써, 나는 또한 하버마스가 도입한 특히 도덕적 합리성과 심미적 합리성 사이의 차이들 중 많은 것이 재검토를 필요로 한다는 사실을, 그리고 무엇보다도 의사소통적 윤리학에 대한 그의 강한 정당화의 프로그램이 성공할 수 없다는 사실을 보이고 싶다. 이 비판을 시작하기 전에 근대의 인지적 유산에 관한 하버마스의 견해를 고려함으로써 이 논의를 마치는 것도 도움이 될 것이다. 나는 근대적 관점의 타당성에 대한 베버의 반성에 평행하게 놓여 있는 세 종류의 논의를 구성함으로써 이 일을 할 것이다. 베버보다 훨씬 더 강한 의미에서, 하버마스는 탈중심적 세계관과 가치 영역들의 반성적인 분화가 의사소통적 합리성에 구성적이라는 것을, 그리고 합리성의 그러한 구소와 체제가 준선험적이고 철회 불가능하며, 우리와 깊이 관련되어 있다는 사실을 주장하고 싶어 한다.

d) 의사소통적 합리성의 준선험적 지위

잘 알려져 있다시피『인식과 관심』을 추적해 보면, 하버마스가 이미 초기에 "자기반성"이라는 말의 두 가지 의미를 구별했다는 사실을 알 수 있다. 한편으로, 자기반성은 개인과 집단의 구체적인 삶의 과정을 결정하는 인자들에 대한 **비판적 분석**을 의미한다. 다른 한편으로, 자기반성은 익명의 규칙 체계들에 대한 **합리적 재구성**을 의미한다.[81] 그러한 "재구성적 과학"의 목표는 개인들이 "언제나 이미" 은연중에 노하우로 수행하고 있는 규칙 능력들을 스스로 인식하게 하는 것이다. 재구성은 선험 철학의 임무를 변형된 수단을 통해 수행하는 것이다. 즉, 선험 철학이 개인들의 모든 인식 행위에 작동하는 필연적인 전제들을 그들 스스로 인식하도록 하는 것과 마찬가지로, 재구성적 이론은 개인들의 활동 속에서 작동하는 인식과 행위의 **심층 구조**를 분석한다. 하지만 선험 철학과는 달리 재구성적 공리들은 그러한 심층 구조가 몰역사적이라거나 진전이 없는 틀이라는 사실에 반대한다. 하버마스는 그러한 심층 구조를 개인과 종種의 역사에서 진화하는 규칙 능력의 모형들로 간주한다. 개인들은 종종 그러한 진화의 논리와 역학을 의식하지 못한다. 그럼에도 불구하고 그들은 그러한 진화의 수행자들이다. 왜냐하면 그들이 그러한 규칙 능력을 습득하는 것은 학습 과정을 통해서 이루어지기 때문이다. 하버마스의 설명대로 하자면, 재구성적 과학들은 오늘날 칸트에 대한 헤겔의 비판에 순응하면서 선험 철학을 대체한다. 재구성적 과학들은 "경험적인 정신 현상학"을 생산하여 개체 발생적 능력과 계통 발생적 능력을 추적한다.

『의사소통 행위 이론』에서는 근대화가 합리화로 설명되고 있다. 그런데 이 설명은 자연과학의 개념에 의존한다. 사회 이론에서 "내적인" 관점을 "외적인" 관점과 결합하기 위해 하버마스는 **발전 논리**

와 학습 과정이라는 개념을 이용한다. 그의 주장에 따르면, 사회적 변화는 관찰자만의 관점에서 관찰할 수 없다. 발전 논리의 연쇄로 고려되어야 하는, 그리고 내적으로 재구성할 수 있는, 즉 "참여자들의 관점에서 통찰력 있게 개괄할"[82] 수 있는 사회적 진화의 측면들이 있다. 사회적 행위자들은 어떤 문제들에 의미 있는 방식으로 반응하는데, 어떤 주어진 상황에서 그 문제들을 밝혀내는 것이 가능해야 한다. 따라서 이러한 반응들은 제도화될 수도 있다. 사회적 혁신은 사회적 행위자들이 자신의 생활 세계의 아주 새로운 문제들에 답변함으로써 발생한다.[83] 어떤 특별한 답을 유도해 내는 경험들은 제도화를 통해 사회의 물질적 역사와 문화적 역사로 된다. 이전의 대답들은 사회적 행위자들에게 과거의 유산으로 유용될 수 있다. 그들은 과거의 이 유용한 대답들을 개괄함으로써 새로운 대답을 창출하고 추구하는 가운데 자신의 생활 세계를 재산출한다. 따라서 생활 세계의 재생산이라는 개념은 내적으로 재구성될 수 있는 유의미한 연쇄로서의 학습 과정이 참여자들 자신과 연관되어 있다는 견해를 전제한다.

하버마스의 주장에 따르면, 의사소통적 합리성의 기준들이 의미 있게 재구성될 수 있는 학습 과정의 결과라고 한다면, 이 기준들의 "준선험적" 지위는 회복될 수 있다. 그렇게 될 경우, 그 기준들은 인지적인 인간의 능력과 상호 작용적인 인간의 능력 아래 놓여 있는 **심층 구조**로 보일 것이다. 이러한 능력들은 실제로 변화하고 진화한다. 하지만 이 능력의 진화는 내적으로 추동하는 연쇄를 재현한다. 근대화의 과정에서 나타난 "신성한 것의 언어화," 그리고 생활 세계의 합리화 등에 대한 하버마스의 재구성은 정확히 그러한 의미를 드러내려고 의도되었다.

이것은 확실히 매우 약한 선험적 요청이다. 칸트 이래로 선험적인 논의의 목표는 어떤 개념적 전제들(예컨대 오성의 순수 개념들)

과 구조적 조건들(예컨대 자기의식의 필연적인 종합적 통일)을 확립하는 것이었다. 예를 들어, 우리가 주관적 경험과 상호 주관적으로 공유하고 있는 공통된 경험을 구별할 수 없다면 지속적인 자아를 가능하게 하는 인간의 어떤 자기의식도 가능하지 않다고 말할 때처럼, 그러한 필연성은 자연 안의 논리일 수 있고, 또는 "준경험적"일 수도 있다. 논리적 필연성에 관한 논의는 직접적인 방식으로 전개될 수 있다. 많은 비평가들은 선험 철학의 타당성에 의문을 제기한다. 그런데 선험 철학이 직면한 가장 큰 어려움은 그러한 종류의 "준경험적" 필연성이 있을 수 있다는 요청이다. 분석과 종합의 구별에 대한 콰인의 비판은 경험을 지시하지만 경험에 의해 논박될 수 없는 종합적 진술들이 의미를 지닐 수 있다는 가설을 논박하기 위해 기획되었다.[84]

선험적 논의의 두 번째 측면은 그러한 조건들이 필연적일 뿐 아니라 유일하다는 주장이다. 월프R. P. Wolff가 고찰한 것처럼, 이것은 선험적 논의가 결론 's'로부터 이 결론을 가능하게 하는 조건들로 퇴행적으로 진행될 수 없다는 것을 의미한다. 왜냐하면 어떤 타당한 진술에는 's'를 도출할 수 있는 수많은 전제들이 있을 수 있기 때문이다. 선험적 논의는 's'를 도출하는 첫 번째 가정 'p'를 확정하여 "p의 경우에, 그리고 이 p의 경우에만 s"가 출현하게 된다는 것을 보여야 할 것이다.[85]

하버마스가 제안한 의미에서의 재구성은 선험적 논의의 엄격한 요청들에 결코 들어맞지 않는다. 우선, 행위와 언어 능력에 대한 그러한 재구성은 발생적 인식론, 인지 심리학, 그리고 발생적 언어학 등과 같은 과학들의 결론을 종합함으로써 발전되었기 때문에, 이러한 재구성은 선험적이기보다는 경험적이다. 헤세Mary Hesse가 지적한 것처럼, 만약에 우리가 재구성물의 지위를 과학으로 진지하게 받아들인다면, 우리가 다른 과학들에도 적용하는 교정 가능성과 오류

가능성이라는 동일한 기준들을 여기에도 적용해야 한다.[86] 그리고 이것은 경험적 실재를 규정하기는 하지만, 그러나 비경험적인 그런 필연성을 발견할 수 있다는 요청을 본질적으로 제약하게 된다. 헤세는 두 번째 반론을 다음과 같이 제기한다.

> 재구성적 과학이라는 하버마스의 서술과 관련한 어려움은 이것이 언어적 능력에 대한, 논리에 대한, 인간의 행위에 대한, 그리고 심지어 과학과 윤리 이론에 대한 유일하게 정당한 해명이라고 전제하고 있는 듯이 보인다는 점이다. 이러한 주장은 재구성적 과학이 가치중립적이며 완전히 이해 중립적이라는 주장과 관련이 있다. 하지만 경험 과학이 완전히 이해 중립적일 때조차(물론 나는 이런 가설을 강하게 부정한다), 이것이 경험 과학들의 유일한 이론적 틀을 의미하지는 않는다는 사실을 우리는 보아 왔다. 따라서 재구성적 과학들에서 그러한 유일성을 포착하는 것은 어렵다. 더군다나 그러한 가능성은 사실들에 의해 확증되지 않는다. 논리 이론들조차 이데올로기적인 선호에 의해 영향을 받는다. 구조 언어학에 대한 촘스키의 해명은 어떤 수단에 의해서도 보편적으로 수용되지 않으며, 피아제의 발달 심리학도 그렇다. "인간의 행위"를 나타내는 술어나 윤리 이론을 체계화하려는 다양한 시도들은 훨씬 더 그렇다.[87]

따라서 만약에 우리가 재구성적 과학들에서 **경쟁력 있는** 해석 틀과 설명 틀의 가능성을 진지하게 취할 경우, 선험적인 논의와 연계해서 유일성을 요구하는 것 역시 포기되어야 힐 것이다. 재구성적인 논의는 필연성의 조건들도, 선험적인 논의와 연관된 유일성의 조건들도 충족시킬 수 없다. 그럼에도 불구하고 재구성적인 논의는 경험적으로 유익한 과학적 설명으로서의 자신의 지위를 유지한다.

이러한 반론이 본질적으로 옳다면 — 나는 이 반론이 옳다고 믿는다 — "재구성적인" 해명을 "해석학적-서사적" 해명에서 분리시키는 선線은 처음에 드러났던 것보다 더 얇을 것이다. 왜냐하면, 만약 재구성적인 해명들이 다소 강한 의미에서 자기 자신의 필연성을 주장할 수 없다면, 재구성적인 해명을 다른 종류의 서사적 해명과 구별시키는 것은 무엇이며, 또 그것에 우선권을 주는 것은 무엇인가 하는 질문이 따라 나오기 때문이다. 근대의 합리화 과정을 학습 과정의 축적으로 보는 재구성적인 해명이 동일한 과정을 **망각**의 과정으로 보는 해명 방식보다 선호되어야 하는 이유는 무엇인가? 근대를 합리성의 진보적 전개로 보는 하버마스의 해명이 동일한 과정을 망각의, 억압의, 그리고 승화의 과정으로 보는 니체, 아도르노, 그리고 푸코의 해명보다 더 설득력이 있는가?

이 책의 한계 내에서 나는 이러한 문제들을 적절하게 다 다룰 수는 없다. 여기에서 나는 하버마스가 다른 해체주의적인 해명들에 대항해서 자신의 입장을 변호하는 가운데 제시했을 법한 세 가지 가능한 반응의 노선을 보이고자 한다.

첫째, 최근에 하버마스는 재구성적인 논의가 선험적이기보다는 경험적이라는 사실을 인식했다. 그는 다음과 같이 쓴다.

근원 철학의 의도들에 계속 생명을 불어넣는 최종 근거를 찾으려는 시도들은 모두 실패하였다. 이러한 상황에서 철학과 과학의 관계에 관한 새로운 관계 설정의 문제가 제기되기 시작했다. 과학 이론과 과학의 역사가 보여 주듯이 합리성의 조건에 대한 형식적인 상술은, 그리고 합리성 구조의 구체화와 역사적 전개에 관한 경험적 분석은 진기하게도 서로 맞물려 있다. 근대 경험 과학의 이론은… 더 이상 존재론적 혹은 선험 철학적인 본성이라는 근본적 가설에 의해 포섭되지 않는 규범적인 동시에 보편적인 요구를 제기한다. 이러한 요구는 반대되는 예들의 명증성에 반해서만 검토될 수 있다. 그리고 결국 재구성적인 이론이 과학사의 내적인 측면을 순화할 경우에만, 그리고 이 이론이, 경험적 분석과 관련하여, 실제적이고 서사적으로 기록되어 있는 과학사를 사회 발전의 맥락에서 체계적으로 설명할 수 있을 경우에만 이 요구는 유지될 수 있다(ThCA 1: 2-3).

이 문단은 과학사의 전개를 "내적으로 추동되는" 학습 과정으로 표현하는 "서사적 기록"의 방법론을 대략 보여 준다. 하버마스는 우리가 어떤 개념적 과정들을 참여자의 입장에서의 학습 과정으로 볼 경우에 그 개념적 과정들이 아주 잘 해명될 수 있다고 생각한다.

문화적 근대에 대한 해체주의적인 해명에 반대하는 두 번째 논증으로, 하버마스는 그러한 해명이 **형식과 내용을 혼동하고** 있다고 주장할 것이다. 합리적 재구성은 주어진 문화의 의미 구조들의 의미론적 차원에 진보가 있다고 주장하지는 않지만, 형식적 차원에서 인간의 인식의 발전은 어떤 논리를 따른다는 사실만은 주장한다. 즉, 학습은 어떤 형식적 작용들과 구분들을 지배하는 단계에서 발생한다. 예를 들어, 근대 세계관의 탈중심화, 그리고 객관적, 상호 주관적, 그리고 주관적 영역들로의 형식적 분리는 인간 유아의 세계상이 탈중심화되어 가는 것과 비교되는 그런 형식적 성과물이다. 또 다른 그러한 형식적 결과는 도덕적 추론이 전통적 양식에서 탈전통적 양식으로 전이되었다는 사실이다. 전통적으로 도덕 원리의 타당성은 특수한 사회 집단의 입장과 동일시되었다. 즉, 도덕적 타당성과 사회적 수용은 융합되어 있었다. 이에 반해 탈전통적 단계에서 도덕적 가치와 원리의 타당성은 특수한 사회 집단의 권위와는 독립적으로 검토된다. 사회적 특수주의에서 보편주의로의 이러한 전이는 행위자들의 책임의 지평을 확대한다. 하지만 이것이 필연적인 규범 내용을 함축하지는 않는다. 다른 말로 하면, 탈전통적 단계에서조차 다양한 특수주의와 종족주의가 다시 주장된다. 단지 지금에만, 특수주

의와 종족주의는 저 특수한 단계의 형식적 구조에 의해 요구되는 규범적 차원에서 정당화된다.[88]

마지막으로, 합리적 재구성을 지지하는 하버마스는 공시적으로 그리고 통시적으로 수행되는 다양한 경험적 사회 연구가 필요하다는 사실을 지적한다. 공시적 수준에서, 즉 동일한 발전 단계에 있는 인간들에 의해 공유되는 능력들을 재구성하는 수준에서 우리는 의사소통의 일반 구조를 연구할 수 있으며, 의사소통의 병리적 혹은 왜곡된 형태들을 조사할 수 있다. 이는 마치 우리가 형식 화용론을 의사소통 능력의 개체 발생에 적용할 수 있는 것과 같다. 그러한 재구성의 궁극적인 증명은 재구성 능력이 있는 행위자들의 직관적인 "노하우know-how"를 "사실 인식know-that"으로 얼마나 잘 했는가에 달려 있다. 이러한 연구는 통시적 단계에서 세계관의, 규범적 구조들의, 그리고 역사를 관통하는 것들의 발전을 검토함으로써 보충될 수 있다. 하버마스에 따르면, 어린이의 개체 발생적인 발달을 분석하는 가운데 밝혀진 발전 과정이 종의 역사를 재구성하는 데 설득력 있게 적용될 수 있다면, 근대의 과정 중에 집단적 학습 과정이 발생한다는 테제는 강화될 수 있다.[89]

이러한 세 종류의 논의 ― 첫째, 합리적 재구성은 선험적이기보다 경험적이라는 논의, 둘째, 형식과 내용의 구분을 강조하는 논의, 그리고 셋째, 재구성적 과학을 통시적이고 공시적인 양식으로 검토함으로써 어떤 경험적 풍부함을 얻을 수 있는지에 대한 논의 ― 는 문화적 근대의 유산에 대한 강한 정당화가 실로 가능하지 않다는 것을 암시한다. 사실 "준선험적"이라는 바로 그 개념조차 잘못 이름 붙여진 것일 수 있다. 합리적 재구성을 해석학적 설명과 탈구성주의적 설명 둘 다와 구분시켜 주는 것은 재구성적인 학문의 특수한 철학적 지위가 아니다. 그것은 오히려 더 나아간 탐구를 자극하는 이 학문의 경험적 풍부함에 있으며, 많은 분야에서 모델로 적용될 수 있는 이 학문의 유효성에 있으며, 복잡한 현상들을 지적인 서사의 형태로 질서지우고 설명하는 이 학문의 능력에 있다.

이러한 검토는 근대의 문화적 총체성의 타당성과 그 의미에 대해 벌이는 싸움이 해소되지 않았음을 보여 준다. 이러한 검토로 인해 드러난 확실한 사실은 하버마스가 수많은 새로운 기준들을 도입함으로써 전통적인 철학적, 선험적 논의 양식들에서 벗어날 수 있는 가능성에 대한 논쟁을 불러일으켰다는 사실이다. 하지만 이것은 반대로 훨씬 더 경험 지향적인 접근 방식도 논쟁의 배후에 위치한 철학적 이슈 없이는 진행될 수 없다는 것을 보여 준다. 그리고 아래에서 논의할 것이지만, 하버마스 자신은 철학적 희망을 재구성적인 논의에 끊임없이 접목시키려 하지만, 그러나 그 철학적 희망에서 일관성을 유지하지는 않는다.

e) 반성성과 의사소통적 합리성

이미 관찰했듯이, 근대 세계의 인식론적 입장에 대해 해명하는 가운데 베버는 근대 세계관의 반성적 특징을 이끌어 냈다. 나는 또한 하버마스 역시 "반성성"을 근대적 신념 체계의 일반적 특징으로 삼았으며, 이 반성성이 16세기와 17세기 이래 과학, 법학, 그리고 미학이라는 특수한 담론으로 체계화되었다고도 말했다.

근대의 문화적 전통의 중심 개념인 반성성과 관련하여, 그리고 이것이 우리와 맺고 있는 연결고리와 관련하여 제기되는 어떤 주장도 최초의 오해에 좌우되고 있는 것 같다. 그러한 주장은 아마도 진보와 자율성을 변호하는 것과 일치할 것이다. 하버마스의 의도가 그러한 계기들에서 자유롭지는 않다. 그럼에도 불구하고 그의 의도는 분명코 근대에서 반성성의 성장을 도덕적-실천적 진보와 단순히 동일화시키고자 하는 것이 아니다. 신념의 체계를 점점 더 세련되게 하려면 값을 지불해야 하는데, 이것은 통제와 지배를 훨씬 더 세세하게 실행하는 것이다. 거기까지는 푸코가 옳다. 아도르노와 호르크하이머 역시 권력의 분배에서 그리고 행복을 얻으려는 가능성에서 불평등을 소여된 것으로 그냥 받아들이게 한 전근대적인 도덕 이론들보다 계몽의 도덕에서 억압의 내면화를 정당화하는 훨씬 더 강력한 수단들을 보았다. 근대의 이데올로기들이 소여물을 없애 버리고 또한 삶의 영역들을 점점 더 논증적 타당성에 종속시켰기 때문에 주민들의 늘어난 요구와 마주하여 억압의 수준들을 증가시키는 것은 당연해 보인다. 하버마스는 근대인들이 지불해야 할 값을 인식하고 있다.

> 이러한 진보에도 불구하고 정치적 계급 사회에서 필연적으로 실행되는 착취와 억압은 친족 체계에 의해 수행된 별로 중요하지 않은 사회적 불평등과 비교해 볼 때 후퇴한 것으로 긴주되어야 한다. 이러한 이유 때문에 계급 사회는 이 사회가 스스로 발생시킨 합법성에 대한 필요를 구조적으로 만족시킬 수 없다. … 이러한 진보의 **변증법**은 어떻게 설명할 수 있을까? … 진화론적으로 중요한 의미를 갖는 혁신은 새로운 학습 단계의 출현만을 의미하지 않고, 또한 새로운 문제 상황이 출현했음을, 즉 새로운 사회 형태에 수반되는 여러 가지 부담의 범주가 새롭게 출현했음을 의미하기도 한다. 진보의 변증법은 문제 해결 능력의 습득과 더불어서 새로운 문제 상황들이 의식되게 된다는 사실에서 드러날 수 있다. … 발전의 매 단계에서 사회 진화적인 학습 과정 자체는 새로운 자원을 만들어 내는데, 이것은 새로운 차원의 결핍을, 따라서 새로운 역사적 욕구를 의미한다(*Communication and the Evolution of Society*, pp. 163-5).

문화에서 빈성성이 점증해 왔다는 주장에는 일반적으로 자동적 진보와 도덕적 개선이라는 함의를 내포한다. 그런데 일단 우리가 이러한 관련성을 버리게 되면, 하버마스의 테제는 새로운 매 단계의 학습이 새로운 문제들을, 그리고 이번에는 새로운 해결책을 요구하는 문제들에 대한 새로운 인식을 산출한다는 것으로 된다. 그리고 이러한 문제들 중에는 새로운 형태의 억압도 포함된다. 하버마스가 그의 재구성적인 이론의 틀 내에서 이러한 "계몽의 변증법"이 어떻게 작동하는지에 대해 분석하지 않았다 하더라도, 그러한 시도는 반성성의 성장에 대한 그의 주장과 원칙적으로 양립할 수 없다. 왜냐하면 그러한 반성성은 억압의 증가로 귀결될 수도 있기 때문이다.

스스로에게 하는 질문, 자신의 입장을 원리적인 논증으로 정당화할 수 있는 능력, 자신의 입장의 숨겨진 혹은 명시적 전제들에 대한 분석 등 이런 것들은 소크라테스의 대화에서 시작된 서구의 로고스의 이상들을 구성해 왔다. 전에는 사회의 문화 엘리트들, 예컨대 소수의 철학자, 교회의 교부들, 그리고 중세의 교육 기관의 일원들 등에 국한되었던 활동들이 대다수 사람들의 의식에 들어오게 된 것은 근대적 세계관의 탈중심화에 이르러서이다. 코페르니쿠스, 데카르트, 그리고 갈릴레오 등은 근대의 과학 혁명이 과거에는 소수의 철학적 엘리트들의 정신 상태를 특징지웠던 감각에 대한 불신과 질문하는 태도 등을 제도화했다는 사실을 알게 되었다.[90] 근대의 개인은 하늘이 움직이는 것으로 보는 자신의 눈이 사실은 잘못되었음을 배워야 했다. 그리고 근대인은 자신의 감각이 외적인 대상의 본성에 대해 우리에게 말한 것이 기만적임을, 의심과 더불어 현상 세계와의 깊은 관계로 이끌려 들어간다는 것을 배워야 했다. 이성의 시대는 의심의 시대가 앞서 간 다음에 도래하였다.

확실히 이러한 과정에 대한 매우 다양한 평가가 가능하다. 니체에 따르면, 우리는 코페르니쿠스 이래로 심연으로 굴러 떨어져 가는 경향이 있다.[91] 아렌트에 따르면, 데카르트적 회의는 특정한 한 과정의 시작점인데, 이 과정의 끝에서 우리는 이 세상을 상실하게 되고,

결국 이 세계는 단지 모든 존재가 공동으로 소유하는 공적인 현상 영역 정도로 나타나게 된다.[92] 하버마스에 따르면, 점증하는 반성성과 가치 영역들의 분화는 근대적 개인의 의미 상실로 귀착하지만, 이러한 의미 상실은 또한 타당성의 의미를 유일하게 다시 획득할 수 있게 하는 의사소통 과정을 강화한다. 하지만 사람들은 다음과 같은 반론을 제기할 수 있다. 즉, 이러한 과정에 대해 어떤 가치 평가를 내린다고 하더라도 반성성의 구속적 본성에 대한 논의는 언제나 문제를 제기하기 마련이다. 확실히 자기 탐구, 합리적 논증을 통한 자신의 입장의 정당화, 함축적 전제들과 명시적 전제들에 대한 분석 등과 같은 것은 시초부터 서구 문화의 이상들이었다. 하지만 이것들은 어떤 의미에서 보편화될 수 있고 또 다른 문화들을 판단하는 데 적용될 수 있는가?

이러한 반론에는 두 가지 답변이 있다. 우선, 다른 문화를 대면하면서 우리는 해석학적 순환의 현전을 받아들여야 한다. 우리는 이러한 기준들을 없애고 완전히 "원본"으로 되돌아갈 수 없다. 왜냐하면 "원본으로 돌아간다"는 말이 의미하는 바를 이해하기 위해서라도 우리는 우선 번역 과정에 참여해야 하는데, 이 번역 과정에 의해서 비로소 우리는 우리의 관점에서 이 다른 문화의 뜻을 이해하고자 시도하기 때문이다.[93] 이러한 과업에서 불가피하게도 우리 자신의 세계관의 특징들, 즉 탈중심적이고 반성적인 특징들이 작용할 것이다. '이해한다는 것'은 특정한 맥락에서 이해한다는 것이다. 그리고 반성적 전회를 수용한 문화를 가진 사람에게 이 맥락은 더 이상 제거될 수 없다. 우리는 우리 문화의 구성 인자들을 의지나 권위적 행위로 제거할 수 없다. 왜냐하면 이 구성 인자들은 우리가 어떤 상황을 분석하는 데 간직하고 있는 것들이기 때문이다. 더 나아가 반성성이 구속력 있는 기준인지에 대해 우리가 질문할 수 있다는 사실 그 자체는 우리가 이미 반성적 순환 속에 존재한다는 것을 함축한다. 전前반성적인 체계들은 질문을 받지 않는다. 그것들은 그냥 받아들여진다. 전반성적인 체계들은 이 체계의 참여자들이, 우리들과는 달리, 내부에 남거나 탈퇴하는 것을 허락하지 않는다. 반성성을 거부하고자 하는 사람들조차 자신들이 그러한 태도에 비로소 의미를 부여하게 되는 어떤 한 문화의 산물임을 드러낸다.

두 번째 답변은 합리성의 형식적 기준들이 삶의 형식의 총체와 융합되어서는 안 된다는 것이다. 반성성이 합리성의 기준이라고 하는 주장이 우리가 다른 문화와 생활양식을 "합리적" 혹은 "비합리적"이라고 판단할 수 있음을 함의하지 않는다. 최근의 논문에서 하버마스는 삶의 형식이 절차적 합리성이나 반성성 등과 같은 기준의 적용에 의해 단순하게 평가될 수 있는 성질의 것은 아니라고 말한다. 왜냐하면 "삶의 형식은 정당성의 측면을 강조하는 제도들로만 이루어진 것이 아니라 언어 게임, 역사적 상황에서 습관화된 실천들, 집단에의 귀속성, 문화적 의미 유형들, 사회화의 형식들, 능력들, 그리고 태도들 등과 같은 것으로도 이루어져 있기"[94] 때문이다. 전체로서 그리고 그것들 간의 상호 관계에서 드러난 이 모든 현상들은 합리성이라는 유일한 기준으로부터 판단할 수 없다. 어떤 낯선 문화의 총체성과 관련하여 우리는 여전히 해석학적인 이해를 추구해야 한다. 확실히 그러한 이해는 역사적으로 습득된 반성성이라는 우리 자신의 기준을 우리가 이용할 때만 가능하다. 하지만 이러한 기준은 그 자체로 삶의 형식이나 한 문화의 전체를 판단할 수 있게 하는 척도를 우리에게 제공하지 않는다.[95]

합리성의 형식적 기준과 삶의 형식의 총체성 사이의 이러한 구분은, 일리가 있기는 하지만, 수많은 문제를 불러일으킨다. 첫째, 의사소통 행위의 개념으로 인해 하버마스가 실제로 이러한 구분을 무시하지는 않았는지 하는 문제는 불분명하다. 의사소통 행위에서는 참여자의 관점으로부터의 이해가 필수적이라고 그는 말한다(ThCA

1: 115-6). 그러한 이해는 더 나아가서 행위자들이 그들 스스로가 말하고 행위한 것에 대한 이유들을 이해하는 것이 요구된다고 한다. 그들의 행위와 말들을 이해하기 위해서 우리는 행위자들에 의해 주어진 이유들을 포착해야 한다. 하지만 하버마스에 따르면, 이유들에 대한 그러한 이해는 관찰자가 행위자와의 "수행적인 대화"로 들어올 경우에만 가능하다. 말하자면, 이유들을 이해한다는 것은 사람들이 그것들을 자신의 문화 속에서 판단하듯이 그 이유들을 판단한다는 것이다. 확실히 이해와 판단 사이의 경계선은 확고하지 않다. 하지만 그렇다면 사람들은 진실로 위에서 제시된 구분을 할 수 있을까? 이러한 구분을 수행하고 싶어 하는 가운데, 하버마스는 **비가치판단적인 해석학적 이해 방식**의 가능성을 그의 의사소통 행위 이론이 허용하는 것 이상으로 인정하는 것 같다.

그렇다면, 결론적으로, 반성성의 구속성을 정립하는 문제에 대해 의문을 제기한다고 우리를 비난하는 비평가에게 다음과 같은 단 하나의 답을 제시해야 한다. "물론 그렇지요. 우리의 논의에는 순환성이 있습니다. 하지만 이 순환성은 악한 순환성이 아닙니다. 자신의 맥락을 제거할 수 있는 이해, 즉 무전제의 이해가 가능할 때에만 악한 순환성이 있을 수 있습니다. 하지만 이번 일은 그 경우가 아니기 때문에 반성성이 우리에게 구속력을 갖게 되는 것입니다. 자신이 속한 맥락을 제거하고 싶어 하는 것은 우리 자신의 그림자를 뛰어넘고 싶어 하는 것과 같습니다." 이것은 확실히 하버마스가 해석학자들과 공유하고 있는 관점이다.

하버마스가 합리성의 형식적 기준들과 삶의 형식을 구분하고 있는 저 앞의 문단은 그럼에도 불구하고 근대의 유산의 구속성에 대해 내가 생각하는 것 이상으로 더 강한 의미를 추구하고 있는 것처럼 보인다. 나는 이것이 그 경우라고 생각한다. 하버마스는 앞의 저 문단에 이어 다음과 같은 진술을 덧붙인다. "만약에 우리가 삶의 형식을 다소간 잘못된 것으로, 왜곡된 것으로, 혹은 불행하거나 소외된 것으로 평가할 수 있게 하는 기준들을 결코 없애 버리고자 하지 않는다면, 병과 건강함을 판단하는 기준이 모델로 제시될 것입니다."[96] "병과 건강함의 모델"에의 이러한 호소는 하버마스가 "정상적인" 발전 과정이라는 진화론적 모델에 계속 의존하고 있는 한 핵심적인 문제를 불러일으킨다.

하버마스는 초기에 비판 이론과 정신분석학의 유사성을 보여 준다. 이로 인해 가다머Gadamer와 기겔Giegel은 '비판 이론가는 자신의 해방적 의도와는 어울리지 않는 특권적인 인식의 자리에 놓여 있다'고 아주 공정하게 비판하였다.[97] 이러한 이의 제기에 응답하는 가운데, 하버마스는 "비판"과 "담론"을 구분했다. 비판에서는 이론가와 사회 구성원들 사이에 비대칭적인 인식의 입장이 드러난다. 이에 반해 담론에서는 모두가 자유롭고 억압되지 않은 토론을 하는 가운데 공동의 행위 과정에 따라 결정한다는 점에서, 담론의 참여자 모두는 동등하다.[98] 이러한 구분은 『의사소통 행위 이론』에서 다시 드러난다. "참여자들이 외적, 내적 억압이 없는 담화 상황의 조건들을 충족한 것으로 **전제할** 필요도 없는 그런 특정한 상황에서 논증이 사용될 경우에만 '담론' 대신 '비판'이라는 말을 사용함으로써 나는 이 특별한 환경들을 설명하고 싶다"(ThCA 1: 42). "생활 세계의 병리들"이라는 문구는 바로 이러한 정신에서 사용된다. 이것은 하나의 과정을 "비판"의 입장에서 기술한다. 하지만 담론의 상황에서 생활 세계 안에 있는 행위자들이 이러한 술어의 사용을 자신들의 조건을 기술하는 데 의미가 있는 것으로 인정하는지는 분명하지 않다. 더욱 중요한 것은 이론가가 사회적 "건강"이나 "병"을 진단할 수 있는 어떤 모델을 소유한다고 전제된다는 점이다. 무엇보다도 이 두 번째 주장은 명쾌하지가 않다. 그럼에도 불구하고 하버마스가 이러한 주장을 하는 것은 결코 우연이 아니다. 우리가 근대의 유산을 방어하는 그의 세 번째와 마지막 논증을 고려할 때 그 이유들이 훨씬 더 분명하게 드러날 수 있다.

f) 의사소통적 이성의 실존적 철회 불가능성

베버처럼 하버마스는 문화적 근대화 과정이 어떤 의미에서는 "철회 불가능"하다고 주장한다. 이러한 점을 확고히 하기 위해 그는 그 논거를 인지 발달 이론에서 이끌어 온다. 인지 발달 이론에 따르면, "정상적인" 발달 과정에 있는 개인은 비가역적인 일련의 과정을 거치는 가운데 하나의 단계에서 다른 단계로 이행할 것이다.[99] 일단 제4단계에 도달한 청소년들은, 정상적인 인간 존재로서의 기능이 심각한 상흔이나 쇠약 혹은 쇼크 등과 같은 조건들에 의해 손상되지 않을 경우, 두 번째 단계로 후퇴하지 않는다. 물론 여기서 "않을 경우"라는 조선사는 수많은 문제들을 가린다. 사람들은 이러한 연약한 조건들이 무엇이며, 무엇일 수 있는지를 좀 더 정확하게 알고 싶어 한다.

유사한 방식으로 하버마스는 『정당성의 위기』 말미에서 다음과 같이 논증한다. 화폐-관료 체계가 생활 세계에 미치는 압력으로 인해 참여의 욕구와 정당성의 욕구가 증가하게 되는지의 문제는 그 반작용으로 인해 개인들에게 새로운 동기 유형을 유발할 수 있는 그런 문화적 의미 지향과 가치 지향이 현존하는가에 달려 있다. 정당성의 위기는 통용되던 가치 유형들 내에서 충족될 수 없는, 혹은 다른 보상 체계에 의해서 충족될 수 없는 기대들이 발생할 때 나타났다. 정당성의 위기는 동기의 위기를 전제했다. 이런 위기 상황에서 논의는 극단적으로 가설적으로 되었다. 즉, 하버마스는 후기 자본주의 사회의 문화에서 어떤 변형들을, 예컨대 시민적인, 가족적인, 그리고 직업적인 개인주의의 쇠퇴를 끄집어냈다. 그리고 그는 부르주아의 전통과 부르주아 이전의 전통이 그러한 개인주의의 퇴락을 방어할 수 없는, 혹은 그 퇴락에 맞설 수 없는 과학주의, 보편주의적인 도덕, 그리고 아우라를 벗어 버린 예술 등과 같은 이데올로기로 대체되었다고 주장했다. 그는 동기 부여적 구조들의 침해를 막아보려고 한다거나 이 구조들을 권위주의적인 방향으로 이끌어간다고 해서 이러한 전통과 그 남은 유산들이 재생되지는 않을 것이라는 주장을 다음과 같이 진술했다. 즉, "이미 고갈된 전통들을 위한 어떤 기능적인 등가물도 없다. 왜냐하면 규범 구조들의 발전 논리는 그러한 전통들을 배제하기 때문이다. 하버마스는 지배적인 부르주아 이데올로기들의 현재 형식들, 즉 과학주의, 보편주의적인 도덕, 그리고 아우라를 벗어버린 예술 등이 "비가역적인 발전"을 겪어 왔는데, "그 발전은 내적인 논리를 따랐으며," 후퇴를 대가로 지불하고서만 철회될 수 있는(LC, p. 84) 것이라는 이유에서 그렇다고 주장했다.

이러한 논의는 사회 비판 이론 내에서 진화론적 발전 모델을 사용하는 데 특별한 어려움이 있음을 지시한다. 거대 담론 수준에 적용될 때, 그러한 논의들은 사변적인 역사 철학의 음조를 수행한다. 이론가에 의해 투사된 미래는 — 이 미래는 근본적으로 개방적이다 — 발전 과정의 필연적이고 "정상적인" 산물이라도 되는 것처럼 나타난다. 바로 이러한 관점에서만 이론으로부터의 일탈이 "후퇴"로 평가될 수 있다. 이것은 우리가 이미 미래를 판단할 수 있는 척도를 소유한다는 것을 전제한다. 하지만 개체 발생의 경우에 개인들의 구체적인 삶의 역사는 끝(목적)을 가지며, 태어난 모든 인간의 아이들은 성인이 되기 위한 주어진 발전 과정을 반복한다. 이에 반해 계통 발생의 단계에서는 이러한 사실이 거의 나타나지 않는다. 우리는 역사의 끝에 서 있지도 않으며, 우리가 그 관점에서 "후퇴"나 "일탈"이라고 평가할 수 있을 그런 "정상적인" 발전 과정을 지적할 수도 없다. 유의 역사는 아주 독특하며 특수하다. 우리는 그것을 비교할 만한 어떤 확고한 발전 모델을 가지고 있지 않다.

"후퇴"나 "병리학"과 같은 말들은 어떤 특정한 의미만을 지닌다. 즉, 우리는 미래의 발전 과정이 우리가 현재 보고 있는 **가능성들**을 구체화하거나 실현하지 못할 것이라고 상상할 수 있다. 이것은 현재가 본질적으로 행위에 개방되어 있는 하나의 지평임을 의미한다. 왜냐하면 가능한 것 혹은 가능하지 않은 것은 이론적으로만 규정될 수 있는 것이 아니기 때문이다. 여기에서 현실성은 가능성을 앞선다. 아리스토텔레스적인 의미에서 우리가 선한 방식으로 행위를 함으로써만 선하게 되는 것과 마찬가지로, 우리는 현재의 가능성들을 미래를 향해 행위함으로써만 발견한다. 진화 이론들은 미래를 현재의 필연적 결과로 나타나게 함으로써 미래의 이러한 지평을 제거한다. 진화 이론에 신뢰를 보이는 하버마스에 대한 나의 반론을 간단히 적어 보려 한다. 초기 비판 이론의 유토피아적 이성 관념은 오늘의 현실에서 구체화하기에는 너무 밀교적인 특성을 가지고 있다는 문제가 있었다. 그렇다면 하버마스의 개념이 지닌 어려움은 의사소통적 합리성이 완성될 경우 현재와의 해방적 단절을 구성하는 것이 무엇인지를 보기가 어려울 정도로 그의 개념은 현재의 자연스런 산물처럼 보인다는 데 있다.[100]

'의사소통적 합리성의 구조는 철회될 수 없다'라는 말은 '이러한 유산은 우리가 실현된 것으로 보고 싶어 하는, 그리고 우리가 그것의 실현을 위해 헌신할 준비가 되어 있는 그런 가능성을 포함한다'는 사실을 의미할 뿐이다. 문화적 근대 이론은 역사 철학이 아니라 "실천적-해방적 내용"을 가진 비판 이론이다. 이러한 유산의 완성 문제는 이론적 질문이 아니라 실천적 질문이다. 이 질문은 다음과 같다. 근대적 이성의 완성을 위한 그러한 요구는 우리가 우리 것으로 만들고 싶어 하는 미래의 상을 기획하는가? 나는 하버마스가 비판 이론에서 유토피아적 이성으로부터 의사소통적 이성으로의 패러다임 변화를 보여 주었다는 관찰과 함께 이 장을 시작했다. 의사소통적 이성 역시 유토피아적 가능성을 포함한다고 할 경우에만 이 이성이 우리를 움직일 수 있을 것이라는 생각으로 나는 이 장을 마감할 것이다. 이러한 요청을 토론하기 전에 나는 이 장의 주된 결론들을 요약하겠다.

   이 장에서 나는 하버마스에 의해 시작된 비판 이론의 패러다임의 전회를 분석했다. 처음에 나는 하버마스의 방법론적 출발에 의거하여 초기 비판 이론으로부터의 이러한 전회가 전개되는 과정을 추적했다. 곧이어 나는 후기 자본주의 사회에서 나타나는 위기의 가능성과 경향들을 다루는 그의 경험적 이론을 살펴보았다. 두 영역에서 경험적 패러다임의 변화의 결과로 하버마스는 초기 비판 이론에 특징적이었던 철학과 사회과학의 독특한 관계를 복원하는 데 성공했다. 이 장의 두 번째 부분은 근대화를 합리화의 과정으로 보는 하버마스의 재해석이 갖는 보다 철학적인 측면에 초점을 맞추었다. 나는 서양의 합리주의의 보편적 타당성과 그 의미에 대한 베버 식의 질문에 그가 어떻게 답변하는지 살펴보았다. 다음 장에서도 의사소통적 합리성의 프로그램이 갖는 좀 더 특수한 측면을 살펴봄으로써, 즉 비판 이론의 규범적 토대를 의사소통적 윤리학에 정초하고자 하는 시도를 살펴봄으로써 이 토론을 계속할 것이다. 이 점에서 만약 우리가 이 장의 처음에 소개했던 비판 이론의 설명적-진단적 차원과 예견적-유토피아적 차원의 구별을 상기한다면, 의사소통적 윤리학의 프로그램이 예견적-유토피아적 측면에 좀 더 적합하다고 할 수 있는데 반해, 이 장에서 검토된 문제들은 비판 이론의 첫 번째 측면에 해당한다고 말할 수 있을 것이다. 하지만 초기 비판 이론의 유토피아적 유산을 재발견해야 할 필요성에 대한 결론적인 진술로서, 나는 의사소통적 윤리학이 현재에 대한 예견적-유토피아적 비판의 기능을 어느 정도까지 충족시킬 수 있는지 묻는다.

제8장

의사소통적 윤리학과 자율성

앞 장에서 탈중심화, 반성, 그리고 가치 영역의 분화 등과 같은 의사소통적 합리성의 구성 요소들은 약한 의미에서만 "보편적 의미와 타당성"을 가지고 있음을 보았다. 우리는 그러한 구성 요소들이 "준선험적"이라고 주장할 수 없다. 이는 단지 우연한 학습 과정의 결과로서, 우리는 그 내적 진화 과정을 납득할 만하게 재구성할 수 있을 뿐이다. 왜냐하면 언젠가 긍정적 의미에서 학습했던 것들을 학습하지 않은 것으로 만든다는 것은 너무나 자의적이기 때문이다. 더군다나 근대적 신념 체계에 내재한 "인식론적 반성"은 우리가 결코 극복할 수 없고 빠져나올 수 없는 해석학적 순환을 불러일으킨다. 마지막으로 이러한 구조들은 "비가역적"인데, 왜냐하면 우리가 기대하는 미래는 소진되지 않은 가능성을 완성함으로써만 실현될 수 있기 때문이다.

이러한 맥락에서, 슈네델바흐가 올바로 지적했듯이, 하버마스의 『의사소통 행위 이론』의 목적은 토대주의나 근본주의로 회귀하지 않고서도 "상대적이지 않은"(즉, 조건 의존적이 아닌) 비판의 관점을 정당화하는 것이다.[1] 현대 철학에는 이러한 프로그램에 이의를 제기하는 수많은 회의주의가 있다. 즉, 선험적 프로그램과 다른 근본주의적 프로그램에 대한 신념이 약화되면서 "지난 19세기처럼… 다양한 형태의 상대주의, 비교할 수 없을 만큼 다양한 언어 게임, 다양한 유형의 삶의 형식과 개념 틀, 수많은 유형의 생활 세계와 문화가 생겨났다."[2] 현대의 이러한 탈선험적 분위기에서 의사소통 행위와 이성으로 사회 비판 이론의 규범적 정당화를 추구하는 것이 어느 정도나 일리가 있을까?

첫째, 비판 이론의 전통은 처음부터 "근본주의"를 거부한다고 서술할 수 있다. 아도르노의 『부정 변증법』은 뛰어난 아이러니를 이용하여 철학 자체의 최적의 상태ratio를 추구하는 철학의 무익함을 보여 주며, 호르크하이머는 모든 양태의 존재론, 실존주의, 그리고 철학적 인간학 등이 불변하는 자연상, 인간 상, 그리고 사회상을 제공하려는 허위에 찬 시도들이라고 비판했다.[3] 그러나 호르크하이머의 사회 철학은 이러한 비판을 수행함에 있어서 그 주된 맥을 이어 갈 수 없었고, 이성, 자유, 그리고 정의 등과 같은 고대의 개념들을 구체화하기 위해 사회과학으로 전환해야 했다. 그가 철학에서 물려 받은 것은 이성의 요청을 자유와 존엄의 요청과 통일하고자 하는 유토피아적 열망이었다.

둘째, 실증주의와 분석 철학과는 달리 비판 이론은 타당한 인식을 과학만이 독점한다고 생각하지 않았으며, 또한 과학의 토대만을 분석하고자 하지도 않았다. 사회 비판 이론은 인식론적인 비판을 넘어서 철학과 사회과학 사이의 **협력**을 추구한다. 이 문제를 간략하게나마 설명하는 것은 가치가 있을 것이다. 왜냐하면 이 문제는 영-미 철학이 비판 이론에 대해 가장 오해하는 부분이기 때문이다. 예를 들어, 로티에 의해 제시된 철학과 과학의 관계에 대한 상은 오로지 과학의 토대를 분석하는 인식론적인 상일 뿐이다.[4] 반대로 비판 이론은 과학에 대한 **내재적 비판**에서 출발한다. 인식론적 비판과 내재적 비판의 구분은 다음과 같다. 인식론적 비판에서는 과학에 내재한, 그리고 과학적 인식의 요청들에 내재한 개념적 토대만이 분석되는데 반해, 내재적 비판의 접근 방식은 새로운 과학 이론의 발전과 그 개념화에, 또한 논증 절차의 발전에 기여하며, 따라서 과학과 능동적으로 협력한다. 정치경제학, 정신분석학 그리고 사회학 등을 종합하고자 한 1930년대 프랑크푸르트학파의 시도들은 그 시기의 과학들뿐만 아니라 방법들에 대한 참된 비판을 포함하고 있었으며, 새로운 양식의 분석과 새로운 경험적 결과들을 이끌어 냈다. 사회연구소는 1930년대에 "권위와 가족에 대한 연구"에 몰두했다. 이 연구는 아도르노가 공동 저자로 참여한 『권위적 인격성』으로 이어졌다.[5] 하버마스의 경우에도 역시 『인식과 관심』 이후에 여러 가지 면에서 연구소의 초기 노고를 생각하게 하는 학제 간의 연구 프로그램이 중요하였다. 최근에 하버마스가 로티에 대한 응답으로 요약해 주고 있듯이, 비판 이론의 전통에서 보면 철학은 과학들의 "자리 지정자"일 뿐 아니라 과학들의 참된 협력자이다.[6]

셋째, 비판 이론이 근본주의와 제일 철학을 거부한다면, 그리고 비판 이론이 철학과 사회과학 사이의 새로운 노동 분업뿐 아니라 과학들에 대한 내재적 비판을 목적으로 한다면, 상대주의와 맥락주의로 해체되어 버리지 않는 새로운 형태의 탈선험 철학이 여전히 가능한지에 대해 질문할 수 있을 것이다. 그러한 철학적 분석은 간접적인 **정당화**에 해당한다. 철학은 영구히 타당한 선험적 표준들을 확립할 수 없다. 그러나 철학은 또한 타당한 인식과 행위의 기준들에 대한 추구를 포기할 수 없다. 오히려 철학은 과학들의 유용한 결과들에 의지하여 자신의 결과와 요청들을 간접적으로나마 확고히 하고자 한다. 철학은 제일 철학도, "인간의 대화"(로티)도 아니다. 오히려 철학은 자신의 탐구에 대한 확증이 간접적인 방식에 머물러 있기는 하지만, 그럼에도 불구하고 행위와 인식의 타당한 토대들에 관심을 갖는 그런 탐구이다. 이러한 철학적 프로그램을 다른 과학과 구별시키는 특성은 철학의 **자기반성적** 성격이다. 호르크하이머에 따르면,

자연과학이든 사회과학이든 간에 과학은 소박한 객관주의에서 출발한다(ZfS 1937: 254ff.). 과학은 인식의 대상을 주어진 것으로 간주한다. 철학은 이러한 소박한 태도를 깨뜨리고 과학의 대상 영역의 구성에 대해 질문한다. 비판 이론의 전통에서 보면, 그러한 질문은 이론의 발생의 맥락뿐 아니라 그 적용의 맥락에 대한 분석을 의미한다. 비판 이론에서 강조되는 의미에서의 자기반성은 자신의 입장을 가능하게 만드는 우연한 조건들에 대한 비판적 인식(발생의 맥락)뿐 아니라 자신이 산출한 지식이 사회에서 누구에게 무엇을 기여하게 되는지에 대한 인식(적용의 맥락)도 포함한다. 그러한 자기반성 때문에, 호르크하이머의 용어로 말하자면, 우리는 "사유의 동기"를 인식하게 된다(ZfS 1934: 26-7). 그리고 이 자기반성은 개인의 자율성과 집단의 자율성의 구성 요소가 된다.

    1941년 이후 비판 이론의 전개 과정, 특히 근대의 합리성을 도구적 이성과 일치시킨 것과 그런 도구적 이성에 대립된 대안의 불투명성 등은 자율성과 자기반성 사이의 관계가 극단적으로 약해졌다는 것을 의미했다. 앞 장에서 분석했던 유토피아적 이성으로부터 의사소통적 이성으로의 이행은 이러한 관점에서도 역시 그 합당한 논리적 결과라고 할 수 있다. 의식 철학과의 단절과 더불어 "반성"과 "자기반성"의 의미는 변화한다. 의식과 자기반성은 더 이상 데카르트적인 자아의 인지적 활동 혹은 자신을 만드는 노동하는 활동을 의미하는 것이 아니라, 자아들 사이의 의사소통 과정을 의미한다. 반성과 자기반성은 논의의 규칙들뿐만 아니라 대립적인 타당성 요청들을 담론 중에 논박하고, 토의하며, 판결할 수 있게 하는 활동도 의미한다.

    의사소통적 이성 개념은 비판 이론을 두 가지 관점에서 크게 개정한다. 첫째, 자기반성과 자율성 사이의 관계는 담론 이론의 빛 아래서 다시 확립된다. 여기서는 타당성 요청을 담론적으로 정당화하는 데 종사하는 인지적 능력이 보편주의적인 윤리관을 함축한다는 사실이 주장된다. 둘째, 자율성은 의사소통적인 용어로 이해된다. 자율성은 더 이상 칸트 철학에서처럼 자기 입법을, 헤겔과 마르크스에서처럼 자기실현을, 그리고 아도르노와 호르크하이머에서처럼 미메시스를 의미하지 않고, 보편주의적 입장을 수용할 수 있는 인지적 능력cognitive competence과 그러한 토대에서 행동할 수 있는 상호작용의 능력interactive competence을 의미한다.

이 장의 목적은 의사소통적 윤리학의 기획을 분석하고, 의사소통적 자율성 개념을 전개하는 것이다. 그리고 이 책의 결론 부분에서는 여기서 생겨날 수 있는 문제를 논의할 것이다. 자기실현의 모델과 미메시스의 모델에 대해 나는 이미 앞에서 비판했었는데, 이 비판은 아직 구체화되지 않은 대안적인 자율성 모델을 전제하고 있었다. 이러한 대안을 명료화하기 위해 나는 우선 의사소통적 윤리학의 프로그램을 스케치하고자 하며(제1절), 이어서 다음의 두 질문에 답하는 형식으로 그 프로그램에 대해 상론하고자 한다. 첫째, 칸트의 도덕성에 대한 헤겔의 비판은 의사소통적 윤리학의 기획에 어떻게 적용될 수 있는가(제2절)? 둘째, 의사소통적 자율성 개념은 아도르노와 호르크하이머가 "미메시스"라고 부른, 내적, 외적 자연과의 비억압적 관계라는 유토피아적 측면들을 수용할 수 있는가(제3절)?

1. 의사소통적 윤리학의 프로그램

"지배 없는 담론"과 "강제 없는 의사소통"의 개념은 60년대 중반에 쓰인 하버마스의 글들에서도 역시 추적할 수 있다. 이 기간 동안 나온 일련의 글들에서 하버마스는 민주적인 문화라는 법적인 *de jure* 이상과 과학 기술 문명이라는 **사실적인***de facto* 명령 사이의 모순을 대략적으로 그려 준다.[7] 과학과 기술이 생산력만이 아니라 사회적 관계를 조직해 낼 수 있을 때, 또한 사회적 부의 분배가 과학과 기술의 명령에 따라 정당화될 때, 후기 부르주아 이데올로기의 두 가지 형태가 출현한다. 첫 번째 형태는 기술주의technocratism이고, 두 번째 형태는 결단주의decisionism이다. 기술주의적 입장은 정치적 선택과 규범적 결정을 단순히 잘 훈련된 전문가들에 의해서만 처리될 수 있는 행정적인 문제들로 환원한다. 이에 반해 결단주의적 입장은 과학적-행정적 전문성에 의해서도 정치가들에게 부과된 도덕적 선택의 짐이 제거될 수 없다는 사실을 인정한다. 기술주의와 결단주의 둘 다 공중의 결정은 성숙한 시민들이 제약 없이 의견 교환을 하는 가운데 이루어진다는 민주주의의 규범적 자기 이해와 모순된다. 이러한 맥락에서 과학자들, 정치가들, 그리고 공중public 사이의 억압되지 않은 대화 모델은 민주적 자기 이해와 양립 가능한 유일한 모델로 도입된다.[8] 의사소통적 윤리학의 이상은 따라서 일차적으로 **민주주의적인 공중의 에토스**가 실행 가능한지, 그리고 욕구할 만한 것인지 등과 밀접히 연관되어 있다. 수많은 이유들 때문에 다음의 사실을 지적할 필요가 있다. 즉, 특히 보편 화용론이 전개된 이후 사회 비판 이론에서 "억압되지 않은 대화"와 "이상적 담화 상황"의 개념들이 차지하는 중요성을 찾아보기가 점차 어렵게 되었다는 그런 형식적 해석이 생겨났다. 또한 자연법 전통에서의 합의 이론처럼, 의사소통적 윤리학 이론은 우선 공적-제도적 삶의 규범들과, 혹은 **제도적 정의**와 관련이 있다. 아래에서 좀 더 자세히 다루겠지만, 이 두 번째 측면은 이 이론의 약점이자 강점의 원천이다.

하버마스의 보편 화용론의 맥락에서 볼 때, "이상적 담화 상황"과 "억압되지 않은 대화" 개념은 "담론"이라 불리는 논의의 형식적인 특성들을 규정한다. 이 이론에 따르면, 의사소통에 참여하는, 즉 언어 행위를 수행하는 사람은 누구나 네 가지 타당성 요청을 제기하며, 이의가 제기될 때 이 요청들은 확증되거나 정당화될 수 있다는 사실을 전제한다.[9] 담론 과정에서 우리가 "언제나 이미" 소박하게 가정하는 배경적인 합의 사항은 문제 있는 것으로 될 수 있다. 이러한 배경적인 합의 사항은 다음과 같은 네 가지 타당성 요청을 인정함으로써 재구성된다. 여기서 네 가지 타당성은 우리 표현의 이해 가능성, 명제적 구성 요소들의 진리성, 우리 대화의 수행적 측면의 옳음 혹은 적절성, 그리고 화자의 진실성 혹은 진정성 등이다. 일상적 언술의 이러한 배경적 전제들이 도전을 받아 문제가 있는 것으로 될 때 우리는 논의를 시작하게 되는데, 이러한 논의를 통해 우리는 진리성이나 정당성과 관련하여 "신뢰를 유보했던" 그러한 타당성 요청들을 검토하게 된다.[10]

엄격하게 말해서, 표현의 이해 가능성은 그 자체로는 타당성 요청이 아니다. 물론, 해석, 번역, 언어적 혹은 언어학적 해명 작업 등에서처럼 이해 가능성이 분명하게 주제화될 때에는 이해 가능성이 타당성 요청으로, 즉 그렇게 이해하는 것이 정당한지 문제제기될 수 있다. 진실성 역시 담론 과정 그 자체에서는 주제화될 수 없다. 사람들이 자신이 말한 바의 것을 액면 그대로 의미하는지 그렇지 않은지를 결정함에 있어서 논의가 큰 역할을 수행한다고 하더라도(이때 논의를 통해 우리는 어떤 사람의 표현의 진정성과 신실함을 질문할 수 있다), 진실성을 결정하는 것은 궁극적으로 언표된 것과 행해진 것 사이의 관계이다.[11] 진리 요청과 규범적 타당성의 요청이 좀 더 엄격한 의미에서 담론의 주된 주제가 된다. 담론 과정에서 우리는 진리 타당성을 제기하는 명제들로 진술되고 있는 사실들의 실존에 대한 신념과, 규율에 의해 촉진되는 규범의 타당성에 대한 신념을 유보한다.

하버마스는 진리와 규범적 요청을 문제 삼는 담론을 각각 "이론적 담론"과 "실천적 담론"이라 부른다. 담론의 목적은 대립되는 타당성 요청들에 대해 "합리적으로 동기 지워진 합의"를 산출하는 것이다. "이상적 담화 상황"의 개념은 이러한 맥락에서 도입된다. "이상적 담화 상황"은 습득된 합의가 단순한 타협이나 편의상의 동의 등과 달리 담론적 논의들이 소유해야만 하는 그런 형식적 특성들을 상술한다. 이상적 담화 상황은 실천 이성뿐 아니라 이론적 이성에도 적용되는 "메타 규범"이다. 이상적 담화 상황은 잘못된 합의 혹은 외관상의 합의와 구별되는 "합리적으로 동기 지워진" 합의에 도달하기 위해서는 논의 과정의 어떤 측면들이 요청되는지에 대한 윤곽을 그려준다.

이상적 담화 상황의 네 가지 조건은 다음과 같다. 첫째, 참여자 각자는 의사소통을 시작하고 지속할 동등한 기회를 갖는다. 둘째, 각자는 주장하고, 건의하고 설명할 동등한 기회를 가지며, 정당성에 도전할 동등한 기회를 가져야 한다. 우리는 이 두 조건을 "대칭적 조건"이라 부를 수 있다. 셋째, 모든 참여자들은 자신의 소원, 느낌, 의향 등을 표현하는 행위자들로서 동등한 기회를 가져야 한다. 넷째, 화자들은 행위의 맥락에서 "명령하고 반박할 수 있는, 허락하고 금지할 수 있는, 약속하고 거절할 수 있는, 해명할 수 있고 해명을 요구할 수 있는" 그런 기회의 균등한 배분이 있는 것처럼 행동해야 한다.[12] 마지막 이 두 조건을 나는 "상호성의 조건"이라 부르겠다. 이상적 담화 상황의 대칭적 규약은 언어 **행위**와만, 그리고 언어 행위의 수행 조건들과만 관계한다. 이에 반해 상호성의 조건들은 현존하는 **행위 맥락**과 관계하며, 한편으로는 진실하지 않고 애매한 상황들의 유보를, 다른 한편으로는 불평등하고 종속적인 상황들의 유보를 요구한다.[13]

이 문제와 관련하여 중요한 비판적 문헌들이 존재한다. 어떤 사람들에게 이상적 담화 상황은 현존하는 모든 제도적 관계들을 부정하는, 그리고 현실화될 경우 전체주의적인 정치로 이끌 뿐인 위험스런 전체주의적 유토피아로 간주된다.[14] 기스R. Geuss와 같은 사람들에게 이상적 담화 상황은 "비사실적인 것들의 선험적인 환원"으로 간주된다.[15] 이 비평가들은 이상적 담화 상황이라는 반反사실적인 것의 지위를 자주 오해했다. "이상적 담화 상황"은, 담론의 참여자들이 합의한 의견의 일치가 보다 나은 논증의 힘에만 의존하는 합리적으로 동기 지워진 것이라고 말할 수 있기 위해, 그 참여자들이 따라야만 하는 일련의 규칙들(대칭적 조건들)과 그들 사이에서 습득되어야 하는 일련의 관계들(상호성의 조건)을 기술한다. 실제로, 만약 논의의 당사자들이 논쟁을 시작할, 주장할, 그리고 건의할 동등한 기회를 갖지 않은 상황에서, 혹은 정당성에 도전할 기회를 동등하게 갖지 않은 상황에서, 간단히 말해서 대화의 역할과 언어 행위를 행할 기회가 비대칭적으로 분배된 상황에서 논증의 당사자들이 합의에 도달한다면, 그러한 합의가 타당하지도 합리적이지도 않다는 사실은 자명하다. 당사자들 사이에 현존하는 힘의 관계로 인해 그들이 보다 나은 논증의 힘에 의해서만 동기 지워졌는지에 대한 의심이 생겨난다. 마찬가지로, 만약 담론의 참여자들이 자기 자신에 대한 중요한 정보들을 숨기고 은폐하는 등 상대방에게 진실하지 않을 경우, 그들이 도달한 합의는 보다 나은 논증의 힘에 의해서만 동기 지워졌다고 말할 수 없다. 실제로 참된 합의의 이념과 강압, 강제, 조작 등에 의해 영향을 받지 않은 당사자들 사이의 자발적이고 진솔한 의견의 일치라는 이념은 관계가 있다. 이와 더불어 하버마스는 합리적 합의의 습득으로 해석되는 **진리**가 사유의 규범(보다 나은 논증의 힘만을 인정할 권리)과 정의의 규범(참여자들 사이의 상호적이고 대칭적인 권리 분배)을 포함한다는 사실로 나아간다.[16]

이런 필수 불가결한 핵심적 사항에도 불구하고 "이상적 담화 상황"과 담론의 개념은 철학적인 어려움을 갖는다. 특히 진리 합의설과 관련하여 해결되지 않은 문제들이 있다. 즉, 진리의 의미는 합리적 합의로 정의될 수 있는가? 아니면 합리적 합의의 달성이 진리의 기준인가?[17] 진리는 진리에 도달하기 위한 절차와 동일한 것일 수 있는가? 어떤 절차처럼, 만약 이 절차가 잘못 적용되거나 남용될 경우 진리의 이념은 어떻게 되는가? 이상적 담화 상황에 의해 규정된 형식적 조건들은 합리적으로 동기 지워진 합의에 도달하기 위해 **충분한가**? 이 조건들이 필요하다는 사실을 인정할 수는 있겠지만, 그 조건들이 과업을 완수하는 데 충분해 보이지는 않는다. 간단히 말해서 논의 과정에서 실제로 사용되는 근거들과 증거들의 내용을 전혀 고려하지 않은 채 합리적인 합의를 절차적으로 해석하려는 이러한 시도는 얼마나 성공적인가?[18]

진리 합의론과 관련한 이러한 질문들은 의심의 여지없이 하버마스의 규범적 타당성의 합의 이론에도 적용된다. 이 문제에서 부딪히는 몇 가지 어려움은 아래에서(제2절) 아주 상세히 토의될 것이다. 그런데 진리 합의론과 타당성 합의 이론 둘 다를 인도하는 것은 의사소통적 혹은 담론적 이성 개념이다. 하버마스에 따르면, 진리를 규정하는 것은 정신이 대상이나 사태와 맺는 사변적 관계가 아니다. 또한 규범의 타당성을 규정하는 것은 행위와 사태가 갖는 독특하고 정의할 수 없는, 타자에게 전달할 수 없는 성질이 아니다.[19] 진리 요청과 규범적 타당성 요청은 둘 다 논증적으로만 검토되고 확증될 수 있는 공개적 주장들이다. "나는 행위 규범들과 가치 평가의 규범들에 포함된 타당성 요청의 정당화가, 주장들 속에 포함된 타당성 요청의 정당화처럼, 오로지 담론적으로만 검토될 수 있다고 생각한다."[20]

실천적 담론 이론은 때때로 "인지적 언어 윤리학"[21]으로 지칭되기도 하는 인지주의적 윤리 이론을 발전시킨다. 이 이론의 주된 목적은 비인지주의자들 — 특히 감성주의자emotivist나 결징론자들 — 과는 달리 규범적 진술들이, 비록 서술적 진술들처럼 "참"이나 "거짓"으로 판명나지는 않지만, 이 진술들을 수용하거나 거부하게 하는 합리적인 좋은 이유들이 있다는 의미에서 "인지적 가치 평가"를 수용한다는 것을 증명하는 데 있다. 이러한 주장을 정당화하기 위해 하버마스는 의사소통적 윤리학, 혹은 인지주의적 언어 윤리학을 "합리적인 언술의 근본 규범들"에 근거하려고 한다. 초기의 한 공식에 따르면, "나는 나의 희망을 논리학과 문법에 내재한 윤리학에 두는 것이 아니라 언술의 윤리학에 둔다. 나는 행위의 근본 규범들이 일상 언어적 상호 이해라는 상호 주관성의 형식에 근거하고 있다는 가정에서 출발한다."[22] 『의사소통 행위 이론』의 비근본주의적인 전회에 앞서서, 합리적 담화의 구조와 의사소통적 윤리학의 구조 사이에는 우연적인, 준선험적인 관계가 존재하지 않는다고 논의되었다.[23] 의사소통적 윤리를 합리적 언술의 근본 규범들 위에 건립하려고 하는 이러한 강력한 정당화 프로그램은 유지될 수 없었고, 이후의 기획에서 하버마스는 그런 기획과 거리를 취하게 되었다. 왜 그런 거리를 취하게 되었는지를 보는 것이 중요하다.

우선, 이상적 담화 상황에 대한 적어도 네 가지 가능한 독해가 있었다. 하버마스가 애매하게 말하고 있는 그 술어들로 말해 보면, 그것은 각각 언술 Rede, 합리적 언술 vernünftige Rede, 의사소통 행위,[24] 그리고 상호 이해 지향적 행위[25]이다. 일팅 K. H. Ilting은 이 시기의 하버마스의 작업과 관련하여 이상적 담화 상황에 대한 독해 방식들을 서로 구별했다. 즉, 이상적 의사소통의 모델로서의 이상적 담화 상황, 언어적 의사소통의 가능성의 토대로서의 이상적 담화 상황의 선취, 담론의 가능 조건으로서의 이상적 담화 상황의 선취, 그리고 마지막으로 대립적인 타당성 요청에 대해 합리적으로 동기 지워진 합의를 얻기 위한 충분 조건으로서 이상적 담화 상황이 그것이다.[26] 이런 애매함 때문에 "힙리적 언술"의 조건들이 인지적 언어 윤리학의 규범들을 근거하게 한다는 요청이 진실로 무엇을 의미하는지 명확하지 않았다.

그러나 의사소통적 윤리의 이념에 접근하는 또 다른 방식이 있다. 이것은 의사소통적 윤리 이론을 칸트적인 전통에서 절차주의적 윤리 이론으로 보는 것이다. 의사소통적 윤리 프로그램이 그 출발점으로 삼는 가설은 다음과 같다. "메타 윤리적 진술들에 얽매이지 않는 철학적 윤리학은 오늘날 우리가 의사소통의 일반적 전제들을 재구성할 수 있을 경우에만, 그리고 규범과 가치들을 정당화하기 위한 절차들을 재구성할 수 있을 경우에만 가능하다."[27] 사실, 담론 이론의 핵심적 추동력은 진리의 이념이 합리적 합의의 이념을 포함하고 있기는 하지만, 그러나 그러한 합리적 합의는 그에 이르게 할 수 있는 전략과 논증 양식을 규정해 감으로써 절차적으로만 설명될 수 있다는 것을 보이는 것이다. 마찬가지로, 의사소통적 윤리학도 절차적 윤리학이다.

그러나 이런 절차적 해석 역시 의사소통적 윤리학을 합리적 언술에 대한 보편 화용론적 분석에 근거하게 하려는 강력한 정당화 프로그램을 구하지는 못할 것이다. 그러한 절차주의적 이론들이 품고 있는 어려움을 인지하기 위해서 의사소통적 윤리학을 또 다른 절차적 칸트 이론인 롤즈의 정의 이론과 간략하게 비교해 보는 것도 도움이 될 것이다.[28]

롤즈와 하버마스가 공유하는 두 가지 전제들이 있다. 나는 그 첫 번째 전제를 "정당성의 합의 원리"라고 부를 것이며, 그것을 다음과 같이 정의하고자 한다. 합리적 합의의 원리는 규범의 합법성을 정당화하고 또 규범적인 제도적 장치들을 정당화할 수 있는 유일한 기준을 제공한다. 더욱 중요한 것은 롤즈와 하버마스 모두 그러한 합리적 합의의 이념이 절차적으로 규정된다고 하는 메타 이론적 전제를 공유하고 있다는 점이다. 롤즈는 자신의 정의론이 유효하고 구속력 있는 집단적 공존을 위한 규범들을 확립할 수 있는 유일한 정당화 절차를 제공한다고 주장한다. 하버마스는 "이상적 담화 상황"이 담론의 형식적 특성을 규정한다고 주장한다. 왜냐하면 이 담론에 들어옴으로써만 우리는 합리적 합의를 얻을 수 있기 때문이다. 롤즈에 의해 고안된 가상적인 집단적 선택 상황과 하버마스에 의해 고안된 동일하게 가상적인 "이상적 담화 상황"은 정당성의 합의 원리를 제시하는 데 봉사하는 **규범적 정당화의 절차들**이다.[29]

우리는 하버마스의 '이상적 담화 상황'과 "원초적 입장"에 대한 롤즈의 서술 사이의 유비를 스케치함으로써 의사소통적 윤리학을 위한 하버마스의 정당화 작업을 검토할 수 있다. 롤즈는 자신의 사유의 출발점을 이루는 반反사실적 사유 실험을 정당화하기 위한 세 가지 가능 양식을 상술한다. "약한 선 이론," "반성적 사유의 등가," 그리고 "특권화된 서술"이 그것이다.[30] 우리는 이와 유사하게 하버마스 이론에서 정당화의 세 표준들을 구별할 수 있다. 한 공식에 따르면, 이상적 담화 상황은 합리성, 정의, 그리고 자유 등에 대한 최소한의 언어적 규정을 제공한다. 이것은, 우리가 그렇게 말해도 된다면, 언어적인 "약한 선 이론"을 제안한다.[31] 당사자들의 **합리성**은 의사소통의 과정에 참여하고, 그 규칙들에 주목하며, 그 결과들을 구속력 있게 받아들일 수 있는 능력과 태도로 정의될 수 있다. 이상적 담화 상황은 정의를 대칭과 상호성의 조건 아래서 모든 참여자들이 언어 행위를 할 때 **동등하게 분배받을 동등한 권리**를 갖는 것으로 정의한다. 자유는 행위의 내적이고 외적인 모든 강제의 유보를, 그리고 보다 나은 논증의 "힘"만을 따를 권리를 의미한다.

롤즈의 약한 선 이론이 그러하듯, 하버마스의 이상적 담화 상황은 의사소통적 윤리의 규범적 내용을 정당화하는 것이 아니라 그런 내용을 **구체적으로 설명**하는 데 기여한다.[32] 대칭적 조건은 만인을 합리적이고 자유로운 존재로 인정하는 만인의 평등권에 대한 규범적 의무를 선험적으로 미리 규정한다. 사실, 우리가 상호성의 조건을 검토해 보면, 하버마스의 규범적 가설들이 롤즈의 가설들보다 훨씬 더 풍부하다는 것을 알 수 있다. 왜냐하면 그 가설들과 더불어 특정한 도덕적 입장, 즉 진실성에 대한 입장과 특정한 삶의 양식, 즉 권력과 권위의 관계에 있어서 당사자들의 완벽한 상호성을 전제하는 삶의 양식이 두드러지게 나타나기 때문이다.[33] 합리성, 정의, 그리고 자유 등에 대한 보편 화용론적인 해석들은 말 그대로 의사소통적 합리성, 상호성, 진실성이라는 규범적 타당성을 전제하고 있다. 그러나 우리에게 구속력 있는 규범들을 확립하는 것이 이상적 담화 상황의 성과였다면, 이러한 특수한 규범적 해석들을 선택해야 하는 근거는 무엇인가? 이상적 담화 상황은 순환적인 구조이다. 이상적 담화 상황은 우선적으로 그 타당성이 입증되어야 할 바로 그 규범들을 전제하고 있다.

하버마스는 이상적 담화 상황이 이러한 순환성에 빠져 있음을 인정한다. 그러나 그는 롤즈처럼 이 규범들이 언제나 이미 전제되어 있기 때문에 이 규범들의 타당성이 우선 입증될 필요가 있다고 생각하지는 않는다. "반성적 균형reflective equilibrium"이라는 탐구에 의해 "적절하게 순화되고 잘 숙고된 판단들"을 우리에게 명확히 해주어야 한다고 주장하는 원초적 입장의 약한 서술이 보여 주듯이,[34] 하버마스는 이상적 담화 상황이 상호 이해 지향적인 모든 상호 작용의 구조 속에 이미 선취되어 있다고 주장한다.[35]

이러한 논증은 일견 타당해 보이지 않는다. 비대칭적, 비상호적, 기만적, 그리고 비합리적 언술과 상호 작용은 인간의 삶에서 예외라기보다는 오히려 규칙과도 같다. 만약 그렇지 않다면, 규범 철학에 대한 욕구도 없을 것이며, 또한 모든 것은 존재해야만 하는 방식으로 존재할 것이다. 보편 화용론은 선험적인 의미에서 언술과 상호 작용의 가능성의 조건을 분석하기 때문에 이러한 반론은 하찮은 것이다. 보편 화용론은 언술과 의사소통이라는 특수하게 인간적인 양식의 가능성의 **심층 구조**를 분석한다.

하지만 우리가 "언제나 이미" 전제하고 있는 이러한 규칙들의 심층 구조는 말하고 행위하는 주체인 우리가 직접적으로 인지하고 있는 그런 구조가 아니라 재구성이라는 적절한 수단의 도움을 받아야 우리가 이해하고 수용할 수 있는 그런 구조인데, 그렇다면 문제는 여전히 남아 있다. 즉, 대칭과 상호성을 보여 주는 몇몇 **보편** 규범들이 모든 언술과 상호 작용에 전제되어 있다고 할지라도 이 규범들이 단 하나의 **의미론적 내용**만을 함의하지는 않는다. 대칭과 상호성이 대칭적이고 상호적인 참여를 할 수 있는 만인의 권리를 의미하는 것으로 해석되어야 하는 것은 아니다. 이러한 사실을 논증하기 위해 우리는 특수한 **평등** 개념을 전제해야 한다. 우리는 이상적 담화 상황이 갖는 대칭과 상호성의 규칙들에 특수한 의미론적 해석을 부여하는 내용과 해석을 규범적으로 규정해야 한다는 것이다.[36] 롤즈의 반성적 균형의 절차는 규범적 내용들에 대한 이미 **공유된** 의미론적 해석을 의미한다. 이에 반해 하버마스는 이러한 의미론적 내용이 보편 화용론으로부터 명료하게 연역될 수 있다고 잘못 가정한다. 그러나 벨머 A. Wellmer가 지적하고 있듯이, 보편 화용론은 보편주의적 윤리로의 전이를 규정하는 추상의 단계를 정당화할 수 없다. 왜냐하면 보편 화용론은 방법론적으로 추상의 단계를 전제하기 때문이다.[37] 보편 화용론은 '각각의 그리고 모든 개인이 합의에 이를 수 있음'이라는 입장을 고수하는 추상의 수준에서 시작한다. 이것은 대단히 반反사실적인 가설인데, 왜냐하면 **보편주의적 윤리관**은 실재하는 모든 자연적, 사회적 차이를 인류의 도덕적 핵심을 규정하는 데 별로 필연적이지 않은 것으로 도외시하는데, 이 가설은 바로 이러한 윤리관에 상응하는 도덕적 태도를 이미 전제하고 있기 때문이다. 이것은 보편 화용론이 특정한 부류의 행위자들에 의해 구속력 있는 것으로 인정될 규칙 체계를 재구성한다는 것을 의미한다. 이들은 이 이론의 출발점이 되는 도덕적 추상의 단계와 보편주의의 단계에 상응하는 수준의 도덕적, 실천적 자질을 습득했거나 습득할 수 있다고 전제된다.

이상적 담화 상황에 대한 하버마스의 세 번째 정당화는 다음과 같은 사실에 의존한다. 즉, 실천적 담론에 종사할 수 있는 능력은 경험 의존적인 학습 과정의 결과이며,[38] 의사소통적 윤리는, 그렇게 말해도 된다면, 콜버그의 도덕 발달 단계에 따라 탈관습적인 도덕적 추론에 대한 "특권화된 서술"을 제공한다는 사실이 바로 그것이다. 학습 과정은 개체 발생적이면서 계통 발생적이다. 개인사에서는 담론이 탈관습적인 언어적 상호 작용 능력인데 반해, 종의 역사에서 담론적 정당화의 절차는 근대에야 출현하며, 근대의 법과 과학에 의해, 그리고 민주적-의회적 절차에 의해 제도화된다.[39]

토마스 맥커시는 최근의 논문 「합리성과 상대주의: 하버마스의 해석학 '극복'」에서 이러한 유형의 논증 방식이 부딪히는 어려움들에 대해 아주 정확하게 정형화했다. 그는 그러한 이론에서 높은 단계의 인지 발달에 대한 탐구와 낮은 단계의 탐구 사이에 불일치가 있다는 사실을 지적한다. 낮은 단계의 탐구에서 "어린이나 전통적 문화에서 나타나는 불충분하게 탈중심화된 사유와 탐구자의 분화된, 반성적 사유" 사이에는 불균형이 존재한다.[40] 이러한 불균형은 높은 단계의 탐구에서 깨진다. 콜버그의 도덕 발달론에 따라, 맥커시는 수준 높은 도덕 주체는 도덕 심리학자와 동일한 정도의 반성적 혹은 담론적 수준에 자리해야 한다고 말한다.

> 주체의 사유는 이제 도덕 이론가의 논증 영역으로 들어가는 조건이 되는 탈중심, 분화, 그리고 반성성 등에 의해 특징지어진다. 따라서 전반성적인 것과 반성적인 것 사이의 불균형, 재구성의 모델에 근거해 있는 행위 이론과 설명들 사이의 불균형은 사라지기 시작한다. …

이러한 담론적 균형은 (부분적으로) 높은 단계의 "자연성"을 확립함으로써 "존재"에서 "당위"를 얻고자 한 콜버그의 시도가 왜 도덕 철학자들에게 문제 있는 것으로 드러나는지를 설명하는 데 도움을 줄 수 있을 것이다. 그는 저 도덕 철학자들이 죽을힘을 다해 논쟁하고 있는 바로 그 메타 윤리적 주제들에 대한 하나의 특수한 입장을 수용하고 방어해야 한다. 경험적-심리적 탐구에 호소함으로써 이러한 논쟁에의 참여는 불가피하게 된다.[41]

하버마스의 의사소통적 윤리학 이론과 관련한 맥커시의 주장은 다음과 같이 전개된다. 즉, 진화적-재구성적 논의들이 도덕 이론에서 일정한 역할을 수행한다고 하더라도, 그 논의들은 탈관습적 도덕 발달의 단계를 공유하는 이론들 중에서 하나의 특수한 이론만을 정당화하는 데 기여할 수 없다. 도덕 발달 이론은 이러한 관점에서 아직 규정적이지 않다. 비당파성, 보편화, 개정 가능성, 규범성 등의 기준을 만족시킬 수 있는 형식적 절차를 통해 개인들에게 규범적 행위 원리들을 발생시킬 수 있게 하는 그런 보편주의적 도덕관에 우리가 일단 도달하고 나면, 우리는 이러한 기준들에 기초해 있는 경쟁적 도덕 이론들을 중재할 수 없다. 롤즈의 정의론뿐 아니라 칸트의 도덕 이론은 그러한 형식적 기준들에서 출발하지만, 이 기준들을 의사소통적 윤리학 이론과는 다르게 해석한다. 이 지점에서, 보편주의적 윤리 이론들을 중재하는 데 도움을 줄 수 있는 부가적인 논의들이 필요하다.

의사소통석 윤리학을 "합리적 담화"의 근본 규범들에 근거 지우려는 하버마스의 시도에 대한 이러한 검토는 다음과 같은 결론에 이른다. 첫 번째 독해에 따르면, 이러한 정당화 절차는 단순히 순환적인 것으로 드러난다. '이상적 담화 상황은 구속력이 있다'고 말한다면, 이 진술 자체가 먼저 논의될 필요가 있는 특정한 규범적 조건을 전제한다. 사람들은 이상적 담화 상황으로부터 우리 자신이 이미 그 안에 집어넣어 둔 것을 추출한다. 두 번째 해석이 보여 주는 것은 균형과 상호성의 조건들이 모든 언어 행위 속에 함축되어 있다고 하더라도, 이로부터 이러한 조건들을 보편주의적으로 해석해야 한다는 결론이 따라 나오지는 않는다는 점이다. 세 번째 분석이 보여 주는 것은 도덕 발달의 탈관습적 단계에서 도덕적 행위자들에 의해 습득된 직관적 노하우를 분명한 술어들로 명확하게 했다는 주장이 의사소통적 윤리학에 거의 도움을 주지 않는다는 사실이다. 담론 모델은 이러한 수준의 능력과 양립할 수 있는 유일한 윤리 이론이 아니다.

하버마스는 최근에 의사소통 행위 일반의 구조들과, 그리고 의사소통적 윤리의 토대를 형성하는 최소한의 규범적 원리들 사이에서 나타나는 일종의 수반 관계를 정확하게 상술하고자 한다. 여기서 나는 저 위에서 제기된 순환성의 부담이 그의 최근의 이러한 시도에 의해 어느 정도까지 영향을 받는지를 보일 것이다. 이러한 이론 유형이 의사소통적 윤리학을 정당화하려는 전략에 상당한 빛을 던져 준다 할지라도, 그것이 완전한 확신을 주는 것은 아니다. 왜냐하면 이 원리들의 타당성을 정당화하는 데 있어서 **진화론적 논의의 무규정성**과 관련한 문제들뿐 아니라, 이러한 최소한의 규범적 원리들에 대한 **의미론적 해석**과 관련한 문제들 역시 남아 있기 때문이다. 나는 우선 의사소통적 윤리학의 프로그램을 위한 하버마스의 가장 최근의 토의 결과를 스케치할 것이며, 다음 절에서 그것이 얼마나 설득력이 있는지 평가할 것이다.

최근의 논문인 「담론 윤리학: 정당화 프로그램을 위한 노트」에서 하버마스는 논증적 언술의 조건과 의사소통적 윤리학 사이의 관계가 연역적일 수도, 귀납적일 수도 없다는 점을 분명히 했다.[42] 아펠K. O. Apel이 제안했듯이, 이러한 관계는 "수행적 모순" 개념에 의해 설명될 수 있다.[43] 수행적 모순은 두 부류의 진술들 사이에서가 아니라 두 유형의 언어 행위 사이에서 일어난다. 언어 행위의 명제적 내용이 스스로 의존하고 있는 불가피한 전제들과 모순된다면, 화자는 수행적 모순에 빠지게 된다. 예를 들어, 한 화자가 "나는 내가 (지금 여기에) 존재하는지 의문이다"라고 말한다고 해보자. 이 진술은 화자가 (지금 여기에) "나는 존재하지 않는다"를 가능한 것으로 여기고 있음을 의미한다. 그러나 "나는 존재하지 않는다"를 말하기 위해서 화자는 필연적으로 (지금 여기에) "나는 존재한다"는 사실을 전제한다.[44]

아펠은 이러한 논의를 이용하여, 힌티카Jaako Hintikka와는 완전히 다른 맥락에서, 두 가지 전제를 확정한다. 첫째, 타당성 요청을 합리적으로 해명할 수 있다는 사실을 의심하는 회의주의자는 수행적 모순에 빠진다. 왜냐하면 그러한 요청을 제기하기 위해 그는 '논란이 되는 타당성 요청은 합리적으로 해명될 수 있다'는 가정이 없을 경우에는 불가능한 그런 논증에 참여해야 하기 때문이다.[45] 둘째, 아펠은 따라서 도덕적 회의주의자뿐 아니라 인지적 회의주의자도 이러한 상황을 "불가피한" 그리고 "더 이상 뒤로 물러설 수 없는" 언어 행위의 가능 조건으로 인정해야 한다고 주장한다.[46] 논의 상황에 대한 이러한 분석을 통해, 아펠은 상호적인 대화를 나눌 수 있는 모든 존재가 토의 당사자로서 서로 동등한 권리를 부여 받은 그런 공동체, 즉 의사소통 공동체의 이상이 불가피한 가설이라는 결론에 이른다. 따라서 타당한 규범적 요청이 정당화될 수 있다는 사실을 부정하는 인지적, 도덕적 회의주의자들은 논의를 통해 해명되어야 할 타당성 요청을 스스로 제기하고 있다는 바로 그 사실에 의해 의사소통 공동체의 규범적 이상에 묶여 있다.[47]

이러한 관점에서 논증적 언술의 근본 규범들과 의사소통적 윤리학 사이의 관계는 다시 정립되어야 한다. 하버마스는 논의 상황에 참여할 것을 선택한 사람들뿐 아니라 말하고 행위할 수 있는 모든 사람들도 어떤 직관적인 노하우를 사용하고 있다고 주장한다.[48] 보편 화용론의 임무는 이러한 직관적 "노하우"를 "사실 인식know-that"으로 번역하는 것, 그리하여 능력 있는 화자들과 행위자들이 은연중에 가지고 있는 인식을 지배하는 명시적 규칙들을 재구성하는 것이다. 의사소통 행위에 대한 이러한 보편 화용론적인 재구성은 언제나 반反사실적으로 취해지는 네 가지 타당성 요구를 제기한다. 또한 이러한 타당성 요청이 더 이상 당연한 것으로 받아들여지지 않게 되면, 합의는 진리 요청과 공정성 요청을 되살리고자 하는 그런 담론에 의해서만 확립될 수 있다는 사실을 이러한 재구성은 보여 준다. 이제 담론이 특정한 논의 조건 아래서만 진행될 수 있는 것인지, 이러한 조건들 중에서 사람들이 그 존재를 부정해 버리면 수행적 모순에 빠지게 되는 그런 도덕 원리의 존재를 인정해야 하는 것인지 등이 문제로 남는다. 전에 하버마스는 이상적 담화 상황의 조건이 특정한 윤리적 규범들을 수용하도록 강제하는지를 물었다. 하지만 이제 그는 말하고 행위할 수 있는 모든 주체들이 의사소통적으로 행위할 때, 수행적 모순의 위험 부담을 떠안을 경우에만 부정될 수 있는 그런 특정한 도덕 원리를 인정하는 특정한 도덕적 노하우를 사용하고 있지는 않는지 질문한다. 초기의 정당화 전략은 논증적 언술의 조건들과 의사소통적 윤리학의 규범들 사이의 연역적 관계를 정초하려는 데 있었다. 이에 반해 이제는 논의에 참여하는 주체가 수행적인 자기모순의 위험 부담이 있을 경우에만 부정할 수 있는 특정한 윤리적 규범을 전제한다는 사실이 논의되고 있다. 이러한 재정식화로 인해 다음과 같은 사실이 명료하게 된다.

첫째, "이상적 담화 상황" 개념은 논증들이 합리적인 합의를 산출할 수 있으려면 이 논의들 가운데 어떤 규칙이 지켜져야 하는지를 요약하는 데에만 사용된다. 하버마스는 "논의를 교환하는 가운데, 특히 억압과 불평등에 면역성이 생긴 담화 상황의 구조가 스스로의

모습을 드러낸다"는 자신의 원래 주장을 고수한다.[49]

둘째, 논의들은 다른 수단에 의해 일상적인 의사소통 행위 양식을 지속한다. 생활 세계의 자기 해명이 매우 자주 실패함으로써 해명과 상호 해석이 요구될 경우 담론으로의 이행이 필요하게 된다. 담론은 질문하고, 문제를 내고, 설명하고, 해석하고, 타협하고, 해명함으로써 지속되는데, 이러한 일상적인 상호 작용에 의해 사회적 생활 세계가 구성된다.

셋째, 보편 화용론의 임무는 의사소통 행위의 전제와 논의의 전제를 재구성하는 것이다. 앞에서 강조했듯이, 그러한 재구성은 다른 방식으로 선험 철학의 임무를 지속한다. 소위 "선험적" 조건들을 적절한 태도를 규정하는 후험적 규칙들과 분리시키는 경계선은 점차 흐릿해진다. 왜냐하면 우리의 행위 능력과 언술 능력의 어떤 조건이나 특징을 "선험적"이라고 부르는 데 필요한 정당화는 이 조건이나 특징이 능력 있는 행위자들의 은연중의 노하우에 상응하다는 것뿐인데, 우리는 오늘날 그것들에 대한 어떤 가능한 대안도 알지 못하기 때문이다.[50]

넷째, 담론 윤리 이론은 그러한 "재구성적 과학"이다. 이 프로그램은 도덕 이론과 도덕 심리학 사이의 특별한 노동 분화를 함축한다. 담론 윤리학은 도덕 이론을 도덕적 논의의 이론으로 파악한다.[51] 그렇게 함으로써 담론 윤리학은 발달 심리학의 성과로부터 간접적인 지지를 얻는다. 왜냐하면 발달 심리학의 성과는 능력 있는 주체들의 선先이론적 지식에 대한 합리적 재구성을 제공하기 때문이다. 그러한 심리학적 이론이 철학적 윤리학에 의해 수용되고, 그리고 심리학적 이론을 철학적 윤리학을 위한 간접적인 증거를 적용하는 것으로 간주하는 것은 단순히 순환적인 진행에 불과하다고 할 때, 하버마스는 여기에 순환이 있다는 것을 인정하지만, 그것이 악순환은 아니라고 주장한다.[52] 오히려 도덕 철학과 도덕 심리학의 상호 작용은 자신의 결과와 분석을 상대 분야의 관점에서 서로 되돌아보고 또 수정하게 하는 일종의 일관성 있는 테스트와 같은 것이다.

다섯째, 담론 윤리의 기본 원리는 구체적인 담론 참여자인 모든 관련자들이 궁극적으로 의견 일치에 도달하게 되는(혹은 도달할 수 있게 되는) 그러한 규범들만이 타당성을 요청할 수 있다는 것이다 (MukH, p. 103).

여섯째, 담론 윤리에는 논의의 전제들에 속하는 도덕 원리가 있다. 이 원리는 실제 담론에 참여한 모든 사람들이 은연중에건 명시적으로건 수행적 모순에 얽히지 않으려면 반드시 인정해야 하는 것이다. 그 원리는 다음과 같다. '논쟁이 되는 규범을 **보편적으로** 수행할 때 예견할 수 있는 결과와 부수적인 효과들은, (그리고 이 결과와 효과들이 그 자체로 개인의 이익의 만족에 영향을 미칠 때), 강제 없이 모두에 의해 받아들여질 것이라는 사실이 존중될 때만 규범적 타당성 요청은 정당화될 수 있다는 것이다.' 하버마스는 이를 보편화의 원리라고 부른다.[53]

일곱째, 의사소통적 윤리학의 프로그램에 대한 이러한 설명을 완성하기 위해, 우리는 그 이론의 대상 영역을 확인해야 한다. "규범 연관적인(혹은 규제적인) 언어 행위와 관련하여 제기되는 규범들의, 그리고 타당성 요청들의 규범적[의무적인 혹은 구속력 있는] 타당성(Sollgeltung)"은 설명과 해명을 필요로 하는 현상들이다(MukH, p. 54). 하버마스에 따르면, 예를 들어 한편으로는 자연주의와 제도주의, 다른 한편으로는 감성주의와 결단주의 등 유사한 철학적 윤리학의 입장들은 그 출발에서부터 실패이다. 이 입장들은 규범적 언술들을 "X는 인간에게 좋다"와 같은 명제들, 혹은 "나는 X를 좋아하며, X에 찬성한다"와 같은 표현적 진술들, 혹은 "X를 행하라"나 "X를 명령하는 신의 의지에 복종하라"와 같은 명령들과 동일시한다. 하지만 "X를 행하는 것은 잘못이다"와 같은 규범적 언술은 이 정식들 중 어떤 것에도 상응하지 않는다. 이 언술의 실용적인 의미는 "X를 행하는 것은 잘못이다"이다. 이 진술에서 "잘못wrong"이라는 술어는 X의 성질이나 속성을 말하는 것이 아니라, 만약 너와 내가 논의에 참가할 수 있으려면 나는 좋은 이유들을 가지고 너와 내가 X를 행해서는 안 된다는 것을 너에게 보일 수 있다는 것을 의미한다. 이러한 실용적인 분석에 따르면, "너는 X를 해서는 안 된다"는 말은 "X를 해서는 안 되는 좋은 이유들이 있다"는 말과 등가를 이룬다.[54]

이 일곱 가지 요점은 『의사소통 행위 이론』의 뒤를 잇는 하버마스의 의사소통적 윤리학 프로그램의 본질적 측면들이다. 다음 절에서, 나는 칸트 윤리학에 대한 헤겔의 이의 제기를 현대 언어로 다시 정식화함으로써 하버마스 프로그램의 난점들을 검토하고자 한다.

2. 칸트 윤리학에 대한 헤겔적인 반론: 현대적 재정식화

제3장에서 칸트의 도덕 이론에 대한 헤겔의 비판은 다음 네 가지 점으로 요약되었다. (a) 보편화 원리의 절차적 비판, (b) 칸트의 도덕 이론의 제도적 결핍, (c) 칸트의 도덕 심리학에 대한 비판, (d) 칸트의 행위 이론 비판. 의사소통적 윤리학에 대한 "헤겔적인" 반론을 내가 정식화한다면, 네 번째 비판을 제외하고는 동일한 결과가 나타날 것이다. 의사소통 행위 개념은 자기실현으로서의 헤겔의 행위 개념의 단점을 보완함으로써 진개되었다. 재구성된 첫 번째 헤겔적인 반론은 보편화 원리의 지위와 관련될 것이다. 둘째는 의사소통적 윤리학의 제도적 토대와 관련될 것이며, 셋째는 의사소통적 윤리학에서 인식, 동기 그리고 그 영향들 사이의 관계와 관련이 있을 것이다.

첫 번째 점과 관련하여, 보편화 원리가 이론 자체의 최소한의 형식적 전제들에서 기인하는 것이 아니라 부가적인 가정들과의 관련 속에서만 정당화될 수 있다고 한다면, 나의 결론은 의사소통적 윤리학의 프로그램에는 형식과 내용의 변증법이 있다는 것이 될 것이다. 의사소통적 윤리학에 대한 제도적 토대를 검토함에 있어서 나는 이 부가적 가정들 중 몇 개를 간단히 보일 것이다. 의사소통적 윤리학은 두 가지 공적인 삶의 모델 사이에서 흔들거리는데, 그 첫 번째 모델은 사법적, 법적 모델이고, 두 번째 모델은 좀 더 참여 민주적인 모델이다. 결론적으로, 나는 의사소통적 윤리학이 칸트의 도덕 심리학의 억압적 가정들을 공유하진 않지만, 칸트류의 합리주의적 오류에 떨어질 위험은 있다고 주장할 것이다. 왜냐하면 개인들에게 보편주의적-윤리적 입장을 우선적으로 채택하게 하는 것은 우연적, 역사적, 그리고 정의적 환경들을 무시하는 것이기 때문이다.

a. 의사소통적 윤리학에서 보편화 원리의 지위

칸트의 보편화 절차(정언 명령)에 대한 헤겔의 반론은, 전통적인 형식으로 말해서, 다음과 같다. 즉, 헤겔은 정언 명령을 구속력 있는 도덕 원리를 발생시키기 위한 절차로 해석하든지 아니면 현존하는 원리들을 검토하기 위한 절차로 해석할 수 있다고 주장한다. 헤겔에 따르면, 첫 번째 대안이 선택될 경우 구속력 있는 도덕 원리의 발생은 일관성 없게 진행될 것이다. 소위 도덕법의 형식주의와 일치하지 않는 어떤 구체적 가설들이 이 도덕법에 이미 내재하기 때문에 그러한 도덕 원리가 이끌려 나올 수 있다. 만약 두 번째 대안을 선택하여 도덕법을 현존하는 준칙들을 검토할 수 있게 하는 절차로 간주한다면, 그것은 이 과업에서도 실패할 것이다. 정언 명령에 의해 규정된 검토 절차가 오로지 무모순의 원리 위에서만 진행된다면, 헤겔은 어떤 내용이 내적인 일관성을 갖는 것으로 증명되는 한 그 내용이 도덕법과 양립 가능하다는 사실을 보이는 데 어떤 어려움도 갖지 않았을 것이다(제3장, 제1절을 보라).

칸트의 도덕성에 대한 헤겔의 비판의 날카로움은 보편화의 절차는 잘해 봐야 비일관적이고, 최악의 경우에는 동어반복적이라는 주장에 포함되어 있다. "너는 너의 의지의 준칙이 동시에 보편적 법칙이 되게 하는 그런 준칙에 따라서만 행위하라"라는 공식을 "너의 모든 행위에서 너의 의지가 스스로 모순에 빠지지 않게 하는 그런 방식으로 행위하라"라는 원리로 해석한다면, 헤겔의 칸트 비판은 의심의 여지없이 공정하지 않다. 그럼에도 불구하고 그의 논의는 도덕법을 추종하는 도덕적 행위자가 ― 칸트의 도덕 이론에 따라 ― 해야 하는 것이 무엇인지에 관한, 그리고 이 도덕적 행위자가 어떤 다른 방식이 아니라 특정한 방식으로 행위하려고 결정함에 있어서 어떤 종류의 절차를 따르는지 주목하게 했다.

헤겔의 칸트 비판의 공정성에 대해 평가하는 설명적인 한 논문에서, 존 실버는 칸트가 논리학, 과학, 미학, 그리고 윤리학에서 판단에 차용된 합리적 절차를 정식화하는 데 보여 준 뛰어난 일관성에 주의했다.[55] 칸트에 따르면, 일관성 있는 사유를 수반하는 일반 규칙들은 다음과 같다. "(1) **독자적으로** 생각함, (2) 의사소통을 할 때 다른 사람의 입장에서 생각함, (3) 언제나 자신과의 일치 속에서 생각함."[56] 확실히 도덕법이 자율성의 원리인 한 이 도덕법은 첫 번째 기준을 충족한다. 도덕적 행위자가 목적의 왕국의 합법적 일원이기라도 하듯이 자신의 행위를 생각하도록 규정함으로써, 이 도덕법은 사유와 행위의 일관성을 강제하며, 이로써 세 번째 기준을 충족한다. 그렇다면 '타자를 수단이 아니라 언제나 목적으로 간주하라'는 목적의 공식은 두 번째 조건, 즉 "다른 사람의 입장에서 생각함"[57]에 상응한다고 생각해 볼 수 있을 것이다. 『판단력 비판』에서 칸트는 이것을 "다른 모든 사람의 관점에서 생각하는 것"으로 정의한다.[58]

오늘날 대부분의 신칸트주의적 윤리 이론들의 출생지는 바로 이 공식이며, 이 이론들은 "보편화"를 만인의 관점을 고려하는 가운데 나타나는 절차로 정의한다. "도덕적 관점"은 모두에 의해 수용될 수 있는 관점과 같다. 다시 말하자면, 오늘날 가장 많은 윤리 이론은 도덕적 관점을 아주 잘 구체화하고 있는 절차를 상술한다는 점에서 서로 구별된다. 예를 들어, 롤즈는 공정성으로서, 그리고 무지의 베일 뒤편에서 수행되는 집단적 흥정 게임의 절차적 고안으로서 자신의 정의론이 칸트의 자율성의 관점을 가장 잘 구체화하고 있다고 주장한다. 이에 반해 도너건A. Donagan과 기워스A. Gewirth는 도덕적 관점의 구성 요소들을 합리적 행위와 행동에 대한 탈존재론적(의무론적) 분석에 의해 전개한다.[59]

의사소통적 윤리학의 관점에서 볼 때, 오늘날의 이론들은 전통적인 칸트의 실수를 단순히 반복하고 있을 뿐이다. 칸트는 단독의 합리적 자아가 고독한 반성을 통해 합리적 행위자들 모두에게 수용될 수 있는 입장을 규정할 수 있다고 생각했다. 칸트의 도덕적 자아는 순수한 합리적 행위자였으며, 이러한 관점에서 다른 모든 사람들과 동일하였다. 구체적인 도덕적 자아들의 차이를 추상하는 도덕 이론에서 칸트의 사유 실험은 각자가 내적인 모순 없이 **모두를 위한 보편적 법칙**이라고 생각할 수 있는 것이 무엇인지를 질문하면서 진행된다. 도덕적 관점의 내용을 정의하려고 하는 가운데, 오늘날의 도덕 철학자들은 동일한 실수를 반복한다. 즉, 그들은 고립적인 도덕 사상가가 모두를 위해 의미 있는 도덕적 내용을 규정할 수 있다고 생각한다. 이에 반해 의사소통적 윤리학에서 도덕적 관점을 구체화하고자 하는 요구는 다음과 같은 공식으로 된다. 실천적 담론의 참여자들인 관련 당사자 모두의 합의를 이끌어 낸(혹은 이끌어 낼 수 있었던) 그러한 규범들만이 타당성 요청을 할 수 있다.

이렇게 정식화된 의사소통적 윤리학은 칸트에 대한 헤겔의 전통적 비판에 종속될 수 없다. 헤겔의 초기 통찰들 중 하나인 '정신은 "우리인 나이면서 나인 우리"의 구조를 갖는다'는 진술은 사실상 여기서 칸트 윤리학에 대립되는 것으로 간주된다.[60] 칸트 윤리학은 구체적 자아들의 차이를 완전히 무시하는 그런 합리적 인간의 관점에서 출발한다는 점에서 **독백적**이다. 의사소통적 윤리학은 도덕적 추론의 **대화** 모델을 지지한다. 이 모델에 따르면, **실제** 행위자는 도덕적 질문에 대해 **현실적인** 숙고의 과정을 갖는다. 전통적인 칸트 윤리학의 독백주의와 연역주의를 피하고자 하는 것이 의사소통적 윤리 이론의 주된 의도이기는 하다. 그런데 이러한 의도를 구체화하는 가운데 이 이론이 다른 신칸트주의 이론에 제기했던 것과 동일한 비판에 희생되는 것은 아닌가 하는 문제는 여전히 남아 있다. 좀 더 정확하게 말해서, 나의 비판의 요지는 다음과 같다. 즉, "실천적 담론"의 관점이 좀 더 이론적인 술어들로 구체화될수록 절차적 근거들에 대한 도덕적 관점과 관련하여 의사소통적 윤리학과 다른 경쟁 이론들 사이의 차이는 점점 더 구분할 수 없게 된다. 실천적 담론 이론을 따를 경우에도, 특정한 절차는 도덕적 행위자들에게 바로 그 도덕적 관점에 상응하는 "특권적 서술"로 나타난다. 이 말은 의사소통적 윤리학에서도 "형식과 내용의 변증법"이 발생한다는 의미이다. 나는 이러한 비판을 의사소통적 윤리학에서 보편화 원리의 지위를 검토함으로써 예시하고자 한다.

담론 윤리 혹은 의사소통적 윤리가 보편화 원리에 호소한다는 것은 놀라운 일로 보인다. 왜냐하면 "하버마스의 담론 모델은 칸트의 정언 명령에 대한 절차적 재해석을 드러내 주기 때문이다. 즉, 내가 보편적 입법으로 삼고자 하는 어떤 준칙을 다른 모든 사람들에게 타당한 것으로 서술하기보다, 나는 나의 준칙이 보편성이 있는지 담론적으로 테스트할 목적으로 나의 이 준칙을 다른 모든 사람들에게 제출해야 한다. '각자는 모순 없이 어떤 것이 보편적 법칙이라고 의지할 수 있다'는 점으로부터 '모두는 어떤 것이 보편적 규범이라고 의견 일치에 이를 수 있다'는 것으로 강조점이 전환된다."[61] 담론적 논증은 칸트 윤리학에서 보편화의 검증을 대체하는 새로운 절차이다. 더 정확히 말해서, 보편화 그 자체는 "모두는 어떤 것이 보편적 규범이라고 의견 일치에 이를 수 있다"는 것으로서 **담론적으로** 해석된다. 그렇다면 왜 하버마스는, 자신의 초기 논문인「진리 이론들」에서 행하고 있듯이, 그리고 최근의 논문인「담론 윤리학: 정당화 기획에 대한 노트」에서 다시 한 번 말하고 있듯이, 보편화의 원리에 호소하는가?

툴민이 『논의의 용법들』에서 분석한 것을 채용하여, 하버마스는「진리 이론들」에서 실천적 담론에서 보편화의 절차를 설명하기 위해 다음과 같은 예를 든다.[62]

- 정당화될 필요가 있는 충고 "C": "너는 주말쯤에 A에게 50달러를 주어야 한다."
- 정당화 "D": A는 당신에게 4주의 기간 동안 그 돈을 빌려 줬다.
- 어떤 행위 규범에 의한 (그 주장의) 근거 "W"(예를 들어, 그에 상응하는 규범): "융자는 특정 기일 내에 상환되어야 한다."
- 이 규범을 뒷받침하기 위한 결의론적* 증거 "B"(예를 들어, 수용된 욕구의 충족을 위해 이 규범을 적용할 때 나타나는 결과와 효과에 대한 일련의 지침들): "융자는 희소 자원에 대한 유연한 사용을

---

* 결의론적cauistical: 결의론이란 도덕적 문제를 양심의 관점에서 다루는 것으로, 일상생활의 구체적 예들에서 어떤 것이 도덕적으로 옳고 그른가를 결정하고자 한다. 즉, 도덕 원칙을 사변에서가 아니라 경험에서 이끌어낸다. 하버마스는 여기서 '논의' 혹은 '담론'의 논리가 순수하게 사변적 혹은 연역적인 것이 아니라 궁극적으로 경험에 기초해 있다는 의미에서 '결의론적'이라는 용어를 사용한다. 이론적 담론에서는 다량의 유사한 경험적 관찰을 통해 보편적 법칙으로 나아가는 귀납의 원리가 작동하며, 실천적 담론에서는 다량의 유사한 행위 관찰을 통해 보편적 규범으로 나아가는 보편화의 원리가 작동한다. 하버마스는 귀납의 원리와 보편화의 원리를 특수한 경험에서 보편성으로 나아가는 교량의 원리라고 말한다.

가능하게 한다."

 실천적 담론을 분석하는 데 있어서 결정적 단계는 B가 W와 맺는 관계이다. 하버마스는 "정당한 이유를 가진 진술들과 어떤 것에 의존적인 진술들 사이에 연역적 관계가 없다고 하더라도 논의는 B에서 W로 가기 위한 정당화로부터 합의를 생산하는 힘을 이끌어 낼" 수 있다고 한다.[63] "융자는 특정 기일 내에 상환되어야 한다"는 규범이 합의에 의해 수용될 것인지의 문제는 "융자는 희소 자원에 대한 유연한 사용을 가능하게 한다"는 원리에 의견의 일치를 보느냐의 문제에 달려 있다. 그렇다면 참여자들의 추론은 다음과 같을 것이다. 우리는 B를 받아들인다. 따라서 우리는 융자 제도를 존중해야 하며, 따라서 W를 수용해야 한다. B에서 W로의 이행은 "보편화"의 원리에 의해 획득된다. "보편화는 (수용된 욕구의 충족을 위해 이 규범을 적용할 때 나타나는 결과와 효과에 대한) 서술적 지침들에서 규범 그 자체로의 이행을 정당화하기 위해 다리를 놓는 원리로 작용한다."[64]

 그런데 이것은 혼란스런 공식이다. 왜냐하면 규범을 보편적으로 적용한 결과에 관한 **서술적 가정**을 우리가 검토할 수 있는지(1), 특정한 **규범**이 일반적으로 수용되는 욕구를 만족시킬 수 있는지를 우리가 검토할 수 있는지(2), 혹은 일반적으로 수용되는 욕구가 보편적 해석을 허용하는지를 우리가 검토할 수 있는지(3) 등, 이런 것들이 불투명하기 때문이다. 첫 번째 안은 무의미하다. 이 안은 경험적 지식에 의해서만 결정될 수 있기 때문에 실천적 담론의 주된 문제가 아니다. 두 번째와 세 번째 안만이 규범적 문제를 적절히 제기한다. 하버마스는 양자를 다 고려한다. 보편화의 기준은 특정한 종류의 **규범**들의 명세서를 제시해야 한다. "보편화의 기본 전제는 규범의 내용과 적용 영역이 특수하여 결코 합의에 이를 수 없는 그런 모든 규범들을 배제하는 데 목적이 있다."[65] 보편화의 기준은 또한 허용된 욕구 해석에 대한 검토에 봉사해야 한다. "우리는 다음과 같은 도덕 언어를 적절하다고 부르는데, 그 도덕 언어는 주어진 환경에서 한정된 집단과 사람들에게 그들 자신의 욕구에 대한 진실한 해석과, 더 중요하게는 합의를 가능하게 하는 그들의 공통된 욕구에 대한 진실한 해석을 허용한다."[66] 우선 여기서 첫 번째 문제를 다루고, 의사소통적 윤리학 내에서 욕구 해석에 대한 고려 사항들은 다음 절(제3절)로 미루겠다.

이론적 담론에서 귀납의 원리를 받아들인 것과 유사하게 보편화의 원리를 **담론적 논증**의 조건으로 받아들임으로써, 하버마스의 이론은 일련의 어려움에 봉착한다. 첫째, "특정 규범의 내용과 그 적용 영역이 특수한지 혹은 그렇지 않은지"의 문제는 논증 속에서만 발견될 수 있기 때문에, 보편화의 원리가 논증 절차에 무엇을 부가하는지는 불분명하다.[67] 둘째, 담론의 참여자들이 위에서 규정된 보편화의 원리가 아니라 "모든 참여자들의 최대의 행복"이라는 메타 원리, 혹은 "'각자는 자신의 능력에 따라'에서 '각자는 자신의 필요에 따라'로"와 같은 또 다른 메타 원리가 규범 W를 채택하기 위한 B에의 의존성을 구성한다고 합의했다고 가정해 보자. 의사소통적 윤리학의 이론가는 어떤 근거에서 그러한 선택이 내려질 수도 있다는 사실을 사전에 배제할 수 있는가? 담론 이론은 규범적 가치 평가의 어떤 **원리들**이 담론에 수용되어야 하는지를 선험적으로 **규정할** 수 있는가? 이것은 '실천적 담론에 참여한 모든 사람의 합의를 이끌어 낼 수 있는 그런 규범들만이 타당성을 요청할 수 있다'는 담론 윤리학의 근본 원리와 모순되지 않는가?

여기에서 직면한 어려움은, 그리고 보편화의 원리가 담론 이론에서 우선적으로 재도입되는 이유는 아주 오래된 문제이다. 근대의 모든 정당성 합의 이론은 역설에 봉착한다. 정당성의 혹은 규범적 타당성의 유일한 토대를 합의의 문제로 만듦으로써, 그러한 이론가들은 또한 합의의 원리가 합의에 의해 위반될 수 있다는 위험 부담을 갖는다. 루소의 격언, "사람들에게 자유를 강제하라On les forcera d'etre libre!" 이래로 사람들은, 예를 들어 스스로를 노예로 만들 권리 혹은 자신의 자유를 부정해 버릴 권리를 포함하지 않게 하기 위해 합의의 내용을 어떻게 의미 있게 규정할 것인지의 문제에 봉착한다. 이러한 난관에 대한 전통적인 해결책은 "경험적" 합의와 "이성적" 합의를 혹은 "만인의 의지"와 "일반 의지"를 구별하는 것이었다.[68] 이러한 구별로 인해 "경험적" 합의와 "이성적" 합의의 간격이 넓을수록 정당성의 합의 이론은 기본 전제로서의 합의보다는 합리성이나 인간적 본성에서 출발하는 비합의 이론에 더 근접하게 움직여 간다는 어려움이 생겨난다.

의사소통적 윤리 이론의 맥락에서, 이러한 전통적인 어려움은 다음과 같은 형태를 취한다. 즉, 담론의 참가자들이 담론 그 자체의 원리에 모순되는 원리들을 채택할 수도 있는 그런 원하지 않은 결과들을 피하기 위해 담론적 논증 규칙들을 이론적으로 정의할 필요가 있다는 것이다. 이러한 시도는 반대로 다음과 같은 반론을 불러일으킨다. 즉, 이론가들은 이때 특정한 규범적 원리들이 우선적으로 논의될 필요가 없는 논증의 규칙들에 속한다고 주장함으로써 **연역적으로** 그리고 **교조적으로** 진행하고 있는 것은 아닌지 하는 반론이 제기될 수 있다.

「담론 윤리학: 정당화 프로그램을 위한 노트」에서 하버마스는 보편화 원리가 연역적으로 그리고 교조적으로 도출되는 것이 아니라 논증적 언술의 **실용적** 전제들에 속한다고 주장함으로써 이 어려움을 피하고자 한다. 왜냐하면 이러한 사실을 인정하지 않을 경우 수행적 자기모순이라는 위험 부담을 질 수밖에 없기 때문이다. 보편화 원리(U)는 메타 규범이나 실체적 규범이 아니라 실천적 담론의 논리 자체에 속하는 **논증의 규칙***rule of argumentation*이라고 주장된다.

이러한 주장을 검토하는 데 있어서 U가 어떻게 정의되고 있는지 우선 상기해 보자. "논의의 여지가 있는 규범이 보편적으로 수행될 때 예견할 수 있는 결과와 효과들이 각자의 이익을 만족시킨다면, 이 결과와 부수적 효과들은 강제가 없는 상태에서 모두에 의해 받아들여질 수 있을 것이다."[69] U의 정당성을 이끌어 내는 논의는 이번에는 다음과 같이 요약된다. "논증적 언술의 보편적이고 필연적인 의사소통적 전제들에 참여하는 모든 사람은, 그리고 행위 규범을 정당화하는 것이 무엇을 의미하는지 아는 사람은 암묵적으로(위의 형태로 언급된 것이건 아니면 이에 상응하는 형태로 언급된 것이건 간에) 보편화 원리의 타당성을 인정해야 한다(MukH, p. 97). 이러한 논의가 U의 정당성을 만족시키는지 여부는 당연히 "의사소통적 언술의 보편적이고 필연적인 전제들"과 "행위 규범의 정당화가 무엇을 의미하는지에 대한 지식"으로 정의된 두 전제에 각각 의존한다. 여기서 문제가 되는 것은 이 두 전제를 인정하면 U가 확증된다고 주장하는 데 있어서 아무런 질문을 하지 않아도 될 만큼 혹은 동어반복적으로 진행하지 않아도 될 만큼 이 전제가 U와 충분히 구분되는지의 문제이다. 혹은 만약 이 두 전제들이 U와 충분히 구분된다고 하더라도 U로 진행해 가는 단계가 그 자체 정당화를 필요로 하는 추가적인 가정을 은연중에 요청하고 있지는 않은지가 문제로 남는다. 나는 이 두 전제를 차례로 살펴볼 것이다.

하버마스에 따르면, 의사소통적 언술의 보편적이고 필연적인 전제들에는 세 가지 종류의 규칙들이 포함되어 있다. 첫 번째 규칙은 자기모순에 빠지지 않기 혹은 일관성 등과 같은 **논리적-의미론적** 규칙이다. 다른 말로 하면, 이 규칙은 일단 술어 F가 대상 A에 적용되고 나면 관련된 모든 측면에서 A에 상응하는 다른 모든 대상에도 적용된다는 규칙이다. 두 번째 규칙은 본질적으로 **절차적**_procedural_ 규칙이다. 이 규칙은 진리 추구를 위한 성공적 협력에 필수적인 상호 작용의 양식들, 예를 들어 모든 참여자들의 책임과 정직의 문제들을 규제한다. 이 규칙은 담론이 상호 이해 지향적인 사회적 행위의 형식들과 공유하고 있는 그런 **상호 인정**의 특징들로 요약된다(MukH, p. 98). 이 규칙들 중 세 번째이자 마지막 범주의 규칙은 의사소통적 언술의 본질을 규정하는 **과정상의**processual 규칙이다. 엄격하게 말해서 이 규칙은 "모든 참여자는 자신의 관점을 표현하는 데 5분을 할당 받는다"와 같이 자의적으로 바뀔 수 있는 그런 관습적인 의미에서의 규칙이 아니다. 이 규칙은 우리가 논증적인 언술에 참여할 충분한 자격이 되는 한 우리 모두가 받아들이지 않으면 안 되는 불가피하고 필연적인 가정들이라는 의미에서 논증적 언술의 **실용적 전제들**이라고 말할 수 있다.[70] 이러한 규칙들을 부정한다면 우리는 수행적 자기 모순에 빠질 뿐 아니라 또한 우리가 논증에 참여할 수 있는 관련 노하우를 소유하고 있지 않음을 보일 뿐이다. 이러한 규칙들은 U를 정당화시키는 논의의 전제로 기능하기 때문에 여기서 이 규칙들을 정확하게 검토하는 것이 유익할 것이다. 알렉시R. Alexy에 따르면, 하버마스는 이 규칙들을 다음과 같이 서술한다.

3.1 말하고 행위할 수 있는 모든 행위자는 담론에 참여할 수 있다.
3.2a. 모든 사람은 어떤 주장에 대해 문제를 제기해도 된다.
3.2b. 모든 사람은 모든 주장을 담론 안으로 이끌어 들여도 된다.
3.2c. 모든 사람은 자신의 태도, 소원, 그리고 욕구를 표현해도 된다.
3.3 어떤 화자도 담론의 내부나 외부에서 지배하는 강제에 의해 위에 약술한 권리의 향유를 방해받아서는 안 된다.[71]

규칙 3.1은 논의의 잠재적 참여자들로 모든 주체들, 즉 말하고 행위할 수 있는 모든 인간들을 예외 없이 포함하는 것으로 규정한다. 규칙 3.2는 언어 행위를 사용할 수 있는 기회의 **균형 있는 분배**를 모든 참여자들에게 보증한다. 이에 반해 규칙 3.3은 규칙 3.2에서 상술된 자신의 권리들이 참여자들 사이에서 완전히 존중된다는 그들 간의 **상호성**의 조건을 재진술하고 있다.

내가 전에 진술한 것처럼, 이 규정들이 '불평등, 강제, 지배, 기만, 그리고 협력하고자 하는 의지의 부족 등이 지배하는 조건 속에서 이뤄진 당사자들 간의 합의는 우선 합리적 합의도 아니며, 그 고유한 의미에서의 합의도 아니다' 라는 우리의 직관적 인식을 드러내 주고 있는 한 이러한 규정들을 방어할 수 있는 핵심은 있다. 이러한 부적절한 조건들이 확산될 때 우리는 타협, 양보, 다른 사람의 의견에 굴복함, 공갈 등과 같은 말들을 표현하게 된다. 하지만 윤리적인 관련 문제들은 다른 수준에서 발생한다. 말하고 행위할 수 있는 모든 행위자를 담론에서의 잠재적 참여자로 규정하는 규칙 3.1은 이미 인간 집단들 사이에 존재하면서 그들을 서로 구별해 주는 모든 자연적, 문화적 특성들을 도덕적 관점과 상관이 없는 것으로 고려하게 하는 강한 보편주의적-평등주의적 책무를 전제한다. 하지만 나도 동의하는 이런 책무가 논증적 언술 일반의 조건들에 대한 주의 깊은 철학적 분석의 결과라도 되듯이 그렇게 드러날 수는 없다. 어떤 자연적 언어이든, 이런 언어를 사용하는 **모든** 화자는 담론에서의 잠재적 참여자라는 생각은 규칙 3.1을 "나의 언어를 말하는 사람들과 내가 이해할 수 있는 사람들"로 해석하는 **편파주의적인** 해석을 배제한다. 그러한 편파주의적인 해석의 배제는 개념적 분석의 결과에서만 나온 것이 아니다. 오히려 그것은 보편주의를 소중하게 간직하고 있는 문화의 개별적 구성원들에 의해 실행된 도덕 철학의 명령을 반영한다. 고대 그리스에서 야만인들은 그리스인들이 이해하지 못하는 언어를 사용하는 자들이었고, 그들의 관점에서 보면, 말하는 것이 아니라 중얼거리는(barbar) 자들이었다는 것을 상기해 보자.[72] 어떤 언어이든지 자연 언어를 사용하는 모든 화자는 말을 하지 그냥 중얼거리는 것이 아니라는 우리의 가정은 인간 불평등의 존재론적 토대를 파괴한 계몽과 세속화가 만들어 놓은 도덕적 **도야**Bildung의 산물이다. 그러나 이 가정이 그러한 과정의 산물이라고 말하는 것은 그것이 바로 그 때문에 지지될 수 없다고 말하는 것이 아니다. 나의 의도는 소위 인간 담론의 "보편" 화용론적인 전제들조차 이 전제들 안에 구축된 문화적-역사적 내용을 간직하고 있다는 것을 지적하려는 것이다.

또 다른 문제는 규칙 3.1부터 3.3까지에 대한 하버마스의 해석에서 작동하고 있는 **내포**inclusion의 규칙들과 관계가 있는 것이 아니라 역시 그것에서 작동하고 있는 **배제**exclusion의 규칙과 관계가 있다. 이 규칙들이 배제에 의해 규정됨으로써, 이 규칙들은 도덕 이론의 내용을 미리 판단해 버린다. 예를 들어, 아이들, 바보들, 동물들처럼 말할 수 없는 사람들은 이 이론에서 어떤 위치도 차지할 수 없다. 그런데 우리는 이러한 존재들과 맺는 우리의 관계가 도덕 일반의 본질적 측면이라는 사실을 참으로 부정하고 싶어 할까? 이러한 배제는 의사소통적 윤리학의 핵심을 정의의 문제, 즉 책임 있고 평등하며 어른인 참여자들 사이의 관계에 국한한다. 그러나 도덕 이론의 영역을 그렇게 한계 지을 수 있는지의 문제는 처음부터 적절히 규범적으로 고려되어야 한다. 이것은 논증적 언술의 전제 조건들에 대한 보편 화용론적 분석이 메타 이론적으로 정초될 수 있는지의 문제와는 차원이 다르다. 따라서 이러한 반론은 U를 논쟁의 여지가 없는 것으로 이끌어 가는 첫 번째 전제, 즉 담론을 지배하는 실용석 규칙들이 질료적, 규범적 가정들의 빛 아래서 이미 사전에 **해석되었음**을 시사한다.

논의의 두 번째 가정, 즉 "행위 규범을 정당화하는 것은 무엇을 의미하는지에 대한 지식"도 동일하게 문제가 있다. 왜냐하면 해석 방식에 의존하는 이 전제는 마치 U와 동일한 의미를 갖기라도 하듯이 읽히기 때문이다. 하버마스의 어떤 공식에 따르면, "우리는 '정당화된 규범들이 사회적 문제들을 관련 당사자 모두의 공동의 이익의 관점에서 조정한다'는 말의 의미를 바로 이 규범들과 결합한다" (MukH, p. 103). 이렇게 정식화된 원리는 우선 U와 다르지 않다. 왜냐하면 그것은 특히 논의의 여지가 있는 규범을 수행함으로써 나타날 수 있는 결과와 그 부수 효과들이 각 개인의 이익을 만족시킬 경우, 이 결과와 부수 효과들이 모두에 의해 강제 없이 받아들여졌다는 것을 진술하기 때문이다. U가 위에 약술된 두 번째 전제에 첨가한 유일한 조건은 소수의 이익을 침해하는 공동의 이익에 대한 소박한 집단주의적 해석을 배제하기 위해 모든 관련 당사자의 "공동의 이익"이 각각의 개인의 이익의 만족을 고려하고 있음을 의미한다. 그러나 다시, 이러한 명료화는 내가 보기에 모든 관련 당사자들의 담론에의 참여라는 바로 그 이념에 이미 다음과 같은 방식으로 함의되어 있는 것 같다. 즉, 만약에 '고립된 도덕 철학자 혼자만의 통찰이 아니라 모든 관련 당사자의 열린, 그리고 자유로운 논증이 합리적 합의를 규정한다'는 사실이 의사소통적 윤리학의 이념을 의미한다면, 우리는 그러한 논증 상황에서 다수에 의해 공동의 이익으로 보이는 것에 자신의 이익을 희생당한 소수자들이 왜 이러한 결과에 동의할 것이라고 가정해야 하는가? 그러나 만약 개인들에게 자기희생의 이데올로기를 받아들이게 하는 경향이 있는, 혹은 자신의 최고의 이익이 무엇인지를 다른 그룹들이 자신들보다 더 잘 알고 있다고 믿게 만든 심리적 혹은 문화적 요인들이 있다면, 그러한 가정들을 이와 연관된 심리학적, 사회학적, 혹은 문화적 논증에 의해 직접 조정하는 것이 바람직하다. 우리는 논증의 원리만이 그러한 실체적 논쟁을 단정적으로 정착시킬 수 있다고 생각해서는 안 된다.

두 번째 전제에 대한 이런 숙고로부터 내가 도달한 결론은, 하나의 해석에서 U로 이끄는 논의가 동어반복이라는 것이다. 왜냐하면 이 결론은 이미 전제에 포함되어 있기 때문이다. 두 번째 해석에 따르면, U는 공동의 이익이 어떻게 담론 속에서 해석될 수 있는지를 분명하게 보여 주지만, 이러한 명료화 자체는 반대로 논의의 규칙들에 속하는 실체적, 규범적 논의가 아니라 규범적 논증의 내용 그 자체 안에 있는 실체적, 규범적 논의를 포함하고 있다.

이러한 반론의 헤겔적인 핵심은 다음과 같다. 의사소통적 윤리학에 내재한 보편화 원리는 사족이거나 비일관적이다. 보편화 원리는 실천적 담론의 논증 절차를 유용하게 해명하는 데 있어서 새로운 어떤 것도 첨가함 없이 합리적 합의의 의미를 해명하거나, 아니면 이 합리적 합의의 의미를 부가적인 방식으로 규정한다. 그러나 이러한 정의definition는 수용된 논증 규칙들과 양립 가능한 유일한 것이 아니며, 또한 상세한 논의 규칙들에 속하지 않는 부가적 가정들을 도입하지 않고서는 이러한 정의가 논증의 규칙에서 따라 나온다고 말할 수도 없다. 그러나 만약 보편화 원리가 논증의 담론 규칙 3.1부터 3.3까지와 양립 가능한 유일한 것이 아니라면, 또한 이 원리가 몇몇 부가적 가정들의 도입 없이는 이 규칙들에서 도출될 수 없다면, 이러한 특별한 보편화 공식을 부정한다고 해서 그것이 수행적 모순을 의미하지는 않을 것이다. 나는 이러한 비판이 무엇을 의미하는지 분명하게 보이고자 한다. 이러한 비판이 '담론의 참여자인 관련 당시자 모두의 합의에 도달한(혹은 도달할 수 있는) 규범들만이 타당성 요청을 할 수 있다'는 담론 윤리의 근본 원칙을 거부하는 것은 아니다. 여기서는 보편화 원리 U의 특수한 형태가 어떤 부가적 가정들 없이도 도출될 수 있다는 주장이 거부된다. 다음의 논의에서는 이런 부가적 가정들이 보다 상세히 다뤄질 것이다.

b. 의사소통적 윤리학의 제도적 토대들

칸트 윤리학에 대한 헤겔의 두 번째 반론은 칸트 윤리학의 제도적 결핍과 관련이 있었다. 도덕성과 인륜적 삶을 구별하는 헤겔은 제도와 실천들이 도덕법과 일치하는지, 그렇지 않은지에 따라서만 평가될 수는 없다고 주장했다. 제도와 실천들은 기능적으로 사회적 관계와 실천들의 상호 의존적 총체의 일부로 고찰되어야 했다. 헤겔은 이러한 총체성을 "인륜적 실체"(Sittlichkeit, 인륜성)라고 불렀다. 하지만 집단적 삶은 개인의 입장에서 볼 때 단순히 내적인 논리와 합법칙성을 가진 기능적 네트워크가 아니다. 동시에 그것은 "인륜적 삶"으로, 즉 개인들에게 인지적으로 파악 가능할 뿐 아니라 동기 부여의 관점에서도 그들에게 의미가 있는 실천들의 총체로 고찰되어야 했다.

하지만 사회 비판 이론에 구현되어 있는 규범 윤리학은 헤겔적인 비판에 종속될 수 없다. 반대로 앞 장에서 소개된 "체계"와 "사회적 통합" 사이의 구분이 보여 주듯이, 사회적 삶을 독립적으로 기능하는 구조로 보는 외적인 관점과 이 구조 속에서 살아가는 행위자들에 의해 공유된 사회적 삶에 대한 내적인 관점 둘 다 사회 비판 이론의 측면들을 구성한다. 그럼에도 불구하고 전통적인 헤겔적 반론이 갖는 비판적 핵심은 **규범의 다수성**과 관련한 문제로 재형식화될 수 있다. **규범의 다수성**은 다음의 사실을 의미한다. 즉, 칸트의 도덕 이론은 인간 행위의 모든 관련 규범들을 판단하기 위한 절차를 제시하는가? 혹은 헤겔이 주장하듯이, 칸트의 도덕 이론은 특권적인 대상 영역, 즉 법률적 관계들과 준법률적 관계들의 영역을 가지기는 하지만, 인간관계의 다른 모든 형태들, 예를 들어 가족, 친구 관계, 사랑의 유대 등과 같은 것에는 눈을 감고 있는 그런 것인가? 의사소통적 윤리학에 적용할 경우, 이 질문은 다음과 같이 될 것이다. 즉, 의사소통적 윤리학은 법률적 인간관계들과 준법률적 인간관계들의 영역에만 유효한가? 의사소통적 윤리학은 칸트적인 도덕 이론 일반이 갖고 있는 법적 편견으로 고통을 겪는가?[73]

위에서 말한 것처럼, 만약 지배 없는 담론 개념이 후기 자본주의 사회에서 민주주의적인 공공의 에토스를 추구하는 데 그 기원이 있다면, 정의 문제가 이러한 도덕 이론이 갖는 특권화된 대상 영역으로 국한된다는 사실은 놀랄 일이 아닐 것이다. 하지만 내가 주장하고 싶은 것은 합법적 혹은 법률적인 공공의 삶 개념과 참여 민주적 에토스 사이에는 의미 있는 구분이 있다는 것이며, 의사소통적 윤리학은 이 두 발판 사이에 어정쩡하게 놓여 있다는 것이다. 의사소통적 윤리학에서 말하는 "이익" 개념을 분명하게 하면서 시작한다면 이러한 사실은 아주 잘 드러날 수 있다.

우선, 신칸트주의 윤리 이론이 이익 개념을 위한 여지를 갖는다는 사실은 놀라운 일로 받아들여질 것이다. 좀 더 자세히 보면, 이러한 사실이 왜 의사소통적 윤리학에도 해당되는지 명백하게 된다. 칸트의 의무의 심리학도, 두 세계 이론도 의사소통적 윤리학에서는 아무런 역할도 못한다. 의사소통적 윤리학은 칸트 윤리학의 이원론뿐 아니라 그 억압적, 순결주의적 유산에서 자유롭다.[74] 더군다나, 담론적 논증은 실제적인 사회 행위자들에게 규범의 타당성을 놓고 서로 겨루는 장소인 일상적인 삶의 맥락과 연속해 있는 것으로 간주된다. 담론의 참여자들이 논증 상황에서 드러내는 이익들은 그들이 이미 생활 세계에서 가지고 있었던 것들이다. 그렇다면 위에서 고찰한 보편화 공식에 나타난 "이익" 개념은 그런 생활 세계의 규정과 해석들과의 관련 속에서 출현한다고 생각해도 될 것이다. 담론에 참여한다는 것은 이익에 대한 일상적인 상호 이해에 관한 어떤 일치된 규정이 존재하지 않는다는 것을 함의한다.

그러나 담론의 참여자들이 자신의 이익에 대한 자기 자신의 해석을 제시한다면, 다음과 같은 질문이 즉각 제기될 것이다. 즉, '각자의 이익은 충족되어야 한다'는 사실이 어떤 **보편적 규범**을 확립하기 위한 합당한 기준으로 간주될 수 있다면, 이익들 간의 "양립 가능성"이나 이익들의 조화가 생활 세계에 실재할 때에만 그런 **보편성**을 산출할 수 있는 것은 아닌가? 담론에서 도달한 일치된 합의는 생활 세계에서 이익들의 조화가 현존한다는 것을 함의할 것이다. 이제 만약 그러한 이익들의 조화가 실제로 존재한다면, 왜 일차적으로 담론의 필요성이 제기되는지를 보는 것은 쉽지 않다. 왜냐하면 타당성 요청들에 내재한 논쟁 가능성은 생활 세계에 갈등하는 이익들이 현존한다는 것을 함축하는데, 담론은 이러한 타당성 요청들을 분명하게 하고자 하기 때문이다. 하지만 만약 이익들 사이의 그러한 조화가 생활 세계에 현존하지 않는다면, 담론의 참여자들이 자신의 이익에 대한 해석을 변경시키지 않고서도 담론을 통해 갈등 관계에 있는 이익들에 대한 합의를 산출할 수 있는지가 문제될 수 있다. 만약 담론의 참여자들이 갈등하는 이해관계를 가지고 있다면 그들은 이런 이익들 중 몇 개를 포기하거나 아니면 이런 갈등적 이해관계를 발생시키는 삶의 양식을 변화시킴으로써 합의에 의한 의견 일치에 도달할 수 있을 것이다.

 이제 우리는 보편화 원리를 새롭게 조명해 보아야 한다. 이 원리는 보편화할 수 있는 이익들을 그럴 수 없는 이익들에서 구별해 내기 위한 **준칙 검토** *maxim-testing*의 절차로 기능할 수 있다. 규범들은 "보편화할 수 있는" 이익에, 혹은 "일반" 이익에 부합할 때만 정당하다. 하지만 홉스에서 롤즈에 이르는 근대 정치 철학의 역사가 드러내 주고 있듯이, 이러한 요청은 문제가 있다. "일반 이익" 개념을 해석하는 세 가지 방식을 소개하고자 한다. 첫째, 실체적 의미에서의 일반 이익을 반영하는 사회적 조건이 있을 수 있다는 사실을 의심하는 사람은 **최소한으로** 정의하여 일반 이익을 "타자의 이익에서 이익을 취하지 않음"이라고 정의해도 될 것이다. 롤즈의 정식에 따르면, 정의의 두 규칙만이 "일반 이익"을 반영하며, 만인에게 수용될 수 있는 사회적 제도들을 규정한다.[75] 그러나 이 두 원리는 갈등하는 이익들의 현존과 양립 가능하다. 왜냐하면 이 두 원리는, 갈등이 일단 발생하고 나면, 그러한 갈등을 사회적 삶에서 조절해 가기 위한 근본 규칙들을 간략하게 서술해 주고 있을 뿐이기 때문이다. 그러한 일반 규칙들을 수용하기 위한 전제 조건은 현실적으로 "타자의 이익들에서 이익을 취하지 않음," 즉 제한적인 이타주의이다.

둘째, 사람들은 "일반 이익"을 단순히 일종의 절차를 서술하는 것이 아니라, 개인들 사이의 이익들의 갈등을 사라지게 하는 현실적인 사회적 상황을 서술하는 것이라고 **극대화하여** 해석할 수 있다. 이것은 개인과 보편자의, 사적인 것과 공적인 것의, 경험적인 것과 합리적인 것의 화해를 함의할 것이다.[76]

셋째, 보편적 혹은 일반적이라고 하는 이익들이 사실상 편파성과 이데올로기적 편향성을 드러내고 있음을 보이기 위해 사람들은 일반 이익 개념을 **비판적으로** 바라볼 수 있다. 이 세 번째 모델에 따르면, 일반 이익 개념은 검증 절차를 의미할 수 있을 것이다. 사람들은 **롤즈의 최소주의적** 해석을 거부할 수 있다. 롤즈는 갈등 상황에 있는 상당히 많은 이익들이 동시에 루소가 놓은 덫에 걸리지 않고서도, 또한 갈등이 전혀 없는, 조화로운, 그리고 투명한 정치체의 이상을 정립하지 않고서도 지속될 수 있다고 한다.

『정당성의 위기』 이래로, 하버마스는 담론 윤리학 혹은 의사소통적 윤리학을 세 번째 방식으로 해석하려는 의도를 넝백히 보인다. 즉, 그는 보편 이익을 발생시키기 위한 것이 아니라 일반화될 수 없는 이익들을 폭로하기 위한 비판적 검토를 제공한다. 그러나 좀 더 자세히 검토해 보면, 루소의 모델과 비판적 모델 사이의 구분이 이 작품에서 또렷하지 않다는 것을 볼 수 있다.

원리상 모든 당사자들은 적어도 실천적 숙고에 참여할 기회를 가지기 때문에, 담론적으로 형성된 의지의 "합리성"은 다음의 사실에, 즉 '규범으로 고양된 태도 방식은 기만 없이 정립된 **공동의 이익**을 타당한 것으로 여긴다'는 데 그 본질이 있다. 강제 없는 합의는 모두가 원할 수 있는 것만을 허용하기 때문에 그 이익은 공동의 이익이다. 또한 각 개인이 원하는 것이 무엇인지를 스스로 인식할 수 있도록 해야 하는 그런 욕구들에 대한 해석 역시 담론적 의지 형성의 대상으로 되기 때문에 그 이익에는 기만이 없다.[77]

이 주장의 후반부는 다음과 같은 두 가지 방식으로 해석할 수 있다. 첫째, 개인들이 자신과 타자를 더 이상 속이지 않고 자신의 "참된" 욕구가 무엇인지를 발견하게 될 때, 그들은 자신의 욕구가 타자의 욕구와 동일하다는 것을 발견하게 될 것이라고 해석할 수 있다. 아니면 둘째, 개인들은 담론을 통해 자신의 욕구와 이익에 관한 어떤 진리를 현실화하여 이것들에 관한 이전의 확고한 신념을 변화시키게 된다는 것으로 해석할 수도 있다. 첫 번째 모델은 좀 거북하지만, 개인들 각자가 자신의 마음의 내부를 볼 수 있고 내면의 목소리를 들을 수 있다면 그는 참된 "일반 이익"을 발견하게 될 것이라고 한 루소의 논의를 상기시킨다.[78] 그러나 두 번째 해석에 따르면, 담론은 **도덕을 변형하는** 과정으로 간주되어야 한다.

실천적 담론의 "도덕 변형적" 계기로 인해 "억압된 일반화 가능한 이익"이라는 하버마스의 모델은 롤즈와 루소의 입장과 구별된다. 사실, 하버마스의 바로 이 차원을 명백히 인정하지 않고서 어떻게 하버마스의 모델을 여타의 모델들과 구별할 수 있는지를 나는 알지 못한다. 이러한 관점들 속에서 담론 모델은 루소적인 방식의 투명한 집단이라는 신화를 불러일으키는데, 이 관점들은 이미 앞에서 언급되었기 때문에,[79] 나는 담론 윤리학이 "일반 이익"에 대한 최소주의적 해석과 어떤 관계가 있는지를 살펴보고자 한다.

적어도 한 번 이상, 하버마스는 실천적 담론을 집단적 거래나 타협의 일종으로 보는 것을 명시적으로 경계했다. 그에 의하면, "타협은 다음의 두 조건, 즉 '관련 당사자들 사이의 힘의 균형'과 '협상된 이익들을 일반화할 수 없음'이라는 조건이 존재할 때만 타협으로 정당화될 수 있다. 적어도 타협을 형성하는 이 두 일반 조건들 중 하나가 충족되지 않을 경우, 그것은 사이비 타협이다. 복잡한 사회에서 사이비 타협은 정당성의 중요한 형태이다."[80]

이러한 논의의 관점에서, 롤즈의 정의론은 일반 이익에 대한 사이비 타협의 규범적 모델로 나타난다. 왜냐하면 이 이론은 두 번째 조건을 충족시키지 못하기 때문이다. 원초적 입장에 놓여 있는 롤즈의 행위자들은 "무지의 베일" 아래 실존한다는 점에서 힘의 균형이라는 첫 번째 조건을 충족한다. 하지만 두 번째 조건, 즉 "협상된 이익들을 일반화할 수 없음"의 조건은 롤즈에 의해 증명되지 않으며, 단순히 받아들여질 뿐이다. 이익들과 이 이익들에 대한 해석은 결코 집단적 선택 게임의 주된 문제가 아니다. 롤즈의 공리에서 보면 개인들은 자신의 이익의 내용에 대해 논쟁하는 것이 아니라, 다른 모든 것들 중에서도 누구나 원한다고 전제되는 그런 기본 재화를 어떻게 분배할 것인지에 대해 거래한다. 하버마스는 롤즈의 이러한 가정이 이미 이익들에 대한 어떤 해석을 전제하고 있다고 지적한다. "기본 재화"에 대한 롤즈의 정의는 중립적이지도, 심지어 최소한의 규정도 아니다. 그것은 오히려 소비자의 사적인 행복에 근거한 생활양식의 변천을 반영하고 있을 뿐이나. "행복 추구"는 언젠가는 다음과 같은 의미를 가질 수도 있을 것이다. 즉, 행복은 "사람들이 사적으로 처분해 버릴 수 있는 물질적 대상을 축적하는 것이 아니라, 상호성이 지배하는 사회적 관계, 그리고 타자의 억압된 욕구를 지배하는 데서 만족을 느끼게 하지 않는 그런 사회적 관계를 산출하는 것"이라고 정의할 수도 있을 것이다.[81] 하버마스는 욕구 체제의 독백적 모델 대신 대화적 모델을 제안한다. 그리고 그가 선호하는 정의의 체계는 타자의 욕구를 억압하지 않는 데서 성립하는 "약한" 선 관념을 개인들에게 허용하지 않는 그런 정의의 체계이다.

나는 담론이 도덕을 변형하는 과정으로 간주되지 않을 경우 롤즈의 입장에 대한 이러한 비판이 가능하지 않다는 사실을 논의할 것이다. 만약 하버마스가 개인들이 일상적 맥락에서 획득한 이익과 욕구에 대한 해석을 담론에서도 바꾸지 않고 유지한다고 가정한다면, 각자의 일반 이익을 반영하고 있는 규범을 합의에 의해 수용한다는 것은 가능하지도 않을 것이다. 이를 위해 사람들은 오히려 이미 확립된 이익들의 조화가 실재한다고 가정해야 하거나 ― 이것은 비판이론에 의해 명백히 수용될 수 없는 것이다 ― 아니면 실체적인 이익 갈등은 남겨둔 채 이러한 과정을 최소주의적 방식에 따라 가장 낮은 단계의 공동 이익을 확립하고자 하는 것으로 해석해야 한다. 이것의 본질은 법체계, 그리고 정의의 두 원리를 구현하고 있는 체제 등을 형성하는 것일 수 있다. 그렇다면 보편주의적 윤리관의 내용은 법적 혹은 사법적 구조에서 소진되고 말 것이다. 그러나 만약 이러한 대안들 중 어떤 것도 수용될 수 없다면, 우리는 담론이 참여자들 사이의 합의를 이끌어 내기 위해 **새로운** 욕구와 이익을 출현시키는 과정이라고 가정해야 한다.

우리는 이제 이 절을 시작하면서 제기한 담론 모델에 대한 비판으로 되돌아올 수 있다. 나는 이 모델이 법적 모형과 참여 민주주의적 모형 사이에서 어정쩡하게 서 있다고 말했다. 이익들에 대한 타협이 아니라 이익들의 참다운 변형을 포함하는, 담론 모델의 도덕 변형적 측면이 작동하지 않을 경우, 이 담론 모델은 확실히 법 지상주의로 떨어지게 될 것이고, 또한 이 이론은 신칸트적인 윤리학에서 보이는 보편화 공식에 대한 좀 더 정교화된 모형으로 드러나게 될 것이다. 특히 의사소통적 윤리학이 발달적-논리적 술어들로 변호될 때, 이 윤리학은 보편화 속에서의 사유 실험이 아니라 참여에 의한 실제적인 변형의 윤리학이라는 사실이 누락될 수 있다. 바로 이러한 점에 대한 이해의 결여 때문에 기스R. Geuss와 같은 몇몇 주석가들은 당혹스럽게도 실천적 담론에의 참여자들이 **누구인지**를 질문한다. 기스는 "모두"가 모든 인간 존재를 지칭하는 것인지, 말할 수 있는 모든 존재인지, 아니면 "관련 당사자 모두"인지를 질문한다.[82] 물론 원리상 말할 수 있는 모든 존재는 담론에 참여할 자격을 갖는다. 하지만 특수한 담론은 특수한 규범들의 수행과 확립에 의해 영향을 받고, 그것들에 관심이 있는 당사자들 사이에서 일어난다. 담론 윤리는 말할 수 있는 모든 존재를 위한 사유 실험을 모의 수행하는 것이 아니며, 그들이 어떤 규범들을 구속력 있는 것으로 수용해야 하는지를 확립하는 것도 아니다. 담론 윤리는 경쟁적 규범들의 타당성에 대한 논쟁들이 논증 과정을 통해 정착될 것을 요구하는데, 이런 논증적 과정에서 관련된 **모든 당사자들의 합의**는 논란의 여지가 있는 규범의 정당성을 결정하게 된다. 참여는 보편화를 앞서 간다. "대표 없는 곳에 과세할 수 없다"*라는 과거의 금언은 이제 "참여 없이는 보편화도 없다"로 재정식화된다.

담론 윤리의 참여적 측면을 강조하는 이러한 분석 노선이 적절하다면, 하버마스의 루소 비판은 한 가지 점에서 정당하지 않다. 하버마스가 루소를 비판하는 이유는 규범적인 정당화의 수준을 구체

---

* No taxation without representation: 근대 민주주의의 시초라고 할 수 있는 영국의 "대헌장"(마그나 카르타)에 나오는 유명한 문구로 사신들의 이익을 내면하는 대표자가 입법 과정에 참여하지 않을 경우 세금을 낼 필요가 없다는 의미를 함축한다. 이 표어는 미국 독립 운동에서 큰 역할을 한다. 1763년에 7년 전쟁이 종식된 이후에 영국 정부는 아메리카 식민지에 대해 갖가지 세금을 부과하였다. 이에 대해 식민지 대표들은 "대표 없는 곳에 과세할 수 없다"는 원칙을 확인하고, 강력한 저항 운동을 전개해 나가게 되었다. 결국 식민지 대표들은 1776년에 "독립 선언"을 공포하였고, 수년 동안 지속된 전쟁에서 승리하여 1783년의 파리 조약에서 마침내 독립을 쟁취하게 되었다.

적인 제도적 제안과 혼동하고 있다는 데 있다. "그(루소)는 정당성의 새로운 원리의 도입을 정당한 규칙의 제도화를 위한 제안들과 섞어 버렸다. … 이러한 사실은 민주주의적 토론을 오늘날까지 혼동시켰다. … 사람들이 민주주의를 정확히 정당성의 절차적 유형을 만족시키는 정치적 질서라고 부른다면, 민주화에 대한 질문은 정치적 질서가 어떠한가라는 것으로, 즉 조직의 문제로 다뤄질 수 있다."[83] 그러나 이 절의 분석은 정당화의 문제와 조직의 문제의 구분이 견고한 구분일 수 없다는 것을 보이는 것이었다. 담론 윤리학은 논란의 여지가 있는 규범을 수용함으로써 자극을 받거나, 관심을 갖게 되거나, 또는 영향을 받게 되는 모든 사람들의 입장에서 참여 민주주의적 과정으로 해석되어야 한다. 그렇지 않다면, 담론 윤리학은 다시 한 번 모든 합리적 정신에 투명하게 드러나는 일반 이익이라는 신화에 의해 작동되는 신칸트주의적 전통 안에 있는 보편화의 공리로 간주될 수 있을 뿐이다.

이 절에서 도입된 "도덕의 변형"이라는 개념은 "담론"과 "행위" 사이의 관계가 복잡하다는 것을 암시한다. 한편으로, 담론은 행위의 강제를 어떻게든 "유보한다"는 사실을 함유한다. 즉, 담론은 심각한 갈등과 불일치의 와중에서 수행되는 숙고라는 순간적 정지를 표현한다. 다른 한편으로, 담론은 좀 더 면밀한 검토를 필요로 하는 방식으로 행위의 맥락으로 되돌아간다. 마지막 단계로, 나는 담론과 행위의 관계를 담론의 시작과 끝, 이 양자의 관점에서 검토할 것이다.

c. 의사소통적 윤리학에서 인식, 동기, 그리고 감응

칸트의 도덕 심리학에 대한 비판에서, 헤겔은 칸트의 이론에 내재한 합리적인 것과 정서적인 것 사이의 날카로운 이원론을 공격했다. 인륜성과 감성 사이에 어떤 갈등도 없다고 주장함으로써, 헤겔은 인간의 욕구를 형성하고 변형하는 이성의 변혁적, 형성적 역할을 강조했다. 이성이 욕구와 맺는 관계는 지배의 관계가 아니라 형성과 도야의 관계이다. 행복과 인정을 추구하는 개인의 욕구는 도덕적 자율성과 양립 불가능한 것이 아니다. 사실 개인의 도덕적 자율성은 선한/좋은 삶에 대한 일관성 있는 관점의 형성과 그것의 실현을 위한 노력을 요구한다. 정신분석학에서 영감을 받은 아도르노와 호르크하이머의 칸트적 도덕성에 대한 비판의 모태는 헤겔의 칸트 비판에 있다. 그들은 외적인 자연뿐 아니라 내적인 자연을 이성의 "타자"로, 이성의 지배에 복종하는 것으로 규정하는 도덕성의 억압적 내용을 폭로하고자 한다. 칸트의 자율성 개념은 추상적 자아의 자기 동일성을 영화롭게 만든다. 그런데 아도르노에 따르면, 사실 이 자아는 타자에 대한 두려움을 최초의 두려움으로 가지는 그런 자아이다. 그러나 이성의 유토피아적인 약속은 우리가 지배하지도, 위협받지도, 그리고 위협하지도 않는 타자와의 관계 형태를 구체화해야 한다고 요구한다.

　의사소통적 자율성 개념이 어느 정도까지 이성과 자연 사이의 유토피아적인 화해의 전통에 서 있는지 혹은 동떨어져 있는지를 살펴보기 전에, 나는 의사소통적 윤리학에서 인식, 동기, 작용, 그리고 이들 사이의 관계를 살펴보고자 한다.

　의사소통적 윤리학은 칸트의 의무의 법도, 이성과 감정을 극단적으로 대립시키는 칸트의 도덕 심리학도 전제하지 않는다. 의사소통적 윤리학은 윤리학에서 이성의 역할과 합리성을 보편적 구속력을 갖는 것으로 보는 칸트의 관점을 공유한다. 칸트의 도덕 심리학에 대한 헤겔의 반론은 오늘날 의사소통적 윤리학에 적용되어 재형식화되었다. 그런데 이러한 재형식화는 다른 형태를 취하지 않으면 안 된다. 나의 질문은 다음과 같다. 의사소통적 윤리학의 인지주의적 편견 역시 합리주의적 오류에, 즉 이성이 자신의 발생과 적용의 조건을 스스로 규정하는 자기 산출 능력이라고 보는 견해에 빠지는 것은 아닌가? 이성의 총체적 자기 규정이라는 그러한 이상은 관념론적인 "반성" 개념에 본질적이다. 반대로 비판 이론은 '이성의 총체적 자기반성은 결국 이성이 인간적 상황을 초월할 수 있다는 불가능한 요구에 이른다'는 통찰에서 출발한다. 비판 이론가들은 이성이 사회에서 우연히 기원하게 된 조건과 그 적용의 조건들을 인지할 수 없을 때 이 이성은 지배의 도구로 변한다고 주장한다. 그럼에도 불구하고 이성이 자기반성에 종사한다는 저 요구는 비판 이론가들에 의해서도 정당화되었다. 이성의 가능성의 조건에 대한, 그리고 이성에 의해 결코 완전하게 규정되지 않는 조건들에 대한 지속적인 비판적 자기반성이 최소화되고, 이성이 스스로 움직이는 자라고 고찰될 때 합리주의적 오류가 생겨난다.

이러한 고려 사항들을 담론의 시작의 문제로 돌아감으로써 구체화하고자 한다. 하버마스는 아주 자주 로렌젠P. Lorenzen의 규빔논리 학파와 아펠을 비판하였다. 그 비판의 근거는 담론의 시작을 다룸에 있어서 그들의 이론에 "결단론적인 잔재"*가 남아 있다는 것이었다.[84] 로렌젠(과 슈뱀머O. Schwemmer)에 따르면, 개인들이 일단 논리의 최소 규칙을 받아들이게 되면, 그들은 또한 이러한 임무가 규범적 차원을 가진다는 점을 인정해야만 한다.[85] 논리의 준칙들은 사실상 규범적이며, 따라서 우리에게 초주관적인 입장을 수용하도록 요구한다. 이에 반해 아펠은 논리를 수행하는 데 일차적으로 포함되어 있는 이론적 이성의 규범적 차원을 고려하지 않는다. 그는 인식 요청을 제기하는 반성과 질문에 종사하는 사람이면 누구나 이

---

* 하버마스는 의사소통으로서의 언어의 기능을 아펠로부터 배우게 된다. 하지만 하버마스는 아펠이 여전히 주관주의 철학의 잔재를 가지고 있다고 하는데, 그 이유는 아펠이 담론을 시작하고자 하는 화자의 "의도성," 혹은 "시향성"을 강조한다는 데서 찾는다.

상적인 의사소통 공동체의 규범성에 도달하게 될 것이라고 주장한다.[86] 하버마스의 관점에서 보면, 이 두 입장은 행위와 실천적 담론 사이의 관계를 설명하는 데 있어서 너무 제약되어 있다. 로렌젠 학파는 규범성을 논리에만 국한시키며, 언어 행위의 규범적 토대를 간과하는 잘못을 범한다. 아펠 역시 논증에 참여하기로 선택한 사람만이 선험적인 의사소통 공동체의 규범적 구조 아래 서 있다고 함으로써 결단론적 잔재를 유지한다. 아펠은 논증에 참여하기로 선택하지 않은 사람들에게 담론의 원리가 적용된다고 생각하지 않는다. 하버마스는 이에 대해 다음과 같이 평가한다.

> 논증에 참여하지 않거나 참여할 준비가 되어 있지 않은 사람은 그럼에도 불구하고 "언제나 이미" 의사소통 행위의 연관 속에 서 있다. 의사소통 행위를 함으로써, 그 사람은 언어 행위에 내포되어 있고 담론적으로만 수행될 수 있는 그런 타당성 요청 ― 비록 반反사실적으로 제기되기는 하지만 ― 을 이미 순진하게 인정했다. 그렇지 않을 경우 그는 의사소통적으로 익숙해진 일상적 실천의 언어 게임에서 풀려나지 않으면 안 될 것이다.[87]

하버마스는 「담론 윤리학: 정당화 프로그램에 대한 노트」에서 회의주의를 반박하기 위해 이러한 논의를 사용한다. 도덕적 회의주의자는 현실적으로 담론적 논증의 수용을 주저할 수는 있지만, 그러나 "그는 사회 문화적 삶의 양식을 공유하고 있으며, 의사소통적 행위와의 연관성 속에서 자라났고, 그 속에서 재생산되었다는 것을 부인하지 않으며, 심지어 직접적으로도 부인하지 않는다. 한마디로 그는 도덕성을 부인할 수는 있지만, 그가 매일 거주하는 삶의 관계의 인륜적 체제를 부인할 수는 없다. 그렇지 않다면 그는 자살하게 되거나 심각한 정신병에 떨어지지 않을 수 없다."[88] 회의주의는 공동의 삶의 양식에 참여하는 것을 주저하는 것이다.

　그럼에도 불구하고 "결단주의"의 문제가 해소되지 않는다. 나는 하버마스가 문제가 있는 이 개념을 사용한 것을 불행한 선택이라고 생각한다. 왜냐하면 "결단주의"라는 표현과 더불어 담론의 시작 문제가 논의를 하거나 하지 않을 개인의 주관적 의지의 결정과 관련이 있다는 가상을 불러일으키기 때문이다. 하버마스가 이러한 맥락에서 문제를 기획하는 한, 그는 당연히 어떤 형태의 논증적 언술이 — 그것이 비록 생활 세계에서 긍정적 또는 부정적 입장을 취하고 그 입장을 합리적으로 정당화할 수 있는 우리의 능력일지라도 — 언어적인 일상의 실천 구조에 내재한다는 것을 보여 줄 수 있다. 이러한 의미에서 논의에 들어오지 않고서는, 즉 "예, 나는 동의합니다," 혹은 "아니오, 나는 거부합니다"라고 말할 수 있는 능력 없이는 어떤 언술도 가능하지 않다. 내가 보기에 이러한 사실은 확실히 올바르며, 이런 진술은 일상적인 언술뿐 아니라 언어 일반에 대한 초역사적으로 타당한 측면을 서술하고 있다. 만약 사람들이 계율과 요청에 대해 "예"나 "아니오"로 반응할 수 없다면, 그리고 자신이 선택한 근거의 궁극적 본성이 무엇이든 간에, 즉 자연에 호소해서건, 신들에 호소해서건, 알라에 호소해서건, 아니면 운명에 호소해서건 간에 자신이 선택한 것을 정당화할 수 없다면, 언어의 화자라고 하는 것이 무엇을 의미하는지 알기란 쉽지 않다. 이러한 의미에서 급진적인 회의주의자도 그러한 언어적 실천의 규범적 전제들에 대한 참여를 피할 수 없다.

　그러나 담론은 매우 특수화된 논증 양식이다. 담론의 특수한 규범적 힘은 개인들이 논쟁이 되고 있는 문제들, 갈등 상황에 있는 문제들을 힘이나 폭력, 혹은 잘못된 타협이나 순응에 의하지 않고서 해결하고자 한다는 사실에서 도출된다. 논의가 본질적으로 언술과 어떤 관계에 있는지 상관없이 확실히 담론에 참여할 수 있는 능력과 의지 둘 다 매 순간 모든 장소에, 그리고 각각의 개인에게 현존하지는 않는다. 근거를 댈 능력과 동기는 이성이 통제 못하는 조건들, 하지만 이성을 발생시키는 조건들 속에 그 기원을 갖는다. "결단주의"라는 술어는 이러한 문제를 간단히 없애 버린다.

하버마스도 인정하듯이, 모든 개인을 담론의 잠재적 참여자로 간주해야 할 의무는 개인들의 평등, 자율성, 그리고 합리성에 대한 보편주의적 동의를 전제한다. "도덕적 질문을 실천적 담론 참여자들의 가설적이고 순수한 관점에서 생각하고자 하는 의지와 그럴 수 있는 능력은 둘 다 하늘에서 떨어지는 게 아니다. 이런 의지와 능력은 특정한 상황에 놓인 사회 집단에게만 개방된 학습 과정과 경험뿐 아니라 특정한 사회적 조건 아래서만 형성된 이해관계에서도 나타난다."[89] 합리적 담론에 대한 관심은 그 자체 합리적 담론에 선행한다. 그것은 개인의 삶의 역사에, 그리고 기억과 학습과 경험의 집단적 양식에 각인되어 있다. 정치 문화와 사회 전통에 내재한 유용한 양식들이 담론적 합리성의 발전을 장려하기도 하고 방해하기도 하듯이, 이러한 관심은 개인의 삶 속에서 현실화되거나 좌절될 수 있다.

멘델슨J. Mendelson은 가다머와 하버마스의 논쟁을 도발적으로 서술하면서 다음과 같은 사실에 날카롭게 주목한다.

이상적 담화 상황이 사회의 실제적 조직 원리로 되기 위한 역사적 잠재력은 역사적으로 좀 더 특수하고 의식적인 전통의 단계에서 이 원리를 명료하게 할 수 있는 사회에서만, 예를 들어 20세기의 서구 민주주의에서만 열매를 맺을 수 있다. 어떤 의미에서 합리적인 합의의 이상은 언어 자체에 내재해 있을 수 있으며, 단순히 외적인 표준이 아닐 수 있다. 하지만 대부분의 사회에서 그러한 이상은 현실 문화 속에 명료화되지 않은 채 남아 있다. 합리적 합의의 이상은 오로지 이 이상을 자신의 문화적 전통의 수준에 근접시키기 시작한 사회에서만 의식적으로 추구될 수 있는, 정치적으로 의미 있는 이상으로 된다.[90]

이러한 사실은 어떤 방식으로 의사소통적 윤리의 프로그램에 대한 반론이 되는가? 혹은 이것은 의사소통적 윤리가 "합리주의적 오류"에 떨어졌다는 점을 보여 주는가? 우리에게 근대의 전통을 구성해 주는, 그리고 담론의 이상을 비로소 가능하게 하는 생활 세계의 합리화 과정을 명확히 보이는 것이 『의사소통 행위 이론』의 목적이 아닌가? 의심의 여지없이 이것은 맞는 말이다. 그러나 멘델슨이 진술하고 있듯이, 담론의 이상을 구체화할 수 있는 특수한 문화적, 정치적, 제도적 형태들이 발달-논리의 합리적 재구성과 역사적 전통의 서술적 전개를 급진적으로 구분하는 일반적인 합리화 이론으로 포착할 수 있는지의 문제가 제기될 수 있다.[91] 근대의 전통 일반을 합리적으로 재구성한다는 것은 담론적 이상을 체현하고 있는 근대 사회의 **구체적 전통들**을 포착한다는 것이 아니다. 왜냐하면 그러한 설명은 **상이한** 근대 사회들의 정치적, 공공적 문화의 차이를 구분하지 못하기 때문이다.[92] 사회적 생활양식에 체현된 담론의 가능성의 조건들을 탐구하기 위해서는 하버마스에 의해 여기에서 제안된 것과는 다른 유형의 사회학적, 문화적 탐구가 필요할 지도 모른다. 그럼에도 불구하고 내가 의사소통적 윤리학에 대해 "합리주의적 오류"라고 말한 것이 무엇보다 이 단계에서 다뤄질 수는 없다.

의사소통적 윤리학은 담론의 참여자들에게 보편주의자의 관점에서 규범적인 문제들을 고려하고자 하는 **의지**와 **능력**을, 그리고 실제 삶의 현실적 관계 양상에 상관없이 모든 존재를 동등한 자로 간주하고자 하는 의지와 능력을 요구한다. 그러한 의지와 능력이 우연적인 환경에서 출현한다고 하더라도 여기에는 딜레마가 있다. 담론적 논증의 필요성은 갈등과 위기로 인해 사회적, 정치적 행위자들이 기존의 합의에 도전하게 될 때 발생한다. 그러나 그 행위자들을 담론에 종사하도록 이끈 바로 그 "추상"의 단계, 즉 행위의 강제들을 **가시화**하는 것은 그 행위자들이 이런 실제 갈등 상황을 유발하는 힘과 그 내용을 **유보**하려는 의지가 있을 때에만 발생할 수 있다. 담론은 인류적 삶의 상호 주관성이 **위협받을** 때 발생한다. 하지만 담론적 논증의 기획 자체는 **화해된** 상호 주관성의 현실적 타당성을 전제한다. 사회적 삶에서의 화해가 자신의 희생을 바탕으로 이루어졌다고 느끼는 사람들이 담론에 참여하기를 거부한다면, 이것은 도덕적으로 정당화될 수 있을 것이다. 이것은 단순히 폭력이나 힘에 의존하겠다는 것이 아니라, 단지 공존의 호혜성이 현존하는 힘에 의해 위협받게 되는 그런 현실에 이르기 전에는 대화에 참여하지 않겠다는 것을 의미할 뿐이다. 너무 빨리 타협하고자 하거나 "이성적"이고자 하는 것도 역시 참된 보편주의를 위협에 빠뜨릴 수 있다. 대화의 전제 조건이 충족되지 않아서, 즉 대화의 당사자로 서로를 인정하지 않아서 당사자들 사이에 어떤 대화도 가능하지 않을 수 있는데, 바로 이런 종류의 갈등 상황이 있을 수 있다는 것이다.[93] 부나 권력이나 지위 등과 같은 것에서 나타나는 당사자들 사이의 구조적인 불평등으로 인해 상호 인정이 발생하지 않을 수 있다. 혹은 당사자들 사이의 갈등의 정서적 부담감이 너무 과중해서 현재 진행되고 있는 담론에 필수적인 적절한 거리 유지가 나타나지 않을 수 있다. 이 경우 사회적 갈등은, 가족에서의 갈등이나 애정적인 갈등과 마찬가지로, 갈등 해결을 위한 담론 모델로 들어가지 않으려고 할 수 있다.[94]

 이러한 문제들은 담론적 이상을 실제 삶의 상황에 적용하기 위한 조건들에 관심이 있는 것처럼 보인다. 따라서 이러한 문제들을 다루는 것이 왜 의사소통적 윤리 이론에 필요한가? 이 문제들은 이 이론의 규범적 요청의 내적 구성과 **타당성**의 문제와 상관 없다. 하버마스 자신은 그러한 고려 사항들을 추상적, 보편주의적 도덕성

(Moralität)을 인륜적 삶(Sittlichkeit)의 구체적 형태와 "매개하는" 문제라고 불렀다.[95] 실제로 내가 위에서 모든 심급에서의 갈등 해결을 위한 담론 모델의 적절성에 대해 말했던 몇몇 문제들, 예컨대 담론적 논증에 들어갈 올바른 시점 등은 **신중함**의 문제, 즉 올바르고 적절하며 훌륭한 도덕적 판단의 문제일 수 있다. 또 어떤 다른 경우에는, 예컨대 거래나 협상을 계속하기보다는 파업을 하거나, 협상을 깨거나, 방을 떠나거나, 아니면 데모를 해야 할 시기에 그것은 **전략적-정치적 현명함**의 문제일 수 있다. 도덕적 총명함과 전략적 명민함 모두 의사소통적 윤리학을 삶의 맥락에 **적용하는** 것에 포함된다. 그러나 그런 총명함과 명민함에 대해 이 이론이 할 말은 거의 없다. 하지만 이러한 사실을 인정한다는 것은 의사소통적 윤리학이 개인의 **의지**와 **능력**에 우연적이라는 것을 의미할 뿐이다. 또한 그러한 윤리의 원리를 행위나 정책에 구현하는 데 필요한 도덕적 총명함과 정치적 통찰뿐 아니라 그러한 윤리적 입장을 대체로 우선 수용하는 문화도 이 이론과 상관이 없다. 합리주의적 오류를 범한다는 것은 담론의 시작과 끝을 둘러싸고 있는 이러한 우연성을 무시한다는 것이며, 의사소통적-윤리적 이상이 삶의 맥락의 우연성에 종속되지 않는다고 가정하는 것이다.

보편주의적 윤리 이론의 원리들을 적용하는 문제와 관련하여 생겨난 이러한 문제 제기는 최근에 "맥락화"라는 이름 아래 활발한 토론을 불러일으켰다. 콜버그와 하버마스는 인지 발달 이론에 의해 검증된 가설적 도덕 능력이 **실제** 삶의 맥락에서 올바르고 적절한 판단을 내릴 수 있는 능력으로 전환되지 않는다는 사실을 인정해야 했다.[96] 그럼에도 불구하고 그들은 원리들의 **도덕적 정당화**가 그 원리들의 **맥락화**와 구별되어야 한다고 주장한다. 즉, 그들은 원리들의 도덕적 정당화를 총명한 판단의 실천과, 그리고 그 원리들을 올바른 행위에 적절하고 능숙하게 체현하는 것과 구별해야 한다고 주장한다.

정당화와 맥락화의 이러한 구별은 다시 한 번 의사소통적 윤리학의 합리주의적 해석의 한계를 보여 주며, 도덕 발달 심리학의 방법론에 대해서, 그리고 철학적으로는 보편주의적 윤리 이론에 대해서 수많은 곤란한 문제를 가져온다. 우선 첫 번째 것에 대해 살펴보자. 문제가 되고 있는 상황의 도덕적 딜레마에 대한 가설적 해결책이 실제 삶의 상황을 올바르게 판단할 수 있는 능력으로 전환되지 않는다면, 이 이론은 어떤 종류의 이론인가? 둘째, 만약 가설적인 도덕적 딜레마와 실제 삶에서의 반응 사이에 간격이 있다면, 이 간격은 어떤 기능을 하는가? 그것은 도덕적 인식과 대립되는 강력한 성격, 강력한 도덕적 인격성의 기능인가? 우리의 경험뿐 아니라 도덕 이론의 역사는 확실히 요청과 행위 사이에, 원리의 인정과 이 원리에 따라 행위할 수 있는 능력 사이에 수많은 불일치가 있다는 것을 우리에게 보여 준다. 그래서 사람들은 아리스토텔레스가 주장한 것처럼 '도덕적 덕의 참다운 본성은 다름 아닌 "특정한 상태의 성격"에 있는 것은 아닌지, 즉 어떤 특정한 방식으로 행위할 수 있게 하는 항구적인 기질에 있는 것은 아닌지' 의심할 수도 있다. 동일하게, 말과 행실 사이의, 이상과 실제 행동 사이의 불일치를 심사숙고할 경우, 정신분석학적인 통찰이 필요한 것은 아닌가? 정신분석학은 불일치를 드러내는 어떤 체계적 양태들에 집중함으로써 개인의 행동에 내재한 억압, 승화 그리고 전위 등의 구조를 탐구한다.

철학적 입장에서 반론을 하자면, 도덕적 판단 현상은 기존의 원리를 어떤 맥락에 적용함으로써 간단히 설명할 수 없다. 여기서 우리는 '판단 행위는 특수한 사례를 일반 법칙에 포섭하는 것'이라고 가정하는 도덕적 판단 모델을 가지고 있다. 우리는 이 특수한 X를 규칙 Y의 한 사례로 판단한다. 아마도 의사소통적 윤리학은 우리에게 규칙 Y의 규범적 올바름이나 정확함을 확립할 수 있게 하는 절차인 것 같다. 하지만 이것은 도덕적 판단에 대한 매우 빈약한 모델이다. 왜냐하면 도덕적 판단은 정확히 우리에게 X를 Y의 한 사례로 확인하게 하는 그런 정신적 활동과 관련이 있기 때문이다. '주어진 도덕적 상황에서 우리에게 요구되는 것은 현실적이지 않은 정의의 규칙에 따라서 행위하기보다는 우정과 관용의 규칙에 따라 행위하는 것이다' 는 사실을 우리는 어떻게 아는가? 우리는 이 상황이 정의의 상황이 아니라 우정의 상황임을 어떻게 아는가? 어떤 상황은 왜 무의식적인 실수라기보다는 충성의 위반이라 불리는가? 이러한 사례들의 경우에 서술은 이미 가치 평가를 내포하고 있다. 어떤 상황이 그러한 것이고 또 그러한 유의 것이라고 말하는 것은 매우 복잡한 과정을 불러일으킨다. 이 과정에서 판단된 상황이 드러난 것만큼 판단하는 인격체의 특성도 드러난다. 카벨S. Cavell은 다음과 같이 아주 잘 관찰했다.

> 어떤 "경우"가 문제가 되는지는 반드시 도덕적 판단 그 자체의 내용의 일부를 형성한다. 행위는 덮개나 검은 방울새 등과는 달리 평가액에 따라 이름 붙여지지 않으며, 사과와 달리 그 숙성도에 따라 측정되지 않는다. 내 생각에, 칸트의 도덕 이론이 "형식주의적"이라고 하는 말의 가장 심각한 의미는 특정한 방식에서 동기 부여된 행위만이 도덕적 행위라고 말한 데 있는 것이 아니라, 칸트가 행위의 도덕성의 시금석으로 삼는 행위의 바로 "그" 준칙, 즉 정언 명령이 적용될 수 있다고 말함에 있어서 그가 거의 어떤 어려움도 발견하지 않는다는 데 있다.[97]

이 간략한 서술은 도덕적 판단의 문제가 정당성과 그 적용의 구별만으로 해결될 수 없다는 것을 의미한다. 도덕적 판단은 복합적인 현상이다. 여기서 중요한 것은 의사소통적 윤리 이론이 이 문제에 대해 어떤 실마리를 던져 줄 수 있는지를 아는 것이다.[98]

실제 행위 맥락에서 담론의 규범적 내용의 동기 부여적 힘은 실제 삶의 상황에서 담론적 원리들의 맥락화의 문제와 밀접하게 관련이 있다. 반反사실적인 논증 상황에서 얻은 통찰은 실제 삶의 맥락에서 어떻게 행위를 지배하는 **동기**와 원리로 변환되는가? 혹은 반대로, 그러한 통찰은 왜 그런 일을 하는 데 실패하는가? 행위에서 담론으로의 이행이 무엇을 의미하는지의 문제만 중요한 것이 아니다. 행위의 동기를 유발하는 담론의 능력 또한 이슈가 된다. 하버마스가 "합리적 논의의 동기 부여적 힘"[99]이라 부른 것은 우리를 다시 한 번 헤겔의 칸트 심리학 비판으로 되돌아가게 한다. 잘 알려져 있듯이, 순수한 이성이 어떻게 행위의 동력이 될 수 있는지의 문제를 해결할 수 없는 칸트는 유한한 인간 존재가 어떻게 도덕법에 대한 의무감으로부터 행위를 자극받을 수 있는지를 설명하기 위해 **이성의 사실** *Faktum der Vernunft*을 요청해야 했다. 이에 반해, 헤겔의 경우 이성의 욕구를 침묵 속에 처박지 않고 오히려 이 욕구를 형성하고 변형할 경우에만 이성은 하나의 사실이 된다. 이성의 욕구 능력은 욕구의 합리성을 포함한다. 내적인 자연과 개인의 행복과 성취욕을 배려하지 않는 이성은 자신의 동기 부여적 힘을 잃어버릴 수 있다. 아마도 그렇다면 이성의 동기 부여적 힘은 정의뿐 아니라 행복도 약속될 경우에만 확립될 수 있는가? 의사소통적 윤리학이 행위 맥락에서 구현될 수 있기 위해서는 행복에 대한 이런 유토피아적인 충동에도 호소해야 할 것이다. 이러한 의미에서 "의사소통적 윤리학은 실로 유토피아적인 내용을 가지지만, 그렇다고 유토피아에 대해 윤곽을 그려 주지는 않는다."[100] 이러한 유토피아적 내용을 검토하기 이전에 나는 하버마스의 의사소통적 합리성과 윤리학 개념에 대한 나의 비판의 의도를 분명하게 하고 싶다.

제7장에서 딜중심화, 가치 영역의 분화, 그리고 반성성의 증대 등과 같은 의사소통적 합리성의 구성 요소들은 강한 의미에서 보편

적으로 구속력이 있는 것으로 정당화될 수 없다는 결론이 내려졌다. 의사소통적 합리성에 대한 약한 **정당화**를 공식화한 이후에, 나는 이 장에서 의사소통적 윤리의 프로그램으로 돌아왔다. 여기에서도 나의 목표는 논의의 보편 화용론적인 조건에 대한 분석으로부터 의사소통적 윤리로 이끌어가기 위한 강한 정당화 전략이 유지될 수 없다는 것을 보이는 것이었다. 대신 우리는 두 가지 것을 인정해야 한다. 첫째는 상호성과 균형 등과 같은 참여자들 사이의 최소 규범들 중 어떤 것들은 우리가 부정해야 할 이유가 없는 논증의 규칙에 속한다는 것이다. 이 조건들을 부정한다면 우리는 우리의 논증 절차가 공평한, 공정한, 혹은 합리적 절차였다고 지속적으로 주장할 수 없다. 그러나 둘째, 상호성과 균형 같은 일반 규범들, 그리고 공평하고 합리적인 논증의 규칙에 속하는 어떤 부가적 규범들 등은 보편화 원리의 특수한 상을 의미하지 않는다. 경험적으로도, 규범적으로도, 보편화 원리를 수용해야 하는 매우 훌륭한 이유들이 많이 있을 수 있다. 그러나 내가 이 장에서 보여 주고자 했던 것처럼, 하버마스에 의해 이 보편화 원리에 주어진 특수한 상은 논증의 보편 화용론적 규칙들에서 도출되지 않는다.

따라서 사람들은 딜레마에 봉착한다. 한편으로, 논의의 혹은 합리적 언술의 최소 규칙들은 의사소통적 윤리학이라는 흥미 있는 형태에 이르게 할 만큼 그렇게 충분히 강하거나 내용이 풍부하지 않다. 수많은 보편주의적 윤리 이론들은 이 논증 규칙들과 양립 가능하다. 다른 한편으로, 사람들이 의사소통적 윤리학에 대한 강한 상을 형성할 경우 이 상은 그 자체 논증의 최소 규칙에서 나오지 않는, 그리고 사회학적, 심리학적 본성의 가정들을 전제하는 그런 강한 가정들의 영향 아래서만 습득될 수 있다. 다른 말로 하면, 사람들이 의사소통적 윤리학의 최소주의적 형태를 유지할 경우, 그들은 난치하게도 이 이론의 의도를 보편주의적인 다른 이론들의 의도와 구별해야 한다. 왜냐하면 롤즈의 정의론과 칸트의 윤리학을 의사소통적 윤리학과 구별하기 위해서 의사소통적 윤리학에 대한 최소주의적이지 않은 강한 설명이 필요하며, 또한 반대로 이러한 설명은 도덕적 회의주의자들이 수용하는 것보다 더 강한 가정들을 포함하기 때문이다.

내가 방금 밝힌 딜레마의 두 뿔은 자연주의라는 스킬라와 결단주의라는 카립디스로 좀 더 정확히 이름 붙일 수 있다[그리스 신화에 나오는 바다의 신들. 해협 양쪽에 위치하여 지나가는 배들을 공격하여 수장시켰다고 한다 — 옮긴이]. 한편으로, 의사소통적 윤리학의 이상은, 의사소통 행위의 부정할 수 없는 최소 조건들에 의해서건 정상적으로 성장한 주체들의 습득된 능력에 의해서건 간에, "언제나 이미 전제되어 있기"라도 하듯이 현상한다. 다른 한편으로, 만약 자신의 윤리적 임무와 표현이 세계 속의 사물들과는 달리 자연화되지 않는다면, 사람들은 이러한 임무가 단순한 결정의 산물이며, 선택 행위의 산물에 불과하다는, 그리고 이러한 선택 행위가 이성으로 뒷받침될 수 없다는 반론에 직면하게 된다.

내가 이러한 딜레마에서 나올 수 있는 유일한 길은 자연주의를 피하는 것이 결단주의로 가는 것이라는 사실을 부정하는 것이다. 하버마스의 이론에 나타난 진화론적인 자연주의의 문제들을 다음 절에서 좀 더 충분하게 검토할 것이다. 따라서 여기서는 결단주의에만 집중하려고 한다. 결단주의는, 그것이 키르케고르의 것이건 사르트르의 것이건 혹은 베버의 것이건 간에, 두 개의 가정 위에서 움직인다. 첫째, 궁극적인 토대들을 제공할 수 있는 강한, 전통적인 이성 개념이 전제된다. 키르케고르와 사르트르 둘 다 헤겔의 이성을 패러다임으로 취하고 있음을 기억하자. 헤겔의 이성은 현실의 합리성을 보일 수 있다고 주장하며, 보편자와 특수자의 완벽한 "매개"를 보일 수 있다고 주장한다. 이에 반해 베버의 결단주의는 '통합적 세계관은 파괴되고, 통약 불가능한 가치 영역들은 계속 분화하고 있다'는 그의 진단의 맥락에서만 이해될 수 있다. 이 사상가들 중 누구에게도 비근본주의적, 오류 가능한, 그리고 의사소통적 이성 개념이 가능성으로 제시되지 않는다. 따라서 그들은 문제를 궁극적 정당화의 문제나 순수한 선택의 문제로 틀을 잡는다. '궁극적 정당화는 개정 가능한 어떤 합의를 산출하는 의사소통적 논증과 담론의 과정에 의해 언제나 대체될 수 있다'는 가능성은 유지되지 않는다.

둘째, 윤리적 결단주의는 개인의 선택의 부담을 제거할 수 있는 윤리 이론을 요청한다. 이 도전에 직면하여 근대의 모든 윤리 이론은 독단주의에 떨어지고 말았다. 이러한 사실은 무엇보다도 비판 이론에는 적용되지 않는다. 왜냐하면 이 이론은 자율적인 인격성의 가치를 주장하기 때문이다. '이론가는 구체적인 개인들에게 그들 자신의 삶을 이끄는 방법을 충고할 수 있다'고 하는 가정은 우선 이론가가 자신에게 부여되지 않았던 권위를 소유하고 있다고 가정하는 것이며, 둘째, 이론이 어떤 독특한 윤리적 통찰을 제공한다고 가정하는 것이다. 다른 말로 하면, 결단주의의 요구가 충족된다면 결국 권위 혹은 지혜의 윤리학으로 끝나고 말 것이다. 비판 이론은 도덕적 개인이 이론가만큼 자율적이라고, 이론적 계몽이 결코 최고의 도덕적, 정치적 권위를 부여하지 않는다고, 그리고 도덕적 통찰이 모두에 의해 공유될 수 있다고 가정한다. 따라서 비판 이론은 개인의 선택의 부담을 제거한다는 결단주의의 요구에 원리상 아무런 대답도 할 수 없다. 다르게 생각하는 것은 "나쁜 신념"일 수 있다. 따라서 담론적이고 반증 가능한 이성관에 기초한 의사소통적 윤리학의 약한 정당화는 결단주의로 떨어질 필요가 없을 것이다. 왜냐하면 궁극적 토대에 대한 추구뿐 아니라 결단주의가 규범 이론에 대해 질문하는 것도 그 자체 비이성적이라는 사실이 드러나기 때문이다.

3. 의사소통적 자율성과 유토피아

발터 벤야민에 대한 회고를 담은 「발터 벤야민의 현실성 개념에 대해: 의식 형성을 위한 비판과 구원을 위한 비판」에서 하버마스는 많은 사람들에게 도덕적 진보와 해방에 대한 그 자신의 이해의 공백으로 비쳐지는 문제를 검토한다.

> 마르크스에게까지 이어지는 전통에 서 있는 벤야민은 착취와 진보 개념에서 한 발 더 나아간 계기, 즉 배고픔과 억압 외에도 실패를, 성공과 자유 외에도 행복을 강조한 최초의 사람들 중 한 명이다. 벤야민은 스스로 세속적 환희라 불렀던 행복의 경험을 전통의 복원과 연결된 것으로 간주했다. 우리가 우리의 욕구의 조명 아래서 세계를 해석하는 데 필요한 저 의미론적 잠재력의 근원들이 소진되지 않을 때에만 이 행복에의 요청이 이행될 수 있다.[101]

문화적 전통의 의미론적 유산에는 완성된 삶의 역사와 집단적 삶의 형태와 관련하여 정의가 연대성을 배제하지 않고, 행복을 대가로 자유가 무시되지 않는 그런 상들과 예견들이 포함되어 있다. 하버마스는 계속하여 말하기를, 확실히 문화의 잠재력을 해방하지 않고서는 자유를 성취하고 정의를 실현하는 것이 불가능하다고 한다. 그런 의미에서, 문화를 의미론적으로 해방하는 것과 제도적 억압을 사회적으로 극복하는 것은 상호 보충적이다. 그러니 "행복과 완성을 결한 해방은 억압이 남아 있는 상대적 번영만큼이나 불가능한 것"은 아닌가 하는 의심은 여전히 남아 있다.[102]

화이트북 J. Whitebook이 잘 관찰한 것처럼, 『정당성의 위기』(1973)가 나오기 1년 전에, 그리고 『역사 유물론의 재구성』(1976)이

나오기 4년 전에 쓰인 이 논문을 통해 우리는 하버마스가 반계몽주의 전통(니체, 슈펭글러, 윙거, 하이데거 등)에 대항해서 뿐 아니라 비판 이론의 메시아적 조류(특히 블로흐와 벤야민)에 대항해서도 어떤 논리를 펼칠 것인지를 예견할 수 있다.[103] 그러나 이 일련의 작품들은 거기에 언급된 강력한 혐의들을 불식시키지 못했다. 지난 몇 년간 점차 하버마스는 좋은/선한 삶을 배제하면서 자유에만 초점을 맞춘 실천적 담론 이론의 한계들을 지적해야만 했다. 그 이론은 가치들(Werte)의 통합 문제를 무시하면서 규범적 당위명제(Sollsätze)의 타당성에만 관심을 갖는다. 간단히 말해서, 그 이론은 제도적인 정의에 관심을 갖지, 개인들의 삶의 역사의 질에 대해서는, 그리고 이들을 충족시키거나 그렇지 않는 집단적 삶의 양식의 질에 대해서는 많은 것을 이야기할 수 없다.[104] 이러한 문제 제기는 우연의 일치도, 단순한 철학적 관심에서 온 것도 아니다. 그것은 **규범과 유토피아** 사이의, 정의와 신한/좋은 삶 사이의 진근한 관계를 드러낸다. 왜냐하면 그것들 사이에서 비판 이론의 담론이 전개되기 때문이다.

시민 사회에 대한 마르크스의 초기 비판 이래로 해방의 기획은 현존하는 질서의 완성이자 변형으로 간주되었다. 자본주의에 대한 내재적 비판을 전개하는 가운데, 비판적 마르크스주의는 자신의 약속을 반사적으로 비춰 주기 위해 이러한 사회 질서를 고찰했으며, 몇 사람을 위해서가 아니라 모두를 위해 사회적 합리성과 부의 실현, 인간의 삶의 개선, 그리고 착취와 비참함의 종식 등을 요구했다. 이러한 요구는 인간의 자유와 행복을 과학 기술에 기초한 생산력의 진보와 결합시키려는 계몽의 기획을 문제 삼지 않았다. 20세기 시작 이후 유럽 역사의 과정은 계몽이 자신의 장밋빛 약속을 충족시킬 수 있다는 희망을 거의 상실하고 말았다. 비판 이론은 계몽의 변증법이 자신의 약속을 실행하지 못하고 저주하며 떠나 버린 것을 비통해 했다. 해방의 기획은 점차 계몽의 유산의 완성으로서가 아니라 변형으로 간주되었다. 이렇듯 계몽을 점점 더 밀교적인 방식으로 파악함으로써 호르크하이머, 아도르노, 그리고 마르쿠제의 비판 이론이 빠져들어가지 않을 수 없었던 이 아포리아들에 대해서는 이미 위에서 서술했었다. 해방은 점점 더 공적인 기획이 아니게 되었으며, 자연과의 비지배적인 관계 속에서, 혁명적인 에로스의 계기들 속에서 도달한 사적인 자유의 경험이 되었다.

하버마스는 계몽과 해방의 관계를 다시 확립하고자 했으며, 실천 이성의 계몽적 유산으로까지 거슬러 올라감으로써 해방의 기획을 공적인 것으로 만들려고 했다. 그의 기획은 17세기 이래로 언제나 성, 계급, 인종, 그리고 지위 등의 문제에 기초하여 보편주의에 제한을 가했던 부르주아적 합의 이론들의 보편주의적 약속을 완성하고자 한다. 하지만 부르주아적 보편주의의 실현이 해방의 필요조건이라고 인정한다 하더라도 그것으로 충분한 것 같지는 않다. 하버마스는 다음과 같이 질문한다. "우리는 무의미한 해방의 가능성을 제거할 수 있는가? 복잡한 사회에서 해방은 행정적 결정 구조를 참여적인 것으로 변형하는 것을 의미한다."[105] 이것이 "해방"이 의미하는 모든 것이라 할지라도, 그리고 비판의 목표가 복지 국가적인 혹은 사회 민주적인 디첩이 주는 "흥이 없는 개혁주의" 속에서 소진되어 버렸다 하더라도, 비판 이론은 자신의 유토피아적 전통이 주는 아주 많은 것들을 위하여 계몽과 해방의 관계를 다시 확립해야 할 것이다. 그러므로 나는 부르주아 보편주의를 실현하려는 목표, 즉 수행되지 않은 정의와 자유의 약속을 실행하고자 하는 목표가 "흥이 없는 개혁주의" 속에서 소진되어야 하는지를, 혹은 벤야민이 말한 것처럼, 사람들이 바로 이 과정 속에서 **지금 시간***Jetztzeit*을, 즉 변형의 순간을 볼 수 없는 것은 아닌지를 질문하고자 한다. 나는 하버마스에 의해 올바른 것으로 받아들여진, 콜버그의 도식 속에 나타난 도덕 발달의 7번째 단계, 즉 "보편화할 수 있는 욕구 해석"의 단계가 분명한 유토피아적 내용을 가진다는 것을, 그리고 그것이 부르주아 보편주의에 대한 변형적 파악을 의미한다는 사실을 주장하고 싶다.

이러한 조건들과 더불어 나는 주체의 철학의 입장에 붙들려 있는 하버마스의 사유의 측면들을 비판할 것이다. 우선 내가 말하는 '주체의 철학'의 의미가 무엇인지를 상기해 보자. 이 입장의 특징은 네 가지 전제에 붙들려 있다는 것이다. 첫째, 그것은 "대상화" 혹은 "외화"로 불리는 유일한 인간 행위 모델이 있다고 가정한다. 둘째, 역사에 초주관적 주체가 있다고 가정한다. 셋째, 역사는 주체의 이야기임을 말한다. 넷째, 해방은 현재의 우리가 우리의 정체성을 과거에 의해 구성된 주체들로 재발견할 것을 요구한다.

확실히, 하버마스는 앞의 두 전제를 단호하게 거부한다. 사실, 노동과 상호 작용을 구별함으로써, 그리고 의사소통 행위 개념에 의해 상호 주관성의 구조를 발전시킴으로써, 그는 주체의 철학의 가정들을 묘사할 수 있었다.[106] 또한 비판과 재구성을 구별하는 하버마스의 주된 이유들 중 하나는 그가 호르크하이머의 비판 이론의 주체 개념에 내재해 있는 것으로 본 혼합물을 거부하기 위해서이다. 한편으로, 호르크하이머의 주체는 객관적 세계를 자신의 실천에 의해 창조한 경험적 인류임을 전제했다. 다른 한편으로, 이것은 오늘날의 인류가 이러한 과거의 유산을 재전유함으로써 규범적인 의미에서의 역사의 주체로 되어야 한다는 것을 전제했다. 하버마스는 이러한 등식이 익명적 주체의 성과물들을 역사적으로 구성된 특수한 인간 집단의 경험과 혼합한다고 지적했다.[107] 그렇다면, 어떤 의미에서는, 하버마스 역시 주체의 철학의 담론 내에 머물러 있다고 말할 수 있는가?

하버마스는 익명적 주체, 즉 인류 자체의 유적 능력에서 기인하는 재구성을 경험적으로 유익한 탐구 가설로 세시할 뿐 아니라 이러한 재구성이 역사적 주체의 형성사에 대한 **철학적 묘사**의 역할을 띠

맡는다고 말한다. 바로 이 지점에서 그는 주체의 철학의 담론을 역전시킨다.[108] 헤겔의 『정신현상학』처럼, 재구성은 역사의 이야기를 진행시키는 가공적인 집합체인 "우리"의 이름으로 말하기 시작한다. 이 가공의 주체는 과거의 주체이면서 미래의 주체로 현상한다. 이 주체는 경험적이면서 동시에 규범적이다. 하버마스의 설명에서도 역시 근대의 문화적 진화를 자신의 학습 과정으로 삼는 경험적 주체(들)는 자신의 지위를 변화시키며, 이러한 과정은 현재의 주체인 "우리"에게 우리 자신을 발견할 수 있게 하는 재현적 이야기로 된다.[109]

이러한 설명은 두 가지 점에서 반박될 수 있다. 첫째, 현재의 "우리"는 누구이며, 재구성은 모두와 동일화될 수 있는 발전 과정을 표현하는가? 왜 사람들은 언제나 집단적 단수인 인류 자체와 마주해 있다고 가정되는가?[110] 익명적인 유Gattung 주체라는 언어로의 이러한 전환은 참된 "우리"를 출현시킬 수 있는 도덕적, 정치적 행위를 선취하는가? 집단은 이론적으로 구성되는 것이 아니라 투쟁하는 행위자들의 도덕적, 정치적 격론에 의해 형성된다. 둘째, 가설적 주체의 언어로의 이러한 전환은 더 나아가 역사적 과정의 **중화**를 가져온다. 역사는 하나의 과정에서 다음 과정으로 필연적으로 그리고 불가피하게 진행해 가는 구조적 과정에 광택을 입히기 시작한다.

나는 이미 앞 장에서 우리가 유의 역사를 자연스러운 것으로 받아들일 수 없다고 지적했다. 왜냐하면 우리는 그것과 비교할 수 있는 발전 모델을 가지고 있지 않기 때문이다. 나는 또한 도덕 발달의 **탈관습적** 단계에서는 사람들이 진화론적 논증에 의지하여 경쟁하는 보편주의적 이론들을 중재할 수 없다고 주장했다. 이 점에서 미래의 기획이라고 할 수 있을 어떤 예언적 유토피아가 필요하게 된다. 현재를 미래로 이끌어 가는 발전 노선이 근본적으로 규정되어 있지 않기 때문에 이론가는 진화와 필연성의 언어를 말할 수 없으며, 자신을 미래의 형태에 참여하는 자로 파악해야 한다. 도덕 발달의 7번째 단계는 하버마스의 구성에서 보편화할 수 있는 욕구 해석과 관련이 있는데, 이 단계에 초점을 맞춤으로써 나는 이러한 유토피아의 계기를 드러내고자 할 것이다.

하버마스의 초기 논문인 「진리 이론들」에서, 우리는 적절한 도덕의 언어가 "주어진 환경에 놓여 있는 특정한 집단과 사람들에게 자신의 특수한 욕구들뿐 아니라 합의될 수 있는 공동의 욕구들에 대해서도 참다운 해석을 하게 한다"는 주장을 접했다.[111] 칸트의 경우이든, 그것의 현대적 버전인 롤즈나, 기워스, 혹은 바이어Baier의 경우이든 상관없이, 이러한 보편주의적 윤리 이론의 관점에서 볼 때, 저러한 주장은 실천적 담론의 한계를 넘어 선다. 예를 들어, 칸트의 경우가 그러한데, 왜냐하면 그에게 도덕성의 필수적인 보편성은 추상 작용에 의해서만, 즉 도덕적 행위자를 의무에서 멀어지게 하는 바로 그러한 욕구, 욕망, 그리고 경향성 등을 억압함으로써만 확립될 수 있기 때문이다. 오늘날의 탈존재론적 이론에서 "내적인 본성"에 대한 무시는 더 복잡한 설명을 필요로 한다. 그러나 이러한 무시는 궁극적으로 '개인의 공적인 행위들이 서로 충돌하지 않는 한, 그들이 필요로 하고 바라는 것은 바로 사적인 영리이다'라는 고전적 자유주의의 강령에 기초해 있는 것 같다. 인간 삶의 이러한 측면을 공공적-도덕적 담론으로 이끌어 들이는 것은 개인들의 자율성과 충돌한다. 즉, 그것은 '좋은/선한 삶을 스스로 규정할 수 있는 타자의 권리를 침해하지 않는 한 자신도 그렇게 할 수 있다'는 그들 자신의 권리와 충돌한다.[112]

칸트의 이러한 도덕 이론에 반대하여, 하버마스는 경험적이면서 규범적인 힘을 가진 헤겔의 도덕 이론적 통찰을 수용한다. 헤겔의 통찰에 따르면, 자아와 타자의, 나와 너의 관계가 인간의 자기의식의 구조를 구성한다. 경험적으로 말해서, 이러한 통찰은 인간의 인격성이 다른 자아들과의 **상호 작용**에 의해서만 발전하는 것으로 파악한다. 정신분석학, 상징적 상호 작용주의, 그리고 자아 심리학 등과 같은 수많은 사회 연구 학설들에서 이러한 통찰은 더 이상 사변적인 통찰이 아니라 인간의 사회화와 정체성 형성의 이론을 인도하는 경험적 가설이다.[113] 규범적으로 말해서, 정체성에 대한 이러한 견해는 '자아와 타자의 관계가 자아의 자율성 추구에 직접적인 관련이 있다'고 하는 자율성 모델을 함축한다.

욕구 해석이 실천적 담론의 주된 문제가 된다고 주장함으로써, 하버마스는 두 가지 점을 강조한다. 사회화 이론의 관점에서 볼 때, 개인의 본성은 "사적"이기는 하지만, 그렇다고 불변하는 것은 아니다. 개인의 욕구 해석과 동기는 언제나 사회적 과정의 흔적을 간직하고 있으며, 이 과정에 참여함으로써만 그 개인은 "나"로 되는 것을 배운다. "나"라는 단어의 문법적 논리는 자아 정체성의 독특한 구조를 드러낸다. 즉, 자기 자신과의 관계에서 이 개념을 사용하는 모든 주체는 다른 모든 주체들도 동일하게 "나들"임을 배운다. 이러한 관점에서 자아는 '나들'인 다른 자아들과의 공동체에서만 '나'로 된다. 그러나 모든 자기 관계의 행위는 동시에 이 '나'를 다른 모든 '나들'과 구별시키는 독특함과 차이를 표현한다. 욕구와 동기에 관한 담론들은 공동성과 독특함에 의해 창조된, 즉 일반적 사회 과정과 개인의 생활사의 우연성에 의해 창조된 이러한 공간에서 전개된다.

규범적인 자아의 이상의 관점에서 볼 때, '욕구에 대한 "진실한" 해석은 또한 담론적 논증의 일부분이다'라는 주장은 자아의 자율성이 내적인 억압 속에서는 성취될 수 없으며, 또 그래서도 안 된다는 것을 의미한다. "내적인 자연은 따라서 유토피아적인 관점으로 떠밀린다. 즉, 이 단계에서 내적인 자연은 문화적 전승에 의해 자연스럽게 성장한 고정된 해석의 틀 내에서만… 검토되어서는 안 된다. 내적인 자연은 욕구들이 심미적aesthetic 표현 형태들을 넘어서 언어적으로 표현될 수 있는 정도만큼, 혹은 고상징적 전언어성 paleosymbolic prelinguisticality에서 벗어날 수 있는 정도만큼 의사소통적으로 유동적이며 투명하게 된다."[114] 자아의 자율성은 두 가지 능력을 특징으로 한다. 첫째는 문화적 전승에 의해 고정된 해석의 틀에 대해 질문할 수 있는 개인의 **반성적 능력**, 즉 만약 네가 원한다면, 우리의 욕구와 동기를 형성하는, 침전되어 있고 얼어붙어 있는 좋음/선함과 행복의 상들을 녹일 수 있는 능력이다. 둘째, 그러한 반성적 문제 제기는 자신의 욕구를 언어적으로 **분명하게** 할 수 있는 능력, 즉 자신의 욕구에 대해 다른 사람들과 의사소통할 수 있는 능력을 수반한다. 첫 번째 측면은 우리에게 전통의 내용과 반성적 거리를 취할 것을 요구하는데 반해, 두 번째 측면은 우리 자신의 정의적, 감정적 체제를 분명하게 할 수 있는 능력을 강조한다.[115] 이 두 경우에 반성은 주어진 내용으로부터의 추상으로 이해되는 것이 아니라 의사소통할 수 있는 능력으로, 대화에 참여할 수 있는 능력으로 이해된다. 내적 자연(본성)에 대한 언어적 접근은 거리 취하기이면서 동시에 가까이 다가서기이다. 우리를 이끌어 가고 추동하는 것에 우리가 이름을 붙일 수 있는 정도만큼 우리는 우리 위에서 행사되는 힘에서 해방될 수 있다. 그리고 우리가 의미하는 것을 말로 표현할 수 있는 바로 그 과정에서 우리는 영혼이 자신과 맺는 친근함과 조화에 한 발짝 더 가까이 다가선다.

보편주의적 윤리 이론의 최고의 단계가 우리의 욕구들에 대한, 그리고 이 욕구들의 해석의 근거가 되는 문화적 전통에 대한 이러한 열린, 반성적 의사소통이라면, 의사소통적 윤리학을 붙잡고 있는 것처럼 보이는 수많은 모순들은 그 힘을 상실하기 시작한다. 즉, 정의의 문제는 좋은/선한 삶의 문제와 합쳐지며, 실천적-도덕적 담론은 심미적-표현적 담론으로 흘러들어간다. 그리고 자율성은 공정한 규범들과 조화를 이루고 있는 **자기 규정**일 뿐 아니라 **구체적인 타자**의 입장에서 볼 수 있는 능력이기도 하다.

고대의 실천 철학이 좋은/선한 삶의 문제에 방향을 맞추는 반면, 근대의 실천 철학은 정의에 관심을 갖는다. 바로 이런 점에서 고대와 근대의 실천 철학은 서로 구별된다. 아리스토텔레스가 표현했듯이, 폴리스의 임무는 단순히 삶을 보장하는 것이 아니라 좋은/선한 삶을 습득하게 하는 것이다. 홉스에서 시작하는 근대의 정치 철학은 기계적인, 비목적론적인 세계에서 "인간에게 좋은 것"이 더 이상 명료하고 확실하게 정의될 수 없다고 주장한다. 자연의 목표와 목적은 우리의 지성에 그 모습을 드러내지 않는다. 따라서 실천 철학의 임무는 좋은/선한 삶을 규정하는 것이 아니라 좋은/선한 것을 자기에게 기쁨을 주는 것으로 정의하는 이기적 개인들의 공존을 보장하는 정의의 규칙들을 발견하는 것이다.

칸트는 자율성과 타율성을 구별하며, 순수한 명령 **형식**에 기초한 의지의 준칙과 주어진 재화를 습득하고자 하는 의지의 준칙을 구별한다. 그런데 이 구별에는 홉스의 이러한 유산이 유지되고 있다. 칸트가 『실천 이성 비판』에서 분명하게 말하고 있듯이, "실천 이성 비판의 방식에 내재한 역설은 선악의 개념이 도덕법에 앞서서 규정되지 않고, … 오히려… 도덕법에 따라서, 도덕법에 의해서 규정된다는 점이다."[116] 형식적 도덕법에 기초한 선/좋음에 대한 이러한 규정은 아리스토텔레스의 실천 철학에 대항한 홉스의 논의가, 즉 구체적 선/좋음에 대한 인식 불가능성이 수용되었다는 것을 의미한다. "자연적 선/좋음"은 완전성이라는 형이상학적 범주이거나(이 범주에서 특정한 의무의 원리들이 도출될 수 있는 것은 아니다), 아니면 행복이라는 인간학적 범주이다. 후자의 범주에서도 사람들은 모든 합리적 행위자들을 위한 구속력 있는 책임의 원리를 만들어 낼 수 없다. 모든 유한한 행위자들이 자신의 웰빙(좋은 삶)을 바란다고 하더라도 각자는 이 웰빙을 다른 방식으로 규정한다. 칸트는 행복이 덕과 합치하는 활동이 아니라는 사실을 기본적인 전제로 수용한다. 기껏해야, 그러한 덕스러운 행위 때문에 우리는 행복할 가치를 갖는다.

'궁극적으로 의사소통적 윤리학에서도 정의의 문제는 선한/좋은 삶의 문제와 융합된다'는 위의 제안은 이 맥락에 자리할 필요가 있다. 이 제안은 "좋은/선한 삶"을 지향하는 아리스토텔레스 윤리학의 복원을 위한 변명이 아니다. 오늘날 단 하나의 삶의 양식만이 덕, 이성, 혹은 도덕성과 양립 가능하다고 주장하는, 그리고 이러한 삶의 양식에 대해 구체적인 정의를 내리려는 윤리 이론은 결국 교조주의에 빠지고 말 것이다. 오늘날 종종 한탄의 대상이 되기는 하지만, 윤리학에서의 코페르니쿠스적 혁명은 그사이 반박할 수 없게 되었으며, 그 결과를 탐구하지 않을 수 없다.[117] 도덕 이론에서 이런 반성적 전회를 회피하고자 하는, 또한 도덕적 의무의 **대상**을 **타당한 의무**의 토대에 대한 분석에 앞서서 확립하고자 하는 어떠한 시도도 도덕적 자율성과 양립할 수 없다. 의사소통적 윤리학은 '특수한 규범들의 타당성은 먼저 모든 규범적 타당성의 토대들을 정의하는 절차에 의해 확립될 수 있다'고 하는 칸트의 통찰에서 출발하며, 바로 이것이 모든 당사자들의 합리적 합의이다.

만약에 사람들이 신아리스토텔레스적인 선/좋음의 윤리학의 재생을 지지하지 않는다면, 정의의 문제가 "선한/좋은 삶"의 문제와 합쳐진다는 강력한 주장은 도대체 무슨 의미인가? 의사소통적 윤리학의 경우처럼, 제도적 정의가 인간의 욕구와 결핍에 대한 특정한 이해에 의존하는 것으로 드러난다고 하자. 더 나아가 만약 그러한 욕구와 결핍에 대한 정의가 문화적 전승과 사회화 과정에 의해 형성된다고 하자. 그렇다면 문화와 사회화에 대한 **비판**이야말로 오늘날 어떤 철학 이론이 교조주의에 떨어지지 않고서 좋은/선한 삶의 내용들로 다시 다가설 수 있게 하는 유일한 길일 것이다. 문화적 전승은 욕구를 해석하게 하고 가치의 방향을 잡아 줌으로써 담론의 주된 문제에 영향을 미친다. 이 진술이 의미하는 바는 실천적 담론이 바로 이런 문화적 전승에 각인되어 있다는 사실을 인정한다는 것이다. 더 나아가 담론의 참여자들은 자신의 삶의 역사에 의해 각인된 개인들이기 때문에 그러한 삶의 역사에 침전되어 있는 사회화 과정은 담론의 내용도 형성한다. 문화와 인격성의 양상은 겉으로는 제도적 정의와 관련이 있는 것으로 보일 뿐인 그런 실천적 담론으로 진입한다.

욕구와 욕구 해석이 담론적 논증의 중심이 된다는 주장은 좋은/선한 삶과 행복이 무엇인지에 대해 의미론적으로 규정할 수 있게 하는 전통과 실천들이 주제화된다는 것을 의미한다. 실천적 담론에서 특정한 정의관은 우리의 욕구에 대한, 이 욕구를 정당화하는 문화적 전통에 대한, 그리고 욕구를 형성하는 사회화의 양상에 대한 특정한 이해에 의존한다. 만약 담론의 주된 문제가 인위적으로 제약되지 않는다면 정의와 선한/좋은 삶의 문제는 서로 맞물려 흘러들어갈 것이다.

이러한 결과가 통상 보편주의적 윤리 이론들과 연관된 결과와 얼마나 차이가 나는지 강조되어야 한다. 콜버그의 도덕 이론에서 제6단계의 정의가 보여 주듯이, 도덕적 지향의 최고 단계는 권리와 자격에 대한 공적인 담론이다. 권리 수행의 행위를 추동하는 욕구도, 권리를 간직하고 있는 성인 남성의 **에토스**가 간직하고 있는 자격 개념도, 콜버그류의 도덕 이론에서는 의심되지 않는다.[110] 따라서 "보편화할 수 있는 욕구 해석"이 도덕적 담론의 중심에 자리하게 된다는 주장은 단순히 콜버그류의 관점의 **진화**가 아니다. 이 주장은 오히려 그러한 관점과의 유토피아적 단절을, 혹은 내가 그러한 관점의 "변형"이라고 부른 것을 내포한다. 내적 본성의 내용들, 즉 우리의 욕구와 열정 등이 의사소통적으로 접근 가능해진다는 의미에서 이 내적인 자연은 유토피아적 관점으로 이동하게 된다. 정신분석학적인 술어로 말하자면, 억압의 문턱이 낮아진다. 바로 여기서 한편으로 지배 없는 유대, 즉 정의가 그려지며, 다른 한편으로 과도한 억압이 없는 사회화, 즉 행복을 그려 주는 그런 유토피아적 사회가 부각된다.

이러한 사실은 다양한 관점에서 초기 비판 이론의 주된 통찰들 중 하나, 즉 '해방된 사회와 충족된 개별성은 서로를 전제하며, 미래의 기획은 우리의 욕구와 소원을 혁명화하는 가운데 시작된다'는 통찰을 이제야 정당화하고 있는 것이다. 이 문제에 가장 관심을 집중했던 마르쿠제의 비판 이론은 동시에 이 문제를 궁지로 몰고 간 것 같다. 한편으로, 혁명의 가능성을 정박시키기 위해 마르쿠제는 통제된 세계의 황폐화를 피할 수 있는 어떤 영역에서 인간 본성의 항구적이고 불변적인 핵심으로 되돌아와야 했다. 다른 한편으로, 그는 의식적 욕구들의 철저한 순응성과 그릇된 욕구의 형성을 보면서 참된 욕구와 그릇된 욕구를 구별해야 했다.[119] 잘 알려져 있듯이, 참된 욕구와 그릇된 욕구를 구별함으로써 "교육 독재자"를 요청하게 되는데, 이 독재자는 대중을 자유하도록, 올바른 것을 소원하도록 가르친다고 한다. 마르쿠제의 기획에서 하버마스는 부르주아의 민주주의적-자유주의적 전통의 장점과 중요성을 본다. 그리고 참된 욕구와 그릇된 욕구의 구별에서 나오는 마르쿠제의 "교육 독재자" 사상은 의심의 여지없이 부분적으로 그러한 기획의 권위주의적인 성격을 보여 준다.[120] 그러나 참된 욕구와 그릇된 욕구에 대한 마르쿠제의 구별이 갖는 수용하기 힘든 정치적 함의들을 거부한다고 해서 '비판 이론에서는 사적인 본성을 가질 뿐인 욕구를 고려할 필요가 전혀 없다'고 하는 대립된 견해로 곧바로 가서는 안 된다. 초기 부르주아 이론의 "자연 상태"라는 신화에 기대고 있는 이러한 통찰은 명백히 틀렸다. 홉스가 놀라울 정도로 명쾌하게 인정하고 있듯이, 초기 부르주아 이론에서 인간은 "서로 간에 아무런 협력도 없이, 마치 버섯이 갑자기 땅에서 곧바로 솟아 나오듯이, 곧바로 완전한 성숙에 이른 존재"로 고찰된다.[121] 부르주아 이론에서 도덕적 주체의 기원은 어떤 신비로 덮여 있다. 개인들은 아이이기 전에 이미 어른이며, 느끼고 욕망하기 전에 이미 추론한다. 부르주아 이론의 이러한 편견이 일단 발생적-발달적 관점으로 대체되고 나면, 사람들은 모든 욕구와 욕망이 독특한 생활사의 흔적을, 그리고 동시에 우리의 출생지가 되는 문화의 보편적 가치의 흔적과 우리를 형성한 사회 제도의 흔적을 간직하고 있다는 사실을 인정해야 한다.

정신분석학에서 자극을 받은 초기의 비판 이론가들은 인간의 욕구와 내적인 본성이 개인의 의식적 통제를 벗어나 있는 힘과 과정에 의해 얼마나 많은 영향을 받는지를 강조하였다. 사회화에 대한 몇몇 관점들에 대해서는 예외가 있지만, 정신분석학에 대한 이러한 강조로 인해 아주 초기의 무의식적인 어린 시절의 기억들과 어느 정도 자란 어린이의 역할 모델 형성에 초점을 맞춘 의식적 발달 사이의 경계선이 아주 모호해진다. 사실상 마르쿠제는 직관적으로 추론하는 신적인 입법자에 의지해서만 참된 욕구와 그릇된 욕구를 구별할 수 있었다. 왜냐하면 그는 사회화와 욕구 형성에 관한 전前언어적인 이론에서 출발했기 때문이다. [자연적] 본능(Triebe)과 [사회적] 욕구(Bedrürfnisse)를 구별할 수 있었다면, 혹은 인간의 동물적 삶을 유지하기 위해 만족되거나 억제되어야 할 일차적인 충동들과 우리를 어떤 특정한 방식으로 행동하게 하지만 근본적으로 언어적이고 사회적인 특성을 가진 동기의 양상들을 구별할 수 있었다면, 그는 참된 욕구와 그릇된 욕구를 다른 방식으로 구별할 수 있었을 것이다. 그럴 경우 그릇된 욕구는 내적 본성들 중 언어화와 명료화를 거부하는 측면들로서 왜곡된 의사소통과 행위로 이끄는 것으로 간주될 것이다.

그러므로 의사소통적 윤리학의 모델에서는, 우리가 그 실현에 성공하거나 실패하는 그런 미리 주어진 인간의 본성이 있음을 강조하는 것이 아니라, 개인의 삶에서 통제되지 않은 힘이 현존한다는 사실을 알려 주는 그런 저항들, 즉 침묵, 회피, 전위 등과 같은 저항들의 역학과 논리를 강조한다. 정신분석학적인 운명 개념은 언표된 말을 형성하는 경험들의 고요한 힘들로 해석된다. 정신분석학에 따르면, 심지어 자신에게도 명료화를 거부하는 것이 있다. 의사소통적 자율성 개념은 이러한 현상이 정신의 어두운 곳에서 기인하며, 자신의 "고상징적 언어성paleosymbolic linguisticality"을 잃지 않았음을 함의한다. 인식론적으로 말해서, 우리는 언어적 명료화를 허용하는 모든 욕구가 참되다고 말할 수는 없지만, 언어적 명료화를 허용하지 않는 모든 욕구가 참되지 않다고 말할 수는 있다. 우리의 욕구의 참됨과 그릇됨을 확인해 주는 것은 궁극적으로 내가 도덕 변형적 경험이라고 부른 담론의 과정이다. 그러나 그때에도 내적 자연과의 참으로 부드럽고 억압 없는 관계는 우리의 가장 소중한 욕구들을 끊임없이 비판적으로 재평가하고 다시 고려할 수 있게 하는 능력에 그 본질이 있다는 사실을 우리는 인정해야 한다.

우리의 욕구와 이것을 형성하는 문화적 전통들을 주제화하는 담론들, 행복과 선한/좋은 삶을 규정하는 그러한 해석들의 의미론적 내용에 생명을 부여하는 담론들, 그리고 알맞은 것, 유쾌한 것, 그리고 만족시키는 것 등에 대해 토의하는 그러한 담론들을 하버마스는 "심미적-표현적 담론"이라 부른다.[122] 근대는 도덕적, 정치적 문제의 담론적 가치 평가뿐 아니라 심미적, 표현적 주체성에 대한 담론적 가치 평가도 제도화한다고 주장된다. 실천적 담론이 공적이고 보편화할 수 있는 것에 방향을 맞추고 있는데 반해, 심미적-표현적 담론은 준공공적이고 보편화할 수 없는, 그리고 문화적으로 특수한 것에 방향을 맞추고 있다. 표현적 담론은 공유된 해석과 생활 형식이 갖는 해석학적이고 우연적인 지평에서 분리될 수 없다.

그러나 규범적 담론과 심미적-표현적 담론의 이러한 구별이 도덕의 영역에서 욕구와 그 해석의 의미에 정당성을 부여하지는 않는다. 사실 욕구 해석에 관한 논쟁을 표현적 양태에만 국한시킴으로써 하버마스는 규범적 영역의 순수성을 보존하고자 노력한다. 이 규범적 영역을 그는 이전에 "규범적 당위 명제들Sollsätze"(제2절을 보라)이 갖는 구속력과 관련하여 정의했었다. 그러나 욕구 해석이 또한 도덕적 담론에서 다시 한 번 주제화되었다는 사실은 하버마스의 의사소통적 윤리학 모델의 구성이 모호하다는 것을 의미한다. 한편으로, 하버마스의 이론은 롤즈와 같은 탈존재론적 이론들처럼 공적인 정의 담론을 좀 더 사적인 욕구 담론에서 분리하고 싶어 한다. 다른 한편으로, 하버마스 이론이 소비주의적이고 소유적-개인주의적 삶의 양식에 대한 비판을 전개하지 않는 정의 이론들에 비판적인 한에 있어서, 이 이론은 욕구, 그릇된 사회화 등과 같은 것에 비판적 거리를 취해야 한다. 앞에서 나는 담론 이론이 법적-사법적 공공의 삶 개념과 좀 더 참여적인 공공의 삶 개념 사이에서 흔들거린다고 주장했다(제2절). 이제 우리는 서로 다른 두 가지 유형의 공동체가 이 모델에 동일하게 함축되어 있다고 말할 수 있다. 하나는 권리와 자격의 공동체이고, 다른 하나는 욕구와 연대의 공동체이다.

나는 하버마스가 욕구와 연대의 공동체를 적절히 주제화하지 못한다고 주장하고 싶다. 왜냐하면 그는 도덕적 관점을 아주 탁월하게 보여 주기 위해서 미드H. Mead를 따라 "일반화된 타자"의 관점, 즉 권리와 자격의 관점을 취하기 때문이다. 미드는 의사소통 공동체의 이상을 다음과 같이 정식화한다.

공동체의 질서 내에서 공동체의 일원들은 특정한 갈등 상황에 놓일 때 현존하는 공동체의 질서 외부에 놓이게 되며, 변화된 행위 관습과 가치관의 새로운 정식화를 추구하게 된다. 그런데 논리적인 술어들 속에는 이러한 특정한 공동체의 질서를 초월하는 담론의 세계가 확립되어 있다. 그러므로 합리적 절차는 사유를 작동시키는 질서를 만들어 낸다. 이 합리적 절차는 현실적인 사회 구조를 다양하게 추상한다. … 그것은 사유의 대상이 되고 있는 상황 속에 어떤 식으로든 뒤섞여 있는 혹은 뒤섞일 수 있는 어떤 합리적 존재를 포함하는 사회적 질서이다. … 이러한 합리적 존재들의 공동체에 스스로 한 명의 구성원으로 들어가지 않을 경우, 한 인간이 사회의 합리적 일원으로 행동할 수 없다는 것은 명백하다.[123]

미드가 칸트의 목적의 왕국을 이렇듯 사회학적으로 재형식화한 것에서 하버마스는 두 가지 유토피아적 기획을 본다. 그는 첫 번째 기획을 **자기 규정**의 관점, 즉 보편주의적 원리에 방향을 맞춘 자율적 행위의 관점이라고 부른다. 두 번째 관점은 **자기실현**의 관점, 즉 자신의 개별성을 아주 독특하게 전개할 수 있는 능력에 상응한다 (ThdkH 2:148). "이상적인 의사소통 공동체는 자율적 행위에 기초하여 자아실현을 해 나갈 수 있게 하는 **자아 정체성**에 상응한다" (ThdkH 2:148). 그러나 자율적 행위의 관점은 "일반화된 타자"의 관점에 상응하는 반면, 길리건C. Gilligan을 따라 내가 "구체적 타자"의 관점이라고 부르고 싶은 것은 오히려 자아중심적인 자기실현의 개념에 수용될 수 없다.

"일반화된 타자"의 관점은 각각의 그리고 모든 개인을 우리가 우리 자신에게 귀속시키고 싶은 동일한 권리와 의무를 구비한 합리적 존재로 간주하도록 우리에게 요구한다. 이러한 관점을 취함으로써 우리는 타자의 개별성과 구체적 정체성을 추상한다. 여기서 우리가 가정하는 것은 타자가 우리 자신들처럼 구체적인 욕구와 욕망, 그리고 격정을 가진 존재이지만, 그의 도덕적 존엄을 구성하고 있는 것은 우리를 서로 구별시키는 것이 아니라 오히려 행위하고 말하는 합리적 존재로서의 우리가 공동으로 가지고 있는 것이라는 사실이다. 우리가 타자와 맺는 관계는 **형식적 상호성**의 규범에 의해 지배받는다. 즉, 각자는 우리가 그에게 기대하고 가정할 수 있는 것을 우리에게 기대하고 가정하도록 구비되어 있다. 우리들의 상호 작용의 규범들은 주로 공적이고 제도적인 규범들이다. 만약 내가 "X"를 할 권리를 가진다면, 너는 내가 "X"를 향유하는 데 방해하지 않을 의무를 가지며, 그 반대도 마찬가지다. 너를 이 규범에 의지하여 다루는 가운데 나는 너의 인격 속에서 인류의 권리(법)들을 확증하며, 나는 정당한 요청으로 네가 나와의 관계에서 동일한 것을 할 것으로 기대한다. 그러한 상호 작용을 동반하는 도덕적 범주들은 권리, 책무 obligation, 자격 entitlement 등의 범주들이다. 이에 상응하는 도덕적 감정들은 존경, 의무 duty, 존귀함과 존엄 등의 감정이며, 또 그 공동체의 상은 권리와 자격의 공동체이다.

반대로 "구체적 타자"의 관점은 각각의 그리고 모든 합리적 존재를 구체적 역사, 정체성 그리고 정의적-정서적 구성물을 가진 개인으로 간주하도록 우리에게 요구한다. 이러한 입장을 취하는 가운데, 우리는 공동의 구성 요소에서 벗어나 타자의 특이성을 이해하고자 한다. 즉, 우리는 타자의 욕구, 동기, 지향점, 그리고 소망 등을 이해하고자 한다. 우리가 타자와 맺는 관계는 **보완적 상호성**의 규범에 의해 지배받는다. 즉, 자신만의 독특한 태도 양식을 통해 사람들은 고유한 욕구와 재능과 능력을 가진 구체적이고 개별적인 존재로 인정받고 확증된다고 느낄 수 있는데, 이때 각자는 타자가 자신만의 이러한 고유한 태도 양식을 취할 것이라고 예견할 수 있는 능력과 자격을 갖추고 있다. 이 경우에 우리의 차이는 서로 배제하기보다는 오히려 보충적이다. 우리의 상호 작용의 규범들은 통상 사적이고 비제도적인 규범들이다. 그것은 연대성, 우정, 사랑 그리고 돌봄 등의 규범이다. 이러한 관계는 다양한 관점에서 내가 권리를 간직하고 있는 인격으로서의 나에게 요청되는 것보다 더 많은 것을 하기를, 그리고 너는 내가 너의 욕구를 고려하면서 행하기를 요구한다. 연대성, 우정, 사랑 그리고 돌봄 등의 규범에 의지하여 너를 다루는 가운데, 나는 너의 인간성뿐 아니라 너의 인간적 개별성도 확인한다. 이러한 종류의 상호 작용을 동반하는 도덕적 범주는 책임, 유대, 나눔 등의 범주이다. 이에 상응하는 도덕적 감정은 사랑, 돌봄, 동정, 연대성의 감정이며, 또 그 공동체 상은 필요와 연대의 공동체 상이다.

이러한 도덕적 이상과 이에 상응하는 도덕적 감정은 홉스 이래로 도덕적, 정치적 사유에서 아주 분리되고 말았다. 공적인 것과 사적인 것의 제도적 구별로 인해, 공적인 정의의 영역, 시민적인 우정의 영역, 그리고 사적인 친밀성의 영역 사이의 제도적 구별로 인해 원리의 윤리적 이상과 돌봄과 연대성의 윤리적 이상이 서로 양립 불가능하게 되었다. 도덕적, 정치적 자율성의 이상은 일관성 있게 "일반화된 타자"의 입장에 제약된다. 이에 반해 "구체적 타자"의 입장은 이러한 전통에 의해 침묵을 당하며, 더 나아가 심지어, 나는 이렇게 말하고 싶은데, 이 전통에 의해 억압당한다.[124] 칸트의 도덕 이론에 의해 증명된 것처럼, 공적인 원리의 윤리학은 "내적인 본성"에 대한 억압적 태도를 포함한다. 우리의 욕구와 정서적 본성은 도덕 이론의 영역에서 배제된다. 이에 상응하여 결국 인간의 욕구, 욕망 그리고 감정 등은 도덕의 영역에서 추상되고 침묵 속에 가둬질 뿐 결코 다뤄질 수 없게 된다. 보편주의적인 정의의 윤리학은 내적인 자연(본성)의 목소리를 빼앗아버림으로써 습득된다. 따라서 제도적 정의는 인간 상호 간의 책임, 돌봄, 사랑, 그리고 연대성보다 더 높은 단계의 도덕 발달을 나타내는 것으로 간주된다. 권리와 의무에 대한 존중은 타자의 욕구에 대한 돌봄이나 관심보다 앞선 것으로 간주된다. 도덕적 인식은 도덕적 정서를 앞선다. 즉, 정신은 육체의 지배자이며, 이성은 내적인 자연의 재판관이라고 요약해도 될 것이다.

  욕구 해석을 도덕적 담론의 중심으로 가져옴으로써, 그리고 "내적인 자연은 유토피아적 관점에 놓인다"고 주장함으로써, 하버마스는 전통적 규범 철학의 편견을 뒤엎고자 한다. 하지만 "일반화된 타자"의 관점만이 도덕적 관점을 대표한다는 그의 주장은 이러한 자신의 움직임을 방해한다. 또한 연대성, 우정, 그리고 사랑 등의 관계는 심미적 관계가 아니라 근원적으로 도덕적 관계이기 때문에 심미적-표현적 담론이 "구체적 타자"의 관점을 수용할 수 있다는 주장은 적절하지 않다. 일반화된 타자의 **인간적 존엄성**에 대한 인정은 구체적 타자의 **특수성**에 대한 인식만큼 본질적이다. 일반화된 타자의 관점이 정의를 전제하는 반면, 행복과 연대성 같은 순간의 계기들은 구체적 타자와의 관계에서만 발견된다.

  의사소통적 자율성 개념이 합병도 혼합도 약속하지 않고 이 두 관점의 필연적 상보성을 말하는 한, 자율성 개념은 유토피아적이고 동기 부여적인 힘을 획득한다.[125] 이상적인 의사소통의 공동체는 **자율적 행위**에 기초하여 **구체적 타자**와의 관계를 전개하는 자아 정체성에 상응한다. 이 경우에만 우리는 연대성 없는 정의는 맹목적이고, 행복과 양립 불가능한 자유는 공허하다고 말할 수 있다.

  이러한 논의가 보여 주고 있듯이, 나는 행위의 노동 모델에서 의사소통적 상호 작용으로의 패러다임 전환의 필연성을 찬성하기는 하지만, 하버마스 작품에서 비판이 갖는 유토피아적-예견적 계기들의 포기로 인해 나는 이 이론에 대해 별로 확신할 수 없다. 의사소통적 윤리학, 그리고 도덕적 자율성과 이 자율성이 포함하고 있는 공동체의 관점 등, 이것들은 마치 규범적 발전 과정의 논리적, 필연적 결과라도 되듯이 서술된다. 하지만 이러한 것들이 내면에 함축된 것을 과정 속에서 그 결과로 생산한 것이라고 표현한다면, 사람들은 주체의 철학으로 되돌아간다. 진화론적 논증은 더 이상 유익한 탐구 가설이 아니며, 대신 유의 형성사에 대한 철학적 서사의 역할을 떠맡는다. 이론가는 구성된 과거의 주체일 뿐 아니라 구성하는 미래의 주체이기도 한 가상적 집합체 "우리"의 이름으로 말하기 시작한다. 의사소통적 윤리 프로그램의 내적인 모호함과 긴장에 초점을 맞춤으로써 이 장은 이 프로그램을 내부로부터 재구성하고자 했다. 나는 보편주의적 부르주아 이론들과의 단절을 함의하고 있는 변형적 경험의 계기들을 강조하고자 했다. 의사소통적 윤리학은 법적-사법적 공공의 삶 개념과 참여 민주적인 공공의 삶 개념 사이에서 머뭇거린다. 마찬가지로, 의사소통적 자율성 개념은 "일반화된 타자"에 상응하는 것으로, 권리와 자격의 공동체에 상응하는 것으로 읽힐 수 있다. 이에 반해 도덕 담론에서 내적인 본성과 욕구 해석에 대한 강조는 의사소통적 자율성의 상을 "구체적 타자"의 관점에 그리고 욕구와 연대성의 공동체에 더 밀착시킨다. 이 두 개념 쌍 중 첫 번째 개념, 즉 법적-사법적 공공의 삶 개념과 권리와 자격의 공동체는 부르주아 혁명의 유산을 완성하고자 하는 기획에 상응하고, 두 번째 개념, 즉 참여 민주적인 공공의 삶 개념과 욕구와 연대성의 공동체는 이러한 전통을 변형하려는 기획에 상응한다. 이것은 자본의 논리를 넘어서는 그리고 행정적-관료적 합리성과 기술 합리성을 넘어서는 질적으로 새로운 자아 관계와 타자 관계의 창조를 의미한다.

4. 결론적 숙고: 주체의 철학을 넘어서

사회 비판 이론의 전통에서 가장 핵심적인 이념은 도덕적 자율성과 성취, 공적 정의와 진보 등을 습득하는 데 본질적인 것은 인간

이성의 작용이라는 신념이다. 비판 이론은 이 이상을 홉스에서 칸트에 이르는 부르주아 계몽의 위대한 사상가들과 공유했으며, 이 이상은 실제로 결코 부인되지 않았다. 비판 이론가들은 새로운 접근법을 취했다. 이들이 말하는 자율적 주체는 고립된 데카르트적 자아가 아니라 헤겔과 마르크스가 통찰한 역사적이고 사회적으로 위치 지워진, 구체적이고 체현된 자아이다. 비판 이론가들은 헤겔과 마르크스의 통찰을 종합함으로써 초기의 이론 형성 과정에서 이러한 계몽의 이상을 이 이상의 실현을 방해하는 구체적, 사회적 조건들에 대한 일반적 비판으로 확대했다. 이러한 과업을 수행하는 가운데, 그들은 헤겔의 칸트 비판에서 영감을 얻었다. 헤겔의 칸트 비판은 순수 이성 비판을 인간 정신의 현상학으로, 즉 이성의 역사적, 문화적 생성의 이야기로 발전시켜야 할 필연성을 보여 준다. 따라서 이성은 역사적, 발전적 핵을 부여받았다.

　　마르크스의 헤겔 비판은 **반성적 주체에서 생산적 주체로의 전회**와 함께 시작된다. 우리의 인간성과 합리성의 본질적 구성 요소는 이제 더 이상 우리가 **합리적 동물**이라는 데 있는 것이 아니라 **노동하는 동물**이라는 데 있게 되었다. 우리를 자연으로부터 끌어 올리는 행위는 반성이 아니라 생산이었다. 호르크하이머가 1937년의 논문 「전통 이론과 비판 이론」에서 보여 준 것처럼, 반성으로부터 물질적-구성적 실천으로 이해된 생산으로의 이러한 변환은 정신과 자연의 차이의 인정을 포함한다. 즉, "자연"은 인간 주체의 활동에 의해 형성되고 변화되는 그러한 객관적 조건들의 총체를 의미하게 된다. 헤겔의 이론에서와는 달리 자연은 정신의 유출이 아니다. 그럼에도 불구하고 정신과 자연의 차이에 대한 칸트적인 강조도, 인식 주체의 활동적인 상도 주체의 철학의 전제 조건들을 제거하는 데 충분하지 않았다. 헤겔의 『정신현상학』에서는 역사적 대상 세계를 자신의 활동으로 산출하는 집단적 단수 주체의 모델이 지배적이다. 헤겔은 우리의 생성의 조건들에 대한 반성으로부터 화해를 요청했다. 이에 반해 마르크스와 그의 후계자들인 비판 이론가들은 구체적 개인들이 자신의 산물인 대상성을 "재전유"해야 한다고 했다. 그러나 이미 1937년의 논문에는 이러한 역사적 과정의 상상적 주체와 관련한 불확실성이 있었다. 점차 비판 이론가들은 프롤레타리아트가 아니라 비판적 의식을 가진 모든 개인들을 역사적 변화의 행위자로 말하기 시작했다.

나치의 승리, 유대인 학살, 그리고 스탈린주의의 공포 이후 역사의 주체에 대한 이러한 불확실성은 절망으로 변했다. 이러한 맥락에서 자율성에 대한 반성, 즉 이성을 정의와 진보에 결합시킨 계몽의 이상은 점차 무의미하게 되었다. 그러나 『계몽의 변증법』의 명백한 아포리아와 계몽의 이상에 대한 아도르노의 단호한 해체는 역사와 사회에서 자신의 상황성을 인지하고 있는 비판 이론이 막다른 골목에 도달했다는 것을 보여 주었다. 이런 막다른 골목은 관념론의 **반성적 주체**에서 마르크스주의의 **생산적 주체**로의 이행이 어떤 실제적 대안도 되지 않음을 의미했다. 왜냐하면 사람들은 더 이상 생산력의 발전에 의한 자연으로부터 인간 해방의 역사가 또한 인류의 자연사의 역전을 위한 맹아를 간직한다고 주장하는 마르크스에게 동의할 수 없었기 때문이다. 상황은 전혀 반대였다. 생산력과 기술적 합리성의 발전은 부르주아 계몽주의의 자연적 결과로 간주되었다. 한편으로, 계몽의 사상가들은 자아의 자율성을 선언했다. 다른 한편으로, 그들은 또한 홉스의 경우에서 드러나듯 '이성은 주체가 자신을 위해 정립한 목표에 도달하기 위한 단순한 수단'이라고 주장하거나, 아니면 칸트의 경우에서 드러나듯 이성에게 입법적 핵심을 부여했지만, 그러나 그들은 세계를 이기적인 지상의 나라와 피안의 목적의 왕국으로 나누는 것으로 끝맺었다. 계몽의 두 유산, 즉 기술적 이성과 실천적 이성은 양립 불가능하다고 비판 이론가들은 주장했다. 사실 그들은 심지어 도구성에 제약되지 않은 계몽주의적 이성의 유산으로부터 어떤 내용도 구제할 수 없다고 주장했다.

행위의 생산 모델 혹은 노동 모델에서 의사소통적 상호 작용으로의 패러다임 전환은 이러한 난관에 대한 반응이다. 이러한 패러다임 전환은 중요한 결과물을 얻었다. 첫째, 비판 이론이 철학 전통 일반과 공유하는 진리 개념은 탐구자들의 공동체 가운데 있는 담론적, 의사소통적 논증 모델에 의해 대체되었다. 둘째, 반성 모델이 개정되었다. 반성은 데카르트에서 나타나듯 더 이상 인식을 의미하지 않으며, 마르크스에서 나타나듯 인간적 건축술의 창조적 상상력을 의미하지 않는다. 그것은 오히려 논증 과정에 들어갈 수 있고 타자의 관점을 받아들일 수 있는 담론적 능력을 의미한다. 셋째, 자율성은 더 이상 자기 입법으로(칸트), 자기실현으로(헤겔과 마르크스), 혹은 타자와의 화해로(아도르노와 호르크하이머) 파악되지 않는다. 대신 그것은 보편주의적 관점을 수용하고 이 토대 위에서 행위할 수 있는 능력으로 간주된다. 마지막으로 규범적 정당성은 의사소통적으로 성취된, 그리고 합리적으로 동기 부여된 논의의 조건 아래서 규범의 생산을 의미한다.

비판 이론에서 패러다임 전환이 이러한 귀중한 성과물을 산출하기도 하지만, 동시에 그러한 전환은 이를 상실할 위험 부담을 지기도 한다. 헤겔과 마르크스의 역사주의를 피하기 위한 시도는 때로는 "선험적"이라 불리고, 때로는 "준선험적"이라 불리고, 또 때로는 "재구성적"이라 불리는 논증 양식을 만들어 냈다. 헤겔의 『정신현상학』의 기획 역시 유의 능력의 경험적 역사에 대한 재구성의 형태로 되돌아왔다. 두 부류의 논증은 정당화되기에는 너무 강한 주장들을 포함한다. 이 양자는 의사소통적 이성과 의사소통 행위로의 패러다임 전환이 산출한 본질적 통찰들 중 다음과 같은 몇 가지를 모호하게 만든다. 즉, 인간의 **다양성**에 대한 강조, 행위의 **서사적, 해석적 구**

조, 욕구 해석의 의사소통적 접근법이 갖는 유토피아적 희망과 연대의 공동체를 마음에 품고 있는 정의의 공동체 상 등을 모호하게 한다.

　이 책 전체에 걸친 나의 목표는 비판 이론의 기획에 내재한 본질적 긴장들을 지적하는 것이었다. 나는 비판 이론의 기획에 내재한 의심스러운 철학적, 사회학적 가정들과 여전히 계몽의 힘을 가지는 통찰들을 구별해 내고자 했다. 나는 다양성 개념과 행위의 해석적 무규정성을 집단적 단수 주체에, 그리고 행위의 노동 모델에 대립시켰다. 나는 이 논의를 여기서 반복하지는 않을 것이다. 단지 나는 그러한 주체와 행위 개념과 윤리적, 정치적 삶들의 다양한 상이 맺는 관계를 다시 한 번 강조하고 싶다.

　19세기 마르크스주의와 20세기 비판 철학이 공유하고 있는 주체의 철학의 담론은 오늘날 두 가지 큰 이유 때문에 수용될 수 없다. 우선 이 담론이 노동을 자아와 사회를 구성하는 주된 행위로 보는 한에서 이 담론은 설명적인 의미에서 결함이 있다. 노동 개념을 단순한 도구적 행위가 아니라 사회적 생산을 의미하는 것으로 확장하려는 시도가 있어 왔다. 다른 사람들은 생산 관계 production relations와 생산의 관계 relations of production을 쉽게 구별할 수 없다는 사실을 인정했다. 그러나 그들은 생산 관계가 "최종 심급에서 규정자"로 남는다고 주장했다. 그러나 오늘날 대부분의 마르크스주의 사회 이론가들은 다음과 같은 유사한 결론에 도달했다. 즉, 마르크스 사회 이론의 근본적인 범주들은 19세기 자본주의의 경험에 의해 아주 다채로워지는데,[126] 이 범주들의 근본적 수정이 없을 경우, 이 범주들은 우리 사회의 위기 경험들을 설명할 수 없다는 것이다.

　프랑크푸르트학파의 사회 이론은 비록 고전적 마르크스주의의 유산을 간직하고 있기는 하지만, 한 가지 점에서는, 즉 마르크스주의 이론을 우리 사회의 정치, 경제, 그리고 문화 사이의 변화된 관계에 의지하여 다시 구성하려 했다는 점에서는 여전히 본보기로 남아 있다. 모순적으로 보이는 여러 공식들에서조차 사회 비판 이론가들은 우리 사회, 이 사회의 표현물, 그리고 그 결과물들에 나타나는 사회적, 정치적 갈등의 본성이 단순히 임노동과 자본의 갈등으로만 환원될 수 없다고 생각했다.

주체의 철학의 담론이 수용될 수 없게 된 두 번째 이유는 규범적인 것이다. 고전 마르크스주의에서 경제에 대한 강조는 계급, 특히 노동 계급을 인류의 대표자로 특권화하는 정치적 임무와 보조를 맞춰 갔다. 이러한 견해는 후기 자본주의 사회가 직면한 갈등의 본성과 원인을 설명할 수 없기 때문만이 아니라 다른 더 많은 이유 때문에도 거부된다. 이러한 견해는 집단적 단수의 정치로 이끌어 간다. '집단적 단수의 정치'는 하나의 집단이나 조직체가 전체의 이름으로 행동하는 그런 정치 양식을 의미한다. 앞에서 강조했듯이, 이러한 정치 개념과 그 권위주의적인 함의는 고전 마르크스주의에서 도출해 낼 수 있는 유일한 것이 아니기는 하지만, 고전 마르크스주의에서 지배적인 역할을 했다.

마르크스의 사유에서 "감각적 유한자"와 "생동적 위기"에 관련된 측면들이나 아도르노의 비동일성 이론의 형태에 대해 강조하려는 나의 시도는 이러한 전통의 철학적 토대를 개정하려는 목적에서였으며, 이를 통해 이 전통이 급진적이고 참여적인, 그리고 다원적인 정치 개념과 양립 가능하게 하고자 했다. 프랑크푸르트학파의 비판 이론의 주된 오점들 중 하나는 그러한 민주주의 이론과 정치 이론에 대해 태만했다는 것이다. 프랑크푸르트학파에서, 정치 사회학자인 프란츠 노이만과 오토 키르크하이머를 제외하고, 다른 회원들은 대개 정치 제도의 정당성과 그 규범적 차원의 문제에 대한 정통 마르크스주의의 불신을 계속 유지했다. 다시 말하지만, 이러한 부정된 차원에 대해 다시 한 번 관심을 집중하게 된 것은 의사소통적 합리성과 행위로의 패러다임 전환이 갖는 가장 중요한 성과물들 중 하나이다. 의사소통적 윤리학의 이념은 후기 자본주의 사회에서 주로 민주주의적-공적 에토스의 상과 연결된다. 민주주의 제도의 거대 이론을 수립하기 위한 이 입장의 전체 함의들을 명료화하기 위해 중요한 것은 이 입장에서 내세우는 "일반화할 수 있는 이익들" 개념이 롤즈주의적, 루소주의적 상대자들과 적절히 구별된다는 것이다. 이러한 일을 수행하는 가운데, 또한 규범과 유토피아, 권리와 자격의 공동체, 그리고 연대와 권한 부여empowerment의 공동체 등 이들 제반 계기들 상호 간의 양립 가능성뿐 아니라 이들 상호 간의 본질적인 긴장 관계를 드러낼 수 있도록 하는 것 역시 중요하다. 그럴 경우에만 우리는 정통 마르크스주의가 하듯 민주적 제도들을 정당화도 없이 부정해 버리는 그런 행태는 피하고, 고진적 사유주의와 오늘날의 자유주의에서 나타나듯 "소유적 개인주의"나 "무욕의 합리적 행위자들"을 넘어서는 대안을 발견할 수 있을 것이다.

나는 인간의 다양성 개념과 행위의 서사적, 해석적 구조 개념을 그러한 기획의 본질로 간주한다. 여기서 "다양성plurality"은 우리가 시간과 공간 속에 놓여 있는 뚜렷한 물체들과 구별된다는 것을 의미하는 것이 아니다. "다양성"은 오히려 우리의 체현된 정체성(동일성)과 우리의 자아를 구성하는 서사적 역사로 인해 우리 각자가 갖게 되는 세계관을 의미하며, 그리고 그러한 세계관은 타자와 상호 작용하는 공동체에서만 드러날 수 있다는 것을 의미한다. 그러한 공동체와 공동성은 마르크스가 생각한 것과는 달리 우리들 사이에서 일어나고 발전하지 않는다. 왜냐하면 '우리'는 객관적으로 유사한 삶의 조건들 속에 놓여 있는 자들을 의미하기 때문이다. 서로 공유하고 있는 공동의 관점은 우리가 타자와 더불어 행위하는 가운데 우리의 차이와 동일성을, 그리고 타자와의 구별성과 통일성을 발견하는 한 우리가 창조한 관점이다. 차이 속에서의 통일성은 자기 변형과 집단적 행위라는 과정을 통해 출현한다. 차이 속에서의 통일성의 출현은 투쟁하는 주체들의 동일성을 규정하는 담론에 의해서나, 아니면 합의 형태와 자기 변형이라는 규범적 과정들을 제거하는 조직의 방법에 의해서는 선취될 수 없다.

그러한 과정을 통해 우리는 도덕적, 정치적 판단을 수행하는 법을 배운다. 우리는 세계를 우리의 관점과는 다른 관점에서 현상하는 것으로 볼 수 있는 능력을 발전시킨다. 그러한 판단은 주어진 규칙을 주어진 내용에 단순히 적용하는 것이 아니다. 우선 그런 판단은 내용을 인식하고, 그 내용을 적절히 확인하는 것을 의미한다. 이러한 판단이 성취될 수 있으려면, 우리는 우리와 동등한 자인 일반화된 타자를 이 타자의 구체적 타자성에 대한 우리의 인식과 결합함으로써 이 타자의 존엄성을 존중해야만 한다. 우리가 인간사의 내용과 맥락이라고 부르는 것은 인간사에 참여하는 자들의 관점에 의해 구성된다. 인간의 상황은 관점적이고, 그러한 관점들을 평가하는 행위는 감정이입, 상상력, 그리고 연대성 등을 포함한다.

관점의 차이는 자아들에 체현되어 있는 서로 다른 서사의 역사에서 기인한다. 우리는 시간의 한 지점에서 한 서사에 의해 자신의 정체성을 구성하는 자들이다. 이 서사는 결코 완벽하지 않다. 왜냐하면 과거는 언제나 현재의 빛 속에서, 그리고 미래를 예견하는 가운데 재형성되고 다시 이야기되기 때문이다. 그러나 이 서사는 우리들만이 저자인 그런 이야기가 아니다. 타자들은 우리의 서사에서 어떤 역할을 할 뿐 아니라 종종 우리의 이야기들을 우리에게 말해 주고, 그 참된 의미를 인식하게도 해 준다. 자아의 정체성은 그러한 상호 작용의 공동체에서만 드러난다. 우리가 누구인가의 문제는 우리가 그러한 과정에서 우리 자신을 타자에게, 그리고 우리 자신에게 어떻게 드러내는가의 문제이다. 행위의 해석적 무규정성은 삶의 역사의 해석적 무규정성에서 나타난다.

그럼에도 불구하고 이런 현상학적 관점은 행위를 발생시키고 자아 정체성을 구성하는 **사회적 제약들**에 대한 분석을 통해 보충되어야 한다. 사회 비판 이론은 우리의 생활 세계의 체제에 대하여 행위자들의 관점에서 몰역사적으로 분석하는 것에 만족할 수는 없다. 또한 이러한 생활 세계를 사회적 전체, 그 한계와 가능성 등 보다 큰 그림 안에 위치시키는 것이 필요하다. 그런 사회적 제약들은 서사에 의해 형성되는 것이 아니라, 사회적 행위자들을 생활 세계의 관점에서 벗어나게 하는 의도치 않은 결과의 논리에 따라 형성된다. 이런 의미에서, 체계적이면서 생동적인 위기관, 즉 전체의 구조적 모순과 개인들이 느끼는 경험을 함께 고려하는 관점은 근본적이다.

사회적 행위자의 관점을 사회 이론가의 관점과 매개하는, 즉 생동적 위기의 경험을 사회의 체계적 문제들에 대한 인식과 매개하는 이러한 원리를 따르면서 나는 권리와 자격의 공동체 상과 욕구와 연대의 공동체 상 사이의 주된 긴장을 강조했다. 이것들은 추상적인 도덕적 명령이 아니라 우리 사회에 내재한 행위와 상호 작용의 구체적 선택지들이다. 후기 자본주의 사회의 주된 문제들 중 하나는 이 사회가 욕구와 연대의 공동체 상을 무시하거나 의미 없는 것으로 포기하는 반면, 공공의 삶을 단지 법적-사법적 관점에서만 본다는 점이다.[127] 제7장에서 설명한 것처럼, 이러한 사회의 근본적 역동성은 경제적, 행정적 행위 체계들이 생활 세계로 급속하게 확장해 들어간다는 데 있다. 그러나 이러한 확장은 삶의 맥락을 금전적, 관료적, 그리고 사법적 행위 규범들에 종속시킴으로써만 성취될 수 있다. 이것은 반대로 권리와 자격의 논리의 확장이 그러한 사회 구조들에 내재해 있다는 것을 의미한다. 복지 국가 혹은 사회 민주주의적 개혁은 언제나 공적 통제, 행정 그리고 정책적 결단 등에 종속된 삶의 영역들을 확대시킨다.

규범화와 법률화의 영역이 확대되어 가는 이러한 발전 과정은 이중적 의미를 갖는다. 한편으로, 일상적 삶의 맥락의 법률화는 이 맥락에 내재한 불평등과 부정의를 시정할 수 있다. 다른 한편으로, 이는 개인들의 자율적 행위를 위한 가능성들을 고양하기보다는 제한함으로써 생활 세계를 더욱더 궁핍하게 만들 수도 있다. 의사소통적 윤리의 이상은 이러한 토대에 이의를 제기하는 것으로 간주될 수 있다. 의사소통적 윤리학은 집단적 결단을 수행함에 있어서 관료주의적 모델보다는 참여적 모델을 옹호하며, 결정과 관련된 토론을 장려한다. 이때 이 토론들은 통상 결정과 함께 끝나며, 결정을 얻기 위해 수행된다. 따라서 일상적 삶의 법률화는 의존, 수동성, 그리고 예속의 태도를 고양시킬 수도 있지만, 또한 그 역으로 참여와 자기통치를 더 많이 요구할 수도 있다. 권리와 자격의 공동체라는 이상과 욕구와 연대의 공동체라는 이상은 이러한 경향과 함께 명료하게 된다. 이 이상들은 인간의 공존의 상들을 형성하며, 이 상들의 상호 작용에 의해 새로운 형태의 미래가 출현할 수도 있다.

그러나 만약 이러한 규범적 이상들이 현재에 참된 선택 사항으로 제공된다면, 한 가지 사항은 수정되어야 한다. 즉, 권리와 자격의 "정체polity," 그리고 욕구와 연대의 "연합체association"라고 말하는 것이 더 옳다. 여기서 "정체"란 많은 공동체들로 이루어졌지만 공동의 법적, 행정적, 그리고 정치적 조직체로 유지되는 민주적, 다원적 통일체unity를 의미한다. 정체는 민족 국가일 수도 있고, 다민족 국가일 수도 있으며, 혹은 구분이 뚜렷한 민족적, 인종적 집단들의 연방체일 수도 있다. 이에 반해 욕구와 연대의 연합체는 타자의 구체성을 타자의 인간적 존엄성과 평등을 인정함으로써 드러나는 일련의 공유된 가치들과 이상들에 의해 형성된 행위의 공동체이다. 일반화된 타자의 관점은 모든 인간이 인간으로서 갖는 평등, 존엄, 그리고 합리성 등을 존중하도록 우리에게 강제한다. 이에 반해 구체적 타자의 관점은 차이들, 개별적 삶의 역사들, 그리고 구체적 욕구들을 존중하도록 우리에게 강요한다. 내 관점에서 보면 이러한 공동체들은 미리 주어지는 것이 아니다. 이 공동체들은 억압받는 자, 착취당하는 자, 그리고 굴욕당하는 자 등의 행위에 의해 형성되며, 보편주의적, 평등주의적, 그리고 합의적 이상에 종속되어야 한다. 전통적인 인종적, 종족적, 그리고 종교적 공동체들은 필연적으로도, 일차적으로도 욕구와 연대의 공동체가 아니다. 이 공동체들이 보편주의적, 평등주의적, 합의적 틀 속에서 행위의 이상을 드러내는 경우에만 이 공동체들은 욕구와 연대의 공동체가 된다.

주체의 철학의 종언은 우리 사회에서 유토피아의 의미를 변화시킨다. 마르크스는 조물주 같은 인류라는 모델에서 출발한다. 이때 인류는 자신을 행위에 의해 역사 속에서 외화하지만, 자신의 외화된 능력을 "자본"으로, 개인들을 억압하는 그런 소외된 힘들의 총합으로 마주한다고 한다. 해방은 이러한 소외된 힘들이 개인들 스스로에 의해 재전유되는 것을 의미한다. 여기서 마르크스는 분배적 오류를 범한다. 그는 경험적 주체로서의 인류가 하나이기 때문에 규범적 주체로서의 인류도 하나의 특별한 집단에 의해 대표될 수 있다고 가정한 것이다. 행위의 노동 모델의 우선성을 말함과 아울러 이러한 분배의 오류를 범함으로써, 상호 주관성의 정치학은 사라지고 집단적 단수의 정치학으로 나아갔다. 제2차 세계대전 이후 혁명적 노동 계급에 대한 희망이 소멸하면서 생긴 공백은 아도르노, 호르크하이머, 그리고 마르쿠제와 같은 비판 이론가들에게서 절대정신, 즉 예술, 종교, 철학 등에 의해, 혹은 주관 정신, 즉 혁명적 정신에 의해 채워졌다. 객관 정신은 속절없이 합리화되었고, 아무런 해방적 잠재력도 포함하지 않는다고 받아들여졌다.

의사소통적 유토피아의 계기는 양자와는 다른 가정에 기초해 있다. 사회적 구조에는 그 거주자들에게 사회적 총체성에 대한 특별한 상을 부여하는 특권화된 입장이 존재한다는 주장은 더 이상 받아들여지지 않는다. 객관 정신의 유토피아적 자원이 메말라 버렸다고 전제되지도 않는다. 욕구와 연대의 공동체는 사회의 틈 속에서 한편으로는 객관 정신의 보편주의적 약속, 즉 정의와 자격을 확장하기 위해 투쟁하고, 다른 한편으로는 정의의 논리를 우정의 논리와 결합하고자 하는 새로운 사회 운동들에 의해 만들어진다. 이 새로운 사회 운동들은 하나의 특수성이 보편성을 대표할 수 있다는 19세기의 오만함을 공유하지 않는다. 이 운동들은 "차이"를 알고 있으며, 이 차이를 긍정적인 계기로 간주한다. 우정과 연대성을 창조하면서도 권리와 자격을 확대하는 권한 부여empowerment의 정치가 주체의 철학 너머에 놓여 있다.

전통적인 주체의 정치학politics of the subject은 한 집단의 전략적 입장이 다수를 대표하는 자격을 부여받았다고 가정한다. 주체의 철학은 언제나 프롤레타리아트, 여성, 아방가르드, 제3세계의 혁명, 혹은 정당 등 그 특수성이 보편성 자체를 대표한다고 하는 특수한 한 집단을 추구한다. 이에 반해 권한 부여의 정치학politics of empowerment은 사회적 총체성의 상을 가지고서 사회를 점유하는 특권적인 사람들이 사회 구조 내에 존재한다는 가정을 갖지 않는다. 이것은 후기 자본주의 사회와 이 사회에 대한 불만으로 인해 사회적 희생자, 이 희생의 대상들, 그리고 투쟁의 양식 등이 다양화되었다는 이유에서만은 아니다. 그것은 또한 강요된 동일성(정체성) 속에 흡수될 수 없는 차이의 경험이 해방적이라는 이유에서이기도 하다. 참된 집단은 투쟁에 의해 형성된다. 참된 집단은 다른 단체의 언어에서 인용한 범주에 의해 한 단체의 경험을 미리 규정하는 대체의 논리에 의해 형성되지 않는다. 후기 자본주의 사회에서 해방은 "행정적 결정 과정의 민주화"만을 의미하지 않는다. 해방은 또한 우리 사회의 틈새에서 욕구와 연대의 공동체들을 형성하는 것을 의미하기도 한다. 이러한 유토피아는 단순한 초월이 아니기 때문에 더 이상 유토피아적이지 않다. 이 유토피아는 현재의 가능성들을 활짝 꽃피운 상태인 미래의 이름으로 실존하는 것을 부정한다. 그러한 유토피아는 규범에 적대적이지 않고, 오히려 규범을 보충한다. 에른스트 블로흐의 말로 하면 다음과 같다.

> 고전적 자연법의 유산의 문제는 사회적 유토피아의 유산의 문제가 절박했던 것만큼 절박하다. 사회적 유토피아와 자연법은 동일한 인간의 공간에서 서로 보충적인 계기들을 갖는다. 그러나 이 양자는 분리된 채 전진할 뿐 유감스럽게도 통일됨이 없이 서로 부딪쳤다. … 사회적 유토피아는 인간의 행복과 관계했고, 자연법은 인간의 존엄과 관계했다. 사회적 유토피아는 지친 자들과 억압된 자들이 없는 그런 인간관계의 상을 그렸고, 자연법은 모욕 당하고, 굴욕당한 자들이 없는 그런 인간관계를 구성했다.[128]

주

서론. 사회 비판 이론: 실천 철학과 사회과학 사이에서

1. 아리스토텔레스적인 실천 철학이 윤리학설(신칸트주의)로, 실제적 가치설(막스 셸러)로, 그리고 다양한 실천 철학들(마르크스주의와 실존주의)로 변형된 것에 대해서는 리델M. Riedel과 파렌바흐H. Fahrenbach가 분석해 주고 있다. 리델이 편집한 『실천 철학의 복원 Rehabilitierung der praktischen Philosophie』에 있는 리델의 서문과 파렌바흐의 논문 「실천 철학의 문제 상황에 대한 약술과 체계 가능성 ein programmatischer Aufriss der Problemlage und systematischen Ansatzmöglichkeiten der praktischen Philosophie」(1: 15-7)을 보라. 실천 개념의 역사에 대한 일반적인 설명은 R. 번스타인의 『실천과 행위 Praxis and Action』와 N. 로브코비치의 『이론과 실천 Theory and Practice』을 보라.

2. E. 뒤르켕, 「사회과학 부흥을 위한 몽테스키외의 기여 Montesquieu's Contribution to the Rise of Social Science」, p. 4. 이 텍스트는 1892년 보르도에서 라틴어로 처음 출판되었는데, F. Alengry에 의해 『정치 구조의 역사 Revue d'historie politique constitutionelle』(1937년 7-9월)라는 잡지에 번역되었나. 상당히 정교화된 이후의 그의 입장은 그의 박사학위 논문에서 전개된다. 특히 『사회 분업론 Division of Labor』(1893)은 사회적 사실들의 원래 기준들을 근본적으로 재해석하고 있다. 파슨스가 관찰한 것처럼, "이때 사회적 사실들이라는 개념은 세 국면에 의해 전개되었다. 첫째, 자연적 환경의 경우에서처럼, 외면성

혹은 경험적 실재의 소여성, 둘째, 강제성 혹은 제제가 허락된 규범적 규칙의 효과, 그리고 셋째, 뒤르켕이 내면화된 가치와 규범들의 '도덕적 권위'라고 부른 것으로, 이 내면화된 가치와 규범들은 개인이 그에 순응하지 않을 때 양심의 가책을 불러일으키게 함으로써 이 개인을 재제한다. T. Parsons, "The Life and Work of Emile Durkheim"(뒤르켕의 생애와 작품), in *International Encyclopedia of the Social Sciences*, vol. 4. 이 글은 뒤르켕의 『사회학과 철학 Sociology and Philosophy』(New York, 1974), p. liv에 재수록되어 있음. 뒤르켕은 또한 『종교적 삶의 근본 형식들 The Elementary Forms of the Religious Life』 (1912)에서 억견doxa과 인식episteme 사이를, 의견(여론, 견해)과 사회과학 사이를 분명하게 대조해 설명하고 있다. 그는 이 특별한 글에서 지적인 범주들의 사회적 체제를 설명함으로써 이러한 분석을 수행한다. 이에 대해서는 위의 책 안에 있는 논문「우리 연구의 주제: 종교 사회학과 인식 이론 The Subject of Our Study: Religious Sociology and the The Theory of Knowledge」, 제6판(New York, 1965), pp. 13-33 참조.

3. E. 뒤르켕,「사회과학 부흥을 위한 몽테스키외의 기여」, p. 41.

4. *Ibid.*

5. *Ibid.*, p. 3.

6. *Ibid.*, pp. 4-5.

7. *Ibid.*, pp. 6ff.

8. 프랑크푸르트 대학 사회연구소의 중심 인물은 호르크하이머 Max Horkheimer, 아도르노 Theodor Adorno, 프롬 Erich Fromm, 마르쿠제 Herbert Marcuse, 노이만 Franz Neumann, 키르크하이머 Otto Kirchheimer, 뢰벤탈 Leo Löwenthal 등이었으며, 약간 비중이 떨어지는 인물로는 그로스만 Henryk Grossmann과 굴란트 Arkadij Gurland가 있었다. 반면 벤야민 Walter Benjamin은 이 연구소의 외곽에서 활동했다. 이 책에서 나는 그들 중에서도 주로 철학자들, 즉 호르크하이머, 아도르노 그리고 마르쿠제의 작품에 집중할 것이다. 이에 반해 "프랑크푸르트학파"라는 술어는 뢰벤탈과 폴록 역시 공유하고 있었던 입장을 지칭하는 보다 넓은 의미를 지닌다. 이에 대해서는 David Held, *Introduction to Critical Theory*, pp. 14-5 참조. 이제부터 이 연구소의 기관지인 『사회조사지 Zeitschrift für Sozialforschung』에 실린 모든 논문들에 대한 언급은 이 책에서 ZfS로 축약해서 쓸 것이다. 연도 다음에 나오는 첫 번째 숫자는

이 잡지 원본의 쪽수이다. 필요한 경우 영어본의 쪽수가 바로 뒤에 따라 나온다. 필요하다고 생각될 경우 나는 이 영어 번역본을 다소 수정했다. 위 본문은 호르크하이머, 「전통 이론과 비판 이론Traditional and Critical Theory」, pp. 188-214에 나와 있다.

9. 아리스토텔레스, 『아리스토텔레스의 기본 작품들 The Basic Works of Aristotle』 중, 『니코마코스 윤리학』 제10권, 제7장, 1177a13ff.와 『정치학』 제1권, 제2장, 1253aff.를 보라.

10. Th. 홉스, 『리바이어던 Leviathan』, pp. 225ff.

11. 허쉬만A. Hirschman, 『열정과 관심 The Passions and the Interests』.

12. J. 하버마스, 「역사적 유물론과 규범적 구조의 발전」(in *Communication and the Evolution of Society*), p. 96. 독일어 원전, in *Rekonstruktion des Historischen Materialismus*, Frankfurt/M. 1976, S. 10.

13. G. W. F. 헤겔, 『정신현상학』. 호프마이스터가 편집한 『정신현상학』은 이 책에서 PhG로 표시될 것이다. 뒤에 바로 따라 나오는 숫자는 이 편집본의 쪽수를 지칭한다. 그 다음에 따라 나오는 숫자는 밀러Miller의 영어본의 쪽수를 지칭한다.

14. G. W. F. 헤겔, 「자연법의 학적 취급방식에 대하여Über die wissenschaftlichen Behandlungsarten des Naturrechts」. 이 논문은 이 책에서 NR로 표시되며, 이 약어 바로 다음에 따라 나오는 숫자는 독일어판 쪽수를, 그 다음의 숫자는 영어판 쪽수를 지칭한다. 나는 녹스Knox의 번역본을 추천함에도 불구하고 언제나 그것에 의지한 것은 아니다.

15. A. 매킨타이어, 『덕의 상실 After Virtue』; R. 로티, 『철학과 자연의 거울 Philosophy and the Mirror of Nature』; J.-F. 리오타르, 『포스트모던의 조건 The Post-Modern Condition』.

16. 롤즈의 입장과 의사소통적 윤리학의 프로그램 사이의 관계에 대해서는 다음에(제8장, 2설에서) 자세히 다룰 것이기 때문에 여기서는 기워스A. Gewirth의 기획과 어디에서 불일치하는지에 대해서만 간략히 소개하겠다. 기워스에 의해 "변증법적으로 필연적인 방법"으로 규정된 분석 양식이 의사소통적 윤리학에서 "행위자의 수행적 관점"을 강조하는 것과 어떤 유사성을 간직하고 있기는 하지만, 거기에는 근본적인 차이들이 존재한다. 첫째, 기워스는 변증법적으로 필연적인 자신의 방법을 구성함에 있어서 엄격하게 독백

론적인 혹은 (이기적이지는 않다 하더라도) 자기중심적인 관점에서 출발한다. 이에 반해 의사소통적 윤리학은 대화의 입장에서 출발하며, 언어적이고 사회적인 공동체의 구성원으로서의 행위자들의 입장을 구성한다. 둘째, 기워스는 모든 "상호 작용interaction"을 자기 자신들 내부에서의 "이월 행위transaction"로 해소하는데, 왜냐하면 여기서는 상호 작용이 "유기체적" 관점을 표현하기 때문이다. 이 유기체적 관점에 따르면, 모든 행위자들은 상호 수령자들이고 서로에게 행위자들이다. 그는 다음과 같이 쓴다. "하지만 한 명 혹은 그 이상의 사람들이 행위자이고 또 다른 사람들과 단체가 수령자인 곳에서는 다소간 안정적인 상호 작용이 여전히 남아 있다"(그의 『이성과 도덕성Reason and Morality』, p. 130을 보라).

의사소통적 윤리학의 관점에서는 상호 작용을 이월 행위로 보는 것에 대해 전혀 수긍할 수 없다. 왜냐하면 이것은 말 앞에 수레를 두는 꼴이기 때문이다. 이러한 사실은 개인들이 상호성과 호혜성의 규칙에 따라 상호 작용을 배움으로써 비로소 이월 행위를 할 수 있다는 사실을 무시한다. 또한 이러한 이월 행위 개념은, 기워스가 다음과 같이 범례적으로 보여 주듯이, 사회적 행위 개념으로서는 극단적으로 제한되어 있다. "그러한 상호 작용의 예로서 한편으로, X가 아주 주의 깊게 계획한 후 Y에게서 돈을 강탈하기 위해 곤봉으로 Y의 머리를 친 경우를, 그리고 다른 한편으로 X가 Y에게 돈을 빌려달라고 요청하고 Y가 이에 대해 빌려 줄 것인지를 결정하는 경우를 생각해 보자(*Ibid*). 두 번째 경우가 (제4장, 4절에서 다루게 될) "전략적 행위"의 범주에 속하는 반면, 첫 번째 경우는 단지 사회적 상호 작용이 단절된 심급을 보일 뿐이다. 사회 비판 이론의 기획에서 사회 이론적 관심을 철학적 관심과 이렇게 통합하는 것은 이러한 기획과 신칸트주의로 대표되는 다른 모습들 사이의 차이를 보여 주는 것이다.

17. 리오타르의 입장에 대해, 그리고 하버마스, 리오타르, 로티의 논쟁에 대해서는 나의 논문 「포스트모더니즘의 인식론들Epistemologies of Post-Modernism」(in *New German Critique*, 1984 가을), no. 33, pp. 103-27을 보라.

18. 인식론적 근본주의를 "소여된 것"의 신화의 상으로 비판한 호르크하이머의 논의에 대해서는 그의 논문 「전통 이론과 비판 이론」(ZfS 1937: 25ff./191 ff.)과 「현대 철학에서 합리성 논쟁에 대하여」(ZfS 1934: 33ff.)를 보라.

19. 이에 대해서는 아도르노의 『인식 이론의 메타 비판*Metakritik der*

Erkenntnistheorie』을 보라.

제1장. 내재적 비판의 기원

1. R. Koselleck, *Kritik und Krise*, pp. 196-7, n. 155. Cf. J. Habermas, "Between Philosophy and Science: Marxism as Critique," in *Theory and Practice*, pp. 195-253.

2. R. Koselleck, *Kritik und Krise*, p. 198.

3. *Ibid*, p. 86.

4. *Ibid*, p. 101.

5. I. Kant, *Kritik der reinen Vernunft*, p. 13 (A xi, xii); 영어본, N. K. Smith, p. 9. 필자는 여기서 스미스의 번역을 참고하면서 그 번역에 약간의 변형을 가했다.

6. G. W. F. Hegel, "Differenz des Fichteschen und Schellingschen Systems der Philosophie" (=Differenzschrift, 차이).

7. G. W. F. Hegel, "Glauben und Wissen."

8. G. W. F. Hegel, "Differenzschrift," p. 20. 강조는 필자. 또한 분열 문제에 대한 해명을 보려면 마르쿠제의 『헤겔의 존재론과 역사성 이론*Hegels Ontologie und die Theorie der Geschichtlichkeit*』, pp. 9-23(독어본)을 참조하라.

9. Th. Hobbes, *Leviathan*, p. 186.

10. *Ibid*, ch. 20; J. Locke, *First and Second Treatises of Civil Government*, ch. 8.

11. Th. Hobbes, *Leviathan*, p. 186.

12. J. Locke, *First and Second Treatises of Civil Government*, pp. 144ff.

13. 『자연법』에서 헤겔의 칸트 비판은 비약적이고 분화되지 못한 면이 있으며, 때때로 궤변적이다. 칸트에 대해 3가지 측면에서 비판이 제기된다. 첫째, 순수한 통일성이 실천 이성의 본질을 이루고 있기 때문에 "인륜성의 체계"를 말하기 쉽지 않다는 것이다. 그 이유는 그러한 순수한 통일성으로부터 법의 다양성이 결코 도출될 수 없다는 데 있다(NR 459/75). 둘째, 자유의 도덕법은

오직 검토를 위한 준칙일 뿐이며, 그것은 자체의 준칙을 결코 산출할 수 없다 (NR 460/75). 셋째, 도덕법을 보편화할 수 있는 절차는 모순의 원리와 매 한가지다. 칸트의 도덕법에 대한 헤겔의 비판의 보다 상세한 검토는 이 책 제3장 제1절을 참고하라.

14. 헤겔의 피히테 비판은 보편화 원리의 공허성에 맞춰져 있는 것이 아니라 도덕성과 합법성의 분리가 인륜적 삶의 도덕적 토대들을 무화시킨다는 사실에 맞춰져 있다. 피히테 철학에서 합법성의 영역은 보편적인 순수한 자기의식과 개별적인 자기의식 사이의 모순에서 연역된다. 이에 대해서는 피히테의 『법학 The Science of Right』을 보라. 합법성은 때때로 상호적으로 행동하는 유한한 자기의식들이 공존하는 영역이다. 이 영역에서 그들의 관계는 자유의 보편적 법에 순응하도록 만들어지지 않으면 안 된다. 법의 영역은 유한한 자기의식으로서의 자아가 합리적인 자기의식의 원리를 거스르며 행동할 수도 있는 그런 모순에 기반을 둔다. 따라서 법의 영역에서 나의 의지는 부득이 각자의 의지가 보편적인 자유의 법 아래서 공존한다는 원리에 순응한다. 하지만 유한한 자기의식으로서의 나는 무한한 자기의식이 그러하듯 합리적이고 자유로운 존재이기 때문에, 이러한 강제가 나의 자유와 합리성을 위반해서는 안 된다. 한편으로 합법성의 영역은 강제적 힘이 있다는 것을 전제하며, 다른 한편으로 이러한 강제적 힘은 임의적이어서는 안 되고 자유의 원리에 순응해야 한다. 이렇듯 후자에는 자유의 법에 순응해야 한다는 한계가 있어야 한다. 동일한 것이 두 번째 심급에도 해당될 수 있다. 즉, 그것은 동일하게 강제되지 않으면 안 되고, 처음 것과 같아야 한다. "이제 문제는 어떻게 이 최고의 의지가 강제와 감시를 통해 보편적인 의지의 개념에 적합하게 되는지, 따라서 그 체계가 내적이면서 선험적인 것으로 머무를 수 있는지 하는 것이다"(NR 472/85-6).

15. 칸트의 「법(권리)의 일반 원칙」에 대해서는 다음의 책을 참고하라. *Die Metaphysik der Sitten*, pp. 387ff. (A 33; B 33, 34), 영어본, pp. 33ff.

16. G. Lukacs, *Der junge Hegel*, pp. 52ff.; F. Rosenzweig, *Hegel und der Staat*, 2: 30ff.

17. R. P. Horstmann, "Über die Rolle der bürgerlichen Gesellschaft in Hegels politischen Philosophie," pp. 276ff.

18. 헤겔의 시민 사회 개념에 대한 일반적인 설명을 위해서는 주 17에 나온

자료 외에 리터J. Ritter의 「헤겔과 프랑스 혁명」, 리델M. Riedel의 「헤겔의 '시민 사회' 개념」, 슈미트J. Schmidt의 『정치 사상사』에 있는 「부르주아로서의 시민을 위한 파이데이아」(469-3), 펠친스키Z. A. Pelzinsky가 편집한 『헤겔의 정치사상』서문을 보라.

19. 『자연법』에 나오는 헤겔의 결론적 진술은 다음과 같다. "절대적 이념은 그 자체 절대적 직관이며, … 정확하게 말해서… 절대정신이며, 완성된 인륜적 삶이다. 완성된 인륜적 삶은 위에서 서술한 것처럼… 부정적인 것과 섞이지 않도록 자신을 방어한다. … 이 인륜적 삶은 자신의 일부분을 희생함으로써 부정태에게 권력과 영토를 의식적으로 허용한다. 이를 통해 인륜적 삶은 자신의 삶을 순화하여 그 부정태로부터 보호한다"(NR, p. 530).

20. 헤겔의 논의의 형이상학적 토대들이 아리스토텔레스와 스피노자의 자연관을 일관성 없이 융접한 것에 기초해 있다고 한 해석은 일팅K. H. Ilting과 리델M. Riedel의 해석의 위대한 점이다. 이들의 해석은 특히 로젠크란츠K. Rosenkranz, 해링Th. Haering, 그록크너H. Glockner 등의 초기 해석과는 구별된다. K. H. Ilting, "Hegels Auseinandersetzung mit der Aristotelischen Politik"; M. Riedel, "Hegels Kritik des Naturrects"; K. Rosenkranz, *Hegels Leben* (Berlin, 1844), 173쪽 이하; H. Glockner, *Hegel* (Stuttgart/Fromann, 1958) 302쪽 이하; Th. Haering, *Hegel: sein Wollen und sein Werk*, 2: 389, 404쪽 이하 참조.

21. K. Marx and F. Engels, *Die Heilige Familie oder Kritik der kritischen Kritik*, 82ff.; D. Howard, "On the Transformation of Marx's Critique to Dialectic," *Dialectical Anthropology*, 75쪽 이하; Jean Cohen, *Class and Civil Society*, pp. 22-53.

22. K. Marx and F. Engels, MEW 1, p. 344. 강조는 저자.

23. 이 주제와 관련하여 잘 알려져 있지는 않지만 매우 통찰력 있는 토론으로는 다음이 있다. K. Bekker, *Marx' philosophische Entwicklung* (27-37); D. Henrich, "Karl Marx als Schüler Hegels" 196ff.

24. 헤겔의 『논리학』에 나오는 다음의 진술을 참조하라. "그리고 이제 실존 혹은 직접성, 그리고 즉자태, 토대 혹은 반성된 것을 단순한 계기들로 가지는 이러한 통일성은 현실성이다"(*Wissenschaft der Logik* 2, 170). 특히 『헤겔의 법철학 비판』에서, 마르크스는 헤겔이 이러한 원리를 일관성 있게 실행하는

데 실패했다고 말한다. 마르크스는 현실성으로 나타났지만 사실 단순히 직접성에 불과한 개념에 의해 정립된 그런 계기들이 있다는 사실을 지적한다. 이러한 객체를 표현하는 또 다른 방식은 실존의 통일과 현실성으로서의 개념을 증명하는 대신 헤겔이 단순히 실존을 합리화한 것에서 나타난다(MEW 1, p. 206). 그리고 K. Marx, *Critique of Hegel's Philosophy of Right*, p. 8.

25. "이에 반해 만약 이념이 '오직 하나의 이념'에만, 즉 사념(견해, 여론) 속에 들어 있는 표상에만 통용된다면, 철학은 반대로 이념을 제외한 어떤 것도 현실적이지 않다는 것을 보여 준다. 그렇게 되면 시간적이고 일시적인 것의 가상에서 내적인 실체와 현재하는 영원자를 인식할 수 있는 상태에 이르게 된다."

26. L. Feuerbach, *The Essence of Christianity*, pp. 32-43.

27. 이 논의에서 나는 유대주의에 대한 바우어Bauer와 마르크스의 이해의 논리성을 따지지는 않을 것이다. 그들은 유대주의를 문화와 종교로 특징짓는데, 이것은 유대주의의 현실과는 거의 아무런 관계가 없다. 이러한 사실에 대해서는 칼레바흐J. Carlebach의 *Karl Marx and the Radical Critique of Judaism*, pp. 125-87을 보라.

28. K. Marx and F. Engels, *The German Ideology*, p. 39.

29. H. F. Fulda, "These zur Dialektik als Darstellungsmethode im 'Kapital' von Marx," *Hegel Jahrbuch* (1974), pp. 204-10; M. Theunissen, *Sein und Schein*, pp.13ff.

30. J. J. Rousseau, *Emile, ou de l'éducation*, p. 9. 마르크스는 자신의 글 「유대인 문제에 대하여」에서 루소의 "일반 의지" 개념을 포이어바흐의 "유적 본질"이라는 개념과 융합시킨다(K. Marx, *Early Writings*, pp. 211-43). 이 두 개념은 개인의 이익과 보편자의 이익의 통일이 가능하다고 하는 전제에 기초해 있다. 그러한 통일에 도달할 수 있게 하는 매개는 해명되지 않고 있다. 마르크스 사유에 나타나는 매개의 결핍 현상에 대해서는 랑게Lange의 통찰력 있는 글인 『노동의 원리 *Das Prinzip Arbeit*』, pp. 73-96을 참고하라.

제2장. 탈물신화 비판의 기원들

1. 이 시기 헤겔의 발전에 대한 일반적인 설명에 대해서는 다음을 보라. G. A. Kelly, *Hegel's Retreat from Eleusis*; Raymond Plant, *Hegel*. 슈미트James Schmidt는 헤겔의 발전 과정을 논한 최근의 문헌을 자신의 논문 「최근의 헤겔 문헌들Recent Hegel Literature」 제1부 *Telos*, no. 46, pp. 113-48, 제2부 *Telos*, no. 48, pp. 114-41에서 잘 보여 준다.

2. 하버마스의 논문 「노동과 상호 작용: 헤겔의 예나 시기 정신철학에 대한 주석」, in *Theory and Practice*, pp. 142-70을 보라. 그리고 리델M. Riedel의 「객관 정신과 실천 철학objektiver Geist und praktische Philosophie」을 보라.

3. I. 칸트, 『순수 이성 비판』 Ax. 영어판, p. 8.

4. I. 칸트, 『순수 이성 비판』 Axii.

5. 푀겔러O. Pögeler의 "Qu'est-ce que la phenomenologie de l'esprit?," 풀다와 헨리히Henrich가 편집한 『정신현상학에 대한 자료들*Materialien zu Hegels "Phänomenologie des Geistes"*』, Jean-Pierre Labarrière의 『헤겔 정신현상학에 나타나는 변증법적 운동의 구조*Structures et mouvement dialectique dans la phenomenologie de l'esprit de Hegel*』, 웨스트팔Merold Westphal의 『헤겔 정신현상학에서 역사와 진리*History and Truth in Hegel's Phenomenology*』, 그리고 도브 K. L. Dove의 「헤겔의 현상학적 방법Hegel's Phenomenological Method」 등을 참조하라.

6. 『정신현상학에 대한 자료들』에 있는 H. F. 풀다의 논문 「정신현상학의 논리에 대하여Zur Logik der Phänomenologie des Geistes」의 pp. 391 이하 참조.

7. 슈네델바흐의 「헤겔 철학에서 논리학과 사회 이론의 관계Zum Verhältnis von Logik und Gesellschaftstheorie bei Hegel」, pp. 65ff 참조.

8. G. W. F. 헤겔, *Die Vernunft in der Geschichte*, p. 67.

9. 나는 이러한 과정에 대한 헤겔의 설명을 베버의 술어로 풀이 보고자 한다. 이러한 나의 시도는 세계 종교들의 발전을 자연주의적이고 직접적인 요소를 지닌 신적인 것의 순화 과정으로 설명하는 베버의 주장에 기초해 있다. 헤겔은 세계 종교의 합리화에 대한 베버의 설명의 많은 요소들을 선취하고 있다. 베버의 글 『중국의 종교*The Religion of China*』, pp. 226ff.와 「소명으로서의

학문Science as a Vocation」, p. 155을 참조하라.

10. 이러한 주장은 헤겔에 의해 논의되고 있는 의식의 다양한 경험들, 예컨대 욕구, 인정, 도덕적 행위와 종교적 행위, 이 행위들의 딜레마, 그리고 예술 등과 같은 의식의 경험들에 모순된 것처럼 보인다. 나는 헤겔의 현상학적 논의의 메타 차원에서 부를 창조하는 노동 모델에 기초한 외화의 범주의 단계와 의식의 활동의 구체적 형태로서의 이 범주의 단계를 구분한다. 나의 비판은 정신의 활동성 그 자체를 특징짓기 위해 헤겔이 사용하는 이 범주의 메타적 단계에 관심이 있다. 이와 관련해서는 아도르노의 『부정 변증법』, pp. 297ff.(독어본)와 하버마스의 「노동과 상호 작용」, pp. 142ff.(영어본), 그리고 루카치의 『청년 헤겔』, pp. 537-69(영어본)를 보라.

11. K. Marx, *Capital*, 1: 177. 앞으로 이 텍스트에 대한 모든 지시 사항은, 다른 말이 없는 경우, 이 판본에 따른다.

12. Aristoteles, *Ethics*, 1140aff., *Metaphysics*, 1032a113ff., in *The Basic Works of Aristotle*. 또한 굴드Carol Gould의 『마르크스의 사회 존재론Marx's Social Ontology』을 보라.

13. 생동적인 노동이 과거의 정립태를 현재의 유용한 대상으로 변형시키는 구체적 노동인 한에서만 이 노동은 이러한 기능을 수행할 수 있다. "추상적" 노동과 "구체적" 노동의 구분은 따라서 사유에서의 구분, 즉 특정한 사회 구조에서만 요청되는 구분이지 현실에서의 구분이 아니다. 이에 대해서는 다음의 주석을 보라.

14. 『자본론』에서 노동 개념에 대한 마르크스의 분석의 요점은 자본주의 사회에서만 노동의 모든 상징적-규범적 속성이 낱낱이 드러나서 순수하게 물리적-자연주의적인 인간 힘의 표현으로 환원된다는 것이다. 자본주의는 노동하는 활동을 자신의 가장 기본적인 요소로 환원한다. 따라서 이것은 "인간 해부는 원숭이 해부의 핵심을 내포한다"(*Grundrisse*, p. 105)라는 마르크스의 유명한 진술의 의미이다. 마르크스는 다음과 같이 쓴다. "특정한 종류의 노동에 대해 아무런 차별을 두지 않는 것은 실제 노동들의 매우 발달된 총체성을 전제하는데, 이 노동들 중 어떤 하나의 노동도 지배적이지 않다. … 특수한 노동의 무차별성은 개인들을 하나의 노동에서 다른 노동으로 쉽게 전이할 수 있게 하는 사회 형태에 상응한다"(*Grundrisse*, p. 104). 마르크스가 이것을 진화론적인 의미에서 말하고 있는지, 혹은 그가 이 진화론에 대해, 그리고 자본주의

사회에서의 노동을 노동의 순수한 형태로 환원하는 것에 대해 비판적인지 아닌지에 대해서는 논쟁의 여지가 있다. 카스토리아디스는 마르크스의 설명이 갖는 비판적 차원을 무시하고서 자연주의적 진화론에만 관심을 집중한다. 이에 대해서는 C. Castoriadis, "From Marx to Aristotle, from Aristotle to Us," in *Social Research*, no. 44, pp. 3-24를 보라.

15. 이전 경험의 결과로서 의식의 새로운 대상의 출현은 『정신현상학』의 구조적 모습인데, 이 모습은 헤겔이 "자기 자신에 대한 반성"이라고 서술한 과정과 관련한 비현상학적인 가정을 내포하고 있다. 계속 따라 나오는 의식의 대상은 "토대로의 회귀"이며, 이전 대상에 대한 "자기반성"이다. 풀다(「현상학의 논리에 대하여」)도 라바리에Labarrière(『구조와 운동』)도 헤겔의 논의가 순수하게 현상학적인지에 대한 문제를 분석할 때 헤겔의 절차의 이러한 측면을 강조한다.

16. 이러한 요구는 해명이 필요하다. 특히 나는 헤겔에게서 상기*Erinnerung*가 왜 재전유 *Wiederaneigung*인지를 해명하고 싶다. 『정신현상학』을 관통하여, 헤겔은 "상기"라는 말을 이중적인 의미로, 즉 기억과 내면화의 의미로 사용한다. 이 단어가 접두어와 어간으로 분리될 경우, 우리는 "Er/innerung"을 얻게 되는데, 이 말은 내면화라고 하는 복합적이고 강화된 활동성을 의미한다. 상기는 외화된 것을 자기 자신에게로 되돌리는 것이다. 그것은 자기 자신에게 외적인 것으로 되어 버린 것을 다시 내면화하고 흡수하는 것이다. (영어로 "re/memberance"(기억) 혹은 "re/collection"(회상)은 따라서 이러한 의미를 반영한다. Re/membering은 하나의 과정의 구성 요소들members을 다시 불러 모으는 것이다.)

헤겔에게 상기는 시간 안에서의 정신의 생성으로부터 자기 자신에게로 되돌아옴을 의미한다(PhG, p. 563). 역사는 시간 속에 현존하는 정신이며, "시간은 스스로 완전할 수 없는 정신의 운명이자 필연성이다"(PhG, p. 558). 기억은 역사가 정신의 생성물이며, 필연성에 직면하여 화해에 이르게 된다는 통찰을 함으로써 이러한 외면성과 필연성을 극복한다. 즉, 이러한 통찰은 정신이 타자 안에서 자신으로 머물고 있음을 알게 된다는 것을 의미한다. 외면화, 자신에게 되돌아옴, 혹은 재전유 등의 모델은 헤겔에게서 역사와 기억의 관계를 특징짓고 있다. 역사는 기억*remember*될 수 있다. 즉, 역사는 그 구성원들members을 다시 불러 모을 수 있다. 왜냐하면 역사는 자신을 시간 속으로 진행시켜 자신에게 외적인 형식을 취하게 하는 정신의 노동(작품)이며, 정신의 자기실현이기 때문이다.

따라서 헤겔에게서 상기Erinnerung은 과거의 것을 현재에 해석하거나 "회상"(다시 부름, recalling, zurückrufen)하는 것이 아니다. 과거를 회상함(다시 부름, re/calling)으로써 우리는 그 과거를 우리 자신의 것으로 현재하게 한다. 우리는 망각한 것에 이름을 붙이고 그것을 깨워 우리에게 현상하게 한다. 우리는 과거를 그 익명성에서 불러내어 그것을 다시 한 번 인식한다. 회상함(Re/calling)은 이름을 붙이고, 이름을 다시 붙이고, 해석하고, 재해석하는 활동인데, 이러한 활동 속에서 우리는 이름 붙이는 것을 잊어버리기 때문에 종종 기억하는 데 실패하게 되며, 그것을 동일하게 해석하지 못하기 때문에 우리는 그러한 활동에 대해 동의하지 못한다. 이에 반해, 헤겔에게 기억memory은 존재했던 것이 언젠가 정신의 활동에 의해 만들어지고 구성되었다는 사실을 재전유하고, 자신의 것으로 삼으며, 상기해 내는 것이다. 이러한 과정에는 동의하지 않을 여지, 해석상의 갈등의 여지, 혹은 이름을 다시 붙일 여지가 없다. 다음 장에서 내가 보여 주겠지만, 기억을 재전유로 보는 이러한 해석은 "행위의 해석적 무규성"에 대한 헤겔의 거부와도 잘 맞는다.

17. 현대 철학에서 "주체" 개념에 대한 공격은 상이한 기원을 갖는다. 첫 번째 전통은 프랑스 구조주의의 비판에 그 기원을 두고 있다. 프랑스 구조주의는 사회적 설명을 함에 있어서 실체화된 의도들을 비판하며, 사회적 설명이 내용의 의도들과는 대립되는 형식 논리로 변한 것에 대해 비판한다. 알튀세(『자본론 읽기』, pp. 119-45)와 부르디외P. Bourdieu, 그리고 패서론J. C. Passeron(「1945년 이후 프랑스에서 사회학과 철학」, in *Social Research*, pp. 162-212)은 마르크스주의, 그리고 사회학과 철학에서의 이러한 운동의 진행 결과에 대한 탁월한 설명을 해 주고 있다. 이러한 논의의 노선을 정신분석학으로 확장하는 것은 라캉의 "주체의 전복The Subversion of the Subject"에서 발견된다. 두 번째 해석 노선은 하이데거의 비판으로 거슬러 올라가는데, 하이데거는 hypokeimenon과 근대 데카르트 철학에서 실체로 나타나는 현존의 존재론을 비판한다. 이에 대해서는 M. 하이데거의 『사물이란 무엇인가*What is a Thing?*』, pp. 24ff.와 『존재와 시간*Being and Time*』을 참조하라. 그리고 쉬르만Rainer Schürmann의 「반휴머니즘」, in *Man and World*, vol. 12, no. 2를 보라.

18. K. Marx, *Texte zur Methode und Praxis*, II, *Pariser Manuskripte, 1844*, p. 119. 오늘날 영어로는 두 개의 번역본이 통용된다. 하나는 Dirk J. Struik의 *The Economic and Philosophical Manuscripts of 1844*이고, 다른 하나는 R. Livingstone과 G. Benton의 *Economic and Philosophical Manuscripts*, in *Karl Marx: Early Writings*가 있다. 나는 이것들 중에서 적절한 번역을 발견하지 못했다.

19. 내가 이 수고 전체를 읽어본 바로는, 우리가 이러한 사실에 근본적으로 동의하지 않을 수 있는데, 그렇다 하더라도 우리는 헤겔과 마르크스의 관계에 대한 이러한 해석 방식에 미친 루카치의 영향을 인정해야 한다. 이에 대해서는 루카치의 『역사와 계급의식*History and Class Consciousness*』, pp. 110(영어본)을 참조하라. 아라토Arato와 브레인즈Breines는 내가 이 텍스트에서 비판하고 있는 주체성의 이러한 모델에 대한 난점을 명확하게 진술한다. "두 경우에 분석은 주체성에 대한 자아론적인('나,' '우리,' '총체성 이론' 등) 모델에 의해 (상호 작용, 노동에서의 상호 주관성, 일상생활, 제도적 실재 등은 제외하고) 허약해지고 만다. 이때 주체성의 모델은 모든 사회 영역에 나타나는 물화 논리의 완고한 총체성에서도, 또한 고전 독일 철학에서 물려받은 보충적인 개념적 신화에서도 흘러나온다"(Andrew Arato and Paul Breines, *The Young Lukács*, p. 136).

20. J. J. 루소, 『인간 불평등 기원론*Discours sur l'inégalité parmi les hommes*』.

21. 이러한 등가의 배후에 있는 사회적 환원주의에 대한 통찰력 있는 비판에 대해서는 랑게M. Lange의 『노동의 원리*Das Prinzip Arbeit*』, pp. 86ff.을 보라.

22. 이 두 견해 사이의 긴장에 대한 명쾌한 분석은 『변증법적 인간학*Dialectical Anthropology*』의 제1부에 있는 마르쿠스G. Markus의 논문 「마르크스에서 실천적-사회적 합리성: 변증법적 비판」, pp. 255-88에 잘 나와 있다.

23. 보다 이른 시기에 헬러Agnes Heller는 (「마르크스의 가치 이론에 대하여」, in *Kinesis*에서) 『1844년 수고』에 나타난 마르크스의 해방의 기획이 근본적으로 모호하다는 사실을 전개했다. 헬러는 다음과 같이 주장한다. "마르크스가 근본적인 가치 개념(풍요)과 기초적인 가치 공리들을 가지고 있었음에도 불구하고 그는 가치에 대한 보편적 개념을 작업해 내지 못했다"(p. 22). 풍요는 유의 본질적인 힘을 다양한 방면에서 펼쳐 나간다는 것을 의미한다. 이

범주는 문자적인 의미에서 증가된 부, 생산 능력, 과학적-기술적 성취의 집중화 등과 같은 것을 의미한다. 하지만 그것은 또한 새로운 욕구들, 상호 작용의 새로운 양식들, 주체의 새로운 형식들, 타자와의 새로운 관계들 등의 출현으로 질적으로 해석될 수도 있다. 「마르크스의 가치 이론에 대하여」에서 헬러는 해방의 두 기획들 사이의 차이를 그리지 않는다. 이에 반해 그의 『마르크스에서 욕구 이론』은 내가 이 책에서 "감각적 유한자"라고 묘사하는 견해를 아주 해박하게 전개한다.

24. 이 점에 대해서는 하버마스가 『인식과 관심』, pp. 25-43(영어본)에서 아주 강하게 논의하고 있다. 또한 벨머Albrecht Wellmer의 『사회 비판 이론 Critical Theory of Society』, pp. 67-121(영어본)을 보라. 하버마스는 마르크스가 원래의 "실천praxis" 개념을 노동과 상호 작용 일반으로 가르고자 했다고 해석하는데, 이러한 해석은 무한히 비판 받아 왔다. 하지만 이러한 비판은 이 비평의 배후에 놓여 있는 의도를 놓치고 말았다. 하버마스는 마르크스의 실천 개념이 양자를 다 포함한다는 사실을 부정하지 않는다. 그는 단지, 만약 역사적 유물론이 또한 사회 형태의 발전과 진화의 이론이라고 한다면, 우리는 그러한 과정을 언어 습득, 사회화와 동일성의 형태, 문화에의 순응과 전통의 상징적 재생산 등으로 설명해 줘야 한다고 지적할 뿐이다. 만약 실천 개념으로 이러한 과정의 발전적인 역학이 설명될 수 있다면, 그리고 그러한 것들이 사회적 주체에 어떻게 습득되는지 설명될 수 있다면, 이 개념은 계속 사용될 수 있을 것이다. 하지만 마르크스가 참으로 단 한 가지만의 행위 양식의 논리와 구조와 그 역학을, 즉 대상화와 좀 더 좁게는 생산 행위의 논리와 구조와 그 역학을 전개시켰다는 사실은 마르크스 텍스트에 주의 깊은 독자라도 발견하기가 쉽지 않다. 이 문제에 대해서는 제4장에서 더 논의할 것이다. 노동과 상호 작용의 구분에 대한 하버마스의 최근의 분석에 대해서는 「나의 비판에 대한 답변A Reply to My Critics」, in Thompson and Held(ed.), *Habermas: Critical Debates*, pp. 225ff.을 보라. 참고로 호네트A. Honneth의 「노동과 도구적 행위Arbeit und instrumentales Handeln」도 살펴보라.

25. 하버마스의 「역사적 유물론과 규범적 구조의 발전」과 「역사적 유물론의 재구성」(in *Communication and the Evolution of Society*), pp. 95-178(영어본)을 보라.

26. 가다머H. G. Gadamer는 『진리와 방법』, pp. 321-5(영어본)에서 상호 작

용과 이해의 변증법에 대해 아주 세세한 설명을 해주고 있다.

27. 이 문단은 제임스 밀에 대한 마르크스의 짧은 주석에서 나온 것인데, 이 주석은 『파리 수고들』에 부록으로 붙어 있는 "노트" 180쪽 이하에 있다.

28. 독일 관념론자들의 사유에서 이 행위의 모델이 우세하게 되는 이유에 대한 일반적인 해명은 테일러Ch. Taylor의 『헤겔Hegel』, pp. 3ff.에 잘 설명되어 있다. 다음 두 장에서 나는 이러한 "표현적" 행위 모델에 대해 좀 더 전개할 것이다.

29. 마르크스의 실천 개념에 대한 일반적인 해명은 번스타인R. J. Bernstein의 『실천과 행위Praxis and Action』, 아비네리S. Avineri의 『마르크스의 사회-정치사상The Social and Political Thought of Karl Marx』에 나타나 있다. 그리고 콜라코프스키L. Kolakowski의 『칼 마르크스와 진리의 계급적 정의Karl Marx and the Classical Definition of Truth』는 가장 영향력 있는 해명들 중 하나로 남아 있다. 나의 분석은 한나 아렌트의 『인간의 조건』에 많이 빚지고 있다.

제3장. 위기 조정: 자율성과 인륜적 삶

1. 칸트에 대한 헤겔의 초기 비판은 헤겔 자신이 쓴 『청년 헤겔의 신학론집』(국역본, 정대성 역, 인간사랑) 내에 있는 「기독교의 정신과 그 운명」과 「사랑」 단편, 그리고 괼란트I. Görland의 『청년 헤겔의 칸트 비판Die Kantkritik des jungen Hegel』을 보라. 이 외에 참고할 부분은 헤겔의 『정신현상학』, 제6장, C절, "자기 확신하는 정신: 도덕성"과 『법철학』 #40, 첨가 부분, pp. 39(영어본), 그리고 『대논리학』 제1권 "제한과 당위Die Schranke und das Sollen" 주석 부분 119쪽 이하, 영어본 133쪽 이하를 보라.

2. "사적 권리" 아래서 본 『정의의 형이상학적 토대』에서 칸트는 "사물과도 같은 인격권"을 포함시킨다. 이 권리들은 세 가지 종류로 분류된다. 1) 남자는 아내를 획득하고 그에 대한 권리들을 가진다. 2) 부부는 아이들을 획득하고 그들에 대한 권리들을 가진다. 3) 통일체로서 가족은 하인들을 획득하고 그들에 대한 권리들을 가진다. 이러한 권리들은 한 인격체(사람)에 반하는 권리가 아니며, 처분 가능한 대상에 대한 재산권도 아니다. 이 권리들은 소유권

과 같은 것이다(『윤리 형이상학*Die Metaphysik der Sitten*』, pp. 106ff.; 『정의의 형이상학적 토대 *The Metaphysical Elements of Justice*』, pp. 54-5). 칸트를 비판적으로 보는 헤겔은 전통적인 혼란의 뿌리가 현실적 인격권jura realiter personalier이라는 범주를 도입하면서 권리를 인격권jus ad personam과 물권jus ad rem으로 구분한 로마법으로까지 확장된다고 한다. 칸트 역시 "실체적인 유대를 전제하는 권리들, 예를 들어 가족과 정치적 삶의 권리들과 추상적인 인격성 그 자체에만 관심을 두는 권리들"을 혼합하였다(PhR, #40A, p. 39). 헤겔은 아내와 자식과 하인들에 대한 남성적 가부장제의 전통적 권리에 대해 반박한다. 가부장제의 특권은 헤겔에게서 더 이상 법적으로 정당화되는 것이 아니라 성들 사이의 구성적 차이와 소위 "남성"의 우월성에 기초하여 인간학적으로 그리고 심리학적으로 정당화된다. 이에 대해서는 PhR, #165, #166, 그리고 첨가 부분을 보라. 헤겔의 "진보성"은 따라서 가부장제의 정당화를 후기 봉건적 형태에서 부르주아적 형태로 변화시켰다는 것이다.

3. 이 주제에 대해 논쟁을 불러일으킬 만한 책이 두 종 나왔다. 빌트A. Wildt의 『자율성과 인정*Autonomie und Anerkennung*』과 스턴P. Stern의 『실천 철학과 자유 개념 *Practical Philosophy and the Concept of Freedom*』이 그것이다.

4. 존 실버J. E. Silber, 「칸트 윤리학에서 절차적 형식주의Procedural Formalism in Kant's Ethics」, in *Review of Metaphysics*, pp. 197-236; J. L. Mackie, *Ethics: Inventing Right and Wrong*.

5. I. Kant, *Groundwork of the Metaphysics of Morals*, pp. 89ff.(영어본).

6. 칸트의 보편화의 형식에 대한 헤겔의 해석은 인색하기 그지없다. 페이튼 Paton과 같은 해석자들은 보편화의 원리를 무모순의 원리로 분석하는 이러한 방식에서 벗어나 좀 더 목적론적인 독해를 시도한다. 페이튼에게 문제가 되는 것은 내가 특정한 방식으로 행위하고자 할 때 나의 의지의 준칙이 스스로 모순되지는 않는지 하는 것이 아니다. 반대로 그가 문제 삼는 것은 다음과 같다. 즉, 나의 행위가 보편적인 법칙으로 되어야 할 경우, 나의 행위에 함축된 그런 보편자가 실존해야 한다는 사실을 합리적 존재로서의 나는 언제나 의지will할 수 있는가 하는 문제이다. 이에 대해서는 H. J. Paton, *The Categorical Imperative*, pp. 149ff.와 157-64를 보라.

7. J. Rawls, *A Theory of Justice*, pp. 17ff.

8. Silber, "Procedural Formalism in Kant's Ethics", pp. 201ff.

9. J. Habermas, "Moral Development and Ego Identity," in *Communication and the Evolution of Society*, pp. 69ff.

10. M. Riedel, "Objektiver Geist und praktische Philosophie"(객관 정신과 실천 철학), pp. 32ff.

11. PhR, #146. "인륜적 실체 그리고 그 법칙과 힘은 주체에게 한편으로는 이것들이 지고의 의미에서 자립적으로 존재한다는 사실을 대상으로 삼는다." 논리학에서 실체는 자기 안에 우연성을 포함하고 있는 "전체의 총체성"으로 정의된다(『대논리학』 독어본, 1: 186, 영어본, p. 556). 우연성들은 모두 실체에 귀속되며, 총체성으로서의 실체의 "힘 Macht" 때문에 이 실체에 의해 유지된다(독어본, p. 187, 영어본, p. 557). 실체는 객관적이면서 활동적이다. 인륜적 실체는 우선 객관적 총체성으로서의 실체이다. 왜냐하면 인륜적 실체의 우연자들, 즉 개인들은 단순한 "힘"에 의해서가 아니라 오히려 통찰, 의지, 확신 그리고 관습 등에 의해 유지되기 때문이다. 인륜적 실체는 이 실체가 인륜성(인륜적 삶)일 경우에만, 즉 개인들이 행위하는 가운데 의식적으로 그리고 의도적으로 이 객관적 질서에 머무를 경우에만 "힘"을 가진다. 그럼에도 불구하고 인륜적 제도의 총체성을 지시하기 위한 "실체" 범주의 사용은 헤겔의 분석의 한계와 그의 전근대적 편견을 보여 준다. 개인들은 인륜적 제도의 단순한 부속물이 아니다. 인륜적 제도들은 개인들이 이 제도들을 생동적으로 유지하는 방식으로 행위하는 한에서만 계속 기능할 수 있다.

12. "인륜성은 자유의 이념이다. 이 자유의 이념 속에서 한편으로 좋음/선 das Gute 은 생동적으로 된다. … 다른 한편으로 인륜의 영역에서 자기의식은 자신의 절대적인 토대를 가지며, 또한 힘써 추구해야 할 목표를 갖는다"(PhR, #149, p. 105).

13. 특히 빌트A. Wildt는 헤겔의 우정 개념을 강조한다. 이에 대해서는 그의 책 『자율성과 인정 *Autonomie und Anerkennung*』, 제III부를 보라.

14. Bradley, "My Station and Its Duties"(나의 지위와 의무); W. H. Walsh, *Hegelian Ethics*, pp. 69-77.

15. I. Kant, *Kritik der praktischen Vernunft*(실천 이성 비판), p. 128. 영어본, p. 133. "모든 구체적인 실천적 원리들 그 자체는 전체적으로 봐서 동일한 종류이며, 자기애라는 혹은 자기 행복이라는 일반적 원리에 종속된다."

16. I. Kant, "Ideen zu einer allgemeinen Geschichte in weltbürgerlicher

Absicht"(세계 시민적 의도에서 본 보편사의 이념들), p. 41, 영어본 pp. 17-8.

17. "이론적 정신과 실천적 정신은 상호적으로 서로를 통합한다. … 정신의 이 두 양태는 이성의 형태들이다. 이론적 정신과 실천적 정신 양자에게서 산출된 것은… 이성을 구성하는 것이며, 주체성과 객관성의 통일이다." Hegel, *Hegel's Philosophy of Mind*, #443A, pp. 185ff. 헤겔의 『엔치클로페디』 #443을 보라.

18. 헤겔의 『대논리학』 2: 15ff(독어본), pp. 401ff.를 보라.

19. 칸트에 대한 미드의 탁월한 논의는 「윤리학에 대한 단상들Fragments on Ethics」, in *Mind, Self, and Society*, pp. 379ff.를 보라.

20. Ch, Taylor, *Hegel*, pp. 15ff.

21. 행위(Handeln)와 행동(Tun) 둘 다 위에 언급한 것보다 넓은 의미를 가진다. 넓은 의미에서 "행위"는 완수된 일, 즉 그 의도와 실행을 지시하는데 반해, "행동"은 그 과정과 결과 둘 다를, 즉 행동된 것을 지시한다(PhG, p. 292). 이 토론의 목적을 위해 나는 행위의 이 두 개념 사이의 차이를 탐구하지 않는다. 헤겔의 행위 이론의 특수한 점은 2차 문헌들에서 큰 관심을 끌지 못했다. 하나의 예외가 있는데, 그것은 데르볼라프H. Dervolav의 논문 「헤겔의 행위 이론 Hegels Theorie der Handlung」이다.

22. 이 맥락에서 "작품"이 생산이나 생산물을 의미하지는 않는다는 사실이 강조되어야 한다. 헤겔은 프락시스와 포이에시스praxis and poiesis라는 전통적인 아리스토텔레스의 구분을 자신의 작품 개념 속에 포함시킨다. 『정신현상학』에서 전개된 외화와 재전유라는 범주는 말과 행위뿐 아니라 만드는 행위에도 모두 적용된다. 나의 강조점은 행위와 만드는 것(작업)의 이러한 융합이 초주관적인 관점에서만, 즉 역사가 자신의 "작품"이라도 되는 것처럼 역사 속에서 자신을 숙고하는 집단적 단수 주체의 관점에서만 의미가 있을 수 있다는 사실이다. 상호 주관적인 관점에서는 행위와 작업의 구분이 무시될 수 없는데, 왜냐하면 타자와의 관계의 수준에서만 행위가 개념화될 수 있기 때문이다. 초주관적인 주체는 행위시에 어떤 상대도 가지지 않는다. 이 주체는 자신의 형상에 따라서만 세계를 형성한다. 이 점에서 헤겔과 아리스토텔레스의 관계에 대해서는 M. Riedel의 *Theorie und Praxis im Denken Hegels*, pp. 46-73과 179-204를 보라.

23. 나는 여기서 한나 아렌트를 따르고 있다. "말함을 통해 '신참자'가 드러

나고, 행위를 통해 새로운 시작이 설정되는데, 이것들은 언제나 기존에 짜여 있는 망으로 들어가서 그 조직을 변화시킨다. … 행위가 그 목적에 거의 도달하지 못하는 이유는 갈등 상황에 놓여 있는 무수한 의지와 의도들을 가진 인간관계라는 기존의 망 때문이다. 하지만 또한 공장에서 물건을 산출하듯이, 의도를 가졌건 가지지 않았건 간에 행위가 이야기를 산출하는 이유도 바로 그러한 기존의 망 때문이다. … 행위와 말을 통해 인간 세상으로 들어감으로써 모든 사람은 삶을 시작하게 되는데, 그럼에도 불구하고 누구도 자신의 삶의 이야기의 저자나 산출자는 아니다"(*The Human Condition*, p. 184).

24. "하지만 동시에 외부 세계를 향해 정립된 목적으로서의 행위는 외적인 힘들에 굴복하고 말았다. 이때 이 외적인 힘들은 행위의 명백한 본질과는 완전히 다른 것을 이 행위에 결합하여 결국 이 행위를 소외된, 낯선 결과들로 이끌고 간다"(PhR #118과 부록).

25. 행위, 해석, 그리고 서사 등의 관계에 대해서는 다음을 보라. Ch. Taylor, "Interpretation and the Sciences of Man," pp. 3-51; A. MacIntyre, *After Virtue*, pp. 190-203; P. Ricoeur, *Hermeneutics and the Social Sciences*.

26. 개념과 절대정신 둘 다 개별성의 논리적 구조, 즉 단수로 실존하는 통합하는 보편성의 논리적 구조를 가진다. 이러한 개별성의 구조는 객관 정신의 영역에 내재하는 상호 주관성과 화해될 수 없다. 행위에서 노동/작품으로의 이행은 개념의 논리적 구조에 의해 요청된다. 이것은 부분적으로 왜 예술이, 특히나 주어진 질료를 개별적인 형상으로 빚는 조형예술이 절대정신의 첫 번째 단계인지를 설명해 준다. PhG, p. 556 참조.

27. 지금까지 살펴본 상호 주관성과 초주관성의 구별은 사회과학에서 방법론과 개념 형성의 문제에 속하지 않는다. 나는 수많은 사회적-방법론적 관점들이 이 두 개념으로 호환될 수 있다고 강조하고 싶다. 예를 들어, 상호 주관성의 관점은 슐츠의 현상학적인 사회 분석에 의해, Garfinkel과 Cicourel에 의해 옹호되는 인종학적 사회 분석에 의해, 혹은 하버마스가 주장하는 재구성적 과학에 의해 포착될 수도 있다. 동등하게, 초주관성은 알뒤세르의 구조주의에, 파슨스의 기능주의에, 혹은 루만에 의해 제기된 체계 분석에 상응할 수 있다. 나의 논의의 목적을 위해 이러한 상이한 입장들의 방법론적인 강점과 약점을 정교하게 하거나 반박하는 것은 필요치 않다. 다음 장에서 더 분명하게 드러나겠지만, 상호 주관성과 초주관성의 구별이 중요하게 드러남으로써 생

동적이고 체계적인 위기로서의 위기의 이중적 개념이 도출되며, 사회 비판 이론은 두 관점을 통합해야 하고 양자의 매개를 보여 줘야 한다는 주장이 나오게 된다. 이에 대해서는 제4장과 제7장 제1절을 보라. 리처드 번스타인은 자신의 『사회-정치 이론의 재구성』에서 사회과학에서 이 문제에 대한 유익하고 일반적인 토론을 보여 준다.

28. "현존은 자유 의지의 현존이라는 사실이 곧 법/권리Recht이다. 법(권리)은 따라서 이념으로서의 자유이다." Hegel, *Grundlinien der Philosophie des Rechtes*, p. 80. 강조는 헤겔.

29. "충동과 관련 있는 반성은, 이 충동을 상상하고 계산하며, 또한 수단과 목적 등을, 그런 다음 전체 만족(행복) 등을 비교한다. 따라서 이러한 식으로 반성은 충동이라는 이 재료에 형식적 일반성을 가져오며, 이 재료를 그 원초성과 야만성으로부터 외적인 방식으로 순화시킨다. 사유의 보편성의 이러한 출현은 도야/문화Bildung를 위한 절대적 가치이다"(PhR, #20, p. 29. 또한 #24와 #25도 보라.

30. Hegel, *Hegel's Philosophy of Mind*, #430-35

31. 이 문제의 해명에 있어서 나는 토이니센의 논문 「헤겔 『법철학』에서의 억압된 상호 주관성」에 많이 빚지고 있다.

32. "가상은 존재의 규정성에서 본질 그 자체이다"(Hegel, *Hegel's Science of Logic*, p. 398.

33. '의도되지 않은 결과의 변증법'과 관련이 있는 사회학적 행위 개념에 대해서는 다음을 보라. Talcott Parsons, *The Structure of Social Action*, 1: 87ff.

34. "마치 어떤 특수 영역들이 단체를 형성하면서 타자에게 영향을 미치고, 타자로부터 자극을 받거나 방해를 받는 경험을 하게 되듯이, 여기[정치경제학]에서 모든 관계들이 상호 의존적이라고 하는 것은 재미있는 현상이다. 모든 것들이 개인들의 자의에 내맡겨져 있는 것처럼 보이기 때문에 처음에는 믿겨지지 않는 이러한 상호 관계가 특히 주목할 만한 것인데, 이 상호 의존의 관계는 비록 그 법칙이 인식될 수 있음에도 불구하고 우리 눈에는 불규칙적인 운동만을 드러내는 태양계와 유사성을 갖는다"(PhR, #189에 대한 주석, p. 268).

35. 이에 대해서는 나의 다음 논문을 보라. "The Logic of Civil Society," in

Philosophy and Social Criticism, pp. 149-67.

36. "즉자존재와 피정립태Gesetztsein의 이러한 동일성에서 법Gesetz이라고 하는 것만이 권리/법Recht으로서의 구속력을 갖는다. 피정립태가 자의나 다른 특수성의 우연성을 드러내 주는 현존의 측면을 구성하고 있으므로, 법Gesetz이라고 하는 것은 그 내용에 있어서 즉자적으로 법/권리라고 하는 것과는 여전히 상이하다." PhR, #212; 또한 #211, 213. 나는 헤겔의 법/권리 개념과 형식적 합리성의 구조 사이의 융합을 「의무, 계약, 그리고 교환Obligation, Contract, and Exchange」에서 서술하고 있다.

제4장. 위기 이론으로서의 비판: 자율성과 자본주의

1. 최근에 보드리야르Jean Baudrillard(『생산의 거울』)에서 콜라코프스키 Leszek Kolakowski(『마르크스주의의 주된 흐름들』)에 이르는 수많은 사상가들이 "생산주의"의 정치학과 이데올로기의 빛 아래서 마르크스주의의 철학적 토대를 검토하기 시작했다. 보드리야르는 이러한 생산주의적 이데올로기가 상이한 발전 단계에 놓인 사회들의 공존을 유지해야 하는 세계에 결코 유익하지 않은 결과들을 가져올 것이라고 강조한다(pp. 22-5). 이에 반해 콜라코프스키는 마르크스의 기획에 내재해 있는 "인류의 자기 신격화"가 스탈린주의가 아닌 경우 권위주의에로 이끈다고 강조한다(3: 530). 바르토프스키Marx Wartofsky는 콜라코프스키를 재검토하면서 그러한 마르크스 독해를 경고한다. 콜라코프스키의 테제는 규범적이다. 바르토프스키는 다음과 같이 주장했다. "스탈린주의는 마르크스의 작품에 대한, 즉 원전 자체에 대한 마르크스주의의 정당한 한 해석이다. … 이러한 주장을 하기 위해, 콜라코프스키는 마르크스 자신의 눈식들에는 전체주의가 마르크스 원전에 있다는 것을, 그리고 도덕적 선택을 소위 역사적 필연성에, 노동 계급을 당에, 혹은 개별성을 집단에, 개인의 행위에 대한 책임을 전적인 자동현상에, 사회주의적 합법성을 테러에 종속시키는 것 등의 원천이 있다는 것을 논증해야 한다. 이러한 것들이 마르크스의 원전에 있다는 것을 논증해야만 한다. … 만약에 '스탈린주의'가 마르크스의 이름을 걸고서 행한 '정당한' 하나의 가능적인 해석으로… 다른 가능

적인 해석들과 나란히 설 수 있는 것으로 보일 수 있으려면, 콜라코프스키는 스탈린주의의 마르크스(와 엥겔스)적인 근원이 우연적이 아니라… 체계적이고 중심적이라는 사실을 보여야 한다"(Marx Wartofsky, 「불행한 의식」, in *Praxis Internatioal*, p. 289).

내 견해로는, 바르토프스키는 마르크스에 대한 스탈린주의적인 독해의 정당성이 마르크스 자신의 철학적 입장과 양립하기 힘들다는 사실을 보여 주는 데 성공한 것 같다. 스탈린주의는 고전적인 마르크스주의를 인정할 수 없는 것으로 포기함으로써만 마르크스주의와 일치될 수 있다. 나는 이러한 입장이 설득력이 있다고 보는데, 왜냐하면 이 입장은 마르크스에게 철학적인 정당성을 부여할 뿐 아니라, 어떤 이론도 ― 심지어 마르크스주의조차 ― 역사적 행위자들이 그 이름으로 행위하는 모든 것에 대해 책임질 수는 없기 때문이다. 마르크스에서 레닌과 스탈린으로 이끌리는, 그리고 테러의 지배, 백러시아의 쇼비니즘, 그리고 잔인함 등으로 이끄는 연역적 논리는 존재하지 않는다. 사람들은 또한 역사가 준비해 둔 우연성, 사건들의 예상치 못한 전환 등을 보아야 한다.

그러므로 나는 이 장의 처음 문단에 숨겨진 정신을 명료하게 하고자 한다. 나는 "사회주의의 이상의 왜곡"이 스탈린주의를 함축한다는 사실을 증명하는 데 관심이 없다. 바르토프스키에 대해 말하는 바로 여기서, 내가 관심을 가진 유일한 것은 마르크스의 사상에는 몇몇 애매함이 있다는 사실이다. 이 애매함은 그의 해방의 기획에 아주 근본적인 것이다. 철학적으로 주의 깊게 독해를 해 보면, 우리는 마르크스주의의 책임으로 돌릴 수 없는 어떤 입장들을 정당화하기 위해서 마르크스의 사유에 내재된 이 애매함들이 어떻게 사용될 수 있었는지를 결코 방기할 수 없다. 내가 이 장에서 보여 주려는 이러한 애매함 중 하나는 재전유의 개념, 정치학과 상호 작용의 패턴 등의 주변에서 우리에게 드러나는 것이다. 재전유의 정치학, 행위의 노동 모델, 주체의 철학 등은 권위주의적인 정치학으로 **연역적으로** 이끌리는 것이 아니다. 오히려 이것들은 권위주의적인 정치학에 대한 사유 양태를 허용한다. 나는 그러한 권위주의와 양립할 수 없는 마르크스의 사유의 다른 측면들이 있다는 사실을 믿지만, 그것들은 좀 더 자세하게 탐구될 필요가 있다.

2. 좀 더 자세하게 말해서, 임금은 노동력의 교환 가치에 대한 현금의 보상이다. 반면 노동력의 사용은 노동 시간에 의해 측정되는 구체적인 노동 행위

이다. 잉여 가치의 발생은 한편으로 구체적인 노동 행위에 의해 산출된 가치와 다른 한편으로 노동력의 교환 가치 사이의 구별의 결과이다. 마르크스, *Capital*, 1: 177ff.; *Grundrisse*, pp. 307와 460ff.

3. Marx, *Capital*, vol. 1, ch. 24, 「잉여 가치의 자본으로의 전환」; *Grundrisse*, pp. 304-18.

4. Marx, *Capital*, 1: 176.

5. *Ibid.*, p. 72.

6. 위기에 대한 인식을 정치적 실천과 직접적으로 관련시키는 이러한 결론에는 어떤 성급함이 있다. 위기 현상은 집단적인 투쟁으로 귀결되지 않을 수도 있다. 철회, 다른 수단에 의한 보상, 무관심, 그리고 냉소주의 등도 사람들이 위기를 다루는 메커니즘에 속할 수 있다. 후기 자본주의 사회의 위기와 저항의 잠재력에 대한 논의에 대해서는 제7장을 보라.

7. Marx, *Grundrisse*, p. 83.

8. *Ibid.*

9. 이에 대해서는 고들리에M. Godelier의 「물신주의, 종교, 그리고 이데올로기에 관한 마르크스의 일반 이론들」, 하버마스의 「역사적 유물론과 규범적 구조의 발전」(in *Communication and the Evolution of Society*, pp. 95-130), 그리고 Marshall Sahlins의 『문화와 실천 이성 *Culture and Practical Reason*』을 보라.

10. Marx, *Grundrisse*, p. 487.

11. *Ibid.*, p. 488. 또한 폴라니Karl Polanyi와 아렌스버그C. M. Arensberg가 편집한 『초기 제국들의 무역과 시장』을 보라.

12. 『그룬트리세 *Grundrisse*』에 있는 이 문구들은 자본주의와 근대성의 출현에 대한 마르크스의 분석의 한계를 보여 준다. 마르크스는 규범적인 구조들의 ― 즉, 도덕, 법, 그리고 정치 등의 ― 발전과 물질적인 생산 수단의 발전을 모두 소여된 것 혹은 "정립된 것"을 재정립하거나 변형시키는 것과 유사한 과정으로 파악하였다. 막스 베버 이래로 우리는 자유롭고 자발적인 개인의 출현을 이끄는 문화적 합리화의 과정과 ― 법, 경제, 그리고 시장의 발전 등과 같은 ― 사회적 합리화의 과정이 하나로 통합될 필요가 없다는 것을 안다. 왜냐하면 그것들은 서로 다른 패턴과 논리를 가지고 있기 때문이다. 이에 대해서는 슐루흐트W. Schluchter의 「합리화의 역설」과 하버마스의 『의사소통 행위 이론』, 1:

143-273을 보라.

13. Marx, *Grundrisse*, p. 488.

14. M. Berman, *All That Is Solid Melts Into Air*, p. 98.

15. 이러한 '전도'가 왜 일어나는지를 설명하기 위해서 마르크스 자신은 추상화에 의지한다. 물신주의는 독립적인 상품 소유자와 생산자인 사회적 행위자들과 그들의 생산물을 교환하기 위해 시장에 나온 사회적 행위자들의 관점에 적절하게 의식의 상태를 특성화한다. 마르크스는 다음과 같이 쓴다. "생산자들은 자신의 생산물을 교환할 때까지는 서로 사회적 계약관계를 맺지 않는다. 따라서 생산 노동이 갖는 특별한 사회적 특성은 교환 행위가 없을 경우 드러나지 않는다"(*Capital*, p. 73). 여기서 마르크스는 '상품의 소유자들은 스스로 독립적 생산자들이며, 상품의 교환뿐 아니라 생산도 동일한 개인들에 의해 수행된다'는 반反사실적인 가정에서 출발한다. 발전된 자본주의 경제의 관점에서 볼 때, 이러한 가정은 명백히 잘못됐다. 자본주의적 생산 양식은 엄청난 수의 직접 생산자들, 즉 노동자들이 자신의 산물을 소유하지 않고, 임금의 형식으로 보전되는 노동력의 가치만을 소유한다는 사실에 의해 특징지어진다. 노동자들은 시장에서 독립적인 생산자가 아니다. 일단 임노동이 제도화되고 나면 상품 생산과 교환은 동일한 사람에 의해 수행되지 않는다. 그렇다면 마르크스는 왜 이런 추상에 의존할까?

이러한 추상은 교환 관계에 내재한 사회적 관점에 상응한다. 고전 정치경제학에 의해 이러한 교환 관계는 법적으로 동등한 재산 소유자들 사이에서 계약에 의해 규제되는 자유로운 거래로 이해된다. 개인들을 상품 소유자로 보는 이러한 추상은 자본주의 사회에 대해 구성적인데, 왜냐하면 시장은 법적으로 자유로운 소유자들이 자신의 산물을 서로 교환할 수 있게 하는 영역을 제도화하기 때문이다. 시장에서 상품을 사고파는 행위는 수요와 공급의 법칙에 의해 지배되며, 상품들 사이의 이 운동은 그 소유자들에게 그들 자신에 의해, 그리고 그들의 노동에 의해 규정되는 어떤 것으로 현상하지 않는다. 오히려 모두는 시장의 법칙에 복종해야 한다. 만약, 사람들이 자유 시장의 관점에서 출발하여 자본주의 시민 사회의 표피적인 현상, 즉 독립적인 재산 소유자들 사이의 상품 교환을 관찰해 보면, 마르크스에 의해 물신주의로 기술된 추상은 이 영역을 설명하는 데 아주 유용하다.

16. 이 절에서 재구성된 논의는 랑게가 다음의 논문에서 전개한 논지와 가

장 유사하다. E. M. Lange, "Wertformanalyse, Geldkritik und die Konstruktion des Fetischismus bei Marx," in *Neue Hefte für Philosophie*, pp. 33ff., 224. 랑게는 물신주의에 대한 마르크스의 비판의 배후에서 개인과 공동체 사이의 무매개적 관계성을 말한 루소의 모델에서 영감을 받은 "매개 금지(Mediatisierungverbot)"를 본다.

17. "체계 합리성"이라는 타이틀 아래 루만은 이런 기능주의적 관점을 규범적 정치철학에 대한 자신의 반대의 초석으로 삼았다. N. Luhmann, "Moderne Systemtheorie als Form gesamtgesellschaftlicher Analyse," Habermas/Luhmann, *Theorie der Gesellschaft oder Sozialtechnologie*, pp. 9ff.

18. Hegel, *Hegel's Philosophy of Right*, #199.

19. Marx, *Grundrisse*, p. 157.

20. *Ibid*.

21. *Ibid*, p. 162.

22. 내가 이 점에 대해 이렇게 정식화할 수 있었던 데는 포스톤의 다음의 글에 빚진 바 많다. M. Postone, "Labor, Time and Necessity," *Social Research*, pp. 739-89. 포스톤은 가치 법칙의 지배 아래서 생산관계 대신 분배 관계를 재구성하는 사회주의 이론을 "전통적 마르크스주의"라고 부른다(p. 739).

23. Marx, *Grundrisse*, p. 157.

24. *Ibid*., p. 706.

25. *Ibid*., p. 708. 강조는 텍스트.

26. *Ibid*., p. 712.

27. 이러한 해석은 마르쿠스의 다음의 글에서 전개된다. G. Markus, "Four Forms of Critical Theory," *Thesis Eleven*, pp. 90ff. 이 글에 대한 나의 언급은 다음에 있다. "The Hermeneutics of Critique," *Thesis Eleven*, pp. 189-98.

28. Marx, *Grundrisse*, p. 708. 또한 M. Postone, "Labor, Time and Necessity."

29. F. Tünnies, *Community and Society (Gemeinschaft und Gesellschaft)*, Ch. P. Loomis, trans. and ed. (East Lansing: University of Michigan Press, 1957).

30. Marx, *Grundrisse*, p. 488.

31. H. Arendt, "Tradition and the Modern Age," p. 20.

32. 이 장은 보스턴 대학 과학철학 콜로키움에서 발표된 것을 수정한 것인데, 이 발표에 대해 코헨J. Cohen은 아주 뛰어난 비판을 해 주었다. 코헨은 이 역사적 장들이 "자본주의 운동 법칙의 예들이라고, 즉 자본주의적 소유관계의 특수한 구조를 표현하고 있는 발전 경향이라고 주장했다. 이 장들은 모두가 다 투쟁에 관한 것도, 위기의 시기들에 대한 것도, 그리고 확실히 위기의 시기들의 투쟁에 대한 것도 아니다. 어쨌거나 마르크스의 역사는 ― 제15장, 25장, 그리고 26-31장에서 ― 위로부터의 역사이지, 자본의 발전이라는 표피적 텍스트 아래에서 진행되는 사회사의 심층 텍스트subtext가 아니다."

이러한 중요한 비판에 대한 답으로 나는 다음과 같이 논의하고 싶다. 이 장들에 나오는 역사적 내용은 자본주의적 소유관계의 발전이 노동 계급에 미치는 영향을 드러내고 있다는 것이다. 이에 대해서는 누구도 의심하지 않는다. 그러나 중요한 문제는 누구의 관점으로부터인가 이다. 내가 여전히 주장하는 것은 이 장들에서 듣고 이야기되는 것은 노동자의 사회적 적대자들(공장 감독관, 자본가, 입법가 등)의 목소리와 더불어 노동자들의 목소리, 즉 그들의 생생한 경험이다. 나는 현실적인 투쟁을 언급하기 위해서 뿐 아니라 궁핍함, 억압, 그리고 착취 등과 같은 감정을 언급하기 위해서도 이 저술에서는 넓게 "생동적 위기lived crisis"라는 술어를 사용하고 있다.

이에 대해 설명하고자 한다. 제15장은 기계와 근대 산업에 대한 일반적인 토론으로 시작한다. 그런 다음 제3절은 "이 혁명이 노동자 자신에게 미치는 일반적인 영향을 고려하는 것으로 넘어 간다"(Capital, p. 394), 반면 제5절은 "노동자와 기계 사이의 경쟁"(pp. 427ff.)에 대해 말해 준다. 마찬가지로 제25장은 "자본의 성장이 노동 계급의 운명에 미치는 영향"을 보여 준다. 이 장의 서두에 나타나는 추상적인 논의는 산업 예비군의 형성에 대한 분석에, 그리고 곧이어 초기 노동 계급에 의한 조직 구성의 시도들에 대한 분석에 자리를 내 준다(p. 640). 이 문단들은 제26-31장에서 증폭된다. 나의 요지는 자본주의 법칙의 일반적 전개를 고려할 때조차도, 마르크스는 구체적이고 생동적인 개인들로서 노동자들의 경험을 반복하여 조명하고 있다는 사실이다.

33. 역사적 유물론의 "과학"으로서 『자본론』의 의미와 그 중요성에 관한 이 논쟁에 기여한 초기의 글들은 다음과 같다. G. Lukacs, "The Marxism of Rosa Luxemburg"(1921), in *History and Class Consciousness*, pp. 27-46; K. Korsch, "Marxism and Philosophy"(1923). 이 기간 동안 벌어진 토의는 '경제

결정론 대 역사에서 주관적/혁명적 요소들'의 문제와 얽혀 있었다. 루카치, 룩셈부르크, 그리고 코르쉬 등은 제2인터내셔널의 경제 결정론을 비판했으며, 또한 혁명적 실천이 마르크스에 의해 전개된 역사적 유물론이라는 "과학"과 양립 가능함을 강조했다. 최근에 새롭게 진전된 이 논쟁의 형태는 한편에 알튀세와 발리바르(『자본론 읽기』를 보라), 그리고 힌데스B. Hindess와 허스트P. Q. Hirst (『전자본주의적 생산 양식Pre-Capitalist Modes of Production』, London: Routledge & Kegan Paul, 1975) 같은 그들의 영국 동료들, 그리고 다른 편에 톰슨E. P. Thompson, 『이론의 빈곤Poverty of Theory』 사이에서 일어났다.

34. 이 문제에 대해서는 아주 통찰력 있는 분석을 보여 주는 다음 논문에 빚진 바 크다. G. Luhmann, "Gesellschaftskritik und normativer Massstab," pp. 270ff.

35. D. Lockwood, "Social Integration and System Integration." 이 논문에서 록우드는 이 문제와 관련한 마르크스의 성취에 대해 내가 생각했던 것보다 한 가지 더 긍정적인 설명을 한다. 그는 다음과 같이 쓴다. "그러나 사회적 통합과 체계 통합을 명료하게 구분한 사람은 정확히 마르크스다. 계급 적대의 성향(사회적 통합의 측면)은 일반적으로 생산관계(예를 들어 계급 내적인 동일화와 의사소통의 가능성들)의 특징의 한 기능이다. 그러나 계급 적대의 동학은 명백히 경제 체계의 점진적 '모순'과 연관되어 있다. 따라서 사람들은 마르크스 이론에서 변화에 결정적인 '갈등'은 생산 체계를 둘러싼 관계에서 발생하는 권력 갈등이 아니라 '재산 제도'와 '생산력' 사이의 '모순'에서 발생하는 체계 갈등이라고 말할 수도 있을 것이다"(p. 250).

이 문단은 아주 진기한데, 왜냐하면 사회적 통합과 체계 통합의 구분이 필요하다고 주장한 이후, 록우드는 정확히 정통 마르크스주의의 이론 양태로 되돌아가 "계급 적대의 동학"을 경제 체계의 점진적 "모순"과 관련시키기 때문이다. 내 생각은 오히려 다음과 같다. 즉, 사회적 통합과 체계 통합을 구분하는 주된 이유는 경제적, 행정적 차원에서의 체계 문제들이 곧바로 사회적 권력 갈등과 계급 적대로 해석되지 않는다는 것을 사람들이 볼 수 있게 하는 것이다. 록우드 역시 한편으로는 이 사실을 인정하지만, 다른 한편으로는 그것을 부정한다.

「사회적 통합과 체계 통합」에서 뮤젤리스N. Mouzelis의 록우드에 대한 진술은 이러한 관점에서 시사적이다. 뮤젤리스는 집단이나 준(準)단체의 행위들에 의해 사회 통합을 정의함으로써 사회적 통합과 체계 통합 사이의 이분법을 좀 더 명료하게 진술하는 데 성공한다. 그리고 그는 체계 통합과 사회적 통합의 결합이 사실 행위 이론적인 접근과 체계 이론적인 접근의 성공적 매개에 달려 있다는 것을 보인다(pp. 396, 402ff.). 나에게는 뮤젤리스 역시 이 관점들에 대한 마르크스의 생각을 과대평가하는 것 같다. 그의 다음 진술을 보라. "마르크스는 체계적으로 제도화된 양립 불가능성들을 집단적 행위자들과, 현상을 유지하고 변화시키기 위한 그들의 전략들과 결합했다"(p. 402). 이 책 제7장에서 나는 이러한 구분이 어떻게 설계되었으며, 또 위기의 두 개념을 설명하는 데 유익한지를 보일 것이다.

36. C. Offe, "Unregierbarkeit," p. 313.

37. 나는 제7장, 제1절에서 사회 비판 이론에 대한 하버마스의 방법론적 기여를 고려할 때 이 문제로 다시 돌아올 것이다.

38. 초기 노동 운동과 마르크스의 관계에 대한 재구성과 탈신비화에 관한 뛰어난 글로는 다음이 있다. W. Schäfer, "Collective Thinking from Below," in *Dialectical Anthropology*, pp. 193-214.

39. Marx/Engels, *The German Ideology*, pp. 75ff.『독일 이데올로기』에 있는 이 문단은 마르크스와 엥겔스가 개인들을 "계급"의 범주에 포섭하는 것에 대해 비판적이지만, 이중 부정에 대한 신념을 가지고 있음을 보인다. 그들은 다음과 같이 쓴다. "이처럼 개인들을 유한한 계급에 포섭하는 일은, 지배계급에 대항해서 더 이상 어떤 특정한 계급의 이익을 주장하지 않는 한, 계급이 형성될 때까지 파괴될 수 없다"(p. 76). 계급 포섭의 부정은 부정적 계급에 의한 계급의 형성을 통해 발생할 것이다.

40. J. Cohen, "The Subversion of Emancipation," in *Social Research*, pp. 789-844.

41. Karl Marx, "Zur Kritik der Hegelschen Rechtsphilosophie, Einleitung," p. 390; 영어본, p. 142.

42. 여기서 분석된 인류(인간성)의 이중적 개념에 대해서는 다음을 보라. I. Kant, "Anthropologie in pragmatischer Honsicht," pp. 399-400.

43. J. Cohen, *Class and Civil Society*, p. 78.

44. "거미는 직공이 하는 일과 유사한 작업을 수행한다. 그리고 벌은 집을

짓는 데 있어서 건축가와 많은 점에서 유사하다. 그러나 가장 안 좋은 건축가도 가장 훌륭한 벌들과 구별되는데, 그 이유는 다음과 같다. 즉, 건축가는 건축물을 현실 속에 세우기 전에 상상 속에서 세워 보기 때문이다"(*Capital*, 1: 178).

45. 나는 마르크스뿐 아니라 헤겔도 때때로 언어의 역할을 강조한다는 점을 강조해야 한다. 사실 헤겔의 경우, 그의 사유의 아주 기묘한 측면들 중의 하나는 헤겔이 『예나의 실재 철학*Jenenser Realphilosophie*』에서 개인의 자기의식의 형성에서 이름 부여 행위가 차지하는 역할을 상당히 길게 다루고 있음에도 불구하고(pp. 182ff.), 그 이후 개인의 의식과 집단의 의식의 형성에 대한 고찰에서 언어를 빠뜨린다는 것이다. 마르크스의 경우는 문제가 훨씬 더 복잡한데, 다음 주를 참조하라.

46. 마르크스의 작품에는 언어가 사회적 관계 그 자체의 모델로 드러나는, 혹은 개인들을 서로 연결해 주는 사회적 끈으로 드러나는 아주 많은 문단들이 있기 때문에, 이 진술들이 마르크스가 이름을 부여하거나 사인을 첨부하는 것과 같은 — 18세기에 유행한 — 개인적인 언어 이론을 가지고 있었다는 것을 의미한다고 해서는 안 될 것이다. (예를 들어, "사회의 외부에 고립된 개인에 의한 생산은… 함께 살아가고 서로 대화하는 개인들 없이 언어가 발전한다고 말하는 것만큼이나 모호하다"[*Grundrisse*, p. 84]. '고전 마르크스주의적 사회 이론은 언어적 상호 작용을 통한 사회화를 무시한다'는 주장은 위에서 "사회적 통합"이라고 불린 차원, 즉 자기 사회의 문화적, 상징적, 그리고 규범적 유산 등과 맺고 있는 집단적 행위자의 관계가 마르크스에 의해 전개되지 않았다는 나의 주장을 좀 더 일반적인 문맥에서 이해해야 한다. 내가 비록 이 점을 여기서 증명할 수 없다 하더라도, 나는 오히려 마르크스의 작품들에서 발견된 언어 모델이, 소쉬르의 용법을 사용하자면, "파롤"(언술)의 모델보다는 "랑그"(언어 체계) 모델에 더 가깝다고 생각한다.

47. Arendt, *The Human Condition*, pp. 181ff.

48. Habermas, *Theorie des kommunikativen Handelns*, 1: 384ff. 영어본 1. 285ff.

49. 의사소통 행위는 언어와 의사소통이 — 도구적 행위이든, 전략적 행위이든 혹은 표현적 행위이든 간에 — 다른 모든 형태의 행위를 위한 매체로 봉사한다는 점에서 또한 "메타 행위"이다. 이런 의미에서 의사소통 행위는 "상

호 이해를 지향하는" 순수한 행위이자 언어에 의존하는 다른 모든 유형의 행위들에 함유된 메타 행위이기도 하다. 따라서 행위 조절이 단절되고 사회적 행위자들의 행위가 서로에게 의미 있게 지향될 수 없을 때, 사람들이 힘이나 강압, 혹은 폭력에 의지하고자 하지 않을 경우, 의사소통은 사회적 행위를 지속시킬 수 있는 유일한 수단이다. 이 개념에 대한 더 많은 설명은 제7장을 보라.

50. "도구적 행위"와 "의사소통적 행위"의 이러한 구별은 기술과 기술적 관계들이 사회적 내용을 가지지 않는다는 것을 의미하는 것으로 받아들여서는 안 된다. 기술은 복합적인 사회적 제도이지, 자전거나 식기 세척기를 수리하는 것과 같은 행위 유형이 아니다. 이러한 의미에서 우리가 후자를 "도구적" 행위 유형이라고 말할 수 있는 반면, 기술 제도를, 그것이 공장에서든, 사무실에서든 혹은 군대에서든 간에, 순수하게 도구적인 행위로 환원하는 것은 아무런 의미도 없다. 권력 관계들이 기술의 내용을 사회적 제도로 함께 규정한다. 이에 대해서는 이미 오래된 글이지만 여전히 우리에게 많은 것을 가르쳐 주는 다음의 글을 참조하라. H. Marcuse, "Some Social Implications of Modern Technology."

51. Arendt, *The Human Condition*, pp. 175ff.

52. Aristotle, *Politics*, book I, ch. 2, 1253a28-30, p. 1130, in *The Basic Works of Aristotle*.

53. 이 문제에 대한 마르크스의 아주 뛰어난 두 글은 다음과 같다. Marx, *The Eighteenth Brumaire of Louis Bonaparte*와 *The Civil War in France*.

제5장. 도구적 이성 비판

1. M. Horkheimer, Foreword, in M. Jay, *The Dialectical Imagination*, p. xii.

2. *Ibid.*

3. ZfS 1937: 637. 공동으로 집필된 「철학과 비판 이론」에서 마르쿠제가 담당한 부분은 호르크하이머의 글에 대한 표준 영어 번역인 「전통 이론과 비판

이론Traditional and Critical Theory」에는 포함되어 있지 않다.

4. M. Jay, *The Dialectical Imagination*; D. Held, *Introduction to Critical Theory*; A. Arato and E. Gebhardt(ed.), *The Essential Frankfurt School Reader*. 헬드와 아라토, 겝하르트는 프랑크푸르트학파에 대한 그리고 이 학파에 의한 작품들의 목록을 제공하고 있는데, 이는 매우 도움이 된다. 최근에 프랑크푸르트학파가 미국에서 향유했던 영향력을 비하할 정치적 목적으로 수행된 수많은 연구들이 나타났다. 그것들 중에서 졸탄 타르Z. Tar의 「프랑크푸르트학파Frankfurt School」, 조지 프리드먼G. Freedmann의 「프랑크푸르트학파의 정치철학The Political Philosophy of the Frankfurt School」, 페리 앤더슨P. Anderson의 「서구 마르크스주의에 대한 고려 사항들Considerations on Western Marxism」 등은 오해에 기초해서 쓰였다. 더글라스 켈너D. Kellner와 릭 로더릭R. Roderick은 최근 논문인 「비판 이론에 대한 최근 문헌들Recent Literature on Critical Theory」(in *New German Critique*, pp. 141-71)에서 이 새로운 문헌들에 대해 아주 좋은 조망을 제시해 준다. 최근의 독일 문헌에 대해서는 다음 주석을 참고하라.

5. H. Dubiel, *Wissenschaftsorganization und politische Erfahrung*; A. Söllner, *Geschichte und Herrschaft*; W. Bonss, *Die Einübung des Tatsachenblicks*.

6. ZfS 1935: 345; M. Horkheimer, "Zum Problem der Wahrheit." 이 논문은 다음 책에 영어로 번역돼 수록되어 있다. A. Arato and E. Gebhardt(eds.), "The Problem of Truth," in *The Essential Frankfurt School Reader*, p. 429. "진리는 올바른 실천의 계기이다"는 이 번역에서 "진리는 올바른 실천을 위한 추동력이다"로 되어 있다.

7. 이 시기에 호르크하이머의 주된 철학적 논의는 한편으로는 지식 사회학의 상대주의에 대항하여, 다른 한편으로는 "본질 철학"의 몰역사적인 절대주의에 대항하여 사유가 "조건지어진 성격을 갖는다"라는 이러한 유물론적인 주장을 방어하는 것이다(「현대 철학에서 합리주의 논쟁에 대해」, in ZfS 1934: 40). 지식 사회학에 반대하여, 호르크하이머는 사유가 갖는 "조건지어진," "상황 연계적인" 성격이 상대주의로 나아가지 않는다고 주장하는데, 왜냐하면 진리의 독립적인 계기를 구성하는 역사적 과정의 객관적 논리가 있기 때문이라고 한다. 이 논리는 사회적 실천에서 드러나며, 진리는 올바른 실천의 계기

로 정의될 수 있다(*ibid*.). 몰역사적인 본질 철학의 절대주의에 반대하여 ― 이것들 중에는 철학적 인간학, 삶의 철학과 실존 철학, 그리고 특히 하이데거의 실존적 존재론이 포함된다 ― 호르크하이머는 실재에 대한 완전한 상도, 초시간적인 영원한 주체의 상도 있을 수 없다는 테제를 방어한다(ZfS 1934: 25). 주체-객체 관계는 진보하는 관계이며, 자신과 자연에 대한 인류의 통제와 인식의 정도에 따라 정의된다.

8. 이것은 프랑크푸르트학파의 전개 과정에 대한 두비엘Dubiel의 아주 뛰어나고 명쾌한 해명에서 과소 평가된 하나의 요점이다. 1937년의 호르크하이머 논문에서 전개된 것처럼, 전통 이론의 인식론적인 비판은 실로 비판 프로그램의 "재철학화"를 전제한다. 하지만 이러한 재철학화는 두비엘의 주장처럼 후퇴가 아니다. 완전히 반대로, 사회 이론으로 수행된 인식론만이 특수 과학에서는 가능하지 않은 반성적인 정당화로 학제 간의 유물론적 탐구의 프로그램을 보충할 수 있다(Dubiel, "Wissenschaftsorganisation und politische Erfahrung," pp. 113-4를 참조하라). 학제 간의 유물론적인 탐구의 초기 프로그램은 이러한 인식론적인 의미에서 허점투성이이다. 왜냐하면 사회적 삶의 과정에 대한 유물론적 이론이 자신의 발생 조건들을 자신이 탐구하는 바로 그 과정의 측면으로 설명할 때, 그 이론은 발생과 타당성의, 혹은 현대적인 술어로 말하면, "발견의 문맥"과 "정당화의 문맥"이라는 인식론적인 문제를 불러일으키기 때문이다. 이 문제는 특수 과학의 방법에 의해 해결될 수 없고, 인간 지식의 발전과 정당화에 대한 메타 이론을 전제한다. 그리고 이것은 철학적 임무로 남는다.

9. 과학의 "내재적" 비판과 "외재적" 비판 사이의 구별에 대해서는 다음을 보라. W. Schäfer, "Finalization in Perspective," in *Social Science Information*, pp. 915-43.

10. 본스W. Bonss와 쉰들러N. Schindler의 「학제간 유물론으로서의 비판 이론」(영어본은 S. 벤하비브와 W. 본스가 편집한 *Max Horkheimer: A Retrospective*에 수록되어 있다)과 본스의 「비판 이론과 경험적 사회연구」, pp. 7ff.를 보라.

11. ZfS 1937: 262/207. 호르크하이머의 실천이 갖는 이 두 개념의 융합에 대한 아주 훌륭한 비판과 그 사회학석인 함의에 대해서는 다음을 보라. A. Honneth, "Horkheimers ursprüngliche Idee," pp. 2ff..

12. G. Marramao, "Zum Verhältnis von politischer Ökonomie und kritischer Theorie," in *Ästhetik und Kommunikation: Beiträge zur politischen Erziehung* 4(11): 79-93; A. Arato, "Political Sociology and Critique of Politics," in Arato and Gebhardt(ed.), *The Essential Frankfurt School Reader*, pp. 3-25.

13. M. Poston/B. Brick, "Kritische Theorie und die Grenzen des traditionellen Marxismus"; 이 논문의 축약본은 다음과 같다. "Critical Pessimism and the Limits of Traditional Marxism," in *Theory and Society* 11(1982), pp. 617-58.

14. 호르크하이머는 자신의 논쟁적인 글 「유대인과 유럽」에서, 유럽에서의 경제적 자유주의의 쇠퇴를 분석하고 있으며, 또 일부 사람들은 유대인들을 자유 기업 영역의 대표자라고 함으로써 자유 기업 체계에 대항한 그들의 좌절을 유대인들에게 투사하였는데, 그렇게 함에 있어서 반유대주의가 어떤 역할을 수행하는지에 대해 검토한다(ZfS 1939/40: 115-37). 이 논문은 자유주의에서 파시즘으로의 이행에 대한 호르크하이머의 관점에 내재한 어떤 맹목성을 보여 준다. 그는 자유 시장의 체계와 자유 기업의 체계를 대의제 정부, 권력 분할, 헌법의 통치, 법의 지배 등과 같은 정치적인 체제로부터 분리시키지 못한다. 정치적 자유주의에 대한 이러한 평가 절하는 프랑크푸르트학파가 정통 마르크스주의 전통으로부터 계속 승계하고 있는, 그리고 정치 구조를 경제 구조에 통합시키는, 아니 오히려 환원하는 그런 측면들 중 하나이다. 이러한 관점에서 보면, 노이만은 예외적인 사람이다. 정치적 자유주의의 내적 모순과 애매함에 대한 노이만의 분석, 특히 "법의 지배 rule of law"와 "주권 sovereignity" 사이의 모순에 대한 그의 해명은 자유주의적 정치 사상사에서 가장 정교한 논문들 중의 하나로 남아 있다. F. Neumann, *Die Herrschaft des Gesetzes*. 이 책은 처음에 런던 정경대학에서 라스키 H. Laski의 지도 아래 쓰인 "The Governance of the Rule of Law"(1936)라는 제목의 박사학위 논문이었다. 노이만의 논문 모음집은 다음과 같다. F. Neumann, *Wirtschaft, Staat und Demokratie* (Frankfurt/M., 1977).

15. 앞의 주에서 언급된 작품들 외에 노이만의 다음 글을 보라. F. Neumann, *Behemoth*와 *Democratic and Authoritarian State*.

16. 미국으로의 이주 이후에 키르크하이머는 1965년까지 컬럼비아 대학 정치학 교수로 활동했다. 그의 가장 중요한 출판물로는 『형벌과 사회 구조 Punishment and Social Structure』, New York, Columbia Uni. Press, 1939, 『정치적 정의 Political Justice』, 『정치와 헌법 Politik und Verfassung』, 『국가의 기능과 헌법의 기능 Funktionen des Staates und der Verfassung』 등이 있다.

17. 나는 아도르노와 호르크하이머의 『계몽의 변증법』(1947)에 나타난 분석을 말하고 있다. 나는 여기서 1980년 판을 사용하고 있다. 커밍J. Cumming이 번역한 이 책의 영어 번역판은 신뢰할 만하지 못하며, 그래서 나는 이 책을 참고하지 않을 것이다. 그리고 호르크하이머의 영어 저작인 『이성의 부식 The Eclipse of Reason』(1947)의 독일어판은 슈미트A. Schmidt에 의해 『도구적 이성 비판 Kritik der Instrumentellen Vernunft』(약어, KiV)으로 번역되었다. 호르크하이머의 논문 「유대인과 유럽 Die Juden und Europa」(1939)도 이 일반적인 논의 속에 포함되어 있다. 「권위적 국가 Autoritärer Staat」(1940)는 다음에 실려 있다. Arato/Gebhardt(ed.), *The Essential Frankfurt School Reader*, pp. 95-118. 이 글은 다음의 책에 재수록된다. H. Dubiel/A. Söllner(ed.), *Wirtschaft, Recht und Staat im Nationalsozialismus*, Frankfurt/M.,1981. 「이성의 종말 The End of Reason」, in ZfS, 1941: 366-88. 이 논문은 아라토와 겝하르트가 편집한 위의 책에도 수록되어 있다. 나는 마르쿠제의 논문 「근대 기술의 사회적 함의들 Some Social Implications of Modern Technology」(in ZfS 1941: 414-39) 역시 이 일반적 논의 영역에 포함한다.

18. 노이만과 굴란트 그리고 키르크하이머가 국가 사회주의의 정치적, 경제적 질서는 독점 자본주의와 연속성을 지닌다고 생각했던 데 반해, 폴록은 아도르노와 호르크하이머와 더불어 국가 사회주의에 의해 만들어진 사회적 질서의 새로움을 강조했다. 논문 「근대 기술의 사회적 함의들」에서 마르쿠제는 한편으로는 노이만과 굴란트의 연속성의 테제를 인정하지만, 다른 한편으로는 "기술적" 혹은 "기술주의적" 합리성의 새로운 개념을 도입하여 국가 사회주의 하에서 나타난 지배의 새로운 형식을 특징화한다. 위 논문 pp. 416ff를 보라.

19. "사회적 합리화" 과정은 두 수준에서 분석될 수 있다. 한편으로, 제도적으로 이 과정은 분화의 과정을 시작한다. 그 결과 경제와 정치가 분리되어 독립적인 영역으로 분류된다. 즉, 한편으로는 시장과 생산이, 그리고 다른 한편

으로는 행정 관료와 사법 관료를 가진 국가가 나타난다(M. Weber, *Economy and Society*, 1: 375ff.). 다른 한편으로, 사회적 행위 방향의 수준에서, 베버는 경제, 국가 행정 그리고 법의 영역에서 실체적 합리성으로부터 형식적 합리성으로의 전이를 거쳐 "사회적 합리화"를 분석한다(위의 책, 1: 85, 107, 178-80, 그리고 217-26; 2: 666ff.와 875-89). 바로 이것이 1940년대 국가 자본주의에 대한 아도르노, 호르크하이머 그리고 마르쿠제의 진단과 통일성을 갖는 베버 분석의 측면이다. 관료적으로 행정화된 정치 영역과 자본주의의 상호 의존성은 기이하게도 그들에게 파시즘을 분석하는, 그리고 1945년 이후에는 전후 산업 대중 민주주의를 분석하는 모델로 작용한다.

"문화적 합리화"는 베버에게 우선 다양한 세계관의 체계화를 의미한다 ("The Social Psychology of World Religions," p. 293). 베버는 이러한 과정을 "전체적으로 봐서 세계 질서는 의미 있는 '코스모스'이며['코스모스'는 원래 '질서'라는 뜻으로, 고대 그리스인들은 우주 혹은 세계를 카오스(혼돈)로 보지 않고 코스모스(질서)로 보았다: 옮긴이], 그것일 수 있었고, 또 다소간 그래야 한다"는 요구와 근본적으로 동일한 것으로 기술한다(위의 책, p. 281). 체계화하려는 그러한 노력은 모든 세계 종교에 현존하며, 시대에 따라 유일신론으로, 신비적 이원론으로 그리고 다른 경우에는 신비주의로 귀결되었다. 둘째, 수세기를 걸쳐 체계화하려는 그러한 노력에 공통적으로 나타나는 것은 마술의 역할이 쇠퇴해 왔다는 것이다(위의 책, pp. 290ff.). 베버는 문화적 합리화의 그러한 과정을 세계 부정의 윤리를 이끄는 세계관과 세계 긍정의 윤리를 이끄는 세계관으로 구분함으로써 분석하고 있는 것 같다. 이에 대해서는, Weber, "Religious Rejections of the World and Their Directions"(세계의 종교적 거부와 그 방향들,) in *From Max Weber*, (eds. and trans.) H. H. Gerth and C. W. Mills, pp. 233ff.). 독일어 원본: Weber, *Gesammelte Aufsätze zur Religionssoziologie*(1920) 내에 있는 "Zwischenbetrachtung"에 있음. 그리고 W. Schulter, "Die Paradoxie der Rationalisierung," pp. 19ff.

20. 이 책 제5장의 부록 "루카치, 베버 그리고 프랑크푸르트학파"를 보라.

21. 이에 대한 가장 최근의 연구로는 하버마스의 「신화와 계몽의 얽힘」(in *New German Critique*), pp. 13ff를 보라.

22. F. Grenz, *Adornos Philosophie in Grundbegriffe*, p. 275, note 26.

23. M. Jay, "Positive und negative Totalität," pp. 67-87.

24. Th. Adorno, *Minima Moralia*, p. 50; H. Marcuse, *One-Dimensional Man*.

25. W. Bonss, "Psychoanalyse als Wissenschaft und Kritik," pp. 367ff.

26. J. Benjamin, "The End of Internalization," *Telos*, pp. 50ff.

27. 서구의 이성을 특징짓는 동일성 논리에 대한 비판은 1931년 "철학의 현실성"에 대한 강의 이후 아도르노의 관심사가 되었다. 이 점에서 아도르노와 호르크하이머의 차이가 어떤 것이든 상관없이, 비담론적, 비동일적 논리에 대한 추구는, 그것이 밀교적 언어 철학에서든, 상징에서든, 혹은 유의 집단적 무의식에서든 상관없이, 『계몽의 변증법』과 『이성의 부식』 둘 다의 특징을 이룬다.

28. Th. Baumeister/J. Kulenkampff, "Geschichtsphilosophie und philosophische Ästhetik," in *Neue Hefte für Philosophie*, pp. 74ff.

29. Adorno/Horkheimer, DA, p. 117. 『이성의 부식』은 근대 이전의 형이상학적, 우주론적 세계관에 체현되어 있는 "객관적 이성"이 근대의 "주관적," 공리적, 그리고 회의적 이성에 의해 필연적으로 파괴되는 과정을 추적하는데, 이 책은 비동일자의 유토피아적 계기에 대한 이런 구원적 호소와는 다른 결론에 도달하지 않는다. 호르크하이머는 근대에 들어와서 이성이 서로 환원 불가능한 여러 가치 영역들로 분화되는 것은 "실체적 이성"의 철학에 의해 극복될 수 있다고 주장하지 않는다(KiV, p. 63; *Eclipse of Reason*, pp. 58ff.). 철학은 총체화해서는 안 된다. 철학은 자율적인 인격성의 가치를 통합된 세계와 사회 개념으로 재통일해서는 안 된다. 철학은 타자와 비동일자의 권리를 표현하려는 의도를 예술 작품들과 공유한다. 철학이 개념의 짐에서 벗어나서 망각되고 억압된 단어의 의미들과 연관성들로 돌아오는 한 철학은 자신의 과업을 완수할 수 있다(KiV, p. 158; *Eclipse of Reason*, p. 167). 철학은 "언어의 무언의 목격자들"에게 그들의 목소리를 되돌려준다(KiV, p. 155; *Eclipse of Reason*, pp. 165).

30. Th. Baumeister/J. Kulenkampff, "Geschichtsphilosophie und philosophische Ästhetik," p. 80.

31. 이 맥락에서 하버마스는 "전통적인 이데올로기 비판"과 아도르노와 호르크하이머에 의해 수행된 "총체화하는 비판"을 구분하였다. "이데올로기 비판은 검토되고 있는 이론의 타당성이 그 발생의 맥락에서 자유롭지 않다는 사

실을 보여 주려 한다. 이데올로기 비판은 이 이론의 배후에 권력과 타당성 사이의 승인될 수 없는 긴장이 숨겨져 있다는 것을, 그리고 이 이데올로기는 바로 그런 긴장 때문에 자신의 중요성을 인정받는다는 사실을 보여 주려 한다" ("The Entwinment of Myth and Enlightenment," p. 20). 반대로, 총체화하는 비판의 출발점은 이성이 "일단 도구화되고 나면 권력에 동화되며, 이로써 자신의 비판적 힘을 상실하게 된다"(*ibid*)는 것이다. 이 비판은 자신의 수단으로 "계몽의 총체화"를 거부하는데, 이것은 아도르노도 알고 있었던 수행적 모순이다(*ibid*.).

32. Th. Adorno, "Sociology and Empirical Research," in *The Positivist Dispute in German Sociology*, G. Adey and D. Frisby, trans. (London: Heineman, 1969), p. 69.

33. Hegel, *Wissenschaft der Logik*, 2: 11-2, 101-2. 영어본, pp. 396-7, 479-80.

34. Hegel, *Wissenschaft der Logik*, 2: 180-84. 영어본, pp. 550-3.

35. Hegel, PhG, p. 28. 영어본, p. 18.

36. Th. Adorno, *Negative Dialektik*, esp. pp. 32-42.

37. *Ibid.*, pp. 292-354.

38. Adorno, "On the Logic of the Social Sciences," in *The Positivist Dispute in German Sociology*, p. 107.

39. Adorno, "Kultur und Verwaltung," in *Soziologische Schriften*, 1: 131.

40. "오늘날의 문화는 모든 것을 같은 것으로 썩어낸다"(Adorno/Horkheimer, DA, p. 108).

41. "사회는 위협적인 자연을 영속적이고 조직화된 강제의 형태 속에서 지속시킨다. 왜냐하면 개인들 속에서 항구적인 자기 보존으로 스스로를 재산출하는 이 강제는 자연에 대한 사회의 지배로 자연에 되갚음을 하기 때문이다" (DA, 162).

42. Pollock, "State Capitalism: Its Possibilities and Limitations," ZfS 1941: 217-21.

43. Marcuse, *Eros and Civilization*, p. 84. 이 책이 전집의 제3권이기 때문에 나는 이어지는 논의를 위한 주 텍스트로 이 책을 사용했다.

44. "의식으로 치고 들어가는 에로스는 기억에 의해 움직인다. 기억과 더불

어 에로스는 빈곤의 질서에 대항하여 되돌아온다. 에로스는 시간에 의해 지배되는 세계에서 시간을 극복하려고 노력하는 가운데 기억을 사용한다"(TuG, p. 198).

45. C. Offe, "Technik und Eindimensionalität," p. 87.

46. R. Bubner, "Was ist kritische Theorie?," p. 179.

47. Adorno, *Negative Dialektik*, p. 15.

48. Adorno, "Spätkapitalismus oder Industriegesellschaft," in *Soziologische Schriften*, 1: 369.

49. Adorno, "Anmerkungen zum sozialen Konflikt heute," in *Soziologische Schriften*, 1: 193.

50. Stephen Kahlberg, "Max Weber's Types of Rationality: Cornerstone for the Analysis of Rationalization Processes in History"(막스 베버의 합리성 유형), in *American Journal of Sociology* (1980), 85(5): 1158.

51. Lukacs, *History and Class Consciousness*, p. 83.

52. Herbert Marcuse, "Industrialization and Capitalism in the Work of Max Weber," in *Negation* (Boston: Beacon Press, 1969), pp. 240ff.

53. Max Weber, "Introduction," *The Protestant Ethic and the Spirit of Capitalism*, p. 21.

54. Maurice Merleau-Ponty, *Les adventures de la dialetique* (Paris: Gallimard, 1955), p. 29. 영어본: *Adventures of the Dialectic* (Evanston, Ill.: Northwestern University Press, 1973). 강조는 원본에 따른 것임.

제6장. 미메시스적 화해로서의 자율성

1. 이 구분에 대해서는 다음을 보라. P. Ricoeur, *Freud and Philosophy*.

2. Fr. Nietzsche, *The Genealogy of Morals, Preface*, in *The Birth of Tragedy and the Genealogy of Morals*, p. 149.

3. 영어 번역본은 J. Torpey가 번역한 "Masterialism and Morality," *Telos* (fall. 1986), no. 69, pp. 85-119.

4. H. Ebeling(ed.), *Subjektivität und Selbsterhaltung*. 특히 이 책에서 다음의 논문을 참조할 것. H. Blumenberg, "Selbsterhaltung und Beharrung: Zur Konstitution der neuzeitlichen Rationalität," pp. 144-207.

5. R. Spaemann, "Bürgerliche Ethik und nichtteleologische Ontologie," in *Subjektivität und Selbsterhaltung*, pp. 76-97.

6. 홉스의 사유에서 고대 정치 이론으로부터 근대 정치 이론으로의 이행에 대한 분석은 다음의 글을 보라. Leo Strauss, *The Political Philosophy of Thomas Hobbes*.

7. Th. Hobbes, *Leviathan*, p. 190.

8. *Ibid*., pp. 189-90.

9. *Ibid*., p. 189. 근대 초기의 사상에서 "권리jus" 개념의 발전에 관한 아주 흥미 있는 저서는 다음과 같다. R. Tuck, *Natural Right Theories* (Cambridge Uni. Press, 1979), esp. pp. 119-43.

10. M. Horkheimer, "Zum Begriff der Vernunft," p. 49.

11. 투겐트하트E. Tugendhat는 다음 글에서 칸트의 도덕법에 대한 비판을 정식화한다. "Zur Entwicklung von moralischen Begründungsstrukturen in modernen Recht," in *Archiv für Rechts- und Sozial-philosophie*, pp. 1ff.

12. I. Kant, *Grundlegung der Metaphysik der Sitten*, p. 51. 영어본 p. 89.

13. E. Tugendhat, "Zur Entwicklung von moralischen Begründungsstrukturen im modernen Recht," p. 5.

14. 보편주의적 윤리 이론에 대한 엉미 칠힉과 독일 철학의 논의에 대해서는 다음을 보라. K. Baier, *The Moral Point of View*, pp. 110-38; R. Wimmer, *Universalisierung in der Ethik*.

15. 도덕 감정의 사회학에 대한 상반된 분석에 대해서는 다음 두 글을 보라. A. Heller, *A Theory of Feelings*. 그리고 이 글에 대한 벤하비브의 비판적 고찰이 *Telos*, 제40호(1980 여름), pp. 211-21에 실렸다.

16. H. Marcuse, *Eros and Civilization*, 엉어본, pp. 32ff.

17. 롤즈, 『정의론』, pp. 265ff.

18. 마르크스의 정의 이론에 대한 최근의 비판서로는 다음이 있다. A. Buchanan, *Marx and Justice*.

19. C. Offe, "Spätkapitalismus - Versuch einer Begriffsbestimmung," in

Strukturprobleme des kapitalistischen Staates, pp. 17ff.

20. "생명체의 연대성" 개념에 대해서는 다음의 글을 보라. P. Singer, *Animal Liberation: A New Ethics for Our Treatment of Animals* (New York: Avon Books, 1975), pp. 192-223.

21. "그러나 객관적 이성에서 주관적 이성으로의 전이는 우연적이다. 그리고 관념들의 발전 과정은 어떤 특정한 순간에 자의적으로 반전될 수 없다. 만약 계몽의 형식으로 나타나는 주관적 이성이 서구 문화의 본질적 부분인 신념들의 철학적 토대를 해체시켰다면, 당연히 그 이성은 그렇게 할 수 있었을 것이다. 왜냐하면 이 토대가 너무 허약한 것으로 드러났기 때문이다. 따라서 그 신념 체계들을 복구한다는 것은 완전히 인위적이다. 그러한 작업은 간극을 느끼게 하는 데 봉사할 뿐이다"(M. Horkheimer, *The Eclipse of Reason*, p. 62).

22. Horkheimer, "Zum Begriff der Vernunft," p. 56.

23. Adorno, *Negative Dialektik*, p. 268. 나의 번역.

24. *Ibid.*

25. *Ibid.*

26. *Ibid.*

27. *Ibid.* 자코비 Russell Jacoby는 『사회적 건망증 Social Amnesia』에서 정신분석학에서 수정주의에 대한 논쟁을 다룬다. pp. 73-101 참조.

28. Adorno, *Negative Dialektik*, p. 269 참고.

29. *Ibid.*

30. *Ibid.*, pp. 270ff.; Adorno, "Sociology and Psychology"(1955) and "Die Revidierte Psychoanalyse."

31. "주체"에 대한 이러한 비판은 아도르노에게 탈근대성의 철학을 예견하게 한 또 하나의 측면이다. 이 책 제2장, 17번 주석 참조.

32. Adorno, *Negative Dialektik*, p. 277.

33. *Ibid.*, p. 273; H. Marcuse, "Das Verhalten der Psychoanalyse."

34. Adorno, *Negative Dialektik*, p. 285.

35. J. Benjamin, "Die Antinomien des patriarchalischen Denkens," pp. 426-7.

36. 프랑크푸르트학파는 기정에서 아버지의 변화된 역할은 필연적으로 나약하고, 수동적인, 원자화된 자아를 산출한다는 주장했는데, 여성주의 사상가

들은 이것을 프랑크푸르트학파의 사유에 나타난 "가부장적인 핵심"이라고 비판한다. 위의 인용의 출처가 되는 글에서 벤야민은 도구적 이성이 모성애와 어머니의 돌봄에 반대되는 것을, 그리고 지각과 의식 형태의 상호 주관적 원리들에 반대되는 것을 대표한다는 사실을 아도르노와 호르크하이머가 파악하지 못했다는 이유로 이들을 비판한다(ibid., p. 430). 이 주장을 지탱하기 위해 벤야민은 정신분석학에서 "대상 관계론"의 결과들(Sullivan, Fairbairn, 그리고 Kohut 등의 연구 성과)을 사용한다. 라쉬Lasch의 책 『메마른 세상에서 천국Heaven in the Heartless World』에 의해 촉발된 논쟁에서 여성주의 작가들은 가정에서 아버지의 역할의 쇠퇴가 나약한 자아를 발전시킨다는 가설을 공격했다(S. Engel, "Femininity as Tragedy"). "정통" 정신분석학과 "수정주의" 정신분석학 사이의 논쟁이, 자코비Russell Jacoby에 의해 『사회적 건망증』에서 윤곽이 잡힌 가설들과는 반대로, "해방적" 사회사상 대 "개혁적" 사회사상 사이의 정연한 이분법으로 떨어지지 않는다는 사실은 홍미롭다. 여성주의적 정신분석학과 "대상 관계론" 사이의 이러한 "선택적 유사성"에 대한 충분한 분석이 이제 이뤄져야 한다. 또한 다음 책을 참고하라. D. Dinnerstein, *The Mermaid and the Minotauer: Sexual Arrangements and Human Malaise* (New York: Harper Colophon Books, 1977).

37. Adorno/Horkheimer, DA, p. 162.

38. Hegel, *Wissenschaft der Logik*, 2: 17ff. 영어본, pp. 403ff.

39. J. Locke, *An Essay Concerning Human Understanding*, A. D. Woozley (ed.), (New York: Meridian Books, 1964), pp. 200ff.; D. Hume, *A Treatise of Human Nature*, A. Selby-Bigge (ed.), (New York: Oxford Uni. Press), vol. 2, book 1.

40. I. Kant, *Critique of Pure Reason*, "The Paralogismus of Pure Reason," p. 329.

41. J. G. Fichte, *Grundlage der gesammten Wissenschaftslehre*, p. 289.

42. Adorno, *Negative Dialektik*, p. 295ff.

43. 아도르노의 헤겔 비판은 내가 주체의 철학을 비판하는 것과 매우 유사하다. 『부정 변증법』에서 그의 논의는 이 점에서 나에게 많은 것을 가르쳐 주었다. 『부정 변증법』 295-353쪽을 보라. 다만, 아도르노가 세계 정신에 대한 헤겔의 신비화된 강조와는 양립할 수 없는 헤겔의 사유의 또 다른 측면과 요

소들을 무시한다는 점은 지적되어야 한다.

44. Hegel, "Love," pp. 302-9.

45. 아도르노는 비동일성의 영역을 사회적, 역사적 관계 영역에 위치시키고 싶어 하지 않는데, 아도르노의 이러한 의지를 설명해야 하는 더 심층적인 이유가 있다고 나는 믿는다. 아도르노에게 사회적인 것은 매개의 범주이다. 교환 행위는 상품의 형태보다 더 오래되었는데, 이러한 행위는 이미 사회성의 토대가 비동일자의 등가성임을 확립한다. 오디세우스는 희생 제물을 드림으로써 신들에게 호소한다. 하지만 희생의 논리는 이미 교환의 논리이다. "만약 교환이 희생의 세속화라면, 희생은 이미 합리적 교환의 주술적 구조로, 즉 신들을 지배하고자 하는 인간의 표현"(DA, p. 47)으로 나타난다. 교환은 매개이다. 매개는 비동일자의 동일성이다. 문명의 확장은 교환의 확장이다. 모든 것을 자신과는 다른 것으로 끊임없이 환원하는 것은 돈의, 그리고 나중에는 상품 형태의 비밀인데, 그러한 끝없는 환원은 역사의 과정에서 제도화된다. 사회적 상호 작용의 증가, 인류의 사회화 등은 추상적인 등가 행위라는 이러한 네트워크가 직접적인, 즉 무매개적인 것이 사라져 버리는 지점에까지 확대된 나는 것을 의미할 뿐이다. 아도르노는 타자와의 관계를 동일성의 논리의 강압을 깨뜨릴 수 있는 영역으로 간주하지 않는데, 아도르노의 이러한 생각은 사회성을 교환과, 매개와, 그리고 동일성의 논리의 확립과 강하게 일치시키려는 그의 사유와 관련이 있다. 이에 대해서는 다음을 보라. Susan Buck-Morss, *The Origin of Negative Dialectics*, pp. 82-96.

46. Adorno, *Negative Dialektik*, p. 277ff.

47. Adorno, *Ästhetische Theorie*, in *Gesammelte Schriften*, R. Tiedermann (ed.), (Frankfurt/M. 1970), 7: 111ff.

48. *Ibid.*, pp. 101-3.

49. *Ibid.*, p. 113.

50. "자연적인 아름다움은 보편적 동일성의 과정 위에 정립된 사물들의 내부에 있는 비동일자의 흔적이다"(*ibid.*, 114). 벅모스S. Buck-Morss는 흔적들에 대한 이러한 추구가 발터 벤야민의 정세 구축의 방법과 맺는 관계를 탐구한다. 이에 대해서는 다음을 보라. S. Buck-Morss, *The Origin of Negative Dialectics*, pp. 96ff.

51. Baumeister/Kulenkampff, "Geschichtsphilosophie und philosophi-

sche Ästhetik," p. 87.

52. Adorno, *Negative Dialektik*, pp. 184ff.

53. *Ibid.*, pp. 184-9.

54. J. Habermas, "Urgeschichte der Subjektivität und verwilderte Selbst-Behauptung" 참조.

55. Adorno, *Negative Dialektik*, p. 273.

56. H. Blumenberg, "Selbst-Erhaltung und Beharrung," in H. Ebeling(ed.), *Subjektivität und Selbsterhaltung*, pp. 147ff.

57. L. Feuerbach, "Principles of the Philosophy of the Future," pp. 175-247; M. Wartofsky, *Feurbach*.

58. Adorno/Horkheimer, DA, pp. 167ff.

59. 주의 깊고 사려 깊은 연구서인 『자연의 지배』에서 레이스W. Leiss는 자연의 지배라는 술어가 무엇을 의미하며, 이 술어가 어떻게 방어될 수 있는지를 분명히 하고자 한다. 그는 다음과 같이 쓴다. "인간의 '자연 정복' 내지 '인간의 자연 지배'를 말하는 것은 모호하다. 이러한 기획의 상상적 주체는 실존하지 않는다. 여기서 '인간' 그 자체는 이러한 방식으로 사용될 때 인간들 사이의 현실적인 강압적 투쟁에서 기술적 도구들이 일정한 역할을 수행한다는 사실을 숨기는 하나의 추상일 뿐이다"(p. 120).

아도르노와 호르크하이머가 이 주제에 대한 반성에서 사회적 갈등을 무시했다는 생각은 확실히 문제가 있다. 하지만 그들은 "지배"라는 개념을 아주 광범위하게 사용해서 이름을 부여하는 최초의 행위조차(우리는 그것을 신화적인 요청이라고 알고 있다), 즉 추상적 사유의 단위로서의 개념조차도 때때로 지배 이성의 맹아를 수행하고 있다고 말할 정도였다. 나는 지배 개념이 자연에 대한 인지적 관계에 적용될 때는 무의미하며, 자연에 대한 기술적 착취에 적용될 때에만 의미 있다고 하는(p. 193) 레이스의 견해에 동의한다. 레이스가 지적하듯이, 그러한 기술적 지배로부터의 자연의 해방은 사회적-정치적 임무로 파악될 수 있지, 문화적-인지적 임무로 파악될 수는 없다(*Ibid*).

60. 아도르노의 미학 이론에 대해 집중적인 연구를 하지는 않았지만, 나는 여기에서 아도르노의 미적 영역이라는 개념이 "전前해석학적"인 것임을 보이고자 한다. 이 말은 아도르노가 가다머에 의해 결정적으로 그 모습을 드러낸 해석의 전통과의 그리고 해석 공동체와의 매개된 관계의 경험으로부터 미적

인 경험을 추상하는 것으로 보인다는 것을 의미한다. 이것은 주체가 예술 작품의 진리를 "수용하는" 곳에서, 아도르노가 예술 작품과의 무매개적인 관계의 가능성을 믿고 있기라도 한 것 같은 인상을 준다. 미메시스의 경험이 신적인 현현의 경험을 함축하고 있는 것 같다. 하지만 미적인 경험은 매개되어 있으며, 그것도 주로 예술 작품의 수용사에 의해 매개되어 있다. 이에 대해서는 가다머의 『진리와 방법』(영어판) pp. 91-146을 참조하라.

61. 하버마스, 「주체성의 원역사와 야만화된 자기 주장」(영어판), pp. 106-7.

62. *Ibid*, p. 107. "형상 금지"는 유대교에서 신의 형상을 그리려는 것, 혹은 신을 재현하려는 것을 금하는 것을 의미한다. 이러한 금지 명령은 특히 하시딤 운동에서 신비적인 해석이 부여되었다. 이 개념을 사용함으로써 아도르노는 벤야민과 공유하고 있던 신비적이고 메시아적인 경험의 근원을 암시하고 있다. 비판 이론가들에게 있어서 유대 신학의 중요성에 대해서는 *Merkur*지에 실린 브루믈릭M. Brumlik의 글 「프랑크푸르트학파의 혁명적 메시아주의」, pp. 228-31을 참조하라.

제7장. 기능주의적 이성 비판

1. 이 모든 논문은 하버마스의 『이론과 실천』에 있다.

2. 이 문제에 대한 통찰력 있는 설명은 화이트북J. Whitebook의 「하버마스에서 자연의 문제」를 보라. 자연과의 미메시스적인 화해를 희망한 호르크하이머와 아도르노에 대해 하버마스는 거부 의사를 보였다. 그는 우리가 자연과 맺는 관계에서는 일반적으로 "이론적으로 유익한 단 하나의 태도, 즉 자연과학적이고 실험적인 관찰자의 객관화하는 태도만"이 존재한다고 주장했다(Habermas, "A Reply to My Critics," in Thompson and Held (eds)., *Habermas: Critical Debates*, pp. 243-4). 하버마스는 "사람들은 외적인 자연에 대해 수행적인 태도를 취할 수 있으며, 이 자연과 의사소통적 관계로 들어갈 수 있고, 이 자연과 관련하여 미적인 경험을 가지고 또 도덕성과 유사한 감정을 가진다"(*Ibid*)는 사실을 부정한다.

내적, 외적인 자연과 맺는 우리의 관계가 해방적 잠재력의 유일한 초점이

될 수 없으며, 또한 미메시스 개념이 또 다른 우리와의 관계에서 가장 잘 현실화된다는 사실에 동의한다고 하더라도, 나는 하버마스가 여기서 대변하고 있는 객체화하는 강력한 인식주의가 사태를 잘못 인도할 수 있다고 믿는다. 우리가 실험실에서 현미경으로 화학 물질이나 암석을 검사할 때, 즉 자연을 "대상화"할 때, 우리는 그 대상을 "지배하고" 있는 것이 아니다. 그러나 우리가 독극물을 방류함으로써 생명체와 자연 서식지를 파괴하고, 물고기를 암에 걸리게 하고, 숲을 죽게 하며, 종을 박멸하게 될 때, 우리가 자연을 지배한다는 말이 의미가 있게 된다. 우리의 행위가 다른 감성적 존재들에게 고통을 끼칠 수 있거나 그것들의 생활 조건을 파괴할 수 있는 한 우리는 명백히 도덕적 책임을 말해야 한다. (덧붙여서 나무에 "고통"을 준다는 말의 의미를 이해하기는 쉽지 않다. 여기에서 우리는 단 한 그루의 나무를 생각해서는 안 되고, 우리의 힘 속에서 보존되거나 파괴될 수 있는 총체성으로서의 자연 서식지를 생각해야 할 것 같다.) 사람들은 자연에 대한 도덕적 의무가 그럴듯하게 언표될 수 있다고 주장할 수 있으며, 자연의 삶을 보존할 수도 있다. 하지만 이러한 진술은 '자연에 대한 이론적이고 객관화하는 태도 이외에 다른 어떤 인지적 태도도 유익하지 않다'고 하는 하버마스의 요점을 충분히 다루고 있지 않다. 여기에서 나는 하버마스가 자연에 대한 좀 더 총체적이고 표현적인, 그리고 수행적인 접근의 이론적 비옥함을 보여 준 생물학과 생명 과학의 강한 증거를 무시하고 있다고 믿는다. 노벨상을 받은 식물 유전학자 맥클린톡B. MacClintock은 최근에 자연에 대한 좀 더 총체적인 접근을 가능하게 하는 참신한 증거를 보여 주었다. 그의 전기 작가인 켈러E. F. Keller에 의하면, 그는 자신이 문자 그대로 옥수수 세포들에 구멍을 뚫고서 그 안으로 들어갈 수 있기라도 하듯이 그 세포들을 다뤘다. 이에 대해서는 다음을 보라. Keller, *A Feeling for the Organism*.

3. 하버마스의 『의사소통 행위 이론』 (독어본) 1: 489, (영어본) 366ff.를 참조하라. 다음 두 장에서 이 책 제1권에 대한 앞으로의 언급은, 다른 언급이 없는 한, 모두 영어본에 기초할 것이다. 이 텍스트의 숙약어는 ThCA이다. 이 책에서 인용된 제2권의 대부분은 맥카시가 번역한 ThCA의 서문을 제외하고, 모두 내가 번역한 것이다.

4. 다음의 진술을 참조하라. "그러나 만약 (경기 후퇴의 시기에 더 명백하게 되듯이) 부르주아의 이상들이 소멸해 버렸다면, 내재적 비판을 가능하게 하는

그런 규범들과 가치들은 더 이상 존재하지 않는다. 다른 한편으로, 윤리적 사회주의의 멜로디는 소득도 없이 연주되었다"(Habermas, "Historical Materialism and the Development of Normative Structures," in *Communication and the Evolution of Society*, p. 97. 강조는 저자가 첨가한 것.)

5. 아주 미묘한 구분을 내포하는 이러한 차이에 대해서는 마르쿠스G. Markus의 "Practical-Social Rationality in Marx," 제Ⅱ부, *Dialectical Anthropology*, p. 12를 보라.

6. 물론 이러한 진술은 60년대 초기의 학생 운동 기간 동안 아도르노와 호르크하이머의 태도를 설명하는 데 충분하지 않다. 본스Bonss와 호네트Honneth는 그들이 함께 편집한 한 책의 서론에서 비판 이론의 다양한 반론들에 대한 흥미 있는 설명을 정치 발전의 빛 아래서 보여 준다. "Einleitung: Zur Reaktulalisierung der kritischen Theorie," in *Sozialforschung zur Kritik*, pp. 7ff.을 보라.

7. 리델이 보여 준 것처럼, 근대성에 대한 베버의 분석과는 완전히 다른 전통의 분석 전통이 있다. 이 전통은 신아리스토텔레스주의로부터 영국의 정치경제학과 헤겔에 이른다(M. Riedel, "Hegels Begriff der 'bürgerlichen Gesellschaft,'" pp. 247ff.). 이러한 전통에 따르면, 근대의 결정적인 측면은 경제(오이코스oikos)와 정치(폴리스polis)의 분리, 혹은 문화적 분화에 대립하는 제도적 분화이다. 『공론장의 구조 변동』에서 하버마스는 문화적 분화보다는 제도적 분화의 문제에 더 관심을 집중했다(p. 13-101을 보라). 두 접근법을 결합하는 헤겔의 독해에 대해서는 하버마스의 「복잡한 사회가 하나의 이성적인 동일성을 형성할 수 있는가?」, in *Zur Rekonstruktion des historischen Mateialismus*, pp. 92-129을 참조하라.

8. 하버마스 사유의 이러한 측면을 분석한 것에 대해서는 다음을 보라. J. Cohen, "Why More Political Theory," in *Telos*, pp. 86ff.

9. Habermas, *Technik und Wissenschaft als 'Ideologie,'* pp. 98ff. 영어본, in *Toward a Rational Society*, pp. 119ff.

10. 이러한 주장에 대한 응답으로, 맥커시는 민주적 제도들이 이러한 이상들에 상응하는 것으로 보이는 한, 그 이상들이 하버마스의 사유의 이 단계에서조치 내적으로 근거가 빈약한 채 불완전하게 존립한다고 반론을 제기했다. 다음 장에서도 보이겠지만, 지배에서 자유로운 담론의 이상들과 이상적인 담

화 상황이 민주 사회의 딜레마라는 맥락에서야 비로소 공식화된다. 그런데 하버마스는 자신의 초기 논문들에서 이런 문제를 해소할 수 있는 주체로서 교육받은 공중의 과학자들, 시민들, 그리고 정치가들에게 호소한다. 하지만 이런 호소에도 불구하고 이 사회에 기술 지배와 과학주의의 정치적 내용에 도전하게 하는 경향들이 있다는 사실이 충분히 드러나지는 않을 것이라고 나는 계속 주장할 것이다(Habermas, "The Scientization of Politics and Public Opinion," in *Toward a Rational Society*, pp. 62-81 참조).

11. 베버, 루카치, 그리고 프랑크푸르트학파에 대해서는 이 책 제5장 부록을 참고하라.

12. 이러한 구별에 포함되어 있는 사회과학의 방법론의 몇 가지 문제에 대한 상세한 설명에 대해서는 Th. McCarthy, *The Critical Theory of Jürgen Habermas*, Ch. 3과 pp. 379ff.를 보라. 또한 Habermas, *Legitimationsprobleme im Spätkapitalismus*, 영어본, *Legitimation Crisis*, pp. 3ff. 이 책에서 모든 참조는 영어본에 의한다.

13. 이 술어들은 미드를 따라서 도입되었다. Habermas, *Theorie des kommunikativen Handelns*, 2: 27ff.

14. 하버마스의 작품에서 "욕구" 개념의 중심 역할은 종종 무시된다. 그러나 맥커시가 강조하듯이, "하버마스에게 사회학은 언제나 동시에 사회 심리학이다"(*The Critical Theory of Jürgen Habermas*, p. 334). 그는 하버마스의 다음 글을 인용한다. "제도들의 체계는 강요된 억압의 술어로, 가능적 개인화들을 위한 잉여의 술어로 포착되어야 하는데, 이는 마치 인격성의 구조가 제도적 틀의 결정 인자 속에서, 그리고 역할 자격의 결정 인자 속에서 포착되어야 하는 것과 같다"(Habermas and Luhmann, *Theorie der Gesellschaft oder Sozial-technologie*, pp. 217-8).

15. 하버마스의 LC, p. 95을 보라. 그리고 또 다음을 보라. R. Döbert, J. Habermas, and G. Nunner-Winkler (eds.), "Introduction" in *Entwicklung des Ichs*, pp. 18ff.

16. 영어권에서 이 작품에 대한 초기 반응은 이 작품의 중요성을 포착하는 데 실패했다. 하지만 헬드D. Held와 시몬L. Simon의 분석 「후기 자본주의 사회에서 하버마스의 위기 이론」(in *Radical Philosophers' News Journal*), pp. 1-19는 예외였다.

17. 사회 복지 국가의 기능들이 어떤 측면에서 아주 독특하다는 점은 부정될 수 없는 사실이긴 하지만, 국가의 역할 변화가 역사적으로 상세하게 보고될 수 있었다면 국가의 변혁적 역할에 대한 보다 더 강한 주장이 제기될 수도 있었을 것이다. 왜냐하면 서로 다른 나라들이 서로 다른 국가 전통을 가지고 있으며, 어떤 측면에서는 국가가 지난 세기 동안 이 영역들에서 적극적인 역할을 수행했다는 사실은 아주 분명해 보이기 때문이다. 이에 대해서는 다음을 보라. A. Giddens, "Capitalism: Integration, Surveillance and Class"와 "The Nation-State, Nationalism and Capitalist Development," in *A Contemporary Critique of Historical Materialism*, pp. 157-203.

18. 교통, 보건, 주거, 그리고 레저 산업 등의 공공적인 성격이 짙은 영역에서 국가가 시장 메커니즘을 대체하는 것이 특히 중요하다. 이러한 과정은 노동에 대한 새로운 방향 설정을 하게 하는데, 즉 노동과 관련하여 구체적인 사용 가치를 지향하게 한다. 이러한 새로운 방향 설정은 이번에는 전문적인 사생활 중심주의가 사회사업가, 의사, 교사, 그리고 다양한 종류의 공적 업무에 고용된 사람들을 중심으로 한 활동적인 전문가주의로 대체되는 데 중요한 역할을 한다. Habermas, LC, p. 66.

19. 나는 이 절의 마지막 부분에서 이러한 "사생활 중심주의"가 쇠퇴하고 있다는 하버마스의 주장이 설득력이 있음을 보일 것이다. 맥커시가 지적하듯이, "더군다나 규범적 구조와 동기 부여의 패턴이 심대한 변화를 겪고 있다는 사실을 우리가 인정한다고 할지라도 이러한 변화가 어디로 이끌려 갈지에 대한 문제는 여전히 남아 있다. 예를 들어, 이러한 변화는 수동성, 사생활 중심주의, 소비주의 등 몇몇 변화된 상황에서 형식 민주주의적인 복지 국가를 위해 어느 정도 기능하는지를 이슈로 제기하지 않을까?"(*The Critical Theory of Jürgen Habermas*, p. 374).

20. Claus Offe, "Spätkapitalismus - Versuch einer Begriffsbestimmung"(후기 자본주의: 그 본질 규명을 위한 시론) and "Tauschverhältnis und politische Steuerung. Zur Aktualität des Legitimationsproblems"(교환 관계와 정치적 조종. 정당성 문제의 실제), in *Strukturprobleme des kapitalistischen Staates*, pp. 7-77; "Some Contradictions of the Modern Welfare State," in *Praxis International*, pp. 219-30.

21. D. Bell, *The Cultural Contraditions of Capitalism*.

22. ThdkH 2권에 있는 "마르크스와 내적인 식민화"라는 절에서 하버마스는 마르크스주의의 물화 범주를 체계와 생활 세계의 분리라는 자신의 사유 체계의 빛 아래서 재해석한다. 이 분석의 핵심은, 자본이 성장과 축적의 경향을 갖는다는 마르크스의 테제를 간직해야 하지만, 그러나 사회-제도적 수준에서 후기 자본주의는 계급에 한정된 것이 아니라 광범위한 인구 영역을 포괄하는 갈등들을, 그리고 아주 광범위한 증상들로 드러나는 갈등들을 발생시킨다는 사실이다(pp. 489ff.).

23. 영어권에서의 이에 대한 일반적인 토의에 대해서는 맥커시가 쓴 하버마스의 『의사소통 행위 이론』의 영어본에 있는 서론을 보라. 또, D. Rasmussen, "Communicative Action and Philosophy," *Philosophy and Social Criticism*, pp. 1-29; D. Misgeld, "Communication and Societal Rationalization"; A. Giddens, "Reason Without Revolution?" *Praxis International*.

24. "체계"와 "생활 세계"의 구분에는 이러한 설명에도 불구하고 여전히 불분명한 측면들이 많다. 나는 두 가지만 언급하겠다. 첫째, 하버마스가 제안하듯이, 만약 우리가 사회를 체계로서 뿐 아니라 생활 세계로도 파악해야 한다면(ThdkH 2:183ff.), 이는 우리가 문화적 재생산, 사회적 통합, 사회화 등을 분석할 때 관찰자의 관점을 수용할 수 있다는 것을 함의하는가 아니면(이렇게 말해도 된다면) 현대의 공장과 관료 조직에서의 일상적인 삶을 검토할 때 참여자의 관점을 수용할 수 없다는 것을 함축하는가? 이러한 관점들은 자의적으로 수용될 수 있는가? 아니면 대상 영역에 대한 압박이 다른 분석 양식보다는 사회적 분석 양식에 특권을 주는 것인가? 둘째, 이러한 범주는 제도적 영역에 상응하는가 아니면 모든 제도에 스며들어 있는가? 공장이 체계에 속하는 반면, 가족은 생활 세계에만 속하는가?

몇몇 비평가들은 이러한 이중의 틀이 사회적인 문제 양식을 자의적으로 제한한다고 비판한다(예를 들어, J. Berger, "Die Versprachlichung des Sakralen und die Entsprachlichung der Ökonomie," in *Zeitschrift für Soziologie*, pp. 353-65). 그럼에도 불구하고 나는 이 두 방법론적 관점이 배타적이지 않을 경우, 하버마스에게는 그것이 두 영역에서 다 정당하다는 것을 논증했다고 믿는다. 예를 들어, 경제가 현대의 노동자들의 관점에서 연구되어야 한다고 주장하는 것은 가족이 기능주의적으로 현대의 경제를 안정화시키는 결과를 갖는지, 안정을 해치는 결과를 갖는지의 관점에서만 연구될 수 있다고 주장하는 것만큼이나 자의적이다. 현대 사회 이론의 참다운 임무는 체계와 생활 세계의 매개와 상호 작용을 설명하는 것이다. 그러나 재생산, 체계 통합, 그리고 사회화 등에 대해 철저히 객관주의적인 해석은 가능하지 않다. 왜냐하면 의사소통 행위는 우리가 타아와 자아의 관점을, 즉 제1인칭과 제2인칭의 관점을 수용할 수 있을 경우에만 이해될 수 있기 때문이다.

25. 후설의 『유럽 학문의 위기와 선험적 현상학』의 제2부, 33절 이하, 그리고 슈츠A. Schutz의 『생활 세계의 문제 The Problem of the 'Life-World'』, 특히 제3부, "상징, 실재 그리고 사회" 등 참조.

26. 이에 대해서는 다음을 보라. M. Theunissen, The Other, 1부; D. Carr, "The Fifth Mediation and Husserl's Cartesianism."

27. 가다머H. G. Gadamer, 「해석학과 사회과학」; 리쾨르P. Ricoeur, 『해석학과 인문과학』.

28. P. Winch, The Idea of a Social Science and Its Relation to Philosophy, London, 1958.

29. McCarthy, "Introduction," in Habermas, The Theory of Communicative Action, 1: xxiv.

30. 하버마스는 세 가지 재생산 과정(문화적 재생산, 사회 통합, 그리고 사회화)이 언어 행위의 구조적 요소들(명제적, 수행적, 표현적 요소)에 뿌리 박고 있는 의사소통 행위의 상이한 측면들(이해, 조정, 사회성)에 의지하고 있다고 주장하고 싶어 한다. 형식적 실용론이 사회과학적 행위 개념과 맺는 관계에 대한 토론은 의사소통 행위 이론 프로그램의 가장 중요한 측면들 중 하나이다. ThCA 1: 328ff.

31. 하버마스는 세 세계를 내용적으로가 아니라 형식적으로 정의하고자 한다. 이 세계들을 서로 구분해 주는 것은 이 세계의 내용이나 대상이 아니라 사람들이 주어진 영역에 대해 취하는 근본적인 태도들이다. 상태나 일 등, 실재하는 세계에 대한 태도는 객관화하는 태도이며, 상호 주관적 세계에 대한 태도는 규범-순응적인 태도이고, 주관적인 세계에 대한 태도는 표현적인 태도이다. 맥커시는 이러한 방식으로 문제를 푸는 것에 어려움이 있음을 보여 준다. "만약 하버마스의 세 세계가 근본적으로 서로 다른 세 가지 태도와의 관계에서 단지 형식적으로 정의된다면, (태도에 있어서 특화된) 동일한 세계에 대해 서로 다른 태도를 취하는 것이 도대체 어떻게 가능할까?"(「『의사소통 행위 이

론』에서 합리화에 대한 반성들」, in *Praxis International*, p. 182).

32. "불일치가 더 이상 일상의 과정에 의해 저지될 수 없을 때가 있으며, 또 직접적인 혹은 전략적인 힘의 사용에 의해 아직 정착될 수 없을 때가 있다. 이때 일상적 삶의 의사소통적 실천에 적합한 합리성은 논증의 실행을 강조하여, 이 논증의 실행을 호소의 장으로, 즉 다른 수단으로 의사소통 행위를 지속할 수 있게 하는 호소의 장으로 삼는다." ThCA, 1: 17-8.

33. 이러한 요청의 의미론적인 측면과 실용적인 측면을 혼동하지 않는 것이 중요하다. 하버마스는 의미 이론을 제안하고 있지 않다. 그가 주장하고 있는 것은 다음과 같다. 즉, 누군가와 대화할 때, 불명료한 대화가 의도하는 것이 무엇인지를 이해한다는 관점에서 문장의 단어를 이해하는 것만으로는 그 문장이 무엇을 의미하는지 이해하기에 충분하지 않다는 것이다. 예를 들어, 내가 "달은 빛의 여신이다"라고 말한다고 가정해 보자. 이 단어들의 의미를 안다고 해서 화자가 무엇을 하는지를, 혹은 화자가 어떠한 종류의 언어 행위를 수행하고 있는지를 나는 알 수 없다. 화자는 나에게 이것이 우주의 본성임을 말하고 있는가, 아니면 보름달을 볼 때 내가 무릎을 꿇지 않아 사회적 규칙을 위반하고 있다고 말하는 것인가, 혹은 보름달이 떴을 때 어떤 종파의 사람들이 지붕 위로 올라간 이유를 나에게 설명하고 있는 것인가? 서로 이해하기 위해서 우리는 "달은 빛의 여신이다"라는 진술에 동의하지 못한다는 것이 무엇을 의미하는지 알아야 할 것이다. 이것은 이론적인 논박을 포함하는가, 아니면 규범적인 논박, 혹은 심리학적인 논박을 포함하는가? 동일한 사회 문화적 세계와 환경의 구성원들은 일반적으로 이러한 유의 지식을 의심 없이 인정하며 받아들인다. 그러나 우리가 우리의 행위를 조종하고 우리의 문화를 해석하고 사적인 세계의 경험에 의미를 부여할 수 있을 때 우리는 우리의 사회적 생활 세계를 시간 속에 재생산한다.

34. 슈네델바흐는 하버마스가 합리성을 너무 협소하게 "인식"과 진리에 연설시키고 있다고 주장하며, 대신 "표현과 행위들의 전제들이 잘못되었다고 증명될 때조차 우리는 이 표현과 행위들을 의진히 합리적인 것으로 명료화할 수 있다"고 제안한다. Schnädelbach, "Transformation der Kritischen Theorie," p. 167. 이러한 주장과 더불어 슈네델바흐는 참여자들에게 좋은/선한 근거들이 무엇인지를 추측에 의해 이해하지만 판단하지 않는 그런 약한 해석학적 합리성 개념을 옹호하고 있다. 하버마스는 이해와 타당성 요청에 대한

판단이 분리될 수 없음을 보이고자 한다. 이 문제에 대해서는 주 36을 보라.

35. 뮌히R. Münch는 의사소통 행위가 타당성 요청을 되찾으려는 그 방향성 때문에 이 모든 것을 사회학적으로 완수할 수 있다는 사실에 대해 회의한다. 그의 논점은 하버마스가 사회적 행위의 상징적 혹은 제의적 차원을 무시했다는 것이다("Von der Rationalisierung zur Verdinglichung der Lebenswelt," *Soziologische Revue*, 1982, 5: 390-7). 나는 뮌히의 반론이 슈네델바흐의 비판보다 더 설득력이 있다고 생각하지 않는다. 뮌히는 베버의 "정의적affective 행위" 개념을 사회학적으로 근본적인 개념으로 재생시키고 있는 것 같다(이 책 394쪽을 보라). 뮌히가 말하고 있는 "신성한 특성을 주장하는, 그리고 정의적이고 공동체적으로 묶여 있는 일상적 제의들"(*ibid*.)이 현대 사회에서 어떤 차원을 형성할 수 있는지 분명하지 않다.

36. 「『의사소통 행위 이론』에서 합리화에 대한 반성들」에서 맥커시는 하버마스 이론의 이러한 측면에 함유된 아주 중요한 논의를 보여 준다. 이 논의는 의미, 지성, 그리고 이해 등이 최종 분석에서 타당성, 합리성, 그리고 평가 등과 분리될 수 없다는 것을 보여 준다. 하버마스는 다음과 같이 쓴다. "그러나 한 표현을 이해하기 위해 해석자는 화자가 어떤 불가피한 상황에서 그 표현의 타당성을 방어하려고 동원한 이유들을 생각해야 하는데, 그렇다면 그 해석자 자신은 이미 타당성 요청을 평가하는 과정에 이끌려 들어와 있다. 왜냐하면 이유들은 제삼자의 태도에서 기술될 수 없는 그런 성질을 가지고 있기 때문이다"(ThCA, 1:115-6). 맥커시는 정당하게도 이러한 결론이, 즉 '사람들은 상징적 표현들, 행위들, 혹은 언설들 등을 "이것들에 대한 입장을 취하지 않고서는" 이해할 수 없다'는 결론이 논의에 의해 정당화되는 것보다 더 강력하다고 이야기한다(p. 184). 다음 장에서 나는 하버마스의 의사소통적 윤리 이론과 관련하여 제기되는 유사한 문제를 보일 것이다. 하버마스는 자신의 이론에서 논의에 종사할 수 있는 바로 그 능력을 윤리적 책무와 동일화한다. 두 문제들은 그의 작품에서 "규범적이고 가치 평가적인 의무들이 언제나 이미 주어져 있다는 사실을 보임으로써" 이 의무들을 "중성화"하려는 동일하게 강력한 경향의 부분들이다.

37. "의식 철학"과 "주체의 철학"의 개념들은 동등하지 않다. 내가 이 책에서 정의하듯이, 주체의 철학의 의미는 다음과 같다. 첫째, 역사는 역사 과정에서 스스로를 외화함으로써 형성된 집단적 단수 주체의 작품으로 간주될 수 있

다. 둘째, 해방은 이러한 주체의 유산을 우리가 재전유한다는 것을 포함한다.

38. Hegel, *Hegel's Phenomenology of Spirit*, p. 111.

39. 『의사소통 행위 이론』 제2부에서 행해진 하버마스의 미드에 대한 분석은 아마도 이 저작 전체에서 가장 성공적이고 멋진 재구성에 속할 것이다. 그 책 18쪽 이하를 보라.

40. 하버마스는 의사소통 행위가 갖는 신기원적인 중요성을 사회 행위의 대안적 모델들을 고려함으로써 방어한다. 사회 이론에서 우리는 세 가지 행위 모델을 볼 수 있다. 첫째, **목적론적 행위** 모델인데, 이 모델에 따르면 책임 있는 주체는 세계 안에서 예상되는 행위를 수행한다. 둘째, **규범적 행위** 모델인데, 여기서는 두 사회 행위자가 주어진 사회 규범들을 내면화함으로써 자신들의 행위를 조절한다고 가정된다. 셋째, **연출적 행위이다**(ThCA 1: 85ff.). 연출적 행위의 경우, 사회적 행위는 "자기표현"의 양식으로 간주된다. 이때 상황 규정들이 확립되고, 행위들은 자신을 타자에게 연극적인 방식으로 드러냄으로써 조절된다. 첫 번째 모델이 사회성을 자기중심적 행위자들의 상호 조절로 환원하고, 두 번째 모델은 사회를 규범들의 체계로만 본다. 이에 반해 세 번째 모델은 자기표현에서 출발하여 사회적 맥락을 확립한다.

41. Habermas, ThdkH, 2: 29ff. 또한 Habermas, "Luhmanns Beitrag zu einer Theorie der gesellschaftlichen Evolution," in Habermas/Luhmann, *Theorie der Gesellschaft oder Sozialtechnologie*, pp. 27ff.

42. M. Weber, "The Social Psychology of World Religions" 이 책 제5장, 주 19를 보라.

43. Habermas, ThdkH, 1: 69ff., 157ff.와 186ff.

44. Habermas, ThdkH, 2: 267ff.

45. 화폐화된 교환 관계는 개인들 사이의 정의적 관계를 추상하며, 개인들이 자기 이익의 원리에 의해서만 동기 부여를 받는다고 요청한다. 그런 관계는 관련 인격체들의 정체성, 이들이 다루는 일종의 대상들, 그들 행위의 특성, 그리고 그들의 행위를 지배하는 규범들의 본성 등, 이러한 것들의 관점에서 참된 추상 과정을 시작한다. 근대의 교환 관계는 특수한 행위들에 적용되는 것이 아니라 행위 유형에 적용되는, 특수한 개인들에게 적용되는 것이 아니라 정치체의 구성원으로서의 개인에게 적용되는 형식적-법적 규범들에 의해 통제된다.

46. 이러한 강조의 변화는 하버마스의 『시대의 정신 상황을 보여 주는 주요 개념들 Stichworte zur "Geistigen Situation der Zeit"』의 서문에 아주 잘 나타나 있다.

47. 이러한 복지 국가적 개혁의 모호성에 대한 분석에 대해서는 R. Cloward 와 F. F. Piven의 Regulating the Poor를 보라.

48. 다니엘 벨은 마음만 먹으면 신성한 것으로 회귀할 수도 있고, 초월의 의미 맥락을 회복할 수도 있다는 듯이 말한다. 그가 『자본주의의 문화적 모순들 The Cultural Contradictions of Capitalism』(pp. 146-71)에서 이것들을 진기하게 불러내는 것을 보라. 인지적 검증을 견뎌낼 수 없는 가치 내용들에 이렇게 호소함으로써 이 가치들은 결국 "기능화"되고 만다. 즉, 과학이나 학적인 반성에 종사하지 않는 일반인들은 그런 가치 내용들을 인지적 실천 행위 속에서 신성한 것의 의미와 초월적 가치들의 재생을 초월해 있는 지식인들로부터 손쉽게 얻을 수 있는 신념 체계들로 간주된다.

49. 여기서 "위기"라는 말 대신 "병리학"이라는 말이 사용되는데, 이 용법은 문제가 있다. 분명하진 않지만, 하버마스는 이 새로운 현상들이 주로 사회적 권력 관계의 쟁점과 관련 있는 것이 아니라 삶의 양식의 통합성을 보존하는 것과 관련 있다는 사실을 강조하려는 것 같다. 하지만 하버마스의 용어 사용에는 사회의 "건강" 혹은 "질병" 등을 강조하는 뒤르켐의 기능주의의 잔재가 너무 많이 남아 있지는 않은지 의심이 된다. "우리는 그 형식에 있어서 가장 일반적인 사회적 조건들을 '정상적'이라고 부를 것이며, 그렇지 않은 것을 '병적' 혹은 '병리적'이라고 부를 것이다. … 어떤 현상이 주어진 유형과 관련해서만 병리적이라고 정의될 수 있다는 것은 명백하다. 건강의 조건과 질병의 조건은 추상적으로, 그리고 절대적인 방식으로 정의될 수 없다. … 그렇다면 사회적 사실은 주어진 사회의 종류에 대해 동일하게 특수한 발전 단계와의 관계에서만 정상적이라 불릴 수 있다"(Durkheim, Rules of Sociological Method, p. 103).

50. 이 문제를 가장 명료하게 보여 주는 것들 중 하나는 마르쿠제의 『에로스와 문명』이다. 그는 서문에서 다음과 같이 쓴다. "이 글은 심리학적인 범주들을 사용하고 있는데, 왜냐하면 이 범주들은 정치적 범주들로 되어 왔기 때문이다. 심리학과 정치-사회 철학 사이의 전통적인 경계선은 현시대의 인간의 조건 아래서 희미하게 되어 버렸다. … 그러므로 심리학적인 문제는 정치

적인 문제로 된다. 왜냐하면 사적인 무질서는 과거 어느 때보다도 훨씬 더 직접적으로 전체의 무질서를 반영하기 때문이다"(영어본, p. xvii).

51. Habermas, "Dialectics of Rationalization," ThdkH, 2: 575ff.

52. 다음 장 제3절 "의사소통적 자율성과 유토피아"와 결론에서 논의하고 있듯이, 나는 하버마스의 범주들이 새로운 사회 운동의 수요와 잠재력에 대한 내재적 비판을 우리에게 어느 정도나 제공하고 있는지에 대해 긍정적으로 생각하지 않는다.

53. J. Berger, "Die Versprachlichung des Sakralen," p. 361.

54. "법제화(Verrechtlichung)"의 경향은 하버마스의 생활 세계의 식민화 이론에서 특별한 역할을 수행한다. 그는 다음과 같이 말한다. "생활 세계의 상징적 재생산이 체계 통합의 근본적 요소들에 적응하려고 할 때 반드시 병리학적 부수 효과들을 만들어 낸다면, 그리고 이 경향이 사회 상태를 성공적으로 조직하는 데 있어서 불가피하게 나타나는 바로 그런 부수 효과들이라면, 위의 조건들 아래서 형식적으로 조직된 행위 영역들에의 적응의 문제는 문화적 재생산, 사회 통합, 그리고 사회화 등의 영역에서 발생할 것이다. 우리는 스스로를 최초로 구성하는 그런 사회적 관계들이 근대 법의 형식에서 형식적으로 조직된다는 것을 본다. 그러므로 우리는 사회적 통합이 체계 통합으로 적응하는 과정은 사법화의 과정의 형태를 취해야 한다고 기대한다"(ThdkH, 2: 524ff.).

55. C. Offe, "New Social Movements as a Meta-Political Challenge," pp. 30-1.

56. E. Zaretsky, *Capitalism, the Family and Personal Life* (New York: Haper & Row, 1976)를 보라.

57. Ch. Lasch, *Haven in a Heartless World*, 그리고 제6장 주 37번 참조.

58. B. Ehrenreich/D. English, *Complaints and Disorders: The Sexual Politics of Sickness* (Old Westbury, N. Y.: Feminist Press, 1973).

59. 나는 이러한 정식화를 내림에 있어서 벨머에 빚지고 있다. 이에 대해서는 다음을 보라. A. Wellmer, "Thesen über Vernunft, Emanzipation und Utopie," p. 3.

60. M. Foucault, *Discipline and Punish*. 푸코의 전제들에 대한 주의 깊은 분석에 대해서는 다음을 보라. N. Fraser, "Foucault on Modern Power"; "Is Foucault a Young Conservative?"(MS, 1984).

61. A. MacIntyre, *After Virtue*, pp. 35ff.

62. Marx, *Grundrisse*, p. 105.

63. 최근의 몇몇 설명들에 대해서는 다음을 보라. M. Berman, *All That Is Solid Melts Into Air*, H. Blumenberg, *The Legitimacy of the Modern Age*.

64. 베버의 『프로테스탄트 윤리와 자본주의 정신』의 이 부분에 대한 파슨스의 번역(p. 13)은 심각하게 잘못 해석되어 있다. 파슨스는 "문화 세계 Kulturwelt"를 "문명civilization"으로 번역하고 있다. 베버가 "서구Okzident"라고 한 것을 파슨스는 "서양의 문명Western civilization"으로 읽는다. 무엇보다도 파슨스는 성질을 규제하는 형용사인 "불가피하게 그리고 공정하게도 unvermeidlich und berechtigterweise"를 생략하며, "타당성Gültigkeit"을 "가치value"로 번역함으로써 타당성의 이론적인 문제를 빠뜨린다. 이에 대해서는 『프로테스탄트 윤리와 자본주의 정신』 독일어 원본 1쪽을 보라. 신칸트주의 인식론에서 출발하는 "타당성"의 문제는 매우 특수한 의미를 갖는다. 즉, 이것이 정당화될 수 있는 관점이라는 사실을 주장하기 위해 우리는 어떤 도덕적 혹은 이론적 근거들을 산출할 수 있는가? 어떤 것은 이러한 의미에서 "타당" 하지 않으면서도 우리에게 의미를 가질 수도 있다. 파슨스의 번역은 베버의 문제 제기가 지닌 매우 강조적이고 단언적인 톤을 삭감시키고 있다.

65. M. Weber, "Objectivity in Social Science and Social Policy," p. 81. 강조는 원본.

66. 나는 베버의 방법론적인 저술들을 「합리성과 사회적 행위Rationality and Social Action」에서 보다 자세히 다루었다.

67. 선험적 논의의 가능성에 대해서는 다음을 보라. P. Bieri/R. P. Horstmann(ed.), *Transcendental Arguments and Science*.

68. Weber, "Science as a Vocation," p. 149.

69. *Ibid.*, pp. 152ff. 베버는 가치들의 과학화가 특정한 공리적 명료성과 자기반성의 증가에 기여한다고 한다. 그러나 이것은 여전히 의미의 문제를 해결하지 못한다. Weber, "The Meaning of Ethical Neutrality in 'Sociology' and 'Economics,'" pp. 10ff 참조.

70. K. Mannheim, *Ideology and Utopia*, Ch. 4.

71. F. Nietzsche, *The Genealogy of Morals*, pp. 217ff., 258.

72. 베버의 다음의 진술을 참고하라. " '행복을 발견했던' 그러한 '마지막

인간'에 대한 니체의 통렬한 비판 이후, 나는 과학이… 행복의 길로 인도할 것이라고 칭송하던 소박한 낙관주의를 떠나야 할 것이다. 누가 이런 사실을 믿는가? 대학 사회의 몇몇 머리 큰 아이들이나 편집 사무실을 제외하고"(Weber, "Science as a Vocation," p. 143).

73. 근대 이전의 정당성의 체계에서 한 인간의 카리스마를 정당화하는 특별한 특성들은 형이상학적, 종교적, 그리고 신비적 신념 체계로 환원될 수 있다 (Weber, *Economy and Society*, vol. 2, ch. 14, pp. 1111ff.). 그러나 세계관들의 탈마법화의 결과로 카리스마의 권위를 믿는 체계는 더 이상 동일한 방식으로 정당화될 수 없다. 그것들은 불가피하게 주관적이다. 지도자의 특별한 특성들은 결코 형이상학적인 특성을 갖지 못한다. 몸젠Mommsen은 국민들의 투표로 뽑힌 지도자들의 특징을 다음과 같이 서술한다. "베버에 따르면, 선도적인 정치가들이 도달하고자 내건 목표의 가치에 대한 대중의 객관적 확신이 아니라, 이 지도자들에 대한 그들의 막연한 연모가 '국민투표에 의해 지도자를 뽑는 민주주의plebiscitary leader-democracy'의 독특한 측면이다. 목표의 내용이 선거의 결과를 규정하는 것이 아니라 선도적 지도자의 인격적-카리스마적 자질들이 그 결과를 규정한다"(M. Weber, *Gesellschaft, Politik und Geschichte*, p. 137).

74. Leo Strauss, *Natural Right and History*, ch. 1.

75. Habermas, "Reply to My Critics," in Thomson/Held(ed.), *Habermas: Critical Debates*, pp. 244-5.

76. "왜냐하면 내적이고 외적인 여러 가치 영역들과 맺고 있는 인간관계의 합리화와 의식적인 승화는 개별적 영역들의 내적이고 법적인 자율성을 의식하도록 강제하기 때문이다. 따라서 이 영역들은 외부 세계와의 훨씬 더 순박한 관계 뒤에 숨겨져 있는 그러한 긴장 관계들로 표류하게 된다. 이것은 대개 내적인 세계와 외적인 세계의 가치들이 합리성을 향해, 지식을 얻고자 하는 의식적인 노력과 승화를 향해 발전해 가는 데서 기인한다." Weber, "Religious Rejections of the World and Their Directions," in *From Max Weber*, II. H. Gerth/C. W. Mills(ed.), p. 328(원본은 "Zwischenbetrachtung" to *Gesammelte Aufsätze zur Religionssoziologie*).

77. 생활 세계의 빈곤화와 문화적 엘리트의 출현에 관한 문제는 다음의 글을 보라. Habermas, ThdkH, 2: 479ff.; "Reply to My Critics," p. 250;

"Modernity vs. Post-Modernity." 하버마스는 분리된 가치 영역들의 인지적 재통합이 가능하다는 사실을 부인한다. 그럼에도 불구하고 그는 오늘날 엘리트들이 독점하고 있는 그런 문화적 가치들을 흡수하고자 하는 일상적 생활 세계의 총체적 논리에 희망을 건다.

78. J.-F. Lyotard, *The Post-Modern Condition*, 제2장 주 17을 보라.

79. 나는 이 문제를 철학사의 한 예로 설명하고자 한다. 우선 아퀴나스에서 칸트에 이르는 철학사를 의미와 개념적 도구를 분리함으로써 공동의 문제에 대응하는 전통 내에서의 학습 과정으로 기술한다는 것은 매우 일리가 있다. 헤겔조차도 자신의 철학사 강의에서 '엄청난 성장이 있었다'고 주장을 하는데, 그는 스스로 이 전통의 정점에 서 있다는 사실을 보였다. 그러나 로티가 최근에 지적한 것처럼, 헤겔 못지않게 칸트도 자신의 혁신을 위한 여지를 만들기 위해 철학사를 다시 써야 했다(Rorty, *Philosophy and the Mirror of Nature*, pp. 131ff.). 그러나 정확히 칸트와 헤겔 이후에 "철학사"를 키르케고르에게 뿐 아니라 니체에게도, 마하와 푸엥카레Poincare뿐만 아니라 포이어바흐에게도 정당성을 부여하는 그런 방식으로 쓰는 것은 더 이상 가능하지 않다. 철학의 정체성은 헤겔적인 종합이 쇠잔해진 이후 아주 급격하게 변화하여 단 하나의 철학사도 더 이상 철학사 그 자체일 수 없다. 따라서 작가의 철학적 선택에 따라 그가 "비철학"이라고 생각한 것을 그는 철학에 대립되는 것으로 무시해야 한다. 러셀의 『서양 철학사』(London, 1946)는 아주 좋은 예이다. 이러한 이유에서 실존주의, 마르크스주의, 현상학이 도대체 실재했다는 사실이 명백하지 않다. 근대의 문화가 성년에 달한 바로 그때에 이 문화가 자신의 전통과 맺는 관계는 부셔졌으며, 사람들은 더 이상 단 하나의 학습 과정도 말할 수 없게 되었다고 나는 감히 말하고 싶다. 단지 분리된 경로를 따라 가는 아주 많은 실들이 있을 뿐이다.

80. 이 질문에 대한 아주 뛰어난 논문으로 다음이 있다. McCarthy, "Reflections on Rationalization in *The Theory of Communicative Action*."

81. "자기반성은 행위의 현재적 실천과 세계관을 이데올로기적으로 규정하는 형성 과정의 그러한 측면들을 의식하게 만든다. … 반대로 합리적 재구성은 어떤 주체라도 상응하는 규칙 능력을 습득하는 한 그들이 따를 수 있는 익명의 규칙 체계를 포함한다. … 자기 인식의 이러한 정당한 형식들은 반성이라는 이름의 철학 전통에서 구별되지 않은 채 남아 있었다. 그러나 이 형식들

을 구별하기 위한 구체적 기준이 이제 문제이다. 자기반성은 지금까지 무의식적으로 존재했던 것이 실제로 의식될 것이라는 통찰로 이끈다. 또한 성공적인 재구성은 특정한 방식에서 무의식적으로 기능하는 규칙 체계를 의식하게 만든다. 그것은 규칙 능력과 더불어 노하우의 형태로 주어져 있는 직관적 지식을 명료하게 한다"(하버마스, 『이론과 실천』 1978년 판에 새로 쓴 서문, 독어본 p. 29).

82. ThCA 1: 67. 이 주제에 대한 논의에 대해서는 다음을 보라. McCarthy, Introduction, ThCA 1: xvff.

83. 하버마스의 사회적 진화론과 학습 이론에 나타난 문제들에 대한 논의에 대해서는 다음을 보라. M. Schmid, "Habermas's Theory of Social Evolution." 나는 슈미트의 지적이 반박할 수 없을 만큼 뛰어나다고 생각한다. 그는 다음과 같이 쓴다. "'인간 유기체가 경험적으로 관찰 가능한 그러한 결과의 담지자'로 분명하게 실재하는 그런 발전 단계가 개체 발생적으로 가능할 수 있는데, '유사한 연속적 질서'라는 세계관들을 경험적으로 관찰할 수 있게 하는 운반 체계가 없음에도 불구하고 이 발전 단계가 정말로 이러한 세계관들로 변형된다는 사실은 그럴듯해 보이지 않는다"(p. 179. 강조는 원 텍스트).

84. W. V. Quine, "Two Dogmas of Empiricism," in *From a Logical Point of View*, 2d. rev. ed. (Cambridge, Mass.: Harvard Uni. Press, 1980).

85. R. P. Wolff, *Kant's Theory of Mental Activity*, pp. 53ff.

86. M. Hesse, "Science and Objectivity," pp. 111ff.

87. *Ibid.*, pp. 112-3. 강조는 첨가.

88. 되베르트R. Döbert는 이러한 구별을 재미있게도 15-6세기의 유럽의 마녀 열광에 적용한다. 그는 — 예를 들어, 신학적 논증과 관련하여 — 한 단계에서의 학습이 — 예를 들어, 증거를 찾기 위한 고문의 사용 — 다른 단계에서의 학습으로 자동적으로 번역되지 않는다는 것을 보이는 데 성공한다. "The Role of Stage-Models Within a Theory of Social Evolution" 참고.

89. Habermas, "Historical Materialism and the Development of Normative Structures," in *Communication and the Evolution of Society*, pp. 95ff. 어떤 그런 시도도 위에서 슈미트에 의해 제기된 반론을 다뤄야 할 것이다. 위의 주 83을 보라.

90. H. Arendt, *The Human Condition*, pp. 273-80.

91. Nietzsche, *The Genealogy of Morals*, pp. 291ff.

92. Arendt, *The Human Condition*, pp. 248ff.

93. Gadamer, *Truth and Method*, pp. 235ff.

94. Habermas, "Reply to My Critics," p. 262.

95. Wellmer, "Thesen über Vernunft, Emanzipation und Utopie," pp. 53ff.

96. Habermas, "Reply to My Critics," p. 262. 또한 ThCA, pp. 73ff. 그리고 앞의 뒤르켕에 대한 주석 49번을 보라.

97. H. G. Gadamer, "Rhetorik, Hermeneutik und Ideologiekritik," pp. 249ff. 그리고 H. J. Giegel, "Reflexion und Emanzipation," pp. 249ff.

98. 이 문제에 대해서는 하버마스가 『이론과 실천』에 추가한 새로운 서문 중 "계몽의 조직Organisation der Aufklärung" 절을 보라.

99. 물론, 아도르노, 호르크하이머 그리고 마르쿠제가 정신분석학의 범주들을 쓸모없게 만들어 버릴 새로운 사회화의 유형의 출현을 배제할 수 없었던 것 이상으로 대규모의 반전과 심리적인 퇴보의 가능성이 배제될 수는 없다. 이러한 주장들의 구조적 평행선은 진지하게 다뤄질 필요가 있다. 정의적 위기가 그 출현 양식에 따라 정당성의 위기를 불러일으킬 수 있다는 사실을 보여주기 위해서 하버마스는 '남아 있는 부르주아 이데올로기에 따르면, 시민적, 전문적, 그리고 가족적 사생활주의의 몰락은 심리적 퇴보를 돌이키고서만 반전될 수 있다'고 주장해야 한다. 그러나 그는 또한 다음과 같이 주장한다. 즉, 이 이데올로기들은 아주 물화되어서, 결국 진리, 권위, 그리고 그 타당성에 대한 신념들로부터 힘을 분리시키고, 사회적 가치들을 그 의미로부터 분리시키는 그러한 개인과 집단의 정체성의 유형의 새로운 형태가 출현할 것이다. 이런 새로운 사회화의 유형은 사회적 체계들이 그 구성원들의 개인화와 별개로 자신의 정체성을 구성한다는 것을 의미할 것이다. 따라서 사회적 합리화의 결과는 억압 없는 사회화가 아니라 개인화 없는 사회화일 것이다"(LC, pp. 117ff.).

100. 이러한 반론의 초기 형태에 대해서는 다음을 보라. S. Benhabib, "Modernity and the Aporias of Critical Theory," *Telos*, p. 54.

제8장. 의사소통적 윤리학과 자율성

1. H. Schnädelbach, "Transformation der Kritischen Theorie," in *Philosophische Rundschau*, p. 178.

2. Th. McCarthy, *Rationality and Relativism*, p. 59.

3. 아도르노의 후설 비판은 「인식론에 대한 메타 비판Zur Metakritik der Erknntnistheorie」을 보라. 그리고 호르크하이머의 현대 철학 비판에 대해서는 「현대 철학에서 합리주의 논쟁Zum Rationalismusstreit in der gegenwärtigen Philosophie」(ZfS 1934: 1-53, 특히 40ff.)을 보라.

4. R. Rorty, *Philosophy and the Mirror of Nature*, 특히 제3부 제7장, 313쪽 이하의 「인식론에서 해석학으로From Epistemology to Hermeneutics」를 보라.

5. 1930년대에 공동으로 생산되고 저작된 책은 사회연구소 문집인 『권위와 가족에 대한 연구들』을 보라. 또한 다음의 책도 보라. Th. Adorno/E. Frankel-Brunswick/D. J. Levinson/R. N. Sanford, *The Authoritarian Personality*.

6. J. Habermas, "Die Philosophie als Platzhalter und Interpret" (자리 지정자와 해석자로서의 철학), in 『도덕 의식과 의사소통 행위』), pp. 9-29.

7. Habermas, "The University in a Democracy: Democratization of the University," "Technical Progress and the Social Life-World," 그리고 "The Scientization of Politics and Public Opinion," all in *Toward a Rational Society*. 그리고 "Dogmatism, Reason and Decision: On Theory and Practice in Our Scientific Civilization," in *Theory and Practice* (영어판) pp. 253-83.

8. "이러한 잠재력과 의지의 변증법은 오늘날 공적인 정당화가 요구되지도, 허용되지도 않는 그런 이익들과 일치하는지에 대한 반성 없이 일어난다. 우리가 이러한 변증법을 정치적 의식을 가지고서 정교화할 수 있을 때에만 우리는 기술적 진보의 내재의 방향과 또한 오늘날까지도, 자연사의 연장으로 일어났던 사회적 삶의 실행의 방향을 잡을 수 있다. … 지배의 실체는 기술적 통제의 힘에 의해 해체되지 않는다. 반대로 지배의 실체는 기술적 통제 뒤에 단순히 숨을 수 있을 뿐이다. 오늘날 삶을 집단적 위험에 빠뜨린 지배의 비합리성은 지배 없는 보편적 토의의 원리에 따르는 정치적인 결정 과정의 발달에 의해서만 제어될 수 있을 것이다. 권력 구조의 합리화를 위한 우리의 유일한 희망은

대화를 통해 사유를 발전시킬 수 있는 정치적 힘을 지지하는 그런 조건들을 성취할 수 있는지에 달려 있다"("Technical Progress and the Social Life-World," *Toward a Rational Society*, p. 61).

9. 타당성 요청에는 강한 주장과 약한 주장이 있다. 강한 주장은 우리 텍스트에 설명된 주장이다. 약한 주장은 언어 행위의 경우만이, 즉 상호 이해를 목표로 하는 언어 행위만이 범례적으로 이러한 네 전제들을 가장 완전하게 제시한다고 주장한다. 맥커시와 하버마스 사이의 논쟁에 대해서는 다음을 보라. W. Ölmuller (ed.), *Transzendentalphilosophische Normenbegründung*, pp. 135-8.

10. Habermas, "Introduction to the new edition," *Theorie und Praxis*, p. 25. 영어 번역에서는 이 말을 "행위에 대한 강제의 가시화virtualization of constraints on action"로 번역한다. p. 18. 나는 "유보suspension"라는 단어가 이 문제에 대한 후설의 생각을 더 잘 포착한다고 생각한다. 실로 이 문단의 나머지는 후설을 인용하고 있다. "후설처럼 말하면, 담론에서 우리는 일반적인 주제를 분류한다"(*ibid.*). 보편 화용론에 대한 일반적 설명에 대해서는 다음을 보라. Habermas, "What is Universal Pragmatics?" in *Communication and the Evolution of Society*, pp. 1-69. [하버마스에 따르면 담론의 상황으로 들어갈 경우 문제가 되는 것은 구체적 사실이나 행위가 아니라 언술의 타당성이다. 따라서 담론은 적어도 두 가지를 요구한다. 하나는 "행위 강제의 유보"(Suspendierung von Handlungszwaengen)이고, 다른 하나는 "타당성 요청의 가시화"(Virtualisierung von Geltungsanspruechen)다. 이런 점에서 볼 때 앞의 영어 번역은 문제가 있어 보인다. 벤하비브가 말하듯, 행위 강제에 대해서는 '유보'라는 말이 적용되기 때문이다: 옮긴이]

11. 하버마스는 타당성 요청으로서 진실성의 조건의 확립은 담론을 행위 맥락에 위치시키는 것을 포함한다고 지적한다. 이에 대해서는 Habermas, "Vorbereitende Bemerkungen zu einer Theorie der kommunikativen Kompetenz," in Habermas and Luhmann, *Theorie der Gesellschaft oder Sozialtechnologie*, pp. 138ff. ThCA에서 하버마스는 그 자체 이해 가능성의 조건과 관련이 있는 "설명적explicative" 담론의 범주를 도입한다. 이 담론은 번역, 해석, 언어적·텍스트적 명료화 등을 포함한다(pp. 22ff.).

12. Habermas, "Wahrheitstheorien," p. 256. 이 논문은 본문에서 Wth로 표기된다.

13. "유보"의 요청이 행위와 담론 사이의 관계를 드러내기보다 모호하게 한 다는 것은 슈네델바흐의 『반성과 담론 *Reflexion und Diskurs*』에서 성공적으로 논의되고 있다(pp. 135-71). 나는 제2절에서 이 문제로 돌아오겠다.

14. R. Spaemann, "Die Utopie der Herrschaftsfreiheit"; Q. Skinner, "Habermas's Reformation."

15. R. Geuss, *The Ideal of a Critical Theory*, p. 67.

16. Habermas, "Vorbereitende Bemerkungen," p. 139.

17. McCarthy, *The Critical Theory of Jürgen Habermas*, pp. 303ff.를 보라.

18. 톰슨은 하버마스의 이론에서는 진리의 "명증적 차원"에 대한 관심이 결여되어 있다고 논의한다. J. B. Thompson, "Universal Pragmatics," p. 130를 보라.

19. 이것이 자신의 윤리 이론에 필요한 것처럼 보인다하더라도, 하버마스는 그것이 직관주의적 자연주의이든 공리주의적 자연주의이든 간에 윤리적 자연주의와 명시적으로 대결하지 않았다. 그는 자신의 입장을 다른 경쟁자인 인지주의적-자연주의적 설명과 구분하지 않은 채 윤리학에서 인지주의의 주된 라이벌은 결단주의라고 단순히 받아들일 뿐이다. 그는 Wth 226-7쪽에서 이 입장을 대표하는 것으로 고대의 "자연법" 전통을 언급한다. 이 부분은 맥커시의 『위르겐 하버마스의 비판 이론』(영어판) 311쪽에 번역되어 있다.

20. *Ibid.*

21. Habermas, "Moral Development and Ego Identity," *Communication and the Evolution of Society*, p. 89.

22. Habermas, "Einige Bemerkungen zum Problem der Begründung von Werturteilen," p. 92.

23. 이 문제에 대한 가장 오래된 정식화들 중 하나는 다음과 같다. "우리를 자연에서 불러내는 것은 우리가 그 본성을 알 수 있는 유일한 것, 즉 언어이다. 이 언어의 구조에 의해 자율성과 책임이 우리에게 요청된다"(Habermas, Appendix, "Knowledge and Human Interests: A General Perspective," in *Knowledge and Human Interests*, p. 314). 또한, "만약 이상적 담화 상황이 (경험을 초월하는 범주들을 사용할 때) 허용할 수 없는 침범으로 인해 생겨난 것이 아니라 합리적 담화의 구성 조건이라고 한다면, 이러한 담화 상황은 선험적 환상과 아주 잘 비교될 수 있을 것이다. 이상적 담화 상황의 선취는 여기

서 모든 가능한 의사소통에 구성적인 환상이라는 의미를 갖는다. 그것은 동시에 어떤 삶의 형식의 선취이다"(Wth, p. 259).

24. 이 정식화에 대해서는 하버마스의 "Vorbereitende Bemerkungen," p. 114를 보라.

25. 이 정식화에 대해서는 Wth, pp. 226-7를 보라.

26. K.-H. Ilting, "Geltung als Konsens," *Neue Hefte für Philosophie*, pp. 22-50. 이 정식화들이 서로 다르지 않은 것처럼 보이지만, 사실상 매우 다르다. 그 차이는 윤리 규범들을 근거 지우려는 하버마스의 시도에서 아주 중요하다. 이상적 담화 상황이 언어적 의사소통 일반의 가능성을 의미하는 것으로 이해될 경우, 하버마스는 윤리 규범들을 매우 강하고 반박 불가능한 토대에 근거 지우려고 할 것이다. 이에 반해 이상적 담화 상황이 **이상화된** 의사소통 과정을 지시하는 것으로 인정되면 윤리 규범들을 근거짓는 것은 상대적으로 강하지 않고 반박 불가능하지도 않을 것이다. 왜냐하면 얼마나 이상적인 담론인가에 관한 질문이 여전히 남아 있기 때문이다. 나는 이어서 나오는 논의에서 여기에 간략하게 제시된 강한 정당화 전략과 약한 정당화 전략을 보다 분명하게 해명하고자 한다.

27. Habermas, "Historical Materialism and the Development of Normative Structures" in *Communication and the Evolution of Society*.

28. 다음의 논의는 나의 논문「근대 정치 이론의 방법론적 환상들」(in *Neue Hefte für Philosophie*, pp. 47-74)의 전반부에 대한 요약이다.

29. 또한 S. Lukes, "Of Gods and Demons," pp. 134-49; I. Young, "Toward a Critical Theory of Justice," *Social Theory and Practice*, pp. 279-302 참조.

30. 롤즈의『정의론』, pp. 17-22, 31ff., 그리고 139ff. 참조.

31. Habermas, "Vorbereitende Bemerkungen," pp. 139ff.

32. 이 비판들은 두 부류로 나뉜다. 첫 번째 부류에 따르면, 원초적 입장에 대한 최소한의 해석조차도 "약한 선 이론"의 강제 아래서, 즉 개인들은 자신의 목적이 가치로 매겨지지 않는 그런 도덕적 인격체로 고려되어야 한다는 가정 아래서 볼 때 결코 최소한이지 않다. 이에 대해서는 Th. Nagel, "Rawls on Justice," pp. 97ff.를 보라. 두 번째 부류의 비판에 따르면, 원초적 입장에 대한 최소한의 서술이 아니라 특권화된 서술이 문제를 낳는다. 이 부류의 비판가들은 소위 롤즈의 일차적 재화 이론의 중립성을(Schwartz), 평균 수입에 의한 상

호 주관적 비교에 관한 롤즈의 기준을(Wolff), 혐오의 부담을 전제하는 롤즈의 도덕 심리학의 타당성을(Barber), 그리고 합리성에 대한 게임 이론적, 경제적 정의를(Höffe) 문제 삼는다. 이에 대해서는 각각 다음을 참조하라. A. Schwartz, "Moral Neutrality and Primary Goods," *Ethics*(1973년 7월), p. 83; B. Barber, "Justifying Justice: Problems of Psychology, Politics, and Measurement in Rawls," in N. Daniel, ed., *Reading Rawls* (New York: Oxford Uni. Press, 1975); R. P. Wolff, *Understanding Rawls*; O. Höffe, *Ethik und Politik*, pp. 227-43.

33. 이상적 담화 상황의 전제 조건들 중 하나는 "화자들이 자신의 의도에 관해 스스로도, 타자에 의해서도 결정하지 않는다는 것이다(Habermas, "Vorbereitende Bemerkungen," p. 138). 상호성과 대칭성의 조건은 참여자들이 대표자들을 사용할 수 있는 "동등한 기회를 행위자로서"(*ibid.*) 가진다는 것을 요구한다. 이에 대해서는 또한 Wth, p. 256 참조.

34. 롤즈의 『정의론』, p. 20.

35. Habermas, "Vorbereitende Bemerkungen," p. 138; Wth, p. 258.

36. 알려진 모든 사회들이 상호성의 규범들에 따라서 구성원들의 관계를 규제한다는 사회학적 증거들은 수없이 많다. 하지만 레비스트로스가 『친족의 기본 구조』에서 논의한 것처럼, '어떤 사람을 상호성의 관계로 들어가게 하는 "관련 타자"는 누구인가'에 대한 질문은 그러한 규칙의 현존을 확고히 한다고 해서 대답되는 것이 아니다. "관련 타자"(레비스트로스의 경우에 자신의 여자들을 교환하는 남자들)에 대한 규정은 내가 "상호성의 의미론적 차원"(이것은 아마도 "상징적" 차원이라고 언급하는 것이 더 좋을 것이다)이라고 부른 것을 전제한다.

37. A. Wellmer, *Praktische Philosophie und Theorie der Gesellschaft*, p. 50.

38. Wth, p. 246; "Moral Development and Ego Identity," in *Communication and the Evolution of Society*, pp. 69-94. 그리고 "A Reply to My Critics," in Thompson/Held (ed.), *Habermas: Critical Debates*, p. 253.

39. Habermas, "Historical Materialism and the Development of Normative Structures" in *Communication and the Evolution of Society*, pp. 116ff.

40. McCarthy, "Rationality and Relativism," p. 73.

41. *Ibid.*, p. 74.

42. Habermas, "Diskursethik," pp. 90ff.

43. K.-O. Apel, "Das Apriori der Kommunikationsgemeinschaft und die Grundlagen der Ethik," in *Transformation der Philosophie*, pp. 405ff.; 영어본 pp. 225-301.

44. Habermas, "Diskursethik," pp. 62-3.

45. K.-O. Apel, "Das Apriori der Kommunikationsgemeinschaft und die Grundlagen der Ethik," pp. 394, 397.

46. *Ibid.*, pp. 414ff.

47. *Ibid.*, pp. 432-3.

48. 아펠과 하버마스는 논의의 "시작" 문제에서 서로 의견이 다르다. 하버마스는 아펠이 "반성적 전회"를 취하고 논의에 종사하는 사람들에게만 구속력이 있는 규범적인 언술의 조건을 만들고자 한다고 비판했다. 반대로 하버마스는 이러한 전제조건들이 의사소통적 언술에 언제나 이미 전제되어 있다고 주장한다(LC, p. 159n 15). 다음 절에서 드러나겠지만, 나는 하버마스 자신이 의사소통적 윤리학에서 "결단주의적 문제"라고 부른 것을 불필요한 것으로 만들었다고 생각하지 않는다. 특정한 종류의 "반성적 전회"는 담론의 규칙이 강한 의미에서 우리를 규범적으로 구속하고 있다는 사실을 보이기 위해 요구된다.

49. Habermas, "Diskursethik," MukH, p. 98.

50. 하버마스는 MukH에서 도덕 이론에서의 "재구성"의 의미를 명료화한다. MukH, pp. 127ff.

51. 이것은 물론 논쟁의 여지가 있는 주장이다. 그것은 도덕적 감성도, 도덕적 덕도 그러한 도덕 이론의 대상 영역을 구성하지 않는다는 것을 의미한다. 여기서 이 문제를 논의하지는 않지만, 나는 윤리적 인지주의가 도덕적 감응과 기질 둘 다를 도덕 이론의 영역 밖으로 내팽개치는 방식의 급진적인 형태로 해석될 필요가 있다고 확신하지 않는다. 실제로 하버마스 자신은 그것들을 도덕 이론이 아니라 사회화 이론에 의해 회수한다. 의사소통적 윤리학에서 사회화 이론의 자리에 대해서는 제3절을 보라.

52. Habermas, "Moralbewusstsein und kommunikatives Handeln," MukH, p. 128.

53. Habermas, "Diskursethik," pp. 103ff.와 127.

54. 이런 "좋은 이유들로의 접근"은 하버마스가 배제하고 싶어 하는 모든 종류의 이유들을 배제하는 것으로 충분하지 않다는 사실이 지적되어야 한다. 어떤 문화에서 신학적 명령은 좋은 이유들로 잘 구비되어 있다. 반면 "X는 인간 일반에 좋다/선하다"와 같은 주장은 어떤 논증들에서는 수용 가능한 이유로 잘 기능할 수 있다. 나는 논증의 규칙들에 대한 분석이 그러한 논의들에서 무엇이 근거들로 혹은 증거로 간주되는지와 관련된 문제들을 다루는 데 충분하지 않다고 다시 한 번 강조하고 싶다.

55. J. Silber, "Procedural Formalism in Kant's Ethics."

56. Kant, *Anthropologie in pragmatischer Hinsicht*. 이것은 실버의「칸트 윤리학에서 절차적 형식주의」(영어판) p. 202에서 인용됨.

57. J. Silber, "Procedural Formalism in Kant's Ethics," p. 216.

58. *Ibid.*, p. 202에서 인용.

59. A. Donagon, *The Theory of Morality*, pp. 37ff.; A. Gewirth, *Reason and Morality*, pp. 48ff.

60. Habermas, "Labor and Interaction: Remarks on Hegel's Jena Philosophy of Mind," in *Theory and Practice*, pp. 155ff.

61. McCarthy, *The Critical Theory of Jürgen Habermas*, pp. 326.

62. S. Toulmin, *The Uses of Argument*, pp. 99ff.; Habermas, Wth, pp. 244ff를 보라.

63. Habermas, Wth, p. 245.

64. *Ibid.*

65. *Ibid.*, p. 251.

66. *Ibid.*, p. 252.

67. 나는 스턴P. Stern이 '보편화의 원리란 정당화의 논리에서 작동하는 원리로 해석될 수도 있고 발견의 논리에서 작동하는 원리로 해석될 수도 있다'고 지적해 준 점에 대해 감사한다. 이 점을 다루고 있는 그의 특별한 논문에서 이 정식화는 참여자들에게 다음의 추론을 따를 수 있게 하는 발견의 논리의 일부로 기능하는 것으로 설득력 있게 해석될 수 있다. (1) 우리 모두는 희귀 자원을 융통성 있게 사용하고자 하는 욕구를 공유하고 있다는 사실에 동의한다. (2) 그러므로 우리는 이것을 가능하도록 하기 위해 실천들을 제도화해야

한다. (3) 빌려주고 빌리는 실천은 이러한 목적에 적합하다. (4) 따라서 우리는 이러한 실천의 요구를 존중해야 한다. 그렇다면 보편화 원리는 "존재"(이 경우에는 '욕구')에서 "당위"(우리는 이 욕구를 충족시키기 위해 행동해야 한다)로의 이행을 정당화하는 것으로 기능한다. 이 원리를 도덕적 발견의 논리의 원리로 이렇게 정식화하는 것이, 비록 도움이 되기는 하지만, 문제를 해결하지는 못한다. 왜냐하면 희귀 자원들을 유연하게 사용하고자 하는 욕구를 우리 모두는 공유한다는 사실에 대해 우리가 어떻게 동의하는가 하는 문제가 여전히 남아 있기 때문이다. 우리들 사이의 부의 차이가 아주 커서 나의 희귀 자원의 유연한 사용을 너와 공유함으로써 내가 그것을 실제로 잃어버릴 지경에 있다면, '이것은 공유된 욕구이다'라고 동의하도록 나를 몰아붙이는 것은 무엇이란 말인가? 자기중심적인 혹은 이기적인 관점에서 모두에 의해 공유될 수 있는 관점으로의 이행의 필요성이 제기되는 지점이 바로 보편화의 원리가 역할을 해야 지점인 것 같다.

68. Rousseau, *The Social Contract*, pp. 30-1.

69. Habermas, MukH, p. 105. 영미 계통의 윤리 이론에서 만들어진 구분들과 유사한 구분들을 가진 이론들은 아주 혼란스러운 이런 정식화가 보편주의적-탈존재론적 접근을 공리주의적-목적론적 접근과 결합하는 데서 나타난다고 지적할 것이다. 더 나아가 "실제로 수행된 담론만이 다음의 조건을 충족시키지 못하는 어떤 규범들에 이의를 제기할 가능성을 보장한다. 즉, 모든 개인들의 이익의 만족을 위한 결과와 부수적 효과들은 규범의 보편적 준수에서 기인하는 것으로 기대되는데, 따라서 이 결과와 부수적 효과들은 모두에 의해 좋은 이유로 받아들여질 수 있다"("Reply to My Critics," p. 257).

70. 아펠은 그런 화용적 전제들을 다음과 같이 정의한다. "만약 내가 실제적인 자기모순에 빠지지 않고서는 어떤 것에 도전할 수 없다면, 그리고 형식-논리적인 선결 문제 요구의 오류에 빠지지 않고서는 그것을 연역적으로 근거 지울 수 없다면, 그것은 논증의 언어 게임이 그 의미를 지탱하도록 하기 위해 사람들이 언제나 받아들이지 않으면 안 되는 논증의 선험 화용론적인 전제들에 속한다. 그러므로 사람들은 이 선험 화용론적인 논의 방식을 '근본적 근거 지움[Letztebegründung]'의 의미 비판적 형식이라고 부를 수 있다." K.-O. Apel, "The Problem of Philosophical Fundamental-Grounding in Light of a Transcendental Pragmatic of Language," K. R. Pavlovic(trans.), *Man and*

World(1975), no. 18, p. 264. 강조는 원문.

71. R. Alexy, "Eine Theorie des praktischen Diskurses," in W. Ölmuller (ed.), *Normenbegründung, Normendurchsetzung* (Paderborn: Ferdinand Schoningh, 1978), pp. 22-59. 영어 번역은 S. Benhabib/F. Dallmayer(ed.), *The Communicative Ethics Controversy* (Cambridge, Mass.: MIT Press).

72. "βαρβαροζ"(바르바로스)는 '바르바르 하고 말하는 자'라는 뜻으로 무슨 말인지 모르게 중얼거리는 사람, 즉 지적이지 않게 말하는 사람, 외국어를 말하는 사람, 이방의 비그리스어를 말하는 사람을 의미한다. W. Gemoll(ed.), *Griechischdeutsches Schul und Handwörterbuch*, 9th ed. (München: G. Freytag, 1965), p. 153을 보라. 아리스토텔레스는 『정치학』에서 그리스 사람들의 노예 행위가 폐지되어야 한다고 논의하는데, 이러한 논의는, 내 생각에, 그리스어를 말하고, 따라서 공동의 문화에 속하는 사람들과 그리스 사람들이 이해할 수 없는 언어를 말하는 사람들 사이의 구분에서 이끌려 나온 것 같다. Aristotle, *Politics*, in *The Basic Works of Aristotle*, p. 1134, 1255a29ff.

73. H. J. Paton 같은 주석가들은 칸트의 윤리학이 법적인 윤리학이라는 주장에 저항한다(*The Categorical Imperative*, pp. 75ff. 참조). 그러나 그들은 '법'과 '법 지배'의 은유가 칸트의 윤리학의 형태에서 왜 그렇게 중요한 역할을 하는지를 설명해야 할 어려움을 갖는다. 카시러가 논의했듯이, 루소와 프랑스 혁명이 칸트의 사유에 엄청난 영향을 미쳤다는 사실을 지적하는 것, 정언 명령의 기원을 루소의 '일반 의지'에서 찾는 것 등은 결코 일리가 없는 것은 아니다(Cassirer, *Rousseau, Kant, Goethe*).

74. K.-O. Apel, "Kant, Hegel und das aktuelle Problem der normativen Grundlagen von Recht und Moral."

75. 롤즈, 『정의론』, pp. 60ff.

76. 그러한 화해의 가능성은 미드가 칸트를 재정식화한 것에 대한 하버마스의 긍정적 평가에 의해 제안된다. 다음의 진술을 참고하라. "언어가 스스로를 사회화의 원리로 단언하는 만큼 사회성의 조건늘은 의사소통적으로 주장된 상호 주관성의 조건과 융합한다"(Thdkh 2: 143).

77. LC, p. 108. 강조는 원문. 페티트Ph. Petit는 재미있는 논문「하버마스: 진리와 정의에 관하여Habermas on Truth and Justice」에서, 하버마스 이론에서 합의의 두 가지 의미를 구별한다. 합의의 "분배적" 의미에 따르면, 다른 사람들

과의 토의 이후이건 그렇지 않건 간에, 그리고 다른 사람들이 생각하는 것을 알고 있건 그렇지 않건 간에 한 명제는 각자가 이 명제에 동의assent할 때에만 합의에 이르렀음을 인정한다. 합의의 집단적 의미에 따르면, 관련된 사람들이 한 단체로서 한 명제에 대해 토의하여 이것에 대해 만장일치로 결정을 내리게 될 경우에 이 명제는 합의에 이르렀음을 인정한다. "의견의 일치는 집단적인 토의에 의해 도달되어야 한다는 요구를 덧붙일 필요는 없으며, 따라서 그 이론의 지지자들이 집단적 비합리성에 대항해서 잘 보호하는 방법을 탐구하는 것이 아주 필요하다"라고 페티트는 말한다. "동의가 집단적인 합의의 부분으로 와야 한다고 말할 이유는 없다. 그것은 여기서도 저기서도 존재하지 않는 그런 강한 경우에 나타나는 판단과 더불어서야 발생할 수 있다"(p. 216). 나는 합의의 집단적 의미가 정치적인 문제뿐 아니라 인식론적인 문제를 가진다는 페티트의 견해에 동의한다. 그러나 페티트가 하버마스의 경우라고 한 합의의 분배적 의미는 진리와 정의에 대한 담론 이론과 양립 불가능하다. 왜냐하면 그의 해석에 따르면 합의는 모든 것에 대해 합리적으로 사유하는 고독한 사상가에 의해서만 습득될 수 있기 때문이다. 고립된 사상가 모델은 탐구자 공동체에서 서로 주고받는 대화의 모델에 의해 대체되어야 한다는 하버마스 지적은 타당하다. 따라서 페티트에 의해 소개된 집단주의라는 강한 의미에 떨어지지 않고, 또 각자가 자기 앞에 놓인 문제를 고요히 푸는 탁월한 수학자들의 단체로 되돌아가지도 않는 그런 형태를 담론 이론에 부여할 수 있는가 하는 문제가 여기서 딜레마로 나타난다.

78. Rousseau, *The Social Contract*, pp. 31.

79. 하버마스의 정식화는 다음의 글을 보라. Habermas, "Legitimation Problems in the Modern State," in *Communication and the Evolution of Society*, pp. 204ff.

80. Habermas, LC, p. 112.

81. Habermas, "Legitimation Problems in the Modern State," p. 199.

82. R. Geuss, *The Idea of a Critical Theory*, pp. 65ff.

83. 하버마스의 루소 비판에 대해서는 다음을 보라. Habermas, "Legitimation Problems in the Modern State," pp. 185ff.

84. 하버마스의 아펠 비판에 대해서는 LC, p. 159 n16을 보라. 로렌젠 비판에 대해서는 "Zwei Bemerkungen zum praktischen Diskurs," pp. 109ff.와

LC, pp. 109ff.를 보라.

85. P. Lorenzen, *Normative Logic and Ethics*, p. 74; O. Schwemmer, *Philosophie der Praxis*, p. 194.

86. K.-O. Apel, "Das Apriori der Kommunikationsgemeinschaft und die Grundlagen der Ethik," pp. 397ff.

87. Habermas, LC, p. 159. 강조는 텍스트(독어본, LP, 152 – 주석 160).

88. Habermas, "Diskursethik," p. 110.

89. Habermas, "Reply to My Critics," p. 253.

90. J. Mendelson, "The Habermas-Gadamer Debate," *New German Critique*, p. 73.

91. *Ibid.*, 역사와 진화에 대한 하버마스 자신의 구별에 대해서는 다음의 글을 참조하라. Habermas, "Geschichte und Evolution."

92. 동유럽의 사회 유형에 대한 아라토의 논의에 대해서는 다음을 보라. A. Arato, "Critical Sociology and Authoritarian State Socialism."

93. R. Bubner, "Habermas' Concept of Critical Theory," p. 49.

94. 친밀한 영역과 그것에 포함된 도덕성에 대한 이러한 무시는 사회적 삶의 공적인 영역에만 초점을 맞추는 의사소통적 윤리학의 필연적인 결과이다. 이러한 편견에 대한 나의 비판은 다음 절을 참조하라.

95. Habermas, ThdkH 2: 251ff.; "Reply to My Critics," pp. 254ff.

96. C. Gilligan/J. M. Murphy, "Moral Development in Late Adolescence and Adulthood," in *Human Development*, pp. 77-104, L. Kohlberg, "A Reply to Owen Flanagan," in *Ethics*, pp. 513-28.

97. Stanley Cavell, *The Claim of Reason*, p. 265.

98. 아렌트의 판단 개념에 대한 논의에 대해서는 다음을 보라. R. Bernstein, *Beyond Objektivism and Relativism*, pp. 207ff.

99. Habermas, "Moralbewusstsein und kommunikatives Handeln," in MukH, pp. 197ff.

100. Habermas, "Reply to My Critics," p. 251.

101. Habermas, "On the Actuality of Walter Benjamin Consciousness-Raising or Rescuing Critique," in *Philosophical-Political Profiles*, p. 156. 독어본, "Zur Aktualität Walter Benjamin Bewusstmachende oder rettende

Kritik," in *Kultur und Kritik* (Frankfurt/M. 1973) p. 340 참조.

102. Habermas, "On the Actuality of Walter Benjamin," p. 156.

103. J. Whitebook, "Saving the Subject," *Telos*, pp. 81-2.

104. Habermas, "Reply to My Critics," pp. 166, 262.

105. Habermas, "On the Actuality of Walter Benjamin," p. 158.

106. 대화 원리에 대한 초기 정식화에 대해서는 다음을 보라. Habermas, "Labor and Interaction: Remarks on Hegel's Jena Philosophy of Mind," in *Theory and Practice*, pp. 142ff.

107. Habermas, "Introduction: Some Difficulties in the Attempt to Link Theory and Practice," p. 24; McCarthy, *The Critical Theory and Practice*, pp. 94ff.

108. "더군다나 오늘날의 사회 형태에 대한 진화론적인 진술들이 발전 문제의 진단에 봉사하는 한 이 진술들은 곧바로 실천적인 관계를 갖는다. 따라서 역사적 내용들에 대한 회고적 설명에 가해지는 필연적인 제약은 행위의 관점들에서 고안된 회고적 설명을 위해 포기된다. 우리 시대의 진단가들은 과거를 미래에 위치시키는 진화론적·이론적 설명의 허구적 관점을 취한다"(Habermas, "History and Evolution," p. 44).

109. 현재의 경험적 주체들이 과거를 표현하는 데서 자기 스스로를 발견한다고 가정할 수 있을 경우에만 우리는 다음과 같이 말할 수 있다. "진화 이론들과 이 이론에 근거해 있는, 신기원을 만들어 내는 발전 도약에 대한 설명은 경쟁하는 정체성의 기획들을 서로 '절충하게' 하는 담론으로 들어갈 수 있다"고 말할 수 있다(*ibid.*). 나의 질문은 다음과 같다. 누구의 정체성인가? 남자의 정체성인가 여자의 정체성인가? 유대인인가, 기독교도인가? 서구인인가, 아프리카인인가? 사회 진화를 이론적으로 해명하는 데 종사하는 사회과학자가 이 질문들에 대해 반드시 대답해야 할 의무는 없다. 그럼에도 불구하고 만약 우리가 이 이론들을 특수한 집단의 형성사와 매개시키고자 할 때, 이 이론적 구성들이 성공한 것인지 실패한 것인지를 좀 더 면밀히 규정할 필요는 있다. 역사와 진화를 구분함으로써 문제가 사라지지는 않는다. 왜냐하면 이 진화는 한 집단만의 역사의 논리라고 하는 의심이 남아 있기 때문이다.

110. 어떤 여성 역사가의 다음의 진술을 살펴보자. "일단 우리가 여성의 상황을 이해하기 위해 역사를 바라보면, 당연히 우리는 이미 여성의 상황이 사

회적 문제임을 가정하고 있다. 그러나 처음부터 역사는 이러한 인식을 확인해 주는 것 같지 않다. … 이 일이 행해지자마자, 즉 여성이 그 완전한 의미에서 인류의 일부분이라고 받아들여지자마자 그 시대는 혹은 우리가 다루는 사건은 통용되는 상들과는 완전히 다른 특성과 의미를 받아들인다. 실제로 소위 진보적인 변화의 시기에도 상당히 규칙적으로 여성의 지위가 상실되어 간 것으로 나타난다. … 고대 아테네 문명, 르네상스, 그리고 프랑스 혁명과 같이 소위 진보적인 발전에 대한 우리의 이해는 놀라울 정도로 새로운 평가를 가능하게 한다. 아테네에서 여성의 '진보'는 내연의 관계를, 그리고 시민의 부인들이 규방에 틀어박힘을 의미했다. 르네상스 시기의 유럽에서 여성의 진보는 시민의 부인들이 가정에 동화되는 것을 의미했고, 또 계급을 초월한 마녀 박해의 확대를 의미했다. 프랑스 혁명은 여성을 '자유,' '평등,' 그리고 '박애'에서 명시적으로 배제했다. 갑자기 우리는 이 시대들을 이중의 상으로 본다. 그리고 각자의 눈은 다른 그림을 본다"(J. Kelly-Gadoll, "The Social Realitions of the Sexes," pp. 810-1).

111. Habermas, Wth, p. 252.

112. 롤즈, 『정의론』, pp. 24, 513ff.

113. Döbert, Habermas, Nunner-Winkler (eds.), Introduction, *Entwicklung des Ichs*, p. 12.

114. Habermas, "Moral Development and Ego Identity," *Communication and the Evolution of Society*, p. 93.

115. Habermas, ThCA, 1: 41ff.

116. Kant, *Critique of Practical Reason*, p. 171.

117. 매킨타이어는 다양한 실천과 삶의 방식들에 통용 가능한 각각의 경우에 "메타 정의"를 수행하는데, 그 경우 덕과 "좋은/선한 삶"에 대한 그의 정의조차 실제로 코페르니쿠스적 혁명을 번복하지 못한다. 이러한 관점에서 매킨타이어의 논의에는 주목을 끄는 "기능주의"가 있다. 그는 종종 사회적 실천을 작동하게 하는 것과 개인들이 선택할 수 있는 것을 구별하지 않은 것 같다. 이에 대해서는 다음을 보라. MacIntyre, *After Virtue*, pp. 169-89, 203-4.

118. C. Gilligan, *In a Different Voice*, pp. 224-64.

119. H. Marcuse, *One-Dimensional Man*, pp. 4ff., 245.

120. J. Habermas, S. Bovenschen, et al., *Gespräche mit Herbert Marcuse*,

"Theorie und Politik," 30ff.

121. Hobbes, "Philosophical Rudiments Concerning Government and Society," 2: 109.

122. Habermas, "A Reply to My Critics," p. 262.

123. Habermas, ThdkH 2: 144-5.

124. 근대 철학의 전통에서 이러한 입장의 "억압"은 의심의 여지없이 여성의 목소리와 활동을 공적인 영역에서 인지적으로, 사회적으로 배제하고, 그들의 명예를 훼손한 결과이다. '인격성 형성 모형 때문에, 양육, 사랑, 그리고 돌봄 등에 국한된 활동들 때문에, 여성들은 구체적 타자의 입장의 수용이 포함된 도덕적 삶의 "관계적" 관점을 훨씬 더 잘 수용하고 또 이 관점에 동화하고자 하는 경향이 있다'는 길리건과 초드로우와 같은 여성주의 작가들의 관찰에 나는 동의한다. 그럼에도 불구하고 나는 구체적 타자의 관점을 취할 능력과 의지를 여성에게만, 그리고 사적인 영역에만 국한시키고 싶지 않다. 이에 대해서는 다음을 보라. Gilligan, *In a Different Voice*, pp. 16-7. N. Chodorow, *The Reproduction of Mothering* (Berkeley and LA: Uni. of California Press, 1978). 여기에 포함된 문제는 "성차"를 지적하는 것뿐만 아니라 근대 사회에서 공적, 시민적 삶의 본성에서 심각한 변형들이 있었음을 지적하는 것이기도 하다. 결국 구체적 타자의 관점은 공적인 것의 빛으로부터 가정의 어두운 구석으로 추방되었다. 이에 반해, 예를 들어 아리스토텔레스는 『윤리학』에서 자신의 윤리를 우정에 대한 논의로 관을 씌우며, 또 '입법자는 시민들 사이에서 이러한 감성을 아주 열심히 보호하고 진작시켜야 한다'고 주장한다. in *The Basic Works of Aristotle*, book III, ch. 9, pp. 1068ff.

125. 길리건의 도덕 이론에 대한 아주 재미있는 한 논의에서 G. Nunner-Winkler는 원리의 윤리학과 배려의 윤리학의 구분이 두 유형의 윤리학 사이의 구분이 아니라 두 유형의 의무 사이의 구분, 즉 완전한 의무와 불완전한 의무 사이의 구분이라고 지적한다. 그녀에 따르면, 정의의 윤리학은 (죽이지 말라! 속이지 말라! 등과 같은) 부작위의 계율들에서 완전한 의무들을 형성하지만, 타자를 돌보고 돕고자 하는 소망처럼 의무와 책임과 마주하게 하는 불완전한 의무들은, 더 적절히 말해서, 길리건이 "배려의 윤리학"이라고 부른 것이다. 누너윙클러는 이 의무들이 필연적으로 맥락화를 요구하며, 또 특수한 것들에 대한 판단 행위를 요구한다고 주장한다. 사실 그녀는 '보편주의적 윤

리 노선들ethical orientations은 필연적으로 상황적 맥락화를 요구한다'고 하는 아주 강한 주장을 한다. 왜냐하면 어떤 형식적 원리도 그러한 부가적 고려 사항 없이는 행위의 준칙을 산출할 수 없기 때문이다. G. Nunner-Winkler, "Two Moralities? A Critical Discussion of an Ethic of Care and Responsibility Versus an Ethic of Rights and Justice," in W. M. Kurtines/J. L. Gewirtz(ed.), *Morality, Moral Behavior, and Moral Development*, pp. 348-61(New York: Wiley, 1984).

이 경우에 "윤리 노선들"보다는 두 개의 "윤리학"이라고 말하는 것은 오해를 불러일으킬 수 있다고 한 누너윙클러의 주장에 나는 동의한다. 더 나아가 맥락화에 대한 강조는 아주 유익하다. 그러나 나처럼 사람들이 보편주의적인 윤리학의 관점을 수용할 때조차도 "타자의 관점을 취하는 것"이 도덕적 판단에서 무슨 의미가 있는지에 관한 문제는 남는다. "일반화된 타자"와 "구체적 타자"의 구분은 윤리 이론에서 보편주의를 대체하지 않는다. 오히려 이러한 구분을 한 의도는 "일반화된 타자"를 그의 구체적 개별성이 우리와 관련이 없는, 권리를 간직한 성인 남성으로 정의하는 데에는 암묵적인 편견이 있다는 것을 보이고자 하는 것이었다. 나는 이러한 편견이 홉스 이래 근대 도덕 이론과 정치 이론에서 어떻게 작동해 왔는지를 보이고자 했으며, 또 이 편견을 롤즈, 콜버그, 그리고 하버마스조차 명시적으로 거부하지 않았다는 것을 보이고자 했다. 더 많은 논의에 대해서는 다음의 나의 논문을 보라. "The Generalized and the Concrete Other: The Kohlberg-Gilligan Debate and Feminist Theory," in *Praxis International*, vol. 5, no. 4 (1986년 1월), pp. 38-60. 그리고 in E. F. Kittay/D. Meyers(ed.), Proceedings of the Conference on "Woman and Morality," New Jersey, 1987.

126. Baudrillard, *The Mirror of Production*; Giddens, *A Contemporary Critique of Historical Materialism*; Gorz, *Adieu au Proletariat*.

127. "우리 시대의 특징적인 상황은 우리의 통제를 벗어나 있는 강력한 힘이 작용하고 있다는 것이나 언제나 우리의 이해력을 벗어나 있는 수련된 기술들이 확장되고 있다는 것이 아니다. 우리 시대의 특징은 권력이 반항적인 권력(저항)을 창조하고, 또 권력의 약점을 드러내는 그런 역설적 상황에 처해 있다는 것이며, 그리고 공동의 삶을 침해하고 방해한 바로 그 힘들이 종종 결코 예측할 수 없는 새로운 형태의 연대성을 창조한다고 하는 그런 역설적 상황에

처해 있다는 것이다"(Bernstein, *Beyond Objectivism and Relativism*, p. 228).

128. E. Bloch, *Naturrecht und menschliche Würde*, p. 13.

옮긴이의 글

터키계 미국 여성 철학자 세일라 벤하비브 Seyla Benhabib는 정치 철학과 도덕 철학, 그리고 여성 철학 분야에서 왕성한 활동을 하는 철학자로서 한나 아렌트 이후 가장 주목할 만한 여성 철학자에 속한다. 사실 그의 학문 활동과 철학계에서의 위치에 비춰볼 때 그의 책이 아직 한국에 소개되지 않았다고 하는 것은 이상하다고 할 수 있다. 정치 철학 분야와 여성 철학 분야에서 그의 사상이 소개되고 있기는 하지만 본격적인 연구 대상이 되고 있지는 않다.

그는 현재 예일 대학교 정치학, 철학 교수 겸 "미국 철학회 동부 지부" 회장을 역임하고 있다. 그는 많은 저서와 논문들을 발표했는데, 대표적인 저서만을 꼽는다면,『비판, 규범, 유토피아: 비판 이론의 토대 연구』(1986),『상황적 자아. 현대 윤리학에서 성, 공동체, 포스트모더니즘 Situating the Self. Gender, Community and Postmodernism in Contemporary Ethics』(1992),『비판으로서의 페미니즘 Feminism as Critique』(공저, 1994),『한나 아렌트의 내키지 않은 모더니즘 The Reluctant Modernism of Hannah Arendt』(1996),『문화의 요청. 글로벌 시대의 평등과 다양성 The Claims of Culture. Equality and Diversity in the Global Era』(2002),『타자의 권리. 이방인, 시민, 거주자 The Rights of

Others. Aliens, Citizens and Residents』(2004) 등이 있다. 책의 제목을 통해 볼 수 있듯이, 여성 철학과 정치 철학에 관심이 있으며, 그 주제는 주로 소수자 문제에 집중된다.

여기 번역된 『비판, 규범, 유토피아: 비판 이론의 토대 연구』는 그의 최초의 주저로서 그의 이후의 많은 저작과 논문들의 규범적 지위를 차지하고 있다. 그만큼 이 저작은 그의 사상의 핵심을 간직하고 있으며, 따라서 벤하비브 철학에 대한 본격적 논의가 이 저작의 번역과 더불어 시작되길 기대한다.

벤하비브는 프랑크푸르트학파의 사회 비판 이론을 계승한다. 특히 하버마스의 의사소통 행위 이론으로부터 많은 영향을 받은 것으로 알려져 있다. 사회 비판 이론을 계승한다는 것은 그가 호르크하이머와 아도르노의 문제의식에 공감한다는 것을 의미한다. 호르크하이머는 비판 이론의 출발을 알린 논문인 「전통 이론과 비판 이론」(1937)에서 비판 이론의 목표를 "인간을 노예로 만드는 관계에서 인간을 해방하는 것"이라고 천명한다. 이러한 기획을 벤하비브는 "유토피아적 기획"이라고 말한다. 이를 전통 실천 철학의 용어로 말하자면, "좋은 삶good life," 혹은 행복의 추구라 할 것이다. 벤하비브에 따르면, 현대는 이중적인 의미에서 유토피아적 기획을 상실했다. 하나는 사회과학의 발흥에 따른 것이고, 다른 하나는 근대 자연법 전통의 성장에 따른 것이다.

현대의 사회과학은, 최초의 사회과학자에 속하는 뒤르켕이 말한 것처럼, 사회를 마치 "자연 안의 대상들처럼" 객관적으로 다룰 것을 주장한다. 자연과학의 영향을 받은 이러한 주장은 사회적 대상 역시 과학적 탐구의 대상이 될 수 있다는 신념에 근거한다. 이 말은 과학의 대상은 '사실fact' 이지 '당위'나 규범이 아니라는 것을, 즉 과학이 추구하는 것은 사실에 대한 객관적 진술이지 가치나 유토피아가 아니라는 것을 의미한다. 여기서 인간 이성의 역할은 객관적 대상을 정확히 묘사하고 있는지에 대한 소극적 판별 능력 이상의 것이 아니다. 새로운 가치 질서를 형성할 능력, 혹은 호르크하이머 식으로 말하자면, 비판적 능력은 이성의 고유한 기능일 수 없다.

전통 사회가 단일한 가치로 위계질서를 형성하고 있어서 소위 '좋은 삶'에 대한 통일적 상을 제시할 수 있었던데 반해, 사회 계약론과 깊은 관계를 가지고 있는 근대의 자연법 전통은 분화된 근대 사회에서는 '정의justice'의 문제가 사회 통합의 혹은 합리적 사회의 가장 중요한 가치라고 강조한다. 정의, 즉 규범이 중요한 사회 철학의 요소로 등장하지만, 여기서 강조되는 정의는, 칸트의 도덕의 원칙과 롤즈의 원초적 입장이 잘 보여 주듯, 이익과 욕구에 대한 합리적 해석의 가능성, 즉 좋은 삶의 가능성보다는 이성의 원칙, 혹은 공정성이 강조되는 경향을 갖는다. 욕구에 대한 합리적 해석의 가능성은 철저히 배제되거나 극히 제한적으로만 다루어진다. (예를 들어, 롤즈의 원초적 입장에서도 이해, 이익의 문제가 다루어지는데, 이때 여기에 참여한 자들은 자신들의 이익이 어떠한 것인지 모르는 자들로 상정된다. 그래야만 가장 공정한 규칙이 나올 수 있을 것이기 때문이다. 하지만 이것 역시 이익에 대한 부정적 인식이 작용하고 있는 것이며, 제약 없는 의사소통의 가능성에 대한 회의에서 나온 것으로 평가될 수 있다.)

비판 이론은 이 두 전통에 맞서서 다시 한 번 유토피아적 기획을 철학의 중심 주제로 가져오고자 한다. 물론 이때 비판 이론은 사회에 대한 과학적 탐구나 정의의 문제를 난순히 미편히는 것이 아니라 이것들이 유토피아적 문제의식과 통합될 수 있다는 생각에 따라 움직인다. 이러한 그의 기획에 가장 중요한 점은 '비판' 개념의 복원에 있다.

비판 이론의 창시자인 호르크하이머는 인간의 물질적 실천에 의해 자연도 사회적으로 구성된다고 함으로써 자연을 항구적 모습을 띤 소여물로 간주하는 것이 아니라 주체들의 행위의 산물이라고 한다. 따라서 사회뿐 아니라 심지어 자연까지도 객관적 대상이 아니라 인간 주체와의 관련 속에서만 규정되며, 결코 기계적으로 기술될 수 있는 그런 대상들이 아니다. 다른 말로 하면 개인들이 자신의 집단적 실존을 경험하고 해석하는 방식 그 자체가 그들의 사회적 노력의 본질적 측면을 이루고 있다는 것이다. 이 때문에 대상, 특히 사회에 대한 초주관적, 객관적 기술이 가능하다고 하는 것은 인간 주체의 능동성을 전혀 도외시한 특정한 이데올로기에 불과하다. 바로 이런 점에서 비판 이론은 이데올로기 비판이며, 비판은 인간 해방을 향한 핵심 개념이 된다.

호르크하이머에게서 해방의 상은 외적인 권위나 힘에 의해서 유지되는 사회가 아니라 "자기 결정하는 자유로운 사회"라는 이념으로 구현된다. 사실 이러한 이념은 민주주의자들이 "공공적 결정은 성숙한 시민들의 제약되지 않은 의견 교환을 통해 도달된다"는 근대 민주주의의 합의의 이념에 다름 아니다. 즉, 근대 민주주의는 자신의 목적이나 기준을 외부 세계나 과거로부터 차용하는 것이 아니라, 자기 스스로 규범을 만들어야 하는 해방의 기획이었다고 할 수 있다.

벤하비브는 호르크하이머의 이러한 문제의식에 공감한다. 하지만 그는 호르크하이머의 노력이 유토피아적 기획을 완수할 수 있는지에 의심한다. 그 이유는 무엇보다 호르크하이머가 주체의 철학 philosophy of subject이라 불리는 권위주의 전통에서 전혀 벗어나지 못한 데 있다. 벤하비브에 따르면, 노동 계급과 지식인, 그리고 일반 대중들 사이의 의식의 괴리가 더 커져 가고 있을 때, 호르크하이머는 비판 이론의 수령인을 노동 계급과 비판적 개인들이라고 함으로써 그러한 괴리를 넘어 서 있는 어떤 유적 존재를 가정하고 있는 것 같다. 벤하비브가 주체의 철학을 자신의 비판의 핵심으로 삼는 데는 주체의 철학이 "상호성과 공중의 자유로운 결정"을 핵심으로 하는 민주주의의 이상에 방해가 되기 때문이다.

벤하비브는 주체의 철학이 a) 행위의 통일성 모델(인간의 행위를 하나의 단일한 모델로 환원하는 것), b) 초주관적 주체의 모델, c) 초주관성의 이야기로서의 역사, 그리고 d) 구성하는 주체와 구성된 주체의 동일성이라는 전제를 갖는다고 한다. 이러한 관점에서 볼 때, 세계를 절대적 주체인 정신의 자기실현으로 보는 헤겔이나 과거의 것을 우리의 활동의 산물로 재전유할 것을 주장하는 마르크스가 주체의 철학에 속한다고 하는 것은 당연해 보인다. 벤하비브는 이들을 비판하는 호르크하이머도 노동과 정치적 행위를 보편적 인간의 행위로 단일화한다는 점에서 이 범주에서 벗어날 수 없다는 것이다.

벤하비브에 따르면, "자기 결정하는 자유로운 사회"라는 이념, 즉 "공공적 결정은 성숙한 시민들의 제약되지 않은 의견 교환을 통해 도달된다"는 근대 민주주의의 이념은 하버마스에 의해 확실히 진보된 형태로 나타난다. 하버마스에게서 이 이념은 두 가지를 의미하는데, 하나는 자결self-determination의 전망이고, 다른 하나는 자아실현self-actualization의 전망이다. 하버마스가 후자를 민주주의 이념의 중요한 근거로 이끌어 들인 것은 '좋은 삶'이라는 유토피아적 기획을 놓치고 있지 않기 때문이다.

하버마스는 이 이념을 실현하기 위해 주체의 철학에서 상호 주관성의 철학으로의 패러다임 전환을 요구한다. 하버마스는 특히 호르크하이머 등 1세대 비판 이론가들이 소홀히 하였던 사회적 행위(정치적, 도덕적 행위)를 도구적 행위(노동)와 구분함으로써 도구적 행위를 사회적 행위로까지 확장한, 근대의 주도적 행위 개념인 전략적 행위를 비판한다. 도구적 행위는 목적에 도달하기 위한 최상의 수단을 선택했는가에 따라서 그 성패가 좌우된다. 따라서 도구적 행위의 합리성은 경제적 원칙에 따라 측정된다. 도구적 행위를 사회적 행위로 확대한 전략적 행위는 모든 의사 결정을 행정적 활동으로 환원함으로써 그 효율성을 극대화하고자 한다. 근대 행정 체계의 관료주의화는 이러한 사실을 반영한다. 여기서 저 민주주의의 이념, 즉 관련 당사자들의 참여에 의한 자결의 원칙은 갈수록 그 설자리를 잃게 된다. 하버마스의 의사소통 윤리학에서는 규범의 타당성이 절차의 관점에서 설정되며, 따라서 참여에 의한 절차가 타당성의 근거가 된다. 즉, 관련 당사자들의 보편적 합의 없이는 어떤 것도 그 타당성을 가질 수 없다는 것이다. 이런 관점에서 보면, 민주주의의 저 이념, 즉 합의의 이념은 하버마스에게서 성공적으로 전개된다고 평가될 수 있다.

그러나 벤하비브는 하버마스의 이런 시도가 스스로 설정한 자결의 원칙에는 중요한 진전을 이루었지만, 자기실현의 원칙에는 여전히 부족한 측면을 가지고 있다고 비판한다. 즉, 하버마스 이론에서도 유토피아적 전망이 제대로 살아나지 않는다는 것이다. 하버마스가 비록 행정적 의사 결정을 참여적 의사 결정으로 변형시킴으로써 근대 민주주의 이념에 상당히 다가가 있기는 하지만, 이 문제를 해명하는 데 있어서 어떤 모호함이 존재한다고 한다.

이런 모호함은 그의 공동체 상에 그대로 나타난다. 벤하비브는 그에게서 두 개의 공동체 상을 이끌어 내는데, 하나는 '욕구와 연대의 공동체'이고, 다른 하나는 '권리와 자격의 공동체'이다. 하버마스에게서 전자는 전통적인 유토피아적 기획의 핵심을 이루는 공동체로서, 자아실현의 계기를 강조하는 측면이 있다. 후자는 계약론적인 자결의 원칙을 강조하는 경향이 있다.

문제는 이 두 공동체가 하버마스에게서 성공적으로 통일되지 못한 채 병렬적으로 놓여 있으며, 심지어 유토피아적 기획의 핵심이 될 수 있는 '욕구와 연대의 공동체'가 하버마스에게서도 부차적으로만 다루어지고 있다는 데 있다. 그 이유를 그는 하버마스가 미드를 따라 자아 정체성의 형성 계기를 '구체적 타자'와의 상호성에서 찾는 대신 '일반화된 타자'에서 찾고 있다는 데서 본다. 미드는 자아의 형성이 타자와의 상호 작용 속에서 형성된다는 것을 사회 심리학적으로 보여 주었다. 하버마스는 미드의 이러한 성과를 '이미 완성된 자아'를 말하는 주체의 철학에 대한 비판의 결정적 논거로 간주한다. 하지만 벤하비브가 볼 때 미드의 타자는 상상적 타자 혹은 일반화된 타자일 뿐이다. 벤하비브가 보는 구체적 타자는 생활 세계 속에서 구체적으로 마주하는 타자, 특히 여성, 이방인, 성적 소수자, 사회적 약자 등을 지칭하는 것으로, 이들의 구체적 삶을 일반화하여 설명할 수 없다는 것을 강조한다. 구체적 타자의 관점에서는 책임, 배려, 연대성 등의 가치가 제도적 정의보다 강조되는 경향이 있다.

벤하비브의 이러한 이의 제기는 정의의 문제에 과도하게 치우친 근대 계약론적 전통을 유토피아적 희망과 구체적으로 연결하기 위해서이다. 그는 이 두 계기를 통합하기 위해 '권리와 자격의 공동체'를 정치체로, '욕구와 연대의 공동체'를 사회 결사체로 재편할 것을 주장한다. 이러한 이원적 구분은 헤겔의 국가와 사회의 이분법을 연상시키는데, 헤겔은 사회를 분열의 계기로서 국가에 비해 열등한 것으로 간주하는데 반해, 벤하비브는 오히려 '좋은 삶,' 자아실현의 계기를 부여할 수 있는 결정적 계기로 간주한다는 점에서 차이가 난다.

벤하비브는 자신의 이러한 입장을 주체의 철학의 정치학적 변형인 전통적인 '주체의 정치학politics of the subject'에 비교하여 '권한 부여의 정치학politics of empowerment'이라고 이름한다. 주체의 정치학은 한 집단의 전략적 입장이 다수를 대표하는 자격을 부여받았다고 가정하는 반면, 권한 부여의 정치학은 하나의 사회적 총체성의 상을 가지고서 사회를 점유하는 특권적인 사람들의 존재를 가정하지 않는다. 그 이유는 한편으로 후기 자본주의 사회에서 희생의 양태가 다양화되면서 투쟁의 양식이 다양화되었기 때문이며, 다른 한편으로, 더 중요하게는 강요된 동일성(정체성) 속에 흡수될 수 없는 차이의 인정이 해방적이라는 생각 때문이다. 차이와 해방에 대한 이러한 강조는, 참된 집단의 동일성은 다른 단체의 논리에 의해 형성되는 것이 아니라 스스로의 투쟁에 의해 형성된다는 것을 의미한다. 따라서 벤하비브에 따르면, 후기 자본주의 사회에서 해방은 "행정적 결정 과정의 민주화"만을 의미하는 것이 아니라 이러한 차이의 인정에서 오는 연대성에서 완성된다. 그는 이러한 상태를 유토피아라고 말하는데, 이런 점에서 초월에 근거한 전통적 유토피아와는 구별된다. 그래서 이러한 유토피아는 규범을 무시하는 것이 아니라 오히려 적절하게 보충한다고 한다. 벤하비브는 에른스트 블로흐의 글을 인용하면서 이 저서를 마무리한다.

> 고전적 자연법의 유산의 문제는 사회적 유토피아의 유산의 문제가 절박했던 것만큼 절박하다. 사회적 유토피아와 자연법은 동일한 인간의 공간에서 서로 보충적인 계기들을 갖는다. 그러나 이 양자는 분리된 채 전진할 뿐 유감스럽게도 통일됨이 없이 서로 부딪쳤다. … 사회적 유토피아는 인간의 행복과 관계했고, 자연법은 인간의 존엄과 관계했다. 사회적 유토피아는 지친 자들과 억압된 자들이 없는 그런 인간관계의 상을 그렸고, 자연법은 모욕 당하고, 굴욕당한 자들이 없는 그런 인간관계를 구성했다.

여기 번역에 사용된 대본은 *Critique, Norm, And Utopia. A Study of the Foundations of Critical Theory* (1986, New York, Columbia University Press)이다. 이 책은 독일어로 번역되어 있는데, 아쉽게도 축약본이다. 하지만 이 책이 독일 관념론과 마르크스, 그리고 비판 이론

을 다루고 있기 때문에 개념의 용례를 위해 독일어 번역본을 참고하지 않을 수 없었다.

    이 책이 번역되어 나오기까지 여러 사람의 도움을 입었다. 처음 선우현 교수(청주교대)의 제안을 받았을 때 벤하비브에 대한 관심이 있었기에 선뜻 응하였다. 그리고 내친 김에 공동 번역을 하기로 했던 애초의 약속을 반 협박으로 빼앗아 혼자서 번역했다. 무엇보다 벤하비브의 전체 사상을 좀 더 진지하게 탐구해 보고 싶었기 때문이었는데, 이 저작으로부터 많은 공부를 하고 싶으셨던 선우현 교수께는 감사함과 미안함이 교차한다. 그리고 이 책이 나오기까지 대학원 세미나를 하면서 여러 번 수정 보완을 했지만, 그래도 이 정도까지 책이 나오게 된 것은 많은 선배, 동학이 있었기에 가능했다. 특히 이종철 박사, 이정은 박사, 김옥경 박사, 문성훈 박사, 서정혁 박사, 이종화 박사, 김원식 박사 등은 장별로 나눠 꼼꼼히 읽고 좋은 제안을 해 주었다. 어떤 경우에는 결정적인 실수를 잡아주기도 해 책의 완성도를 높여 주었다. 이 자리를 빌려 감사의 말을 전한다.

    인문학 출판 시장이 얼마나 열악한지는 이미 정평이 나 있다. 그럼에도 불구하고 일종의 사명감으로 고전과 중요한 인문학 도서 출판에 매진하는 도서출판 울력의 강동호 사장께 행운이 있기를 기원하며 이 글을 마친다.

옮긴이 정대성

참고문헌

Adorno, Theodor, "Die Aktualität der Philosophie." *Philosophische Frühschriften.* In *Gesammelte Schriften*, Rolf Tiedemann, ed., 1: 325ff. Frankfurt: Suhrkamp, 1973. 영어본: B. Snow (역), "The Actuality of Philosophy." *Telos* (Spring 1977), no. 31, pp. 120-33.

Adorno, Theodor, *Minima Moralia.* London: New Left Books, 1974.

Adorno, Theodor, *Negative Dialektik.* Frankfurt: Suhrkamp, 1973. 영어본: *Negative Dialectics*, E. B. Ashton (역), New York: Seabury Press, 1973.

Adorno, Theodor, "Die revidierte Psychoanalyse." in Max Horkheimer and Theodor Adorno, *Sociologica II: Reden und Vorträge.* Frankfurter Beiträge zur Soziologie, 10: 94ff. Frankfurt, 1962. 영어본: I. Wolfrath (역), "Sociology and Psychology." *New Left Review* (December 1967/January 1968), nos. 46/47, pp. 67-80 and 79-90.

Adorno, Theodor, *Soziologische Schriften.* Frankfurt: Suhrkamp, 1979.

Adorno, Theodor, *Zur Metakritik der Erkenntnistheorie.* in *Gesammelte Schriften*, Gretel Adorno and Rolf Tiedemann, eds., 5:7-247. Frankfurt: Suhrkamp, 1975. 영어본: *Against Epistemology.* W. Domingo (역). Cambridge, Mass.: MIT Press, 1982.

Adorno, Theodor and Max Horkheimer. *Dialektik der Aufklärung.* 7th ed. Frankfurt: Fischer, 1980. 영어본: *Dialectic of Enlightenment.* John Cumming (역). New York: Herder and Herder, 1972.

Adorno, Theodor, Else Frankel-Brunswick, Daniel J. Levinson, and R. Nevitt

Sanford. *The Authoritarian Personality*. New York and London: Norton, 1982. First published by the American Jewish Committee, 1950.

Althusser, Louis. *Reading Capital*. Ben Brewster (역). London: New Left Books, 1970.

Anderson, Perry. *Considerations on Western Marxism*. Atlantic: Highlands, N.J.: Humanities Press, 1976.

Apel, Karl-Otto. *Transformation der Philosophie*. Frankfurt: Suhrkamp, 1976. 영어본 선집: *Toward a Transformation of Philosophy*. Glyn Adey and David Frisby (역). London: Routledge and Kegan Paul, 1980.

Apel, Karl-Otto. "Kant, Hegel und das aktuelle Problem der normativen Grundlagen von Recht und Moral." In D. Henrich, ed., *Kant oder Hegel: Über Formen der Begründung in der Philosophie*. Stuttgart: Klett-Cotta, 1983.

Arato, Andrew. "Critical Sociology and Authoritarian State Socialism." In Thompson and Held, eds., *Habermas: Critical Debates* (q.v.), pp. 196-219.

Arato, Andrew and Paul Breines. *The Young Lukács and the Origins of Western Marxism*. New York: Pluto Press, 1979.

Arato, Andrew and Eike Gebhardt, eds. *The Essential Frankfurt School Reader*. New York: Urizen Books, 1978.

Arendt, Hannah. *The Human Condition*. 8th ed. Chicago: University of Chicago Press, 1973.

Arendt, Hannah. "Tradition and the Modern Age." In *Between Past and Future*. Cleveland: World, 1968.

Aristotle. *The Basic Works of Aristotle*. Richard McKeon, ed. New York: Random House, 1966.

Avineri, Shlomo. *The Social and Political Thought of Karl Marx*. Cambridge: Cambridge University Press, 1970.

Baier, Kurt. *The Moral Point of View*. Abridged ed. New York: Random House, 1965.

Baudrillard, Jean. *The Mirror of Production*. Mark Poster (역). St. Louis: Telos Press, 1975.

Baumeister, Thomas and Jens Kulenkampff. "Geschichtsphilosophie und philosophische Ästhetik: Zu Adornos ästhetischer Theorie." *Neue Hefte für*

Philosophie (1974), no. 6. pp. 74ff.

Bekker, K. *Marx' philosophische Entwicklung, sein Verhältnis zu Hegel.* Zurich and New York: Oprecht, 1940.

Bell, Daniel. *The Cultural Contradictions of Capitalism.* New York: Harper and Row, 1977.

Benhabib, Seyla. "The Logic of Civil Society: A Reconsideration of Hegel and Marx." *Philosophy and Social Criticism* (Summer 1982), pp. 149-67.

Benhabib, Seyla. "The Methodological Illusions of Modern Political Theory: The Case of Rawls and Habermas." *Neue Hefte für Philosophie* (Spring 1982), no. 21, pp. 47-74.

Benhabib, Seyla. "Modernity and the Aporias of Critical Theory." *Telos* (Fall 1981), no. 49, pp. 39-59.

Benhabib, Seyla. "Obligation, Contract, and Exchange: On the Significance of Hegel's Abstract Right." In Z. A. Pelczynski, ed., *The State and Civil Society*, 2: 159-78. Cambridge: Cambridge University Press, 1984.

Benhabib, Seyla. "Rationality and Social Action: Critical Reflections on Max Weber's Methodological Writings." *The Philosophical Forum* (July 1981), 12(4): 356-75.

Benjamin, J. "Die Antinomien des patriarchalischen Denkens." In W. Bonss and A. Honneth, eds., *Sozialforschung als Kritik* (q.v.), pp. 426-56. An earlier version of this article appeared as "The End of Internalization: Adorno's Social Psychology." *Telos* (Summer 1977), no. 32, pp. 42-64.

Berger, Johannes. "Die Versprachlichung des Sakralen und die Entsprachlichung der Ökonomie." *Zeitschrift für Soziologie* (October 1982), 11(4): 353-65.

Berman, Marshall. *All That Is Solid Melts Into Air: The Experience of Modernity.* New York: Simon and Schuster, 1982.

Bernstein, Richard. *Beyond Objectivism and Relativism.* Philadelphia: University of Pennsylvania Press, 1983.

Bernstein, Richard. *Praxis and Action.* Philadelphia: University of Pennsylvania Press, 1971.

Bernstein, Richard. *The Restructuring of Social and Political Theory.* Philadelphia: University of Pennsylvania Press, 1976.

Bieri, Peter and R. P. Horstmann, eds. *Transcendental Arguments and Science: Essays in Epistemology*. Dordrecht: Reidel, 1979.

Bloch, Ernst. *Naturrecht und menschliche Würde*. Frankfurt: Suhrkamp, 1977.

Blumenberg, Hans. *The Legitimacy of the Modern Age*. R. Wallace (역). Cambridge, Mass.: MIT Press, 1983.

Bonss, Wolfgang. *Die Einübung des Tatsachenblicks*. Frankfurt: Suhrkamp, 1982.

Bonss, Wolfgang. "Kritische Theorie und empirische Sozialforschung: Anmerkungen zu einem Fallbeispiel." Introduction to Erich Fromm, *Arbeiter und Angestellte am Vorabend des dritten Reichs: Eine sozialpsychologische Untersuchung*, W. Bonss, ed. Stuttgart: Deutsche Verlagsanstalt, 1980.

Bonss, Wolfgang. "Psychoanalyse als Wissenschaft und Kritik: Zur Freudrezeption der Frankfurter Schule." In Bonss and Honneth, eds., *Sozialforschung als Kritik* (q.v.), pp. 367ff.

Bonss, Wolfgang and A. Honneth, eds. *Sozialforschung als Kritik*. Frankfurt: Suhrkamp, 1982.

Bonss, Wolfgang and Norbert Schindler. "Kritische Theorie als interdisziplinärer Materialismus." In W. Bonss and A. Honneth; eds., *Sozialforschung als Kritik* (q.v.), pp. 33-67.

Bourdieu, P. and J. C. Passeron. "Sociology and Philosophy in France Since 1945: Death and Resurrection of a Philosophy Without Subject." *Social Research* (Spring 1983), 34(1): 162-212.

Bradley, F. H. "My Station and Its Duties." *Ethical Studies*. 2d ed. Oxford: Clarendon Press, 1927.

Brumlik, Micha. "Der revolutionäre Messianismus der Frankfurter Schule." *Merkur* (March 1983), 2(416): 228-31.

Bubner, Rüdiger. "Habermas's Concept of Critical Theory." In Thompson and Held, eds., *Habermas: Critical Debates* (q.v.), pp. 42-56.

Bubner, Rüdiger. "Was ist kritische Theorie?" In *Hermeneutik und Ideologiekritik*, pp. 160-210. Frankfurt: Suhrkamp, 1971.

Buchanan, A. *Marx and Justice: The Radical Critique of Liberalism*. Totowa, N.J.: Rowman and Littlefield, 1982.

Buck-Morss, Susan. *The Origin of Negative Dialectics*. New York: Free Press, 1977.

Carlebach, J. *Karl Marx and the Radical Critique of Judaism*. London and Boston: Routledge and Kegan Paul, 1978.

Carr, David. "The Fifth Meditation and Husserl's Cartesianism." *Philosophy and Phenomenological Research* (1973), no. 34, pp. 14-35.

Cassirer, Ernst. *Rousseau, Kant, Goethe*. P. O. Kristeller and J. H. Randall (역). New York: Harper Torchbooks, 1963.

Castoriadis, C. "From Marx to Aristotle, from Aristotle to Us." *Social Research* (Spring 1978), no. 44, pp. 3-24.

Cavell, Stanley. *The Claim of Reason*. Oxford: Oxford University Press, 1982.

Cloward, Richard and Frances Fox Piven. *Regulating the Poor: The Functions of Public Welfare*. New York: Vintage Books, 1972.

Cohen, Jean. *Class and Civil Society: The Limits of Marxian Critical Theory*. Amherst: University of Massachusetts Press, 1982.

Cohen, Jean. "Why More Political Theory?" *Telos* (Summer 1979), no. 40, pp. 86ff.

Cohen, Jean. "The Subversion of Emancipation." *Social Research* (Winter 1978), no. 45, pp. 789-844.

Derbolav, H. "Hegels Theorie der Handlung." In M. Riedel, ed., *Materialien zu Hegels Rechtsphilosophie*, pp. 201-17. Frankfurt: Suhrkamp, 1975.

Döbert, Rainer. "The Role of Stage-Models Within a Theory of Social Evolution, Illustrated by the European Witch-Craze." In R. Harré and U. J. Ensen, eds., *Studies in the Concept of Evolution*. Brighton: Harvester Press, 1981.

Döbert, R., J. Habermas, G. Nunner-Winkler. *Entwicklung des Ichs*. Köln, 1977.

Donagan, Alan. *The Theory of Morality*. Chicago: University of Chicago Press, 1977.

Dove, K. L. "Hegel's Phenomenological Method." *Review of Metaphysics* (June 1970), 24(93): 615ff.

Dubiel, Helmut. *Wissenschaftsorganisation und politische Erfahrung: Studien zur frühen kritischen Theorie*. Frankfurt: Suhrkamp, 1978. 영어본: Benjamin Gregg (역). Cambridge, Mass.: MIT Press, 1985.

Durkheim, Emile. *Rules of Sociological Method*. In *Emile Durkheim: Selected*

Writings, Anthony Giddens, ed. and trans. Cambridge: Cambridge University Press, 1972.

Durkheim, Emile. "Montesquieu's Contribution to the Rise of Social Science." In *Montesquieu and Rousseau: Forerunners of Sociology*, R. Bellah (역). Ann Arbor: University of Michigan Press, 1960.

Ebeling, Hans, ed. *Subjektivität und Selbsterhaltung*. Frankfurt: Suhrkamp, 1976.

Engel, Stephanie. "Femininity as Tragedy: Re-examining the 'New Narcissism.'" *Socialist Review* (September-October 1980), no. 53, pp. 77-104.

Feuerbach, Ludwig. *The Essence of Christianity*. G. Eliot (역). New York: Harper and Row, 1975.

Feuerbach, Ludwig. "Principles of the Philosophy of the Future." In *The Fiery Brook: Selected Writings of Ludwig Feuerbach*. Zawar Hanfi (역). Garden City, N.Y.: Anchor Books, 1972.

Fichte, J. G. *The Science of Right*. A. E. Kruger (역). New York: Harper and Row, 1970.

Fichte, J. G. *Grundlage der gesammten Wissenschaftslehre*. In *Werke in sechs Bänden*, Fritz Medicus, ed., vol. 1. Darmstadt: Wissenschaftliche Buchgesellschaft, 1962.

Foucault, Michel. *Discipline and Punish: The Birth of the Prison*. Alan Sheridan (역). New York: Pantheon Books, 1977.

Fraser, Nancy. "Foucault on Modern Power: Empirical Insights and Norma-tive Confusions." *Praxis International* (October 1981) 1(3): 272-88.

Freedman, George. *The Political Philosophy of the Frankfurt School*. Ithaca, N.Y.: Cornell University Press, 1981.

Fulda, H. F. "These zur Dialektik als Darstellungsmethode im 'Kapital' von Marx." *Hegel Jahrbuch* (1974), pp. 204-10.

Fulda, H. F. "Zur Logik der Phänomenologie." In Fulda and Henrich, eds., *Materialien zu Hegels 'Phänomenologie des Geistes'* (q.v.), pp. 391ff.

Fulda, H. F. and D. Henrich, eds. *Materialien zu Hegels "Phänomenologie des Geistes."* Frankfurt: Suhrkamp, 1973.

Gadamer, Hans-Georg. "Hermeneutics and Social Science." *Cultural Hermeneutics* (1975), no. 2, pp. 307-16.

Gadamer, Hans-Georg. "Rhetorik, Hermeneutik und Ideologiekritik." In

Gadamer et al., eds., *Hermeneutik und Ideologiekritik*. Frankfurt: Suhrkamp, 1971.

Gadamer, Hans-Georg. *Truth and Method*. Garrett Barden and John Cumming (역). New York: Seabury Press, 1975.

Geuss, Raymond. *The Idea of a Critical Theory: Habermas and the Frankfurt School*. Cambridge: Cambridge University Press, 1981.

Gewirth, Alan. *Reason and Morality*. Chicago: University of Chicago Press, 1978.

Giddens, Anthony. *A Contemporary Critique of Historical Materialism*. Berkeley and Los Angeles: University of California Press, 1981.

Giddens, Anthony, "Reason Without Revolution? Habermas's *Theorie des kommunikativen Handelns*." *Praxis International* (October 1982), 2(3): 297-318.

Giegel, Hans Joachim. "Reflexion und Emanzipation." In Gadamer et al., eds., *Hermeneutik und Ideologiekritik*, pp. 249ff. Frankfurt: Suhrkamp, 1971.

Gilligan, Carol. *In a Different Voice: Psychological Theory and Women's Development*. Cambridge, Mass.: Harvard University Press, 1982.

Gilligan, Carol and J. M. Murphy. "Moral Development in Late Adolescence and Adulthood: A Critique and Reconstruction of Kohlberg's Theory." *Human Development* (1980), 23(2): 77-104.

Godelier, Maurice. "Fetishism, Religion, and Marx's General Theories Concerning Ideology." *Perspectives in Marxist Anthropology*. New York: Cambridge University Press, 1977.

Görland, Ingtraud. *Die Kantkritik des jungen Hegel*. Frankfurt: Klostermann, 1966.

Gould, Carol. *Marx's Social Ontology*. Cambridge, Mass.: MIT Press, 1978.

Grenz, F. *Adornos Philosophie in Grundbegriffen. Auflösung einiger Deutungsprobleme*. Frankfurt: Suhrkamp, 1974.

Habermas, Jürgen. *Communication and the Evolution of Society*. Thomas McCarthy (역). Boston: Beacon Press, 1979.

Habermas, Jürgen. "Dialectics of Rationalization: An Interview." *Telos* (Fall 1981), no. 49, pp. 5-33.

Habermas, Jürgen. "Diskursethik: Notizen zu einem Begründungs-programm." In *Moralbewusstsein und kommunikatives Handeln* (q.v.), pp. 53-127.

Habermas, Jürgen. "Einige Bemerkungen zum Problem der Begründung von Werturteilen." In *Philosophie und Wissenschaft*, Proceedings of the 9th Deutscher Kongress für Philosophie. Meisenheim am Glan: Anton Hain, 1969.

Habermas, Jürgen. "The Entwinement of Myth and Enlightenment: Rereading *Dialectic of Enlightenment*." *New German Critique* (Spring-Summer 1982), no. 26, pp. 13-30.

Habermas, Jürgen. "Geschichte und Evolution." In *Zur Rekonstruktion des historischen Materialismus*, pp. 200-60. Frankfurt: Suhrkamp, 1976. Abridged translation: "History and Evolution." David J. Parent (역). *Telos* (Spring 1979), no. 39, pp. 5-44.

Habermas, Jürgen. Introduction, *Stichworte zur "Geistigen Situation der Zeit."* Frankfurt; Suhrkamp, 1979. 영어본: *Observations on the "Spiritual Condition of the Age."* A. Buchwalter (역). Cambridge, Mass: MIT Press, 1984.

Habermas, Jürgen. *Knowledge and Human Interests*. Jeremy Shapiro (역). Boston: Beacon Press, 1971.

Habermas, Jürgen. *Legitimationsprobleme im Spätkapitalismus*. Frankfurt; Suhrkamp, 1973. 영어본: *Legitimation Crisis*. Thomas McCarthy (역). Boston: Beacon Press, 1975.

Habermas, Jürgen. "Modernity vs. Post-Modernity." Seyla Benhabib (역). *New German Critique* (Winter 1981), pp. 3ff.

Habermas, Jürgen. *Moralbewusstsein und kommunikatives Handeln*. Frankfurt: Suhrkamp, 1983.

Habermas, Jürgen. "Die Philosophie als Platzhalter und Interpret." In *Moralbewusstsein und kommunikatives Handeln* (q.v.), pp. 9-29.

Habermas, Jürgen. *Strukturwandel der Öffentlichkeit*. Frankfurt: Suhrkamp, 1974.

Habermas, Jürgen. *Technik und Wissenschaft als "Ideologie."* Frankfurt: Suhrkamp, 1968. 영어본: "Technology and Science as 'Ideology.'" Jeremy Shapiro (역). In *Toward a Rational Society*. Boston: Beacon Press, 1970.

Habermas, Jürgen. *Theorie des kommunikativen Handelns*. 2 vols. Frankfurt: Suhrkamp, 1981. 영어본: *The Theory of Communicative Action*, vol. 1.

Thomas McCarthy (역). Boston: Beacon Press, 1984.

Habermas, Jürgen. *Theorie und Praxis: Sozial-philosophische Studien*. Frankfurt: Suhrkamp, 1978. 영어본: *Theory and Practice*. John Viertel (역). Boston: Beacon Press, 1973.

Habermas, Jürgen. "Urgeschichte der Subjektivität und verwilderte Selbst-Behauptung." In *Philosophisch-politische Profile*. Bibliothek Suhrkamp. Frankfurt; Suhrkamp, 1971. 영어본: "Theodor Adorno - The Primal History of Subjectivity - Self-Affirmation Gone Wild." Frederick G. Lawrence (역). *Philosophical-Political Profiles*, pp. 99-111. Cambridge, Mass.: MIT Press, 1983.

Habermas, Jürgen. "Wahrheitstheorien." In *Wirklichkeit und Reflexion*. H. Fahrenbach, ed. Pfüllingen: Neske, 1973.

Habermas, Jürgen. *Zur Rekonstruktion des historischen Materialismus*. Frankfurt: Suhrkamp, 1976.

Habermas, Jürgen. "Zwei Bemerkungen zum praktischen Diskurs." In *Konstruktionen versus Positionen*, Kuno Lorenz, ed. Berlin Walter de Gruyter, 1979.

Habermas, Jürgen, Sylvia Bovenschen et al. *Gespräche mit Herbert Marcuse*. Frankfurt: Suhrkamp, 1981.

Habermas, Jürgen and Niklas Luhmann. *Theorie der Gesellschaft oder Sozialtechnologie - Was leistet die Systemforschung?* Frankfurt: Suhrkamp, 1976.

Haering, Th. *Hegel: Sein Wollen und sein Werk*. Leipzig and Berlin: B. G. Teubner, 1938.

Hegel, G. W. F. "Differenz des Fichtesehen und Schellingschen Systems der Philosophie." In *Werke in zwanzig Bänden* (q.v.). 영어본: *The Difference Between the Fichtean and Schellingian Systems of Philosophy*. J. P. Surber (역) California: Ridgeview, 1978.

Hegel, G. W. F. "Glauben und Wissen." In *Werke in zwanzig Bänden* (q.v.), 2: 287-434. 영어본: *Faith and Knowledge*. W. Cerf and H. S. Harris (역). Albany: State University of New York Press, 1977.

Hegel, G. W. F. *Grundlinien der Philosophie des Rechts*. In *Werke in zwanzig Bänden* (q.v.), vol. 7.

Hegel, G. W. F. *Hegel's Philosophy of Mind*. W. Wallace (역). Part 3 of *Encyclopedia of Philosophical Sciences*. Oxford: Clarendon Press, 1971.

Hegel, G. W. F. *Hegel's Philosophy of Right*. T. M. Knox (역). Oxford: Oxford University Press, 1973.

Hegel, G. W. F. *Jenaer Realphilosophie.*, Johannes Hoffmeister, ed. Philosophische Bibliothek, vol. 67. Hamburg: Felix Meiner, 1969.

Hegel, G. W. F. "Love." In *Early Theological Writings*. T. M. Knox (역). Philadelphia: University of Pennsylvania Press, 1971.

Hegel, G. W. F. *Phänomenologie des Geistes*. J. Hoffmeister, ed. Philosophische Bibliothek. Hamburg: Felix Meiner. 1952. 영어본: *Hegel's Phenomenology of Spirit*. A. V. Miller (역). with an analysis and foreword by John Findlay. Oxford: Clarendon Press, 1977.

Hegel, G. W. F. "The Spirit of Christianity and Its Fate." In *Early Theological Writings*. T. M. Knox (역). Philadelphia: University of Pennsylvania Press, 1971.

Hegel, G. W. F. "Über die wissenschaftlichen Behandlungsarten des Naturrechts, seine Stelle in der praktischen Philosophie und sein Verhältnis zu den positiven Rechtswissenschaften." In *Werke in zwanzig Bänden* (q.v.), 2: 434-533. 영어본: *Natural Law*. T. M. Knox (역): introduction by H. B. Acton. Philadelphia: University of Pennsylvania Press, 1975.

Hegel, G. W. F. *Die Vernunft in der Geschichte*. J. Hoffmeister, ed. Hamburg: Felix Meiner, 1955.

Hegel, G. W. F. *Werke in zwanzig Bänden*. 20 vols. Eva Moldenhauer and K. Markus Michel, eds., Frankfurt: Suhrkamp, 1970.

Hegel, G. W. F. *Wissenschaft der Logik*. G. Lasson, ed. Hamburg: Felix Meiner, 1976. 영어본: *Hegel's Science of Logic*. A. V. Miller (역). New York: Humanities Press, 1969.

Heidegger, Martin. *Being and Time*. J. Macquarrie and E. Robinson (역). New York: Harper & Row, 1962.

Heidegger, Martin. *What Is a Thing?* W. B. Barton and Vera Deutsch (역). Chicago: Regnery, 1967.

Held, David. *Introduction to Critical Theory*. Berkeley and Los Angeles: University of California Press, 1980.

Held, David and Larry Simon. "Habermas's Theory of Crisis in Late Capitalism." *Radical Philosophers' News Journal* (1976), No. 6, pp. 1-19.

Heller, Agnes. *A Theory of Feelings*. Dordrecht: Van Gorcum, 1979.

Heller, Agnes. *The Theory of Need in Marx*. New York: St. Martin's Press, 1976.

Heller, Agnes. "Towards a Marxist Theory of Value." A. Arato (역). *Kinesis* (Fall 1972), vol. 5, no. 1.

Henrich, D. "Karl Marx als Schüler Hegels." *Hegel im Kontext*, pp. 196ff. Frankfurt: Suhrkamp, 1975.

Hesse, Mary. "Science and Objectivity." In Thompson and Held, eds., *Habermas: Critical Debates* (q.v.), pp. 98-116.

Hindess, Barry and Paul Q. Hirst. *Pre-Capitalist Modes of Production*. London: Routledge and Kegan Paul, 1975.

Hirshman, Albert. *The Passions and the Interests: Political Arguments for Capitalism Before Its Triumph*. Princeton: Princeton University Press, 1977.

Hobbes, Thomas. *Leviathan*. C. B. Macpherson, ed. Baltimore: Penguin Books, 1971.

Hobbes, Thomas. "Philosophical Rudiments Concerning Government and Society." In *The English Works of Thomas Hobbes*. Sir William Molesworth, ed. Reprint from English ed, 1839-1854. London: John B. John (Darmstadt: 1966).

Höffe, Ottfried. *Ethik und Politik*. Frankfurt: Suhrkamp, 1979.

Honneth, Axel. "Arbeit und instrumentales Handeln." In A. Honneth and U. Jaeggi, eds., *Arbeit, Handlung, Normativität*. Frankfurt: Suhrkamp, 1980. 영어본: "Work and Instrumental Action." *New German Critique* (Spring-Summer 1982), pp. 31-54.

Honneth, Axel. "Horkheimers ursprüngliche Idee: Das soziologische Defizit der kritischen Theorie." In *Kritik der Macht: Reflexionsstufen einer kritischen Gesellschaftstheorie*, pp. 12-43. Frankfurt: Suhrkamp, 1985.

Horkheimer, Max. *The Eclipse of Reason*. New York: Seabury Press, 1974. 녹어본: *Kritik der instrumentellen Vernunft*. A. Schmidt (역). Frankfurt: Fischer, 1974.

Horkheimer, Max. "Egoismus und Freiheitsbewegung." In Institute for Social Research (q.v.), ZfS: 1936, 161-234. 영어본: "Egoism and the Freedom

Movement." D. Parent (역). *Telos* (Winter 1982-83), no. 5, pp. 10-61.
Horkheimer, Max. Foreword. In Martin Jay, *The Dialectical Imagination*. Boston: Little, Brown, 1973.
Horkheimer, Max. "Die Juden und Europa." *Studies in Philosophy and Social Science*. In Institute for Social Research (q.v.), ZfS: 1939-40, 115-37.
Horkheimer, Max. "Materialismus und Moral." In Institute for Social Research (q.v.), ZfS: 1933, 161-97.
Horkheimer, Max. "Traditional and Critical Theory." In *Critical Theory*, pp. 188-214, 244-52. M. J. O'Connell et al. (역). New York: Herder & Herder, 1972.
Horkheimer, Max. "Zum Begriff der Vernunft." *Sozialphilosophische Studien: Aufsätze, Reden und Vorträge 1930-1972*. Frankfurt: Fischer Taschenbuch, 1972.
Horkheimer, Max. "Zum Problem der Wahrheit." 영어본: "On the Problem of Truth." In Arato and Gebhardt, eds., *The Essential Frankfurt School Reader* (q.v.), pp. 407-44.
Horstmann, R. P. "Über die Rolle der bürgerlichen Gesellschaft in Hegels politischer Philosophie." In M. Riedel, ed., *Materialien zu Hegels Rechtsphilosophie* (q.v.), 2: 276ff.
Howard, D. "On the Transformation of Marx's Critique Into Dialectics." *Dialectical Anthropology* (1980), no. 5, pp. 75ff.
Husserl, Edmund. *The Crisis of European Sciences and Transcendental Phenomenology*. David Carr (역). Evanston, Ill.: Northwestern University Press, 1970.
Ilting, Karl-Heinz. "Geltung als Konsens." *Neue Hefte für Philosophie* (1976), no. 10, pp. 22-50.
Ilting, Karl-Heinz. "Hegels Auseinandersetzung mit der Aristotelischen Politik." *Philosophisches Jahrbuch* (1962-63), vol. 71.
Institute for Social Research. *Studien über Autorität und Familie*. Paris: Librairie Felix Alcan, 1955.
Institute for Social Research. *Zeitschrift für Sozialforschung*. 9 vols. A. Schmidt, ed. Munich: Deutscher Taschenbuch-verlag, photomechani-cal reprint, 1980.
Jacoby, Russell. *Social Amnesia: A Critique of Contemporary Psychology from*

Adler to Laing. Boston: Beacon Press, 1975.

Jay, Martin. *The Dialectical Imagination*. Boston: Little, Brown, 1973.

Jay, Martin. "Positive und negative Totalität: Adornos Alternativentwurf zur interdisziplinären Forschung." In Bonss and Honneth, eds., *Sozialforschung als Kritik* (q.v), pp. 67-87.

Kant, Immanuel. "Anthropologie in pragmatischer Hinsicht." In *Werke in zehn Bänden* (q.v.), vol. 10.

Kant, Immanuel. "Ideen zu einer allgemeinen Geschichte in weltbürgerlicher Absicht." In *Werke in zehn Bänden* (q.v.), vol. 9. 영어본: *On History*. L. W. Beck, R. E. Anchor, and E. L. Fackenheim (역). New York: Bobbs-Merrill, 1963.

Kant, Immanuel. *Grundlegung der Metaphysik der Sitten*. In *Werke in zehn Bänden* (q.v.), vol. 6. 영어본: *Groundwork of the Metaphysics of Morals*. H. J. Paton (역). New York: Harper and Row, 1964.

Kant, Immanuel. *Kritik der praktischen Vernunft*. In *Werke in zehn Bänden* (q.v.), vol. 6. 영어본: *Critique of Practical Reason and Other Writings in Moral Philosophy*, L. W. Beck (역). New York: Garland, 1976.

Kant, Immanuel. *Kritik der reinen Vernunft*. In *Werke in zehn Bänden*, (q.v.), vol. 3. 영어본: *Critique of Pure Reason*. Norman Kemp Smith (역). New York: St. Martin's Press, 1965.

Kant, Immanuel. *Die Metaphysik der Sitten*. In *Werke in zehn Bänden* (q.v.), vol. 7. 1부의 영어본: *The Metaphysical Elements of Justice*. John Ladd (역). New York: Bobbs-Merrill, 1965.

Kant, Immanuel. *Werke in zehn Bänden*. 20 vols. Wilhelm Weischedel, ed. Darmstadt: Wissenschaftliche Buchgesellschaft, 1968.

Keller, Evelyn Fox. *A Feeling for the Organism: The Life and Work of Barbara McClintock*. New York: W. H. Freeman, 1984.

Kellner, Douglas and Rick Roderick. "Recent Literature on Critical Theory." *New German Critique* (Spring-Summer 1981), no. 23, pp. 141-71.

Kelly, G. A. *Hegel's Retreat from Eleusis*. Princeton: Princeton University Press, 1978.

Kelly-Gadoll, J. "The Social Relations of the Sexes: Methodological Implications of Women's History." *Signs* (1976), no. 1, pp. 809-23.

Kirchheimer, Otto. *Funktionen des Staates und der Verfassung: Zehn Analysen.* Frankfurt: Suhrkamp, 1972.

Kirchheimer, Otto. *Political Justice: The Use of Legal Procedure for Political Ends.* Princeton: Princeton University Press, 1961.

Kirchheimer, Otto. *Politik und Verfassung.* Frankfurt: Suhrkamp, 1964.

Kohlberg, Lawrence. "A Reply to Owen Flanagan." *Ethics* (April 1982), no. 92, pp. 513-28.

Kolakowski, Leszek. "Karl Marx and the Classical Definition of Truth." In *Toward a Marxist Humanism*, pp. 38-67. Jane Z. Peel (역). New York: Grove Press, 1968.

Kolakowski, Leszek. *Main Currents of Marxism - Its Origin Growth and Dissolution.* P. S. Falla (역). Oxford: Oxford University Press, 1978.

Korsch, Karl. "Marxism and Philosophy." In *Marxism and Philosophy*, pp. 29-89, Fred Halliday (역). London: New Left Books, 1970.

Koselleck, R. *Kritik und Krise.* Frankfurt: Suhrkamp, 1976.

Labarrière, Jean-Pierre. *Structures et mouvement dialéctique dans la Phénoménologie de l'Esprit de Hegel.* Paris: Aubier-Montaigne, 1968.

Lacan, Jacques. "The Subversion of the Subject and the Dialectic of Desire in the Freudian Unconscious." In *Écrits: A Selection*, pp. 292-326. A. Sheridan (역). New York: Norton, 1977.

Lange, E. M. *Das Prinzip Arbeit.* Frankfurt: Ullstein, 1980.

Lange, E. M. "Wertformanalyse, Geldkritik und die Konstruktion des Fetischismus bei Marx." *Neue Hefte für Philosophie* (1978), no. 13.

Lasch, Christopher, *Haven in a Heartless World.* New York: Basic Books, 1977.

Leiss, William. *The Domination of Nature.* Boston: Beacon Press, 1974.

Lévi-Strauss, Claude. *The Elementary Structures of Kinship.* Rev. ed. J. Bell, J. Richard, and R. Needham (역). Boston: Beacon Press, 1969.

Lobkowitz, N. *Theory and Practice.* Notre Dame, Ind.: University of Notre Dame Press, 1967.

Locke, John. *First and Second Treatises of Civil Government.* P. Laslett, ed. Cambridge: Cambridge University Press, 1970.

Lockwood, David. "Social Integration and System Integration." In G. K. Zollochan and W. Hirsch, eds., *Explorations in Social Change*, pp. 244-57.

London: Routledge and Kegan Paul, 1964.

Lohmann, Georg. "Gesellschaftskritik und normativer Massstab." In A. Honneth and U. Jaeggi, eds., *Arbeit, Handlung, Normativität*, pp. 270ff. Frankfurt: Suhrkamp, 1980.

Lorenzen, Paul. *Normative Logic and Ethics*. Mannheim: Bibliographisches Institut, 1969.

Lukács, Georg. *Der junge Hegel*. In *Werke*, vol. 8. Berlin Luchterland, 1967. 영어본: *The Young Hegel*. R. Livingstone (역). London: Merlin Press, 1975.

Lukács, Georg. *History and Class Consciousness*. R. Livingstone (역). Cambridge, Mass.: MIT Press, 1971.

Lukes, Steven. "Of Gods and Demons: Habermas and Practical Reason." In Thompson and Held, eds., *Habermas: Critical Debates* (q.v.), pp. 134-49.

Lyotard, Jean-François. *The Post-Modern Condition*. G. Bennington and B. Manumi (역). Minneapolis: University of Minnesota Press, 1984.

McCarthy, Thomas. *The Critical Theory of Jürgen Habermas*. Cambridge, Mass.: MIT Press, 1978.

McCarthy, Thomas. "Rationality and Relativism: Habermas's 'Overcoming' of Hermeneutics." In Thompson and Held, eds., *Habermas: Critical Debates* (q.v.), pp. 57-78.

McCarthy, Thomas. "Reflections on Rationalization in *The Theory of Communicative Action.*" *Praxis International* (July 1984), pp. 177-92.

MacIntyre, Alasdair. *After Virtue: A Study in Moral Theory*. Notre Dame, Ind.: University of Notre Dame Press, 1981.

Mackie, J. L. *Ethics: Inventing Right and Wrong*. New York: Penguin, 1977.

Mannheim, Karl. *Ideology and Utopia*. L. Wirth and E. Shils (역). New York: Harcourt, Brace and World, 1946.

Marcuse, Herbert. *Eros and Civilization: A Philosophical Inquiry Into Freud*. New York: Vintage Books, 1962. 독어본: *Triebstruktur und Gesellschaft: Ein philosophischer Beitrag zu Sigmund Freud*, M. von Eckhardt-Jaffe (역). Frankfurt: Suhrkamp, 1979.

Marcuse, Herbert. *Hegels Ontologie und die Theorie der Geschichtlichkeit*. Frankfurt: V. Klostermann, 1975. 영어본: S. Benhabib (역). Cambridge, Mass.: MIT Press 출간 예정.

Marcuse, Herbert. *One-Dimensional Man: Studies in the Ideology of Advanced Industrial Society*. Boston: Beacon Press, 1964.

Marcuse, Herbert. "Some Social Implications of Modern Technology." In Institute tor Social Research (q.v.), ZfS, vol. 9. Reprinted from the original and from *Studies in Philosophy and Social Science* in which this article appeared in 1941, pp. 414-39.

Marcuse, Herbert. "Das Veralten der Psychoanalyse." In *Kultur und Gesellschaft*, 2: 85-107. Frankfurt: Suhrkamp, 1968. 영어본: "The Obsolescence of Psychoanalysis," J. Shapiro and Sherry M. Weber (역). In *Five Lectures*. Boston: Beacon Press, 1970.

Markus, György. "Four Forms of Critical Theory - Some Theses on Marx's Development." *Thesis Eleven* (1980), no. 1, pp. 90ff.

Markus, György. "Practical-Social Rationality in Marx: A Dialectical Critique." Part I, *Dialectical Anthropology* (1979), 4(1): 255-88. Part II, *Dialectical Anthropology* (1980), 5(1): 1-33.

Marramao, G. "Zum Verhältnis von politischer Ökonomie und kritischer Theorie." *Ästhetik und Kommunikation: Beiträge zur politischen Erziehung* (April 1973), 4(11): 79-93.

Marx, Karl. *Capital: A Critical Analysis of Capitalist Production*. Vol. 1. Frederick Engels, ed.; S. Moore and E. Aveling (역). New York: International Publishers, 1973.

Marx, Karl. *The Civil War in France: The Paris Commune*. New York: International Publishers, 1969.

Marx, Karl. *Karl Marx: Early Writings*. Quintin Hoare, ed.; R. Livingstone and G. Benton (역). New York: Vintage Books, 1975.

Marx, Karl. *The Eighteenth Brumaire of Louis Bonaparte*. New York: International Publishers, 1967.

Marx, Karl. *Grundrisse*. Martin Nicolaus (역). London: Penguin Books, 1973.

Marx, Karl. *Texte zur Methode und Praxis. II: Pariser Manuskripte, 1844*. Günter Hillman, ed. *Rowohlt Philosophie der Neuzeit*, vol. 9. Hamburg: Reinbeck 1966. 영어본: *The Economic and Philosophic Manuscripts of 1844*. Dirk J. Struik (역). New York: International Publishers, 1964. 또한 R. Livingstone and G. Benton(역), *Economic and Philosophical Manuscripts*. In *Karl*

Marx: Early Writings (q.v.), pp. 279-401.

Marx, Karl. "Zur Kritik der Hegelschen Rechtsphilosophie. Einleitung." In *Werke* (q.v.), vol. 1. 영어본: *Critique of Hegel's Philosophy of Right.* Joseph O'Malley (편역). Cambridge: Cambridge University Press, 1970.

Marx, Karl and Frederick Engels. *The German Ideology.* R. Pascal, ed. New York: International Publishers, 1969.

Marx, Karl and Frederick Engels. *Die Heilige Familie oder Kritik der kritischen Kritik.* In *Werke* (q.v.) 2: 82ff.

Marx, Karl and Frederick Engels. *Werke.* Berlin Dietz, 1980.

Mead, G. H. *Mind, Self, and Society.* Chicago: University of Chicago Press, 1967.

Mendelson, Jack. "The Habermas-Gadamer Debate." *New German Critique* (1979), no. 18, pp. 44-73.

Misgeld, Dieter. "Communication and Societal Rationalization." Review essay (forthcoming).

Mommsen, W. *Max Weber: Gesellschaft, Politik und Geschichte.* Frankfurt: B. Mohr, 1974.

Mouzelis, N. "Social and System Integration: Same Reflections on a Fundamental Distinction." In G. K. Zollschan and W. Hirsch, eds., *Explorations in Social Change*, pp. 395-409. London: Routledge and Kegan Paul, 1964.

Nagel, Thomas. "Rawls on Justice." In Norman Daniels, ed., *Reading Rawls.* New York: Oxford University Press, 1975.

Neumann, F. *Behemoth: Structure and Praxis of National Socialism.* London: Victor Gollancz, 1942.

Neumann, F. *Democratic and Authoritarian State.* H. Marcuse, ed. Glencoe: Free Press, 1957.

Neumann, F. *Die Herrschaft des Gesetzes.* A. Söllner (편역). Frankfurt: Suhrkamp, 1980.

Neumann, F. *Wirtschaft, Staat und Demokratie.* Frankfurt: Suhrkamp, 1977.

Nietzsche, Friedrich. *The Birth of Tragedy and the Genealogy of Morals.* Francis Golffing (역). New York: Doubleday Anchor Books, 1956.

Oelmuller, Willi, ed. *Transzendentalphilosophische Normenbegründung.* Paderborn: Ferdinand Schöningh, 1978.

Offe, Claus. "New Social Movements as a Meta-Political Challenge." MS, 1984.

Offe, Claus. "Some Contradictions of the Modern Welfare State." *Praxis International* (October 1981), 1(3): 219-30.

Offe, Claus. *Strukturprobleme des kapitalistischen Staates*. Frankfurt: Suhrkamp, 1977.

Offe, Claus. "Technik und Eindimensionalität: Eine Version der Technokratiethese." In Jürgen Habermas, ed., *Antworten auf Herbert Marcuse*. Frankfurt: Suhrkamp, 1978.

Offe, Claus. "'Unregierbarkeit': Zur Renaissance konservativer Krisen-theorien." In Jürgen Habermas, ed., *Stichworte zur "Geistigen Situation der Zeit,"* 1: 313. Frankfurt: Suhrkamp, 1979. 영어본: *Observations on the "Spiritual Condition of the Age."* Andrew Buchwalter (역). Cambridge, Mass.: MIT Press, 1984.

Parsons, Talcott. *The Structure of Social Action*. New York: Free Press, 1968.

Paton, H. J. *The Categorical Imperative: A Study in Kant's Moral Philosophy*. Philadelphia: University of Pennsylvania Press, 1971.

Pelczynski, Z. A., ed. *Hegel's Political Thought*. Cambridge: Cambridge University Press, 1971.

Petit, Philip. "Habermas on Truth and Justice." In G. H. R. Parkinson, ed., *Marx and Marxism*. Royal Institute of Philosophy Lecture Series, No. 14.

Plant, Raymond, *Hegel*. Bloomington: Indiana University Press, 1973.

Pöggeler, O. "Qu'est-ce-que la Phénoménologie de l'Esprit?" *Archives de philosophie* (April-June 1966).

Polanyi, Karl and C. M. Arensberg, eds. *Trade and Market in Early Empires*. Glencoe: Free Press, 1957.

Popper, K. *The Poverty of Historicism*. Boston: Beacon Press, 1957.

Postone, Moishe. "Labor, Time and Necessity." In Andrew Arato, ed., *Social Research: Marx Today* (Winter 1978), 45(44): 739-89.

Postone, Moishe and Barbara Brick. "Kritische Theorie und die Grenzen des traditionellen Marxismus." In Bonss and Honneth, eds., *Sozial-forschung als Kritik* (q.v.), pp. 179-240.

Rasmussen, David. "Communicative Action and Philosophy: Reflections on Habermas's *Theorie des kommunikativen Handelns*." *Philosophy and Social Criticism* (Spring 1982), 9(1): 1-29.

Rawls, John. *A Theory of Justice*. Cambridge, Mass.: Harvard University Press, 1972.

Ricoeur, Paul. *Hermeneutics and the Human Sciences: Essays on Language, Action and Interpretation*, John B. Thompson (편역). Cambridge: Cambridge University Press, 1981.

Ricoeur, Paul. *Freud and Philosophy: An Essay on Interpretation*. D. Savage (역). New Haven: Yale University Press, 1977.

Riedel, Manfred. "Hegels Begriff der 'bürgerlichen Gesellschaft' und das Problem seines geschichtlichen Ursprungs." In Riedel, ed., *Materialien zu Hegels Rechtsphilosophie* (q.v.), pp. 247ff.

Riedel, Manfred. "Hegels Kritik des Naturrechts." In Riedel, ed., *Studien zu Hegels Rechtsphilosophie*, pp. 42-75. Frankfurt: Suhrkamp, 1970.

Riedel, Manfred. "Objektiver Geist und praktische Philosophie." In Riedel, ed., *Studien zu Hegels Rechtsphilosophie*, pp. 11-42. Frankfurt: Suhrkamp, 1970.

Riedel, Manfred. Vorwort. In Riedel, ed., *Rehabilitierung der praktischen Philosophie*, vol. 1. Freiburg: Rombach, 1972.

Riedel, Manfred. *Theorie und Praxis im Denken Hegels*. Stuttgart: Ullstein, 1976.

Riedel, Manfred, ed. *Materialien zu Hegels Rechtsphilosophie*. Frankfurt: Suhrkamp, 1975.

Ritter, Joachim. *Hegel and the French Revolution*. R. D. Winfield (역). Cambridge, Mass.: MIT Press, 1982.

Ritter, Joachim. "Moralität und Sittlichkeit: Zu Hegels Auseinandersetzung mit der Kantischen Ethik." In M. Riedel, ed., *Materialien zu Hegels Rechtsphilosophie* (q.v.).

Rorty, Richard. *Philosophy and the Mirror of Nature*. Princeton, N.J.: Princeton University Press, 1979.

Rosenzweig, F. *Hegel und der Staat*. Munich: Scientia, 1920.

Rousseau, J. J. *Discours sur l'inégalité parmi les hommes*. In *Du contrat social*. Paris: Editions Garnier, 1962. 영어본: *The Social Contract and Discourse on the Origin of Inequality*. Lester Crocker, ed. New York: First Pocket Books, 1967.

Rousseau, J. J. *Emile, ou de l'éducation*. Paris: Editions Garnier, 1964.

Sahlins, Marshall. *Culture and Practical Reason*. Chicago: University of Chicago

Press, 1976.

Schäfer, Wolf. "Finalization in Perspective: Toward a Revolution in the Social Paradigm of Science." *Social Science Information* (1979), 18(6): 915-43.

Schäfer, Wolf. "Collective Thinking from Below: Early Working Class Thought Reconsidered." *Dialectical Anthropology* (1982), no. 6, pp. 193-214.

Schluchter, W. "Die Paradoxie der Rationalisierung." In *Rationalismus und Weltbeherrschung*, pp. 19ff. Frankfurt: Suhrkamp, 1980.

Schmid, Michael. "Habermas's Theory of Social Evolution." In Thompson and Held, eds., *Habermas: Critical Debates* (q.v.), pp. 162-80.

Schmidt, James. "Recent Hegel Literature." Part I, *Telos* (Winter 1980-81), no. 46, pp. 113-48. Part II, *Telos* (Summer 1981), no. 48, pp. 114-41.

Schmidt, James. "A Paideia for the 'Bürger als Bourgeois': The Concept of Civil Society in Hegel's Political Thought." *History of Political Thought* (November 1981), 2(3): 469-93.

Schmucker, J. *Adorno-Logik des Zerfalls*. Stuttgart: Frommann-Holzboog, 1977.

Schnädelbach, Herbert. "Transformation der Kritischen Theorie." *Philosophische Rundschau* (1982), 3/4(29): 151-78.

Schnädelbach, Herbert. *Reflexion und Diskurs: Fragen zu einer Logik der Philosophie*. Frankfurt: Suhrkamp, 1977.

Schnädelbach, Herbert. "Zum Verhältnis von Logik und Gesellschafts-theorie bei Hegel." In O. Negt, ed., *Aktualität und Folgen der Philosophie Hegels*, pp. 65ff. Frankfurt: Suhrkamp, 1971.

Schürmann, Rainer. "Anti-Humanism: Reflections on the Turn Toward the Post-Modern Epoch." *Man and World* (1979), vol. 12, no. 2.

Schutz, Alfred. "The Problem of the 'Life-World' as a Partial Problem Within the General Problem of Objective Science." In *The Problem of Social Reality: Collected Papers I*. Maurice Natanson, ed. Boston and London: Martinus Nijhoff, 1982.

Schwemmer, Oswald. *Philosophie der Praxis*. Frankfurt: Suhrkamp, 1971.

Silber, John. "Procedural Formalism in Kant's Ethics." *Review of Metaphysics* (December 1974), 28(2): 197-236.

Skinner, Quentin. "Habermas's Reformation." *New York Review of Books* (October 1982), pp. 35-8.

Söllner, Alfons. *Geschichte und Herrschaft: Studien zur materialistischen Sozialwissenschaft.* Frankfurt: Suhrkamp, 1979.

Spaemann, R. "Bürgerliche Ethik und nichtteleologische Ontologie." In H. Ebeling, ed., *Subjektivität und Selbsterhaltung* (q.v.), pp. 76-97.

Spaemann, R. "Die Utopie der Herrschaftsfreiheit." *Merkur* (August 1972), no. 292.

Stern, Paul. *Practical Philosophy and the Concept of Freedom: Hegel's Critique of Kantian Ethics.* Ph. D. dissertation, Boston University, 1983.

Strauss, Leo. *Natural Right and History.* Chicago: University of Chicago Press, 1953.

Strauss, Leo. *The Political Philosophy of Thomas Hobbes.* Chicago: University of Chicago Press, 1973.

Tar, Zoltan. *The Frankfurt School: The Critical Theories of Max Horkheimer and Theodor Adorno.* New York: Wiley, 1977.

Taylor, Charles. "Interpretation and the Sciences of Man." *Review of Metaphysics* (1971), 25: 3-51.

Taylor, Charles. *Hegel.* Cambridge: Cambridge University Press, 1977.

Theunissen, Michael. "Die verdrängte Intersubjektivität in Hegels *Philosophie des Rechts.*" In D. Henrich and R. P. Horstmann, eds., *Hegels "Philosophie des Rechts": Die Theorie der Rechtsformen und ihre Logik,* p. 317-81. Stuttgart: Klett-Cotta, 1982.

Theunissen, Michael. *Sein und Schein. Die kritische Funktion der Hegelschen Logik.* Frankfurt: Suhrkamp, 1978.

Theunissen, Michael. *The Other: Studies in Social Ontology of Husserl, Heidegger, Sartre and Buber.* Christopher Macann (역). Cambridge, Mass.: MIT Press, 1984.

Thompson, E. P. *The Poverty of Theory and Other Essays.* London: Merlin Press, 1979.

Thompson, John B. "Universal Pragmatics." In Thompson and Held, eds., *Habermas: Critical Debates* (q.v.), pp. 116-33.

Thompson, John B. and David Held, eds. *Habermas: Critical Debates.* Cambridge, Mass.: MIT Press, 1982.

Toulmin, Stephen. *The Uses of Argument.* Cambridge: Cambridge University

Press, 1974.

Tugendhat, E. "Zur Entwicklung von moralischen Begründungsstrukturen im modernen Recht." In *Archiv für Rechts-und Sozialphilosophie* (1980), 34: 1ff.

Walsh, W. H. *Hegelian Ethics.* New York: St. Martin's Press, 1969.

Wartofsky, Marx. *Feuerbach.* Cambridge: Cambridge University Press, 1977.

Wartofsky, Marx. "The Unhappy Consciousness." Critical review of L. Kolakowski's *Main Currents of Marxism. Praxis International* (October 1981), 1(3): 288-307.

Weber, Max. *Economy and Society.* Guenther Roth and Claus Wittich (역). Berkeley and Los Angeles: University of California Press, 1978.

Weber, Max. *From Max Weber: Essays in Sociology.* H. H. Gerth and C. W. Mills (편역). New York: Oxford University Press, 1974.

Weber, Max. "The Meaning of Ethical Neutrality in 'Sociology' and 'Economics.'" In *The Methodology of the Social Sciences* (q.v.).

Weber, Max. *The Methodology of the Social Sciences.* E. A. Shils and Henry A. Finch (편역). New York: Free Press, 1949.

Weber, Max. "Objectivity in Social Science and Social Policy." In *The Methodology of the Social Sciences* (q.v.).

Weber, Max. "Die Protestantische Ethik und der Geist des Kapitalismus." In *Gesammelte Aufsätze zur Religionssoziologie.* Tübingen: Mohr, 1920. 영어본: *The Protestant Ethic and the Spirit of Capitalism.* Talcott Parsons (역). New York: Scribner's, 1958.

Weber, Max. *The Religion of China.* H. H. Gerth (편역). Glencoe: Free Press, 1951.

Weber, Max. "Science as a Vocation." In *From Max Weber: Essays in Sociology* (q.v.).

Weber, Max. "The Social Psychology of World Religions." In *From Max Weber: Essays in Sociology* (q.v.). This is the 1920 Introduction to Weber's *Gesammelte Aufsätze zur Religionssoziologie,* published the same year.

Wellmer, Albrecht. *Critical Theory of Society.* John Cumming (역). New York: Seabury Press, 1974.

Wellmer, Albrecht. *Praktische Philosophie und Theorie der Gesellschaft: Zum*

Problem der normativen Grundlagen einer kritischen Sozialwissenschaft. Konstanz: University Publication, 1979.

Wellmer, Albrecht. "Thesen über Vernunft, Emanzipation und Utopie." in *Ethik und Kommunikation.* Frankfurt: Suhrkamp, 1987.

Westphal, Merold. *History and Truth in Hegel's Phenomenology.* Atlantic Highlander, N.J.: Humanities Press, 1979.

Whitebook, Joel. "The Problem of Nature in Habermas." *Telos* (Summer 1979), no. 40, pp. 41-69.

Whitebook, Joel. "Saving the Subject: Modernity and the Problem of the Autonomous Individual." *Telos* (Winter 1981-82), no. 50, pp. 79-103.

Wildt, Andreas. *Autonomie und Anerkennung: Hegels Moralkritik im Lichte seiner Fichte-Rezeption.* Stuttgart: Kleet-Cotta, 1982.

Wimmer, R. *Universalisierung in der Ethik.* Frankfurt: Suhrkamp, 1980.

Winch, Peter. *The Idea of a Social Science and Its Relation to Philosophy.* London: Routledge and Kegan Paul. 1958.

Wolff, Robert Paul. *Kant's Theory of Mental Activity.* Cambridge, Mass.: Harvard University Press, 1969.

Wolff, Robert Paul. *Understanding Rawls.* Princeton, N.J.: Princeton University Press, 1977.

Young, Iris. "Toward a Critical Theory of Justice." *Social Theory and Practice* (Fall 1981), 7(3): 279-302.

Zeitschrift für Sozialforschung. Institute for Social Research를 보라.

찾아보기

가다머 295, 312, 316, 355, 411, 495
가치 법칙 166-70
가치 분화: ~ 와 생활 세계의 합리화 321-3, 331, 338; 근대성에서 26, 331-8; 선험적으로 타당한 것으로서 333-4; 합리화의 기준으로서 331
가치(들)의 과학화 335, 508
가치 일반화 322
갈릴레오 351
감각적 유한자(유한성) 87-9, 101, 199, 445, 466
개인주의 69, 214, 232
객관주의 177, 206, 211, 364
결단주의 366, 419-20
『경제학–철학 수고』(『1844년 수고』) 27, 40, 82, 84, 90, 199
경험주의에 대한 헤겔의 비판 41
계급: ~ 과 다수성 193; ~ 과 자본주의의 한계 153; ~ 과 주체의 철학 179-83; ~ 과 집단적 단수의 정치학 445; 집단적 단수 주체로서의 ~ 177-8

계급의식 178, 212
계급 이익 178-9
계몽 37-8, 158, 218-29, 270-80, 422-3, 441
계몽의 변증법 218-29, 249, 270-80, 351, 422
『계몽의 변증법』 218-29, 248, 250, 265, 275, 280, 282, 285, 298, 329, 338, 442
계보학 228, 267
계약론 155, 254
공공성 31, 61, 106, 142
공리주의 117, 256, 282, 305
공산주의 56, 88
공적인 것과 사적인 것 438
과학주의 227, 357, 499
과학 혁명 351
관료주의: 마르크스에서 ~ 168; 헤겔에서 ~ 139-44
관심(이익, 이해관계): ~ 의 조화와 갈등 399-401; 개인적 ~ 과 집단적 ~

411; 담론 이론에서 395-6; 의사소통적 윤리학에서 ~ 349-404
교조주의 51-4
교환 150-1, 156, 161-3, 214
교환 시장 213
구조주의 464
구체적 타자 437-9, 449-50. 일반화된 타자 참조.
국가 사회주의(나치) 215, 216, 486
국가의 개입(간섭) 306-9, 324, 329
국가 자본주의 29, 201, 213, 233: ~ 와 권위주의 214-5; ~ 와 시장 경제 213-4; ~ 와 위기 214, 234-5
권리(법) 90-4, 98-99
권리의 공동체 30, 435-7
권리의 정체 449
권위: ~ 와 자율성의 역설 275; ~ 와 초주관성 140; ~ 의 상실 235; 자본주의에서 ~ 156
규범: ~ 과 공동 이익 396; ~ 과 담론 390-1; ~ 과 유토피아의 관계 422-4; ~ 과 이상적 담화 상황 368-78; ~ 과 정의 31; ~ 과 정치적 상 31; ~ 의 다수성 398; ~ 의 정당화 388-9, 395-6
규범적 비판 150-9, 232
규범적 정당성 214, 443
규정된 부정 65, 77, 200
그로티우스 43
『그룬트리세』 65, 154, 166, 167, 168, 170, 235, 475
그리스인과 야만인 394
근대 국가 303
근대성: ~ 과 인지적 유산 338-60; ~ 의 보편적 타당성 334-5; ~ 의 선험적 타당성 333-4; ~ 의 실존적 철회 불가능성 336-7; 하버마스의 베버 비판 338-9; 헤겔의 ~ 개념 103
근본주의(토대주의) 25, 32, 362-4
기겔 355
기능주의 53, 298, 299, 302-3
기능주의적 이성 310-30
『기독교의 정신』 112, 467
기스 369, 405
기워스 299, 386, 426, 455 주16
길리건 436, 526 주125

내재적 비판 25-6, 50-1, 66-7, 98; ~ 과 부정 변증법 229-32; ~ 과 비판 이론 206-7, 229-32; ~ 의 규범적 측면 150-2; ~ 의 범주적 측면 149-50; ~ 의 헤겔적 기원 41-54; 또한 마르크스를 보라.
노동: ~ 과 물신주의 163-4; ~ 과 생동적 위기 175; ~ 과 표현적 행위 289; ~ 의 가치 163-6; ~ 의 규범적 구조 149, 150-1; ~ 의 대상화 172; ~ 의 범주적 구조 149-50; ~ 의 본질 84; 구체적 활동으로서의 ~ 76-7; 마르크스의 ~ 개념의 불완전성 223-4; 자본주의 ~ 과 그 이전의 노동 155-6; 초역사적 범주로서의 ~ 76-7
노이만 215, 445, 454, 485-6
『논리학』 105, 118, 128
논의(논증): ~ 의 반성적 절차 316; ~ 의 전제들 393; 언어적 실천에서 ~

409-10; ~ 와 의사소통적 행위 381
논증의 선험적 조건 381
논증의 후험적 규칙들 381
니체 222, 250, 337, 351

다양성(다수성) 140-1, 318-9, 443-4, 446
담론: ~ 과 비판 355-6; ~ 과 합의 367;
    ~ 과 화해 413; ~ 의 가정 366-8; ~
    의 한계 413; 지배 없는 ~ 365-6,
    399; ~ 과 행위 406, 412-3
담론 윤리, 의사소통적 윤리학을 보라.
「담론 윤리학」 378-82, 391-7
대상화 83-4; ~ 와 도덕 265; ~ 와 사회적
    재생산 93; ~ 와 인간의 동일성 95;
    노동의 ~ 172; 마르크스의 ~ 개념
    83-4, 93, 97, 98, 185; 자기 부정으로
    서의 ~ 223; 규범적 이상으로서의
    ~ 83, 84, 85, 91, 98
대상화로서의 행위 모델 289
대화 모델 366, 387
덕(론) 105, 268
데카르트 317, 337, 351, 364, 443
데카르트적 자아에 대한 비판 이론의 비판
    364, 441
데카르트적 회의 351
도구적 이성 217-20, 227, 245, 249, 286,
    364
도구적 이성 비판 202, 212, 218-29, 250,
    267, 270-80, 282, 286, 328
도구적 행위 124, 189-91, 217-20
도너건 386
도덕 발달론 376-7, 414

도덕성: ~ 과 의사소통적 행위 264-5; ~
    과 인륜적 삶 114, 115, 140, 413-4;
    ~ 과 자연과의 관계 264; ~ 과 정신
    분석 267-70; 사회주의에서 ~ 의 소
    멸 264, 269-70; 호르크하이머와 마
    르크스에서 ~ 263-7
도덕 심리학 116-21
도덕(의) 원리 107-8, 347, 380, 382, 384,
    412-5
도덕적 논증 이론과 의사소통적 윤리학
    380-2
도야(교육) 262-3, 282, 395
독점 자본주의와 자율성 260
동일성과 차이 41-2, 52, 72, 290
두비엘 202
뒤르켕 15-6, 17-9, 22, 53, 146, 176, 296,
    322, 323, 454, 506

라쉬 308, 328, 493
로렌젠 408-9
로크 100; ~ 에서 자연 상태 43-4; 헤겔의
    비판 43-6
로티 32, 362-3
롤즈 30, 32, 41, 111, 372-5, 377, 386,
    400-4, 419, 426, 435
뢰벤탈 200, 454
루게 54-5, 59
루소 85, 135, 391, 401-6
루카치 212, 242-5
『리바이어던』 253
리오타르 32, 340
리카도 154

마르쿠제 200, 201, 204, 209, 215, 235-8, 300, 302, 330: 구원적 회상(기억) 236; 노동 235; 욕구와 본능 432-3; 일차원성 222, 237, 300; 주체의 철학 195-6; 자율성 251-2
마르크스 76, 100, 104, 240, 296, 331: ~와 부정 변증법 230; ~와 정신분석학 177; 가치 152, 160-9; 객관주의 177; 계급 153, 177-8, 178-83, 184, 193; 관료주의 이론 167-8; 근대 국가 60-4; 급진적 민주주의 63-4; 기능주의 299; 노동 84, 97-8, 149, 163-6, 172-3; 대상화 83-98, 172, 318; 반성 284, 292; 방법론에서 헤겔과의 차이 62; 변형적 유토피아 65-7, 90, 99-101, 157-9, 168-70, 184-5, 199-200; 비판과 비판주의 238-9; 비판과 실천 철학 90, 98-9; 생산 95-6; 역사 85-7, 91, 97-8, 180-3; 욕구 88-9, 157-8; 위기 이론 171-83; 이성 56-8; 자기실현 157-60; 재전유 100, 147, 179, 182-5, 188, 192, 319; 성의 262, 263; 종교 비판 58-60; 주체의 철학 82, 85, 90, 100, 179-83, 187-93, 444-5, 450; 지배 개념 154-5; 진단으로서의 비판 146, 153; 집단적 주체 85-6, 97-8, 170; 청년 헤겔주의자들 비판 54-7; 초기 저서에서 비판 54-62; 초주관성 101, 146, 147, 283; 탈물신화 비판 160-71; 행위의 노동 모델 83-98, 100, 101, 163-6, 183-92, 318; 헤겔 비판 54-67, 83-7, 184-5; 자율성 178, 236, 248

마키아벨리 222, 252
매킨타이어 32, 331, 340, 525
맥락주의 32-3, 363
맥락화 414-7
맥커시 376-7, 498
맨더빌 22, 222, 252
메를로퐁티 83, 244-5
메시아적 유토피아주의 422
메타 윤리학 31
멘델슨 411-2
문화적 재생산 309-13, 324-5
물신주의: 마르크스의 개념 476 주15; 마르크스의 비판 152, 160-71; 정의 152, 160
미드 317, 435-6, 505
미메시스(모방) 29, 221, 275-6, 365: 미메시스와 의사소통적 행위 317, 319-20; 미메시스와 흉내 288
밀 94

바우어 54, 60, 460
바이어 426
반사실적 논증 41, 44-5
반성 276-80, 288, 364, 442
반성성 257-70, 321-3, 331, 334-6, 349-55, 428
버만 158
법률화 449
『법철학』 105, 120, 129-36
베버 202, 218, 242-5, 255, 267, 296, 300-1, 320-2, 332-3, 337-8, 419, 475 주 12, 486-7 주19

벤야민 200: 하버마스의 회고 421-3
벤야민, 제시카 274
벨 308-9
벨머 375
변형 65-6, 89-90, 99-101, 157-9, 431-2
보편화(보편화 능력) 30, 106-11, 271, 382, 384-97
보편화 가능한 욕구 해석 426-9, 432-6
보편 화용론 365-83
본스 201, 484
부르주아 혁명 31, 66, 67, 189, 440
부정 변증법 230-1, 240, 275, 281-2
『부정 변증법』 240, 251, 270, 281, 285, 288, 292, 362
분열 42-3, 49-52: 관료주의적 해결 141-3; 근대 사회에서 142, 183
브래들리 114
블로흐 452: ~에서 자연법과 유토피아 451-2; ~와 메시아적 유토피아주의 422
비판: ~과 자율성의 이상 248; ~의 규범적 토대 296; 대화로서의 72; 비판 이론의 변화 212-3, 218-34, 241; 어원적 기원 37-8; 이중의 목적 194; 정의 90
비판 이론(프랑크푸르트학파): ~과 과학의 관계 205; ~과 실천 202-12; ~과 위기 이론 207-9, 234-7; ~과 자율성 248-9, 252-80; ~과 전통 이론 205-6; ~과 정신분석학 224; ~과 주체의 철학 82, 195-6, 210-1, 270-8, 280-91; ~과 행위의 노동 모델 264-9; ~에서 노동 223; ~에서 부정 변증법 229-32; ~에서 사회적 진단의 상실 298-9; ~에서 언어 225; ~에서 이성의 내재성 267; ~에서 진리 203-5; ~에서 환원주의 243, 277-80; ~의 몰역사주의 225; ~의 아포리아 226; 과학 비판 205-6; 단순한 비판주의로서 238-9; 도구적 이성 비판 212-8, 228-9, 249, 267, 295; 정치경제학 비판 206-9; 칸트의 도덕성 비판 252-70; 하버마스의 비판 310-30

사드 222
사랑: 기독교에서 ~ 105; 마르크스에서 ~ 95-7; 아도르노에서 ~ 211; 헤겔에서 ~ 211
사르트르 337, 419
사이비 타협 403
사회 비판 이론: ~과 맥락주의 32-3; ~에서 철학과 과학의 협력 362-3; ~와 그리스 철학 20; ~와 근본주의 33; ~와 사회적 실천 18; ~와 신칸트주의 32-3; ~와 포스트모더니즘 32-3; 개념 17-21; 기준 194; 목적 100, 296-9; 설명적-진단적인 것으로서 194, 298-9; 예견적-유토피아적인 것으로서 194, 297-8; 자율적 인격성의 가치 327; 진화적 모델의 사용 357-8
사회연구소 200, 202, 363
사회 윤리(학) 114, 120
사회 조직 301
사회(적) 관계 151, 155, 171: 교환 관계로

서의 ~ 494 주45; 물신화된 ~ 162-3; 후기 자본주의에서 정치화된 ~ 307
사회적 발전과 사회적 학습 342-3
(사회적) 상호 작용 92, 94, 100-1, 265, 317, 426-7
사회적 이해(이익) 263
사회(적) 통합 126, 302-4, 309-10, 312, 313, 320-5
사회적 행위 146-7, 302-3
사회주의: 초기 ~ 와 유토피아 31
사회화: ~ 와 생활세계 309, 313; ~ 이론과 내적 본성(자연) 426-8; 의사소통 행위의 ~ 301
산업 기술 문명 235-7
삶의 형식 353
상기(회상) 80, 98, 236, 463-4 주16
상대주의 362, 363, 483
상징적 상호 작용주의(론) 305, 427
상품 형식: ~ 과 베버 244-5; 루카치에서 ~ 242-4; ~ 과 노동 171-2
상호성 437
상호 이해 313, 314-5, 320
상호 인정 134-5, 393
상호 작용으로서의 행위 모델 100-1
상호 주관성 99-10; ~ 과 권리 135-6; ~ 과 의사소통적 행위 317-20, 424; ~ 과 의식 철학 317; ~ 과 초주관성 128-9; ~ 과 타자 136; ~ 과 행위의 노동 모델 191-2, 292, 317-20; ~ 의 정치학 29; 사회학적 개념으로서 471-2 주27; 헤겔의 거부 126-8, 135-6; 후설의 ~ 312; 사회적, 인식론적 개념으로서 29, 99
생동적 경험 193-4
생동적 위기 29, 30, 171-83, 184, 298, 304-5, 445-6
생산: ~ 과 표현주의 94-7; 자본주의 이전 사회에서 154-5; 해방적이 아닌 ~ 285-6
생산 관계 286, 309, 444
생산의 대상 94-5
생활 세계: ~ 에 대한 정의 313; ~ 와 사회적 분석 310-28; ~ 와 사회적 통합 311; ~ 와 상호 주관성 312; ~ 와 의사소통적 행위 311; ~ 와 체계 311, 320; ~ 의 구조 312-3; ~ 의 병리 325, 326-7; ~ 의 재생산과 학습 과정 343; ~ 의 해석학적 의미 312; ~ 의 현상학적 개념 312; ~ 의 식민화 326
선험적 논증 342-9, 443
셸러 266, 453
소외 83, 97
쉰너 202
수행적 모순 378-82, 397
『순수 이성 비판』 38-9, 70
슈네델바흐 361, 503 주1
슈뱀머 408
슈트라우스 338
슈펭글러 422
스미스 22, 137, 154, 176
스탈린주의 298, 442
스태그플레이션 175
시(포에틱스) 28, 289
시민 사회: ~ 와 자율성 257-8; ~ 의 이상

과 이데올로기 151, 157-8; 계약 이론에서 155-6; 청년 마르크스의 비판 61-5, 421
시장 경제 52, 53, 96, 214, 232
시회(적) 제도 111-3
신보수주의 324
「신성 가족」 239
『신앙과 지식』 41
신칸트주의: 윤리학에서 ~ 30; 현대 철학에서 ~ 32-3
실버 111, 385
『실재 철학』 69
실정성 47, 48, 113
실증주의(적) 사회학(사회과학) 20, 99
실천: 마르크스에서 98-9; 비판 이론에서 289; 아리스토텔레스에서 211, 253; 하버마스에서 295; 헤겔에서 75, 99; 호르크하이머에서 209-11
실천적 담론의 한계 426
실천 철학과 실천의 철학 20-4, 99
실체 80, 123

아노미 325
아도르노 104, 116, 200, 215, 299, 302, 319, 330, 346, 350; 계몽의 변증법 442-3; 근본주의 비판 362; 내재적 비판 229-32; 노동 224; 도구적 이성 비판 218-29; 동일성 논리 비판 272-9, 289-91; 미학 29, 227; 반성 275-9; 부정 변증법 229-32; 사랑 278; 상호 주관성 282; 승화 224, 270-6; ~에서 객체의 우선성 281; ~와 주체의 철학 195-6, 270-80, 281-8; ~와 헤겔 277-80; 여성주의 비판 492주36; 역사적 주체 비판 29; 유토피아 278-9, 290-2; 의식 철학 317; 이성 219-21; 자기반성 276; 자아 28, 278-80, 286-92; 자아 동일성 비판 271-80; 자연(본성) 278-9; 자율성 250, 251, 270-80, 288-9; 지배 274-5, 286-9; 초주관성 280-1; 칸트의 도덕성 비판 407; 탈물신화 비판 232-4; 타자 220-1, 277-81; 후설 비판 33
아렌트 169, 295, 351
아리스토텔레스 15, 20, 98-9, 115, 120, 193; ~와 헤겔 46; ~의 실천 철학 22; 덕 415; 선한/좋은 삶 개념 429; 자기 보존 253
아펠: 담론의 시작 408-9; 반사실적 논증 41; 수행적 모순 379; 회의주의 379
알렉시 393
억압 261, 269, 432
언어 92, 186, 225, 233, 291, 315-6
에로스 236, 237
『에로스와 문명』 235-7
『엔치클로페디』 128, 132, 134
역사: ~ 대 진화 342-3, 357-8; 경험적인 것으로서 85-7; 규범적인 것으로서 91-7; 마르크스의 불충분함 180-2; 아도르노의 비판 281; 정신의 생성 과정으로서 61, 85; 회고적인 역사 철학으로서 234-8
『역사와 계급의식』 212, 242
『역사 철학 강의』 74
연대 323

오디세이 220-2, 224
오페 176, 237, 308-9, 327,
완성 65-6, 89-90, 99-101, 159, 199
외화 27, 73, 81, 83-4, 97-8, 121-3, 188, 280, 424, 462 주10
욕구: ~와 생동적 위기 304-5; ~와 자율성 428; ~와 재산권 110; ~의 규범성 262-3; ~의 대화적 구조 403-4; ~의 변형 431-2; ~의 보편화(보편성) 157, 389; ~의 해석과 문화 421; 하버마스에서 401-2; 헤겔에서 136, 137, 138
욕구의 대상 88-9
욕구의 체계 136-9
운명 434
원초적 입장 373-4, 516-7 주32
월프 344
위기: ~와 자본주의 152-3; 어원적 기원 37-9; 이중 개념 448
위기 이론: ~과 정신분석학 209; ~의 결과 177-8; 비판 이론에서 변화 207-9, 234-7; 하버마스의 301-8, 325-6
원치 312, 316
「유대인 문제」 59-60, 64, 89-90
「유물론과 도덕」 252-70
유적 본질(존재) 64, 85, 86, 182
유토피아: ~과 의식 20; ~와 도덕적 진화, 125-6; ~와 변혁적 해방 65-7, 89-90, 159, 169, 199-209; ~와 비동일적 논리 290-2; ~와 자율성 439; ~와 주체의 철학 450-1; ~적 이성 358; 공상적 사회주의자 56; 비희생적 비동일성으로서의 278-80; 의

미 450-1
『윤리 형이상학 정초』 110, 111, 259
의무: 칸트 철학에서 107; 호르크하이머에서 250; 헤겔의 비판 119-20
의미의 상실 325, 330, 340
의사소통과 자기실현 188-9
의사소통적 윤리학: ~과 주체의 철학 424-5, 440; ~와 헤겔의 칸트 비판 383-420; ~의 딜레마 418-20; ~의 유토피아적 차원 517, 432-40; ~의 정당화 370-83; ~의 프로그램 365-83; ~의 한계 395-433; 욕구의 공동체, 13, 339-43; 절차주의로서 372-3
의사소통 합리성: ~과 근대성 330-59; ~과 논의 418-20; ~과 반성성 349-56; ~의 가치 분화 321-2, 331, 339, 340; ~의 선험적 지위 342-9; ~의 실존적 철회 불가능성 356-9; 도구적 이성의 부정으로서 295; 탈중심화 321-2, 331, 338-40, 351
의사소통 행위: ~와 다른 행위 유형 189-92; ~와 문화적 재생산 323; ~와 미메시스 317, 319-20; ~와 반성성 353; ~와 사회적 통합 323; ~와 상호 주관성 317-9; ~와 생활 세계 311, 312-4; ~와 인간의 다양성 318-9; ~와 자아 정체성 427; ~와 자기실현 188, 318-20; ~와 합리학의 역설 300-30; ~와 헤겔적 비판 296; ~의 합리화 301, 320
『의사소통 행위 이론』 301-4, 309, 310-7, 323, 328, 332, 342, 355
의식: ~의 전언어적 모델 186, 284-5; 비

판 이론에서 19-20; 헤겔에서 ~ 의
　　발달 78-80, 123-5
의식 철학 504 주37
이데올로기 비판 19, 488-9 주31
『이론과 실천』 330
이론과 실천의 관계 202-10
이상적 담화 상황 367-78, 380-1, 516 주26
이성: ~ 의 자기반성 408; ~ 의 추상 225;
　　객관적 ~ 과 주관적 ~ 255, 267,
　　283; 기술적 ~ 대 실천적 ~ 442;
　　비판적 임무 267; 유물론적인 것으로
　　서 286; 유토피아적 238, 270-80; ~
　　의 계보 210-29
이해 314-6
이해 사회학, 257 334
인륜적 삶 26, 47-50, 137; ~ 과 도덕 114,
　　115; 평가적 단위로서의 ~ 112,
　　141-2; 서술적 단위로서의 ~ 112
인륜적 실체 236, 300, 398, 469 주11
『인식과 관심』 296, 342, 363
인지 발달 이론: ~ 과 하버마스 305, 356-8
인지 심리학 344
인지주의: 윤리학에서 370-1, 381, 518 주
　　51; 하버마스 315-6, 496-7 주2
일반 이익 400-4, 406
일반화된 타자 435, 436, 449
일차원성 222, 237, 300
일팅 371
임노동 173, 177, 178, 191, 244, 445
잉여 가치 164-5, 173-4

자기 동일성 270-80, 289, 317, 427, 447-8

자기반성 284-5, 342, 364
자기 보존 252-70, 282-3
자기 인식 70
자기 지배 220
자기표현 96-9
『자본론』 76, 150, 166, 177, 304; ~ 에서
　　내재적 비판 149-51; ~ 에서 탈물신
　　화 비판 152-6; ~ 의 사회 인식론 29-
　　30; ~ 에서 위기 29-30
자본주의: ~ 와 자율성 248, 257-8, 260,
　　275; ~ 의 기능주의 302-4; ~ 의 변
　　형 169; ~ 의 사회적 한계 152-3; ~
　　의 위기 171-83; ~ 의 이데올로기
　　157-8, 172; ~ 의 잠재력 156, 169;
　　~ 의 체계적 한계 152-3; ~ 의 초주
　　관적 논리 146-7
자아: ~ 와 의사소통 행위 317-20; ~ 와
　　자기 보존 282; ~ 와 자율성 279; ~
　　와 초주관성 283; 마르크스에서 규범
　　적 이상으로서 157-9
자아실현 97-101
자아와 타아 318, 320
자연: ~ 과 주체의 철학 210-11; 마르크스
　　에서 87; 목적론적 자연관 18; 비판
　　이론에서 223, 289; 타자로서 279;
　　헤겔에서 75
『자연법』 40, 41 42, 72, 73, 141, 143
자연법 이론 41-54, 103, 104,
자연 상태 41-54, 103, 153-4, 432-4
자연주의 382, 419
자연주의적 오류 24
자유: ~ 와 의미 138; ~ 의 상실 330; ~
　　의 초주관적 이상 104, 121-36, 137,

140, 143; 마르크스에서 ~ 86, 166, 292; 칸트의 도덕성에서 ~ 48, 130, 266; 헤겔의 정의 129-30; 비판 이론에서 ~ 266, 268
자유 의지 130
자유 자본주의 201, 212, 239; ~에서 교환 가치 234; ~와 국가 114; ~와 인격성의 구조 216-7; ~와 자율성 260; ~와 권위주의 215
자율성: ~과 계급의식 178; ~과 도덕적 반성성 257-8; ~과 반성 428; ~과 비동일적 논리 277-8; ~과 일반화된 타자 438-9; ~과 자기 보존 252-70, 283; ~과 자기반성 284; ~과 자기실현 248-52, 280; ~과 자연(본성)의 억압 274; ~과 자연법 258-9; ~과 정신분석학 250, 267-70; ~과 집단적 주체 247; ~과 타자 249, 270-80; ~의 사회성 258, 265-6, 426-7; ~의 역설 274-6; ~의 유토피아적 차원 439; ~의 의미 변동 443; ~의 파괴 220; ~의 해체 273-4; 개인의 420; 독점 자본주의에서 위협받는 260; 미메시스로서 251, 270-80, 287-90; 비판 이론에서 224, 236-8, 252-80; 비판 이론의 해명의 부적합성 287-90; 아도르노의 비판 270-80; 의사소통 행위 모델에서 자율성 320, 364-5, 427-8, 439-40; 인간의 상호작용으로서 284, 426-7; 자기 억압으로서 224, 248, 250; 자본주의에서 248, 257-8, 260, 275; 초주관적 이상으로서 121-36, 143-4; 헤겔에서 ~

과 연류적 삶 141-2
자율성의 윤리학 252-70
재구성 342-9, 412, 424-5
재구성적 과학 342, 345
재산 80, 86, 88, 110, 151
재전유: ~와 생동적 위기, 체계적 위기 184; ~와 역사 182; ~와 주체의 철학 147, 179-80, 184-5, 192; ~의 정치(학) 100, 192-3; 해방으로서 147, 179, 188
전근대(성) 225, 334-5
전략적 행위 189-92, 301
「전통 이론과 비판 이론」 17-25, 202-9, 441
절차: 칸트의 도덕에서 383-6; 하버마스, 롤즈에서 규범적 정당화를 위한 373
『정당성의 위기』 300-5, 308-11, 323, 329, 356, 401, 421
정신 73-6, 80-1, 97, 112, 122-5, 182-4, 240, 277, 280-1, 284, 318
정신분석학 177, 224, 267-70, 271-80, 305, 415, 432-4
『정신현상학』 26, 27, 70-81, 105, 122
정의 422: ~와 좋은 삶 429-31; 마르크스에서 262, 263; 분배 ~ 110
『정의의 형이상학적 토대』 105
정치: 변형의 ~ 31, 66; 완성의 ~ 31, 66; 집단적 단수의 ~ 445
정치경제학: ~와 부정 변증법 230-2; 마르크스의 25, 149-83, 214; 비판 이론에 의해 폐기된 214-8, 228-34, 239; 비판 이론의 206-15
『정치학』 21
제도적 분화 143, 303

제도적 실재론 111-6
제이 200, 201
존재론 23, 236
좋은(선한) 삶과 정의 422-4
주관주의 336
주체: ~의 관념론적 개념 284; 반성적 ~와 생산적 ~ 212, 441; 비판적 212
주체성(주관성): ~의 계보 222, 224, 228-9; 구성되는 ~와 구성하는 ~ 27, 61-4, 211, 280; 호르크하이머의 비판 257-67
주체의 철학: ~대 권한 부여의 정치(학) 451; ~와 감각적 유한자 87-97, 101, 199; ~와 계급 179-83; ~와 유토피아 450-1; ~와 의식 철학 504 주37; ~와 자율성 251-2, 270-8; ~와 집단적 단수 주체 27, 85-6, 97, 170, 182, 195, 441-2; ~와 행위의 노동 모델 100-1, 183-96, 441-5; ~의 정의 82; ~의 혁명적 낙관주의 224; 하버마스에서 421-7
지금 시간 423
지배 154-5, 157, 172, 217, 219, 220, 223, 248-9, 270, 274-5, 286-9, 325, 350, 495-6 주 59
진리 124, 203, 204, 314, 369-70, 443
『진리 이론들』 388-91, 426-7
진보주의와 완성 65-6, 89-90, 99, 101, 159, 170, 199
진화주의(하버마스에서) 355-8
집단적 단수 주체: 비판 이론에서 212; 역사의 주체로서 27, 81-6, 97, 170, 180-2, 195, 247, 280, 441-2

집단적 행위와 다수성 446-7

철학적 인간학: 호르크하이머의 비판 283-4
체계 310-1
체계(적) 위기 29, 30, 171-83, 298
체계 통합 176, 302-10, 324
초주관성 52-3, 73, 99-101, 116, 135-6, 146, 280-1, 471-2 주27
총체성 17, 42, 53
추상적 등가 242-3

카리스마 337, 509 주73
칸트 103, 155, 247, 276; 목적의 왕국 248, 250, 385, 436; 실천 이성에서 역설 429; 윤리학에서 합리적 절차 383-6; 이성 118-9, 255-6, 265; 이성의 사실 417; 자기반성 276; 자율성 248-9, 258; 코페르니쿠스적 전환 71; 호르크하이머의 평가 255-6; 회의주의 70
칸트의 도덕성: 공리주의와의 관계 256; 도덕법 258-9; 도덕성과 감성 118; 도덕성과 내적 본성 426; 도덕성과 사회학 256-8; 도덕성과 이익 문제 116-21; 도덕성의 안티노미 250; 도덕의 변증법 274-5; 도덕적 반성 258; 아도르노의 비판 270-80; 억압의 문제 438; 자기 보존의 문제 265; 칸트 도덕 이론의 법률주의 113, 398, 399; 헤겔의 비판 105-11, 111-6, 116-21; 호르크하이머의 비판 252-

70
코르쉬 201
코젤렉 37-9
코헨 181-2
콜버그 376, 377, 414, 423, 431
콰인 344
키르크하이머 215, 445

타당성 요청 366-8
타자: 비판 이론에서 275-9; 의사소통 행위에서 320; 헤겔에서 277-8
탈선험 철학 363
태도: 의사소통 행위에서 규범 순응적 태도 339, 502-3 주31; 의사소통 행위에서 대상화하는 태도 339, 502-3 주31; 의사소통 행위에서 표현적 태도 339, 502-3 주31
테일러 121
퇴니스 169
툴민 388

파슨스 176, 322
판단 415-6, 447
『판단력 비판』 386
패러다임 변화 30, 31, 443-4
페디트 521-2 주77
평등 151, 214, 232
포스트구조주의 82-3
포스트모더니즘 32-3
포이어바흐 58-9, 285, 317
포이에시스 75, 289

폴록 200, 212-3, 214-5
폴리스 112
표현적 행위 189-91: ~ 와 행위의 노동 모델 191-2; 비판 이론에서 289
표현주의적 행위 모델 121-36, 147
푸리에 56, 166
푸코 331, 341, 346, 350
푸펜도르프 43
프랑크푸르트학파 177, 195, 200-3, 215, 239, 295, 300-3, 310-30, 363
프로네시스 121
프로이트 224, 273
『프로테스탄트 윤리와 자본주의 정신』 332
프롤레타리아트(노동 계급): ~ 와 주체의 철학 180-1, 445; 비판 이론의 수령인으로서 210, 532
프롬 209
플라톤 20-1, 98-9, 143, 158, 283
피히테 46, 49, 51, 69, 276-7
『피히테와 셸링의 철학 체계의 차이』(=『차이』) 41-3

하버마스 103, 111, 189: ~ 와 로티 363; ~ 와 롤즈 372-6, 402-4; 가치 분화 321-3, 331, 338-9, 341, 351-2; 계몽과 해방의 연관성 423; 과학과 기술비판 365-6; 근대성 이론 338-60; 기능주의적 이성 비판 310-30; 논리 비판 408-10; 담론 이론 364-71, 380-82; 담론의 기원 412; 담론적 합리성 340; 동기(부여) 322-5, 356-7, 417; 롤즈 비판 402-4; 루소 비판 405-6;

미드에 대한 평가 435-6; 민주주의 366, 406; 반사실적 논증 41; 반성성 321-3, 349-56; 베버 비판 300-1, 320-2; 사회 비판 이론의 규범적 토대 292-3, 295-6; 사회(적) 통합 302-4, 313, 323, 324, 325; 생동적 위기 304-6; 생활 세계 310-30, 343, 355; 아펠의 결단주의 비판 408-10; 윤리적 인지주의 370-1; 의사소통 행위 모델 296-30; 의사소통적 합리성 295, 342-57, 417-8; 이상적 담화 상황 이론 366-78; 일반 이익 401-2; 일반화된 타자 438-9; 자기반성 342; 절차적 합리성 339; 정당성 위기 305-9, 356-7; 주체의 철학 421-7, 524-5 주109, 110; 진리 합의론 369-70; 신리론 314-6; 진화론적 논증 342, 357-8, 425; 체계 통합 176, 302-11, 324; 토대주의(근본주의) 361; 학습 과정 342-3; 합리성의 기준들 343, 353-5; 합리적 재구성 342-9; 후기 자본주의에 대한 이론 306-9, 323-4, 330-1, 356-7, 448; 인지주의 295, 315-6, 496-7 주2

하이데거 337, 422

학습 과정 342-3

합리성: 계몽의 비일관성 338; 기준 343, 353-5; 실체적 ~ 242-4, 340; 절차로서 339, 341

합리주의적 오류 407-8

합리화: 문화적 ~ 와 자율성 220; 문화적 ~ 의 비합리성 226; 반성의 제도화 339; 베버에서 사회적 ~ 218, 242, 244, 322, 332-7, 486-7 주19; 비판 이론에서 사회적 ~ 217, 218-29, 238, 300-3; 사회적 ~ 218; 사회적 ~ 에 대한 해체주의적 설명 346, 347; 사회적 ~ 와 문화적 ~ 218; 사회적 ~ 와 의사소통적 합리성 230-59; 사회적 ~ 의 위기 경향 301-2; 생활 세계 ~ 의 역설 309-10, 321; 생활 세계의 ~ 316-7, 320-4, 330, 343; 행위 체계의 ~ 320-4, 330

합의: ~ 와 규범적 타당성 370; ~ 의 조건 369; 정당성의 원리로서의 합의 372-3

해방: ~ 과 감각적 유한성 199; ~ 과 계몽 422-4; ~ 과 대상화 91; ~ 과 욕구의 공동체 451-2; ~ 과 의사소통적 합리성 330; ~ 과 주체의 철학 185, 199; ~ 의 기능주의 270; 비판 이론에서 210, 240; 유토피아적 변형 모델 65-6, 89, 99-101, 159, 199-200, 431-2; 재전유로서의 147, 184; 진보적 완성 모델 65-6, 89-90, 99-101, 159, 199

해석적 무규정성 28, 125-8, 187-8, 291, 318

해석학적 순환 352, 359

해체 224, 346-8

행복 추구 119, 120, 266, 403

행위: 사회 이론에서 세 모델 505 주40; 언어적으로 매개된 187-8, 318; 외화로서 98, 124; 이론 31; 자기실현으로서 98, 170, 318; 정신의 작품으로서 124-5; 해석적 무규정성 126, 318;

헤겔의 부적절한 설명 126-9, 317-9
행위 서술 185
행위와 결과의 변증법 125-9
행위의 노동 모델 27-8; ~과 도덕성 104, 121, 264; ~과 인간의 다양성 192-3, 318-9; ~과 주체의 철학 27-8, 100-1, 183-96, 444-5; ~과 표현적 행위 121, 190-2, 470 주22; ~의 부적합성 100-1, 183-92, 299, 318-9, 444-8; 하버마스의 비판 299, 318-9
헤겔 176, 179, 183-4, 211, 229-30, 240, 296; ~과 의사소통적 윤리학 383-99; ~의 경험주의 비판 42-4, 57-6; ~의 아리스토텔레스주의 45-51; ~의 위기 이론 136-42; 교조주의 51-4; 국가 139-40; 권리(법)의 연역 129-36; 권위주의 140; 기억과 회상에 대해 98, 463-4 주16; 노동 74-81, 99, 123, 184, 289; 도야(교육) 46, 74-6, 80-1, 282; 반성 282, 284; 보편화(능력) 106-11; 분열 39-43, 49-51, 138-44, 183, 191; 사랑 278; 삶 42; 상호 주관성 73, 99-101, 116, 120, 121, 126, 128, 135-6; 소유권 105, 110; 시민 사회 100, 137, 101; 실정성 47-8; 실천(적) 이성 117-9, 121; 언어 186; 엘레우시스로부터의 퇴각 26, 69; 역사 80-3; 유토피아 67; 이성과 욕구의 관계 121-3, 284; 이성과 현실에 대해 57-8; 인륜적 삶 66, 112-5, 137, 141-4; 인륜적 삶에서의 비극과 희극 50; 인식론 비판 72; 자기반성 118, 284; 자연 상태 논의 비판 26, 40, 43-6; 자연(본성) 75; 자연법 이론 비판 41-52, 183; 자율성 104, 141-4, 247, 251; 정치경제학에 대해 49; 제도적 실재론 111-6; 주체의 철학 27, 75-82, 184-92; 진리 106-7, 124; 초주관성 52-3, 73, 99, 116, 128-9, 135, 147, 296; 칸트에 대한 방법론적 비판 48; 칸트에 대한 심리학적 비판 116-21, 406-8; 칸트에 대한 절차적 비판 105-11, 383, 384-5; 칸트에 대한 제도적 비판 111-6, 398; 칸트의 도덕 이론 비판 105-21, 250, 383; 탈물신화 비판 74-83; 표현주의적 행위 모델 121-36, 147, 296; 피히테 비판 48; 해석적 무규정성 125-8; 행위의 노동 모델 75-81, 100, 104; 현상학적 방법 26, 71-3; ~과 아도르노 277-80
『헤겔 법철학 비판』 62, 63, 179
헤세 344-5
헬드 201
혁명 432
혁명적 주체 82, 195-6
현상과 본질 230, 337
현상학 447-8
현상학적 방법 40
현실성: 마르크스에서 56-8; 헤겔에서 140-1
형식주의(헤겔의 비판) 42-3, 46
호르크하이머 99, 200-2, 215-8, 238, 299-300, 319, 330, 350; 객관적 이성과 주관적 이성 255; 계몽 비판 218-29; 과학과 철학 비판 205-6; 과학적 객

관주의 비판 211, 363-4; 그리스 철학 평가 20-3; 근본주의 비판 362; 기능주의 270; 내재적 비판 206-7; 노동 223; 도구적 이성 비판 212, 218-29; 도덕성 259-65; 비판으로서 이성 267-8; 사회적 실천 240-11; 언어 225; 자연 18, 441-2; 자율성 23, 250-1, 252-70, 282-8; 전통 이론과 비판 이론 205-6; 정신분석학 224-5, 267-70; 정의 문제 261-2; 정치경제학 비판 206-8; 주체성(주관성) 257-67; 주체의 철학 82, 195-6, 210-1; 철학과 과학의 관계 202-9; 칸트의 도덕성 비판 252-70, 407; 탈물신화 비판 207-8, 232-4; 하버마스의 비판 424; 행위의 노동 모델 364-9, 292; 홉스에 대한 평가 252-5

홉스 117, 155, 222, 253-4, 400, 429, 433, 441, 442

화이트북 421

화해 401

회의주의 79, 409-11

후기 자본주의: ~에서 개입(간섭) 306; ~와 개인주의 356-7; ~와 생산관계 309; ~와 정당성의 위기 305-9; ~의 갈등 가능성 241; ~의 딜레마 308, 323-4; ~의 파괴적 역학 329, 448; 하버마스의 후기 자본주의론 29

후설 33, 311, 312, 317

힌티카 379